Management Science for
Optimal Decision-Making

최적 의사결정을 위한

경영과학

권수태 박명환 양성민
이운식 주운기 주철민

도서출판
청람

▪ 머리말 ▪

경영과학(운용과학)은 다양한 산업 및 사회 시스템에서 대두될 수 있는 경영 및 관리 측면에서의 의사결정을 최적화하는 방법론을 다루는 학문분야이다. 그러한 의사결정문제에서 추구하는 최적화의 대상은 크게 두 가지로 구별할 수 있다. 하나는 대상 시스템이 추구하는 목적달성을 최적으로 이룰 수 있게 해주는 시스템의 설계(구성)를 최적화하는 의사결정문제를 대상으로 한다. 다른 하나는 대상 시스템의 운영목표를 달성하기 위한 운영전략을 최적화하는 의사결정문제를 대상으로 한다.

오늘날 글로벌 경제사회는 매우 복잡하게 얽혀 있으며 인터넷 사회의 급속한 발전으로 인해, 하드웨어적 기술의 보편화가 가속화됨으로써, 세계 각국이 소프트웨어적 기술의 경쟁력 추구에 진력을 다하고 있는 상황이라 할 수 있다. 따라서 위에서 살펴본 경영과학의 학문적 분류가 소프트웨어적 기술에 해당하는 것인바, 21세기 지식정보화 사회에서 그 담당 역할이 크다고 하겠다.

특히, 지식정보화 사회에서는 쏟아지는 정보를 과학적으로 분석하고 이를 최적 의사결정에 활용하는 역량을 갖추는 것이 중요하므로 과학적인 의사결정을 위한 방법론인 경영과학의 학문적 연구와 활용이 시대적인 각광을 받게 될 것으로 누구나 예견할 수가 있다.

우선 그 학문적 구성내용을 살펴보면 다음과 같다. 먼저 위에서 언급한 최적 의사결정의 주요 대상으로는 생산성, 효율성, 합리성 등을 오늘날의 다양한 산업 및 사회 시스템, 규범 혹은 조직에서의 경쟁력 강화를 위한 목표로 삼고 있는데, 이들 각 목표달성의 최적화를 위해 경영과학 학문이 직접적으로 기여할 수 있다. 예를 들면, '자원(인간, 시설, 장비, 시간, 돈, 공간, 에너지 등)의 활용 최적화', '시스템(공장, 조직, SOC, 유통체계, 수송체계, 판매체계, 제품, 규범 등)의 설계 최적화', '시스템(공장, 조직, 통신네트워크, SOC, 수송, 유통체계, 판매, 서비스체계, 법규 등)의 운영 최적화' 등과 같이 명실 공히 인간사회활동의 모든 의사결정분야에 활용될 수가 있다. 이에 따라 몇 가지 활용대상분야별로 경영과학의 세부분야를 연계해서 설명하면 다음과 같다.

먼저 '자원활용분야'와 관련해서 어떤 제품을 생산하려고 하는 경우에, 사용되는 각 자원의 보유량이 한정되어 있고 자원상호 간에 경쟁적인 조건(예: 어떤 요인은 유리하나 다른 요인은 불리한 상황, 즉 가격은 싸지만 품질이 불리한 경우 등)이 있는 경우라면, 어떤 자원을 얼마만큼씩 사용하여 제품을 생산해야 이익을 최대화하는 최적 의사결정을 할 수 있겠느냐?라고 하는 의사결정문제가 대두될 수 있다. 이와 같은 경우, 경영과학의 대표적 학문분야인 '선형계획법, 정수계획법 또는 비선형계획법' 등의 활용으로 그 최적 해답을 찾을 수 있고 이를 통해 경영효율화로 경쟁력을 확보할 수 있다. 다음으로 한정된 차량으로 특정 상품의 배송과 관련한 수송서비스의 경우에는 수송계획법 또는 네트워크이론 등의 활용으로 차량별 수송일정을 최적화함으로써 경영효율화를 기할 수 있다. 또한 통신서비스나 물류서비스 등에서 그 운영의 경영효율화를 위해 '최단거리 운행방법의 탐색' 등이 모색될 수 있어서, 관련분야에서의 경쟁력 확보에 직접적으로 기여할 수 있게 된다. 이와 같이 오늘날 우리가 국가의 기술(하드웨어 및 소프트웨어) 경쟁력 확보에 국가적 명운을 걸고 있는 상황에서 경영과학의 역할은 실용적 가치와 함께 장래의 학문적 가치 또한 지대하다.

이상과 같은 동기부여 속에, 본 교재는 대학교 학부생들을 대상으로 주요 경영과학 분야에 대한 지식을 습득할 수 있도록 구성되어 있다. 특히, 학문적 분류에 따른 해결방법들(해탐색 기법들)의 소개와 상용소프트웨어인 LINGO를 활용한 다양한 예제들의 모델링과 최적해의 해석도 소개하고 있어 쉽게 학습할 수 있도록 편집되어 있다. 앞으로 관련 학문에의 더욱 깊이 있는 도전을 위한 핵심 입문서로도 큰 도움을 주리라 기대한다.

2017년 10월

저자 일동

■ 차 례 ■

CHAPTER 04

선형계획법의 응용

CHAPTER 05

수송모형 및 할당모형

CHAPTER 06

네트워크모형

CHAPTER 07

목표계획법

CHAPTER 08

정수계획법

CHAPTER 09

비선형계획법

CHAPTER 10

발견적 해법

CHAPTER 11

동적계획법

CHAPTER 12

의사결정론 및 게임이론

CHAPTER 13

마아코프 분석

CHAPTER 14 대기행렬이론

CHAPTER 15 시뮬레이션

CHAPTER 01

경영과학 개요

Chapter 01 경영과학 개요

1.1 경영과학의 개요

1.1.1 경영과학의 개념

경영과학(Management Science)은 시스템 전반에 걸쳐 발생되는 여러 의사결정문제들에 대한 합리적 의사결정을 위해 수리적 또는 계량적 분석기법의 구체적인 적용과 응용을 목표로 하는 분야이다. 여기서 시스템이라 함은 둘 이상의 구성요소가 공통된 목적을 달성하기 위하여 서로 유기적인 관계를 맺고 각자의 기능을 수행하는 하나의 전체를 말한다. 시스템의 구성요소는 비단 사람, 재료 및 장비에 국한되지 않고 소프트웨어, 돈, 정보 등 다양한 요소들을 포함한다. 경영과학의 근본적인 목적은 이러한 복잡한 시스템을 대상으로 합리적 의사결정에 필요한 다수의 선택 가능대안(alternative)들 중 가장 적절한 해결방안을 선택할 수 있도록 도와주는 것이다. 또한 경영과학은 실제 문제들의 합리적 결정을 위하여 문제를 분석하고 대안을 선택하는 논리적 사고방식의 함양에도 크게 기여하고 있다. 이와 같은 이유로 경영과학은 수리적 문제해결로 인한 해답 그 자체에 중요성이 있기보다는 의사결정자의 판단력과 통찰력을 향상시키는 데 더욱 큰 의미가 있다.

다시 말하면 경영과학을 연구하는 근본적인 목적은 합리적인 의사결정의 기본원리를 터득하고 이를 의사결정에 효과적으로 적용하기 위한 것이라 하겠다. 즉, 경영과학은 인간의 의사결정행위에 있어 가장 합리적이고 논리적인 방법으로 최적의 결과를 제공할 수 있는 과학이다.

계량의사결정을 위한 학문분야는 역사적인 발전과정에 따라 운용과학(Operations Research), 경영과학, 의사결정과학(Decision Science), 시스템분석(Systems Analysis) 등의 여러 이름으로 불리고 있으나, 이들은 모두 계량적 분석을 통한 의사결정을 다루고 있다. 본서에서는 이들을 모두 경영과학이라 통칭하며 경영과학은 의사결정의 계량적 접근방법(Quantitative Approach to Manage Decision-Making)을 포괄한다.

1.1.2 경영과학의 발달

미국의 공학자인 테일러(F. W. Taylor)는 과학적 관리법에 의해 작업을 정성적, 정량적으로 분석하였고 19세기 말경 계량경영적 분석의 기초를 열었던 간트(Gantt)는 간트차트(Gantt Chart)를 개발하여 기계의 작업 일정계획을 수립하였다. 1914년 영국의 란체스터(F. W. Lanchester)는 전투 화력방정식인 수학모형을, 같은 시기에 덴마크의 얼랑(A. K. Erlang)은 대기행렬이론(Queueing Theory)의 이론적 틀을, 1915년 해리스(Harris)는 경제적 주문량모형(Economic Order Quantity Model)을 제시하였다. 그러나 이때까지 경영과학은 하나의 학문으로 인식되지 못하였다.

그 후 경영과학이 본격적으로 연구되기 시작한 것은 제2차 세계대전 때부터이다. 제2차 세계대전 중에 영국군은 각종 선박에 대한 독일 잠수함 U-보트의 공격에 대하여 막대한 손실과 타격을 받고, 이에 대한 최선의 방어대책을 연구하기 위한 일환으로 유명한 물리학자, 심리학자, 공학자 및 수학자들로 구성된 OR팀을 발족시켜 군사적인 작전문제를 효율적으로 해결하였다. 1940년경 영국에서 시작된 운용과학 연구는 미국으로 전파되어 더욱 발전되었다. 항공기에 의한 독일의 U-보트 탐색문제, 일본의 가미가제 특공기에 대한 방어문제, 그리고 수송선단의 편성문제 등의 운용과학 연구를 군사문제에 적용하여 큰 전과를 올렸다.

제2차 세계대전 이후, 운용과학 연구들의 개념은 산업 및 상업분야에서 조직 운영문제를 효율적으로 해결하기 위한 도구로 확대되어 연구되기 시작하였다. 1941년 히치콕(Hitchcock)은 수송모형(Transportation Problem)을, 1944년 폰 노이만

(Von Neumann)은 게임이론(Game Theory)과 효용이론(Utility Theory)을, 1947년 조지 단치히(George Dantzig)가 선형계획모형의 해법인 심플렉스법(Simplex Method)을 개발함으로써, 운용과학 기법들이 조직의 효율성 제고를 위해 활용하게 되었으며, 그 효과는 각종 조직운영의 관리개선에 크게 기여하였다.

이와 같이 운용과학 연구가 경영문제에 널리 활용됨에 따라 경영과학이라는 명칭으로 확장되어 사용되기 시작하였다. 많은 수학자들과 과학자들은 경영과학의 넓고 다양한 적용 가능성에 주목하기 시작했으며 이 결과로 문제해결을 위한 새로운 아이디어와 접근방법들의 개발은 경영과학 관련 교육분야 및 산업현장에 뚜렷한 영향을 미쳐 왔다.

경영과학 연구를 위한 학술단체로는 1952년 ORSA(Operations Research Society of America)와 1953년 TIMS(The Institute of Management Science)가 창설되었고, 1957년 영국 옥스퍼드에서 ORSA와 TIMS는 IFORS(International Federation of Operational Research Societies)에 가입하였으며, 1995년 INFORMS(Institute for Operations Research and Management Sciences)로 통합되어 운영되어 오고 있다.

최근 개인용 컴퓨터의 급속한 발전과 보급으로 방대한 양의 계산을 신속하고 정확하게 처리할 수 있게 됨에 따라 경영과학은 방대하고 복잡한 운영문제들을 효과적으로 관리하고 통제할 수 있도록 지원할 수 있게 되었다. 개인용 컴퓨터의 광범위한 사용은 부족한 자원들을 보다 효율적으로 할당할 수 있도록 하는 극도의 계산용량을 요구하는 경영과학의 많은 최적화 기법들을 현장에 적용 가능하도록 하였다. 또한 경영과학은 컴퓨터를 활용하여 다양한 분석, 수학적 모형들의 실행, 복잡한 프로젝트들의 계획 및 관리, 데이터베이스의 생성, 그리고 의사결정 지원도구들의 광범위한 사용을 지원할 수 있게 되었다. 더구나 다양한 서비스산업의 발달로 인해 경영과학의 중요성과 활용성은 한층 증대하리라 예상된다.

1.1.3 경영과학의 특징

경영과학은 수학, 전산학 등과 같은 과학분야와 경영학, 경제학, 사회학 등과 같은 사회과학분야의 지식을 기반으로 과학적 방법 및 도구를 활용하여 의사결정을 위한 정량적 기초와 해를 제공하는 기술이다. 경영과학은 다음과 같은 특성을 갖고 있다.

(1) 경영과학은 의사결정문제에 초점을 맞춘다

경영과학은 최고경영층이 효율적인 의사결정을 할 때 필요로 하는 유용하고 실현 가능한 정보를 제공하는 경영수단이라고 볼 수 있다. 최고경영층은 경영과학을 활용하여 정량적인 요인을 분석하여 모색된 최적 대안들을 근간으로 정성적인 요인을 고려하여 최종적인 의사결정을 하게 된다.

(2) 경영과학은 과학적 연구방법을 사용한다

자연과학의 문제해결 절차는 문제를 정의하고, 이를 관찰하여 가설을 세우며, 실험을 실시하여, 가설의 채택 여부를 결정하고, 결과를 분석하는 접근방법을 취하는데 경영과학 역시 문제해결을 위해 이러한 과학적 연구방법을 사용한다. 따라서 과학적 접근방법은 경영과학의 기본을 이루는 중요한 사상이다.

(3) 경영과학은 시스템적 접근방법을 사용한다

일반적으로 시스템이란 특정한 목적을 달성하기 위하여 서로 유기적으로 관련되어 있는 여러 하위 시스템들(예, 부서들)로 이루어진 집합체(예, 기업)라 정의할 수 있다. 경영과학은 시스템의 의사결정문제 해결을 위해 여러 관련 부서들을 종합적으로 분석하여 전체 시스템의 목적에 부합하도록 전체 최적화(Global Optimization)를 추구하는 시스템적 접근방법을 취한다.

(4) 경영과학은 팀 또는 학제적(interdisciplinary) 접근방법을 이용한다

많은 의사결정문제들은 경제적, 사회적, 수학적, 물리적, 심리적 측면을 동시에 안고 있기 때문에, 경영과학에서는 이를 해결하기 위해 여러 학문분야에서의 지식과 접근방법을 필요로 한다. 따라서 경영과학에서는 문제해결을 위해 수학, 물리학, 전산학, 공학, 경영학, 경제학, 심리학 등 각 분야의 전문가로 구성된 팀을 활용하여 문제를 분석하여 해를 도출하도록 하는데 이러한 접근방법이 경영과학의 특징이다.

(5) 경영과학은 수학적 모형을 이용한다

경영과학에서는 수학을 많이 이용하는데, 이유는 모든 언어 중에서 정량적인 관계를 표현하고자 할 때 수학이 가장 논리적인 언어이기 때문이다. 따라서 경영과학에서는 복잡한 의사결정현상을 수학적인 부호와 함수적 관계를 사용하여 수학적 모형으로 단순화시켜 이를 분석하고 평가한다. 또한 경영과학은 의사결정문제와 관련된 요인 중에서 오직 정량적인 요인만을 이용하여 수학적 모형을 작성하고 이 모형을 분석하여 최적 대안을 도출하기 때문에 최적 대안을 선택했을 때의 결과 또한 정량적으로 표시된다.

(6) 경영과학은 컴퓨터를 활용한다

의사결정문제들의 상당부분은 관련 변수들이 복잡하게 연관되어 있는 경우가 많고, 경영과학을 이용하여 수학적 모형을 만들더라도 모형에 포함된 변수가 많거나 관계가 복잡하여 해석적 방법(Analytic Method)을 이용해 해를 구하는 것이 어려울 수 있다. 이와 같이 문제가 대규모이고 복잡하여 해석적인 방법의 사용이 어려운 경우에 수치해석 및 시뮬레이션과 같은 수치적 방법(Numerical Method)을 사용하여 컴퓨터의 활용을 통해 빠른 시간에 해결할 수 있게 된다.

1.2 경영과학의 모형

1.2.1 모형의 개념

일반적으로 모형(model)이란 실제 시스템의 특정한 현상이나 실체를 단순하게 표현한 것 또는 추상화(abstraction)한 것을 의미한다. 이와 같이 실제 시스템을 단순화하거나 추상화하는 이유는 문제해결에 시간이나 비용을 절약할 수 있기 때문이다. 또한 경영과학이 대상으로 하는 시스템은 실험실에서 실험을 통해 결과를 얻거나 실험 자체를 할 수 없는 경우가 대부분이기 때문에 실제 시스템을 단순화한 모형을 이용하면 훨씬 경제적이고 안전하게 문제를 해결할 수 있다. 모형을 설정하는 목적은 표현하고자 하는 현상에 대한 특정한 정보나 전반적인 통찰을 얻기 위해서이다. 모형을 사용함으로써 핵심 변수 간의 인과관계나 상호작용에 대한 정보를 얻을 수 있다.

모형화의 단계를 순차적으로 서술해보면 다음과 같다.

첫 번째 단계에서는 추상화 및 단순화된 모형을 작성한다. 실물 또는 실제 시스템을 수치나 기호 등을 사용하여 기초가 되는 모형을 작성한다.

두 번째 단계에서는 모형의 타당성(validity)을 검토한다. 작성된 모형이 실제 시스템의 특성을 정확히 반영하고 있는가에 대해 검토를 해야 한다.

세 번째 단계에서는 모형의 적용결과를 예측(prediction)한다. 타당성이 입증된 모형을 사용하여 여러 대안의 결과를 예측하고 가장 좋은 대안을 찾아낸다.

네 번째 단계에서는 모형을 평가(evaluation)한다. 동일한 조건하에서 모형을 적용한 예측결과와 과거의 실제 시스템의 결과를 비교하여 모형의 유효성을 평가한다.

마지막 단계에서는 모형을 수정(revision)한다. 모형의 적용결과가 실제 시스템의 결과를 정확히 예측하지 못했다면 실제 시스템을 정확하게 반영할 수 있도록 모형을 수정한다.

1.2.2 모형의 유형

여러 가지 형태의 모형이 있지만, 모형은 추상화의 정도에 따라 다음과 같이 형상모형, 상사모형, 수리모형으로 분류된다. [그림 1-1]은 모형의 유형을 그림으로 표현한 것이다.

(1) 형상모형

형상모형(Iconic Model)이란 나타내고자 하는 대상과 실제적으로 유사한 물리적 표현을 의미한다. 즉, 실체를 목적에 따라 물리적으로 확대 또는 축소 복사한 모형을 뜻한다. 형상모형의 예로는 비행기, 선박, 자동차, 인형 등의 축소모형 또는 평면의 그림, 사진 등을 들 수 있다.

그림 1-1 모형의 유형

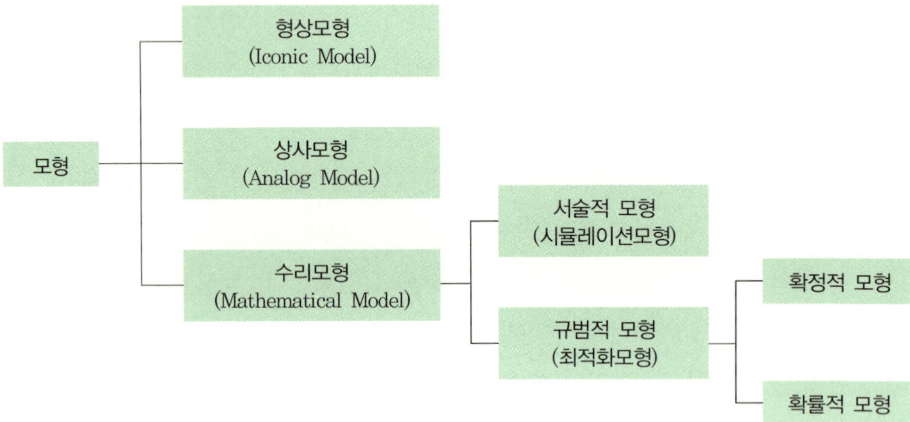

(2) 상사모형

상사모형(Analog Model)은 모형의 대상과 비슷한 외관을 가지고 있지는 않지만 그와 동일한 기능을 행하는 물리적 모형(Physical Model)이다. 예를 들면, 자동차의 속도계, 지도, 청사진, 조직의 도표 등이 있다. 상사모형에서는 모형의 대상이 되는 실체의 한 성질을 다른 성질로 대체시키기도 하며 역동적 상황을 정적 상태로 표현할 수 있다. 예를 들면, 통계학에서 히스토그램은 수치 데이터를 그림으로 나타내므로 상사모형이며, 컴퓨터 프로그래밍에 사용되는 흐름도(Flow Chart)도 상사모형의 예이다.

(3) 수리모형

수리모형(Mathematical Model)은 추상화의 정도가 가장 높은 모형이며, 수학적 부호, 방정식 및 수학적 설명을 사용하여 실제 상황을 표현하고자 하는 모형이다. 따라서 수리모형은 실제 상황에 영향을 주는 여러 요인들을 분석하고 여러 요인들 간의 상호관계를 단순화하거나 추상화하여 여러 개의 변수, 상수 및 매개변수 그리고 그 사이를 함수관계로 이루어지는 수식으로 표현한다. 수리모형에는 서술적 모형(Descriptive Model)과 규범적 모형(Normative Model)이 있다. 규범적 모형은 최적화모형(Optimization Model)이라고도 하는데 이는 정립된 목적을 달성하기 위한 행동지침보다는 시스템의 형태를 기술해 준다. 서술적 모형인 시뮬레이션모형은 계획된

횟수만큼 시스템적 실행을 반복함으로써 시스템의 형태를 통계적으로 표현한다.

또한 수학적 모형은 확률, 확률분포 또는 우연변동 요인의 포함 여부에 따라 확정적 모형(Deterministic Model)과 확률적 모형(Probabilistic 혹은 Stochastic Model)으로 분류되며, 시간의 변화의 포함 여부에 따라 정적 모형(Static Model)과 동적 모형(Dynamic Model)으로 분류되기도 한다. 경영과학에서 가장 많이 사용되는 수학적 모형을 세분하여 살펴보면 다음과 같다.

1) 확정적 모형

확정적 모형은 미래에 대한 정보가 확실하여 수학적 모형 내에 확률이나 확률분포가 포함되어 있지 않은 모형을 말하며, 비교적 쉽게 최적해를 구할 수 있다. 대표적인 예로는 선형계획법, 수송계획법, 네트워크모형, 목표계획법, 정수계획법, 동적계획법 등이 있다. 확정적 모형의 대부분은 해석적 방법을 이용하여 최적해를 구할 수 있다.

2) 확률적 모형

확률적 모형은 미래에 대한 정보가 불확실하여 수학적 모형 내에 확률이나 확률분포가 포함되어 있는 모형을 말하며, 최적해보다는 근사해나 실행가능해를 찾는 데 초점을 맞춘다. 대표적인 예로는 재고모형, 대기행렬, 게임이론, 마아코프 분석, 시뮬레이션모형 등이 있다. 확률적 모형은 확정적 모형에 비해 매우 복잡하여 해석적 방법을 적용하기에는 극히 제한적이며 이 모형을 분석하기 위해서는 시뮬레이션이 좋은 수단이 된다.

3) 정적 모형

정적 모형은 수학적 모형 내에 시간의 변화가 포함되어 있지 않는 모형을 말하며, 대표적인 예로는 선형계획모형을 들 수 있다. 대부분의 정적 모형은 확정적 모형이며 미적분을 이용하여 최적해를 구하는 경우가 많다.

4) 동적 모형

동적 모형은 수학적 모형 내에 포함되어 있는 변수가 시간의 경과에 따라 변화하는 모형을 말하며 대표적인 예로는 마아코프모형 및 대기행렬모형을 들 수 있다. 일반적으로 동적 모형의 해는 해석적 방법으로 구할 수 없기 때문에 시뮬레이션이 많이 사용된다.

1.2.3 수학적 모형의 구성요소

수학적 모형의 구성요소는 의사결정변수, 종속변수, 외생변수 및 매개변수로 분류할 수 있다.

(1) 의사결정변수

모형의 구성에 있어 의사결정변수(Decision Variable)는 가장 중요한 변수이며, 의사결정자가 통제 가능한 변수로서 모형의 해를 구한다는 의미는 의사결정변수의 값을 구하는 것이 된다. 의사결정변수는 독립변수 또는 통제 가능변수라고도 칭한다. 예를 들면, 제품조합(Product Mix)을 구하는 문제에서 각 제품의 생산량이 의사결정변수가 된다.

(2) 종속변수

종속변수(Dependent Variable)는 독립변수(결정변수)에 의해 그 값이 결정되는 변수로서 기준변수(Criterion Variable)라고도 하며 종속변수에 의해 얻어진 값은 시스템에 대한 성과달성 수준을 나타낸다. 예를 들면, 총판매이익, 총생산비용, 투자수익 등이다.

(3) 외생변수

외생변수(Exogenous Variable)는 시스템의 외부에서 그 값이 결정되는 변수로서 시스템이나 종속변수에 영향을 미치지만 의사결정자가 통제할 수 없는 변수이다. 예를 들면, 원자재의 가격, 제품의 수요, 물류비용, 이자율 등이다.

(4) 매개변수

매개변수(parameter)는 모형의 작성에 사용되는 데이터의 값을 의미하며 상수

(constant)와 확률적 매개변수(Random Parameter)로 구분할 수 있다. 상수는 매개변수의 값이 일정하게 고정된 경우를 말하며, 주로 단기간의 환경변화나 시스템에 변화가 없을 경우 사용된다. 확률적 매개변수는 동적이고 확률적인 상황하에서 매개변수가 특정한 확률분포에 따라 변화하는 경우에 이용되는 변수이다.

1.2.4 경영과학의 모형 종류

앞서 살펴본 바와 같이 경영과학의 모형은 크게 확정적 모형과 확률적 모형으로 분류될 수 있으며 각 모형별로 대표적인 방법론들을 소개하면 다음과 같다.

(1) 확정적 모형

1) 선형계획법

사용 가능한 자원의 양이 제약된 상황하에서 총이익을 최대화하거나 총비용을 최소화하기 위한 자원의 최적 할당을 다룬다. 선형계획법(Linear Programming: LP)의 해를 구하는 방법으로는 그래프를 이용한 도해법(Graphical Method) 및 선형대수학에 기반한 심플렉스법(Simplex Method)이 있다. 선형계획법은 경영과학 기법에서 가장 대표적인 기법이다.

2) 수송모형과 할당모형

선형계획법의 특수형태를 갖는 알고리즘(algorithm)인 수송계획법과 할당법은 선형의 특수한 문제를 다룰 때 유용한 기법이다. 공급지에서 수요지로 제품의 물량을 최소비용으로 이동시킬 수 있는 최적 대안선택문제와 기계에 작업자 배치, 부서에 신입사원 배치 등에 관한 최적 할당의 문제에 직면했을 때 수송모형과 할당모형이 적용된다.

3) 네트워크모형

네트워크모형(Network Model)은 공간적, 지리적 위치나 시간적 상태를 나타내는 마디(node)와 이것을 연결하는 호(arc)에 의해 표현되는 네트워크문제를 다루는 모형으로 최소걸침나무문제(Spanning Tree Problem), 최단경로문제(Shortest Path Problem), 최대흐름문제(Maximal Flow Problem), 최소비용 네트워크흐름문제(Minimum Cost Network Flow Problem) 등이 예이다. 의사결정자가 대규모 프로젝트에 포함된 제품생산 순서와 계획기간 단축문제를 처리하는 데 이용되기도 하며, 예로는 PERT/CPM(Program Evaluation and Review Technique/Critical Path Method) 기법이 있다.

4) 목표계획법

단일 목적함수만 고려하는 선형계획법과 달리, 목표계획법(Goal Programming)은 상충되는 다수의 목적을 동시에 고려하여 해를 구하기 위해 개발된 접근방법이다. 목적함수의 편차변수를 최소화하고, 목적함수에는 우선순위의 목표에 가중치가 부여되고 제약조건에는 목적제약조건과 시스템제약조건이 도입되어 도해법과 심플렉스법에 의해 최적해를 유도할 수 있다.

5) 정수계획법

정수계획법(Integer Programming)은 의사결정문제에서 정수해를 필요로 하는 선형계획모형의 해를 구하기 위해 적용되며 선형계획법의 해가 정수단위로 나올 수 있도록 정수제약조건을 도입하여 정수해를 유도한다. 분단탐색법(Branch and Bound Method)은 순수 또는 혼합 정수계획문제나 할당문제를 효과적으로 해결하기 위해서 개발된 하나의 순차적 반복계산방식이다.

6) 동적계획법

동적계획법(Dynamic Programming)은 최적화문제에 대한 순환적 접근방법으로서 일련의 의사결정이 계획적으로 요구되는 상황에서 상호 관련성을 지니는 상태변수(State Variable)를 매개로 최적화문제를 여러 단계(stage)로 분할하여 순차적으로 해를 구해 가는 다단계 의사결정 또는 문제해결을 위해 사용되는 수리적 기법이다.

7) 비선형계획법

현실세계의 실제적인 의사결정문제들은 선형함수만으로 모형화하는 것이 불가능할 수 있으며 비선형관계에 있는 것도 많다. 산출량과 투입량 간에는 수확체증 또는 수확체감의 법칙이 작용하는 경우에 비선형계획법(Nonlinear Programming)을 적용한다.

(2) 확률적 모형

1) 의사결정이론

의사결정이론(Decision Theory)은 미래의 불확실한 상황하에서 합리적인 의사결정을 하기 위해서 확률이론을 적용하여 해를 구하는 기법이다.

2) 게임이론

게임이론(Game Theory)은 게임에 참여하는 경쟁자와 경쟁자의 전략, 전략 선택에 따른 성과를 대상으로 하며 각 전략에 따른 게임이득의 최대화와 게임손실의 최소화를 위한 기법을 다룬다.

3) 재고관리모형

재고모형(Inventory Model)은 주문비용과 재고비용의 총합을 최소화하는 의사결정문제를 다룬다. 이 접근방법은 구입주문비, 재고유지비, 재고부족비를 최소화하는 주문정책 및 재고정책을 결정하는 데 적용된다. 이때 모형 내에 상수 매개변수가 주어지면 확정적 모형으로, 확률적 매개변수가 주어지면 확률적 모형으로 구분된다.

4) 마아코프 분석

마아코프 분석(Markov Analysis)은 다양한 의사결정시스템을 확률이론에 입각하여 모형화하고 과거의 변화를 토대로 동적 성격을 파악하여 미래의 변화를 연속적으로 예측한다. 이 기법이 가장 잘 이용된 분야는 마케팅에서의 상표결정문제이며 마아코프 분석은 주식동향 예측분야에서도 많이 이용되고 있다.

5) 대기행렬모형

대기행렬모형(Queueing Model)은 제한된 서비스시설의 대기행렬에서 서비스비용과 대기비용을 최소화할 수 있도록 서비스 수준을 결정하기 위한 방법을 다룬다. 대기행렬모형이 적용되는 예로는 개찰구, 고속도로 요금소, 은행 창구, 대형마트 내 계산대, 터미널 등이 있다.

6) 시뮬레이션

시뮬레이션(simulation)은 실제 시스템의 속성, 형태 및 운영특성 등을 연구하고 이해하기 위한 모의실험 또는 모형의 동적 실험을 하는 기술적 의사결정방법이다. 의사결정문제의 최적해를 얻기 위하여 시행착오적 방법과 확률이론을 이용한다.

1.3 경영과학의 적용과정

경영과학 기법에 의한 의사결정문제의 해결은 과학적 방법이라는 기본원리에 입각하고 있다. 과학적 방법은 문제를 객관적으로 평가하고 이에 대한 해를 도출하는 지침이 된다. 경영과학을 적용하는 데 하나의 정확한 방법 혹은 과정은 없으며, 일반적으로 통용되는 경영과학의 적용과정은 다음과 같은 여섯 단계로 나눌 수 있다. 그 적용과정을 플로차트로 나타내면 [그림 1-2]와 같다.

그림 1-2 경영과학의 적용과정

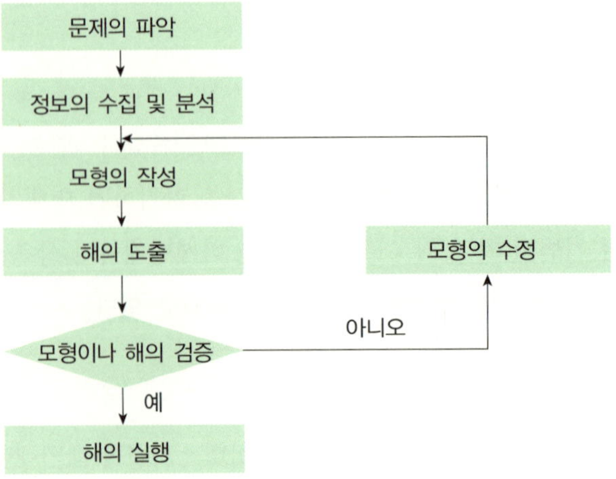

1.3.1 문제의 파악

경영과학의 접근방법에 있어 첫 번째 단계는 조직 또는 시스템의 목적과 해결해야 할 문제를 명확하게 규정하는 것이다. 경영과학은 경영계획이나 운영정책과 같은 시스템의 의사결정문제를 시스템의 전체적인 입장에서 다루기 때문에 여러 부문에 걸쳐 밀접하게 상호 연관되어 있는 문제를 다루게 된다. 이 문제가 명확하게 규정되지 않으면 다음 단계에 영향을 미쳐서 경영과학의 적용효과가 반감될 수 있으므로 충분히 주의하여 문제를 명확하게 규정할 필요가 있다.

1.3.2 정보의 수집과 분석

명확하게 정의된 문제에 대해 관련된 정보를 수집하고, 시스템 내에서의 문제의 중요성 및 문제와 관련된 요인 간의 관계 등을 규명한다. 문제해결에 필요한 신뢰도 높은 정보를 수집하여야만 신뢰도 높은 수학적 모형을 작성할 수 있다. 특히, 이 단계에서는 문제와 관련된 이해관계자와의 긴밀한 협조가 필요하고, 관리기술에 대한 풍부한 지식도 필요하다. 또한 이 단계에서는 문제해결을 위한 방법론에 대해 철저한 조사와 검토가 이루어져야 한다.

1.3.3 모형의 작성

정보의 분석결과를 바탕으로 시스템의 유효성과 이에 영향을 미치는 요인과의 관계를 수식으로 표현하는 수학적 모형을 작성한다. 그러나 기업경영의 문제들이 자연과학처럼 언제나 수식으로 명쾌하게 표현될 수 있는 것은 아니므로 성공적인 모형의 개발은 의사결정자의 경험과 통찰력을 바탕으로 이루어지며, 이 과정이 가장 어렵고도 중요한 부분이다.

모형의 작성에 있어서 모형이 타당하도록 단순화의 정도와 현실상황의 반영도가 균형을 이루도록 해야 한다. 모형이 단순화할수록 해를 구하기는 쉬우나 모형에 대한 타당성은 낮아지게 된다.

경영과학에서의 모형은 수학적 모형이므로 현실세계의 시스템 행태를 얼마나 정확하게 반영하고 있는가에 따라 모형의 복잡성이 결정되며 타당한 모형의 작성을 위해서는 실제 시스템을 정확히 반영하기 위해 수정과 보완을 거듭하는 반복작업이 될 수 있다. 이 과정에서 작성된 모형의 해를 구할 수 있는지의 여부를 검토해야 하며 모형의 실행가능해(Feasible Solution)를 고려하면서 모형을 수정해야 한다.

1.3.4 해의 도출

세 번째 단계에서 작성된 모형의 최적해(Optimal Solution)를 구한다. 최적해란 대상이 되는 시스템의 의사결정문제에서 모든 제약조건을 동시에 만족하면서 대상 시스템의 목적을 극대화하는 대안을 의미한다. 최적해는 작성된 모형으로부터 구해진 해이다. 모든 모형은 실제 시스템을 단순화 또는 추상화한 것이므로 모형이 실제 시스템을 잘 반영하였다면 모형의 최적해는 실제 시스템의 근사해를 제공할 것이다.

모형의 해를 구하는 방법은 해석적 방법과 수치적 방법으로 분류할 수 있다. 해석적 방법은 가장 일반적으로 사용하는 방법으로 매개변수의 값 등을 변화시켜 해를 구하는 방법이며 수치적 방법은 모형에 포함된 변수들이 많아 그 관계가 복잡하여 해석적 방법으로는 해결할 수 없는 의사결정문제의 해를 구하기 위해 시행착오적 혹은 반복적 방법을 사용한다. 시뮬레이션은 수치적 방법의 대표적인 예이다.

1.3.5 모형과 해의 타당성 검증

해의 타당성 검증을 위해서는 모형이 목적하는 바를 달성할 수 있는가를 검토한 후, 모형에 의한 예측과 실제 시스템의 행태와의 일치 및 반영 여부를 검토해야 한다. 모형의 타당성을 검증하는 하나의 방법은 작성된 모형을 통해 얻은 결과와 실제 시스템의 과거 자료를 서로 비교하는 방법이다. 해가 실제 시스템의 행태와 차이를 보인다면 모형의 작성단계로 되돌아가 모형을 수정해야 한다.

1.3.6 해의 실행

현실적으로 적용 가능한 만족할 수 있는 해가 구해졌다면, 이 해와 수학적 모형의 작성단계에서 제외되었던 정성적 요인을 고려하여 의사결정자는 대안을 선택하고, 이 대안이 실제로 이행될 수 있도록 관리체제를 확립해야 한다.

1.4 경영과학의 응용분야

경영과학은 미국, 유럽 및 아시아의 주요 국가에서 일반기업이나 공공기관의 거의 모든 분야에서 널리 이용되어 오고 있다. 1979년 미국에서 여러 회사들을 대상으로 수행한 설문조사에 의하면 경영과학의 응용분야는 [표 1-1]과 같다.

표 1-1 경영과학의 응용분야

응용분야	경영과학을 이용하는 회사 비율(%)
생산계획	70
재고관리	70
자금계획	56
수송계획	51
공장위치선정	42
품질관리	40
광고 및 판매 연구	35
설비대체	33
유지보수계획	28
회계관리	27
포장	9

이 표에 의하면 약 70% 정도의 회사들이 생산관리 및 재고관리분야에서 경영과학 기법을 의사결정에 활용하고 있으며 50% 이상의 회사들이 자금계획이나 수송계획분

야에 경영과학 기법을 응용하고 있음을 보여주고 있다. 또한 여러 경영과학 기법들이 사용되는 빈도에 관한 설문조사의 결과는 [표 1-2]와 같다.

이 표에 의하면 80% 이상의 회사들이 선형계획법과 시뮬레이션을 활용하고 있으며, 약 50% 이상의 회사들이 네트워크모형, 대기행렬모형, 의사결정이론 등을 활용하고 있다. 경영과학의 응용분야는 인력자원 또는 기계가 복합되어 있는 거의 모든 사회적 조직체를 대상으로 하고 있다. 역사적으로 볼 때, 경영과학은 군대관리에서 시작하여 기업체로 적용범위를 넓혀 갔는데 초기의 응용은 대부분 생산 및 작업관리에 관한 내용이었다. 그러던 것이 기업체의 재무관리, 기술개발, 시장관리 등 기업의 전략적 차원의 문제로 적용범위를 넓혀 가는 한편, 경제정책, 보건, 교통, 에너지, 환경, 교육 등 공공부문으로의 적용범위도 넓어지고 있다. 그러므로 현대의 기업에 종사하거나 또는 공공기관에 종사하는 요원으로서 의사결정을 할 수 있거나 해야만 하는 위치에 있는 사람은 경영과학적 사고에 근거하여 항상 '최적의 의사결정'이 존재한다는 철학을 가질 필요가 있다.

표 1-2 경영과학 기법의 사용빈도

경영과학 기법	사용빈도(%)
선형계획법	83.3
시뮬레이션	80.3
네트워크모형	58.1
대기행렬모형	54.7
의사결정이론	54.7
정수계획법	38.5
설비대체분석	38.5
동적계획법	32.5
마아코프 분석	31.6
비선형계획법	30.7
목표계획법	20.5
게임이론	13.7

1.5 이 책의 구성

경영과학에 대한 전반적인 이해를 돕기 위해 경영과학의 개요, 모형, 적용과정, 응용분야에 대해 살펴보았다. 지금까지 학습한 내용으로도 충분히 알 수 있겠지만 경영과학은 기본적으로 시스템의 설계, 관리, 운영 혹은 개선을 위한 의사결정과 관련된 학문이다. 경영과학은 시스템의 구성요소 간 관련성과 인과관계 등을 엄밀하게 수학적으로 입증하는 것을 바탕으로 합리적인 의사결정방법들을 도출한다. 따라서 경영과학은 시스템을 최적으로 설계하여 운영하고 관리하며 개선하는 데 도움을 줄 수 있는 여러 가지 방법론들과 기법들을 포함하고 있다.

이 책에서는 경영과학에서 취급되는 대표적인 주제들을 골라 각각 하나의 장으로 구성하였다. 각 장에서 다루어질 주제를 살펴보면 다음과 같다.

제2장 선형계획법의 기본개념 및 도해법
제3장 선형계획법의 대수적 해법
제4장 선형계획법의 응용
제5장 수송모형 및 할당모형
제6장 네트워크모형
제7장 목표계획법
제8장 정수계획법
제9장 비선형계획법
제10장 발견적 해법
제11장 동적계획법
제12장 의사결정론 및 게임이론
제13장 마아코프 분석
제14장 대기행렬이론
제15장 시뮬레이션

CHAPTER
02

선형계획법의 기본개념 및 도해법

Chapter 02 선형계획법의 기본개념 및 도해법

선형계획모형은 경영과학모형의 한 줄기인 수리모형(Mathematical Model)에 속하며 제한된 자원을 최적(optimal)으로 활용하는 의사결정을 위한 모형이다. 전 세계적으로 공공기관 및 사기업들이 선형계획모형을 비용절감, 이익 극대화 등 의사결정 상황에 활용하여 큰 성과를 거두고 있다. 예로서 군 작전, 민간기업, 농산물 경작, 수송, 경제의사결정 및 의료산업과 행태 및 사회 과학적 의사결정에서도 활용되고 있다. 수많은 교과서와 연구논문들이 선형계획모형과 관련된 학문적 진전에 대한 연구결과를 보여주고 있으며, 특히 선형계획모형은 컴퓨터의 발달 덕분으로 규모가 큰 의사결정 상황에서 적정한 시간 내에 해결방안을 제공할 수 있는 모형이다. 또한 선형계획모형에 대한 해법은 정수계획법(Integer Programming), 비선형계획법(Nonlinear Programming) 등 여타 수리모형들의 해법절차 개발에 도움이 되었으며 후속 장에서 배울 수송모형, 네트워크모형 등도 선형계획모형의 특별한 경우이다.

본 장에서는 작은 규모로 정리된 예제를 통하여 선형계획모형을 소개하고 모형을 수립하는 절차와 관련된 용어를 정리하고 이를 중심으로 선형계획모형의 특성을 설명하며 선형계획모형을 푸는 방법으로서 도해법(Graphical Method)을 설명한다. 의사결정 환경의 변화가 의사결정 결과에 미치는 영향을 분석하는 민감도 분석을 역시 도해법으로 분석하는 과정을 소개하며 컴퓨터를 이용한 해법으로서 전문 소프트웨어인 LINGO를 활용하여 의사결정모형을 수립하고 의사결정 결과를 도출하고 이를 해석하는 내용을 다룬다.

2.1 선형계획문제의 모형화

본 절에서는 선형계획모형을 활용하는 의사결정 상황과 모형수립에 필요한 용어정의 및 모형수립 과정을 설명하기 위하여 선형계획법문제로 모형화(formulation)될 수 있는 의사결정 상황의 전형적인 예제를 소개한다. 예제에서 다루는 상황은 선형계획모형을 도해법으로 풀 수 있는 규모로 단순화하였다. 이를 통하여 선형계획모형에 대한 개념을 이해하고 일반적으로 필요한 지식을 습득한다.

2.1.1 전형적인 예제 : 제품혼합(Product Mix)문제

Q 예제 2-1 제품혼합문제

㈜한국광학부품에서는 4G 및 3G용 스마트폰에 각각 장착되는 카메라 모듈의 고급형과 기본형을 생산하고 있다. 고급형과 기본형에는 동일한 부품인 렌즈가 각각 3개, 2개씩 들어가고 렌즈는 하루에 18box(box로 표현한 이유는 나중에 설명하겠지만 1box는 1,000개 또는 10,000개 등과 같이 제법 큰 수를 대신하면 된다. 여기서는 한 box에 10,000개의 렌즈가 들어간다고 가정한다.)를 공급받을 수 있다. 또한 고급형 카메라 모듈에는 고급형 구동모터가 1개 들어가는데 고급형 구동모터는 하루에 5box 공급받을 수 있다. 기본형 카메라 모듈에는 기본형 구동모터가 1개 들어가는데 기본형 구동모터는 하루에 4.5box 공급받을 수 있다. 기획팀의 분석에 의하면 투입된 비용을 제외하고도 고급형 카메라 모듈의 경우는 box당 6,000,000원의 이익을, 기본형의 경우는 box당 3,000,000원의 이익을 가져온다고 한다. 기획팀은 하루에 얻는 총이익을 최대로 할 수 있는 고급형과 기본형 카메라 모듈의 하루 생산량(생산 box)을 결정하는 일정계획을 수립하고 싶다. 선형계획모형을 설명하기 위하여 고급형과 기본형 모듈의 하루 생산량은 정수가 아니어도 된다. 만일 box가 10,000개라면 하루에 2.5box의 카메라 모듈을 생산한다는 것은 하루에 25,000대를 만든다는 것이다. 하루에 공급받을 수 있는 렌즈나 구동 모터의 수량도 모듈 생산량과 같이 'box'라는 표현을 썼다. 하루에 구동모터 4.5box를 공급받는다는 것은 하루에 45,000개의 구동모터를 공급받는다는 의미이다.

이 예제는 단순화되었지만 제한된 자원하에서 최적의 의사결정을 내리고자 하는 의사결정 상황을 반영하고 있다. 먼저 제한된 자원으로는 하루에 공급받을 수 있는 렌즈의 수량과 고급형 구동모터와 기본형 구동모터의 수량이 있다. 가장 좋은 의사결정은 총이익을 최대화하는 고급형과 기본형 카메라 모듈의 생산수량을 결정하는 것을 의미한다. 그리고 의사결정은 결국 고급형과 기본형 카메라 모듈에 대한 일일 생산수량을 결정하는 것이다. 위의 문제와 관련된 데이터를 정리하여 [표 2-1]을 작성하였다.

표 2-1 ㈜한국광학부품 제품혼합문제

	고급형 모듈	기본형 모듈	제한	
렌즈	3개 사용	2개 사용	18box	일일 최대 공급받는 양
고급형 구동모터	1개 사용		5box	일일 최대 공급받는 양
기본형 구동모터		1개 사용	4.5box	일일 최대 공급받는 양
모듈 box당 이익	6,000,000원	3,000,000원		

선형계획모형의 수리모형[1]화 절차는 위와 같은 의사결정 상황을 적절하게 표현하는 선형수학식을 구성하는 것이다. 선형수학식은 선형성(linearity)을 만족하는 수학식으로 우리에게 익숙한 선형수학식 용어로는 일차방정식, 일차함수 또는 일차부등식이 있다. 선형계획모형이 되기 위해서 의사결정모형은 몇 가지 성질을 만족하여야 한다. 이를 선형계획모형의 성질 또는 가정이라고 하며 이에 대한 설명은 뒤에서 자세히 다루기로 한다.

수리모형은 모르는 값(또는 알고자 하는 값)을 문자로 표현하고(이를 방정식에서는 미지수, 함수에서는 변수라고 해왔다.) 수학적 공리와 정리 등을 이용하여 해를 찾는 데 도움을 주는 모형이다. 선형계획모형도 수리모형의 하나이므로 모형화를 위한 과

1) 수리모형은 수, 기호, 문자, 부호 등을 사용하여 대상을 표현하는 것으로 대상물을 가장 추상화한 모형이다. 예를 들어 '둘레의 길이가 6이고 면적이 2인 직사각형의 가로, 세로의 길이를 구하는 문제'가 우리가 표현할 대상이라고 한다면 모형으로 표현하는 방법과 그 풀이과정은 다음과 같다.
직사각형의 둘레의 길이가 6이고 면적이 2라는 말은 가로와 세로의 합의 2배는 6이고, 가로와 세로의 곱은 2라는 표현과 동일하다. 가로의 길이와 세로의 길이를 아직 모르므로 가로의 길이를 미지수를 표현하는 문자 x로 표현하고 세로의 길이를 문자 y로 표현하면 다음과 같은 두 개의 수학식이 정의된다.
$2(x+y)=6, \quad xy=2$
이미 익숙한 방정식 풀이절차에 따라 x, y를 풀어내면
$x+y=3, \quad x(3-x)=2$이므로
$x=2$, $y=1$ 또는 $x=1$, $y=2$로 나오고 결국 가로는 2, 세로는 1(또는 가로는 1, 세로는 2)이 된다.

정은 알고자 하는 값(우리가 의사결정의 주체로서 그 값을 결정한다는 의미에서 의사결정변수(Decision Variable)라고 한다)이 무엇인가를 탐색하는 데서 출발한다. 예제에서 우리는 하루에 생산하는 고급형과 기본형 카메라 모듈의 생산량을 알고자 한다. 의사결정을 내려서 생산하기 전까지는 이 값을 모르므로 이 값들이 우리의 의사결정변수이다. 미지수 또는 변수에 어떠한 문자를 써야 한다는 규정은 없다. 따라서 그동안 우리가 익숙하게 사용해 온 x, y, z 등을 사용하면 될 것이다.[2)]

x = 고급형 카메라 모듈의 하루 생산량(box)
y = 기본형 카메라 모듈의 하루 생산량(box)

일반적인 방정식의 해를 찾는 것과는 달리 선형계획모형에서는 의사결정변수의 값을 잘 정함으로써 의사결정을 잘했다는 평가를 내리고 싶어 하는 상황이다. 이러한 상황을 최적화 의사결정 상황이라고 할 수 있다. 예제에서 의사결정을 잘했다고 판단할 수 있는 기준은 무엇인가? 가장 좋은 의사결정이라는 것은 하루에 얻는 총이익을 최대화하는 고급형과 기본형 카메라 모듈의 하루 생산량을 결정하는 의사결정이라고 하였으므로 '총이익'이 의사결정의 질을 판단하는 기준이 될 것이며 의사결정을 잘해서 가능하면 크게 하고 싶은 의사결정의 궁극적인 목표인 목적함수(Objective Function)이다. 그러면 '총이익'은 알고 있는 값인가? '총이익'은 정해진 값이 아니라 어떤 의사결정을 내리느냐에 따라 달라지는 값이다. 고급형 및 기본형 카메라 모듈을 각각 1box씩 생산하면 총이익은 6,000,000원+3,000,000원이 되고, 고급형 모듈을 2box 만들고 기본형 모듈을 3box 만들면 총이익은 12,000,000원+9,000,000원이 되고, 고급

2) 변수를 나타내는 기호를 무엇으로 할 것인가는 전적으로 모형을 만드는 사람의 권한이다. 의미를 부여하는 문자 또는 단어를 사용해도 되고 의미와 관계없이 아무 문자나 선택하는 것도 관계없다. 제품혼합 예제에서 고급형 모듈의 하루 생산량을 나타내는 기호로써 x라는 문자를 사용해도 되지만 Luxury라는 단어를 사용해도 되고 이 단어의 첫 문자인 L을 사용해도 된다. 예제가 단순하여 의사결정변수가 몇 개 안 될 때는 의미를 갖는 단어를 사용하는 것도 좋지만 변수의 개수가 늘어나면 이를 수리적인 모형 구성에 반복적으로 표현하는 것이 귀찮은 일이 될 수 있다. 책마다 차이가 나지만 변수의 개수가 늘어나면 의사결정변수를 나타내는 문자를 우리가 그동안 미지수 또는 변수로 흔히 쓰던 x를 사용하고 아래첨자를 사용하여 서로 다른 의사결정변수임을 구분하는 방법을 많이 사용한다. 예를 들어, x_1, x_2, x_3, x_4와 같이 아래첨자 1, 2, 3, 4로 서로 다른 의사결정변수임을 구분한다. x_{11}, x_{12}, x_{21}, x_{22}와 같이 아래첨자를 두 개 또는 세 개 이상 사용하여 의사결정변수들의 집단을 구분하는 방법도 흔히 사용되는데 수송문제나 네트워크문제 등에서는 이러한 방법을 사용한다.

형 모듈을 $x$box 만들고 기본형 모듈을 $y$box 만들면 총이익은 $6,000,000x+3,000,000y$가 된다. 고급형 기본형 모듈의 생산량으로 표시되므로 변하는 값이 되지만 이들 의사결정변수의 값이 정해지면 함수식에 의하여 계산이 될 수 있으므로 총이익은 종속변수이다. 이 종속변수값은 의사결정변수 x와 y가 결정되면 정해지는 값으로 목적함수값(Objective Value)이라고 한다. 이를 z로 표시하기로 하자.

z=고급형 $x$box 생산하는 경우 이익+기본형 $y$box 생산하는 경우 이익
=고급형 모듈 box당 이익$\times x$+기본형 모듈 box당 이익$\times y$
$=6,000,000x+3,000,000y$
$=6x+3y$(1,000,000원을 이익의 단위로 변환한 경우)

총이익을 가능한 크게 하고 싶으므로 다음과 같이 표현된다.

Maximize(가능하면 크게) $z=6x+3y$

의사결정에 있어서 의사결정자가 얼마나 자유롭게 의사결정변수의 값을 정할 수 있는지를 살펴보자. 만일 아무런 제약 없이 의사결정을 내리라고 한다면 의사결정자는 x를 무한대로 정하고 y를 무한대로 정하여 총이익을 무한대로 만들 수 있다. 그러나 현실적으로 x를 무한대로 정하고 y를 무한대로 정하는 것은 불가능하다. 왜냐하면 하루에 공급받을 수 있는 렌즈의 수량이 제한되어 있고 하루에 공급받을 수 있는 고급형 및 기본형 구동모터의 수량이 제한되어 있기 때문이다. 먼저 고급형 모듈 1개 생산할 때 렌즈가 3개 필요하고 기본형 모듈 1개 생산할 때 렌즈가 2개 필요하므로 고급형 및 기본형 카메라 모듈을 각각 1box씩 생산하면 렌즈는 $(3+2)$box 사용된다. 고급형 모듈을 2box 만들고 기본형 모듈을 3box 만들면 렌즈는 $(2\times 3+3\times 2)$box 사용되고, 고급형 모듈을 $x$box 만들고 기본형 모듈을 $y$box 만들면 렌즈는 $(2\times x+3\times y)$box 사용된다. 하루에 공급받을 수 있는 렌즈가 18box로 제한되어 있으므로 다음과 같은 부등식을 만족하는 x와 y를 결정해야 한다.

하루에 고급형 모듈 $x$box, 기본형 모듈 $y$box 생산하는 경우 사용하는 렌즈의 수량 ≤ 하루에 공급받을 수 있는 렌즈의 수량

$3x+2y \le 18$

또한 고급형 및 기본형 모듈생산에 사용되는 구동모터는 고급형 구동모터가 하루에 5box, 그리고 기본형 구동모터가 하루에 4.5box로 공급수량이 제한되어 있으므로 다음과 같이 표현된다.

고급형 모듈생산을 위한 고급형 구동모터 사용량 ≤ 하루 고급형 구동모터 공급량

$x \le 5$

기본형 모듈생산을 위한 고급형 구동모터 사용량 ≤ 하루 기본형 구동모터 공급량

$y \le 4.5$

이와 같은 부등식들을 제약식 특히 함수제약식(Functional Constraints)이라고 하며 제약식의 표현 중 오른쪽에 나타나는 상수를 우변상수라 한다.

마지막으로 생산수량은 음수를 취할 수 없으므로 두 개의 결정변수 x와 y가 음수값을 취할 수 없다는 조건인 비음조건(Nonnegativity Condition)이 다음과 같이 추가된다.

$x \ge 0,\ y \ge 0$

의사결정문제를 해결하기 위한 풀이과정에서 제약식들은 개별적으로 적용되는 것이 아니라 동시에 만족되어야 하는 조건으로 적용되어야 한다. 왜냐하면 제약식 중에 어느 하나라도 만족하지 못하면 의사결정모형이 의사결정 상황에서 고려하여야 하는 모든 상황을 제대로 반영하지 못한 것이기 때문이다.

선형계획모형은 비음조건을 포함한 모든 제약식들을 만족하는 의사결정변수들의

조합 중에서 목적함수의 값을 가장 좋게 만드는 조합을 찾는 것으로 비음조건을 포함한 모든 제약식들을 만족하는 의사결정변수들의 조합을 실행가능해(Feasible Solution)라고 하고 실행가능해 중에서 목적함수의 값을 가장 좋게 만드는 조합을 최적해(Optimal Solution)라고 한다.

2.1.2 선형계획모형의 성질 또는 가정

선형계획모형은 선형성(linearity)과 가분성(divisibility)을 만족해야 한다. 선형성은 비례성(proportionality)과 가산성(additivity)의 두 가지로 정리할 수 있다.

의사결정 상황을 수학식으로 표현함에 있어서 우리가 값을 결정해야 할 대상을 미지수 또는 변수로 표현할 때 이를 의사결정변수라고 한다. 비례성(proportionality)은 결정변수가 미치는 영향이 변수의 값에 비례한다는 의미이다. 예를 들어, [예제 2-1]에서 우리가 결정해야 하는 값은 하루에 생산하는 고급형 모듈 및 기본형 모듈의 수량이다. 최대화하고자 하는 총이익에 미치는 영향을 보면 고급형 모듈의 box당 이익은 600만 원이고 고급형 모듈을 2box 생산하면 1,200만 원만큼의 이익을 주고 3box 생산은 1,800만 원만큼의 이익을 준다. 이와 같이 생산량에 비례하여 총이익에 기여하는 값이 정해진다(기본형 모듈생산이 이익에 미치는 영향도 유사하게 볼 수 있다). 결국 고급형 모듈을 $x$box 만들면 고급형 모듈생산으로부터 얻는 이익은 $6x$(백)만 원으로 표시할 수 있고 기본형 모듈을 $y$box 만들면 기본형 모듈생산으로부터 얻는 이익은 $3y$(백)만 원으로 표시할 수 있다. 또한 고급형 모듈생산량에 따른 사용하는 렌즈 수량에 미치는 영향도 또한 고급형 모듈생산량에 비례한다.

[예제 2-1]에서 알 수 있듯이 총이익은 고급형 모듈생산으로부터 얻어지는 이익과 기본형 모듈생산으로부터 얻어지는 이익의 합으로 구성된다. 또한 하루에 사용되는 렌즈의 수량은 고급형 모듈에 필요한 렌즈의 수량과 기본형 모듈에 필요한 렌즈의 수량을 합하여 구해진다. 이와 같이 각각의 의사결정변수들의 영향이 합해져서 전체적으로 영향을 미친다는 의미가 바로 가산성(additivity)이다. 예제에서 총이익은 $(6x+3y)$(백)만 원으로 표시할 수 있고 사용하는 렌즈 수량은 $(3x+2y)$box로 표시된다.

선형성이 만족된다고 하더라도 가분성이 만족되지 못하면 해당 의사결정 상황을 선형계획모형으로 모형화하고 선형계획모형 해법절차에 따라 해결할 수 없다. 가분성이 만족되지 않는 선형모형으로는 선형정수계획모형(Integer Linear Programming Model)이 있다.

선형성이 수학적 모형의 형태에 대한 성질이라면 가분성(divisibility)은 식을 구성하는 의사결정변수들의 성질이다. 가분성이라 함은 의사결정모형에 이용되는 모든 의사결정변수들이 소속되는 수의 집합에 대한 성질이다. 말 그대로 가분성은 의사결정변수들이 실수(사실은 유리수(분수 또는 소수)라는 표현이 더 적절함)값을 취할 수 있다는 성질이다. 가분성이 성립하지 않는 예는 결정변수들 모두 또는 그 중 일부가 반드시 정수값을 취해야 하는 의사결정 상황을 수리모형으로 모형화할 때 나타난다. 앞선 예제의 경우는 하루 생산량의 단위가 '개'라면 의사결정변수는 정수값을 가져야 한다. 현실적으로 생산개수는 분할 생산되지 않으므로 생산할 때는 한 개, 두 개, 세 개 등 정수 개만을 취할 수 있다. 앞의 예제에서 생산량을 'box'로 표현한 것은 의사결정변수가 정수가 아닌 유리수값을 가질 수 있도록 허용하기 위함이다. 하루에 1.54box를 생산한다는 것은 하루에 15,400개를 생산한다는 의미이므로 의사결정변수가 유리수인 가분성을 요구하는 선형계획모형의 가정을 만족한다.

선형성과 가분성은 의사결정에 선형계획모형을 적용하기 위하여 전제되는 조건이므로 과연 이러한 성질을 만족하는 현실적 상황이 일반적인 것인가에 대하여 검토해볼 필요가 있다. 대부분의 실제현상은 선형모형이 아닌 경우가 많다. 즉, 가산성과 비례성이 만족되지 않는 경우가 대부분이다. 에누리나 덤이 있는 경우에는 비례성과 가산성이 성립하지 않는다. 하나에 1,000원인 사과 11개를 사면 얼마를 내야 하는가를 생각해보면 대부분의 사람은 덤으로 하나를 얻고 10,000원만 내기를 원한다. 사과 5개와 하나에 1,500원인 배 5개를 사면 대부분의 사람들은 12,500원을 내는 것이 아니라 12,000원만 내거나 아니면 더 깎아서 11,000원만 내고 갈 수 있다(과일가게 주인도 당연하게 생각하고 …). 유리수값을 취할 수 없는 의사결정변수도 많다. 비행기, 선박의 대수를 구한다거나 사람의 숫자를 구하는 것 등도 당연히 정수값을 구해야 하는 의사결정 상황이다.

현실적으로 선형계획모형을 적용할 수 있는 의사결정 상황이 흔하지 않은데도 불구하고 선형계획모형이 광범위하게 쓰이는 이유는 무엇일가? 우선 비선형모형 또는 정수계획모형에 비하여 다루기(해석, 풀이 등)가 상대적으로 쉽고 적정한 시간 내에 최적해를 제공해줄 수 있는 해법절차가 잘 개발되어 있다. 두 번째로 적절한 변환을 통하여 선형모형화시킬 수 있는 모형들이 있고 마지막으로 최적해를 찾기가 어려운 많은 현실문제의 해결을 위하여 근사적인 선형계획모형을 활용함으로써 근사적인 최적해의 탐색을 모색한다.

2.1.3 수리모형화 과정

일반적으로 선형계획모형은 다음과 같은 일차식 또는 일차 부등식[3]들로 구성된다.

{최대화 또는 최소화하려는} 목적함수(Objective Function)

Maximize $z=6x+3y$

가능한 크게 (또는 작게) 하고 싶은 대상과 이를 표현하는 수식으로 의사결정의 궁극적인 목표(objective)를 함수로 표시한 것이다. 최적화란 최대화 또는 최소화를 통칭하는 표현이다. 궁극적인 목표를 변수 하나로 표현하고 이 변수를 결정변수들의 함수로 설명하는 구조가 된다.

제약식(constraints)들의 집합

$3x+2y \leq 18$

$x \leq 5$

$y \leq 4.5$

$x \geq 0$

$y \geq 0$

3) 일차식은 계수와 문자의 곱으로 되어 있는 항들이 합해진 수식이 등호(=)를 사이에 두고 좌변과 우변에 나뉘어져 있는 모습이다. 예를 들어, $3x+2y=5z+3$이 일차식의 예이다. 일차 부등식은 등호 대신에 부등호($\leq$ 또는 $\geq$)가 들어간다. 예를 들어, $3{,}000x+2{,}000y \leq 18{,}000$이 일차 부등식의 예이다.

의사결정자가 완전히 자유롭게 의사결정을 내릴 수 있다면 궁극적인 목표를 무한히 크거나 또는 무한히 작게 만들 수 있을 것이지만 현실적으로는 의사결정자의 이러한 시도가 의사결정 상황에 의하여 제약을 받는다. 바로 의사결정자의 결정에 제약을 주는 현실적 상황을 일차식 또는 일차 부등식들로 표현한 것이 제약식들의 집합이다. 의사결정 제약은 결국 의사결정에 영향을 주므로 제약식들은 의사결정 자체인 의사결정 변수들로 구성된다.

현실의 의사결정 상황을 선형계획모형을 이용하여 해결하는 과정은 의사결정 상황을 분석하고 이로부터 수리적으로 표현된 목적함수와 제약식들을 만들어낸다는 것이며 이 모형을 풀어서 의사결정변수의 값을 구하고 궁극적인 목표값까지를 찾는 과정이다. 이 과정을 단계별로 살펴보면 다음과 같다.

단계 1 모든 과정에 있어서 의사결정 상황이 선형성과 비례성을 만족하는 상황인지를 판단한다.

단계 2 의사결정모형을 만드는 것은 의사결정변수의 값을 결정하기 위한 것이므로 선형계획모형의 모형화 과정은 의사결정변수들을 식별해 내고 이를 어떠한 문자로 표현할 것인가를 결정하는 것부터 출발한다. 이를 위하여 다음과 같은 상황을 상상해보자. 여러분이 최고경영자의 지시를 받고 최고경영자의 의사결정에 필요한 보고서를 제출하기로 되어 있다고 가정하자. 최고경영자는 보고서를 보고 보고서에서 제안하는 대로 의사결정을 내릴 것이다. 이때 그 보고서에 무슨 내용이 담겨 있어야 최고경영자가 만족할 것인가?

단계 3 의사결정 상황을 검토하고 의사결정의 궁극적인 목표(objective)가 무엇인지를 알아낸다. 여기서 궁극적인 목표란 의사결정을 잘하면 무엇이 좋아지는가를 찾는다는 의미이며 결국 의사결정을 잘해서 최적화(최대화 또는 최소화)하고 싶은 것이 무엇인지를 찾아본다는 것이다. [예제 2-1]에서 의사결정을 잘 내렸다는 것은 전체 만족도를 가장 크게 했다는 것을 의미한다. 의사결정변수가 잘 떠오르지 않으면 의사결정의 궁극적인 목표가 무엇인지를 먼저 생각해보는 것도 하나의 방법이다. 궁극적인 목표를 구성하는 개별 항목들이 무엇인지를 구분하고 의사결정에 필요한 기초 자료에서 정해진 값으로 나타나지 않았으나 항목들을 구성하는 것이 무엇인지를 찾아봄으로써 의사결정변수를 식별할 수도 있다.

단계 4 궁극적인 목표를 매우 좋게 하기 위하여 임의로 의사결정변수의 값을 결정하려고 시도해보라. 이때 이러한 시도를 막는 제약이 있는지를 식별하고 이를 수식화한다.

2.1.4 선형계획모형의 표현형식

이상의 절차에 따라 [예제 2-1] ㈜한국광학부품 예제를 선형계획모형으로 표현하면 다음과 같은 선형계획모형이 완성된다.

$$
\begin{aligned}
\text{Maximize} \quad & z = 6x + 3y \\
\text{subject to} \quad & 3x + 2y \le 18 \\
& x \le 5 \\
& y \le 4.5 \\
& x \ge 0,\ y \ge 0
\end{aligned}
$$

선형계획모형의 표현방법에서는 먼저 목적함수를 쓴다. Maximize는 목적함수의 값을 가능하면 크게, 즉 최대화하여야 하는 경우 사용하고 이를 줄여서 Max로 쓰기도 한다. 이러한 경우 최대화문제라 한다. 최소화하여야 하는 의사결정 상황에서는 Minimize(줄여서 Min)를 사용한다. 이러한 경우 최소화문제라고 한다. Maximize(또는 Minimize) 바로 다음에는 목적함수식을 쓰는데 목적함수의 값을 나타내는 변수를 왼쪽에 쓰고 오른쪽에는 목적함수의 값을 구성하는 함수식을 쓴다.

그 다음에는 제약식(함수제약식)을 나열하고 뒤이어 비음조건을 쓴다. 첫 번째 기능적 제약식 앞에는 subject to(또는 줄여서 s.t.)라는 표현이 들어가는데 이 표현은 "의사결정변수들의 값을 바꾸어가면서 목적함수의 값을 최적화하되 다음에 나오는 모든 등식 또는 부등식을 동시에 만족하는 의사결정변수들을 대상으로 한다."는 의미로 해석할 수 있다. 제약식은 한 줄에 하나씩 쓰고 가능하면 변수들이 위치한 부분을 세로로 맞추어서 쓴다. 제약식은 왼쪽에 의사결정변수들로 구성된 수식을 쓰고 오른쪽에는 상수가 들어갈 수 있도록 정리하는 것이 일반적이다. 비음조건은 한 줄에 모두 쓰는 방식을 선호하는데 변수가 많으면 개별 변수의 부등관계를 표현하지 않고 모든 변수를 나열한 다음 공통적인 부등관계 표현을 한다. 예제에서 $x \geq 0$, $y \geq 0$를 x, $y \geq 0$으로 표현할 수 있다. 변수가 많은 경우에는 x_1, x_2, x_3, $\cdots$, $x_n \geq 0$처럼 모든 변수를 나열하지 않고 표현할 수도 있다.

2.2 도해법

이 절에서는 도해법(Graphical Method)을 이용하여 선형계획모형의 최적해를 찾는 풀이방법에 대하여 설명한다. 먼저 도해법은 적용에 있어서 한계가 있다. 도해법은 의사결정변수가 2개 이하인 경우에만 적용할 수 있으므로 선형계획모형의 실행가능해와 최적해, 해법절차에 대한 기본이해를 돕는 데는 도움이 되지만 의사결정변수의 개수가 많은 현실적인 문제를 해결하는 데는 활용할 수 없다. 3개 이상의 의사결정변수를 갖는 선형계획모형의 최적해를 찾기 위해서는 제3장에서 소개할 심플렉스법(Simplex Method) 등과 같은 선형계획모형 전용 해법절차를 활용한다.

2.2.1 도해법의 절차

비음조건을 포함한 제약조건들 모두를 만족하는 실행가능해의 집합인 실행가능영역(Solution Space 혹은 Feasible Region)을 표시하고 목적함수에 해당하는 직선을 그리고 이를 평행 이동하여 종속변수의 값을 최적화하는 실행가능영역 내의 점을 찾는다. 이를 단계별로 나타내면 다음과 같다.

단계 1 의사결정변수들로 이루어진 좌표계를 설정한다.

단계 2 실행가능영역(개별 제약식을 만족시키는 영역의 교집합)을 좌표계에 표시한다.

2.1 비음조건을 반영하여 좌표계의 1사분면을 기본으로 한다.

2.2 개별 제약식들을 하나씩 추가적으로 고려하면서 개별 제약식을 만족시키는 영역들의 교집합을 형성해 나간다. 만족시키는 영역을 좌표계에 표시한다.

단계 3 목적함수로부터 기울기를 구하고 어느 방향으로의 평행이동이 목적함수의 값을 더 좋게 하는지를 찾아서 목적함수를 평행이동시킨다. 평행이동 과정에서 실행가능영역과 목적함수가 겹치다가 마지막으로 겹치고 빠져나가는 순간 겹침 부분에 있는 실행가능해가 최적해이다.

2.2.2 예제의 도해법 적용

예제는 의사결정변수 x, y 두 개를 갖고 있으므로 도해법으로 풀 수 있다.

먼저 x축과 y축으로 이루어진 2차원 평면을 익숙한 대로 수평축을 x축, 수직축을 y축으로 하고 비음조건을 반영하면 일단 고려되는 영역은 [그림 2-1]과 같은 1사분면이 된다.

첫 번째 제약식인 부등식 $3x+2y \leq 18$을 만족하는 영역을 그린다. 이 영역을 그리는 방법은 우선 $3x+2y=18$을 만족하는 직선을 그리고 직선으로 양분되는 반평면(Half

그림 2-1 1사분면

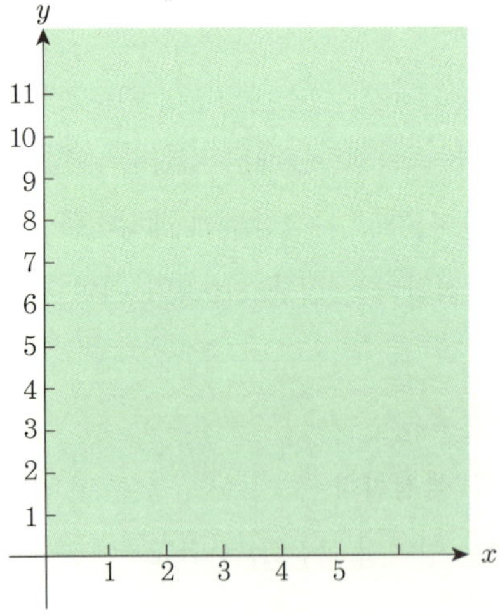

그림 2-2 $3x+2y \leq 18$

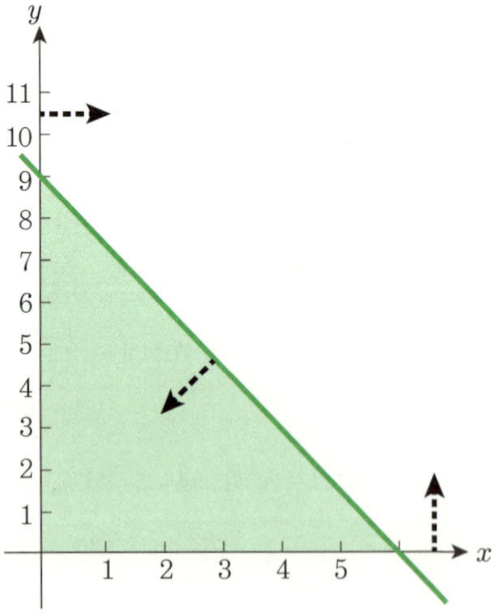

Space)에 있는 점 하나를 택하여 해당하는 좌표가 위의 부등식을 만족하는지를 확인한다. 만일 부등식이 만족되면 직선과 해당하는 점이 포함된 반평면에 해당하는 영역이 첫 번째 제약식을 만족하는 영역이 되고, 만일 부등식이 만족되지 않으면 직선과 해당하는 점이 포함되지 않은 반평면에 해당하는 영역이 첫 번째 제약식을 만족하는 영역이 된다(그림 2-2).

직선을 그리는 방법[4]은 x절편과 y절편을 찾아서 x축과 y축에 표시하고 이 두 점을 연결하는 직선을 그리면 된다. 1사분면과 첫 번째 제약식을 만족하는 영역의 교집합(겹치는 부분)을 평면에 표시하면 [그림 2-2]와 같이 비음조건과 첫 번째 제약식을 만족하는 영역이 만들어진다.

여기에 두 번째 제약식을 만족하는 영역을 그리고 교집합을 찾으면 비음조건과 첫 번째, 두 번째 제약식을 모두 만족하는 [그림 2-3]과 같은 실행가능영역이 만들어 진다. 마지막으로 세 번째 제약식을 만족하는 영역을 그리고 교집합을 찾으면 비음조건과 첫 번째, 두 번째, 세 번째 제약식을 모두 만족하는 영역, 즉 실행가능영역이 [그림 2-4]와 같이 만들어진다.

이제 최적해를 구하기 위해 목적함수를 이용할 단계이다. 목적함수의 모습은 일반적으로 왼쪽에 목적함수의 값을 나타내는 문자가 있고 오른쪽에는 의사결정변수들이 있으므로 이를 직선의 방정식으로 볼 경우 목적함수의 값에 해당하는 문자는 y절편과 관계가 있다(y절편 그 자체는 아니다.). 선형계획모형에서 최대화의 의미는 목적함수의 값을 최대화하는 것이므로 y절편의 값을 크게 하거나 작게 하는 것이 최적화와 관계가 있다(주의할 점은 y절편의 값을 작게 하는 시도가 최대화문제의 답을 줄 수도 있다.).

---

4) 직선의 방정식은 변수 x와 y로 이루어진 1차방정식으로 $x-y$ 평면에 직선을 그리는 방법은 여러 가지가 있다. 첫 번째 방법은 일차방정식을 y에 대하여 풀어서 직선의 기울기와 y절편을 찾는다. 직선의 절편은 해당하는 직선이 좌표축과 만나는 점을 의미한다. x절편은 직선이 x축과 만나는 점이므로 직선의 방정식에서 y값을 0으로 놓고 풀어낸 x값이 해당 직선의 x절편이 된다. 예제의 x절편은 $3,000x=18,000$을 만족하는 x값이므로 6이 되고 y절편은 $2,000x=18,000$을 만족하는 y값이므로 9가 된다. y절편을 y축에 표시하고 그 점에서 기울기를 반영하여 그래프를 그리면 직선의 방정식이 완성된다. 두 번째 방법은 x절편과 y절편을 이용하는 방법으로 x축에 x절편을 표시하고, y축에 y절편을 표시하여 이 두 점을 연결하는 직선을 그리면 된다. 직선의 방정식 $3,000x+2,000y=18,000$의 그래프를 구하기 위하여 y에 대하여 풀면 $y=-\frac{3}{2}x+9$가 되어 기울기는 -1.5, y절편은 9가 된다. 기울기가 -1.5라는 것은 x축으로 1 이동하면 y값이 1.5만큼 줄어드는 직선을 의미한다.

그림 2-3 비음조건, 제약식 두 개

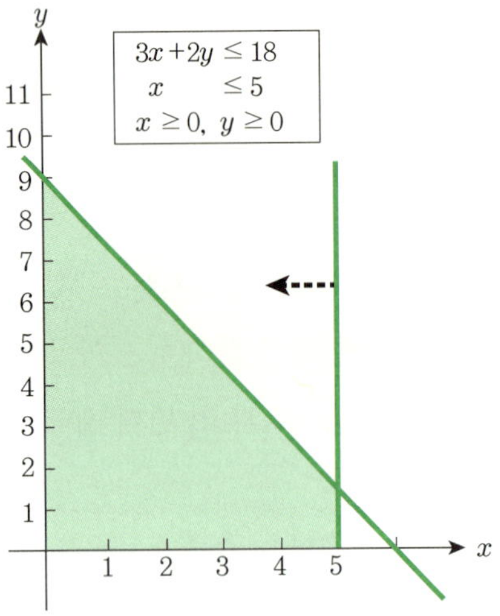

그림 2-4 실행가능영역

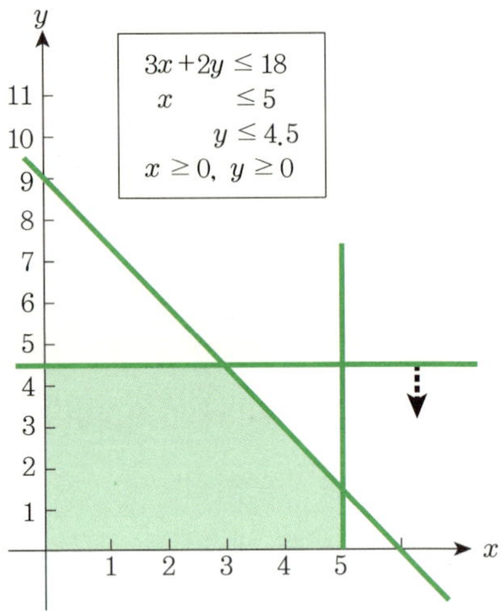

이 과정에서 직선의 평행이동이 중요한 역할을 한다. 직선이란 직선을 표현하는 방정식의 해에 해당하는 두 변수의 쌍들을 모두 모아서 2차원 평면에 표시한 것으로 정의할 수 있다. 예제의 목적함수에 해당하는 직선의 방정식은 $z=6x+3y$로 이 방정식을 y에 대하여 풀면 $y=-2x+\frac{z}{3}$가 되어 기울기가 -2이고 절편이 $\frac{z}{3}$인 직선이 된다. 이 직선은 z값이 정해지지 않았으므로 그릴 수가 없지만 z값이 0이면 원점(0, 0)을 지나는 기울기 -2인 직선이 되고, z값이 9이면 (0, 3)을 지나는 기울기 -2인 직선이 되고, z값이 18이면 (0, 6)을 지나는 기울기 -2인 직선이 된다. 이들 직선은 y절편만 다르고 기울기가 같으므로 서로 평행한 직선이 된다. 그런데 선형계획모형에서는 z값이 먼저 정해지고 이 값을 갖는 x와 y를 찾는 것이 아니라 x와 y가 정해지면 z값이 계산이 되므로 직선이 어떠한 $(x,\ y)$좌표를 지나느냐에 따라 z가 결정되는 것이다.

[그림 2-5]에서 직선 ①은 원점을 지나는 경우의 그림인데 목적함수에 $x=0$, $y=0$을 대입하면 z값은 0이 된다. 직선 ②는 (0, 3)과 (1.5, 0)을 연결하는 선분상에 있는 모든 점을 지나는 경우의 그림인데 목적함수에 $x=0$, $y=3$을 대입하면 z값은 9가 된다. 직선 ③은 (0, 6)과 (3, 0)을 연결하는 선분 위에 있는 모든 점을 지나는 경우의 그림인데 목적함수에 $x=0$, $y=6$을 대입하면 z값은 18이 된다. 즉, 화살표 방향으로 목적함수의 그래프를 평행이동시키면 z값이 증가하게 된다. 하지만 평행이동을 시키

더라도 실행가능영역 내에 있는 점을 지나는 직선을 찾아야 하므로 목적함수는 그림에서처럼 화살표방향으로 최대한 이동하여 ④가 되는 순간에 실행가능영역에 속한 점 (5, 1.5)를 지나고 더 이동하면 실행가능영역에 속한 점을 지나는 직선을 형성할 수 없다. 따라서 직선 ④가 z값을 가장 크게 만들어 주는 직선이고 이 직선은 (5, 1.5)를 지나므로 $x=5$, $y=1.5$가 최적해가 되며 최적 목적함수값은 34.5가 된다.

그림 2-5 목적함수식의 평행이동과 최적해의 발견

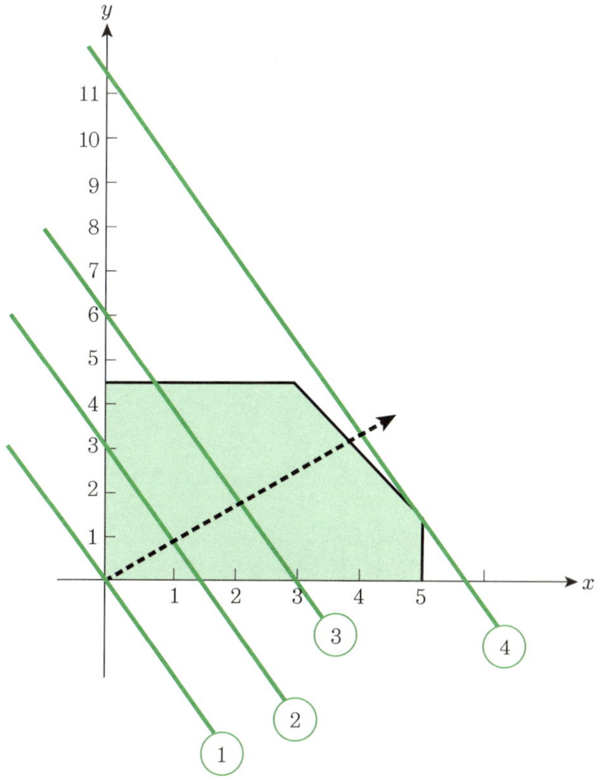

어느 방향으로 평행이동하는 것이 목적함수값을 개선하는지를 확인하는 방법은 다음과 같다. 먼저 목적함수식의 기울기를 구한다(기울기를 계산할 때 부호를 바꾸는 오류를 특히 조심하여야 한다.). 원점과 다른 한 점(이때 다른 한 점은 x축이나 y축 위에 있는 점을 선택하는 것이 계산하기 편하다.)을 선택하여 해당하는 좌표를 목적함수의 의사결정변수값에 대입한다. 어느 점이 목적함수값을 크게 하는지와 우리의 목표를 최소화하는 문제인지 최대화하는 문제인지를 고려하여 평행이동할 방향을 결정한다. 이를 [예제 2-1] ㈜한국광학부품 예제에 적용하면 다음과 같다. 목적함수식의 기울기는 −2라는 것을 계산할 수 있다. 원점과 다른 한 점 (0, 4)를 선택한다. 원점을 지날 때 z의 값은 0이 되고 (0, 4)를 지날 때 z의 값은 12가 되므로 원점에서 (0, 4)방향으로 이동하는 것이 목적함수의 값을 키우는 평행이동이 된다. 우리 예제는 최대화문제이므로 목적함수의 값을 크게 하는 방향으로 평행이동하는 것이 올바른 평행이동이다. 만일 우리의 예제가 최소화문제였다면 (0, 4)에서 원점방향으로 평행이동하는 것이 올바른 평행이동이다.

2.2.3 도해법에서 발견할 수 있는 시사점

[예제 2-1]의 제품혼합문제 예제와 동일한 실행가능영역을 갖지만 목적함수가 서로 다른 다음과 같은 4가지의 경우를 생각해보고 이를 도해법으로 풀어보자.

① Min $z=6x+3y$

② Max $z=3x+2y$

③ Max $z=-x+y$

④ Max $z=x-y$

[그림 2−6]에 나온 결과와 같이 ①의 경우 최적해는 원점이 되고 ②의 경우 최적해는 (3, 4.5)와 (5, 1.5)를 연결하는 선분 위의 모든 점이 된다. ③의 경우에 최적해는 (0, 4.5)가 되고 ④의 경우 최적해는 (5, 0)이 된다.

이상 4가지 경우를 살펴보면 실행가능영역이 같더라도 목적함수식이 다르거나 최대화 혹은 최소화의 경우에 따라 최적해의 위치가 달라진다. 그러나 최적해를 탐색해보면 실행가능영역의 정점(또는 꼭지점, Corner Point, Extreme Point) 중 적어도 한 점에서 최적해가 나타나게 된다. 최적해가 존재한다면 실행가능영역의 정점에 존재한다는 이러한 특성이 정점만을 찾아다니며 최적해를 찾는 심플렉스 해법(Simplex Method)의 기본 아이디어가 된다.

▌그림 2-6▐ 다양한 목적함수의 최적해

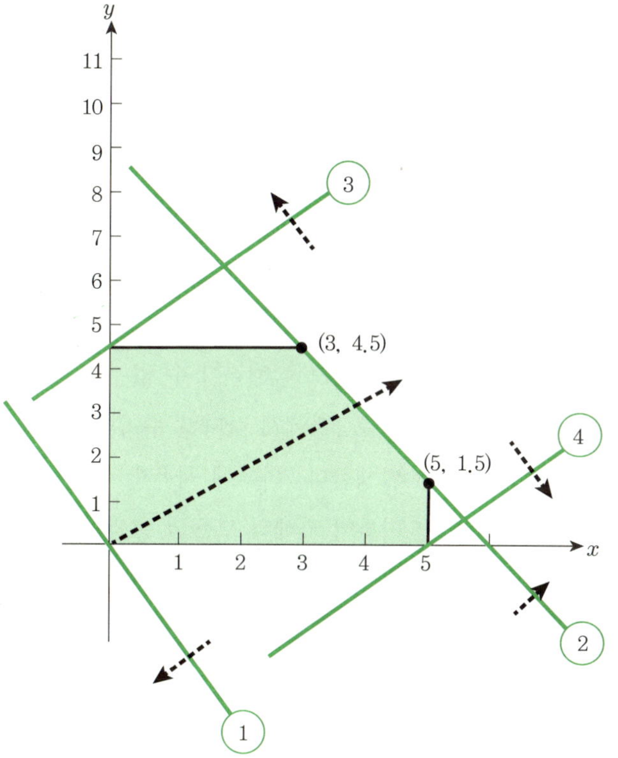

2.2.4 선형계획모형의 특별한 경우

선형계획모형은 해의 존재 여부와 최적해의 유일성(uniqueness), 그리고 최적 목적함수값의 유한성 등에 따라 다양한 경우를 보여준다.

(1) 실행불가능문제

실행가능해가 존재하지 않는 선형계획모형으로 실행불가능문제(Infeasible Problem)가 있다. [예제 2-1] ㈜한국광학부품 예제에 다음과 같은 제약이 추가된 경우를 생각해보자. 고급형 모듈과 기본형 모듈을 합하여 하루에 적어도 8box 이상을 생산해야 한다. 이 제약이 추가된 선형계획모형은 다음과 같다.

$$
\begin{aligned}
\text{Maximize} \quad & z = 6x + 3y \\
\text{subject to} \quad & 3x + 2y \le 18 \\
& x \le 5 \\
& y \le 4.5 \\
& x + y \ge 8 \\
& x \ge 0,\ y \ge 0
\end{aligned}
$$

이 문제를 도해법으로 풀면 [그림 2-7]과 같이 실행가능영역이 텅 비어있는 것을 알게 되고 따라서 이 문제는 선형계획모형으로 해결할 수 없는 문제이다. 현실 상황에서 해결할 수 없는 문제는 다음과 같은 상황에서 나타날 수 있다. 먼저 상호 상충적인 의사결정 상황에서 이러한 현상이 발생한다. 하루에 사용할 수 있는 렌즈의 양은 18 box로 제한되어 있는데 고급형 및 기본형 카메라 모듈의 총생산량은 8box 이상 확보해야 한다는 상황은 상충적이라고 볼 수 있다. 그 다음에 모형화 과정에서 부등호의 방향이나 계수의 부호, 자릿수 등에 오류를 범할 경우 이러한 현상이 발생할 수 있다.

그림 2-7 실행불가능문제

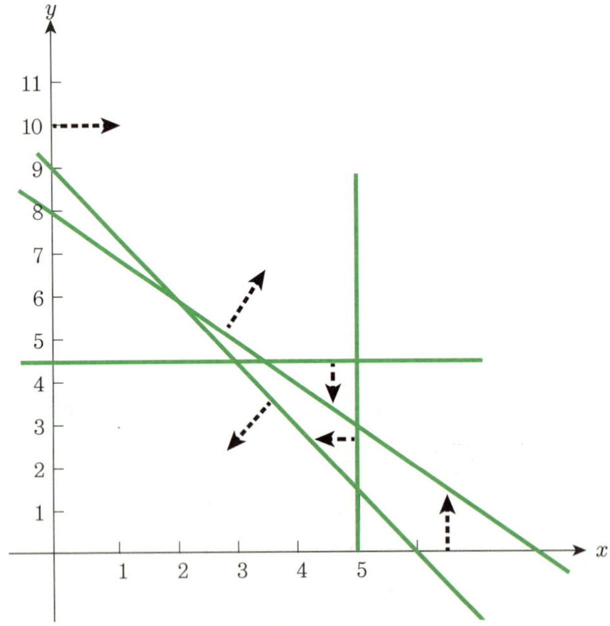

(2) 다중 최적해문제

다중 최적해(Alternative Optima)문제는 최적해를 형성하는 해가 무수히 많은 경우이다. 앞의 ㈜한국광학부품 예제에서 고급형 모듈의 box당 이익이 300만 원이고, 기본형 모듈의 box당 이익이 200만 원이라고 가정하면 선형계획모형은 다음과 같이 변형된다.

$$\begin{aligned}
\text{Maximize}\quad & z=3x+2y \\
\text{subject to}\quad & 3x+2y\le 18 \\
& x \le 5 \\
& y\le 4.5 \\
& x\ge 0,\ y\ge 0
\end{aligned}$$

이 문제를 도해법으로 풀면 [그림 2-8]과 같이 첫 번째 제약식에 대응하는 직선의 기울기와 목적함수의 기울기가 같아서 최적해가 한 점에서 얻어지는 것이 아니라

▌그림 2-8▌ 다중 최적해

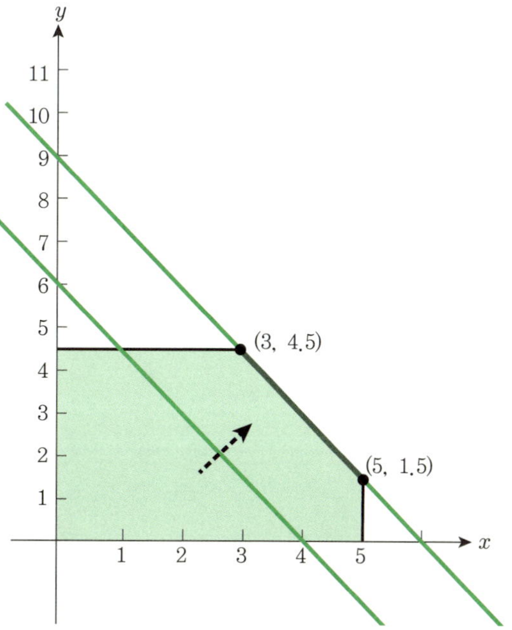

(3, 4.5)와 (5, 1.5)를 연결하는 선분상의 모든 점에서 최적해가 얻어진다. 모형화 과정에서 실수를 범한 결과가 아니라면 다중 최적해가 존재한다는 것은 의사결정자에게는 유용한 정보이다. 선형계획모형화 과정은 현실적인 문제를 단순화하는 경우가 있거나 모형에 반영하지 못한 다른 의사결정 기준 등이 있을 수 있으므로 여러 개의 최적해 중에서 의사결정자가 추가로 고려하여야 하는 것들을 반영하여 더 좋은 해를 선택할 수 있는 기회가 제공될 수 있다.

(3) 무한해(Unbounded Solution)문제

목적함수의 값이 제한 없이 증가(최대화문제의 경우)하거나 감소(최소화문제의 경우)하는 무한 목적함수값(Unbounded Objective Value)을 갖는 문제가 있다. [예제 2-1]의 제품혼합문제를 다음과 같이 변형하여보자. 하루에 공급받을 수 있는 렌즈의 수량이 무제한이고 하루에 공급받을 수 있는 기본형 구동모터의 수량이 무제한이라 가정하면 선형계획모형은 다음과 같이 변형된다.

$$\begin{aligned} \text{Maximize} \quad & z = 6x + 3y \\ \text{subject to} \quad & x \le 5 \\ & x \ge 0,\ y \ge 0 \end{aligned}$$

이 문제를 도해법으로 풀면 [그림 2-9]와 같이 실행가능영역은 y축 방향으로 무한히 열려 있고 목적함수의 증가방향도 y축 방향으로 계속 증가하므로 목적함수를 아무리 크게 하여도 항상 실행가능영역과 만나게 되고 실행가능해를 찾을 수 있다. 현실에서 이러한 상황은 모형화 과정에서 부등호의 방향이나 계수의 부호 등에 오류를 범할 경우 발생할 수 있다.

▌그림 2-9▌ 무한 목적함수값

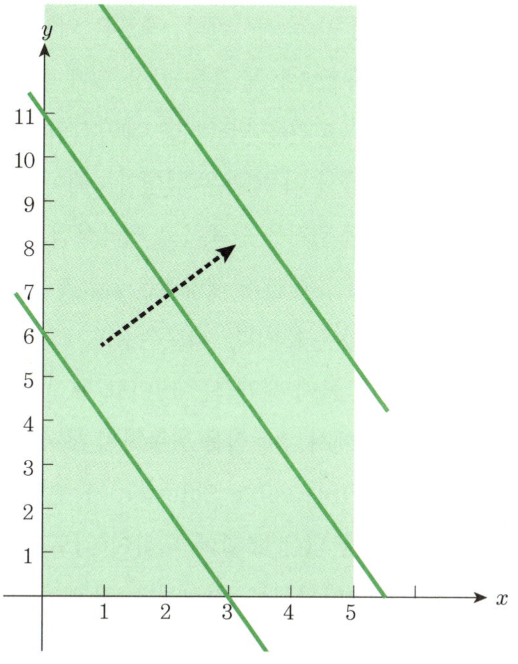

2.3 LINGO를 활용한 최적해 찾기

LINGO를 활용한 모형수립과 최적해 찾기에 앞서 [예제 2-1]의 제품혼합문제의 예제를 이용하여 선형계획모형의 최적해를 찾는 시도에 대하여 생각해본다.

$$\begin{aligned} &\text{Maximize} \quad z = 6x + 3y \\ &\text{subject to} \quad 3x + 2y \le 18 \\ &\qquad\qquad\quad x \le 5 \\ &\qquad\qquad\quad y \le 4.5 \\ &\qquad\qquad\quad x \ge 0,\ y \ge 0 \end{aligned}$$

수리모형이 완성된 상태에서 의사결정자는 의사결정변수들의 값의 조합을 바꾸어가면서 이 조합들이 비음조건을 포함한 모든 제약식을 만족하는지를 검토하고 모든 제약식들이 만족되면 목적함수의 값을 계산한다. 새로운 의사결정변수들의 값의 조합을 찾아서 이를 반복해가면서 목적함수의 값을 가장 크게 하는 조합을 찾는다.

예제에서 (0, 0)의 조합은 비음조건을 만족하고 제약식의 좌변을 모두 0으로 하면서 부등식을 만족하게 된다. 따라서 이 조합은 실행가능해이며 이때 목적함수의 값은 0이다. 새로운 조합 (2, 2)는 비음조건을 만족하고 제약식의 좌변을 계산하면 첫 번째 제약식은 10, 두 번째 제약식은 2, 세 번째 제약식은 2로 부등식을 만족한다. 이 조합은 실행가능해이고 목적함수의 값은 18이다. 새로운 조합 (5, 2)는 비음조건을 만족하고 제약식의 왼쪽을 계산하면 첫 번째 제약식은 19이고 두 번째 제약식은 5이고 세 번째 제약식은 2로 첫 번째 제약식에서 부등식을 만족하지 못하므로 이 조합은 실행가능해가 아니다. 즉, 실행불가능해(Infeasible Solution)가 된다.

이러한 시행착오방법은 얼마나 많은 조합에 대하여 검토할 것인가에 따라 근사한 최적해를 찾게 해주고 경우에 따라서는 최적해를 찾게 해줄 수도 있다. 그러나 (0.0001, 0.0002)와 같은 조합도 고려한다면 고려해야 할 조합의 수가 기하급수적으로 늘어나서 적정한 시간 내에 최적해를 구하지 못할 수 있다.

도해법에서 발견한 시사점(최적해가 존재한다면 실행가능영역의 정점에서 존재한다.)을 생각해보면 고려할 수 있는 모든 유리수(Rational Number)의 조합을 고려하지 않고도 정점만 찾아서 이를 모형에 대입하여 비교함으로써 최적해를 구할 수 있다. 그러나 의사결정변수의 개수가 3개 이상이 되면 실행가능영역의 정점에 해당하는 변수들의 조합을 효율적으로 찾을 수 있는 방법이 제시되어야 한다.

2.3.1 LINGO모형의 작성 및 최적해 찾기

본 절에서는 LINGO를 이용하여 선형계획모형을 모형화하고 최적해를 찾는 방법에 대하여 설명한다.

선형계획모형의 LINGO 모델링 작업은 LINGO 창에 목적함수식, 제약식 그리고 비음조건 순으로 입력하면 되고 앞서 소개된 [예제 2-1]의 제품혼합문제를 LINGO로 모델링하면 [그림 2-10]과 같다. 명령어 Model 및 End는 생략할 수 있으며 부등식의

▌그림 2-10▌ LINGO 창 입력

Lingo Model - 한국광학부품

```
Model:

! 목적함수 ;
max = 6*x + 3*y;

! 제약식;
      3*x + 2*y <=18 ;
        x       <= 5 ;
              y <= 4.5 ;

! 비음조건은 생략가능;

End
```

▌그림 2-11▌ 최적해 보고서

Solution Report - 한국광학부품

Global optimal solution found.

Objective value:	34.50000
Infeasibilities:	0.000000
Total solver iterations:	1
Elapsed runtime seconds:	0.03
Model Class:	LP
Total variables:	2
Nonlinear variables:	0
Integer variables:	0
Total constraints:	4
Nonlinear constraints:	0
Total nonzeros:	6
Nonlinear nonzeros:	0

Variable	Value	Reduced Cost
X	5.000000	0.000000
Y	1.500000	0.000000

Row	Slack or Surplus	Dual Price
1	34.50000	1.000000
2	0.000000	1.500000
3	0.000000	1.500000
4	3.000000	0.000000

표현에서 ≤는 <=나 <로 표시하여도 동일하게 해석하며 비음조건은 생략해도 무방하다. 또한 목적함수를 포함하여 모든 제약식은 하나의 문장으로 해석하며 문장의 끝에는 반드시 세미콜론(;)으로 마무리하여야 한다. 각 의사결정변수와 연계되는 계수는 *를 이용하여 곱하기 형태로 표현한다.

LINGO 모형이 완성되면 메뉴에 있는 LINGO 메뉴 중 Solve 세부메뉴를 선택하거나 메뉴상의 아이콘( )을 선택하여 최적해를 찾을 수 있다. 그 결과는 [그림 2-11]과 같다.

[그림 2-11]에서 보듯이 최적해는 $x = 5.0$, $y = 1.5$이며, 그때 목적함수값은 34.5임을 알 수 있다. 기타 상세한 설명은 관련 절에서 소개하기로 한다.

2.4 민감도 분석

2.4.1 민감도 분석의 의의

실제문제에 적용하는 데 있어 한계에도 불구하고 선형계획모형이 많은 의사결정 상황에 적용되는 이유는 이를 해결하는 효율적인 해법과 의사결정 상황에서 흔히 발생하는 환경변화가 의사결정에 미치는 영향 등을 분석할 수 있는 유용한 결과들이 제공되고 있다는 점이다. 즉, 미래에 의사결정 상황에 대한 가정이 바뀔 경우 최적해에 미치는 영향 등을 다루게 된다. 이와 같이 의사결정 환경의 변화가 선형계획모형의 최적해 및 최적 목적함수값 등에 미치는 영향을 분석하는 것을 민감도 분석(Sensitivity Analysis, What-if Analysis)이라고 한다. 민감도 분석을 통해 얻을 수 있는 효과를 소개하면 다음과 같다.

① 선형계획모형에서 모형수립 시 많은 계수들은 정확한 값이 아닌 추정치인 경우가 대부분이다. 잘못된 최적해를 얻지 않기 위해서 이러한 계수들의 추정치가 얼마나 정확해야 하는가를 검토하게 해주고 최적해에 민감하게 영향을 주는 매개변수는 정확히 추정하도록 정보를 제공한다.

② 현 상황에서 의사결정에 관한 분석이 끝난 후 상황이 바뀌면 모형을 다시 세우고 이를 다시 풀지 않고도 계수의 변화가 최적해를 변화시키는지 알 수 있도록 한다.
③ 경영정책과 직결되는 환경적 모수들이 변할 때 이 효과를 측정할 수 있다.

2.4.2 한국광학부품 사례

[예제 2-1]의 한국광학부품 문제를 선형계획모형으로 모형화하고 이를 풀어내는 과정에서 전제는 고급형 및 기본형 카메라 모듈의 box당 이익이 각각 600만 원과 300만 원으로 정확하게 주어진 값으로 보고 있다는 것이다. 그러나 현실적으로 이익을 정확하게 추정한다는 것이 쉬운 일이 아닐 수 있다. 정확히 산출할 수 있더라도 대외 환경변화(예를 들어, 자재가격 및 환율변동 등)에 따라 이익이 변화될 수 있는 것이 현실이다.

본 절에서는 다음과 같은 4가지 경우의 민감도 분석 상황을 고려한다.

① 목적함수식을 구성하는 의사결정변수 중 하나의 계수가 부정확하거나 다른 값을 갖게 되면 우리가 내린 의사결정이 어떠한 영향을 받게 되는가? 즉, y의 계수의 값은 3으로 고정되어 있는데 x의 계수인 6이 다른 값으로 바뀐다면? 또는 x의 계수의 값은 6으로 고정되어 있는데 y의 계수인 3이 다른 값으로 바뀐다면?
② 목적함수식을 구성하는 의사결정변수 중 여러 개의 계수가 부정확하거나 다른 값을 갖게 되면 우리가 내린 의사결정이 어떠한 영향을 받게 되는가? 즉, x의 계수의 값 6도 다른 값으로 바뀌고 y의 계수인 3도 다른 값으로 바뀐다면?
③ 쓸 수 있거나 획득할 수 있는 자원의 가용량 중에 하나가 변화하면 우리가 내린 의사결정이 어떠한 영향을 받게 되는가? 즉, 고급형 및 기본형에 투입되는 구동모터의 하루 공급가능량은 현재와 같은데 하루에 공급받을 수 있는 렌즈의 양이 늘어난다면? 또는 하루에 공급받을 수 있는 렌즈의 양과 고급형에 투입되는 구동모터의 하루 공급가능량은 현재와 같은데 기본형에 투입되는 구동모터의 하루 공급가능량이 늘어난다면? 또는 하루에 공급할 수 있는 렌즈의 양과 기본형에 투입되는 구동모터의 하루 공급가능량은 현재와 같은데 고급형에 투입되는 구동모터의 하루 공급가능량이 늘어난다면?

④ 쓸 수 있거나 획득할 수 있는 자원의 가용량들이 여러 개 변화하면 우리가 내린 의사결정이 어떠한 영향을 받게 되는가? 즉, 고급형 및 기본형에 투입되는 구동모터의 하루 공급가능량과 하루에 공급받을 수 있는 렌즈의 양이 동시에 변한다면?

2.4.3 목적함수 계수 하나의 변화가 미치는 영향

앞에서 언급한 바와 같이 목적함수식의 계수들은 정확한 값이 아니라 추정치에 불과할 수 있으며 실제값과 동떨어진 추정치라면 우리가 구한 최적해는 잘못된 해가 될 수 있다. 민감도 분석은 우리에게 현재 구한 최적해가 유효한 최적해가 될 수 있는 목적함수 계수의 범위에 대한 정보를 알려준다. 또한 의사결정 환경이 바뀌어 새로운 계수가 주어졌을 때 최적해를 다시 구하지 않고 기존의 최적해를 그대로 의사결정에 적용해도 되는 계수 변화의 허용범위를 재공해 준다. 여기에서는 목적함수식을 구성하는 의사결정변수 중 하나의 계수가 부정확하거나 다른 값을 갖게 되는 경우의 민감도 분석을 시도한다.

먼저 고급형 카메라 모듈 생산 시 box당 이익이 600만 원이 아니라면 어떠한 일이 일어나는지를 알아본다. 즉, 고급형 모듈생산 시 box당 이익이 어느 정도까지 증가하거나 감소해도 최적해 (5, 1.5)가 그대로 유지되는지를 알아본다.

(1) LINGO를 이용한 민감도 분석

[예제 2-1]의 제품혼합문제에 대해 이미 LINGO를 이용하여 최적해를 구하였으므로 고급형의 시간당 이익이 변하면 LINGO 명령창에서 목적함수의 x의 계수 6을 다른 값으로 변화시킨 후 Solve를 다시 시행하면 새로운 최적해가 계산된다. [그림 2-12]는 고급형 카메라 모듈의 box당 이익이 5로 감소하였을 때 어떤 결과가 얻어지는지를 보여주고 있다. [그림 2-11]과 비교하여 최적해는 변화가 없다. 다만 계수가 바뀌었으므로 목적함수값이 변하는데 목적함수값은 5만큼 감소한다(고급형 모듈의 최적생산량은 5로 변하지 않았으나 box당 이익이 1만큼 감소하였으므로 전체 이익은 5만큼 감소한다.). [그림 2-13]은 고급형의 시간당 이익이 4로 감소하였을 때 어떤 결과가

그림 2-12 고급형의 box당 이익이 5로 감소하였을 때 최적해

```
Solution Report - 한국광학부품
Global optimal solution found.
Objective value:                     29.50000
Infeasibilities:                     0.000000
Total solver iterations:                    1
Elapsed runtime seconds:                 0.05

Model Class:                               LP

Total variables:                2
Nonlinear variables:            0
Integer variables:              0

Total constraints:              4
Nonlinear constraints:          0

Total nonzeros:                 6
Nonlinear nonzeros:             0


                  Variable        Value       Reduced Cost
                         X     5.000000           0.000000
                         Y     1.500000           0.000000

                       Row   Slack or Surplus    Dual Price
                         1     29.50000           1.000000
                         2     0.000000           1.500000
                         3     0.000000           0.5000000
                         4     3.000000           0.000000
```

그림 2-13 고급형의 시간당 이익이 4로 감소하였을 때 최적해

```
Solution Report - 한국광학부품
Global optimal solution found.
Objective value:                     25.50000
Infeasibilities:                     0.000000
Total solver iterations:                    1
Elapsed runtime seconds:                 0.12

Model Class:                               LP

Total variables:                2
Nonlinear variables:            0
Integer variables:              0

Total constraints:              4
Nonlinear constraints:          0

Total nonzeros:                 6
Nonlinear nonzeros:             0


                  Variable        Value       Reduced Cost
                         X     3.000000           0.000000
                         Y     4.500000           0.000000
```

▌그림 2-14▌ 고급형의 시간당 이익이 10으로 증가하였을 때 최적해

```
Solution Report - 한국광학부품

Global optimal solution found.
Objective value:                54.50000
Infeasibilities:                0.000000
Total solver iterations:               1
Elapsed runtime seconds:            0.03

Model Class:                          LP

Total variables:                  2
Nonlinear variables:              0
Integer variables:                0

Total constraints:                4
Nonlinear constraints:            0

Total nonzeros:                   6
Nonlinear nonzeros:               0


                 Variable        Value        Reduced Cost
                        X     5.000000            0.000000
                        Y     1.500000            0.000000
```

얻어지는지를 보여주고 있다. [그림 2-11]과 비교하여 최적해는 (3, 4.5)로 변하였다. [그림 2-14]는 고급형의 시간당 이익이 10으로 증가하였을 때 어떤 결과가 얻어지는지를 보여주고 있다. [그림 2-11]과 비교하여 최적해는 변화가 없다. 고급형의 box당 이익이 비교적 크게 증가해도 최적해는 변화가 없다.

(2) 민감도 보고서를 이용한 계수변화의 허용범위

민감도 보고서를 얻으려면 LINGO Solver 메뉴에서 Range를 선택한다. 이 문제에 대한 민감도 보고서는 [그림 2-15]와 같다.

보고서에는 목적함수와 관련된 'Objective Coefficient Ranges' 부분과 제약식과 관련된 'Righthand Side Ranges'의 두 부분이 있는데 'Objective Coefficient Ranges' 부분은 목적함수의 각 계수에 대한 허용범위를 나타내는 데 필요한 정보를 제공한다. 'Current Coefficient' 열은 현재의 목적함수의 계수값 6과 3을 나타내고 'Allowable Increase(허용가능 증가치)' 열은 현재의 계수값에서 허용가능한 증가치와 'Allowable Decrease(허용가능 감소치)' 열은 현재의 계

그림 2-15 한국광학부품의 민감도 보고서

Ranges in which the basis is unchanged:

Objective Coefficient Ranges:

Variable	Current Coefficient	Allowable Increase	Allowable Decrease
X	6.000000	INFINITY	1.500000
Y	3.000000	1.000000	3.000000

Righthand Side Ranges:

Row	Current RHS	Allowable Increase	Allowable Decrease
2	18.00000	6.000000	3.000000
3	5.000000	1.000000	2.000000
4	4.500000	INFINITY	3.000000

수값에서 허용가능한 감소치를 보여준다. 이 경우 다른 변수의 계수는 변하지 않는다는 가정하에서 유효한 값이다.

예를 들어, 고급형 카메라 모듈의 box당 이익을 살펴보자. 표의 변수 x행은 다음과 같은 정보를 준다. 고급형 카메라 모듈의 box당 이익을 S_x라고 하고 기본형 카메라 모듈의 box당 이익을 S_y로 표시하자.

S_x의 현재값 : 6

S_x의 허용가능 증가치는 무한대이므로 $S_x \le 6+\infty=\infty$

S_x의 허용가능 감소치는 1.5이므로 $S_x \ge 6-1.5=4.5$

S_x의 허용범위는 $4.5 \le S_x \le \infty$로 고급형 카메라 모듈의 box당 이익이 허용범위 안에서 변할 때(기본형 카메라 모듈의 box당 이익은 변화 없다는 조건에서)에는 현재의 최적해 (5, 1.5)가 그대로 유지된다. 허용범위를 넘어서 4.5보다 작아지면 앞에서 소개한 [그림 2-13]에서와 같이 최적해는 (3, 4.5)로 변경된다.

(3) 도해법에 의한 민감도 분석

목적함수의 계수가 바뀌는 것은 도해법에서 목적함수에 대응하는 직선의 기울기가 변한다는 것을 의미한다. [그림 2−16]은 도해법을 이용한 허용범위 도출을 보여주고 있다. $S_x=6$일 때 실선으로 표시된 목적함수는 (5, 1.5)에서 최적해를 갖는다. S_x의 값이 변하면 목적함수의 기울기 $-\frac{S_x}{3}$가 변한다. S_x가 커지면 기울기의 절대값이 커져서 현재보다 가파른 기울기가 된다. 그러나 기울기가 아무리 가파르게 되어도 (5, 1.5)에서 최적해를 갖는다(기울기가 $-\infty$가 되면 $x=5$ 직선과 겹칠 때 최적해를 갖게 되고 이 경우에도 (5, 1.5)는 최적해의 하나이다.). S_x가 작아지면 기울기의 절대값이 작아져서 현재보다 완만한 기울기가 된다. 기울기가 완만해져서 S_x가 $-\frac{3}{2}$이 되면 직선 $3x+2y=18$과 겹칠 때 최적해를 갖게 되고 이 경우에도 (5, 1.5)는 최적해의 하나이다. 그러나 더 완만해지면 (3, 4.5)에서 최적해를 갖는다.

▌그림 2−16▐ 도해법을 이용한 목적함수 계수의 허용범위 도출

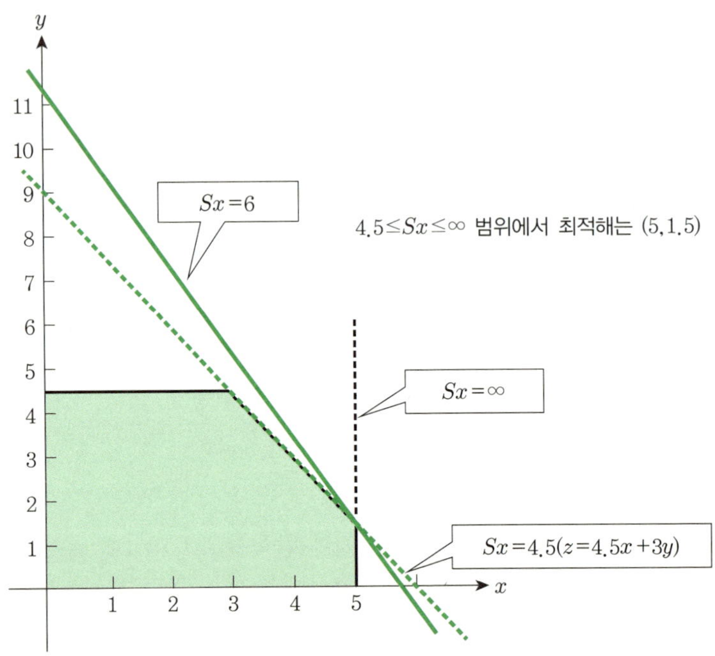

(4) 결론

S_x의 허용범위는 $4.5 \le S_x \le \infty$이며, 이 범위 안에서 $(x, y)=(5, 1.5)$가 최적해이다(4.5일 때와 ∞일 때 다수의 최적해가 있으나 (5, 1.5)도 최적해 중 하나이다.). 이 범

위를 벗어나면 (5, 1.5)는 최적해가 아니다. 따라서 의사결정 환경이 변화하여 고급형 카메라 모듈의 box당 이익이 현재와 달라지더라도 그 값이 허용범위 내에 있으면 모형을 수정하여 새로운 최적해를 구할 필요 없이 기존의 최적해 (5, 1.5)를 그대로 적용할 수 있다. 모형을 수정하여 다시 풀지 않고도 최적해에 대한 결론을 내릴 수 있다는 것은 선형계획모형을 적용하는 의사결정에서 많은 도움을 준다. 특히, 변수의 개수가 많고 제약식이 많은 대규모모형의 경우 문제를 다시 풀기 위한 계산시간을 절감할 수 있다.

같은 방법으로 기본형 카메라 모듈의 box당 이익에 대해 살펴보자. 기본형 카메라 모듈의 box당 이익을 S_y로 표시할 때 최적해가 변하지 않는 S_y의 허용범위는 $0 \le S_y \le 4$로 기본형 카메라 모듈의 box당 이익이 허용범위 안에서 변할 때(고급형의 box당 이익은 변화 없다는 조건)에는 현재의 최적해 (5, 1.5)가 그대로 유지된다. 허용범위를 넘어서 4보다 커지면 최적해는 (3, 4.5)로 변경되고 0보다 작아지면 최적해는 (5, 0)으로 변경된다. 이 과정을 확인해보라!

2.4.4 목적함수 계수들의 동시 변화가 미치는 영향

앞 절에서는 목적함수식을 구성하는 의사결정변수 중 하나의 계수가 변하게 되는 경우의 민감도 분석에 대하여 설명하였다. 그러나 실제 의사결정 환경에서는 여러 개의 계수가 동시에 변할 수 있다.

(1) 민감도 보고서를 이용한 100% 법칙

한국광학부품문제에서 고급형 및 기본형 카메라 모듈의 box당 이익이 동시에 변한다면 어떠한 결과가 얻어질 것인가를 분석하기 위하여 '목적함수 계수들이 동시에 변할 때의 100% 법칙'을 적용한다.

목적함수 계수들이 동시에 변할 때의 100% 법칙은 다음과 같다. 만약 목적함수 계수들이 동시에 변하면 각 계수의 허용범위에서 허용가능한 변화(증가 또는 감소)와 각 계수가 변한 변화량과의 대비 %를 구한다. 이렇게 구한 변화의 % 합을 모든 변수들에 대하여 더해서 100%를 넘지 않으면 원래의 최적해는 변하지 않는다(합이 100%를 초과하면 알 수 없다.).

예를 들어, S_x의 값이 6에서 5로 변하고 S_y의 값도 3에서 2로 변한다고 가정해보자. S_x와 S_y의 변화 %를 계산해보면 ($z=5x+2y$)

$$S_x \text{ 허용가능한 감소치에 대한 백분율} = 100\left(\frac{(6-5)}{1.5}\right) = 66\frac{2}{3}\%$$

$$S_y \text{ 허용가능한 감소치에 대한 백분율} = 100\left(\frac{(3-2)}{3}\right) = 33\frac{1}{3}\%$$

%의 합은 정확히 100%로 현재의 최적해 (5, 1.5)가 여전히 최적해이다.

예를 들어, S_x의 값이 6에서 4로 변하고 S_y의 값도 3에서 2로 변한다고 가정해보자. S_x와 S_y의 변화 %를 계산해보면 ($z=4x+2y$)

$$S_x \text{ 허용가능한 감소치에 대한 백분율} = 100\left(\frac{(6-4)}{1.5}\right) = 133\frac{1}{3}\%$$

$$S_y \text{ 허용가능한 감소치에 대한 백분율} = 100\left(\frac{(3-2)}{3}\right) = 33\frac{1}{3}\%$$

%의 합은 166.6%로 100을 초과하였지만 이 경우에도 현재의 최적해 (5, 1.5)가 여전히 최적해이다. 100%를 초과하였음에도 불구하고 최적해가 변하지 않은 이유는 두 값이 동시에 작아지는 변화를 해서 기울기의 변화가 크지 않기 때문이다(이 경우에는 기울기가 원문제와 동일하다.)

예를 들어, S_x의 값이 6에서 4로 변하고 S_y의 값은 3에서 4로 변한다고 가정해보자. S_x와 S_y의 변화 %를 계산해보면 ($z=4x+4y$)

$$S_x \text{ 허용가능한 감소치에 대한 백분율} = 100\left(\frac{(6-4)}{1.5}\right) = 133\frac{1}{3}\%$$

$$S_y \text{ 허용가능한 증가치에 대한 백분율} = 100\left(\frac{(4-3)}{1}\right) = 100\%$$

%의 합은 233.3%로 100을 초과하였고 이 경우 최적해는 (3, 4.5)로 변한다. [그림 2-17]에 도해법을 이용한 민감도 분석결과와 일치함을 보여준다.

그림 2-17 도해법을 이용한 민감도 분석결과(목적함수 계수 동시변화)

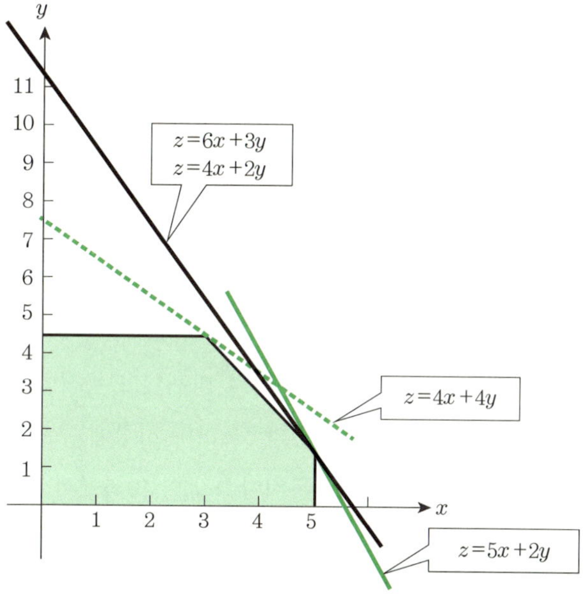

2.4.5 제약식의 변화에 의한 영향

일반적으로 제약식(함수제약식)의 우변상수는 의사결정자가 통제할 수 없는 숫자가 아니라 의사결정자가 정책적으로 결정할 수 있는 것이다. 예를 들어, 한국광학부품문제의 예제에서 하루에 공급받을 수 있는 렌즈의 양은 18box이다. 이 수량은 의사결정자의 정책에 따라 변경이 가능한 수치이다. 예를 들어, 다른 회사로부터 렌즈를 웃돈을 주고 사올 수도 있다. 따라서 의사결정자는 모형을 푼 뒤에 이러한 정책적 변화가 어떠한 결과를 줄지에 대한 다양한 검토를 원할 수 있다.

먼저 제약식 중에서 하나만 우변상수가 변화한 경우에 대하여 어떠한 의미있는 내용을 얻을 수 있는지 알아본다. 하루에 공급받을 수 있는 렌즈의 양이 18box에서 19box로 1box 증가한 경우를 가정해보자. [그림 2-18]에 이를 반영하고 LINGO를 이용하여 찾은 최적해가 주어져 있다. 1box 증가한 결과, 최적해는 (5, 2)로 바뀌었고 목적함수값은 1.5 증가하여 36이 되었다. 하루에 공급받을 수 있는 렌즈의 양을 20box로 변경한 경우에는 [그림 2-19]와 같이 최적해는 (5, 2.5)로 바뀌었고 최적목적함수값은 3 증가하여 37.5가 되었다. 여기서 2box의 증가분이 목적함수값을 3만큼 증가시켰으므로 1box 증가할 때마다 목적함수값을 1.5만큼 증가시킨다는 것을 알 수 있다.

선형계획모형의 최적해와 그때의 목적함수값이 주어졌을 때 제약식의 우변상수를 작은 양만큼 변화시킬 경우 목적함수값이 변하는 증감률을 잠재가격(Shadow Price) 혹은 쌍대가격(Dual Price)이라고 한다. [그림 2-17]과 [그림 2-18]에서 첫 번째 제약식(Row 2)에 대한 쌍대가격이 일일 최대 생산량에 대한 잠재가격을 의미하며 그 값은 1.5이다. 그런데 하루에 구입할 수 있는 렌즈의 양을 계속 증가시키면 목적함수값이 계속 증가하지는 않는다. 하루에 구입할 수 있는 렌즈의 양을 24box로 변경한 경우에는 [그림 2-20]과 같이 최적해는 (5, 4.5)로 바뀌었고 목적함수값은 9 증가하여 43.5가 되어 잠재가격은 1.5가 유지되고 있다. 그러나 하루에 구입할 수 있는 렌즈의 양을 더 늘리더라도 최적해는 (5, 4.5), 목적함수값은 43.5에서 변하지 않는다. 즉,

그림 2-18 **하루에 공급받을 수 있는 렌즈의 양이 18box에서 19box로 증가한 경우**

```
Solution Report - 한국광학부품

Global optimal solution found.
Objective value:                 36.00000
Infeasibilities:                 0.000000
Total solver iterations:                1
Elapsed runtime seconds:             0.05

Model Class:                           LP

Total variables:              2
Nonlinear variables:          0
Integer variables:            0

Total constraints:            4
Nonlinear constraints:        0

Total nonzeros:               6
Nonlinear nonzeros:           0

                Variable       Value      Reduced Cost
                       X    5.000000          0.000000
                       Y    2.000000          0.000000

                     Row  Slack or Surplus   Dual Price
                       1        36.00000       1.000000
                       2        0.000000       1.500000
                       3        0.000000       1.500000
                       4        2.500000       0.000000
```

그림 2-19 하루에 공급받을 수 있는 렌즈의 양이 18box에서 20box로 증가한 경우

```
Solution Report - 한국광학부품

Global optimal solution found.
Objective value:                 37.50000
Infeasibilities:               0.000000
Total solver iterations:              1
Elapsed runtime seconds:           0.06

Model Class:                         LP

Total variables:           2
Nonlinear variables:       0
Integer variables:         0

Total constraints:         4
Nonlinear constraints:     0

Total nonzeros:            6
Nonlinear nonzeros:        0


            Variable       Value      Reduced Cost
                   X    5.000000        0.000000
                   Y    2.500000        0.000000

                 Row   Slack or Surplus    Dual Price
                   1     37.50000           1.000000
                   2     0.000000           1.500000
                   3     0.000000           1.500000
                   4     2.000000           0.000000
```

우변상수의 어느 범위 이상 늘리면 목적함수값이 더 이상 개선되지 않게 되는 범위가 존재한다.

다른 제약식의 우변상수는 고정되어 있고 대상이 되는 하나의 제약식의 우변상수(이를 자원의 가용량이라고 한다.)를 변화시킬 때 최적 목적함수값의 변화율을 잠재가격이라고 하고 제약식의 잠재가격이 유효하게(변하지 않게) 작용하는 우변상수의 범위를 우변상수에 대한 허용범위라고 한다. 앞의 예제에서 하루에 공급될 수 있는 렌즈의 양의 잠재가격은 1.5이고 이 잠재가격이 유효한 하루에 공급될 수 있는 렌즈의 양의 상한값은 24box이다. 유사한 방법으로 잠재가격이 유효한 하루에 구입할 수 있는 렌즈의 양의 하한값은 15box임을 알 수 있다.

[그림 2-21]을 도해법을 이용한 민감도 분석방법을 정리한 것이다. 첫 번째 제약식의 우변상수값이 증가하거나 감소하는 것은 이에 대응하는 직선의 방정식이 평행이동

그림 2-20 하루에 구입할 수 있는 렌즈의 양이 18box에서 24box로 증가한 경우

Solution Report - 한국광학부품

Global optimal solution found.
Objective value: 43.50000
Infeasibilities: 0.000000
Total solver iterations: 0
Elapsed runtime seconds: 0.06

Model Class: LP

Total variables: 2
Nonlinear variables: 0
Integer variables: 0

Total constraints: 4
Nonlinear constraints: 0

Total nonzeros: 6
Nonlinear nonzeros: 0

Variable	Value	Reduced Cost
X	5.000000	0.000000
Y	4.500000	0.000000

Row	Slack or Surplus	Dual Price
1	43.50000	1.000000
2	0.000000	0.000000
3	0.000000	6.000000
4	0.000000	3.000000

그림 2-21 도해법을 이용한 제약식 민감도 분석방법

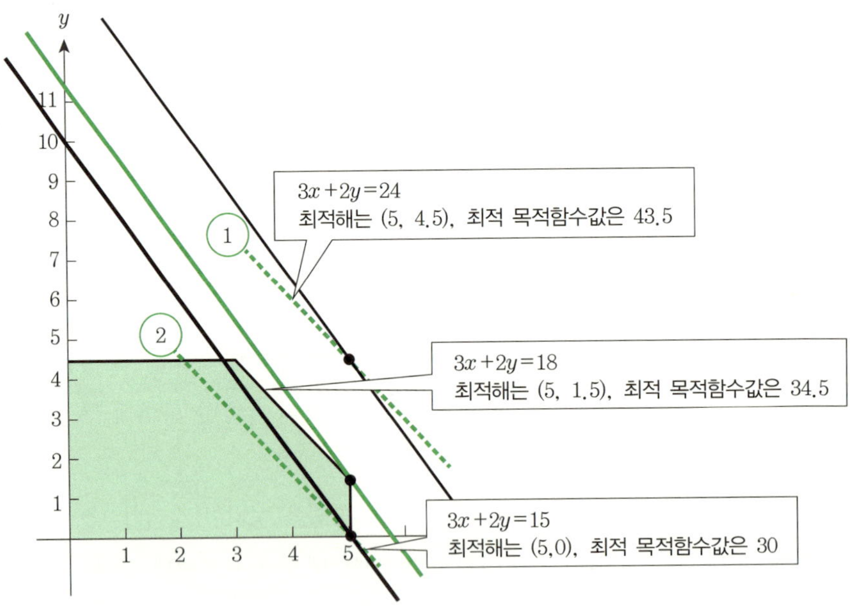

을 하여 실행가능영역에 변화를 준다는 것을 의미한다. 예를 들어, 하루에 공급될 수 있는 렌즈의 양을 증가시키면 점선 ①의 방향으로 평행이동하며 실행가능영역이 늘어난다. 최적해는 (5, 1.5)에서 (5, 4.5)로 이동해가며 목적함수값을 1.5만큼 증가시키다. 반대로 하루에 공급될 수 있는 렌즈의 양을 감소시키면 점선 ②의 방향으로 평행이동하며 실행가능영역이 줄어든다. 최적해는 (5, 1.5)에서 (5, 0)으로 이동해가며 목적함수값을 1.5만큼 감소시킨다. 유사한 방법으로 두 번째 제약식의 우변상수를 변화시켜 보면 우변상수가 5에서 6으로 1box 증가하면 목적함수값은 36이 되어 잠재가격은 1.5가 된다. 이는 [그림 2-18]에서 두 번째 제약식에 대한 쌍대가격이 1.5임을 통해 알 수 있다. 세 번째 제약식은 우변상수값을 증가시키더라도 목적함수값을 증가시키지 못하므로 잠재가격은 0이다.

[그림 2-15]와 [그림 2-18]을 이용하여 제약식의 우변상수(Righthand Side) 변화에 대한 정보를 바로 얻을 수 있다. 각 제약식(Row 2)에 대한 쌍대가격이 각 제약식의 자원에 대한 잠재가격을 보여준다. 앞서 설명한 바와 같이 첫 번째 제약식의 잠재가격은 1.5, 두 번째 제약식(Row 3)의 잠재가격은 1.5, 세 번째 제약식(Row 4)의 잠재가격은 0이다. 'Current RHS' 열은 현재 각 제약식의 우변값을 나타내고 있으며 '허용가능 증가치' 열은 잠재가격을 유지하면서 각 제약조건의 우변상수값이 증가할 수 있는 허용치를 말하며 '허용가능 감소치' 열은 잠재가격을 유지하면서 각 제약조건의 우변상수값이 감소할 수 있는 허용치를 나타낸다.

제품혼합문제 예제에서 각 제약식의 우변상수의 허용범위는 다음과 같다.

18−3≤제약식 1의 우변상수≤18+6

5−2≤제약식 2의 우변상수≤5+1

4.5−3≤제약식 3의 우변상수≤4.5+∞

다음에는 여러 개의 제약식의 우변상수가 동시에 변화하는 경우에 대하여 알아본다. 이러한 제약식의 동시변화는 흔히 일어날 수 있는 일이다.

우변상수들이 동시에 변할 때의 100% 법칙은 다음과 같다. 변화가 지나치게 크지 않다면 일부 제약식의 우변상수값이 동시에 변하는 경우 이의 영향을 판단하는 데는 현재의 잠재가격을 유용하게 사용할 수 있다. 만약 우변상수들이 동시에 변하면 각 상수의 변화량과 허용가능한 변화(증가 또는 감소)의 대비 %를 구한다. 이렇게 구한 변화의 % 합을 모두 더해서 100%를 넘지 않으면 잠재가격이 유효하여 우변상수의 변화가 미치는 잠재가격의 변화를 합한 그대로 최적 목적함수값에 반영하면 된다(합이 100%를 초과하면 알 수 없다.). 예를 들어, 하루에 공급될 수 있는 렌즈의 양이 20box로 2box만큼 증가하였고 고급형에 사용되는 구동모터의 하루 공급 가능량이 5.5box로 0.5box만큼 증가한 경우 목적함수값에 어떠한 영향을 주는지를 잠재가격을 이용하여 알아본다.

▌그림 2-22▌ 하루에 공급될 수 있는 렌즈의 양이 20box로 증가, 고급형에 사용되는 구동모터의 하루 공급가능량이 5.5box로 변한 경우

```
Solution Report - 한국광학부품

Global optimal solution found.
Objective value:                 38.25000
Infeasibilities:                 0.000000
Total solver iterations:                1
Elapsed runtime seconds:             0.05

Model Class:                           LP

Total variables:              2
Nonlinear variables:          0
Integer variables:            0

Total constraints:            4
Nonlinear constraints:        0

Total nonzeros:               6
Nonlinear nonzeros:           0

                    Variable        Value     Reduced Cost
                           X     5.500000         0.000000
                           Y     1.750000         0.000000

                         Row  Slack or Surplus   Dual Price
                           1     38.25000         1.000000
                           2     0.000000         1.500000
                           3     0.000000         1.500000
                           4     2.750000         0.000000
```

제약식 1의 우변 상수 : 18 → 20

허용가능 증가치에 대한 백분율$=100\left(\dfrac{20-18}{6}\right)=33.33\%$

제약식 2의 우변 상수 : 5 → 5.5

허용가능 증가치에 대한 백분율$=100\left(\dfrac{5.5-5}{1}\right)=50\%$

합이 83.33%로 100보다 작으므로 잠재가격이 유효하게 사용될 수 있다. 제약식 1의 잠재가에서 2×1.5=3만큼 목적함수값을 증가시키고 제약식 2의 잠재가격에서 0.5×1.5=0.75만큼 목적함수값을 증가시켜 목적함수값은 3.75만큼 증가한 38.25가 된다. [그림 2-22]에 LINGO를 이용하여 변화된 모형을 푼 결과가 주어졌는데 이 결과에서 목적함수값은 앞서 설명한 내용과 동일함을 알 수 있다.

2.5 쌍대문제

모든 선형계획법(LP)문제는 쌍을 이루는 또 다른 선형계획문제인 쌍대문제(Dual Problem)와 밀접히 연관되어 있다. 이때 쌍대문제와 구별하기 위하여 주어진 문제를 원문제(Primal Problem)라고 한다. 쌍대문제는 선형계획이론에서 중요한 분야의 하나이며 이를 통하여 선형계획문제에 대한 민감도 분석과 경제학적 의미해석 및 효과적인 해법을 개발하는 데 있어서 중요한 역할을 한다.

2.5.1 경제학적 해석을 위한 추가 예제

경제학적인 해석을 위하여 화폐단위로 측정되는 목표를 갖는 의사결정 상황에 대한 예제를 설명한다.

예제 2-2 경제학적 해석을 위한 예제

대한가구주식회사에서는 목재, 가죽, 섬유 등 세 가지 원료를 사용하여 침대와 소파 등 두 가지 가구를 만들고 있다. 대한가구에서 침대와 소파를 만들기 위해서는 원료로서 목재와 가죽 그리고 섬유가 필요하다. 이 원료들에 대한 수요가 많아서 이를 확보하기 위한 경쟁이 심한데 다행히 대한가구는 원료를 확보할 수 있었다. 대한가구가 앞으로 한 달간 사용하기 위하여 확보한 원료는 목재가 $15m^3$, 가죽은 $13m^2$, 섬유는 $4m^2$이다. 침대를 하나 만드는 데는 목재가 $2m^3$, 가죽은 $1m^2$, 섬유는 $1m^2$가 필요하고 소파를 하나 만드는 데는 목재가 $1m^3$, 가죽은 $1m^2$이 필요하고 섬유는 필요하지 않다. 침대는 개당 7만 원에 판매하여 원료비 등의 비용을 제외하고 15,000원의 이익을 내고 있으며 소파는 개당 4만 원에 판매하여 원료비 등의 비용을 제외하고 10,000원의 이익을 내고 있다. 이익을 최대로 만들기 위해서는 한 달간 침대와 소파를 각각 몇 개씩 만들어야 하는가?

먼저 다음과 같이 의사결정변수를 정의한다.

x_1 : 침대 생산량

x_2 : 소파 생산량

그러면 이러한 의사결정 상황을 선형계획모형으로 만든 결과를 쌍대문제와 구별하기 위하여 원문제라고 하면 원문제는 다음과 같은 선형계획모형이 된다.

원문제

$$
\begin{aligned}
\text{Maximize} \quad & z = 15{,}000x_1 + 10{,}000x_2 \\
\text{subject to} \quad & 2x_1 + x_2 \le 15 \\
& x_1 + x_2 \le 13 \\
& x_1 \le 4 \\
& x_1 \ge 0,\ x_2 \ge 0
\end{aligned}
$$

이 문제를 LINGO를 이용하여 모델링하면 [그림 2-23]과 같고 [그림 2-24]와 같이 최적해와 목적함수값은 (2, 11; 140,000)이 된다. 세 가지 원료의 한 달간 확보량이 정해져 있으므로 대한가구의 한 달간 이익을 현재의 최적 목적함수값보다 더 이상 크게 할 수는 없지만 각각의 원료를 더 확보할 수 있다면 이익을 증가시킬 수도 있다.

그림 2-23 대한가구 의사결정문제의 LINGO 모델링

Lingo Model - 대한가구

```
Model:

! 목적함수 ;
max = 15000*x1 + 10000*x2;

! 제약식;
          2*x1 +       x2 <= 15 ;
            x1 +       x2 <= 13 ;
            x1            <=  4 ;

! 비음조건은 생략가능;

End
```

그림 2-24 대한가구 의사결정문제의 LINGO 최적해

Solution Report - 대한가구

```
Global optimal solution found.
Objective value:                 140000.0
Infeasibilities:                 0.000000
Total solver iterations:                2
Elapsed runtime seconds:             0.05

Model Class:                           LP

Total variables:              2
Nonlinear variables:          0
Integer variables:            0

Total constraints:            4
Nonlinear constraints:        0

Total nonzeros:               7
Nonlinear nonzeros:           0


                    Variable        Value        Reduced Cost
                          X1     2.000000            0.000000
                          X2     11.00000            0.000000

                         Row    Slack or Surplus    Dual Price
                           1     140000.0            1.000000
                           2     0.000000            5000.000
                           3     0.000000            5000.000
                           4     2.000000            0.000000
```

목재를 1단위 추가로 확보할 수 있다면 이익이 늘어나는지를 살펴보자. 목재의 확보량이 현재의 $15m^3$에서 $16m^3$로 늘었다고 가정해보자 이 경우에는 [그림 2-25]와 같이 최적해와 목적함수값은 (3, 10; 145,000)이 되어 목재가 추가됨으로 해서 얻은 추가이익은 5,000원이 된다. 이것은 2.4.5절에서 다룬 자원의 잠재가격이며 첫 번째 제약식(Row 2)에 대한 쌍대가격이 5,000원인 것과 일치한다. 목재의 잠재가격은 목재의 시장가격이 아니라 목재를 추가로 확보할 수 있는 권리의 가치를 나타낸다. 따라서 대한가구에게 있어서 목재의 가치는 목재의 시장가격(목재 구입가격)과 추가 확보할 수 있는 권리의 가치를 합한 것이 된다. 참고로 만일 시장에서 목재를 얼마든지 살 수 있다면 목재는 더 이상 의사결정의 제약요소로 작용하지 않는다.

그림 2-25 목재의 확보량이 1단위 늘어난 경우 대한목재 의사결정문제의 최적해

Solution Report - 대한가구

```
Global optimal solution found.
Objective value:                 145000.0
Infeasibilities:                 0.000000
Total solver iterations:                2
Elapsed runtime seconds:             0.05

Model Class:                           LP

Total variables:            2
Nonlinear variables:        0
Integer variables:          0

Total constraints:          4
Nonlinear constraints:      0

Total nonzeros:             7
Nonlinear nonzeros:         0


                     Variable        Value    Reduced Cost
                           X1     3.000000        0.000000
                           X2     10.00000        0.000000

                          Row   Slack or Surplus    Dual Price
                            1   145000.0            1.000000
                            2   0.000000            5000.000
                            3   0.000000            5000.000
                            4   1.000000            0.000000
```

동일한 방법으로 가죽의 잠재가치를 구하기 위하여 가죽의 확보량을 $13m^2$에서 $14m^2$로 수정하여 최적해와 목적함수값을 구하면 (1, 13; 145,000)이 되어 가죽의 잠재가치도 5,000원이 된다. 또한 이것은 두 번째 제약식(Row 3)에 대한 쌍대가격이 5,000원인 것과 일치한다.

동일한 방법으로 섬유의 잠재가치를 구하기 위하여 섬유의 확보량을 $4m^2$에서 $5m^2$로 수정하여 최적해와 목적함수값을 구하면 그 목적함수값이 변하지 않으므로 섬유의 잠재가치는 0원이 된다. 또한 이것은 세 번째 제약식(Row 4)에 대한 쌍대가격이 0인 것과 일치한다.

2.5.2 쌍대문제의 경제학적 해석

정의된 선형계획모형으로부터 이에 대응하는 쌍대문제를 정의하는 방법은 수학적으로 엄밀하게 정의된다. 이러한 절차는 뒤에서 다루도록 하고 먼저 쌍대문제의 경제학적 의미를 도출하여 본다.

책상과 의자를 만드는 민국가구에서는 대한가구와 마찬가지로 목재, 가죽, 섬유를 원료로 사용하고 있다. 원료를 확보하지 못한 민국가구는 대한가구에게 시장가격보다 웃돈(premium)을 붙여줄테니 확보한 원료를 팔라는 제안을 하고 있다. 이때 민국가구는 과연 각 원료별로 시장가격보다 얼마 정도의 웃돈을 책정하는 것이 합리적인 의사결정인가를 고민하고 있다.

웃돈은 아직 결정된 것이 아니므로 목재, 가죽, 섬유의 시장가격에 얹어줄 웃돈을 각각 y_1, y_2, y_3라고 하자.

먼저 민국가구로서는 가능하면 지불하는 웃돈의 총액을 최소화하고 싶을 것이다. 따라서 민국가구는 다음의 값을 최소화하려 한다.

$$w=15y_1+13y_2+4y_3$$

두 번째로 원료를 확보하려는 경쟁이 심하다고 하였으므로 대한가구는 확보한 원료들을 언제든지 시장가격 이상으로 팔 수 있으므로 웃돈은 음수가 될 수 없다. 따라서 다음 조건을 만족하여야 한다.

$$y_1 \geq 0,\ y_2 \geq 0,\ y_3 \geq 0$$

세 번째로 대한가구의 입장에서 원료를 판다는 것은 제품을 만드는 것을 포기하는 것이므로 원료를 팔고 받는 웃돈은 제품에서 얻을 수 있는 이익보다 커야 한다. 침대를 하나 만드는 데 목재가 $2m^3$, 가죽은 $1m^2$, 섬유는 $1m^2$가 필요하므로 침대를 하나 만들지 않고 이것을 만드는 데 필요한 원료를 민국가구에 팔아버린다면 이때 얻게 되는 웃돈이 침대 하나에서 얻을 수 있는 이익 17,000원보다 커야 한다. 따라서 다음 조건을 만족하여야 한다.

$$2y_1 + y_2 + y_3 \geq 17,000$$

마찬가지로 소파를 하나 만드는 데 목재가 $1m^3$, 가죽은 $1m^2$ 필요하고 섬유는 필요하지 않으므로 소파를 하나 만들지 않고 이것을 만드는 데 필요한 원료를 민국가구에 팔아버린다면, 이때 얻게 되는 웃돈이 소파 하나에서 얻을 수 있는 이익 10,000원보다 커야 한다. 따라서 다음 조건을 만족해야 한다.

$$y_1 + y_2 \geq 10,000$$

이제 민국가구의 문제를 정리하여 선형계획모형으로 표현하면 다음과 같다.

쌍대문제

$$\begin{aligned} \text{Minimize} \quad & w = 15y_1 + 13y_2 + 4y_3 \\ \text{subject to} \quad & 2y_1 + y_2 + y_3 \geq 17,000 \\ & y_1 + y_2 \geq 10,000 \\ & y_1 \geq 0,\ y_2 \geq 0,\ y_3 \geq 0 \end{aligned}$$

2.5.1절에서 구한 잠재가격들은 원료를 추가로 확보할 수 있는 권리의 가치를 나타내며 여기서 정의한 변수 y_1, y_2, y_3는 각각의 원료에 대하여 민국가구가 지불하겠다

는 웃돈이다.

대한가구의 입장에서는 목재 1단위를 팔아버리면 이익이 목재의 잠재가격만큼 줄어들기 때문에 받을 수 있는 웃돈이 이보다 적다면 목재를 팔려고 하지 않을 것이다. 따라서 대한가구를 거래로 끌어들이기 위해서는 웃돈이 최소한 잠재가격보다 크거나 같아야 한다. 한편 민국가구의 입장에서는 전체 웃돈을 작게 하고 싶으므로 웃돈을 가능하면 작게 하여 잠재가격과 같게 하려고 할 것이다.

따라서 각 원료의 잠재가격과 각 원료에 얹어주는 웃돈은 같아진다. 쌍대문제의 최적해를 구했을 때 쌍대문제의 변수들의 값이 각 원료의 잠재가격과 같고 쌍대문제의 목적함수값도 원문제의 목적함수값과 같아짐을 알 수 있다.

2.5.3 쌍대문제의 형성절차

원문제에 대응하는 쌍대문제를 만드는 과정은 다음과 같다.

① 원문제를 표준형(Standard Form)으로 변환한다. 여기서 표준형이란 변수에 대한 제약을 제외한 모든 제약식이 등식이고 제약식에서 변수들은 모두 좌변으로 정리되고 상수인 우변(Right-Hand Side)값은 0보다 크거나 같아야 하고 모든 변수가 비음조건을 만족하는 형태를 의미한다. 표준형이 아닌 선형계획모형을 표준형으로 변환하는 절차는 다음과 같다.

- (≤) 부등식 형태의 제약식을 등식으로 변환하기 위해서는 부등식의 우측값과 좌측값의 차이를 나타내는 비음의 여유변수(Slack Variable)를 제약식의 좌측에 더한다. 예를 들어, 부등식 $x_1 + 2x_2 \le 6$은 비음의 여유변수 s_1을 도입함으로써 아래와 같이 등식으로 변환할 수 있다.

  $x_1 + 2x_2 + s_1 = 6,\ s_1 \ge 0$

- 반면, (≥) 부등식 형태의 제약식을 등식으로 변환하기 위해서는 부등식의 좌측값과 우측값의 차이를 나타내는 비음의 잉여변수(Surplus Variable)를 제약식의 좌측에서 뺀다. 예를 들어, 부등식 $3x_1 + 2x_2 - 3x_3 \ge 5$는 비음의 잉여변수 s_1을 도입함으로써 아래와 같이 등식으로 변환할 수 있다.

$$3x_1 + 2x_2 - 3x_3 - s_1 = 5, \; s_1 \geq 0$$

- 표준형 선형계획모형의 조건 중 제약식의 우측상수가 항상 비음이어야 한다는 조건은 필요에 따라 제약식의 양변에 −1을 곱함으로써 간단하게 만족시킬 수 있다. 예를 들어, 제약식 $2x_1 - x_2 \leq -5$는 양변에 −1을 곱하고 잉여변수 s_1을 도입함으로써 아래와 같이 비음의 우측상수를 갖는 등식으로 변환할 수 있다.

$$-2x_1 + x_2 \geq 5$$

$$-2x_1 + x_2 - s_1 = 5, \; s_1 \geq 0$$

- 선형계획문제의 변수는 일반적으로 비음제약을 가지나 음수를 허용하는 (Unrestricted Variable) 특수한 경우도 발생한다. 이 경우 해당 변수 x_1 대신 $x_1' - x_1''(x_1' \geq 0, \; x_1'' \geq 0)$를 대입함으로써 비음제약을 갖는 표준형 변수로 변환할 수 있다.

$$\begin{aligned} \text{Minimize} \quad & z = 2x_1 + 3x_2 \\ \text{subject to} \quad & x_1 + x_2 = 10 \\ & -2x_1 + 3x_2 \leq -5 \\ & 7x_1 - 4x_2 \leq 6 \\ & x_1 : \text{unrestricted}, \; x_2 \geq 0 \end{aligned}$$

위 선형계획문제를 표준형으로 변환하면 아래와 같다.

$$\begin{aligned} \text{Minimize} \quad & z = 2x_1' - 2x_1'' + 3x_2 \\ \text{subject to} \quad & x_1' - x_1'' + x_2 = 10 \\ & 2x_1' - 2x_1'' - 3x_2 - s_1 = 5 \\ & 7x_1' - 7x_1'' - 4x_2 + s_2 = 6 \\ & x_1', \; x_1'', \; x_2, \; s_1, \; s_2 \geq 0 \end{aligned}$$

② 목적함수는 최대화문제로 변환한다. 최소화문제는 목적함수에 (−1)을 곱하여 줌으로써 최대화문제로 변환할 수 있다. 물론 원문제가 최소화문제인 경우에도 쌍대문제(이 경우 쌍대문제는 최대화문제가 된다.)를 정의할 수 있지만 쌍대변환규칙을 단순화하기 위하여 원문제가 최대화문제인 경우에 대해서만 쌍대변환

규칙을 설명한다.

$$\text{Minimize} \quad z = 15x_1 + 13x_2 + 4x_3$$

위의 최소화문제는 다음과 같이 최대화문제로 변환된다.

$$\text{Maximize} \quad (-z) = -15x_1 - 13x_2 - 4x_3$$

③ 쌍대문제로의 변환규칙을 설명하기 위하여 다음과 같은 표준형으로 정의된 선형계획모형을 고려한다.

$$\begin{aligned}
\text{Maximize} \quad & z = c_1x_1 + c_2x_2 + \cdots + c_jx_j + \cdots + c_{1n}x_n \\
\text{subject to} \quad & a_{11}x_1 + a_{12}x_2 + \cdots + a_{1j}x_j + \cdots + a_{1n}x_n = b_1 \ : \ y_1 \\
& a_{21}x_1 + a_{22}x_2 + \cdots + a_{2j}x_j + \cdots + a_{2n}x_n = b_2 \ : \ y_2 \\
& \quad \vdots \\
& a_{i1}x_1 + a_{i2}x_2 + \cdots + a_{ij}x_j + \cdots + a_{in}x_n = b_i \ : \ y_i \\
& \quad \vdots \\
& a_{m1}x_1 + a_{m2}x_2 + \cdots + a_{mj}x_j + \cdots + a_{mn}x_n = b_m \ : \ y_m \\
& \quad x_1, \ x_2, \ \cdots, \ x_n \geq 0
\end{aligned}$$

쌍대변환규칙은 다음과 같다.

- 원문제의 제약식 하나에 쌍대문제의 쌍대변수 하나를 대응시킨다(y_1, y_2, $\cdots$, y_i, $\cdots$, y_m).
- 원문제의 제약식의 우변상수(b_i)와 이 제약식에 대응하는 쌍대변수(y_i)의 곱을 구한 후 이것들을 모두 합하여 쌍대문제의 목적함수로 만든다($b_1y_1 + b_2y_2 + \cdots + b_iy_i + \cdots + b_my_m$). 이때 쌍대목적함수의 최적화 방향은 최소화이다.
- 원문제의 원변수의 숫자만큼 쌍대문제의 제약식이 있다. 원문제의 특정 원변수(x_j를 가정)에 대응하는 쌍대제약식은 다음과 같이 만들어진다. 쌍대제약식의 좌변은 x_j에 대응하는 원문제의 제약식들의 계수(a_{ij})와 각 제약식들에 대응하는 쌍대변수(y_i)들의 곱을 구한 후 이것들을 모두 합하여 만든다. 쌍대제약식의 우변은 이 변수에 대응하는 원목적함수의 계수(c_j)이고 부등관계는 좌변이 우변보다 크거나 같은 관계로 정의된다.

$$a_{1j}y_1 + a_{2j}y_2 + \cdots + a_{ij}y_i + \cdots + a_{mj}y_m \geq c_j$$

④ 모든 쌍대변수는 부호의 제약을 갖지 않는다.

완성된 쌍대문제는 다음과 같다.

$$
\begin{aligned}
\text{Minimize} \quad & w = b_1y_1 + b_2y_2 + \cdots + b_iy_i + \cdots + b_my_m \\
\text{subject to} \quad & a_{11}y_1 + a_{21}y_2 + \cdots + a_{i1}y_i + \cdots + a_{m1}y_m \geq c_1 \\
& a_{12}y_1 + a_{22}y_2 + \cdots + a_{i2}y_i + \cdots + a_{m2}y_m \geq c_2 \\
& \vdots \\
& a_{1j}y_1 + a_{2j}y_2 + \cdots + a_{ij}y_i + \cdots + a_{mj}y_m \geq c_j \\
& \vdots \\
& a_{1n}y_1 + a_{2n}y_2 + \cdots + a_{in}y_i + \cdots + a_{mn}y_m \geq c_n \\
& y_1,\ y_2,\ \cdots,\ y_m : \text{unrestricted in sign}
\end{aligned}
$$

다음 문제에 대한 쌍대문제를 구해보기로 하자.

$$
\begin{aligned}
\text{Maximize} \quad & z = x_1 + x_2 \\
\text{subject to} \quad & x_1 + 2x_2 = 10 \\
& 2x_1 + x_2 \geq 2 \\
& x_2 \geq 0
\end{aligned}
$$

이를 표준형으로 변환하려면 두 번째 제약식에 잉여변수를 추가하고 변수 x_1을 비음조건을 갖는 두 개의 변수 x_1', x_1''를 이용하여 다음과 같이 변환한다.

$$
\begin{aligned}
\text{Maximize} \quad & z = x_1' - x_1'' + x_2 \\
\text{subject to} \quad & x_1' - x_1'' + 2x_2 = 10 \\
& 2x_1'' - 2x_1'' + x_2 - x_3 = 2 \\
& x_1',\ x_1'',\ x_2,\ x_3 \geq 0
\end{aligned}
$$

변환규칙에 따라 쌍대문제를 정의하면 다음과 같다.

$$
\begin{aligned}
\text{Minimize} \quad & w = 10y_1 + 2y_2 \\
\text{subject to} \quad & y_1 + 2y_2 \geq 1 \\
& -y_1 - 2y_2 \geq -1 \\
& 2y_1 + y_2 \geq 1 \\
& -y_2 \geq 0 \\
& y_1 : \text{unrestricted}(\text{부호제약 없음}) \\
& y_2 : \text{unrestricted}(\text{부호제약 없음})
\end{aligned}
$$

첫 번째 제약식과 두 번째 제약식은 하나의 통합된 등식으로 정리될 수 있으며, 네 번째 제약식과 마지막 부호제약 없음 조건을 합하면, y_2가 0보다 작거나 같다는 조건을 갖게 된다.

최종적으로 정리된 쌍대문제는 다음과 같다.

$$
\begin{aligned}
\text{Minimize} \quad & w = 10y_1 + 2y_2 \\
\text{subject to} \quad & y_1 + 2y_2 = 1 \\
& 2y_1 + y_2 \geq 1 \\
& y_1 : \text{unrestricted}(\text{부호제약 없음}) \\
& y_2 \leq 0
\end{aligned}
$$

2.5.4 원문제와 쌍대문제 상관관계

원문제와 쌍대문제 사이에는 다음과 같은 관계가 성립한다. 엄밀한 수학적 증명은 생략하고 이 두 문제 사이의 관계를 설명한다.

① 원문제가 최대화문제이면 쌍대문제는 최소화문제이다. 또한 원문제가 최소화문제이면 쌍대문제는 최대화문제이다.

② 원문제로부터 정의된 쌍대문제로부터 이의 쌍대문제를 구하면 원문제가 된다.

③ 원문제가 무한 최적해(제한 없는 목적함수값)를 가지면 쌍대문제는 실행불가능 문제(해결할 수 없는 문제)이다. 역의 경우로 쌍대문제가 무한 최적해(제한 없는

목적함수값)를 가지면 원문제는 실행불가능문제이다.

④ 원문제가 유한한 최적해를 가지면 쌍대문제도 유한한 최적해를 가지며 원문제의 최적 목적함수값과 쌍대문제의 최적 목적함수값은 같다.

⑤ 원문제가 유한한 최적해를 가지는 최대화문제인 경우 원문제에서 찾은 실행가능해가 주는 목적함수값은 쌍대문제의 실행가능해가 주는 목적함수값보다 항상 작거나 같다. 역으로 원문제가 유한한 최적해를 가지는 최소화문제인 경우 원문제에서 찾은 실행가능해가 주는 목적함수값은 쌍대문제의 실행가능해가 주는 목적함수값보다 항상 크거나 같다.

EXERCISE

2.1 다음은 어떤 문제의 실행가능영역이다. 다음 각 문제의 최적해와 목적함수값을 찾으시오.

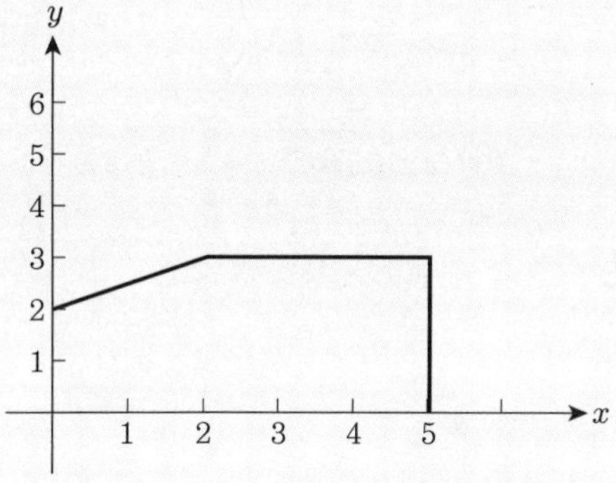

(1) Max $z=x_1+x_2$ 최적해=(,) 목적함수값=( )

(2) Max $z=x_1-x_2$ 최적해=(,) 목적함수값=( )

(3) Max $z=-x_1+x_2$ 최적해=(,) 목적함수값=( )

(4) Min $z=x_1+2x_2$ 최적해=(,) 목적함수값=( )

2.2 다음과 같은 최적화모형이 주어져 있다. 각 모형이 선형계획모형인지 아닌지를 밝히고 선형계획모형이 아닌 경우 그 이유를 쓰시오.

(1) Maximize $z = 2x_1 + x_2 + x_3$

subject to $x_1 + x_2 + x_1x_3 \le 5$

(2) Maximize $z = 3x_1 + \sqrt{x_2} + \sqrt{x_3}$

subject to $x_1 + x_2 + x_3 \le 5$

(3) Maximize $z = 3x_1 + x_2 + x_3$

subject to $x_1 + x_2 + x_3 \le 5$

$x_1 \ge 0,\ x_2 \ge 0,\ x_3 \ge 0$ and all integers

(4) Maximize $z = 3x_1 + x_2 - x_3$

subject to $\dfrac{x_1 + x_2}{x_1 + 3x_3} \le 1$

$x_1 \ge 0,\ x_2 \ge 0,\ x_3 \ge 1$

연 | 습 | 문 | 제

2.3 다음과 같은 최적화모형이 주어져 있다. 각 모형에 대하여 아래의 보기에 해당하는 것을 고르시오.

① 다중최적해　　② 실행불가능문제
③ 유일최적해　　④ 무한 목적함수값

(1) Maximize $z = 4x_1 + 2x_2$

subject to

$$x_1 + x_2 \le 5$$
$$x_1 + 2x_2 \le 5$$
$$x_2 \ge 6$$
$$x_i \ge 0,\ i = 1, 2$$

(　　)

2) Maximize $z = x_1 + x_2$

subject to

$$-2x_1 + x_2 \le 1$$
$$-x_1 + x_2 \le 2$$
$$x_i \ge 0,\ i = 1, 2$$

(　　)

2.4 다음은 어떤 선형계획(LP)문제의 Solution Report와 Range Report의 일부다. 물음에 답하시오.

Variable	Value	Reduced Cost
x_1	2	0.000000
x_2	2	0.000000
x_3	1	0.000000

Objective Coefficient Ranges :

Variable	Current Coefficient	Allowable Increase	Allowable Decrease
x_1	2	1	0.5
x_2	3	1	2
x_3	2	0.5	1.5

(1) 이 문제의 목적함수식을 쓰시오.

(2) 최적값(Optimal Value)을 구하시오.

(3) x_1의 계수가 1.9로 바뀌고 x_2의 계수는 2로 바뀌고, x_3의 계수는 2.1로 바뀌었다. 새로운 문제의 최적해가 원래 문제의 최적해와 다른지 같은지를 밝히고 그 이유를 자세히 설명하시오.

(4) x_1의 계수가 2.5로 바뀌고, x_2의 계수가 3.5로 바뀌고, x_3의 계수는 1로 바뀌었다. 새로운 문제의 최적해가 원래 문제의 최적해와 다른지 같은지를 밝히고 그 이유를 자세히 설명하시오.

EXERCISE

(5) x_2의 계수가 2.5로 바뀌고 x_3의 계수는 1.5로 바뀌었다. 새로운 문제의 최적값을 구하시오.

Row	Slack or Surplus	Dual Price
2	0.000000	0.5
3	0.000000	1
4	1.000000	(　　)

Righthand Side Ranges :

Row	Current RHS	Allowable Increase	Allowable Decrease
2	6	7	2
3	3	5	1
4	5	INFINITY	1

(6) 우리가 확보한 자원 2(Row 3)을 1단위당 원가보다 1.5만큼 웃돈을 주고 사가겠다는 제안을 받았다. 이 제안을 받아들여야 하는가 아니면 거절하여야 하는가? 그 이유를 설명하시오.

(7) 위 표에서 (　　　)를 채우시오.

(8) 자원 1(Row 2)의 가용량이 5로 변하고 자원 2(Row 3)의 가용량이 5로 변했다. 최적값을 찾을 수 있는 경우 최적값은 원래의 문제보다 얼마나 커지는가?

(9) 자원 중에서 하나를 한 단위 늘리려 한다. 어느 자원을 늘려야 하는가? 그 이유를 설명하시오.

2.5 다음과 같은 선형계획모형의 제약식이 주어져 있다. 실행가능영역을 그리시오.

$$-x_1 + 2x_2 \le 6$$
$$x_1 + x_2 \le 6$$
$$x_1 + 2x_2 \le 8$$
$$x_1 \ge 0,\ x_2 \ge 0$$

2.6 그래프를 이용하여 다음 선형계획모형에서 c의 값의 범위에 따라 최적해를 구하시오.

Maximize $z = cx_1 + x_2$

subject to
$$x_1 + x_2 \le 5$$
$$x_1 + 2x_2 \le 8$$
$$x_1 \ge 0,\ x_2 \ge 0$$

연 | 습 | 문 | 제 <<<

2.7 다음과 같은 선형계획모형이 있다. 그래프를 이용하여 각 자원의 잠재가격을 구하고 이 잠재가격이 유지되는 자원 2의 가용량의 범위를 찾으시오.

Maximize $z=3x_1+2x_2$

subject to $2x_1+x_2 \le 6$ 자원 (1)

$x_1+x_2 \le 4$ 자원 (2)

$x_1 \ge 0,\ x_2 \ge 0$

2.8 다음과 같은 선형계획모형의 제약식이 주어져 있다.

$$\begin{aligned} x_1 - 2x_2 &\le 2 \\ 4x_1 + 5x_2 &\le 20 \\ -x_1 + x_2 &\le 1 \\ x_1 &\le 3 \\ x_2 &\le 2 \\ x_1 \ge 0,\ x_2 &\ge 0 \end{aligned}$$

(1) 실행가능영역을 그리시오.

(2) 목적함수가 Maximize $z=2x_1-x_2$로 주어져 있을 때 최적해에서 z의 값을 구하시오.

(3) 목적함수가 Maximize $z=c_1x_1+x_2$로 주어져 있을 때 최적해가 x_1은 1이고 x_2는 2가 되기 위해서 c_1이 취할 수 있는 값의 범위는 어느 범위인가?

2.9 다음과 같이 선형계획문제가 주어져 있다. 쌍대문제를 쓰시오.

Maximize $z=5x_1+12x_2+4x_3$

subject to $x_1+2x_2+x_3 \le 10$

$2x_1-x_2+3x_3=8$

$x_i \geqq 0$ for all i

2.10 다음과 같이 선형계획문제가 주어져 있다. 쌍대문제를 쓰시오.

Maximize $z=2x_1+3x_2-5x_3$

subject to $x_1+x_2+x_3=7$

$2x_1-5x_2+x_3 \ge 10$

$x_1,\ x_2 \ge 0,\ x_3$: unrestricted

CHAPTER

03

선형계획법의 대수적 해법

Chapter 03 선형계획법의 대수적 해법

선형계획문제를 푸는 대수적인 방법으로는 1947년 조지 단치히(George Dantzig)에 의해 고안된 심플렉스법(Simplex Method)이 있다. 심플렉스법은 계산상의 능률을 증대시키기 위해 약간의 개정이 있었지만 그 기본적인 접근법에 대한 변화 없이 컴퓨터를 활용한 대형 선형계획문제 해결에 오늘날까지 많이 활용되고 있다. 심플렉스법은 제2장의 도해법(Graphical Method)에서 보았던 실행가능영역의 정점(Extreme Point)들을 목적함수값이 좋아지는 방향으로 순차적으로 찾아가 궁극적으로 최적해에 도달하도록 설계되어진 반복적인 알고리즘(Iterative Algorithm)이다.

3.1 심플렉스법의 적용준비

심플렉스법의 대수적 절차는 제약식들로 이루어진 여러 개의 연립방정식을 푸는 데 그 기초를 두고 있다. 이를 위해 우선 선형계획문제를 아래의 조건들을 만족하는 표준형(Standard Form)으로 변환하여야 한다. 2.5.3절에서 표준형의 정의와 변환절차를 설명하였으나 다시 정리하면 다음과 같다.

① 변수에 대한 제약을 제외한 모든 제약식은 등식이고 비음의 우측상수를 갖는다.

② 모든 변수는 비음제약을 갖는다.

예제 3-1

$$\begin{aligned} \text{Minimize} \quad & z = 2x_1 + 3x_2 \\ \text{subject to} \quad & x_1 + x_2 = 10 \\ & -2x_1 + 3x_2 \le -5 \\ & 7x_1 - 4x_2 \le 6 \\ & x_1 : \text{unrestricted}, \ x_2 \ge 0 \end{aligned}$$

위 선형계획문제를 표준형으로 변환하면 아래와 같다.

$$\begin{aligned} \text{Minimize} \quad & z = 2x_1' - 2x_1'' + 3x_2 \\ \text{subject to} \quad & x_1' - x_1'' + x_2 = 10 \\ & 2x_1' - 2x_1'' - 3x_2 - s_1 = 5 \\ & 7x_1' - 7x_1'' - 4x_2 + s_2 = 6 \\ & x_1', \ x_1'', \ x_2, \ s_1, \ s_2 \ge 0 \end{aligned}$$

3.2 기저 실행가능해

심플렉스법의 대수적 절차는 표준형 선형계획문제의 등식 제약식들로 이루어진 선형연립방정식을 푸는 데 그 기초를 두고 있다. 주어진 연립방정식에 모순이 없고, 등식의 수 m과 비음 변수의 수 n이 같다면 유일해가 존재하게 된다. 그러나 대부분의 표준형 선형계획문제에서는 $m < n$이어서 무한개의 해가 존재하게 된다($m > n$일 때는 최소한 $m - n$개의 중복(redundant) 등식이 존재하는 경우다.).

등식의 수 m이 비음변수의 수 n보다 적을 때($m < n$), $n - m$개의 변수값을 임의로 0으로 놓고 나머지 변수들로 연립방정식을 풀었을 때 나오는 유일해들을 기저해(Basic Solutions)라고 한다. 이때 임의로 0으로 놓는 $n - m$개의 변수를 비기저변수(Nonbasic Variable)라 하고, 나머지 기저해를 만드는 m개의 변수를 기저변수

(Basic Variable)라 한다. 이론적으로 가능한 기저해의 수는 n개의 변수 중 임의로 0으로 놓을 변수의 수 $n-m$개를 선택하는 방법의 수($_nC_{n-m}$)만큼 존재한다. 기저해는 기저 실행가능해(Basic Feasible Solution)와 기저 실행불가능해(Basic Infeasible Solution)로 구분되는데, 이는 주어진 기저해가 모든 변수의 비음제약을 만족하느냐의 여부에 따른다. 기저 실행가능해는 표준형 선형계획문제의 비음조건을 포함한 제약조건들 모두를 만족하는 실행가능해이며, 도해법에서 보았던 최적해를 포함하는 실행가능영역의 정점(Corner Point, Extreme Point)과 일치한다.

다음 예는 이 같은 사실을 확인시켜 준다.

예제 3-2

다음과 같이 두 개의 변수로 이루어진 선형계획문제를 고려하자. 이 문제를 도해법으로 표현한 실행가능영역은 [그림 3-1]과 같다.

$$\begin{aligned} \text{Maximize} \quad & z = 3x_1 + 2x_2 \\ \text{subject to} \quad & 2x_1 + x_2 \le 4 \\ & x_1 + 3x_2 \le 6 \\ & x_1,\ x_2 \ge 0 \end{aligned}$$

그림 3-1 [예제 3-2] 문제의 실행가능영역

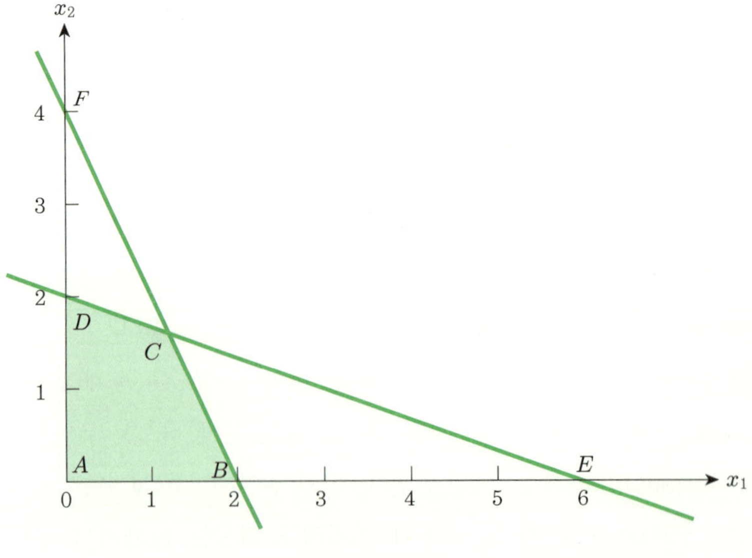

위 선형계획문제를 표준형으로 변환하면 아래와 같이 $m=2$개의 등식과 $n=4$개의 비음변수로 이루어진 제약식을 갖게 된다.

$$
\begin{aligned}
\text{Maximize} \quad & z = 3x_1 + 2x_2 \\
\text{subject to} \quad & 2x_1 + x_2 + s_1 = 4 \\
& x_1 + 3x_2 + s_2 = 6 \\
& x_1,\ x_2,\ s_1,\ s_2 \geq 0
\end{aligned}
$$

$n-m=4-2=2$개의 변수를 0으로 놓고(비기저변수) 나머지 $m=2$개의 변수로 연립방정식을 풀었을 때, 나올 수 있는 기저해는 최대 ${}_4C_2=6$개다.

① $x_1=x_2=0$일 때 기저해는 $s_1=4$, $s_2=6$이고 비음조건을 모두 만족하므로 실행가능해이다. 또한 이 기저해는 [그림 3-1]의 포인트 A에 해당한다.

② $x_1=s_1=0$일 때 기저해는 아래의 연립방정식을 풀어서 나오는 $x_2=4$, $s_2=-6$이고 비음조건을 모두 만족하지 못하므로 실행불가능해이다(포인트 F에 해당).

$$
\begin{aligned}
x_2 \quad &= 4 \\
3x_2 + s_2 &= 6
\end{aligned}
$$

③ $x_1=s_2=0$일 때 기저해는 아래의 연립방정식을 풀어서 나오는 $x_2=2$, $s_1=2$이고 비음조건을 모두 만족하므로 실행가능해이다(포인트 D에 해당).

$$
\begin{aligned}
x_2 + s_1 &= 4 \\
3x_2 \quad &= 6
\end{aligned}
$$

④ $x_2=s_1=0$일 때 기저해는 아래의 연립방정식을 풀어서 나오는 $x_1=2$, $s_2=4$이고 비음조건을 모두 만족하므로 실행가능해이다(포인트 B에 해당).

$$
\begin{aligned}
2x_1 \quad &= 4 \\
x_1 + s_2 &= 6
\end{aligned}
$$

⑤ $x_2=s_2=0$일때 기저해는 아래의 연립방정식을 풀어서 나오는 $x_1=6$, $s_1=-8$이고 비음조건을 모두 만족하지 못하므로 실행불가능해이다(포인트 E에 해당).

$$
\begin{aligned}
2x_1 + s_1 &= 4 \\
x_1 \quad &= 6
\end{aligned}
$$

⑥ $s_1 = s_2 = 0$일 때 기저해는 아래의 연립방정식을 풀어서 나오는 x_1=1.2, x_2=1.6이고 비음조건을 모두 만족하므로 실행가능해이다(포인트 C에 해당).

$$\begin{aligned} 2x_1 + \ \ x_2 &= 4 \\ x_1 + 3x_2 &= 6 \end{aligned}$$

이 6개의 기저해 중 실행불가능해 ②와 ⑤를 제외한 나머지 기저 실행가능해들은 [그림 3-1]의 실행가능영역의 정점에 일대일로 대응함을 알 수 있다. 이는 대수적으로 선형계획문제의 최적해는 실행가능영역의 정점에 해당하는 기저 실행가능해 내에 존재함을 나타내며, 심플렉스법은 이들 기저 실행가능해 중 일부를 순차적으로 탐색하여 최적해를 찾아가도록 한다.

3.3 심플렉스법의 절차

심플렉스법의 절차는 초기 기저 실행가능해를 시작으로 목적함수의 값이 좋아지는 방향으로 이웃하고 있는 기저 실행가능해를 순차적으로 탐색하여 최적해를 찾아가도록 한다. [그림 3-2]는 [예제 3-2]의 선형계획문제에 대한 최적해를 찾아가는 절차를 보여준다.

일반적으로 심플렉스법은 원점에서 시작한다. 예제의 원점(포인트 A)은 변수 x_1과 x_2가 비기저변수일 때($x_1 = x_2 = 0$)의 기저 실행가능해이므로 심플렉스법의 초기해가 될 수 있다. 이 초기해의 목적함수의 값은 $z = 3x_1 + 2x_2$=0이고, x_1 또는 x_2의 값을 증가시키면 최대화문제이므로 목적함수의 값을 개선시킬 수 있다. 물론 2개 변수 모두의 값을 증가시켜도 목적함수의 값을 개선시킬 수 있으나, 심플렉스법에서는 한 번에 하나의 변수만 선택하도록 설계되어 있다. 이때의 선택기준은 "어느 변수가 단위 증가당 최대의 개선효과를 낼 수 있는지?"가 된다. 변수 x_1은 단위 증가당 3만큼, 변수 x_2는 단위 증가당 2만큼의 개선효과가 있으므로 변수 x_1을 선택하다. 이는 (항상 그렇지는 않지만) 최적해를 찾는 데 더 적은 수의 반복을 유도한다. 선택된 x_1

은 현재 초기해에서 목적함수의 값을 가장 효과적으로 개선시킬 수 있는 변수이므로 그 값을 가능한 한 많이 증가시켜 주는 것이 좋다.

그러나 [그림 3-2]에서 볼 수 있듯이 변수 x_1의 값을 2 이상 증가시키면 실행가능영역을 벗어나게 된다. 즉, x_1의 값을 2까지 증가시키는데, 이는 초기 기저 실행가능해인 원점에서 x_1축을 따라 (변수 x_2의 값이 0으로 고정되어 있으므로) 2만큼 이웃하는 정점인 포인트 B로의 이동을 의미한다. 포인트 B는 x_1축($x_2 = 0$)과 첫 번째 제약식의 여유가 0일 때 직선($2x_1 + x_2 = 4$)의 교점이므로 x_2와 s_1이 비기저변수일 때 ($x_2 = s_1 = 0$)의 기저 실행가능해이다. 이웃하고 있는 두 기저가능해인 포인트 A와 B를 비교해보면, 기저변수와 비기저변수 중 하나씩이 상호 교환되어 있는 것을 알 수 있다. 즉, 포인트 A의 비기저변수인 x_1을 기저변수로 진입시키고 기저변수인 s_1을 비기저변수로 퇴출시키면 포인트 B의 기저해 구조가 된다. 이때 목적함수값의 개선을 위해 기저변수로 진입시키는 비기저변수 x_1을 진입변수(Entering Variable)라 하고, 실행가능영역의 정점에 해당하는 기저 실행가능해를 찾아가는 것을 보장하기 위해 기저변수에서 퇴출시키는 기저변수 s_1을 퇴출변수(Leaving Variable)라 한다.

그림 3-2 최적해 탐색절차

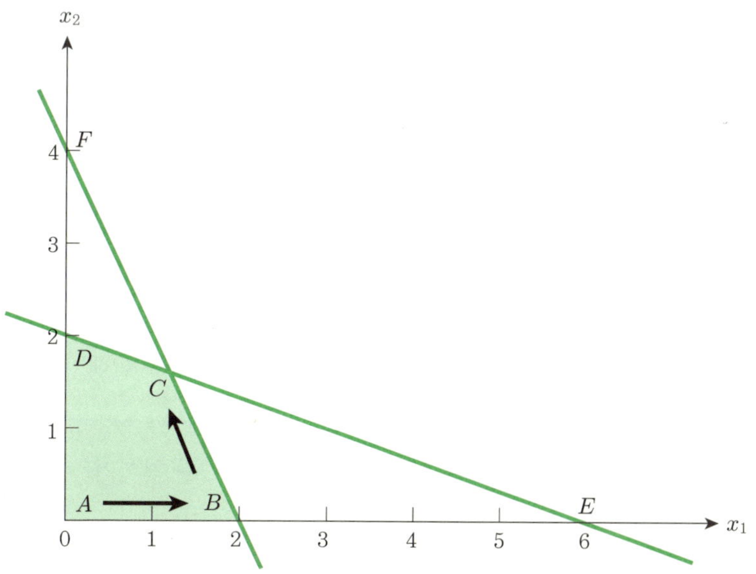

주어진 목적함수를 포인트 B의 비기저변수들인 x_2와 s_1으로 변형하여 표현하면 다음과 같다.

$$z = 3x_1 + 2x_2 = 3 \cdot \left(\frac{4 - x_2 - s_1}{2}\right) + 2x_2 = \frac{1}{2}x_2 - \frac{3}{2}s_1 + 6$$

포인트 B의 목적함수의 값인 6을 개선시키기 위해 비기저변수인 x_2와 s_1 중 s_1은 목적계수가 음수이므로 그 값을 증가시킬수록 목적함수의 값이 나빠지므로 개선효과가 있는 x_2를 진입변수로 선택한다. 이때 비기저변수로 남는 s_1은 그 값이 0으로 유지되므로, 선택된 진입변수 x_2의 값을 증가시키는 방향으로 직선 $2x_1 + x_2 = 4$를 따라 이동함을 의미하고, 실행가능영역을 벗어나지 않기 위해서는 두 번째 제약식의 여유가 0일 때 직선($x_1 + 3x_2 = 6$)과의 교점이 한계점이다. 이는 포인트 B의 기저변수인 s_2가 퇴출변수로 선택되어 포인트 C로 이동함을 의미한다. 즉, 포인트 B의 비기저변수인 x_2를 기저변수로 진입시키고 기저변수인 s_2를 비기저변수로 퇴출시키면 포인트 C의 기저해 구조가 된다.

목적함수를 포인트 C의 비기저변수들인 s_1과 s_2로 변형하여 표현하면 다음과 같다.

$$\begin{aligned} z &= 3x_1 + 2x_2 = 3 \cdot \left(\frac{6 - 3s_1 + s_2}{5}\right) + 2 \cdot \left(\frac{8 + s_{1_2} - 2s_2}{5}\right) \\ &= -\frac{7}{5}s_1 - \frac{1}{5}s_2 + 6\frac{4}{5} \end{aligned}$$

포인트 C의 비기저변수인 s_1과 s_2는 둘 다 목적계수가 음수이므로 그 값을 증가시킬수록 목적함수의 값이 나빠지므로, 더 이상 목적함수의 값인 $6\frac{4}{5}$를 개선시킬 수 없다. 이는 포인트 C가 주어진 선형계획문제의 최적 기저 실행가능해임을 의미한다.

심플렉스법이 원점인 포인트 A에서 최적해인 포인트 C를 찾아가는 과정을 도해하면 다음과 같다.

그림 3-3 기저 실행가능해 간 이동방법

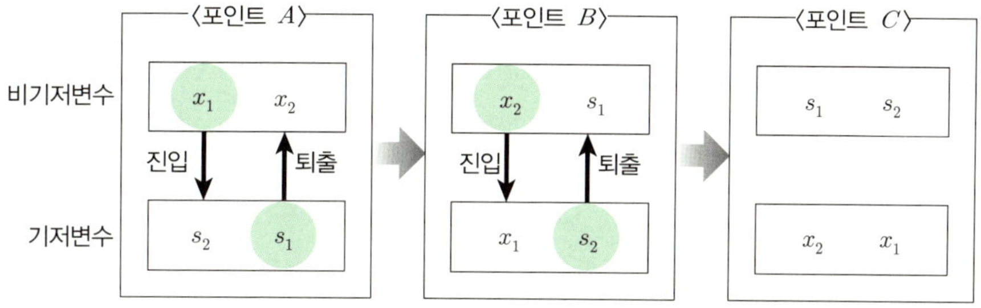

3.4 심플렉스법의 적용

앞 절에서 설명한 심플렉스법(Simplex Method)의 절차는 특별한 형태를 갖는 심플렉스표를 이용하여 초기해부터 최적해까지 구조적이고 반복적으로 탐색하도록 알고리즘화되어 있다. 본 절에서는 [예제 3-2]의 선형계획문제를 대상으로 알고리즘을 소개한다.

주어진 표준형 선형계획문제의 목적함수와 제약식을 다음과 같이 정리하자.

$$
\begin{aligned}
\text{Maximize} \quad & z - 3x_1 - 2x_2 = 0 \\
\text{subject to} \quad & 2x_1 + x_2 + s_1 = 4 \\
& x_1 + 3x_2 + s_2 = 6 \\
& x_1,\ x_2,\ s_1,\ s_2 \geq 0
\end{aligned}
$$

정리된 선형계획문제의 제약식을 보면, 변수 x_1과 x_2가 비기저변수일 때($x_1 = x_2 = 0$) 기저변수 s_1과 s_2로 만들어지는 연립방정식의 해는 $s_1=4$와 $s_2=6$이므로 포인트 A에 해당하는 기저 실행가능해임을 바로 알 수 있다. 심플렉스법은 탐색하는 기저 실행가능해들의 정보를 특별한 형태를 갖는 심플렉스표를 이용하여 관리한다. 심플렉스표는 기본적으로 현재 기저해의 구조(기저변수와 비기저변수의 집합)와 더불어 해를 나타낸다. 다음은 포인트 A에 대해 정리된 문제를 심플렉스표로 만든 것이다. 이 표는 기저변수가 s_1과 s_2이고(나머지 x_1과 x_2는 비기저변수), 해가 $s_1=4$, $s_2=6$일 때 목적함수값 $z=0$인 기저 실행가능해를 나타내고 있다. 기저해를 나타내는 심플렉스표에 표시되어 있는 것처럼 목적변수와 기저변수 부분에 반드시 단위행렬(Identity Matrix)이 나타나 있어야 한다.

표 3-1 포인트 A의 심플렉스표

Basic	z	x_1	x_2	s_1	s_2	Solution
z	1	−3	−2	0	0	0
s_1	0	2	1	1	0	4
s_2	0	1	3	0	1	6

주어진 문제를 다음과 같이 변형시켜보자(첫 번째 제약식의 양변을 2로 나누어 x_1의 계수를 1로 바꾸고, 목적함수와 두 번째 제약식에 x_1 대신 첫 번째 제약식으로부터 생성되는 $x_1=2-\frac{1}{2}x_2-\frac{1}{2}s_1$을 대입한다.).

$$\begin{aligned} \text{Maximize} \quad & z-\frac{1}{2}x_2+\frac{3}{2}s_1 \qquad = 6 \\ \text{subject to} \quad & x_1+\frac{1}{2}x_2+\frac{1}{2}s_1 \qquad = 2 \\ & \frac{5}{2}x_2-\frac{1}{2}s_1+s_2 = 4 \\ & x_1,\ x_2,\ s_1,\ s_2 \geq 0 \end{aligned}$$

변형 정리된 선형계획문제의 제약식을 보면, 변수 x_2와 s_1이 비기저변수일 때 $(x_2=s_1=0)$ 기저변수 x_1과 s_2로 만들어지는 연립방정식의 해는 $x_1=2$와 $s_2=4$이므로 포인트 B에 해당하는 기저 실행가능해임을 바로 알 수 있다. 선형계획문제의 모든 기저해는 앞에서 본 것과 같이 문제를 적절히 변형시키면 그 해값을 바로 표현되게 할 수가 있다. 포인트 B에 대한 변형된 문제를 심플렉스표로 만들면, 다음과 같이 기저변수가 x_1과 s_2이고(나머지 x_2와 s_1은 비기저변수), 해가 $x_1=2$, $s_2=4$일 때 목적함수값 $z=6$인 기저 실행가능해를 나타낸다.

표 3-2 포인트 B의 심플렉스표

Basic	z	x_1	x_2	s_1	s_2	Solution
z	1	0	$-\frac{1}{2}$	$\frac{3}{2}$	0	6
x_1	0	1	$\frac{1}{2}$	$\frac{1}{2}$	0	2
s_2	0	0	$\frac{5}{2}$	$-\frac{1}{2}$	1	4

포인트 B는 심플렉스법이 포인트 A의 비기저변수인 x_1을 기저변수로 진입시키고 기저변수인 s_1을 비기저변수로 퇴출시키면서 찾아가는 이웃한 기저 실행가능해임을 상기하자. 심플렉스법은 포인트 A의 심플렉스표에서 Gauss－Jordan 소거법을 이용하여 포인트 B의 심플렉스표를 바로 생성하도록 설계되어 있다.

포인트 A의 심플렉스표를 다시 살펴보자. 앞 절에서 소개한 것과 같이(최대화문제이므로) 포인트 A의 비기저변수인 x_1과 x_2 중 x_1의 값을 증가시키면 목적함수의 값을 더 효과적으로 개선시킬 수 있고, 이는 심플렉스표상에서 z행의 값으로 판단할 수 있다. z행에서 목적함수값이 $z-3x_1-2x_2=0$의 상수를 나타내고 있고 그 값이 음수일 때 해당 변수의 값을 증가시킴으로써 목적힘수의 값을 증가시킬 수 있음을 나타낸다. 더구나 그 효과는 음의 값이 클수록 커진다. 따라서 최대화문제에서는 심플렉스표의 z행이 가장 큰 음의 값을 갖는 비기저변수를 진입변수로 선택하게 된다. 만약 z행이 음의 값을 갖는 비기저변수가 존재하지 않으면 현재 해를 더 이상 개선시킬 수 없음을 나타낸다(최소화문제에서는 반대로 z행이 가장 큰 양의 값을 갖는 비기저변수를 진입변수로 선택하게 되고, z행이 양의 값을 갖는 비기저변수가 존재하지 않으면 최적해에 도달한 것이다.).

포인트 A에서 진입변수로 선택된 x_1의 값을 가능한 한 많이 증가시켜 주는 것이 좋으나 실행가능영역을 벗어나지 않기 위한 한계가 존재한다. 그 한계는 x_1축을 따라 양의 방향으로 가장 먼저 만나는 기저 실행가능해가 된다. 이는 심플렉스표상에서 다음과 같이 진입변수의 제약식과 관련된 계수와 해(Solution)열에 있는 값들의 비율(ratio)로 찾을 수 있다.

Basic	진입변수 x_1	Solution	비율(Ratio)
s_1	2	4	$\frac{4}{2}=2$
s_2	1	6	$\frac{6}{1}=6$

그림 3-4 퇴출변수의 선택

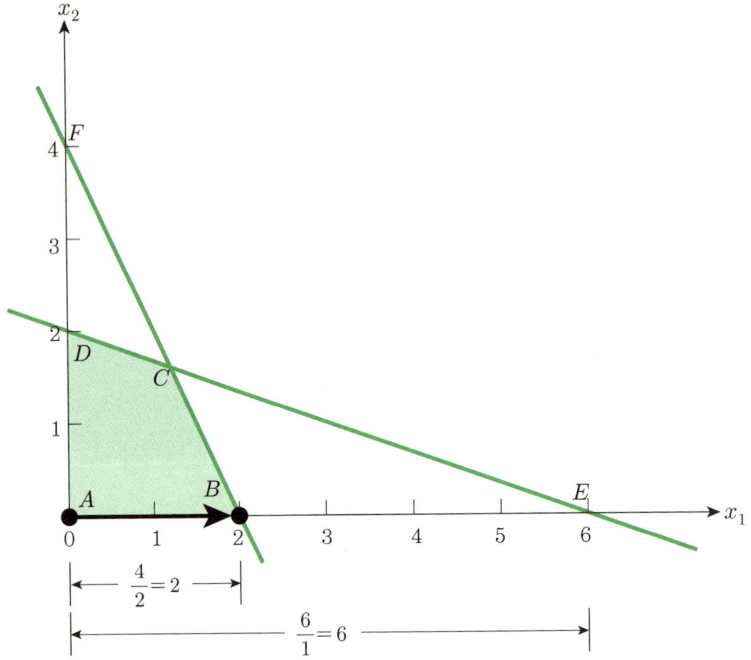

계산된 각 비율들은 [그림 3-4]에서 보는 것과 같이 포인트 A에서 x_1축을 따라 만나는 기저해 B와 기저해 E까지의 거리를 나타낸다. 이 중 가장 적은 비음의 비의 값인 2가 실행가능영역을 벗어나지 않고 x_1의 값을 증가시킬 수 있는 최대값이며, 이에 해당하는 기저변수 s_1을 퇴출변수로 선택함으로써 포인트 B를 찾아가게 된다. 만약 값이 음수이거나 무한대인 비율이 존재하면 이는 관련 기저해들과의 교점이 x_1의 값이 증가하는 방향으로는 존재하지 않음을 의미하므로 무시한다.

선택된 진입변수 x_1과 퇴출변수 s_1을 이용하여 포인트 A의 심플렉스표에서 이웃하는 기저 실행가능해인 포인트 B의 심플렉스표를 생성하여보자. 진입변수에 해당하는 기준열(Pivot Column)과 퇴출변수에 해당하는 기준행(Pivot Row)의 교차점을 기준요소(Pivot Element)라 한다. 심플렉스법은 아래의 Gauss−Jordan 소거법을 이용한다.

① 기준행

새로운 기준행=현재 기준행÷기준요소의 값

② z행을 비롯한 나머지 행

새로운 행=(현재 행)−(해당 기준열 값)×(새로운 기준행)

▌표 3-3 ▌포인트 A에 심플렉스표의 기준행과 기준열

Basic	z	x_1	x_2	s_1	s_2	Solution
z	1	−3	−2	0	0	0
s_1	0	2	1	1	0	4
s_2	0	1	3	0	1	6

←기준행 (s_1 행)

↑ 기준열 (x_1 열)

포인트 A를 나타내는 위의 심플렉스표에 선택된 기준요소를 중심으로 Gauss−Jordan 소거법을 다음과 같이 적용하자.

① 새로운 s_1행=현재 s_1행÷2

$$= \begin{array}{|c|cccc|c|}\hline \frac{0}{2}=0 & \frac{2}{2}=1 & \frac{1}{2}=\frac{1}{2} & \frac{1}{2}=\frac{1}{2} & \frac{0}{2}=0 & \frac{4}{2}=2 \\ \hline\end{array}$$

② 새로운 z행=(현재 z행)−(−3)×(새로운 s_1행)

$$=(\text{현재 } z\text{행}) - \begin{array}{|c|cccc|c|}\hline 0 & -3 & -\frac{3}{2} & -\frac{3}{2} & 0 & -6 \\ \hline\end{array}$$

$$= \begin{array}{|c|cccc|c|}\hline 1 & 0 & -\frac{1}{2} & \frac{3}{2} & 0 & 6 \\ \hline\end{array}$$

③ 새로운 s_2행=(현재 s_2행)−(1)×(새로운 s_1행)

=(현재 s_2행) −	0	1	$\frac{1}{2}$	$\frac{1}{2}$	0	2

=	0	0	$\frac{5}{2}$	$-\frac{1}{2}$	1	4

결과표는 [표 3-4]와 같이 기저변수로 x_1과 s_2를 갖는 새로운 기저 실행가능해를 나타내고, 이는 [표 3-2]의 포인트 B에 대한 변형 정리된 선형계획문제의 심플렉스표와 동일함을 알 수 있다.

표 3-4 포인트 B에 대한 심플렉스표의 기준행과 기준열

Basic	z	x_1	x_2	s_1	s_2	Solution	
z	1	0	$-\frac{1}{2}$	$\frac{3}{2}$	0	6	
x_1	0	1	$\frac{1}{2}$	$\frac{1}{2}$	0	2	
s_2	0	0	$\frac{5}{2}$	$-\frac{1}{2}$	1	4	← 기준행
			↑ 기준열				

위의 포인트 B의 심플렉스표의 z행에서 목적함수값이 $z-\frac{1}{2}x_2+\frac{3}{2}s_1=6$의 상수를 나타내고 있으므로, 가장 큰 음의 값을 갖는 비기저변수 x_2를 진입변수로 선택하게 된다. 또한 다음과 같은 진입변수의 제약식과 관련된 계수와 해(Solution)열에 있는 값의 비율(Ratio)들을 비교하여 최소 비음비율을 갖는 기저변수 s_2를 퇴출변수로 선택하게 된다.

Basic	진입변수 x_2	Solution	비율(Ratio)
x_1	$\frac{1}{2}$	2	$\frac{2}{1/2}=4$
s_2	$\frac{5}{2}$	4	$\frac{4}{5/2}=\frac{8}{5}$

표에 선택된 기준요소를 중심으로 Gauss−Jordan 소거법을 다음과 같이 적용하자.

① 새로운 s_2행=현재 s_2행÷5/2

$$= \begin{array}{|c|cccc|c|} \hline \frac{0}{5/2}=0 & \frac{0}{5/2}=0 & \frac{5/2}{5/2}=1 & \frac{-1/2}{5/2}=-\frac{1}{5} & \frac{1}{5/2}=\frac{2}{5} & \frac{4}{5/2}=\frac{8}{5} \\ \hline \end{array}$$

② 새로운 z행=(현재 z행)$-\left(-\frac{1}{2}\right)\times$(새로운 s_2행)

$$=(\text{현재 } z\text{행})-\begin{array}{|c|cccc|c|} \hline 0 & 0 & -\frac{1}{2} & \frac{1}{10} & -\frac{1}{5} & -\frac{4}{5} \\ \hline \end{array}$$

$$= \begin{array}{|c|cccc|c|} \hline 1 & 0 & 0 & \frac{7}{5} & \frac{1}{5} & 6\frac{4}{5} \\ \hline \end{array}$$

③ 새로운 x_1행=(현재 x_1행)$-\left(\frac{1}{2}\right)\times$(새로운 s_2행)

$$=(\text{현재 } x_1\text{행})-\begin{array}{|c|cccc|c|} \hline 0 & 0 & \frac{1}{2} & -\frac{1}{10} & \frac{1}{5} & \frac{4}{5} \\ \hline \end{array}$$

$$= \begin{array}{|c|cccc|c|} \hline 0 & 1 & 0 & \frac{2}{5} & -\frac{1}{5} & \frac{6}{5} \\ \hline \end{array}$$

결과표는 [표 3-5]와 같이 기저변수로 x_1과 x_2를 갖는 새로운 기저 실행가능해를 나타내고, 이는 포인트 C에 해당함을 알 수 있다.

표 3-5 | 포인트 C의 심플렉스표

Basic	z	x_1	x_2	s_1	s_2	Solution
z	1	0	0	$\frac{7}{5}$	$\frac{1}{5}$	$6\frac{4}{5}$
x_1	0	1	0	$\frac{2}{5}$	$-\frac{1}{5}$	$\frac{6}{5}$
x_2	0	0	1	$-\frac{1}{5}$	$\frac{2}{5}$	$\frac{8}{5}$

위의 포인트 C의 심플렉스표의 $z-$행에서 목적함수값은 $z+\frac{7}{5}s_1+\frac{1}{5}s_2=6\frac{4}{5}$의 상수를 나타내고 있고, 음의 값을 갖는 비기저변수가 없으므로 더 이상 목적함수의

값을 개선시킬 수 없음을 의미한다. 이는 현재 심플렉스표가 주어진 선형계획문제의 최적 기저 실행가능해를 나타내고 있음을 의미한다.

위에서 설명한 진입변수를 선택하는 기준과 퇴출변수를 선택하는 기준을 최적성조건(Optimality Condition)과 실행가능성조건(Feasibility Condition)이라 하고 정리하면 다음과 같다.

| 최적성조건 |

최대화문제에서 진입변수는 심플렉스표의 z행 값 중 음의 최대값(Most Negative)을 갖는 비기저변수를 선택한다. 동일한 값인 경우는 임의 선택한다. 만약 z행의 모든 값이 비음(nonnegative)이면 최적해에 도달한 것이다. 최소화문제의 경우에는 표의 z행 값 중 양의 최대값(Most Positive)을 갖는 비기저변수를 진입변수로 선택하고, z행의 모든 값이 비양(nonpositive)이면 최적해에 도달한 것이다.

| 실행가능성조건 |

최대화문제와 최소화문제 둘 다 똑같이 최소 비음의 비율(Smallest Nonnegative Ratio)을 갖는 기저변수를 퇴출변수로 선택한다. 동일한 값인 경우는 임의 선택한다.

심플렉스법의 전체 절차를 정리하면 다음과 같다.

단계 0 초기 기저 실행가능해를 결정한다.

단계 1 최적성조건을 이용하여 진입변수를 선택한다. 만약 진입대상 변수가 없으면 현재 해를 최적해로 절차를 종료한다.

단계 2 실행가능성조건(Feasibility Condition)을 이용하여 퇴출변수를 선택한다.

단계 3 Gauss-Jordan 소거법을 활용하여 새로운 기저 실행가능해를 찾고, [단계 1]로 간다.

[예제 3-2]의 LINGO 모델링과 최적해는 [그림 3-5]와 [그림 3-6]과 같다.

그림 3-5 [예제 3-2]의 LINGO모형

```
Lingo Model - Ex3-2
! Objective function;
Max = 3*x1 + 2*x2;

! Constraints;
     2*x1 +   x2 < 4;
       x1 + 3*x2 < 6;
```

그림 3-6 [예제 3-2]의 최적해

```
Solution Report - Ex3-2
Global optimal solution found.
Objective value:                    6.800000
Infeasibilities:                    0.000000
Total solver iterations:                   2

Model Class:                              LP

Total variables:              2
Nonlinear variables:          0
Integer variables:            0

Total constraints:            3
Nonlinear constraints:        0

Total nonzeros:               6
Nonlinear nonzeros:           0


                  Variable        Value    Reduced Cost
                        X1     1.200000        0.000000
                        X2     1.600000        0.000000

                       Row  Slack or Surplus    Dual Price
                         1      6.800000          1.000000
                         2      0.000000          1.400000
                         3      0.000000         0.2000000
```

예제 3-3

제2장에서 다루었던 한국광학부품 예제의 선형계획모형을 고려하자.

$$\begin{aligned} \text{Maximize} \quad & z = 6x_1 + 3x_2 \\ \text{subject to} \quad & 3x_1 + 2x_2 \le 18 \\ & x_1 \le 5 \\ & x_2 \le 4.5 \\ & x_1, x_2 \ge 0 \end{aligned}$$

선형계획문제를 다음과 같이 표준형으로 변환하면 변수 x_1과 x_2가 비기저변수일 때($x_1 = x_2 = 0$) 기저변수 s_1, s_2, s_3로 만들어지는 초기 기저 실행가능해를 정의할 수 있다.

$$\begin{aligned} \text{Maximize} \quad & z - 6x_1 - 3x_2 = 0 \\ \text{subject to} \quad & 3x_1 + 2x_2 + s_1 = 18 \\ & x_1 + s_2 = 5 \\ & x_2 + s_3 = 4.5 \\ & x_1,\ x_2,\ s_1,\ s_2,\ s_3 \ge 0 \end{aligned}$$

초기 기저 가능해를 심플렉스표로 옮기고, 절차에 따라 해법을 실행하면 다음과 같이 두 번의 반복 후에 최적해를 찾아간다. 최종 심플렉스표를 살펴보면 제2장에서 다루었던 도해법으로 구한 최적해와 일치함을 알 수 있다.

진입 ↓ (x_1)

	Basic	z	x_1	x_2	s_1	s_2	s_3	Solution	비율
	z	1	−6	−3	0	0	0	0	
	s_1	0	3	2	1	0	0	18	6
퇴출 ←	s_2	0	1	0	0	1	0	5	5
	s_3	0	0	1	0	0	1	4.5	−

진입 ↓ (x_2 열), 퇴출 ← (x_1 행)

Basic	z	x_1	x_2	s_1	s_2	s_3	Solution	비율
z	1	0	−3	0	6	0	30	
s_1	0	0	2	1	−3	0	3	1.5
x_1	0	1	0	0	1	0	5	−
s_3	0	0	1	0	0	1	4.5	4.5

Basic	z	x_1	x_2	s_1	s_2	s_3	Solution
z	1	0	0	1.5	1.5	0	34.5
x_2	0	0	1	0.5	−1.5	0	1.5
x_1	0	1	0	0	1	0	5
s_3	0	0	0	−0.5	1.5	1	3

3.5 인공 초기해(Artificial Starting Solution)

심플렉스법은 초기 기저 실행가능해가 정의되어 있는 상태에서 시작할 수 있다. [예제 3-2]나 [예제 3-3]처럼 주어진 표준형 선형계획문제에서 바로 초기 기저 실행가능해를 정의할 수 있는 경우도 있으나 다음 예제처럼 그렇지 못한 경우도 많다.

예제 3-4

다음과 같이 두 개의 변수로 이루어진 선형계획문제를 고려하자.

$$\begin{aligned} \text{Minimize} \quad & z = 4x_1 + x_2 \\ \text{subject to} \quad & 3x_1 + 4x_2 \le 12 \\ & x_1 + 3x_2 \ge 3 \\ & 3x_1 + x_2 \ge 6 \\ & x_1,\ x_2 \ge 0 \end{aligned}$$

위 선형계획문제를 표준형으로 변환하여 정리하면 아래와 같고, 도해법으로 표현한 실행가능영역은 [그림 3-7]과 같다.

$$
\begin{aligned}
\text{Minimize}\quad & z = 4x_1 + x_2 \\
\text{subject to}\quad & 3x_1 + 4x_2 + s_1 = 12 \\
& x_1 + 3x_2 - s_2 = 3 \\
& 3x_1 + x_2 - s_3 = 6 \\
& x_1,\ x_2,\ s_1,\ s_2,\ s_3 \geq 0
\end{aligned}
$$

변수 x_1과 x_2가 비기저변수일 때($x_1 = x_2 = 0$) 기저변수 s_1, s_2, s_3로 바로 만들어지는 기저해는 실행불가능해(s_1 =12, s_2 =−3, s_3 =−6)이므로 심플렉스법의 초기해로 사용할 수 없다.

그림 3-7 [예제 3-4] 문제의 실행가능영역

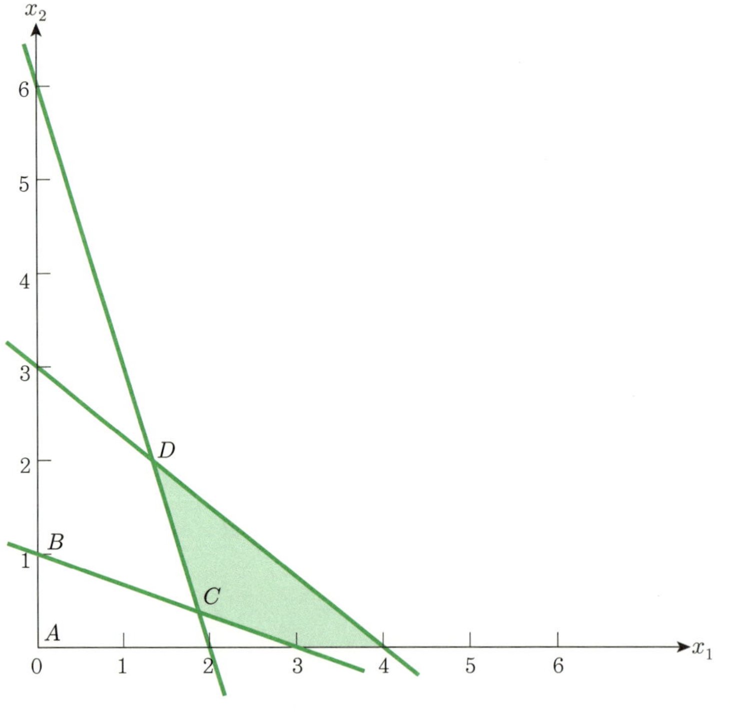

[예제 3-3]의 선형계획문제처럼 표준형에서 바로 초기 기저 실행가능해를 찾지 못하는 경우에는 인공변수(Artificial Variable)를 도입하여 초기 기저 실행가능해를 찾아가는 전 단계가 필요하다. 도입되는 인공변수는 심플렉스표에서 목적변수와 기저변수 부분에 단위행렬(Identity Matrix)이 나타나도록 해줌으로써 심플렉스표를 이용하여 초기 기저 실행가능해를 찾아갈 수 있게 해준다. 인공변수는 원문제에는 없는 변수이므로 양의 값을 가지면 제약식을 위배하는 실행불가능해를 나타낸다. 따라서 도입된 모든 인공변수는 반드시 0의 값을 갖도록 비기저변수로 만들어야 원하는 기저 실행가능해를 찾아갈 수 있다. 심플렉스법의 초기 기저 실행가능해를 찾아가는 전 단계는 도입된 인공변수를 기저변수에서 모두 퇴출시키는 것이 목적이 된다. 이를 위한 방법으로 M-방법(M-Method)과 2단계법(Two-Phase Method)이 있다.

3.5.1 M-방법

M-방법(M-Method)은 도입된 인공변수들을 기저변수에서 퇴출시키기 위해 목적함수식에 해당 인공변수에 대한 무한대의 벌과비용을 부과하는 방법이다. M은 충분히 큰 양수를 나타내고(수학적으로는 무한대, ∞) 목적함수식에 최대화문제에서는 $-M$을, 최소화 문제에서는 $+M$을 해당 인공변수의 목적계수로 부여함으로써 초기 기저 실행가능해를 찾아가는 전 단계와 최적해를 찾아가는 심플렉스법 본 단계가 일괄적으로 돌아가도록 되어 있다.

[예제 3-3]의 첫 번째 제약식을 보면 여유변수 s_1이 있으나 두 번째와 세 번째 제약식은 여유변수 역할을 할 변수가 없어 초기 기저 실행가능해를 정의할 수 없다. 따라서 두 번째와 세 번째 제약식에 인공변수 R_1과 R_2를 도입하고 최소화문제이므로 $+M$을 해당 인공변수의 목적계수로 부여하면 다음과 같은 선형계획문제가 된다.

$$\begin{aligned}
\text{Minimize} \quad & z = 4x_1 + x_2 + MR_1 + MR_2 \\
\text{subject to} \quad & 3x_1 + 4x_2 + s_1 = 12 \\
& x_1 + 3x_2 - s_2 + R_1 = 3 \\
& 3x_1 + x_2 - s_3 + R_2 = 6 \\
& x_1,\ x_2,\ s_1,\ s_2,\ s_3,\ R_1,\ R_2 \geq 0
\end{aligned}$$

새로운 문제에서 변수 x_1, x_2, s_2, s_3가 비기저변수일 때($x_1 = x_2 = s_1 = s_2 = 0$) 기저변수 s_1, R_1, R_2로 만들어지는 초기 기저해를 정의할 수 있다. 그러나 이 해는 인공변수 R_1과 R_2가 양수의 값을 갖기 때문에 원문제의 실행불가능해가 되고, [그림 3-7]의 포인트 A에 해당하는 기저 실행불가능해를 나타낸다. 이 기저해를 심플렉스표로 옮겨 가려면 목적함수식이 비기저변수인 x_1, x_2, s_2, s_3들로 표현되어야 하므로 $R_1 = 3 - x_1 - 3x_2 + s_2$과 $R_2 = 6 - 3x_1 - x_2 + s_3$를 대입하여 다음과 같이 바꾸어야 한다.

$$\text{Minimize} \quad z + (4M-4)x_1 + (4M-1)x_2 - Ms_2 - Ms_3 = 9M$$

그러나 이와 같은 목적함수식의 변형은 심플렉스표상에서도 수행할 수 있다. 새로운 문제를 목적함수식 변형 없이 바로 심플렉스표로 옮기면 다음과 같다.

Basic	z	x_1	x_2	s_1	s_2	s_3	R_1	R_2	Solution
z	1	-4	-1	0	0	0	$-M$	$-M$	0
s_1	0	3	4	1	0	0	0	0	12
R_1	0	1	3	0	-1	0	1	0	3
R_2	0	3	1	0	0	-1	0	1	6

이 심플렉스표의 기저변수 s_1, R_1, R_2로 만들어지는 초기 기저해를 표현하려면 목적함수식의 계수는 0이어야 하고 기저변수 부분에는 반드시 단위행렬이 나타나 있어야 한다. 그러나 현재 심플렉스표에서는 기저변수 R_1과 R_2의 z행에 0 대신 $-M$이 나타나 있다. 이들을 0으로 바꾸기 위해서는 R_1행과 R_2행에 각기 M을 곱해서 z행에 더해 주면 다음과 같이 수정된 심플렉스표가 만들어지고 이는 기저변수 s_1, R_1, R_2로 만들어지는 초기 기저해를 나타낸다.

↓진입 (x_2)

	Basic	z	x_1	x_2	s_1	s_2	s_3	R_1	R_2	Solution	
	z	1	$4M-4$	$4M-1$	0	$-M$	$-M$	0	0	$9M$	
	s_1	0	3	4	1	0	0	0	0	12	3
← 퇴출	R_1	0	1	3	0	-1	0	1	0	3	1
	R_2	0	3	1	0	0	-1	0	1	6	6

주어진 문제가 최소화문제이므로 z행에서 가장 큰 양의 값을 갖는 x_2를 진입변수로, 최소 비음비율을 갖는 R_1을 퇴출변수로 하여 Gauss-Jordan 소거법을 적용시키면 [그림 3-6]의 포인트 B에 해당하는 기저해를 찾아간다. 이 해는 인공변수 R_2가 기저변수에 남아 양의 값을 갖기 때문에 실행불가능해이다.

↓진입 (x_1)

	Basic	z	x_1	x_2	s_1	s_2	s_3	R_1	R_2	Solution	
	z	1	$\frac{8}{3}M-\frac{11}{3}$	0	0	$\frac{1}{3}M-\frac{1}{3}$	$-M$	$-\frac{4}{3}M+\frac{1}{3}$	0	$5M+1$	
	s_1	0	$\frac{5}{3}$	0	1	$\frac{4}{3}$	0	$-\frac{4}{3}$	0	8	$\frac{24}{5}$
	x_2	0	$\frac{1}{3}$	1	0	$-\frac{1}{3}$	0	$\frac{1}{3}$	0	1	3
퇴출 ←	R_2	0	$\frac{8}{3}$	0	0	$\frac{1}{3}$	-1	$-\frac{1}{3}$	1	5	$\frac{15}{8}$

계속해서 z행에서 가장 큰 양의 값을 갖는 x_1을 진입변수로, 최소 비음비율을 갖는 R_2를 퇴출변수로 하여 Gauss-Jordan 소거법을 적용시키면 [그림 3-7]의 포인트 C에 해당하는 기저해를 찾아간다. 이 해는 모든 인공변수가 비기저해로 퇴출되어 값을 갖지 않는다. 이는 포인트 C가 [그림 3-7]에서도 알 수 있듯이 기저 실행가능해임을 나타내고, 또한 초기 기저 실행가능해를 찾아가는 전 단계가 끝났음을 의미한다.

	Basic	z	x_1	x_2	s_1	s_2 ↓진입	s_3	R_1	R_2	Solution	
	z	1	0	0	0	$\frac{1}{8}$	$-\frac{11}{8}$	$-\frac{5}{3}M+\frac{19}{24}$	$-M+\frac{11}{8}$	$\frac{63}{8}$	
← 퇴출	s_1	0	0	0	1	$\frac{9}{8}$	$\frac{5}{8}$	$-\frac{37}{24}$	$-\frac{5}{8}$	$\frac{39}{8}$	$\frac{13}{3}$
	x_2	0	0	1	0	$-\frac{3}{8}$	$\frac{1}{8}$	$\frac{7}{24}$	$-\frac{1}{8}$	$\frac{3}{8}$	–
	x_1	0	1	0	0	$\frac{1}{8}$	$-\frac{3}{8}$	$\frac{1}{8}$	$\frac{3}{8}$	$\frac{15}{8}$	15

M−방법에서는 찾아진 초기 기저 실행가능해를 이용하여 심플렉스법의 본 단계를 수행하기 위해 달리 해야 할 것 없이 해법이 끝날 때까지 지속하면 된다. 다만 인공변수 R_1과 R_2의 역할은 초기 기저 실행가능해를 찾는 것으로 끝났기 때문에 더 이상 유지할 필요가 없다. 인공변수를 제외하고 z−행에서 가장 큰 양의 값을 갖는 s_2를 진입변수로, 최소의 비음 비율을 갖는 s_1을 퇴출변수로 하여 다음 표를 구하면 [그림 3-7]의 포인트 D에 해당하는 기저 실행가능해를 찾아간다. 이 해는 더 이상 목적함수의 값을 개선시킬 수 없으므로 최적해가 된다.

Basic	z	x_1	x_2	s_1	s_2	s_3	Solution
z	1	0	0	$-\frac{1}{9}$	0	$-\frac{13}{9}$	$\frac{22}{3}$
s_2	0	0	0	$\frac{8}{9}$	1	$\frac{5}{9}$	$\frac{13}{3}$
x_2	0	0	1	$\frac{1}{3}$	0	$\frac{1}{3}$	2
x_1	0	1	0	$-\frac{1}{9}$	0	$-\frac{4}{9}$	$\frac{4}{3}$

예를 통해 본 것과 같이 M−방법은 목적함수식에 해당 인공변수에 대한 무한대의 벌과비용을 부과하여 초기 기저 실행가능해를 찾아가는 전 단계와 최적해를 찾아가는

심플렉스법 본 단계가 일괄적으로 돌아가도록 되어 있다. 그러나 컴퓨터를 이용하여 구현하면 M은 문제의 계수들보다 충분히 큰 값을 가져야 하지만 컴퓨터의 유효 자리수 때문에 계산상의 에러가 발생할 수도 있다.

[예제 3-4]의 LINGO 모델링과 최적해는 [그림 3-8]과 [그림 3-9]와 같다.

그림 3-8 [예제 3-4]의 LINGO모형

```
Lingo Model - Ex3-4
! Objective function;
Min =4*x1 +     x2;

! Constraints;
      3*x1 + 4*x2 < 12;
        x1 + 3*x2 >  3;
      3*x1 +   x2 >  6;
```

그림 3-9 [예제 3-4]의 최적해

```
Solution Report - Ex3-4
Global optimal solution found.
Objective value:                    7.333333
Infeasibilities:                    0.000000
Total solver iterations:                   2

Model Class:                              LP

Total variables:              2
Nonlinear variables:          0
Integer variables:            0

Total constraints:            4
Nonlinear constraints:        0

Total nonzeros:               8
Nonlinear nonzeros:           0

                Variable        Value      Reduced Cost
                      X1     1.333333          0.000000
                      X2     2.000000          0.000000

                     Row   Slack or Surplus   Dual Price
                       1       7.333333        -1.000000
                       2       0.000000        0.1111111
                       3       4.333333         0.000000
                       4       0.000000        -1.444444
```

3.5.2 2단계법

2단계법(Two-Phase Method)은 도입된 인공변수를 기저변수에서 퇴출시켜 초기 기저 실행가능해를 찾아가는 전 단계와 최적해를 찾아가는 심플렉스법 본 단계를 나누어 수행하는 방법이다. 이는 M-방법에서 하나의 목적함수로 일괄적으로 수행하기 위해 도입되는 M이 필요 없어 컴퓨터를 이용하여 구현하기에 적합하다.

[예제 3-3]의 제약식에 M-방법에서와 같이 인공변수 R_1과 R_2를 도입하자. 단계 Ⅰ에서는 도입된 인공변수들을 기저변수에서 퇴출시키기 위한 목적으로, 단계 Ⅱ에서는 문제 자체의 목적함수식을 이용하여 찾아진 초기 실행가능해로부터 최적해를 찾는 것을 목적으로 단계별로 수행한다.

| 단계 Ⅰ |

도입된 인공변수들을 기저변수에서 퇴출시키기 위해 다음과 같이 도입된 모든 인공변수의 합을 최소화하는 목적함수식을 갖는 선형계획문제를 만든다(원래 문제의 목적이 최대화거나 최소화인 것과는 관계가 없다.).

$$
\begin{aligned}
\text{Minimize} \quad & r = R_1 + R_2 \\
\text{subject to} \quad & 3x_1 + 4x_2 + s_1 = 12 \\
& x_1 + 3x_2 - s_2 + R_1 = 3 \\
& 3x_1 + x_2 - s_3 + R_2 = 6 \\
& x_1,\ x_2,\ s_1,\ s_2,\ s_3,\ R_1,\ R_2 \geq 0
\end{aligned}
$$

새로운 문제를 목적함수식의 변형 없이 바로 심플렉스표로 옮기면 다음과 같다.

Basic	r	x_1	x_2	s_1	s_2	s_3	R_1	R_2	Solution
r	1	0	0	0	0	0	−1	−1	0
s_1	0	3	4	1	0	0	0	0	12
R_1	0	1	3	0	−1	0	1	0	3
R_2	0	3	1	0	0	−1	0	1	6

이 표의 기저변수 s_1, R_1, R_2로 만들어지는 초기 기저해를 표현하려면 목적함수식에서는 0이 나타나야 하고 기저변수 부분에 반드시 단위행렬이 나타나 있어야 한다. 그러나 현재 심플렉스표는 기저변수 R_1과 R_2의 r행에 0 대신 −1이 나타나 있다. 이들을 0으로 바꾸기 위해서는 R_1행과 R_2행에 각기 1을 곱해서 r행에 더해 주면 다음과 같이 수정된 심플렉스표가 만들어지고 이는 기저변수 s_1, R_1, R_2로 만들어지는 초기 기저해를 나타낸다.

↓진입 (x_2)

	Basic	r	x_1	x_2	s_1	s_2	s_3	R_1	R_2	Solution	비율
	r	1	4	4	0	−1	−1	0	0	9	
	s_1	0	3	4	1	0	0	0	0	12	3
← 퇴출	R_1	0	1	3	0	−1	0	1	0	3	1
	R_2	0	3	1	0	0	−1	0	1	6	6

최소화문제이므로 r행에서 가장 큰 양의 값을 갖는 x_2를 진입변수로(동일한 값인 경우 임의 선택), 최소 비음비율을 갖는 R_1을 퇴출변수로 하여 다음 표를 구하면 [그림 3-7]의 포인트 B에 해당하는 기저해를 찾아간다.

↓진입 (x_1)

	Basic	r	x_1	x_2	s_1	s_2	s_3	R_1	R_2	Solution	비율
	r	1	$\frac{8}{3}$	0	0	$\frac{1}{3}$	−1	$-\frac{4}{3}$	0	5	
	s_1	0	$\frac{5}{3}$	0	1	$\frac{4}{3}$	0	$-\frac{4}{3}$	0	8	$\frac{24}{5}$
	x_2	0	$\frac{1}{3}$	1	0	$-\frac{1}{3}$	0	$\frac{1}{3}$	0	1	3
퇴출 ←	R_2	0	$\frac{8}{3}$	0	0	$\frac{1}{3}$	−1	$-\frac{1}{3}$	1	5	$\frac{15}{8}$

계속해서 r행에서 가장 큰 양의 값을 갖는 x_1을 진입변수로, 최소 비음비율을 갖는 R_2를 퇴출변수로 하여 다음 표를 구하면 [그림 3-7]의 포인트 C에 해당하는 기저해

를 찾아간다. 더 이상 진입변수로 선택할 수 있는 변수가 없으므로 (r행에 양수가 없으므로) 단계 Ⅰ이 끝났음을 나타낸다. 찾아진 해는 모든 인공변수가 비기저해로 퇴출되어 값이 0을 갖게 되므로 기저 실행가능해이다.

Basic	r	x_1	x_2	s_1	s_2	s_3	R_1	R_2	Solution
r	1	0	0	0	0	0	-1	-1	0
s_1	0	0	0	1	$\frac{9}{8}$	$\frac{5}{8}$	$-\frac{37}{24}$	$-\frac{5}{8}$	$\frac{39}{8}$
x_2	0	0	1	0	$-\frac{3}{8}$	$\frac{1}{8}$	$\frac{7}{24}$	$-\frac{1}{8}$	$\frac{3}{8}$
x_1	0	1	0	0	$\frac{1}{8}$	$-\frac{3}{8}$	$\frac{1}{8}$	$\frac{3}{8}$	$\frac{15}{8}$

| 단계 Ⅱ |

단계 I에서 찾은 초기 실행가능해에서 인공변수 열들을 제거하고, 단계 Ⅰ의 목적식 r 대신 원문제의 목적식(Maximize $z = 4x_1 + x_2$)을 대체하면 다음과 같은 심플렉스 표가 만들어진다.

Basic	z	x_1	x_2	s_1	s_2	s_3	Solution
z	1	-4	-1	0	0	0	0
s_1	0	0	0	1	$\frac{9}{8}$	$\frac{5}{8}$	$\frac{39}{8}$
x_2	0	0	1	0	$-\frac{3}{8}$	$\frac{1}{8}$	$\frac{3}{8}$
x_1	0	1	0	0	$\frac{1}{8}$	$-\frac{3}{8}$	$\frac{15}{8}$

이 심플렉스표에서 기저변수 s_1, x_2, x_1으로 만들어지는 초기 기저 실행가능해를 표현하려면 목적함수식에는 0이 나타나야 하고 기저변수 부분에 반드시 단위행렬이 나타나 있어야 한다. 그러나 현재 표는 기저변수 x_1과 x_2의 z행에 0 대신 -4와 -1이 나타나 있다. 이들을 0으로 바꾸기 위해서는 x_2행과 x_1행에 각기 1과 4를 곱해서

z행에 더해 주면 다음과 같이 수정된 심플렉스표가 만들어지고 이는 기저변수 s_1, x_2, x_1으로 만들어지는 초기 기저 실행가능해를 나타낸다.

↓진입 (s_2)

	Basic	z	x_1	x_2	s_1	s_2	s_3	Solution	비율
	z	1	0	0	0	$\frac{1}{8}$	$-\frac{11}{8}$	$\frac{63}{8}$	
← 퇴출	s_1	0	0	0	1	$\frac{9}{8}$	$\frac{5}{8}$	$\frac{39}{8}$	$\frac{13}{3}$
	x_2	0	0	1	0	$-\frac{3}{8}$	$\frac{1}{8}$	$\frac{3}{8}$	-
	x_1	0	1	0	0	$\frac{1}{8}$	$-\frac{3}{8}$	$\frac{15}{8}$	15

최소화문제이므로 z행에서 가장 큰 양의 값을 갖는 s_2를 진입변수로, 최소의 비음 비율을 갖는 s_1을 퇴출변수로 하여 다음 표를 구하면 [그림 3-7]의 포인트 D에 해당하는 기저 실행가능해를 찾아간다. 이 해는 더 이상 목적함수의 값을 개선시킬 수 없으므로 최적해가 된다.

Basic	z	x_1	x_2	s_1	s_2	s_3	Solution
z	1	0	0	$-\frac{1}{9}$	0	$-\frac{13}{9}$	$\frac{22}{3}$
s_2	0	0	0	$\frac{8}{9}$	1	$\frac{5}{9}$	$\frac{13}{3}$
x_2	0	0	1	$\frac{1}{3}$	0	$\frac{1}{3}$	2
x_1	0	1	0	$-\frac{1}{9}$	0	$-\frac{4}{9}$	$\frac{4}{3}$

예를 통해 본 것 같이 2단계법은 포인트 A의 기저 실행불가능해에서 출발해 포인트 B(역시 기저 실행불가능해)를 거쳐 기저 실행가능해인 포인트 C를 찾아가는 단계 I과 찾아진 기저 실행가능해인 포인트 C를 초기해로 최적 기저 실행가능해인 포인트 D를 찾아가는 단계 II로 분리되어 있다.

3.6 심플렉스법의 적용상 특수한 경우

선형계획문제는 2.2.4절에 살펴본 바와 같이 해의 존재 여부와 최적해의 유일성, 최적 목적함수값의 유한성 등에 따라 다양한 형태가 존재한다. 이 절에서는 이들 특수한 경우들이 어떤 상황에서 발생하는지를 심플렉스법을 이용하여 설명한다.

3.6.1 퇴화현상

하나의 정점(Extreme Point)에 여러 개의 기저해가 겹쳐 있을 때 퇴화현상(Degeneracy)이 발생할 수 있다. 퇴화현상은 심플렉스법의 실행가능성조건(Feasibility Condition) 검색에서 최소 비음비율에 동일한 값이 있는 경우 발생하며, 다음 단계에서 0의 값을 갖는 기저변수가 발생하게 된다. 퇴화현상은 일반적으로 심플렉스법의 적용에 문제가 되지 않으나, 아주 드물게 순환현상(cycling)이 발생하여 무한루프에 빠질 수 있다. 다음의 선형계획문제를 고려하자. 이 문제의 도식적 해는 [그림 3-10]과 같다.

$$
\begin{aligned}
\text{Maximize} \quad & z = 3x_1 + 5x_2 \\
\text{subject to} \quad & x_1 + 2x_2 \le 6 \\
& 3x_1 + 3x_2 \le 9 \\
& x_1,\ x_2 \ge 0
\end{aligned}
$$

그림 3-10 퇴화현상 예제의 도식적 해

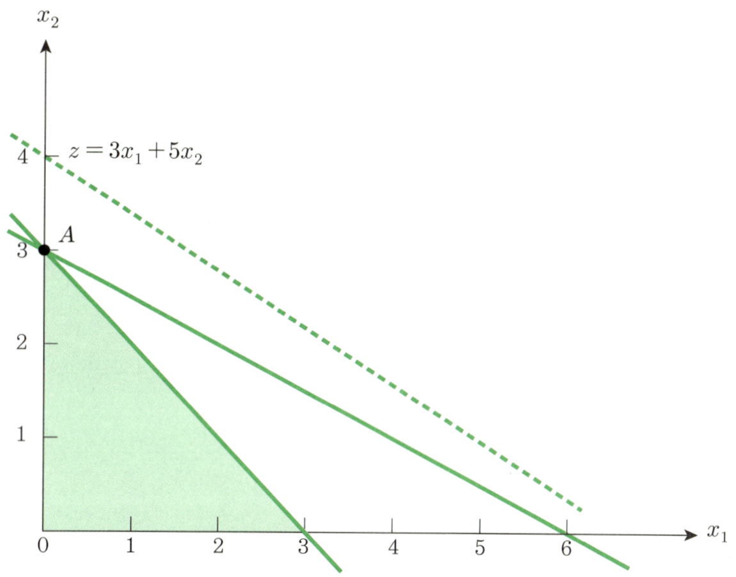

이 문제의 심플렉스법에 의한 해는 다음과 같다(s_1과 s_2는 각 제약식에 대한 여유 변수이다.).

↓진입 (x_2)

	Basic	z	x_1	x_2	s_1	s_2	Solution	비율
	z	1	−3	−5	0	0	0	
← 퇴출	s_1	0	1	2	1	0	6	3
	s_2	0	3	3	0	1	9	3

↓진입 (x_1)

	Basic	z	x_1	x_2	s_1	s_2	Solution	비율
	z	1	−0.5	0	2.5	0	15	
	x_2	0	0.5	1	0.5	0	3	6
퇴출 ←	s_2	0	1.5	0	−1.5	1	0	0

Basic	z	x_1	x_2	s_1	s_2	Solution
z	1	0	0	2	0.33	15
x_2	0	0	1	1	−0.33	3
x_1	0	1	0	−1	0.67	0

주어진 문제에 대한 도해법에서 보는 것과 같이 첫 번째 제약식이 중복제약식(Redundant Constraint)이고, 이에 따라 정점 A에 두 개의 기저해가 겹쳐져 있다. 이 같은 경우 심플렉스법에서는 표시된 것과 같이 최소 비음비율에 동일한 값이 있는 경우가 발생하여 0의 값을 갖는 기저변수가 나타나고 이것으로 퇴화현상을 판단할 수 있다.

3.6.2 다중 최적해

최적해가 하나만 존재하는 것이 아니라 다중 최적해(Alternative Optima)를 제공하는 문제도 있다. 다음의 선형계획문제를 고려하자. 이 문제의 도식적 해는 [그림 3-11]과 같다.

$$\begin{aligned}
\text{Maximize} \quad & z = 2x_1 + 6x_2 \\
\text{subject to} \quad & x_1 + 3x_2 \le 6 \\
& 2x_1 + x_2 \le 4 \\
& x_1,\ x_2 \ge 0
\end{aligned}$$

▌그림 3-11▌ 다중 최적해 예제의 도식적 해

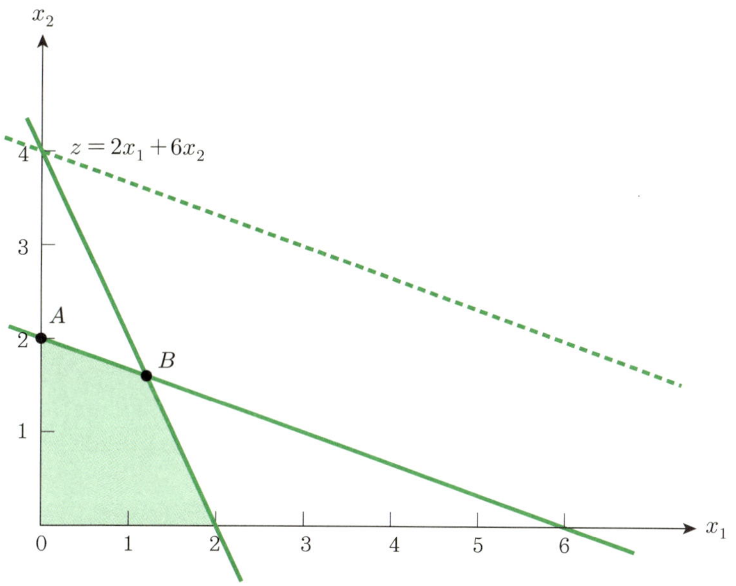

이 문제의 심플렉스법에 의한 해는 다음과 같다(s_1과 s_2는 각 제약식에 대한 여유 변수이다.).

↓진입 (x_1)

	Basic	z	x_1	x_2	s_1	s_2	Solution	비율
	z	1	−2	−6	0	0	0	
← 퇴출	s_1	0	1	3	1	0	6	2
	s_2	0	2	1	0	1	4	4

↓진입 (x_1)

	Basic	z	x_1	x_2	s_1	s_2	Solution	비율
	z	1	0	0	2	0	12	
	x_2	0	0.33	1	0.33	0	2	6
퇴출 ←	s_2	0	1.67	0	−0.33	1	2	1.2

Basic	z	x_1	x_2	s_1	s_2	Solution
z	1	0	0	2	0	12
x_2	0	0	1	0.4	−0.2	1.6
x_1	0	1	0	−0.2	0.6	1.2

주어진 문제에 대한 도해법에서 보는 것과 같이 첫 번째 제약식에 대응하는 직선의 기울기와 목적함수의 기울기가 같아서 두 정점을 연결하는 선분상의 무수히 많은 모든 점이 최적해가 된다. 이 같은 경우 심플렉스법에서는 표시된 것과 같이 최적해를 나타내는 표에서 z행 값이 0인 비기저변수가 존재하고 이것으로 다중 최적해가 존재함을 판단할 수 있다. 최적해 표에서 z행 값이 0인 비기저변수를 진입변수로 선택하면 다른 최적해를 얻을 수 있다.

3.6.3 무한해

목적함수의 값이 무한히 증가(최대화문제의 경우)하거나 감소(최소화문제의 경우)하는 선형계획문제를 무한해(Unbounded Solution)를 갖는 문제라 한다. 다음의 선형계획문제를 고려하자. 이 문제의 도식적 해는 [그림 3-12]와 같다.

$$\begin{aligned} \text{Maximize} \quad & z = 2x_1 + x_2 \\ \text{subject to} \quad & 2x_1 - 3x_2 \le 6 \\ & x_1 \le 5 \\ & x_1,\ x_2 \ge 0 \end{aligned}$$

주어진 문제에 대한 도해법에서 보는 것과 같이 실행가능영역은 x_2축 방향으로 무한히 열려 있고 목적함수의 증가방향도 x_2축 방향으로 계속 증가하므로 목적함수를 아무리 크게 하여도 항상 실행가능영역과 만나게 되므로 결국 유한한 실행가능해를 찾을 수 없다.

무한해는 반드시 제한 없는 실행가능영역을 갖는 문제에서만 발생할 수 있으나, 제한 없는 실행가능영역을 갖는 문제라고 해서 반드시 무한해가 되는 것은 아니다(만약 주어진 문제가 최소화문제라면 제한 없는 실행가능영역을 갖는 문제지만 원점을 최적해로 갖는 문제가 된다.).

그림 3-12 무한해 예제의 도식적 해

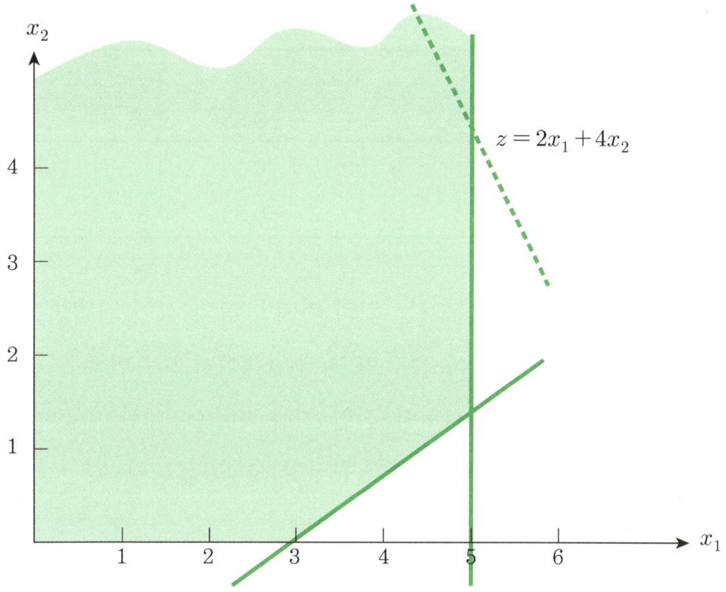

이 문제의 심플렉스법에 의한 해는 다음과 같다(s_1과 s_2는 각 제약식에 대한 여유변수이다.).

↓진입

	Basic	z	x_1	x_2	s_1	s_2	Solution	비율
	z	1	−2	−1	0	0	0	
← 퇴출	s_1	0	2	−3	1	0	6	3
	s_2	0	1	0	0	1	5	5

↓진입

	Basic	z	x_1	x_2	s_1	s_2	Solution	비율
	z	1	0	−4	1	0	6	
퇴출	x_1	0	1	−1.5	0.5	0	3	−
←	s_2	0	0	1.5	−0.5	1	2	2

↓진입

Basic	z	x_1	x_2	s_1	s_2	Solution
z	1	0	0	−0.33	2.67	11.33
x_1	0	1	0	0	1	5
x_2	0	0	1	−0.33	0.67	1.33

심플렉스법에서 제한 없는 해문제는 위의 마지막 표와 같이 진입변수는 있으나 s_1을 진입변수로 할 때 모든 비율이 음수 또는 무한대여서 퇴출변수를 선택할 수 없게 된다. 그러나 첫 번째 표의 표시처럼 진입 가능 변수에 대한 열값들이 모두 비양(nonpositive)이면 미리 무한해문제임을 판단할 수 있다.

3.6.4 실행불가능해

실행가능해가 전혀 존재하지 않는 선형계획문제를 실행불가능해(Infeasible Solution) 문제라 한다. 다음의 선형계획문제를 고려하자. 이 문제의 도식적 해는 [그림 3-13]과 같다.

$$
\begin{aligned}
\text{Maximize} \quad & z = 2x_1 + 4x_2 \\
\text{subject to} \quad & x_1 + 2x_2 \le 2 \\
& 4x_1 + 3x_2 \ge 12 \\
& x_1,\ x_2 \ge 0
\end{aligned}
$$

그림 3-13 실행불가능해 예제의 도식적 해

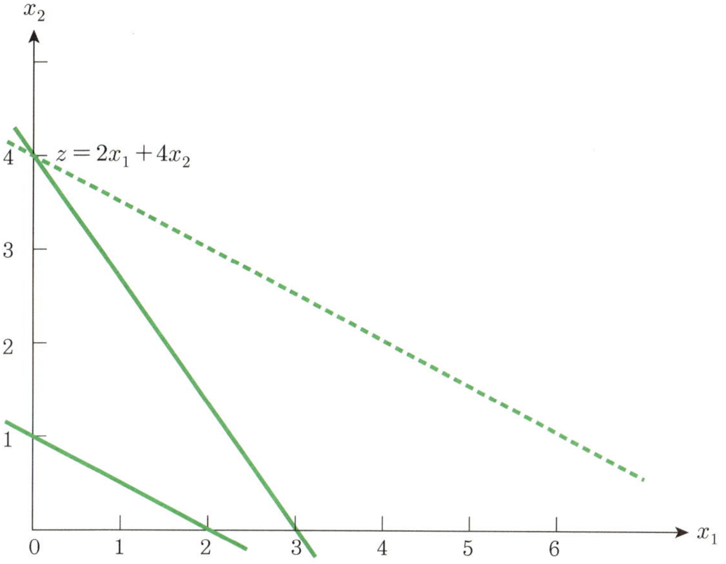

주어진 문제에 대한 도해법에서 보는 것과 같이 실행가능영역 자체가 존재하지 않으므로 실행가능해를 찾을 수 없다. 심플렉스법에서 이와 같은 실행불가능해문제는 인공변수의 도입이 필수적이다. 이를 M−방법으로 풀면 심플렉스표상으로 최적성 조건을 만족하지만 인공변수가 기저변수에 남아 있는 경우가 발생하고, 2단계법으로 풀 때는 단계 I에서 인공변수가 기저변수에 남아 있는 경우로 끝나게 된다.

이 문제의 M−방법에 의한 심플렉스법에 의한 해는 다음과 같다(s_1과 s_2는 각 제약식에 대한 여유변수와 잉여변수이고 R_1은 두 번째 제약식의 인공변수이다.). z행이 최적성조건을 가짐에도 불구하고 인공변수 R_1이 12의 값을 가지고 나타난다.

	Basic	z	x_1 ↓진입	x_2	s_1	s_2	R_1	Solution	비율
	z	1	$-4M-2$	$-3M-4$	0	M	0	$-12M$	
← 퇴출	s_1	0	1	2	1	0	0	2	2
	R_1	0	4	3	0	-1	1	12	3

Basic	z	x_1	x_2	s_1	s_2	R_1	Solution
z	1	0	$5M$	$4M+2$	M	0	$-4M+4$
x_1	0	1	2	1	0	0	2
R_1	0	0	-5	-4	-1	1	4

EXERCISE

3.1 다음의 선형계획문제를 표준형으로 변환하시오.

$$\begin{aligned} \text{Maximize} \quad & z = 2x_1 + 3x_2 + 4x_3 \\ \text{subject to} \quad & -5x_1 + 6x_2 - 8x_3 \ge 5 \\ & x_1 + 2x_2 + 3x_3 = 10 \\ & x_1 \ge 0,\ x_2 : \text{unrestricted},\ x_3 \ge 0 \end{aligned}$$

3.2 다음의 선형계획문제에서 모든 기저해를 나열하고 이들 중 최적해를 찾으시오.

(1)
$$\begin{aligned} \text{Maximize} \quad & z = 2x_1 - 4x_2 + 5x_3 - 6x_4 \\ \text{subject to} \quad & x_1 + 4x_2 - 2x_3 + 8x_4 \le 2 \\ & -x_1 + 2x_2 + 3x_3 + 4x_4 \le 1 \\ & x_1,\ x_2,\ x_3,\ x_4 \ge 0 \end{aligned}$$

(2)
$$\begin{aligned} \text{Minimize} \quad & z = x_1 + 2x_2 - 3x_3 - 2x_4 \\ \text{subject to} \quad & x_1 + 2x_2 - 3x_3 + x_4 = 4 \\ & x_1 + 2x_2 + x_3 + 2x_4 = 4 \\ & x_1,\ x_2,\ x_3,\ x_4 \ge 0 \end{aligned}$$

3.3 다음의 선형계획문제에서 심플렉스법을 이용하여 최적해를 찾으시오.

(1)
$$\begin{aligned} \text{Maximize} \quad & z = 5x_1 + 4x_2 \\ \text{subject to} \quad & 6x_1 + 4x_2 \le 24 \\ & x_1 + 2x_2 \le 6 \\ & -x_1 + x_2 \le 1 \\ & x_2 \le 2 \\ & x_1,\ x_2 \ge 0 \end{aligned}$$

(2)
$$\begin{aligned} \text{Minimize} \quad & z = -5x_1 + 5x_2 - 2x_3 \\ \text{subject to} \quad & x_1 + 2x_2 - 2x_3 \le 25 \\ & 2x_1 - x_2 + x_3 \le 8 \\ & 3x_1 - 2x_2 + x_3 \le 10 \\ & x_1,\ x_2,\ x_3 \ge 0 \end{aligned}$$

연 | 습 | 문 | 제

3.4 다음의 선형계획문제에서 M－방법과 2단계법을 이용하여 최적해를 찾으시오.

(1) Maximize $z = 2x_1 + 3x_2 - 5x_3$

subject to

$$x_1 + x_2 + x_3 = 7$$
$$2x_1 - 5x_2 + x_3 \geq 10$$
$$x_1,\ x_2,\ x_3 \geq 0$$

(2) Minimize $z = 4x_1 + x_2$

subject to

$$3x_1 + x_2 = 3$$
$$4x_1 + 3x_2 \geq 6$$
$$x_1 + 2x_2 \leq 4$$
$$x_1,\ x_2 \geq 0$$

3.5 다음의 선형계획문제를 인공변수의 도입 없이 심플렉스법을 이용하여 최적해를 찾으시오.

Maximize $z = 2x_1 + 4x_2 + 4x_3 - 3x_4$

subject to

$$x_1 + x_2 + x_3 = 4$$
$$x_1 + 4x_2 + x_4 = 8$$
$$x_1,\ x_2,\ x_3,\ x_4 \geq 0$$

3.6 다음의 선형계획문제는 퇴화현상이 발생한다. 이를 심플렉스법을 이용하여 확인하시오.

Maximize $z = 6x_1 + 8x_2$

subject to

$$x_1 + x_2 \leq 40$$
$$x_2 \leq 25$$
$$x_1 + 2x_2 \leq 50$$
$$x_1,\ x_2 \geq 0$$

3.7 다음의 선형계획문제는 퇴화현상으로 인한 사이클링이 발생한다. 이를 심플렉스법을 이용하여 확인하시오.

Maximize $z = \frac{3}{4}x_1 - 20x_2 + \frac{1}{2}x_3 - 6x_4$

subject to

$$\frac{1}{4}x_1 - 8x_2 - x_3 + 9x_4 \leq 0$$

EXERCISE

$$\frac{1}{2}x_1 - 12x_2 - \frac{1}{2}x_3 + 3x_4 \leq 0$$
$$x_3 \leq 15$$
$$x_1,\ x_2,\ x_3,\ x_4 \geq 0$$

3.8 다음의 선형계획문제는 다중 최적해가 존재한다. 이를 심플렉스법을 이용하여 확인하시오.

$$\begin{aligned} \text{Maximize} \quad & z = 4x_1 + 8x_2 \\ \text{subject to} \quad & x_1 + x_2 \leq 40 \\ & x_2 \leq 20 \\ & x_1 + 2x_2 \leq 50 \\ & x_1,\ x_2 \geq 0 \end{aligned}$$

3.9 다음의 선형계획문제는 무한해를 갖는다. 이를 심플렉스법을 이용하여 확인하시오.

$$\begin{aligned} \text{Maximize} \quad & z = 3x_1 + 5x_2 \\ \text{subject to} \quad & x_1 - x_2 \leq 6 \\ & x_1 \leq 10 \\ & x_2 \geq 1 \\ & x_1,\ x_2 \geq 0 \end{aligned}$$

3.10 다음의 선형계획문제는 가능해가 없는 실행불가능해문제다. 이를 심플렉스법을 이용하여 확인하시오.

$$\begin{aligned} \text{Maximize} \quad & z = 3x_1 + 2x_2 \\ \text{subject to} \quad & 2x_1 + x_2 \leq 2 \\ & 3x_1 + 4x_2 \geq 12 \\ & x_2 \geq 1 \\ & x_1,\ x_2 \geq 0 \end{aligned}$$

CHAPTER 04

선형계획법의 응용

Chapter 04 선형계획법의 응용

일반적으로 선형계획법은 경영과학 기법 중에서 가장 많이 사용되는 기법 중의 하나이다. 본 장에서는 선형계획법을 적용할 수 있는 현실문제들을 소개하고자 한다. 현실 문제에 영향을 주는 중요한 요인들을 분석하고 선형계획모형을 구성하는 방법을 구체적으로 설명하여 의사결정문제에서 적용할 수 있도록 한다. 제시하는 예제들은 완전한 현실문제를 다루는 것이 아니고 문제에 대한 이해가 쉽게 되도록 변수를 한정하고 계수를 임의로 설정하였다. 문제에 대한 분석을 통하여 선형계획모형이 완성되면 입력 자료에 대한 결과를 점검하여 모형의 정확성을 확인하도록 한다.

제2장의 한국광학부품 예제는 주어진 자원(렌즈의 가용량, 고급형 구동모터 구매 가능량, 기본형 구동모터 구매 가능량)의 제약하에 총이익을 최대로 하는 문제를 다루었다. 일반적으로 주어진 자원을 개별 활동에 배분하는 최적화문제를 제품혼합문제(Product Mix Problem)라고 한다. 본 절에서는 그 밖에 선형계획모형의 전형적인 응용사례들을 살펴보고 이에 대한 수리모형(Mathematical Model)과 LINGO모형을 수립하고 최적해를 도출하는 과정을 통하여 선형계획모형의 이해를 높인다.

4.1 생산계획문제

생산계획문제는 여러 대의 기계를 사용하여 다양한 종류의 제품을 생산하는 공장에서 주로 발생하는 문제이다. 현실적으로 각각의 기계에서는 제품의 종류에 관계없이 여러 가지 제품을 생산할 수 있으나 기계의 성능차이가 있기 때문에 특정 제품이 어느 기계에서 생산하느냐에 따라 공정소요시간이나 제품 단위당 생산비용이 달라지는 경우가 있다. 각각의 제품에 대한 수요가 알려져 있는 경우 정해진 기간에 최소의 비용으로 이러한 수요를 만족시키기 위한 생산계획을 수립하여야 한다. 즉, 전체 생산비용을 최소화하기 위하여 어느 기계에서 어떤 제품을 얼마나 생산하느냐에 대한 결정을 수립하는 문제가 된다.

4.1.1 생산계획 예제

예제 4-1 생산계획

유성산업(주)은 다음 달에 제품 1, 2, 3을 각각 90개, 120개, 100개 생산하여 납품하라는 주문을 받았다. 회사에서 보유하고 있는 두 대의 기계를 사용하여 주문받은 세 종류의 제품을 생산할 수 있다. 이번 달에 주문받은 제품의 생산을 위해 사용가능한 기계의 가동시간을 조사해보았더니 기계 1은 700시간, 기계 2는 600시간이 가능한 것으로 나타났다. 각 제품을 생산하기 위한 제조원가를 확인하여 [표 4-1]의 자료를 얻었다. 또한 [표 4-2]의 자료와 같이 제품생산에 대한 각 기계별 소요시간도 달라진다. 이러한 자료를 바탕으로 각 제품의 수요를 만족시키기 위하여 어느 기계에서 얼마나 생산하는 것이 전체 생산비용을 최소화하는 것인지를 결정하고자 한다.

표 4-1 제품 단위당 생산비용 (단위 : 만 원)

기계 \ 제품	1	2	3
1	6	4	5
2	5	5	6

표 4-2 제품 단위당 기계별 생산 소요시간 (단위 : 시간)

기계 \ 제품	1	2	3
1	3	5	6
2	4	4	4

(1) 의사결정변수

이 문제는 각 기계에서 생산되는 제품의 양을 결정하는 문제이므로 의사결정변수를 다음과 같이 정의한다.

x_{ij}=기계 i에서 생산하는 제품 j의 생산량(i=1, 2 ; j=1, 2, 3)

(2) 제약조건

① 각 제품의 수요를 만족해야 한다는 제약조건

$$x_{11}+x_{21} \geq 90$$
$$x_{12}+x_{22} \geq 120$$
$$x_{13}+x_{23} \geq 100$$

② 각 기계별 사용가능시간을 초과할 수 없다는 조건

$$3x_{11}+5x_{12}+6x_{13} \leq 700$$
$$4x_{21}+4x_{22}+4x_{23} \leq 600$$

(3) 목적함수

목적함수는 총생산비용을 최소화하는 것이므로 다음과 같다.

$$\text{Minimize} \quad z=6x_{11}+4x_{12}+5x_{13}+5x_{21}+5x_{22}+6x_{23}$$

(4) 선형계획모형

$$\begin{array}{lllllllll}
\text{Minimize} & z=6x_{11}+4x_{12}+5x_{13}+5x_{21}+5x_{22}+6x_{23} \\
\text{subject to} & x_{11} & & & + x_{21} & & & \geq 90 \\
& & x_{12} & & & + x_{22} & & \geq 120 \\
& & & x_{13} & & & + x_{23} & \geq 100 \\
& 3x_{11} & +5x_{12} & +6x_{13} & & & & \leq 700 \\
& & & & 4x_{21} & +4x_{22} & +4x_{23} & \leq 600
\end{array}$$

$$x_{ij} \geq 0,\ i = 1,\ 2\ ;\ j = 1,\ 2,\ 3$$

이 예제의 LINGO모형과 최적해는 다음과 같다. 이 문제에 대한 최적해는 x_{11}=50, x_{12}=110, x_{13}=0, x_{21}=40, x_{22}=10, x_{23}=100이며 최적 목적함수값은 1,590만 원이다.

Lingo Model - Ex4-1

```
! 목적함수;
Min = 6*x11 + 4*x12 + 5*x13 + 5*x21 + 5*x22 + 6*x23;

! 제약식;
 x11 + x21 > 90;
 x12 + x22 > 120;
 x13 + x23 > 100;
 3*x11 + 5*x12 + 6*x13 < 700;
 4*x21 + 4*x22 + 4*x23 < 600;
```

Solution Report - Ex4-1

```
Global optimal solution found.
Objective value:                          1590.000
Infeasibilities:                        0.000000
Total solver iterations:                       6

Model Class:                                  LP

Total variables:                 6
Nonlinear variables:             0
Integer variables:               0

Total constraints:               6
Nonlinear constraints:           0

Total nonzeros:                 18
Nonlinear nonzeros:              0

                  Variable       Value        Reduced Cost
                       X11     50.00000         0.000000
                       X12     110.0000         0.000000
                       X13     0.000000         1.000000
                       X21     40.00000         0.000000
                       X22     10.00000         0.000000
                       X23     100.0000         0.000000

                       Row    Slack or Surplus    Dual Price
                         1     1590.000          -1.000000
                         2     0.000000          -9.000000
                         3     0.000000          -9.000000
                         4     0.000000          -10.00000
                         5     0.000000           1.000000
                         6     0.000000           1.000000
```

4.1.2 기계일정계획 예제

예제 4-2 기계일정계획(Machine Scheduling Problem)

유성산업(주)에서는 3대의 기계를 사용하여 네 가지 제품을 생산하고 있다. 다음 달 수요는 300, 320, 400, 440으로 분석되었다. 이번 달 각 기계의 사용가능시간은 140, 120, 150시간이다. 3대의 기계가 네 가지 종류의 제품을 생산할 때, 각각의 기계가 시간당 생산할 수 있는 제품의 양은 [표 4-3]과 같다. 또한 각 기계에서 각각의 제품을 한 단위 생산에 소요되는 비용은 [표 4-4]와 같다. 생산비용을 최소화하기 위한 각 기계의 일정계획을 수립하고자 한다.

표 4-3 시간당 생산량(p_{ij})

	제품 1	제품 2	제품 3	제품 4
기계 1	4	3	5	4
기계 2	2	2	6	3
기계 3	4	2	4	3

표 4-4 단위당 생산비용(c_{ij})

	제품 1	제품 2	제품 3	제품 4
기계 1	5	4	3	3
기계 2	4	5	5	2
기계 3	3	5	4	4

(1) 의사결정변수

이러한 기계일정계획문제의 해를 구하기 위하여 각 제품을 생산하기 위한 각 기계의 사용시간을 결정하여야 하므로 의사결정변수를 다음과 같이 정의한다.

x_{ij}=기계 i에서 제품 j의 생산을 위해 사용하는 시간

(2) 제약조건

① 제품의 수요제약

$4x_{11}+2x_{21}+4x_{31} \geq 300$

$3x_{12}+2x_{22}+2x_{32} \geq 320$

$5x_{13}+6x_{23}+4x_{33} \geq 400$

$4x_{14}+3x_{24}+3x_{34} \geq 440$

② 기계의 가동시간제약

$x_{11}+x_{12}+x_{13}+x_{14} \leq 140$

$x_{21}+x_{22}+x_{23}+x_{24} \leq 120$

$x_{31}+x_{32}+x_{33}+x_{34} \leq 150$

(3) 목적함수

제품의 생산비용을 최소화하는 문제가 된다.

$$\text{Minimize} \quad z = \sum\sum p_{ij} c_{ij} x_{ij}$$

$$z=20x_{11}+12x_{12}+15x_{13}+12x_{14}+8x_{21}+10x_{22}+30x_{23}+6x_{24}+12x_{31}+10x_{32} +16x_{33}+12x_{34}$$

(4) 선형계획모형

$$\begin{aligned}
\text{Minimize} \quad & z=20x_{11}+12x_{12}+15x_{13}+12x_{14}+8x_{21}+10x_{22}+30x_{23}+6x_{24} \\
& \quad +12x_{31}+10x_{32}+16x_{33}+12x_{34} \\
\text{subject to} \quad & 4x_{11}+2x_{21}+4x_{31} \geq 300 \\
& 3x_{12}+2x_{22}+2x_{32} \geq 320 \\
& 5x_{13}+6x_{23}+4x_{33} \geq 400 \\
& 4x_{14}+3x_{24}+3x_{34} \geq 440 \\
& x_{11}+x_{12}+x_{13}+x_{14} \leq 140 \\
& x_{21}+x_{22}+x_{23}+x_{24} \leq 120 \\
& x_{31}+x_{32}+x_{33}+x_{34} \leq 150 \\
& x_{ij} \geq 0,\ i=1,\ 2,\ 3\ ;\ j=1,\ 2,\ 3,\ 4
\end{aligned}$$

이 예제의 LINGO모형과 최적해는 다음과 같다. 기계 1에서는 제품 2, 3, 4에 대해 각각 106.7, 2.2, 31.1시간을, 기계 2에서는 제품 3, 4에 대해 각각 14.8, 105.2시간을, 기계 3에서는 제품 1, 3에 대해 각각 75시간을 배정하였다. 이때 총생산비용은 4,862.2로 최소화된다.

```
! 목적함수 ;
Min = 5*4*x11 + 4*3*x12 + 3*5*x13 + 3*4*x14 + 4*2*x21 + 5*2*x22 + 5*6*x23 + 2*3*x24
      + 3*4*x31 + 5*2*x32 + 4*4*x33 + 4*3*x34        ;

! 제약식;
      4*x11 + 2*x21 + 4*x31 >= 300 ;
      3*x12 + 2*x22 + 2*x32 >= 320 ;
      5*x13 + 6*x23 + 4*x33 >= 400 ;
      4*x14 + 3*x24 + 3*x34 >= 440 ;
      x11 + x12 + x13 + x14 <= 140 ;
      x21 + x22 + x23 + x24 <= 120 ;
      x31 + x32 + x33 + x34 <= 150 ;
```

Solution Report - 예제 4-2

```
Global optimal solution found.
Objective value:                4862.222
Infeasibilities:                0.000000
Total solver iterations:              11
Elapsed runtime seconds:            0.05

Model Class:                          LP

Total variables:             12
Nonlinear variables:          0
Integer variables:            0

Total constraints:            8
Nonlinear constraints:        0

Total nonzeros:              36
Nonlinear nonzeros:           0
```

Variable	Value	Reduced Cost
X11	0.000000	18.66667
X12	106.6667	0.000000
X13	2.222222	0.000000
X14	31.11111	0.000000
X21	0.000000	18.66667
X22	0.000000	7.777778
X23	14.81481	0.000000
X24	105.1852	0.000000
X31	75.00000	0.000000
X32	0.000000	2.444444
X33	75.00000	0.000000
X34	0.000000	0.6666667

4.2 투자문제

투자문제는 개인이나 기업이 일정금액을 투자하고자 할 때 주식이나 채권, 은행 예금 등과 같은 투자대안들에 각각 얼마씩 투자해야 하는지를 결정하는 문제이다. 일반적으로 이러한 대안들에 투자하고자 하는 경우, 각 투자대안에 대한 수익률과 위험도를 고려하게 된다. 투자수익률은 일정기간 동안 투자하여 얻게 되는 수익이 투자한 금액에 대해 어느 정도의 비율을 차지하는가를 나타내는 기준이 된다. 한편 투자위험도란 투자에 대한 위험요인을 나타내는 기준이 된다. 여러 가지 투자대안에서 투자를 선택하는 경우 이러한 수익률뿐만 아니라 위험도를 함께 고려하게 된다.

동일한 상황에서 투자대안을 결정하는 문제의 경우 두 가지 종류의 문제가 가능하다. 하나는 투자위험에 대한 제약조건을 만족하면서 투자수익률을 최대로 하는 문제이고, 다른 하나는 일정한 투자수익률을 보장하는 범위 내에서 투자위험을 최소화하는 문제가 가능하다.

4.2.1 투자문제 예제

예제 4-3 투자문제

A씨는 1,000만 원 여유자금을 투자하여 5년 후(6년 초)에 자금을 최대로 하는 투자방안을 결정하고자 한다, 투자대안으로는 저축, 주식, 공채에 대하여 기초조사를 하여 다음과 같은 자료를 확보하고 있다. 저축은 1년 단위로 투자가 가능하며 평균 이자율이 10%이며, 저축은 연이어 재투자가 가능하다. 주식은 2년 단위로 평균 수익률이 25%이고, 공채는 3년 단위로 투자가 이루어지며 평균 수익률이 40%이다. A씨는 투자전문가인 친구의 자문을 받아 다음 사항을 지키면서 투자방안을 결정하고자 한다.

① 현금수요에 대비하여 주식과 공채에는 매년 투자가용액의 70% 범위 내에서 투자한다.
② 주식에는 매년 투자가용액의 50%를 넘지 않도록 한다.

(1) 의사결정변수

$x_{1j}=j$년도 초에 저축에 투자할 금액, $j=1,\ 2,\ 3,\ 4,\ 5$

x_{2j}=j년도 초에 주식에 투자할 금액, j=1, 2, 3, 4, 5

x_{3j}=j년도 초에 공채에 투자할 금액, j=1, 2, 3, 4, 5

x_{4j}=j년도 초에 투자하지 않고 현금으로 보유하고 있는 자금, j=1, 2, 3, 4, 5

(2) 제약조건

j년도 초에 예금에 투자한 금액과 수익에 대한 현금흐름도를 나타내면 [그림 4-1]의 (a)와 같다. 마찬가지로 주식과 공채에 투자한 금액과 수익에 대한 현금흐름도는 [그림 4-1]의 (b)와 (c)에 해당한다.

[그림 4-1] 각 대안별 투자금액과 수익에 대한 현금흐름도

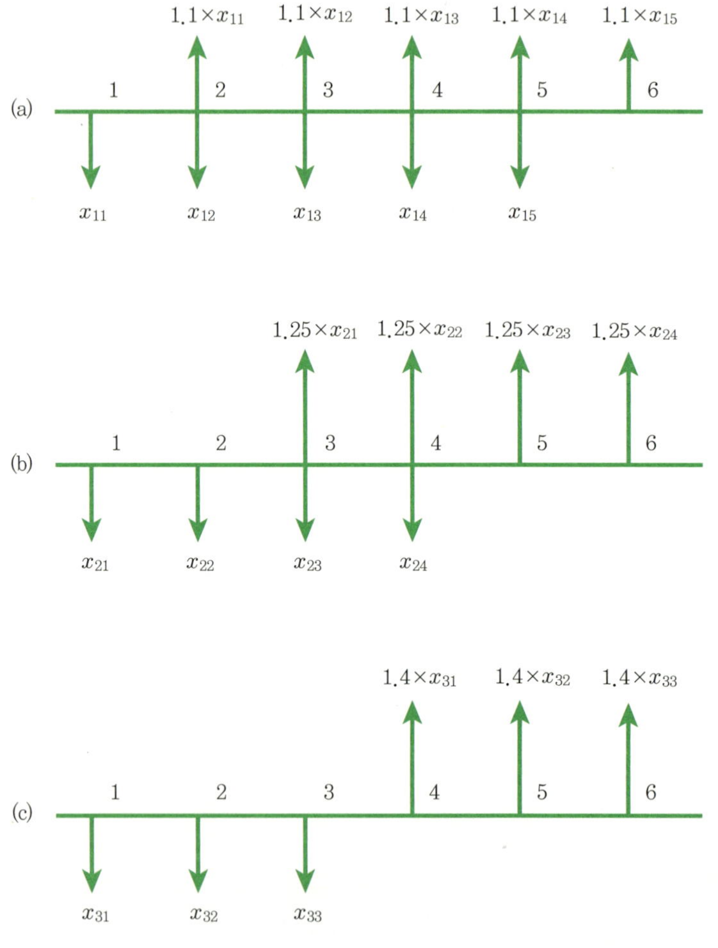

① j년도 초에 투자 가능한 가용자금(단위 : 만 원)

1년 : $x_{11}+x_{21}+x_{31}+x_{41}=1{,}000$

2년 : $x_{12}+x_{22}+x_{32}+x_{42}=1.1x_{11}+x_{41}$

3년 : $x_{13}+x_{23}+x_{33}+x_{43}=1.1x_{12}+1.25x_{21}+x_{42}$

4년 : $x_{14}+x_{24}\qquad +x_{44}=1.1x_{13}+1.25x_{22}+1.4x_{31}+x_{43}$

5년 : $x_{15}\qquad\qquad +x_{45}=1.1x_{14}+1.25x_{23}+1.4x_{32}+x_{44}$

② 투자전문가의 조언에 대한 제약 1(주식과 공채 투자는 매년 가용액의 70% 범위)

1년 : $x_{21}+x_{31}\leq 0.7\times 1{,}000$

2년 : $x_{22}+x_{32}\leq 0.7\ (1.1x_{11}+x_{41})$

3년 : $x_{23}+x_{33}\leq 0.7\ (1.1x_{12}+1.25x_{21}+x_{42})$

4년 : $x_{24}\qquad \leq 0.7\ (1.1x_{13}+1.25x_{22}+1.4x_{31}+x_{43})$

③ 투자전문가의 조언에 대한 제약 2(주식 투자는 매년 가용액의 50% 범위)

1년 : $x_{21}\leq 0.5\times 1{,}000$

2년 : $x_{22}\leq 0.5\ (1.1x_{11}+x_{41})$

3년 : $x_{23}\leq 0.5\ (1.1x_{12}+1.25x_{21}+x_{42})$

4년 : $x_{24}\leq 0.5\ (1.1x_{13}+1.25x_{22}+1.4x_{31}+x_{43})$

(3) 목적함수

5년 후, 즉 6년도 초에 보유하게 되는 자금을 최대화하는 것이므로 다음과 같다.

$$\text{Maximize}\quad z=1.1x_{15}+1.25x_{24}+1.4x_{33}+x_{45}$$

(4) 선형계획모형

$$\begin{aligned}
\text{Maximize}\quad & z=1.1x_{15}+1.25x_{24}+1.4x_{33}+x_{45}\\
\text{subject to}\quad & x_{11}+x_{21}+x_{31}+x_{41}=1000\\
& x_{12}+x_{22}+x_{32}+x_{42}=1.1x_{11}+x_{41}\\
& x_{13}+x_{23}+x_{33}+x_{43}=1.1x_{12}+1.25x_{21}+x_{42}
\end{aligned}$$

$$x_{14}+x_{24}+x_{44}=1.1x_{13}+1.25x_{22}+1.4x_{31}+x_{43}$$
$$x_{15}+x_{45}=1.1x_{14}+1.25x_{23}+1.4x_{32}+x_{44}$$
$$x_{21}+x_{31}\leq 0.7\times 1000$$
$$x_{22}+x_{32}\leq 0.7\ (1.1x_{11}+x_{41})$$
$$x_{23}+x_{33}\leq 0.7\ (1.1x_{12}+1.25x_{21}+x_{42})$$
$$x_{24}\qquad \leq 0.7\ (1.1x_{13}+1.25x_{22}+1.4x_{31}+x_{43})$$
$$x_{21}\leq 0.5\times 1000$$
$$x_{22}\leq 0.5\ (1.1x_{11}+x_{41})$$
$$x_{23}\leq 0.5\ (1.1x_{12}+1.25x_{21}+x_{42})$$
$$x_{24}\leq 0.5\ (1.1x_{13}+1.25x_{22}+1.4x_{31}+x_{43})$$
$$x_{ij}\geq 0,\ i=1,\ 2,\ 3,\ 4\ ;\ j=1,\ 2,\ 3,\ 4,\ 5$$

이 예제의 LINGO모형과 최적해는 다음과 같다. 1년도 초에는 저축, 주식, 공채에 각각 300, 500, 200을, 2년도 초에는 저축과 공채 각각 99, 231을, 3년도 초에는 저축과 공채 각각 220.2, 513.7을, 4년도 초에는 저축과 주식 각각 261.1을, 마지막 5년도 초에는 주식에 610.6을 투자할 때 총자금액은 1717.3으로 최대화된다.

```
Max = 1.1*x15 + 1.25*x24 + 1.4*x33 + x45 ;

! 제약식;
! 년 단위 투자금액 = 투자가용금액 ;
 x11 + x21 + x31 + x41 = 1000 ;
x12 + x22 + x32 + x42 = 1.1* x11 + x41 ;
x13 + x23 + x33 + x43 = 1.1 *x12 + 1.25* x21 + x42 ;
x14 + x24        + x44 = 1.1* x13 + 1.25* x22 + 1.4* x31 + x43 ;
 x15               + x45 = 1.1* x14 + 1.25* x23 + 1.4* x32 + x44 ;
```

```
! 주식과 공채 투자는 매년 가용액의 70% 범위 ;
 x21 + x31  <= 0.7 * 1000 ;
x22 + x32  <= 0.7* (1.1* x11 + x41)  ;
 x23 + x33  <= 0.7* (1.1* x12 + 1.25* x21 + x42) ;

 x24        <= 0.7* (1.1* x13 + 1.25* x22 + 1.4* x31 + x43)  ;
! 주식 투자는 매년 가용액의 50% 범위;
 x21  <= 0.5 * 1000 ;
x22  <= 0.5* (1.1* x11 + x41)  ;

 x23  <= 0.5* (1.1* x12 + 1.25* x21 + x42) ;

 x24  <= 0.5* (1.1* x13 + 1.25* x22 + 1.4* x31 + x43) ;
```

```
Global optimal solution found.
Objective value:                    1717.252
Infeasibilities:                   0.000000
Total solver iterations:                  11
Elapsed runtime seconds:                0.05

Model Class:                              LP

Total variables:               17
Nonlinear variables:            0
Integer variables:              0

Total constraints:             14
Nonlinear constraints:          0

Total nonzeros:                63
Nonlinear nonzeros:             0
```

Variable	Value	Reduced Cost
X15	610.6028	0.000000
X24	261.0935	0.000000
X33	513.7300	0.000000
X45	0.000000	0.1000000
X11	300.0000	0.000000
X21	500.0000	0.000000
X31	200.0000	0.000000
X41	0.000000	0.1535347
X12	99.00000	0.000000
X22	0.000000	0.2500000E-02
X32	231.0000	0.000000
X42	0.000000	0.1385900
X13	220.1700	0.000000
X23	0.000000	0.2500000E-01
X43	0.000000	0.1230000
X14	261.0935	0.000000
X44	0.000000	0.1100000

4.3 생산계획 및 재고계획문제

선형계획법은 여러 기간에 걸쳐 생산계획을 수립하는 경우에도 적용할 수 있다. 여러 기간에 걸친 생산계획을 수립하는 경우 각 기간별 생산계획과 함께 재고계획도 함께 고려된다. 생산능력에 따른 생산계획 수립과 함께 수요 증가에 대응하기 위한 재고를 보유하는 문제가 된다. 이러한 문제에서는 생산비용과 함께 재고유지비용을 모두 고려하여야 한다.

4.3.1 생산계획 및 재고계획 예제

예제 4-4 생산계획 및 재고계획

인성산업(주)에서는 자동차용 램프를 생산하여 모기업에 납품하고 있다. 내년도 상반기의 수요량이 [표 4-5]와 같이 주어진 경우, 이에 대한 생산계획을 수립하고자 한다. 내년도 상반기 생산능력을 고려하여 총비용을 최소화하는 생산계획과 재고계획을 수립하는 문제가 된다. 단위당 생산비용은 5만 원이고, 완성된 제품에 대해 1개월 재고유지비용은 단위당 5천 원이다. 생산은 매월 초에 이루어지고 재고수준은 매월 말에 평가된다고 가정한다. 또한 내년도 1월 초의 재고량은 100개이며 6월 말의 재고량은 최소한 50개가 되도록 한다.

표 4-5 월별 수요량과 생산능력

항목 \ 월별	1월	2월	3월	4월	5월	6월
수요량	350	300	450	420	400	450
생산능력	400	350	400	400	380	400

(1) 의사결정변수

생산계획과 재고계획을 동시에 수립하게 되므로 의사결정변수는 다음과 같다.

x_j=j월의 생산량, j=1, 2, 3, 4, 5, 6

y_j=j월 말의 재고량, j=1, 2, 3, 4, 5, 6

(2) 제약조건

① 수요제약

문제에서 제약조건은 월별 수요량을 만족시켜야 한다. 이를 위해서 i월의 초기 재고량($j-1$월 말의 재고량과 같음)과 생산량, 그리고 수요량의 관계를 제약조건식으로 나타내야 한다. [그림 4-2]에서 j월의 수요는 $(j-1)$월의 재고량과 생산량으로 충족시키게 되며 잉여 생산량은 j월의 재고량으로 되어 이월된다. [그림 4-2]에서 j월의 수요량은 d_j로 표시된다. 이러한 관계를 수식으로 표현하면 다음과 같이 나타낼 수 있다. 이를 재고균형방정식(Inventory Balance Equation)이라 부르기도 한다.

▌그림 4-2▐ 재고균형방정식의 네트워크 표현

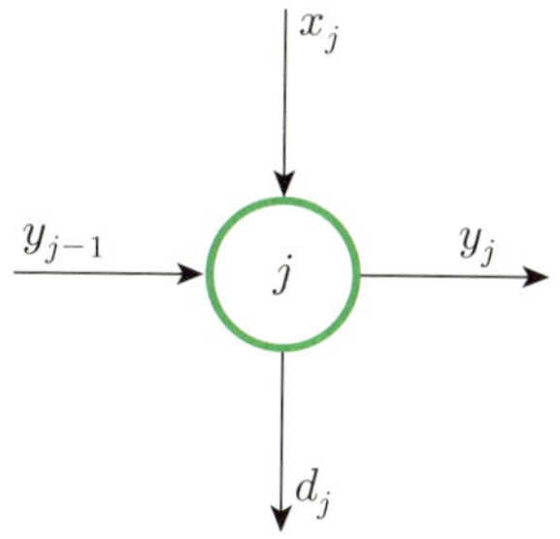

$$y_{(j-1)}+x_j-d_j=y_j$$

위의 관계식을 월별로 표현하면 다음과 같다($y_0=100$).

1월 : $100+x_1-350=y_1$

2월 : $y_1+x_2-300=y_2$

3월 : $y_2+x_3-450=y_3$

4월 : $y_3+x_4-420=y_4$

5월 : $y_4+x_5-400=y_5$

6월 : $y_5+x_6-450=y_6$

$y_6 \geq 50$

② 생산능력제약

월별 생산능력을 초과해서 생산할 수 없는 제약

1월 : $x_1 \leq 400$

2월 : $x_2 \leq 350$

3월 : $x_3 \leq 400$

4월 : $x_4 \leq 400$

5월 : $x_5 \leq 380$

6월 : $x_6 \leq 400$

(3) 목적함수

생산비용과 재고유지비용의 합을 최소화하므로 다음과 같다.

$$\text{Minimize} \quad z = 5(x_1 + x_2 + x_3 + x_4 + x_5 + x_6) + 0.5(y_1 + y_2 + y_3 + y_4 + y_5 + y_6)$$

(4) 선형계획모형

$$\begin{aligned}
\text{Minimize} \quad & z = 5(x_1 + x_2 + x_3 + x_4 + x_5 + x_6) + 0.5(y_1 + y_2 + y_3 + y_4 + y_5 + y_6) \\
\text{subject to} \quad & 100 + x_1 - 350 = y_1 \\
& y_1 + x_2 - 300 = y_2 \\
& y_2 + x_3 - 450 = y_3 \\
& y_3 + x_4 - 420 = y_4 \\
& y_4 + x_5 - 400 = y_5 \\
& y_5 + x_6 - 450 = y_6 \\
& y_6 \geq \ \ 50 \\
& x_1 \leq 400 \\
& x_2 \leq 350 \\
& x_3 \leq 400 \\
& x_4 \leq 400 \\
& x_5 \leq 380
\end{aligned}$$

$$x_6 \le 400$$

$$x_j \ge 0,\ j=1,\ 2,\ 3,\ 4,\ 5,\ 6$$

이 예제의 LINGO모형과 최적해는 다음과 같다. 1월에 390, 2월에 350, 3월과 4월에 각 400, 5월에 380, 6월에 400개를 생산할 때 총비용은 11,970만 원으로 최소화된다.

```
! 목적함수 ;
Min = 5* (x1 + x2 + x3 + x4 + x5 + x6) + 0.5 *(y1 + y2 + y3 + y4 + y5 + y6) ;

! 제약식;
! i월의 초기 재고량(j-1월말의 재고량과 같음)과 생산량, 그리고 수요량의 관계 ;
100 + x1 - 350 = y1 ;
 y1 + x2 - 300 = y2 ;

y2 + x3 - 450 = y3 ;

y3 + x4 - 420 = y4 ;

 y4 + x5 - 400 = y5 ;

 y5 + x6 - 450 = y6 ;

      y6 >= 50 ;

! 생산능력 제약;
 x1 <= 400 ;
 x2 <= 350 ;

 x3 <= 400 ;

 x4 <= 400 ;

 x5 <= 380 ;

 x6 <= 400 ;
```

```
Global optimal solution found.
Objective value:                    11970.00
Infeasibilities:                    0.000000
Total solver iterations:                   0
Elapsed runtime seconds:                0.05

Model Class:                              LP

Total variables:                12
Nonlinear variables:             0
Integer variables:               0

Total constraints:              14
Nonlinear constraints:           0
```

Total nonzeros: 36
Nonlinear nonzeros: 0

Variable	Value	Reduced Cost
X1	390.0000	0.000000
X2	350.0000	0.000000
X3	400.0000	0.000000
X4	400.0000	0.000000
X5	380.0000	0.000000
X6	400.0000	0.000000
Y1	140.0000	0.000000
Y2	190.0000	0.000000
Y3	140.0000	0.000000
Y4	120.0000	0.000000
Y5	100.0000	0.000000
Y6	50.00000	0.000000

4.4 인력배치계획문제

인력배치계획문제는 시간대별로 서로 다른 수의 근무인원이 필요한 경우 각 근무조별로 몇 명의 인원을 배치할 것인지를 결정하는 문제이다. 예를 들면, 대형 할인점에 근무하는 인원의 경우 시간대별로 업무의 양이 다르기 때문에 시간대별로 근무하는 인원의 수가 달라질 수 있다. 고객들이 많은 시간대와 입고 물량을 처리하는 시간대에는 많은 인원이 필요하고 상대적으로 고객이 적은 시간대에는 적은 인원이 필요하다. 따라서 전체 근무인원에 대한 임금을 고려하여 근무인원수를 탄력적으로 적용할 수 있다.

4.4.1 인력배치계획 예제

Q 예제 4-5 인력배치계획

한국마트는 24시간 운영하는 할인점이다. 고객들의 수요와 입고 물품의 처리 및 전시 물품의 정리 등에 인원이 필요하다. 하루를 4시간 단위로 나누어 필요한 인원수를 추정한 자료가 [표 4-6]과 같다. 근무인원은 하루 8시간을 근무하고 야간에 근무하는 경우 주간 근무에 비해 20%의 야간근무 수당이 추가로 지급되며, 야간근무 시간은 저녁 8시부터 다음날 아침 8시까지를 기준으로 한다. 마트에 근무하는 인원들은 6개 조의 근무조로 나누어 관리되고 있으며 각 조별 근무시간은 [표 4-7]과 같다. 인력운영계획에 따라 지급되는 총임금과 수당을 최소화하는 인력배치계획을 수립하고자 한다.

표 4-6 근무시간대별 소요인원

시간대	0시 ~4시	4시 ~8시	8시~ 12시	12시 ~16시	16시 ~20시	20시 ~24시
소요인원	40	60	50	60	80	60

표 4-7 근무조별 근무시간

근무조	1조	2조	3조	4조	5조	6조
근무시간	0시 ~8시	4시 ~12시	8시~ 16시	12시 ~20시	16시 ~24시	20시 ~4시

(1) 의사결정변수

$x_j = j$조에 근무하는 인원, $j = 1, 2, 3, 4, 5, 6$

(2) 제약조건

각 시간대별로 소요인원은 충족시켜야 한다. 우선 밤 0시부터 4시까지는 1조와 6조가 근무하는 시간대이며, 4시부터 8시까지는 1조와 2조가 근무하는 시간대이다. 이와 같이 4시간 단위의 시간대에는 각각 2개 조가 근무하게 된다. 이를 제약조건식으로 표현하면 다음과 같다.

$$
\begin{aligned}
x_1 \quad\quad\quad\quad\quad\quad + x_6 &\geq 40 \\
x_1 + x_2 \quad\quad\quad\quad\quad\quad &\geq 60 \\
x_2 + x_3 \quad\quad\quad\quad &\geq 50 \\
x_3 + x_4 \quad\quad &\geq 60 \\
x_4 + x_5 \quad &\geq 80 \\
x_5 + x_6 &\geq 60
\end{aligned}
$$

(3) 목적함수

각 조별 근무인원에 따라 지급하는 임금과 수당을 최소화하는 문제이다. 야간 근무시간이 20시부터 다음날 8시까지이므로 1조와 6조는 8시간 근무시간 전체에 대하여 야간수당을 적용받게 되며, 2조와 5조는 4시간 근무에 대해서 야간수당을 적용받게 된다. 3조와 4조는 8시간 전체 근무시간이 주간근무 시간대에 해당되므로 야간수당 지급은 없다. 따라서 이를 목적함수식으로 표현하면 다음과 같다.

$$\text{Minimize} \quad z = 1.2x_1 + 1.1x_2 + x_3 + x_4 + 1.1x_5 + 1.2x_6$$

(4) 선형계획모형

$$\begin{aligned}
\text{Minimize} \quad & z = 1.2x_1 + 1.1x_2 + x_3 + x_4 + 1.1x_5 + 1.2x_6 \\
\text{subject to} \quad & x_1 + x_6 \geq 40 \\
& x_1 + x_2 \geq 60 \\
& x_2 + x_3 \geq 50 \\
& x_3 + x_4 \geq 60 \\
& x_4 + x_5 \geq 80 \\
& x_5 + x_6 \geq 60 \\
& x_i \geq 0, \ i = 1, 2, 3, 4, 5, 6
\end{aligned}$$

이 예제의 LINGO모형과 최적해는 다음과 같다. 1조에 40, 2조에 20, 3조에 40, 4조에 20, 5조에 60명을 배정할 때 총운영비율이 196으로 최소화한다.

```
! 목적함수 ;
Min = 1.2 *x1 + 1.1* x2 + x3 + x4 + 1.1* x5 + 1.2* x6;

! 제약식;
! 각 시간대별로 소요인원은 충족시켜야 한다;
    x1                  + x6 >= 40;
    x1 + x2                  >= 60;
         x2 + x3             >= 50;
              x3 + x4        >= 60;
                   x4 + x5   >= 80;
                        x5 + x6 >= 60;
```

```
Solution Report - 예제 4-5
Global optimal solution found.
Objective value:                    196.0000
Infeasibilities:                    0.000000
Total solver iterations:                   5
Elapsed runtime seconds:                0.05

Model Class:                              LP

Total variables:              6
Nonlinear variables:          0
Integer variables:            0

Total constraints:            7
Nonlinear constraints:        0

Total nonzeros:              18
Nonlinear nonzeros:           0

                    Variable        Value      Reduced Cost
                          X1     40.00000          0.000000
                          X2     20.00000          0.000000
                          X3     40.00000          0.000000
                          X4     20.00000          0.000000
                          X5     60.00000          0.000000
                          X6     0.000000          0.000000
```

4.4.2 인력일정계획 예제

예제 4-6 콜센터 인력일정계획

한국리조트에서는 휴가시즌을 앞두고 고객 편의를 높이기 위하여 24시간 예약 담당 콜센터를 운영하기로 하였다. 콜센터에 전화가 자주 오는 시간에는 더 많은 인력이 근무하여 고객들이 기다리는 불편을 줄이도록 할 예정이다. 시간대별로 필요한 인원이 다르므로 시작시간이 서로 다른 근무조 편성방식을 결정한 후 1인당 8시간씩 근무하도록 하였다. 근무하기 좋은 시간에 근무하는 인원들에 대하여 지불하는 일당은 심야 근무와 같이 근무조건이 열악한 직원들의 일당보다는 작게 책정되어 있다. 근무조는 6개 조로 편성되어 있다. 1조는 오전 6시부터 오후 2시까지, 2조는 오전 10시부터 오후 6시까지, 3조는 오후 2시부터 10시까지, 4조는 오후 4시부터 자정까지, 5조는 오후 10시부터 다음날 아침 6시까지 근무한다. 다음 표는 24시간 시간대별로 필요한 최소 근무인원의 수와 근무조의 근무시간 그리고 조별 일당에 대한 정보이다. 총인건비를 최소화하면서 시간대별로 필요한 최소 근무인원을 확보하기 위해서는 근무조별로 몇 명을 채용하여야 하는가?

시간대	근무조					
	1	2	3	4	5	최소 근무인원
오전 6시~8시	○					10
오전 8시~10시	○					20
오전 10시~정오	○	○				40
정오~오후 2시	○	○				20
오후 2시~4시		○	○			10
오후 4시~6시		○	○	○		15
오후 6시~8시			○	○		30
오후 8시~10시			○	○		40
오후 10시~자정				○	○	10
자정~오전 6시					○	5
하루 근무 시 1인당 임금(만 원)	7	5	8	10	12	

(1) 수리모형의 수립

이 문제에서 결정할 사항은 다섯 개의 근무조별로 몇 명씩을 근무시킬 것인가이다. 따라서 의사결정변수는 근무조별 인원으로 정의한다.

x_i=근무조 i에 편성되어 근무하는 인원수, $i=1, 2, \cdots, 5$

이를 이용하여 목적함수식을 만들어보자. 하루에 지불하여야 하는 인건비는 근무조별 일당에 해당 근무조에 소속되어 근무하는 인원의 수를 곱하여 합하면 되며 이 값을 최소화한다.

$$\text{Minimize} \quad z=7x_1+5x_2+8x_3+10x_4+12x_5$$

제약조건은 각 시간대별로 필요한 최소 근무인원 이상을 확보해야 한다는 것이다. 오전 6시에서 10시 사이에 필요한 최소 근무인원은 10명이고 이 시간대에 근무할 수 있는 인원은 근무조 1조에 소속된 인원만이므로 '$x_1 \geq 10$'을 만족해야 한다. 오전 10

시에서 정오 사이에 필요한 최소 근무인원은 40명이고 이 시간대에 근무할 수 있는 인원은 근무조 1조와 2조에 소속된 인원이므로 '$x_1+x_2 \geq 40$'을 만족해야 한다. 유사한 방법으로 각 시간대별로 제약식을 구성하면 다음과 같다.

$x_1 \geq 10$	오전 6시~8시
$x_1 \geq 20$	오전 8시~10시
$x_1+x_2 \geq 40$	오전 10시~정오
$x_1+x_2 \geq 20$	정오~오후 2시
$x_2+x_3 \geq 10$	오후 2시~4시
$x_2+x_3+x_4 \geq 15$	오후 4시~6시
$x_3+x_4 \geq 30$	오후 6시~8시
$x_3+x_4 \geq 40$	오후 8시~10시
$x_4+x_5 \geq 10$	오후 10시~자정
$x_5 \geq 5$	자정~오전 6시

마지막으로 비음조건을 추가하면 다음과 같다.

$$x_i \geq 0,\ i=1,\ 2,\ \cdots,\ 5$$

(2) LINGO를 이용한 최적해 찾기

이 예제의 LINGO모형과 최적해는 다음과 같다. 근무조별 인원은 각각 20, 20, 35, 5, 5명이고 하루에 지출하는 총비용은 630만 원이다. 이 결과를 보면 근무조 편성을 다시 하는 것이 비용을 절감할 수 있음을 알 수 있다. 오후 2시부터 오후 6시 사이에는 최소 근무인원이 적음에도 불구하고 근무인원이 지나치게 많다. 2조 근무시간을 2시간 앞당기고 3조 근무시간을 2시간 늦추면 더 좋은 결과를 얻을 수 있다. 이와 같이 인력 일정계획을 수립하는 경우에는 근무조의 근무시간대를 적절히 설계하여야 비용을 더욱 절감할 수 있다.

```
! 목적함수 ;
Min =  7*x1 + 5*x2 + 8*x3 + 10*x4 + 12*x5 ;

! 제약식;
! 각 시간대별로 소요인원은 충족시켜야 한다;
        x1  >= 10                          ;
        x1  >= 20                          ;
        x1 + x2  >= 40                     ;
        x1 + x2  >= 20                     ;
        x2 + x3 >= 10                      ;
        x2 + x3 + x4 >= 15                 ;
        x3 + x4 >=30                       ;
        x3 + x4  >= 40                     ;
        x4 + x5 >= 10                      ;
        x5 >= 5         ;
```

```
Global optimal solution found.
Objective value:                 630.0000
Infeasibilities:               0.000000
Total solver iterations:               3
Elapsed runtime seconds:            0.03

Model Class:                         LP

Total variables:              5
Nonlinear variables:          0
Integer variables:            0

Total constraints:            11
Nonlinear constraints:         0

Total nonzeros:               23
Nonlinear nonzeros:            0

  Variable        Value       Reduced Cost
     X1        20.00000         0.000000
     X2        20.00000         0.000000
     X3        35.00000         0.000000
     X4        5.000000         0.000000
     X5        5.000000         0.000000
```

4.5 원료배합문제

원유나 금속, 화학약품 등을 여러 가지 방법으로 섞어서 제품을 생산하는 경우 어떻게 제품을 생산하면 최대의 이익을 낼 수 있는지를 결정한다.

4.5.1 원료배합문제 예제

예제 4-7 원료배합문제

한국화학(주)은 화학제품을 생산하는 회사이다. 3가지의 화학원료를 섞어서 3가지의 제품을 만들고 있다. 화학원료의 혼합비율과 각각의 원료의 가용량은 [표 4-8]과 같다. 화학제품의 생산으로 얻는 이익은 각각 10만 원, 12만 원, 15만 원이다. 이러한 정보를 바탕으로 최적의 원료배합 방안을 수립하고자 한다.

표 4-8 화학원료의 혼합비율과 가용량

	제품 1	제품 2	제품 3	원료의 가용량
원료 1	3	1	2	50
원료 2	2	2	2	60
원료 3	2	1	3	60

(1) 의사결정변수

$x_j = j$제품의 생산량, $j=1, 2, 3$

(2) 제약조건

개별 원료의 가용량 범위 내에서 생산이 가능하다.

$$3x_1 + x_2 + 2x_3 \le 50$$
$$2x_1 + 2x_2 + 2x_3 \le 60$$
$$2x_1 + x_2 + 3x_3 \le 60$$

(3) 목적함수

제품 생산에 따른 회사의 이익을 최대화하는 것이 목표이다. 제품 2와 3을 각각 15개씩 생산할 때 총이익이 405만 원으로 최대화된다.

$$\text{Maximize} \quad z = 10x_1 + 12x_2 + 15x_3$$

(4) 선형계획모형

$$\begin{aligned} \text{Maximize} \quad & z = 10x_1 + 12x_2 + 15x_3 \\ \text{subject to} \quad & 3x_1 + x_2 + 2x_3 \le 50 \\ & 2x_1 + 2x_2 + 2x_3 \le 60 \\ & 2x_1 + x_2 + 3x_3 \le 60 \\ & x_i \ge 0, \ i = 1, 2, 3, 4, 5, 6 \end{aligned}$$

이 예제의 LINGO모형과 최적해는 다음과 같다.

```
! 목적함수 ;
Max =  10* x1 + 12* x2 + 15* x3  ;

! 제약식;
!  개별  원료의 가용량 범위 내에서 생산이 가능;
        3* x1 +   x2 + 2* x3 <= 50;

        2* x1 + 2* x2 + 2* x3 <= 60;

        2* x1 +    x2 + 3* x3 <= 60;
```

```
Solution Report - 예제 4-7
Global optimal solution found.
Objective value:                 405.0000
Infeasibilities:                 0.000000
Total solver iterations:                2
Elapsed runtime seconds:             0.03

Model Class:                           LP

Total variables:                  3
Nonlinear variables:              0
Integer variables:                0

Total constraints:                4
Nonlinear constraints:            0

Total nonzeros:                  12
Nonlinear nonzeros:               0


                 Variable        Value      Reduced Cost
                       X1     0.000000          3.500000
                       X2     15.00000          0.000000
                       X3     15.00000          0.000000
```

4.5.2 음식배합문제 예제

예제 4-8 음식배합문제(Feed Mix Problem)

음식배합문제(또는 사료배합문제)는 영양분을 함유한 원재료를 섞어서 음식을 만들되 재료비를 최소화하고 각 영양소별로 요구되는 조건을 만족해야 하는 의사결정 상황에 관한 선형계획 모형이다. 한국대학 학생식당의 영양사는 대학생들의 점심을 준비하고 있다. 비용은 가능한 줄이면서 학생들에게 필요한 영양소를 제공해야 한다. 오늘 메뉴는 밥, 미역국, 콩나물, 불고기, 김치 중에서 정하려고 한다. [표 4-9]에 각 음식의 단위당 영양성분과 비용이 주어져 있다.

표 4-9 음식배합문제의 자료

음식(단위)	밥(100g)	미역국(100g)	콩나물(50g)	불고기(100g)	김치(50g)
단백질(g)	5	10	0	40	5
지방(g)	5	10	0	20	0
탄수화물(g)	40	10	20	10	10
열량(Cal)	150	50	20	200	20
단위당 비용	300원	500원	200원	1,000원	300원

예를 들어, 밥 100그램에는 단백질이 5그램, 지방이 5그램, 탄수화물이 5그램, 열량은 150칼로리 들어 있고 비용은 300원이 소요된다. 필요 영양소는 다음과 같다. 학생들은 1인당 600칼로리에서 800칼로리 사이의 열량을 섭취해야 하고 단백질은 90그램 이상, 지방은 50그램 이상, 탄수화물은 100그램 이상을 섭취해야 한다. 식사의 전체량은 500그램 이상이 되어야 한다. 필요한 영양소를 만족시키면서 비용을 최소화하려면 학생 1인당 어떤 음식을 얼마나 제공해야 하는가?

(1) 수리모형의 수립

수리모형을 수립하기 위하여 먼저 의사결정변수를 정의한다. 이 문제에서 의사결정변수는 식단을 구성하는 재료의 양이 된다. 따라서 다음과 같이 의사결정변수를 결정한다.

x_1=밥의 양(단위는 100그램)
x_2=미역국의 양(단위는 100그램)
x_3=콩나물의 양(단위는 50그램)
x_4=불고기의 양(단위는 100그램)
x_5=김치의 양(단위는 50그램)

이를 이용하여 목적함수식을 만들어보자. 이 예제에서는 총비용을 최소화하여야 하므로 목적함수는 각 재료의 단가에 수량을 곱해서 이를 합하면 된다.

$$\text{Minimize} \quad z = 300x_1 + 500x_2 + 200x_3 + 1000x_4 + 300x_5$$

제약식은 만족해야 하는 영양소와 식사량이다. 먼저 음식에서 얻을 수 있는 한 끼의 총열량은 600칼로리보다는 커야 하고 800칼로리보다는 작아야 하므로 다음과 같이 정형화된다.

$$150x_1 + 50x_2 + 20x_3 + 200x_4 + 20x_5 \geq 600$$
$$150x_1 + 50x_2 + 20x_3 + 200x_4 + 20x_5 \leq 800$$

유사하게 단백질, 지방, 탄수화물의 필요량을 나타내는 제약식과 한 끼 식사의 중량의 제약식은 다음과 같다.

$$5x_1+10x_2 \quad +40x_4+5x_5 \ge 90$$
$$5x_1+10x_2+20x_4 \ge 50$$
$$40x_1+10x_2+20x_3+10x_4+10x_5 \ge 100$$
$$100x_1+100x_2+50x_3+100x_4+50x_5 \ge 500$$

마지막으로 비음조건을 추가하면 다음과 같다.

$$x_1,\ x_2,\ x_3,\ x_4,\ x_5 \ge 0$$

전체를 다시 정리하면 다음과 같다.

$$\begin{aligned} \text{Minimize} \quad & z=300x_1+500x_2+200x_3+1000x_4+300x_5 \\ \text{subject to} \quad & 150x_1+50x_2+20x_3+200x_4+20x_5 \ge 600 \\ & 150x_1+50x_2+20x_3+200x_4+20x_5 \le 800 \\ & 5x_1+10x_2+40x_4+5x_5 \ge 90 \\ & 5x_1+10x_2+20x_4 \ge 50 \\ & 40x_1+10x_2+20x_3+10x_4+10x_5 \ge 100 \\ & 100x_1+100x_2+50x_3+100x_4+50x_5 \ge 500 \\ & x_1,\ x_2,\ x_3,\ x_4,\ x_5 \ge 0 \end{aligned}$$

(2) LINGO를 이용한 최적해 찾기

최적해는 밥은 280그램, 미역국은 40그램, 불고기는 180그램으로 1인분을 구성하며 이때 최소비용은 2,840원이 필요하다.

```
! 목적함수 ;
Min = 300*x1 + 500*x2 + 200*x3 + 1000*x4 + 300*x5 ;

! 제약식;
!  필요한 영양소를 만족;
        150*x1 + 50*x2 + 20*x3 + 200*x4 + 20*x5 >= 600 ;
        150*x1 + 50*x2 + 20*x3 + 200*x4 + 20*x5 <= 800;
          5*x1 + 10*x2         + 40*x4 +  5*x5 >=  90;
          5*x1 + 10*x2         + 20*x4         >=  50;
         40*x1 + 10*x2 + 20*x3 + 10*x4 + 10*x5 >= 100;
        100*x1 + 100*x2 + 50*x3 + 100*x4 + 50*x5 >= 500;
```

```
Solution Report - 예제 4-8

Global optimal solution found.
Objective value:                2840.000
Infeasibilities:                0.000000
Total solver iterations:               3
Elapsed runtime seconds:            0.03

Model Class:                          LP

Total variables:             5
Nonlinear variables:         0
Integer variables:           0

Total constraints:           7
Nonlinear constraints:       0

Total nonzeros:             32
Nonlinear nonzeros:          0

                    Variable        Value     Reduced Cost
                          X1     2.800000         0.000000
                          X2    0.4000000         0.000000
                          X3     0.000000         52.00000
                          X4     1.800000         0.000000
                          X5     0.000000         45.33333
```

4.5.3 수송문제 예제

예제 4-9 수송문제(Transportation Problem)

제5장에서 본격적으로 다루는 수송문제는 선형계획모형의 특별한 사례이다. 이 문제는 총수송비용을 최소로 하면서 공급처로부터 주어진 수송 경로를 이용하여 수요가 발생하는 곳으로 필요한 양을 수송하는 의사결정이다.

대한자동차는 울산과 아산에 자동차 공장을 운영하고 있다. 이 두 곳에서 소형차량 Micro를 생산하고 있는데 울산공장은 하루에 20대, 아산공장은 하루에 30대를 생산할 수 있다. 오늘 생산한 Micro를 내일 수요가 발생하는 곳으로 보내준다. 서울과 대전 그리고 광주에 있는 대리점에서 Micro에 대한 주문이 들어와서 내일까지 공급해 주기로 하였다. 서울에서는 25대, 대전에서는 15대, 광주에서는 10대가 필요하다고 한다. 각 공장에서 대리점들까지 Micro 한 대를 운반하는 데 드는 비용이 아래의 표에 주어져 있다. 예를 들어 울산공장에서 서울까지 Micro 한 대를 운반하는 데 드는 비용은 18만 원이다. 총수송비용을 최소화하는 수송계획을 수립하려고 한다.

표 4-10 수송비용과 공장의 생산량, 대리점 수요량

	Micro 대당 운송비(만 원)			
	서울(S)	대전(D)	광주(K)	생산량
울산(U)	18	10	12	20
아산(A)	6	6	8	30
대리점 수요량	25	15	10	

(1) 수리모형의 수립

이 문제에서 결정할 사항은 각 수송경로를 통해 얼마나 많은 Micro를 수송할 것인가를 결정하는 것이다. 따라서 의사결정변수는 다음과 같다. 여기서는 아래첨자를 두 개를 써서 의사결정변수를 구분하고 있다. 수송문제의 특징을 어디에서 어디로 보내는가 하는 출발지와 도착지의 쌍(pair)으로 경로가 정의되기 때문에 해당 수송경로를 통하여 수송되는 양을 나타내는 의사결정변수는 문자 x에 출발지와 목적지를 나타내는 기호를 아래첨자로 써서 표시한다.

x_{US}=울산에서 서울로 수송하는 수량

x_{UD}=울산에서 대전으로 수송하는 수량

x_{UK}=울산에서 광주로 수송하는 수량

x_{AS}=아산에서 서울로 수송하는 수량

x_{AD}=아산에서 대전으로 수송하는 수량

x_{AK}=아산에서 광주로 수송하는 수량

이를 이용하여 목적함수식을 만들어보자. 이 예제에서는 총수송비용을 최소화하여야 하므로 목적함수는 각 수송경로의 단가에 해당 경로로 수송하는 수량을 곱해서 이를 합하면 된다.

$$\text{Minimize} \quad z=18x_{US}+10x_{UD}+12x_{UK}+6x_{AS}+6x_{AD}+8x_{AK}$$

제약식은 다음과 같다. 울산에서 각 대리점으로 보내지는 Micro의 총대수는 울산공장의 생산량과 같아야 한다. 아산에서도 마찬가지다. 또한 서울에 있는 대리점이 받는 Micro의 대수는 서울 대리점의 수요와 같아야 하고 이러한 제약이 대전과 광주에도 적용되어야 한다.

$$x_{US}+x_{UD}+x_{UK}=20$$
$$x_{AS}+x_{AD}+x_{AK}=30$$
$$x_{US}+x_{AS}=25$$
$$x_{UD}+x_{AD}=15$$
$$x_{UK}+x_{AK}=10$$

마지막으로 비음조건을 추가하면 다음과 같다.

$$x_{US},\ x_{AS},\ x_{UD},\ x_{AD},\ x_{UK},\ x_{AK} \geq 0$$

(2) LINGO를 이용한 최적해 찾기

최적해는 아산서 서울로 25대, 울산에서 대전으로 15대, 울산에서 광주로 5대, 아산에서 광주로 5대를 수송하며 이때 총수송비는 400만 원으로 최소가 된다.

```
! 목적함수 ;
Min = 18*xUS + 10*xUD + 12*xUK + 6*xAS + 6*xAD + 8*xAK ;

! 제약식;
! 각 공장에서 보내는 양 = 생산량, 각 대리점이 받는 양=수요량;
        xUS + xUD + xUK = 20 ;
        xAS + xAD + xAK = 30 ;

        xUS +xAS = 25 ;

        xUD +xAD = 15 ;

        xUK +xAK = 10 ;
```

Solution Report - 예제 4-9

```
Global optimal solution found.
Objective value:                 400.0000
Infeasibilities:                 0.000000
Total solver iterations:                0
Elapsed runtime seconds:             0.03

Model Class:                           LP

Total variables:                  6
Nonlinear variables:              0
Integer variables:                0

Total constraints:                6
Nonlinear constraints:            0

Total nonzeros:                  18
Nonlinear nonzeros:               0

                    Variable        Value        Reduced Cost
                         XUS     0.000000            8.000000
                         XUD     15.00000            0.000000
                         XUK     5.000000            0.000000
                         XAS     25.00000            0.000000
                         XAD     0.000000            0.000000
                         XAK     5.000000            0.000000
```

4.5.4 자투리 최소화문제 예제

예제 4-10 자투리 최소화문제(Trim Loss or Stock Slitting Problem)

대한제관에서는 직경 5cm짜리 파이프를 생산하여 판매하고 있다. 파이프는 철판을 말아서 용접하는 공정을 거쳐 생산되는데 파이프 제조공정에서는 표준 길이 20m짜리 파이프가 생산된다. 그러나 파이프의 수요는 다양하여 길이가 4m, 7m, 10m인 파이프에 대한 수요가 발생한다. 따라서 대한제관에서는 제조공정에서 나온 20m짜리 표준파이프를 절단하여 고객에게 판매한다. 현재 주문이 들어온 바에 의하면 4m짜리 140개, 7m짜리 210개 그리고 10m짜리 300개를 공급하여야 한다. 표준 길이 20m짜리 파이프를 자르는 방법에 따라 자투리가 생기는데 이 자투리를 최소화하는 것이 매우 중요하다. 주문을 충족하기 위해서는 표준품 몇 개를 어떠한 방법으로 잘라서 공급하여야 하는가? 자투리는 상품으로의 가치가 없으므로 버려야 하며 주문량보다 더 생산한 제품은 다음 주문에서 동일한 규격의 주문이 온다는 확신을 할 수 없으므로 역시 판매할 수 없다.

표준 길이 20m짜리 파이프로부터 주문된 규격의 파이프를 만드는 방법은 다양하며 그 중 몇 가지 방법을 그림으로 설명하면 [그림 4-3]과 같다.

그림 4-3 절단방법 사례

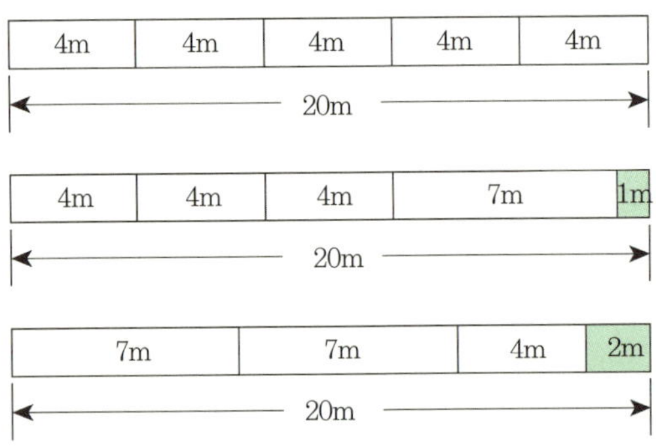

그림에서 보는 바와 같이 어떠한 절단방법을 쓰느냐에 따라 표준제품 하나에서 각각의 규격제품이 생산되는 개수와 자투리의 길이가 달라진다. 처음 절단방법으로는 4m짜리 제품이 5개 나오고 자투리는 없다. 두 번째 방법으로는 4m 3개와 7m 1개가 생산되고 자투리는 1m가 남는다. 세 번째 방법으로는 7m 2개와 4m 1개가 생산되고

2m의 자투리가 남는다. 이 밖에 다양한 절단방법이 고려될 수 있는데 절단방법과 각 절단방법별로 생산될 수 있는 제품의 개수 및 자투리의 길이를 [표 4-11]에 정리하였다.

표 4-11 절단방법과 규격별 산출량, 자투리 길이

요구 규격	절단방법						필요량
	1	2	3	4	5	6	
4m	5	3	1	2	0	0	140
7m	0	1	2	0	0	1	210
10m	0	0	0	1	2	1	300
자투리 길이	0	1	2	2	0	3	

(1) 수리모형의 수립

이 문제에서 결정할 사항은 20m 표준품을 각각의 절단방법으로 몇 개씩 절단하여 서로 다른 규격의 제품들 수요를 충족할 것인가이다. 이 경우 버려지는 자투리와 과잉 생산량의 총량을 최소화하는 것이 필요하다. 따라서 의사결정변수는 각 절단방법으로 절단한 표준품의 수량으로 정의한다.

x_i=절단방법 i를 사용하여 절단한 표준품의 수량, $i=1, 2, \cdots, 6$

이를 이용하여 목적함수식을 만들어보자. 먼저 자투리의 총량은 2, 3, 4, 6 절단방법에서 나오는 자투리들의 총합이므로 $x_2+2x_3+2x_4+3x_6$가 된다. 과잉생산량은 제품의 규격별로 다른데 4m 규격제품의 경우 전체 생산량에서 수요를 뺀 양에다 길이 4를 곱한 것이 된다. 따라서 4m 과잉생산량은 $4(5x_1+3x_2+x_3+2x_4-140)$이 된다. 유사한 방법으로 7m 제품과 10m 제품의 과잉생산량을 계산하고 이들을 자투리와 합한 것이 버려지는 총량이 된다. 버려지는 양을 최소화하여야 하므로 다음과 같이 정형화된다.

$$\text{Minimize} \quad z=x_2+2x_3+2x_4+3x_6+4(5x_1+3x_2+x_3+2x_4-140)+$$
$$7(x_2+2x_3+x_6-210)+10(x_4+2x_5+x_6-300)$$

이를 다시 정리하면 아래와 같다.

$$z=20(x_1+x_2+x_3+x_4+x_5+x_6)-4\times140-7\times210-10\times300$$

뒤의 상수를 제거하면 $z=20(x_1+x_2+x_3+x_4+x_5+x_6)$이 되고 이 문제의 목적함수는 다음과 같이 간략화된다.

$$\text{Minimize}\quad z=x_1+x_2+x_3+x_4+x_5+x_6$$

이와 같이 간단한 형태의 목적함수가 되는 과정을 직관적으로 이해하면 표준품을 가능한 덜 자르면서 전체적으로 규격별 제품 수요를 충족하면 되기 때문에 잘라지는 표준품의 총수($x_1+x_2+x_3+x_4+x_5+x_6$)를 최소화하는 것이 목표가 된다.

제약식은 규격별 제품의 수요를 충족시켜야 하므로 다음과 같이 정리된다.

$$5x_1+3x_2+x_3+2x_4\geq140\qquad\text{(4m 제품)}$$
$$x_2+2x_3+x_6\geq210\qquad\text{(7m 제품)}$$
$$x_4+2x_5+x_6\geq300\qquad\text{(10m 제품)}$$

마지막으로 비음조건을 추가하면 다음과 같다.

$$x_i\geq0,\ i=1,\ 2,\ \cdots,\ 6$$

(2) LINGO를 이용한 최적해 찾기

최적해는 1번 방식으로 7개, 3번 방식으로 105개, 5번 방식으로 150개를 절단하면 전체 표준품 262개를 써서 수요를 충족시킬 수 있다.

```
! 목적함수 ;
Min = x1 + x2 + x3 + x4 + x5 + x6 ;

! 제약식;
! 규격별 제품의 수요를 충족;
      5*x1 + 3*x2 + x3 + 2*x4  >= 140
       x2 + 2*x3 + x6          >= 210

       x4 + 2*x5 + x6          >= 300
```

Solution Report - 예제 4-10

```
Global optimal solution found.
Objective value:                 262.0000
Infeasibilities:                 0.000000
Total solver iterations:                3
Elapsed runtime seconds:             0.05

Model Class:                           LP

Total variables:            6
Nonlinear variables:        0
Integer variables:          0

Total constraints:          4
Nonlinear constraints:      0

Total nonzeros:            16
Nonlinear nonzeros:         0
```

Variable	Value	Reduced Cost
X1	0.000000	0.000000
X2	14.00000	0.000000
X3	98.00000	0.000000
X4	0.000000	0.1000000
X5	150.0000	0.000000
X6	0.000000	0.1000000

4.5.5 자원배분문제 예제

예제 4-11 자원배분문제(Resource Allocation Problem)

대한컨테이너주식회사에서는 컨테이너선을 운용하고 있다. 화물칸은 선창(Hull)과 갑판(Deck)부분으로 나누어져 있으며 다음 표와 같이 화물을 싣는데 각각 부피와 중량제한이 있다.

화물칸	무게제한(ton)	부피제한(liter)
선창(Hull)	10	8,000
갑판(Deck)	20	10,000

각 부분에 신는 화물무게는 화물칸의 중량제한과 같은 비율이 되어야 선박의 균형을 유지할 수 있다. 수송할 화물은 2가지이고 수송할 화물의 양, 화물 1톤을 운반해줄 때 수송이익, 화물 1톤당 부피 등이 다음과 같이 주어져 있다.

화물	화물의 양(ton)	톤당 부피(liter/ton)	톤당 이익($/ton)
1	30	500	32
2	40	700	40

화물주인과의 관계 때문에 화물 1은 화물의 양 중에 적어도 2/3는 수송해주어야 한다. 총 수송이익을 최대화하기 위한 선형계획모형을 수립하려고 한다.

(1) 수리모형의 수립

이 문제에서 결정할 사항은 각 화물을 얼마나 많이 수송할 것인가와 수송할 경우에 어디에 얼마나 적재할 것인가를 정하되 화물 수송으로부터 얻어지는 총이익을 최대화하는 것이다. 따라서 의사결정변수는 구분된 화물칸에 적재될 화물유형별 중량으로 정의한다. 여기서도 아래첨자를 두 개를 써서 의사결정변수를 구분하고 있다. 첫 번째 아래첨자는 화물의 종류를 구별해 주는 기호이고 두 번째 첨자는 화물을 적재하는 위치를 구별해 주는 기호이다. 문자 x에 두 종류의 아래첨자로 써서 표시한다.

x_{1H}=선창(Hull) 부분에 적재하는 화물 1의 중량

x_{1D}=갑판(Deck) 부분에 적재하는 화물 1의 중량

x_{2H}=선창(Hull) 부분에 적재하는 화물 2의 중량

x_{2D}=갑판(Deck) 부분에 적재하는 화물 2의 중량

이를 이용하여 목적함수식을 만들어보자. 이 예제에서는 각 화물의 톤당 이익에 배에 적재하는 화물의 양을 곱하여 합하면 된다. 운반되는 화물 1의 총량은 선창(Hull) 부분에 적재하는 화물 1의 중량과 갑판(Deck) 부분에 적재하는 화물 1의 중량의 합이므로 화물 1을 운반하여 벌어들이는 이익은 $32(x_{1H}+x_{1D})$가 된다. 따라서 총수송이익은 다음과 같아지고 이를 최대화하려는 의사결정 상황이다.

$$\text{Maximize} \quad z=32(x_{1H}+x_{1D})+40(x_{2H}+x_{2D})$$

제약식은 각 화물칸에 적재할 수 있는 중량과 부피제한, 선박 균형의 유지, 수송할 수 있는 화물의 양, 화물 1의 최소수송량 등이다.

$x_{1H}+x_{2H} \le 10$	(Hull 중량제한)
$x_{1D}+x_{2D} \le 20$	(Deck 중량제한)
$500x_{1H}+700x_{2H} \le 8{,}000$	(Hull 부피제한)
$500x_{1D}+700x_{2D} \le 10{,}000$	(Deck 부피제한)
$\frac{x_{1H}+x_{2H}}{10}=\frac{x_{1D}+x_{2D}}{20}$	(선박 균형)
$x_{1H}+x_{1D} \le 30$	(화물 1의 양)
$x_{2H}+x_{2D} \le 40$	(화물 2의 양)
$x_{1H}+x_{1D} \ge 20$	(화물 1은 적어도 2/3는 수송해야 함)

마지막으로 비음조건을 추가하면 다음과 같다.

$$x_{1H},\ x_{2H},\ x_{1D},\ x_{2D} \ge 0$$

(2) LINGO를 이용한 최적해 찾기

최적해는 화물 1을 20톤 갑판에 적재하여 운반하고 화물 2는 10톤을 선창에 적재하

여 운반하는 것이며 이때 총수송이익은 1,040달러로 최대가 된다.

```
! 목적함수 ;
Max = 32*(x1H + x1D) + 40*(x2H + x2D) ;

! 제약식;
! 중량 및 부피제한;
        x1H + x2H <= 10            ;
        x1D + x2D <= 20            ;

        500*x1H + 700*x2H <= 8000     ;

        500*x1D + 700*x2D <= 10000    ;

! 화물량 제한;

        x1H + x1D <= 30               ;
        x2H + x2D <= 40               ;

        x1H + x1D >= 20               ;

!선박균형;

        20*(x1H + x2H )= 10*(x1D + x2D ) ;
```

```
Global optimal solution found.
Objective value:                 1040.000
Infeasibilities:                 0.000000
Total solver iterations:                4
Elapsed runtime seconds:             0.03

Model Class:                           LP

Total variables:               4
Nonlinear variables:           0
Integer variables:             0

Total constraints:             9
Nonlinear constraints:         0

Total nonzeros:               22
Nonlinear nonzeros:            0
```

Variable	Value	Reduced Cost
X1H	0.000000	0.000000
X1D	20.00000	0.000000
X2H	10.00000	0.000000
X2D	0.000000	16.00000

EXERCISE

4.1 한국산업은 향후 6개월간의 생산계획을 수립하고자 한다. 월별 수요량과 최대 생산능력, 단위당 생산비용과 재고유지비용에 대한 정보는 다음 표와 같다. 월별 수요량을 만족시키면서 총비용을 최소로 하기 위한 생산계획 및 재고계획을 수립하시오. 단, 1월의 기초 재고는 50이며 6월의 기말재고는 최소한 100을 갖도록 한다.

항목 \ 월별	1월	2월	3월	4월	5월	6월
수요량	350	350	450	420	400	450
생산능력	400	350	400	400	380	400
단위당 생산비용	10	10	12	12	12	12
단위당 재고비용	1	1	1	1	1	1

4.2 대덕산업에서는 두 대의 기계를 사용하여 세 가지 종류의 제품을 생산하는데 다음 분기에 제품 1, 2, 3을 각각 1,500, 1,200, 1,800개의 주문에 대한 생산계획을 수립하고자 한다. 다음 분기에 기계 1은 2,000시간 가동할 수 있으며, 기계 2는 각각 2,500시간을 가동할 수 있다. 이 회사에서는 각 제품을 어느 기계에서 생산하느냐에 따라 생산비용과 기계사용시간이 다음 표와 같이 다르다고 한다. 총생산비용을 최소화하기 위하여 기계 1과 기계 2에서 어느 제품을 각각 얼마나 생산해야 하는지를 결정하시오.

	기계사용시간		생산비용	
	기계 1	기계 2	기계 1	기계 2
제품 1	4	3	5	4
제품 2	2	2	6	3
제품 3	4	2	4	3

4.3 최근 1억 원의 여유자금이 생긴 K씨는 적당한 투자를 고려하고 있다. 여러 가지 투자대안에 대한 정보를 수집하여 다음과 같이 정리하였다.

투자대안	수익률
주식	10%
채권	15%
선물	20%
예금	5%

또한 투자에 대한 자문을 구하여 다음과 같은 투자에 대한 제한사항을 따르기로 하고서 수익을 최대로 하기 위한 투자계획을 수립하시오.

- 유동성 자금 확보를 위하여 저축에 대한 투자는 전체 투자액의 20% 이상 한다.
- 주식과 선물에 대한 투자는 전체 투자액의 60%을 넘지 않는다.

연 | 습 | 문 | 제

– 선물과 채권에 대한 투자액은 전체 투자액의 60%를 넘지 않도록 한다.

4.4 선경마트는 하루 24시간 영업을 하는 할인점이다. 지난 1년간의 고객에 대한 자료를 분석한 결과 매장 운영에 필요한 판매인원은 다음과 같았다. 판매원들은 하루 8시간 연속으로 근무하게 된다. 판매원수를 최소로 하기 위한 판매인원 운영계획을 수립하시오.

시간대	0시~4시	4시~8시	8시~12시	12시~16시	16시~20시	20시~24시
소요인원	4	6	8	12	15	12

4.5 아산전자(주)는 앞으로 6개월간의 수요에 대한 차량용 내비게이션의 생산계획을 수립하고자 한다. 이 회사는 정상적인 조업으로 월 2,000대의 제품을 생산할 수 있으며 단위당 생산비용은 40만 원이다. 또한 매월 초과근무에 의하여 500대의 제품을 생산할 수 있으며 단위당 생산비용은 45만 원이다. 생산된 제품이 당월에 팔리지 않고 재고로 넘어가게 되면 한 대당 재고유지비용은 3만 원이 소요된다. 영업부에서 파악한 제품의 수요가 다음과 같을 때 향후 6개월간의 생산계획을 수립하시오. 단, 1월의 초기재고량은 100대이며 6월 말의 재고량은 200대가 이월되도록 한다.

월	1월	2월	3월	4월	5월	6월
수요	2,000	2,400	2,800	3,000	3,200	3,200

4.6 유성공업(주)은 두 가지 부품을 서로 다른 세 공급자로부터 구매하고 있으며, 각 공급자의 생산능력이 제한되어 있다고 한다. 공급자별 각 부품의 단위당 구매가격은 다음 자료와 같다. 또한 각 공급자는 두 가지 부품의 총량에 대한 생산능력이 제한되고 있으며 생산능력은 다음 자료와 같다.

	공급자		
	1	2	3
부품 1	600	700	700
부품 2	500	600	500
생산능력	500	800	700

유성공업(주)의 생산계획에 의하면 다음 달에 필요한 부품 1과 부품 2의 소요량은 각각 1,000단위와 800단위이다. 부품의 총구매비용을 최소화하기 위한 구매계획을 수립하시오.

EXERCISE

4.7 한 끼 식사를 준비하고 있다. 식사는 밥과 고기와 야채로 구성되며 밥과 고기와 야채의 영양분과 구입비용은 아래 표와 같다. 각 영양분의 한 끼 최소 요구량은 탄수화물이 50단위, 단백질이 40단위이고 지방은 20단위를 넘으면 안 된다.

영양분	밥	고기	야채
탄수화물	10	2	5
단백질	5	20	5
지방	3	10	2
단위당 비용	1달러	4달러	2달러

(1) 선형계획문제에 대한 수리모형을 세우시오.
(2) LINGO를 이용하여 최적해와 최적 목적함수값을 구하시오.

4.8 대한가구사는 수공예로 식탁과 의자를 만드는 회사이다. 이 회사는 목재공급업자로부터 매달 2,500kg의 목재를 공급받는다. 식탁 하나 만드는 데는 목재 5kg이 필요하고 의자 하나 만드는 데는 3kg의 목재가 필요하다. 매달 480시간의 인력이 생산에 사용될 수 있고 식탁과 의자 하나를 생산하는 데는 각각 6시간의 인력이 소요된다. 식탁 하나를 팔면 이익이 20,000원 발생하며 의자 하나를 팔면 이익이 5,000원 발생한다. 의자는 식탁과 함께 판매되는 경우가 많기 때문에 식탁보다 적어도 2배 이상 생산하여야 한다. 대한가구사는 이익을 최대로 하기 위한 의사결정을 내리고자 한다.
(1) 선형계획문제에 대한 수리모형을 세우시오.
(2) LINGO를 이용하여 최적해와 최적 목적함수값을 구하시오.

4.9 대한장갑은 남성용, 여성용, 아동용 장갑을 생산한다. 대한장갑에는 노조가 있어서 노동조건에 대한 요구가 많다. 정규직 직원은 일주일에 40시간 근무하고 항상 20명 이상, 30명 이하의 정규직 직원이 근무해야 한다. 시간제 직원을 채용할 수 있는데 시간제 직원은 일주일에 20시간 근무하되 시간제 직원이 1명 근무하면 항상 정규직 직원 한 사람 이상이 근무하여야 한다. 정규직은 시간당 15,000원을 받고 시간제 직원은 시간당 10,000원을 받는다. 장갑은 가죽을 원료로 만드는데 매주 5,000제곱미터의 가죽을 공급받을 수 있다. 제품별로 장갑 한 켤레당 필요한 가죽의 양과 노동시간, 그리고 수익은 다음 표와 같다. 한성장갑에서 순수익(=수익−노무비)을 최대화하는 의사결정모형을 만드시오.

연 | 습 | 문 | 제 <<<

제품	가죽 필요량(제곱미터)	필요한 작업시간(시간)	수익
남성용	2	2	8
여성용	1.5	1	10
아동용	1	1	6

(1) 선형계획문제에 대한 수리모형을 세우시오.
(2) LINGO를 이용하여 최적해와 최적 목적함수값을 구하시오.

4.10 대한 파이프는 길이 12m인 표준 파이프를 생산하는데, 다음과 같이 수요가 발생하고 있다. 수요보다 많이 생산된 제품은 폐기한다고 가정할 때 Trim Loss를 최소화하기 위한 선형계획모형을 작성하시오.

3m : 200개, 5m : 300개, 6m : 250개

(1) 표준품으로 제품을 만드는 절단방법을 표로 만드시오.
(2) 선형계획문제에 대한 수리모형을 세우시오.
(3) LINGO를 이용하여 최적해와 최적 목적함수값을 구하시오.

CHAPTER

05

수송모형 및 할당모형

Chapter 05 수송모형 및 할당모형

수송모형(Transportation Model)은 다수의 공급지(source)에서 다수의 수요지(destination)로 최소의 비용으로 수송하는 방안을 찾기 위한 모형으로, 단위당 수송비용이 상수인 경우 선형계획모형의 특수한 형태라고 할 수 있다. 할당모형(Assignment Model)은 할당하고자 하는 대상과 할당받고자 하는 대상 간 최소의 비용으로 일대일 할당을 결정하기 위한 모형으로, 각 수요지와 공급지에서의 수요량과 공급량이 각각 1인 경우의 수송모형의 특수한 경우이다. 따라서 수송모형과 할당모형 둘 다 선형계획법을 위한 해법을 이용하여 최적해를 구할 수 있지만, 이들 모형의 특성을 이용하면 효율적으로 최적해를 구할 수 있다. 본 장에서는 수송모형과 할당모형의 특징을 살펴보고, 이를 이용한 해법을 학습한다.

5.1 수송모형

수송모형 문제는 여러 공급지에서 여러 곳의 수요지로 최소의 비용으로 제품을 분배 및 수송하기 위한 방안을 찾고자 하는 문제이다.

수송모형을 위해 다음의 기호를 정의하자.

m : 총공급지 개수

n : 총수요지 개수

S_i : 공급지 i의 공급가능 물량(capacity), $i=1, 2, \cdots, m$

D_j : 수요지 j의 수요량, $j=1, 2, \cdots, n$

c_{ij} : 공급지 i에서 수요지 j로의 단위 수송비용

x_{ij} : 공급지 i에서 수요지 j로의 수송량

수송문제는 m개의 공급지에서 n개의 수요지로 제품을 수송하는 경우, 공급지 i의 공급 가능한 최대량이 S_i, 수요지 j의 수요량이 D_j이고, 공급지 i에서 수요지 j로 한 단위의 제품을 수송하는 데 드는 수송비용이 c_{ij}일 때, 총수송비용이 최소가 되는 수송량 x_{ij}를 결정하는 문제이다. 여기서 수송량은 각 공급지와 수요지의 공급량과 수요량에 대한 제약을 만족하는 값이어야 하고, 이를 위해 다음 2개의 가정을 한다.

가정 1 총수송비용은 수송량과 수송 거리에 비례한다.

가정 2 수송거리는 직선거리가 최소 거리이고, 최소 거리를 갖는 최단경로(Shortest Path)는 알고 있다.

가정 1에 의해 수송문제는 선형계획모형으로 표현될 수 있고, 공급지와 수요지 간에 직접적인 수송을 한다는 것을 의미한다. 공급자와 수요지 간의 최단경로를 이용한 직접적인 수송을 하지 않고 중간 경유지를 거치는 경우도 고려할 수 있는데, 이러한 경우는 이송문제(Transshipment Problem)라고 한다. 그리고 가정 2에 의해 수송경로는 이미 알고 있는 상황을 고려하므로, 수송문제의 기본적인 목적은 수송량을 정하는 데 있다.

수송문제에 대한 수리모형은 다음과 같다.

$$\text{Minimize} \quad \sum_{i=1}^{m}\sum_{j=1}^{n} c_{ij}x_{ij}$$

$$\text{subject to} \quad \sum_{j=1}^{n} x_{ij} = S_i, \; i=1, 2, \cdots, m$$

$$\sum_{i=1}^{m} x_{ij} = D_j, \quad j=1, 2, \cdots, n$$

$$x_{ij} \geq 0, \quad i=1, 2, \cdots, m; \ j=1, 2, \cdots, n$$

목적함수는 모든 공급지와 수요지 간 총수송비용의 최소화를 표시하고, 첫 번째 제약식은 각 공급지 i에서 공급할 수 있는 총공급량이 S_i로 제약이 있음을 표시한다. 두 번째 제약식은 수요지 j에서 요구하는 양이 총 D_j로 한정되어 있음을 나타낸다. 마지막 제약식인 비음제약식을 제외한 제약식의 총개수는 $n+m$개이고, 결정변수의 총개수는 $n \times m$개인 모형이다. 이와 같은 수송모형에 대한 쌍대변수로 각각 u_i와 v_j를 사용하여 제2장에서 다룬 쌍대문제(Dual Problem)로 표현하면 다음과 같다.

$$\text{Maximize} \quad \sum_{i=1}^{m} S_i u_i + \sum_{j=1}^{n} D_j v_j$$

$$\text{subject to} \quad u_i + v_j \leq c_{ij}, \quad i=1, 2, \cdots, m; \ j=1, 2, \cdots, n$$

$$u_i, \ v_j \ : \text{unrestricted}$$

위의 쌍대문제를 통해서 수송문제의 해가 최적성(optimality)을 만족하기 위해서는 쌍대변수 u_i와 v_j가 $u_i + v_j \leq c_{ij}$를 만족해야 함을 알 수 있는데, 이러한 성질을 이용하여 최적해를 구한다.

다음과 같은 수송문제를 고려해보자.

예제 5-1

한국주식회사는 세 곳의 공장에서 제품을 생산하여 네 곳의 수요지에 제품을 공급하고 있다. 각 공장별 생산 가능용량 및 수요지별 수요량(단위: 개)과 단위 수송비용(단위: 백원)은 [그림 5-1]과 같다. [그림 5-1]에서 하나의 공장 i와 수요지 j에 대응하는 셀(cell)의 내부 상자 안의 수치는 단위당 수송비용 c_{ij}를 나타낸다. 예를 들어, 공장 1에서 수요지 1로 제품 1단위를 수송하는 데에는 $c_{11}=6$만큼의 비용이 들어간다. 공장 1에서는 수요지 1, 2, 3 및 4에 제품을 공급 가능한데, 공장 1에서의 최대 공급 가능량은 $S_1=500$이다. 그리고 수요지 1에서의 최소 수요량은 $D_1=300$이다.

그림 5-1 한국주식회사의 수송표

공급지 \ 수요지	수요지 1	수요지 2	수요지 3	수요지 4	생산용량(S_i)
공장 1	6	5	8	9	500
공장 2	2	4	3	5	600
공장 3	8	1	3	7	300
수요량(D_j)	300	500	200	400	1400

x_{ij}를 공장 i에서 수요지 j로의 수송량이라고 하면, 이 문제에 대한 수송모형은 아래와 같다.

$$
\begin{aligned}
\text{Min.}\quad & 6x_{11}+5x_{12}+8x_{13}+9x_{14}+2x_{21}+4x_{22}+3x_{23}+5x_{24}+8x_{31}+x_{32}+3x_{33}+7x_{34} \\
\text{s.t.}\quad & x_{11}+x_{12}+x_{13}+x_{14} = 500 \\
& x_{21}+x_{22}+x_{23}+x_{24} = 600 \\
& x_{31}+x_{32}+x_{33}+x_{34} = 300 \\
& x_{11}+x_{21}+x_{31} = 300 \\
& x_{12}+x_{22}+x_{32} = 500 \\
& x_{13}+x_{23}+x_{33} = 200 \\
& x_{14}+x_{24}+x_{34} = 400 \\
& x_{ij} \geq 0,\ i=1,\ 2,\ 3\ ;\ j=1,\ 2,\ 3,\ 4
\end{aligned}
$$

위의 모형에서 보는 바와 같이 수송계획법문제는 제약식의 각 열별로 +1의 계수가 최대로 두 번씩만 존재하는 구조를 갖는다. 여기서 만약 특정한 공급지 i와 수요지 j 간의 수송이 불가한 경우에는 제약식 열 j에 +1 계수가 한 번만 나타날 것이다.

이 문제를 네트워크로 표현하면 [그림 5-2]와 같다. 네트워크에는 위 문제의 제약식의 수와 동일한 $n+m$개의 마디(node)가 존재한다. 이들 마디는 공급지를 나타내는 m개의 마디와 수요지를 나타내는 n개의 마디의 두 개 집단으로 구분되는데, 공급지나 수요지를 나타내는 각 집단 내의 마디 간에는 가지(arc)가 존재하지 않고, 공급지와 수요지 간에만 가지가 존재한다. 여기서 공급지의 수가 m개이고, 수요지의 수가 n개이므로 총가지의 수는 $n \times m$개가 되고, 이는 앞의 수리모형의 총변수 수와 동일한 수이다.

그림 5-2 **수송모형 네트워크**

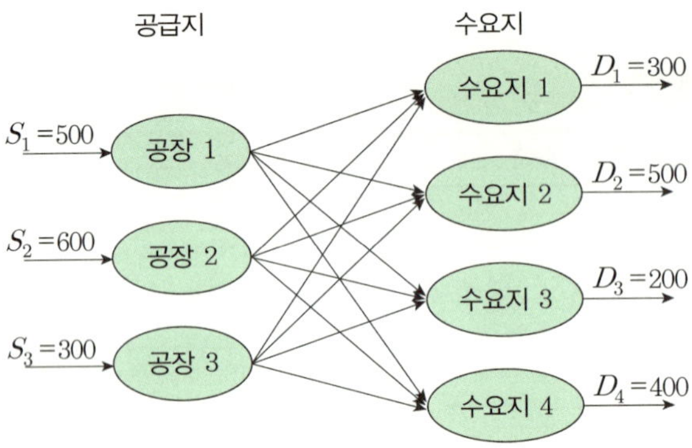

5.1.1 수송모형의 특징

수송문제는 선형계획문제의 일종이지만, [예제 5-1]의 수리모형에서 볼 수 있는 바와 같이 제약식의 계수가 대부분 0이고(표시되지 않은 변수는 모두 계수가 0임), 0이 아닌 것은 1을 갖는 특수한 구조의 선형계획법모형이다. 더구나 수송문제는 다음과 같은 특징이 있다.

첫째, 수송문제의 실행가능해(Feasible Solution)가 존재하기 위한 필요충분조건은 '총공급량'='총수요량'이다. 즉, $\sum_{i=1}^{m} S_i = \sum_{j=1}^{n} D_j$이다. 여기서 총공급량($\sum_{i=1}^{m} S_i$)과 총수요량($\sum_{j=1}^{n} D_j$)이 같은 문제를 균형수송문제(Balanced Transportation Problem)라 하고, 그렇지 않은 문제를 불균형(unbalanced) 수송문제라고 한다. 균형수송문제는 실행가능해가 존재하므로 최적해를 찾을 수 있다.

둘째, 불균형수송문제는 균형수송문제로 변환할 수 있다. 이를 위해서는 가상 수요지(Dummy Demand)나 가상 공급지(Dummy Supply)를 추가한다. 가상 수요지는 $\sum_{i=1}^{m} S_i > \sum_{j=1}^{n} D_j$인 경우에 도입하는데, $D_{n+1} = \sum_{i=1}^{m} S_i - \sum_{j=1}^{n} D_j$만큼의 가상 수요를 가

진 수요지를 말한다. 이러한 가상 수요지 $n+1$을 추가로 고려한 변환 후, 총수요량은 $\sum_{j=1}^{n+1} D_j = \sum_{j=1}^{n} D_j + D_{n+1}$이므로, 이는 총공급량 $\sum_{i=1}^{m} S_i$와 동일해져서 균형수송문제가 된다. 유사하게 $\sum_{i=1}^{m} S_i < \sum_{j=1}^{n} D_j$일 때는 가상공급지 $m+1$을 추가하여 총공급량과 총수요량의 차이분인 $S_{m+1} = \sum_{j=1}^{n} D_j - \sum_{i=1}^{m} S_i$만큼을 가상의 공급지에서 공급하는 형태가 되도록 모형을 변경하면 균형수송문제가 된다. 여기서 가상의 수요지나 공급지는 실제 존재하지 않는 것이므로 실제로 수송도 이루어지지 않게 되어, 관련 단위 수송비용은 0으로 모형화하면 된다. 즉, 가상 수요지 $n+1$과 가상 공급지 $m+1$에 관련된 모든 공급지 i와 수요지 j에 대해 $c_{i,n+1} = c_{m+1,j} = 0$으로 설정한다. 따라서 수송문제를 해결하기 위해서는 먼저 균형수송문제로 변형해서 이를 대상으로 문제를 해결하면 되는데, 균형수송문제는 실행가능성(feasibility)이 자동으로 만족되므로, 최적성(optimality)을 만족하는 해를 찾기만 하면 이것이 최적해(Optimal Solution)가 된다.

셋째, 수송문제의 제약식의 수는 $n+m$개이지만 기저변수(Basic Variable)의 수는 $n+m-1$개이다. 총변수의 수는 $n \times m$개인데, 이 중 $n+m-1$개가 기저변수이므로 나머지 $n \times m-(n+m-1)=(n-1)(m-1)$개는 비기저변수가 된다. 이는 앞에서 언급한 바와 같이 실행가능해가 되기 위한 필요충분조건인 균형수송문제의 조건 때문인데, 균형수송문제의 조건인 $\sum_{i=1}^{m} S_i = \sum_{j=1}^{n} D_j$에 의해 $n+m$개의 제약식 중 하나의 제약식은 중복적(redundant)인 제약식이 되기 때문이다. 따라서 수송문제에 대해 선형계획법을 위한 심플렉스법을 적용하면 기저변수값 중 적어도 하나는 0값을 갖는 해(Degenerated Solution, 퇴화해)가 항상 발생하게 되고, 퇴화해의 발생은 수송문제의 해를 구하는 데에 있어 순환현상(cycling)의 문제를 유발할 수 있으므로, 심플렉스 해법 외의 다른 해법을 찾을 필요가 있다.

넷째, 수송문제모형의 우변상수(Right-Hand Constant) 값인 S_i와 D_j가 모두 정수(integer)라면 실행가능해도 정수값을 갖게 된다. 더구나 만약 단위당 수송비용 c_{ij}도 모두 정수라면 목적함수값도 정수가 된다. 이 특징은 수송문제의 제약식을 구성하는 계수값들이 0이거나 1이고, 각 결정변수별 제약식 계수 중 1의 값이 많아야 두 개 존재하는 특성 때문에 발생하는 특징이다.

5.2 수송모형의 발견적 해법

다른 수리모형과 마찬가지로 수송모형에 대해서도 근사 최적해를 구하는 발견적인 해법(Heuristic Method)이 있다. 수송문제를 위해 제시된 발견적 해법으로는 북서코너법(Northwest Corner Method), 최소비용법(Least Cost Method), 보겔 근사법(Vogel's Approximation Method: VAM), 러셀 근사법(Russel's Approximation Method: RAM) 등이 있다.

5.2.1 북서코너법

북서코너법(Northwest Corner Method)은 문제를 위해 주어진 단위 수송비용 c_{ij}를 고려하지 않고 수송량을 배정하는 방식으로, 빠르고 쉽게 수송방안을 찾을 수 있다는 장점이 있다. 그러나 수송계획법의 목적인 최소의 수송비용을 갖는 수송방안에 절대적인 영향을 주는 수송비용을 고려하지 않는 방법이므로, 최적해가 될 가능성이 적은 수송방안이 수립될 가능성이 크다는 단점이 있다.

북서코너란 수송표의 왼쪽의 최상위 셀을 말하는데, 북서코너법은 수송문제에 대한 수송표의 북서코너에 있는 셀부터 시작하여 가능한 최대 양의 수송량을 배정해가며, 총 $n+m-1$개의 셀에 수송량을 배정하는 방식이다. 즉, 다음과 같은 절차를 따라서 수송량을 배정한다.

단계 1 $i=j=1$로 둔다.

단계 2 셀 (i,j)에 가능한 최대량의 수송량을 배정한 후, 잔여 배정 가능량을 $S_i=S_i-x_{ij}$, $D_j=D_j-x_{ij}$와 같이 수정한다. 즉, 만약 $\text{Min}\{S_i, D_j\}=S_i$라면, $x_{ij}=S_i$, $S_i=0$, $D_j=D_j-x_{ij}$로 한 후, 행 i를 고려대상에서 지우고, $i=i+1$로 하여 단계 3을 수행한다. 반대로 만약 $\text{Min}\{S_i, D_j\}=D_j$라면, $x_{ij}=D_j$, $S_i=S_i-x_{ij}$, $D_j=0$으로 한 후, 열 j를 고려대상에서 지우고, $j=j+1$로 하여 단계 3을 수행한다. 만약, $S_i=D_j$라면 행이나 열 중 하나만을 임의

로 선택하여 배정한다.

단계 3 $i>n$ 또는 $j>m$이거나 $n+m-1$개의 셀에 할당되지 않았으면, 단계 2를 반복한다.

북서코너법은 단계 1과 같이 북서코너에서부터 할당을 시작하는데, 이를 위한 할당량은 단계 2와 같은 최소비율검사를 통해 결정한다. 최소비율검사를 위해서는 현 상태의 S_i나 D_j만 고려하며, 이 중 작은 값을 가지는 것이 행(i)인지 열(j)인지를 확인하는데, 이들 제약식 계수가 모두 1이므로 단계 2의 $\text{Min}\{S_i, D_j\}$를 찾는 형태로 쉽게 최소비율검사를 수행할 수 있다. 최소비율검사 결과, 최소값을 갖는 것이 하나라면 최소값을 가진 해당 행이나 열은 수송량을 배당한 후에는 더 이상 고려할 필요가 없으므로 제외한다. 그러나 최소값을 갖는 것이 두 개라면, 둘 중 하나만을 임의로 선택하여 배당 후, 이를 제외하고, 선택하지 않은 나머지 하나는 제외하지 않고 유지해야 한다.

예제 5-2

앞의 [예제 5-1]에서 고려한 [그림 5-1]의 수송표에 대해 북서코너법을 이용하여 수송량을 배정해보자.

단계 1 $i=j=1$로 두어서 수송표의 북서쪽에 있는 셀에서부터 배정을 한다.

단계 2 $\text{Min}\{S_1, D_1\}=\text{Min}\{500, 300\}=300$이므로 $x_{11}=D_1=300$으로 배정하고, $D_1=0$, $S_1=S_1-x_{11}=500-300=200$으로 [그림 5-3]과 같이 배당한 후, $j=j+1=2$로 하여 단계 3을 수행한다.

단계 3 $i=1$, $j=2$이므로 단계 2로 간다.

단계 2 $\text{Min}\{S_1, D_2\}=\text{Min}\{200, 500\}=200$이므로 $x_{12}=S_1=200$으로 배정하고, $D_2=D_2-x_{12}=500-200=300$, $S_1=0$, $i=i+1=2$로 하여 단계 3을 수행한다.

단계 3 $i=2$, $j=2$이므로 단계 2로 간다.

단계 2 $\text{Min}\{S_2, D_2\}=\text{Min}\{300, 600\}=300$이므로 $x_{22}=S_2=300$으로 배정하고, $D_2=0$, $S_2=S_2-x_{22}=600-300=300$, $j=j+1=3$으로 하여 단계 3을 수

행한다.

단계 3 $i=2$, $j=3$이므로 단계 2로 간다.

단계 2 $\text{Min}\{S_2, D_3\}=\text{Min}\{300, 200\}=200$이므로 $x_{23}=D_3=200$으로 배정하고, $D_3=0$, $S_2=S_2-D_2-x_{23}=300-200=100$, $j=j+1=4$로 하여 단계 3을 수행한다.

단계 3 $i=2$, $j=4$이므로 단계 2로 간다.

단계 2 $\text{Min}\{S_2, D_4\}=\text{Min}\{100, 400\}=100$이므로 $x_{24}=S_2=100$으로 배정하고, $D_4=D_4-x_{24}=400-100=300$, $S_2=0$, $i=i+1=3$으로 하여 단계 3을 수행한다.

단계 3 $i=3$, $j=4$이므로 단계 2로 간다.

단계 2 $\text{Min}\{S_3, D_4\}=\text{Min}\{300, 300\}=300$이므로 $x_{34}=300$으로 [그림 5-4]와 같이 배정하고, $D_4=0$, $S_3=0$, $i=i+1=3$으로 하여 단계 3을 수행한다.

단계 3 $i=4>n=3$이므로 중단한다.

그림 5-3 북서코너법의 중간단계

공급지 \ 수요지	수요지 1	수요지 2	수요지 3	수요지 4	생산용량(S_i)
공장 1	6 300	5	8	9	200
공장 2	2	4	3	5	600
공장 3	8	1	3	7	300
수요량(D_j)	0	500	200	400	1400

북서코너법을 이용하여 구한 해가 [그림 5-4]인데, 총 $n \times m=12$개의 셀 중에서 $n+m-1=6$개의 셀에 수송량이 배정되었고, 이러한 수송방안의 총비용은 $300(6)+200(5)+300(4)+200(3)+100(5)+300(7)=7,200$백 원이다.

그림 5-4 북서코너법의 최종단계

공급지 \ 수요지	수요지 1	수요지 2	수요지 3	수요지 4	생산용량(S_i)
공장 1	6 300	5 200	8	9	500
공장 2	2	4 300	3 200	5 100	600
공장 3	8	1	3	7 300	300
수요량(D_j)	300	500	200	400	1400

5.2.2 최소비용법

앞에서 다룬 북서코너법은 수송비용을 고려하지 않는 배당방법이므로, 총수송비용이 큰 수송대안이 선택될 가능성이 큰 방법이다. 최소비용법(Least Cost Method)은 이러한 문제를 해결하기 위해서 최소의 수송단가를 가지는 셀을 우선으로 고려하여 가능한 최대의 양을 할당하는 방법이다.

단계 1 배당이 안 된 셀 중에서 최소의 수송비용을 갖는 셀을 찾는다. 만약 이러한 셀이 여러 개 존재한다면 이 중에서 임의로 하나의 셀을 선택한다.

단계 2 선택한 셀에 대해 가능한 최대량의 수송량 x_{ij}를 배정한 후, 잔여 배정 가능량을 $S_i = S_i - x_{ij}$, $D_j = D_j - x_{ij}$와 같이 수정한다.

단계 3 총 $n+m-1$개의 셀에 할당이 되지 않았다면 단계 1을 반복한다.

단계 2를 위한 배당 가능한 최대량은 북서코너법과 같은 방법으로 결정한다. 즉, 최소비율 검사를 통해 최소비율을 갖는 행이나 열을 찾은 후, 최소값을 갖는 행이나 열의 셀에 가능한 최대량을 배정한 후, 해당 행이나 열은 고려에서 제외시킨다. 이와 같이 한 번에 하나의 셀에 배당해가면서 총 $n+m-1$개의 셀에 배당될 때까지 계속하는 방식이다.

예제 5-3

앞의 [예제 5-1]에 대해 최소비용법으로 할당하여 보자.

단계 1 $\text{Min}\{c_{ij}\}=1$이고, 이는 $(i,j)=(3,2)$에서 발생하였다.

단계 2 셀 (3,2)에 가능한 최대량인 $X_{32}=\text{Min}\{S_3, D_2\}=\text{Min}\{300, 500\}=300$으로 [그림 5-5]와 같이 할당하고, 잔여 할당 가능량을 $S_3=S_3-x_{32}=300-300=0$, $D_2=D_2-x_{32}=500-300=200$과 같이 수정한다. 여기서 행 3은 더 이상 고려할 필요가 없으므로 제외한다.

단계 3 할당 셀의 수는 1이고, 이는 $n+m-1=6$보다 작으므로 단계 1로 간다.

단계 1 제외(지워지지)되지 않은 모든 셀들을 대상으로 $\text{Min}\{c_{ij}\}=2$이고, 이는 셀 (2,1)에서 발생하였다.

단계 2 셀 (2,1)에 가능한 최대량인 $\text{Min}\{S_2, D_1\}=\text{Min}\{600, 300\}=300$을 배당하고, 잔여 할당 가능량을 수정한다. 즉, $x_{21}=\text{Min}\{S_2, D_1\}=300$으로 할당하고, 잔여 할당 가능량을 $S_2=S_2-x_{21}=600-300=300$, $D_1=D_1-x_{21}=300-300=0$으로 [그림 5-6]와 같이 수정한다.

비슷한 과정을 통해 [그림 5-7]~[그림 5-10]의 결과를 얻게 되고, 최소비용법을 이용한 수송방안은 [그림 5-10]과 같이 총비용은 100(5)+400(9)+300(2)+100(4)+200(3)+300= 6,000백 원이다. 여기서 보는 바와 같이 이 문제의 경우에는 최소비용법을 이용하여 구한 수송방안이 북서코너법에 의한 7,200백 원보다 더 좋은 방안이다.

그림 5-5 최소비용법의 첫째 셀 배당

공급지 \ 수요지	수요지 1	수요지 2	수요지 3	수요지 4	생산용량(S_i)
공장 1	6	5	8	9	500
공장 2	2	4	3	5	600
공장 3	8	1 300	3	7	0
수요량(D_j)	300	200	200	400	1400

그림 5-6 최소비용법의 둘째 셀 배당

공급지 \ 수요지	수요지 1	수요지 2	수요지 3	수요지 4	생산용량(S_i)
공장 1	6	5	8	9	500
공장 2	2 300	4	3	5	300
공장 3	8	1 300	3	7	0
수요량(D_j)	0	200	200	400	1400

그림 5-7 최소비용법의 셋째 셀 배당

공급지 \ 수요지	수요지 1	수요지 2	수요지 3	수요지 4	생산용량(S_i)
공장 1	6	5	8	9	500
공장 2	2 300	4	3 200	5	100
공장 3	8	1 300	3	7	0
수요량(D_j)	0	200	0	400	1400

그림 5-8 최소비용법의 넷째 셀 배당

공급지 \ 수요지	수요지 1	수요지 2	수요지 3	수요지 4	생산용량(S_i)
공장 1	6	5	8	9	500
공장 2	2 300	4 100	3 200	5	0
공장 3	8	1 300	3	7	0
수요량(D_j)	0	100	0	400	1400

그림 5-9 최소비용법의 다섯째 셀 배당

공급지 \ 수요지	수요지 1	수요지 2	수요지 3	수요지 4	생산용량(S_i)
공장 1	6	5 100	8	9	400
공장 2	2 300	4 100	3 200	5	0
공장 3	8	1 300	3	7	0
수요량(D_j)	0	0	0	400	1400

그림 5-10 최소비용법의 해

공급지 \ 수요지	수요지 1	수요지 2	수요지 3	수요지 4	생산용량(S_i)
공장 1	6	5 100	8	9 400	500
공장 2	2 300	4 100	3 200	5	600
공장 3	8	1 300	3	7	300
수요량(D_j)	300	500	200	400	1400

최소비용법을 이용한 수송량 할당방식은 가장 비용이 저렴한 곳부터 할당해가는 방법이므로, 총수송비용이 최저가 되는 수송방안을 제공해줄 것 같지만 항상 그렇지는

않다. 이는 최소비용법을 이용한 할당은 단지 최소의 비용을 가진 하나의 셀만 고려할 뿐 다른 셀들에 대한 고려를 하지 않는 방식이기 때문이다. 최소비용 셀에 최대량을 배정하면 다른 셀에는 배정을 할 수 없게 되는데, 이에 따른 기회비용을 고려한 할당 방식이 보겔 근사법(VAM)과 러셀 근사법(RAM)이다.

5.2.3 보겔 근사법

어떤 셀을 선택하여 수요와 공급을 대응시켜 배당할 때 최적의 셀을 선택하지 못했을 경우에 치러야 할 손실이 기회비용인데, 기회비용이 최소가 되도록 배당하는 방식이 보겔 근사법이다. 보겔 근사법은 다음과 같은 방식으로 수송량을 할당한다.

단계 1 수송표의 각 행과 열의 단위 수송비용 중에서 최소비용치와 그 다음으로 작은 비용치의 차이인 기회비용을 구한다.
기회비용=차하위 최소비용－최소비용

단계 2 최대 기회비용을 갖는 행이나 열에서 최소 단위 수송비용을 갖는 셀에 가능한 한 최대로 수송량을 배정한다.

단계 3 잔여 공급량이나 수요량이 0인 행이나 열을 제거해가면서 $n+m-1$개의 셀에 배당될 때까지 단계 1에서 단계 3까지를 반복한다.

Q 예제 5-4

앞의 [예제 5-1]에서 다룬 문제에 대해 보겔 근사법으로 수송량을 배정해보자.

먼저 각 행과 열별 기회비용을 계산한 것이 [그림 5-11]이다. 예를 들어, 첫째 열인 '수요지 1'의 기회비용은 6－2=4이고, 첫 번째 행인 '공장 1'의 기회비용은 6－5=1이다.

그림 5-11 보겔 근사법의 첫 번째 셀 배당

공급지 \ 수요지	수요지 1	수요지 2	수요지 3	수요지 4	생산용량(S_i)	기회비용
공장 1	6	5	8	9	500	1
공장 2	2 300	4	3	5	300	1
공장 3	8	1	3	7	300	2
수요량(D_j)	0	500	200	400	1400	
기회비용	4	3	0	2		

기회비용 중 최대 기회비용값 4를 갖는 것은 첫 번째 열인 '수요지 1'이고, 첫 번째 열에 해당되는 수송단가 중 최소인 Min{6, 2, 8} = 2를 갖는 공장 2의 셀 (2, 1)에 가능한 최대량을 할당한다. 여기서 가능한 최대량은 Min{600, 300} = 300이고, 최소값 300이 발생한 열인 첫 번째 열은 더 이상 고려할 필요가 없으므로 제외시킨다.

제외되지 않은 셀들을 대상으로 기회비용을 계산한 결과는 [그림 5-12]이다. 공장 1의 기회비용과 수요지 2의 기회비용이 3으로 최대이지만, 최대의 기회비용을 갖는 것이 두 개 이상이므로 이 중에서 임의로 하나를 선택하면 된다. 다음 [그림 5-12]에서는 공장 1과 수요지 2 중에서 공장 1을 임의로 선택하였다. 선택한 공장 1에서의 수송단가 중 가장 저렴한 비용을 갖는 수요지 2에 가능한 최대량을 배정한다. 그러나 여기에서는 Min$\{S_1, D_2\}$ = Min{500, 500} = 500으로, $S_1 = D_2$이므로 이 중 하나만 선택하여 제거해야 한다. [그림 5-12]에서는 행을 선택하였고, 선택한 첫 번째 행에 500을 배정한 후, 첫 번째 행은 더 이상 고려할 필요가 없으므로 고려대상에서 제외시킨다.

▌그림 5-12▌ 보겔 근사법의 두 번째 셀 배당

공급지 \ 수요지	수요지 1	수요지 2	수요지 3	수요지 4	생산용량(S_i)	기회비용
공장 1	6	5 500	8	9	0	3
공장 2	2 300	4	3	5	300	1
공장 3	8	1	3	7	300	2
수요량(D_j)	0	0	200	400	1400	
기회비용		3	0	2		

세 번째로 [그림 5-12]에 대한 기회비용을 계산한 결과가 [그림 5-13]이다. 최대 기회비용을 가지는 수요지 2로의 수송단가 중 최저인 공장 3에 가능한 최대량인 Min{300, 0} =0을 할당한 다음 두 번째 열을 제외시킨다.

▌그림 5-13▌ 보겔 근사법의 세 번째 셀 배당

공급지 \ 수요지	수요지 1	수요지 2	수요지 3	수요지 4	생산용량(S_i)	기회비용
공장 1	6	5 500	8	9	0	
공장 2	2 300	4	3	5	300	1
공장 3	8	1 0	3	7	300	2
수요량(D_j)	0	0	200	400	1400	
기회비용		3	0	2		

네 번째로 [그림 5-13]에 대해 기회비용을 계산한 결과, 공장 3의 기회비용이 7−3 =4로 최대이고, 공장 3에서의 최소 수송단가를 가지는 수요지 3에 가능한 최대량인 Min{300, 200} =200만큼을 할당하고, [그림 5-14]와 같이 세 번째 열을 제외시킨다.

그림 5-14 보겔 근사법의 네 번째 셀 배당

공급지 \ 수요지	수요지 1	수요지 2	수요지 3	수요지 4	생산용량(S_i)	기회비용
공장 1	6	5 500	8	9	0	
공장 2	2 300	4	3	5	300	2
공장 3	8	1 0	3 200	7	100	4
수요량(D_j)	0	0	0	400	1400	
기회비용			0	2		

다섯 번째로 공장 2, 공장 3의 기회비용은 없지만, 수요지 4를 위해서는 7−5=2의 기회비용이 발생하고, 이때의 최소 수송비용인 셀 (2,4)에 가능한 최대량인 Min{300,400} =300을 할당한 후 [그림 5-15]와 같이 두 번째 행을 제외시킨다.

그림 5-15 보겔 근사법의 다섯 번째 셀 배당

공급지 \ 수요지	수요지 1	수요지 2	수요지 3	수요지 4	생산용량(S_i)	기회비용
공장 1	6	5 500	8	9	0	
공장 2	2 300	4	3	5 300	0	
공장 3	8	1 0	3 200	7	100	
수요량(D_j)	0	0	0	100	1400	
기회비용				2		

마지막으로 셀 (3,4)에 가능한 최대량인 Min{100,100} =100을 할당한 결과가 [그림 5-16]과 같다. 이와 같이 보겔 근사법에 의한 수송방안의 총비용은 500(5)+300(2)+300(5)+0(1)+200(3)+100(7)=5,900백 원이다.

그림 5-16 보겔 근사법의 해

공급지 \ 수요지	수요지 1	수요지 2	수요지 3	수요지 4	생산용량(S_i)
공장 1	6	5 500	8	9	500
공장 2	2 300	4	3	5 300	600
공장 3	8	1 0	3 200	7 100	300
수요량(D_j)	300	500	200	400	1400

5.2.4 러셀 근사법

러셀 근사법은 상대적인 수송비용이 저렴한 셀에서부터 할당해가는 방식으로, 상대적인 수송비용은 수송표의 각 단위 수송비용에서 각 행과 열에서 최대 수송비용을 빼서 다음과 같이 계산한다.

$\overline{c_{ij}} = c_{ij} - \overline{u_i} - \overline{v_j}$

$\overline{c_{ij}}$: 공급지 i에서 수요지 j로의 단위당 수정 수송비

$\overline{u_i}$: 공급지 i에서 공급 가능한 수요지 중 최대 단위 수송비

$\overline{v_j}$: 수요지 j에 공급 가능한 공급지 중 최대 단위 수송비

수정 수송비 $\overline{c_{ij}}$가 음(negative)인 셀 중에서 가장 작은 셀을 선택하여, 가능한 최대량을 배정해가면서 총 $n+m-1$개의 셀에 할당해 가는데, $\overline{c_{ij}}$가 모두 비음의 값을 가질 때 $(\overline{u_i} + \overline{v_j} \le c_{ij})$의 해를 러셀 근사법의 수송방안으로 선택한다. 이와 같은 러셀 근사법은 앞에서 다룬 수송모형의 쌍대문제의 제약식 형태와 같은 수정비용을 활용한 배당을 하므로, 일반적으로 최적해와 상당히 근접한 해를 제공해준다는 장점이 있다. 그러나 다른 방법에 비해 계산량이 상당이 많다는 단점이 있다.

예제 5-5

앞의 [예제 5-1]에서 다룬 문제를 러셀 근사법을 이용하여 수송방안을 수립해보자.

먼저 각 행과 열 중의 최대 단위 수송비용을 찾아서 이를 각각 $\overline{u_i}$와 $\overline{v_j}$로 둔다. 예를 들어, $\overline{u_1}=\text{Max}\{c_{11}, c_{12}, c_{13}, c_{14}\}=\text{Max}\{6,5,8,9\}=9$, $\overline{u_2}=\text{Max}\{2,4,3,5\}=5$, $\overline{v_1}=\text{Max}\{c_{11}, c_{21}, c_{31}\}=\text{Max}\{6,2,8\}=8$이다. 이 값을 이용하여 수정비용 $\overline{c_{ij}}$를 계산한 결과가 [그림 5-17]이다. 예를 들어, $\overline{c_{11}}=c_{11}-\overline{u_1}-\overline{v_1}=6-9-8=-11$이고, $\overline{c_{12}}=c_{12}-\overline{u_1}-\overline{v_2}=5-9-5=-9$이다. 이들 수정비용은 수송표 각 셀 안에 괄호로 표시하였다.

계산한 수정비용 중에서 최소의 값을 가지는 셀을 선택하는데, [그림 5-17]에서는 셀 (3,3)의 수정비용이 −13으로 최소이므로 이를 선택한다. 셀 (3,3)에 배당 가능한 최대량은 $\text{Min}\{S_3, D_3\}=\text{Min}\{300, 200\}=200$이다. 최소값이 수요지 3에 해당되는 열에서 발생하였으므로 세 번째 열에 할당 후 세 번째 열은 더 이상 고려할 필요가 없으므로 제거한다. 그리고 수정비용도 다시 계산한다. 이 결과가 [그림 5-18]이다.

그림 5-17 러셀 근사법의 수정비용

공급지 \ 수요지	수요지 1	수요지 2	수요지 3	수요지 4	생산용량(S_i)	$\overline{u_i}$
공장 1	6 (−11)	5 (−9)	8 (−9)	9 (−9)	500	9
공장 2	2 (−11)	4 (−6)	3 (−10)	5 (−9)	600	5
공장 3	8 (−8)	1 (−12)	3 (−13)	7 (−10)	300	8
수요량(D_j)	300	500	200	400	1400	
$\overline{v_j}$	8	5	8	9		

그림 5-18 러셀 근사법의 첫 번째 셀 할당

공급지 \ 수요지	수요지 1	수요지 2	수요지 3	수요지 4	생산용량(S_i)	$\overline{u_i}$
공장 1	6 (−11)	5 (−9)	8	9 (−9)	500	9
공장 2	2 (−11)	4 (−6)	3	5 (−9)	600	5
공장 3	8 (−8)	1 (−12)	3 200	7 (−10)	300	8
수요량(D_j)	300	500	0	400	1400	
$\overline{v_j}$	8	5		9		

두 번째로 [그림 5-18]에서 최소 수정비용인 −12를 갖는 셀 (3,2)에 배당 가능한 최대량인 Min{100,500}=100을 할당한 후 세 번째 행은 더 이상 고려할 필요가 없으므로 제거한다. 그리고 수정비용도 다시 계산한다. 이 결과가 [그림 5-19]이다.

세 번째로 [그림 5-19]에서 최소 수정비용은 −9이지만, 이를 갖는 셀들이 셀 (1,1), 셀 (1,2), 셀 (1,4), 셀 (2,1), 셀 (2,4)로 여러 개이므로 이 중 셀 (1,1)을 임의로 선택하고, Min{500,300}=300을 할당한다. 첫 번째 열은 더 이상 고려할 필요가 없으므로 제거하고, 수정비용도 다시 계산한 결과가 [그림 5-20]이다.

그림 5-19 러셀 근사법의 두 번째 셀 할당

공급지 \ 수요지	수요지 1	수요지 2	수요지 3	수요지 4	생산용량(S_i)	$\overline{u_i}$
공장 1	6 (−9)	5 (−9)	8	9 (−9)	500	9
공장 2	2 (−9)	4 (−6)	3	5 (−9)	600	5
공장 3	8	1 100	3 200	7	0	
수요량(D_j)	300	400	0	400	1400	
$\overline{v_j}$	6	5		9		

그림 5-20 러셀 근사법의 세 번째 셀 할당

공급지 \ 수요지	수요지 1	수요지 2	수요지 3	수요지 4	생산용량(S_i)	$\overline{u_i}$
공장 1	6 / 300	5 / (−9)	8	9 / (−9)	200	9
공장 2	2	4 / (−6)	3	5 / (−9)	600	5
공장 3	8	1 / 100	3 / 200	7	0	
수요량(D_j)	0	400	0	400	1400	
$\overline{v_j}$	6	5		9		

네 번째로 비슷한 방식으로 셀 (1,2)에 Min{200, 500} =200을 할당하고 수정비용을 다시 계산한 결과는 [그림 5-21]과 같다.

마지막으로 [그림 5-21]로부터 셀 (2,2)에 Min{600, 300} =300을 할당한 결과가 [그림 5-22]이다.

이 경우의 예에서는 많은 계산을 하였음에도 불구하고, 구한 해의 총비용이 6,300 백 원으로 상당히 큰 값을 가지는 수송방안을 도출하였지만 일반적으로 러셀 근사법은 최적해에 가까운 해를 유도한다.

그림 5-21 러셀 근사법의 네 번째 셀 할당

공급지 \ 수요지	수요지 1	수요지 2	수요지 3	수요지 4	생산용량(S_i)	$\overline{u_i}$
공장 1	6 / 300	5 / 200	8	9 / (−9)	0	
공장 2	2	4 / (−5)	3	5 / (−5)	600	5
공장 3	8	1 / 100	3 / 200	7	0	
수요량(D_j)	0	300	0	400	1400	
$\overline{v_j}$		4		5		

그림 5-22 러셀 근사법의 해

공급지 \ 수요지	수요지 1	수요지 2	수요지 3	수요지 4	생산용량(S_i)	$\overline{u_i}$
공장 1	6 300	5 200	8	9 (−9)	0	
공장 2	2	4 300	3	5 (−5)	300	5
공장 3	8	1 100	3 200	7	0	
수요량(D_j)	0	0	0	400	1400	
$\overline{v_j}$				5		

5.3 수송모형의 최적해 해법

수송모형을 위한 최적해는 선형계획법을 이용하면 구할 수 있다. 그러나 앞에서 살펴본 바와 같이 수송모형의 여러 가지 특징을 활용한 좀 더 효율적인 해법을 알아보고자 한다.

수송모형의 최적해를 구하기 위한 해법으로는 디딤돌법(Stepping-Stone Method)과 MODI(MOdified DIstribution)법이 있다. 두 가지 모두 수송모형의 특징을 활용하여 최적해를 구하는 기법으로 선형계획법의 심플렉스 해법과 마찬가지로 한 번에 하나의 진입변수와 탈락변수를 바꿔가면서 반복적인 연산을 통해 최적해를 찾는다. 그러나 심플렉스 해법의 추축연산(Pivot Operation)과는 다르게 디딤돌법과 MODI법은 폐환경로(Closed Loop)를 형성하여 간단히 연산을 수행한다. 디딤돌법과 MODI법은 진입변수와 탈락변수를 선택하는 방법에 차이가 있는데, 이를 좀 더 자세히 알아보기로 한다.

5.3.1 MODI법

MODI법은 진입변수로 선정한 하나의 변수에 대해서만 폐환경로를 작성하는 방식을 이용하여 최적해를 구하는 방식이다. 심플렉스 해법의 수정비용을 기준으로 하는 진입변수 선정방식과 유사하게 MODI법에서도 각 셀에 대한 수정비용을 계산한 후, 수정비용이 모두 양(positive)이면 현 상태의 해를 최적해로 선택하고, 그렇지 않은 경우는 최소의 수정비용을 갖는 셀을 진입변수로 선택한다. 선택한 진입변수에 대한 현재의 기저변수들로 구성된 폐환경로를 구성하여 탈락변수를 선택하는 절차를 반복하여 해를 구하는데, 자세한 절차는 다음과 같다.

단계 1 초기의 실행가능해를 하나 구한다. 이를 위해서는 앞에서 보았던 북서코너법, 최소비용법, 보겔 근사법, 러셀 근사법 중 하나를 이용하면 된다.

단계 2 현재의 기저해에 대해 다음의 식을 만족하는 변수의 값을 구한다. 여기서 셀 (i,j)는 기저변수이다.

$$c_{ij} = u_i + v_j$$

위의 식은 기저변수의 개수인 $n+m-1$개이지만 변수(쌍대변수) u_i, v_j의 총 수는 $n+m$개이다. 즉, 식의 수보다 변수의 수가 하나 더 많으므로, 위의 식을 만족하는 해의 수는 매우 많다. 매우 많은 해 중에서 하나의 해만 구하면 되는데, 이를 위해서는 임의로 하나의 변수를 선택하고, 선택한 변수에 임의의 값(보통은 0값을 부여)을 부여한 후, 나머지 변수들의 값을 구하면 된다.

단계 3 현재의 비기저변수에 대해 수정비용 $\overline{c_{ij}}$를 계산한다.

$$\overline{c_{ij}} = c_{ij} - u_i - v_j$$

여기서 u_i와 v_j는 단계 2에서 구한 값을 이용하는데, u_i와 v_j는 무수히 많은 해 중 하나의 해이므로 이들 값에 따라 결정되는 수정비용 $\overline{c_{ij}}$는 값이 u_i와 v_j의 값에 따라 달라지지만, 최적해를 구하는 데에는 이들 차이가 문제가 되지 않는다.

단계 3 만약 모든 수정비용이 0 이상이면 현재의 기저해가 최적해가 되고, 수정비용 중 음(negative)의 값을 가지는 것이 하나라도 있다면 단계 4로 간다.

단계 4 수정비용 중 최소값을 가지는 변수(셀)를 진입변수로 선택한다. 여기서 만약 최소값을 가진 셀이 여러 개 존재한다면 이들 중 임의로 하나를 선택한다.

단계 5 진입변수에 대해 현재의 기저변수들로 구성된 폐환경로를 구성하여, 폐환경로상의 '주는 셀(donor)' 중 기저변수값이 최소인 변수를 탈락변수로 선택한다. 여기서 폐환경로는 직선 경로를 진입변수를 포함하여 두 개의 기저변수로 구성하고, 진입변수에서 출발하여 다시 진입변수로 이어지는 경로이다. 이러한 경로는 선택한 진입변수에 대해 반드시 존재하며 유일하게 존재한다. 진입변수가 현재 0의 값을 가지고 있지만, 양의 값으로 증가된다고 할 때, 실행가능성을 만족하기 위해서는 증가된 만큼 다른 변수는 감소되어야 하는데, '주는 셀'이란 수송표상에서 실행가능성을 유지하기 위해 값이 감소되어야 하는 변수의 위치를 말한다. 폐환경로상의 변수 중에서는 진입변수를 기준으로 하여 홀수 개만큼 떨어진 변수들이 주는 셀이 된다. 이들 주는 셀 중 최소값을 가진 셀이 탈락변수가 된다. 여기서 최소값을 가진 셀을 탈락변수로 선택하는 이유는 모든 변수가 비음제약을 만족해야 하기 때문이다. 이와 같은 주는 셀 중 최소값이 '주는 값'이 된다. 폐환경로상의 주는 셀이 아닌 것을 '받는 셀'이라고 한다.

단계 6 폐환경로상의 주는 셀의 값에서 주는 값만큼씩을 빼고, 받는 셀에는 이를 더해준 다음, 탈락변수는 비기저변수로 하고 대신 진입변수를 새로운 기저변수로 추가한다. 단계 2로 간다.

예제 5-6

앞의 [예제 5-1]에서 다룬 수송문제에 대한 최적해를 MODI법을 이용해서 구해보자.

먼저, 단계 1에서 초기의 실행가능해를 구하는데, 여기에서는 보겔 근사법의 결과인 [그림 5-16]을 이용하기로 하자. 이와 같은 초기해가 최적해상태인지를 판단하고, 최적해가 아니라면 더 나은 해를 찾아야 한다.

단계 2 현재의 $n+m-1=6$개의 기저변수에 대해 $c_{ij}=u_i+v_j$를 만족하는 u_i와 v_j를 구한다. 즉, [그림 5-16]에서 기저해는 셀 (1,2), 셀 (2,1), 셀 (2,4), 셀 (3,2), 셀 (3,3), 셀 (3,4)이므로 이들 셀에 해당되는 수송단가 c_{ij}에 대한 식은 다음과 같다.

$$\begin{aligned} c_{12}&=u_1+v_2=5\\ c_{21}&=u_2+v_1=2\\ c_{24}&=u_2+v_4=5\\ c_{32}&=u_3+v_2=1\\ c_{33}&=u_3+v_3=3\\ c_{34}&=u_3+v_4=7 \end{aligned}$$

위는 6개($n+m-1$개)의 식들을 동시에 만족하는 7개($n+m$개)의 변수값을 구하는 문제가 되는데, 식의 수가 변수의 수보다 1개 작으므로 변수 중 임의의 한 개를 선택하여 이 변수에 임의의 값을 부여한 후 풀면 된다. 그러나 계산의 편리를 위해 식에서 많이 나타나는 변수를 하나 선택하여 이 변수에 0의 값을 부여하는 것이 좋다. 여기에서는 변수 u_3를 선택하여, 이 변수가 0의 값을 갖는 경우의 다른 변수의 값을 구하면 다음과 같이 구해진다.

$$u_1=4,\ u_2=-2,\ u_3=0,$$
$$v_1=4,\ v_2=1,\ v_3=3,\ v_4=7$$

단계 3 현재의 비기저변수에 해당되는 $(n-1)\times(m-1)=(2)\times(3)=6$개의 셀 (1,1), (1,3), (1,4), (2,2), (2,3), (3,1)에 대해 수정비용 $\overline{c_{ij}}$를 다음과 같이 구하는데, 이 결과가 [그림 5-23]의 비기저변수 셀 내의 괄호 안의 수로 표시되어 있다.

$$\begin{aligned} \overline{c_{11}}&=c_{11}-u_1-v_1=6-4-4=-2\\ \overline{c_{13}}&=c_{13}-u_1-v_3=8-4-3=1\\ \overline{c_{14}}&=c_{14}-u_1-v_4=9-4-7=-2\\ \overline{c_{22}}&=c_{22}-u_2-u_2=4-(-2)-1=5\\ \overline{c_{23}}&=c_{23}-u_2-v_3=3-(-2)-3=2\\ \overline{c_{31}}&=c_{31}-u_3-v_1=8-0-4=4 \end{aligned}$$

▌그림 5-23▐ MODI법을 위한 수정비용 계산

공급지 \ 수요지	수요지 1	수요지 2	수요지 3	수요지 4	생산용량(S_i)	u_i
공장 1	6 (−2)	5 500	8 (1)	9 (−2)	500	4
공장 2	2 300	4 (5)	3 (2)	5 300	600	−2
공장 3	8 (4)	1 0	3 200	7 100	300	0
수요량(D_j)	300	500	200	400	1400	
v_j	4	1	3	7		

단계 3 [그림 5-23]에서 최소 수정비용값이 −2로 음의 값이므로 단계 4로 간다.

단계 4 최소 수정비용인 −2를 갖는 비기저변수 셀 (1,1)과 셀 (1,4) 중에서 임의로 셀 (1,1)을 선택하는 경우를 다루어보자.

단계 5 셀 (1,1)을 진입변수로 하기 위해서는 하나의 탈락변수를 찾아야 하는데, 이를 위해 셀 (1,1)과 현재의 기저변수들로 구성되는 폐환경로를 찾는다. 셀 (1,1)에 대한 폐환경로는 [그림 5-24]에 표시된 바와 같이 구성된다.

셀 (1,1)↔셀 (1,2)↔셀 (3,2)↔셀 (3,4)↔셀 (2,4)↔셀 (2,1)↔셀 (1,1)

여기서 셀 (1,1), 셀 (3,2), 셀 (2,4)는 받는 셀이고, 폐환경로상의 나머지 셀들은 주는 셀이 된다.

▌그림 5-24▐ MODI법을 위한 첫 번째 반복

공급지 \ 수요지	수요지 1	수요지 2	수요지 3	수요지 4	생산용량(S_i)	u_i
공장 1	6 (−2)	5 500	8 (1)	9 (−2)	500	4
공장 2	2 300	4 (5)	3 (2)	5 300	600	−2
공장 3	8 (4)	1 0	3 200	7 100	300	0
수요량(D_j)	300	500	200	400	1400	
v_j	4	1	3	7		

단계 6 주는 셀인 셀 (1,2), (3,4), (2,1) 중 최소값인 Min{500,100,300} =100을 가지는 셀 (3,4)가 탈락변수가 되고, 탈락변수의 변수값만큼을 받는 셀에는 더해주고, 주는 셀에서는 감하여 새로운 기저해를 형성한 결과가 [그림 5-25]이다.

그림 5-25 MODI를 위한 새로운 기저변수 형성

공급지 \ 수요지	수요지 1	수요지 2	수요지 3	수요지 4	생산용량(S_i)	u_i
공장 1	6 100	5 400	8	9	500	
공장 2	2 200	4	3	5 400	600	
공장 3	8	1 100	3 200	7	300	
수요량(D_j)	300	500	200	400	1400	
v_j						

단계 2 현 상태가 최적해상태인지 여부를 판단하기 위해서는 다시 수정비용을 검토해야 하는데, 수정비용 계산을 위한 u_i와 v_j를 [그림 5-25]의 기저변수에 대한 식을 다음과 같이 구성하여 구한다.

$$c_{11} = u_1 + v_1 = 6$$
$$c_{12} = u_1 + v_2 = 5$$
$$c_{21} = u_2 + v_1 = 2$$
$$c_{24} = u_2 + v_4 = 5$$
$$c_{32} = u_3 + v_2 = 1$$
$$c_{33} = u_3 + v_2 = 3$$

이를 위해 임의로 하나의 변수 u_1을 선택하여, 편리를 위해 0의 값을 갖도록 하면, 나마지 변수들은 다음과 같은 답을 얻게 된다.

$$u_1 = 0,\ u_2 = -4,\ u_3 = -4$$
$$v_1 = 6,\ v_2 = 5,\ v_3 = 7,\ v_4 = 9$$

단계 3 현재의 비기저변수에 대해 다음과 같이 수정비용 $\overline{c_{ij}}$를 구한다.

$$\overline{c_{13}} = c_{13} - u_1 - v_3 = 8 - 0 - 7 = 1$$

$$\overline{c_{14}} = c_{14} - u_1 - v_4 = 9 - 0 - 9 = 0$$

$$\overline{c_{22}} = c_{22} - u_2 - v_2 = 4 - (-4) - 5 = 3$$

$$\overline{c_{23}} = c_{23} - u_2 - v_3 = 3 - (-4) - 7 = 0$$

$$\overline{c_{31}} = c_{31} - u_3 - v_1 = 8 - (-4) - 6 = 6$$

$$\overline{c_{34}} = c_{34} - u_3 - v_4 = 7 - (-4) - 9 = 2$$

u_i와 v_j 및 수정비용 $\overline{c_{ij}}$를 [그림 5-26]에 표시하였다.

그림 5-26 MODI를 위한 수정비용 계산

공급지 \ 수요지	수요지 1	수요지 2	수요지 3	수요지 4	생산용량(S_i)	u_i
공장 1	6 100	5 400	8 (1)	9 (0)	500	0
공장 2	2 200	4 (3)	3 (0)	5 400	600	−4
공장 3	8 (6)	1 100	3 200	7 (2)	300	−4
수요량(D_j)	300	500	200	400	1400	
v_j	6	5	7	9		

단계 3 [그림 5-26]을 보면 현재의 모든 수정비용이 0 이상이므로 현재의 해가 최적해이다. 즉, 공장 1에서는 수요지 1로 100만큼을 수송하고 수요지 2로는 400만큼 수송한다. 공장 2에서는 수요지 1로 200을, 수요지 4로는 400만큼을 수송한다. 마지막으로 공장 3은 수요지 2에 100, 수요지 3에는 200만큼을 수송하는데, 이때의 총수송비용은 5,700백 원이 든다.

5.3.2 디딤돌법

MODI법에서 진입변수를 선택하기 위해 쌍대변수값을 계산하는 과정(단계 2~4)을 수행하였는데, 디딤돌법은 진입변수 선택을 위한 계산을 미리 하지 않는 방법이다. 디딤돌법의 자세한 절차는 다음과 같다.

단계 1 초기의 실행가능해를 하나 구한다.

단계 2 현재의 각 비기저변수에 대해 폐환경로를 구축하고, 해당 비기저변수값을 현재의 0에서 1로 값을 1만큼 증진 시, 목적함수값의 변화분을 계산한다. 여기서 목적함수값의 변화분은 (폐환경로를 구성하는 셀 중의 받는 셀들의 단위 수송비용의 합)−(폐환경로상의 주는 셀들의 단위 수송비용의 합)으로 계산한다.

단계 3 목적함수값의 변화분이 모두 음이 아니라면 현 상태가 최적이므로 중단한다. 그러나 어느 하나라도 음의 값을 가진 것이 있다면 단계 4를 수행한다.

단계 4 최소의 변화값을 주는 셀(비기저변수)을 진입변수로 하고, 그에 해당되는 폐환경로상의 한 변수를 탈락변수로 정한다. 주는 셀에는 주는 값을 빼고, 받는 셀에서는 주는 값을 더한 후, 단계 2를 다시 수행한다.

예제 5-7

디딤돌법을 위해 보겔 근사법 방법의 해인 [그림 5-16]의 초기 수송방안을 고려해보자.

단계 2 현재의 모든 비기저해를 나타내는 셀 (1,1), (1,3), (1,4), (2,2), (2,3), (3,1)에 대해 각각 폐환경로를 작성하여 수정비용을 계산한다. 셀 (1,1)에 대한 폐환경로는 MODI법을 위해 작성하였던 [그림 5-24]와 같고, 이때의 수정비용은 다음과 같다.

$$c'_{11}=(c_{11}+c_{24}+c_{32})-(c_{12}+c_{21}+c_{34})=(6+5+1)-(5+2+7)=-2$$

셀 (1,3)에 대한 폐환경로는 [그림 5-27]과 같고, 이에 대한 수정비용은 $c'_{13}=(c_{13}$

$+c_{32})-(c_{12}+c_{33})=(8+1)-(5+3)=1$이다.

▌그림 5-27▌ 디딤돌법을 위한 셀 (1,3)의 폐환경로

공급지 \ 수요지	수요지 1	수요지 2	수요지 3	수요지 4	생산용량(S_i)
공장 1	6	5 500	8	9	500
공장 2	2 300	4	3	5 300	600
공장 3	8	1 0	3 200	7 100	300
수요량(D_j)	300	500	200	400	1400

셀 (1,4)에 대한 폐환경로는 [그림 5-28]과 같고, 수정비용은 $c'_{14}=(c_{14}+c_{32})-(c_{12}+c_{34})=(9+1)-(5+7)=-2$이다.

▌그림 5-28▌ 디딤돌법을 위한 셀 (1,4)의 폐환경로

공급지 \ 수요지	수요지 1	수요지 2	수요지 3	수요지 4	생산용량(S_i)
공장 1	6	5 500	8	9	500
공장 2	2 300	4	3	5 300	600
공장 3	8	1 0	3 200	7 100	300
수요량(D_j)	300	500	200	400	1400

셀 (2,2)에 대한 폐환경로는 [그림 5-29]와 같고, 수정비용은 $c'_{22}=(c_{22}+c_{34})-(c_{24}+c_{32})=(4+7)-(5+1)=5$이다.

그림 5-29 디딤돌법을 위한 셀 (2,2)의 폐환경로

공급지 \ 수요지	수요지 1	수요지 2	수요지 3	수요지 4	생산용량(S_i)
공장 1	6	5 500	8	9	500
공장 2	2 300	4	3	5 300	600
공장 3	8	1 0	3 200	7 100	300
수요량(D_j)	300	500	200	400	1400

셀 (2,3)에 대한 폐환경로는 [그림 5-30]과 같고, 수정비용은 $c'_{23}=(c_{23}+c_{34})-(c_{24}+c_{33})=(3+7)-(5+3)=2$이다.

그림 5-30 디딤돌법을 위한 셀 (2,3)의 폐환경로

공급지 \ 수요지	수요지 1	수요지 2	수요지 3	수요지 4	생산용량(S_i)
공장 1	6	5 500	8	9	500
공장 2	2 300	4	3	5 300	600
공장 3	8	1 0	3 200	7 100	300
수요량(D_j)	300	500	200	400	1400

셀 (3,1)에 대한 폐환경로는 [그림 5-31]과 같고, 수정비용은 $c'_{31}=(c_{24}+c_{31})-(c_{21}+c_{34})=(5+8)-(2+7)=4$이다. 이로써 모든 비기저변수에 대해 각각 폐환경로를 작성하여 수정비용을 계산하였다.

그림 5-31 디딤돌법을 위한 셀 (3,1)의 폐환경로

공급지 \ 수요지	수요지 1	수요지 2	수요지 3	수요지 4	생산용량(S_i)
공장 1	6	5 500	8	9	500
공장 2	2 300	4	3	5 300	600
공장 3	8	1 0	3 200	7 100	300
수요량(D_j)	300	500	200	400	1400

단계 3 c'_{11}과 c'_{14}가 −2로 최소 수정비용이므로 셀 (1,1)과 셀 (1,4) 중에서 임의로 하나의 셀을 진입변수로 선택하면 되는데, 여기에서는 셀 (1,1)을 선택하는 경우에 대해서 다루기로 한다.

단계 4 [그림 5-24]와 같은 폐환경로에 의해 탈락변수는 셀 (3,4)가 되고, 이에 대한 처리를 하면 [그림 5-32]가 된다.

단계 2 [그림 5-32]의 비기저변수인 셀 (1,3), (1,4), (2,2), (2,3), (3,1), (3,4)에 대한 수정비용을 앞에서와 유사하게 각각 폐환경로를 작성하여 구한 결과가 [그림 5-32]의 비기저변수 셀의 괄호 안에 표시하였다.

그림 5-32 디딤돌법을 위한 수정비용 계산

공급지 \ 수요지	수요지 1	수요지 2	수요지 3	수요지 4	생산용량(S_i)
공장 1	6 100	5 400	8 (1)	9 (0)	500
공장 2	2 200	4 (3)	3 (0)	5 400	600
공장 3	8 (6)	1 100	3 200	7 (2)	300
수요량(D_j)	300	500	200	400	1400

단계 3 [그림 5-32]의 각 기저변수의 수정비용이 모두 양(positive)이므로 현 상태가 최적해이고, 이때의 총수송비용은 5,700백 원이다.

앞의 [예제 5-1]의 문제에 대해 LINGO를 이용한 모형입력 및 해를 구한 결과는 [그림 5-33]과 같다. 그림에서 보는 바와 같이 LINGO를 이용하여 구한 최적해는 $x_{11}=300$, $x_{12}=200$, $x_{23}=200$, $x_{24}=400$, $x_{32}=300$으로 총수송비용이 5,700백 원이다. 반면에 MODI법이나 디딤돌법으로 구한 최적해는 $x_{11}=100$, $x_{12}=400$, $x_{21}=200$, $x_{24}=400$, $x_{32}=100$, $x_{33}=200$으로 총수송비용이 5,700백 원이다. 두 개의 해가 모두 최적해이고 목적함수값은 같지만, 최적 목적함수를 형성하는 해에는 차이가 있다. 이는 먼저 양의 값을 가지는 기저변수의 개수의 차이에서 발생한다. 즉, LINGO는 5개의 변수가 양의 값을 가지지만, MODI법으로는 6개의 변수가 양의 값을 가진다. 이는 MODI법과 디딤돌해법이 기저변수의 수 $(n+m-1)$를 유지하면서 폐환 경로를 구성하며 해를 탐색하는 방안을 택하고 있는 데 반해, LINGO는 주축연산 등의 방법을 취하기 때문이다. 둘째로, MODI법 등에서도 알 수 있지만, [그림 5-26]과 [그림 5-32]의 최종 수송표에서 수정비용이 0이면서 현재 비기저변수인 변수 x_{14}와 x_{23}이 존재하는데, 이는 복수 최적해가 존재함을 의미한다. 이러한 사실은 LINGO의 결과 [그림 5-33]에서 보는 바와 같이 현재 값(value)은 0이면서 수정비용(Reduced

▌그림 5-33▐ [예제 5-1]의 LINGO 수행 결과

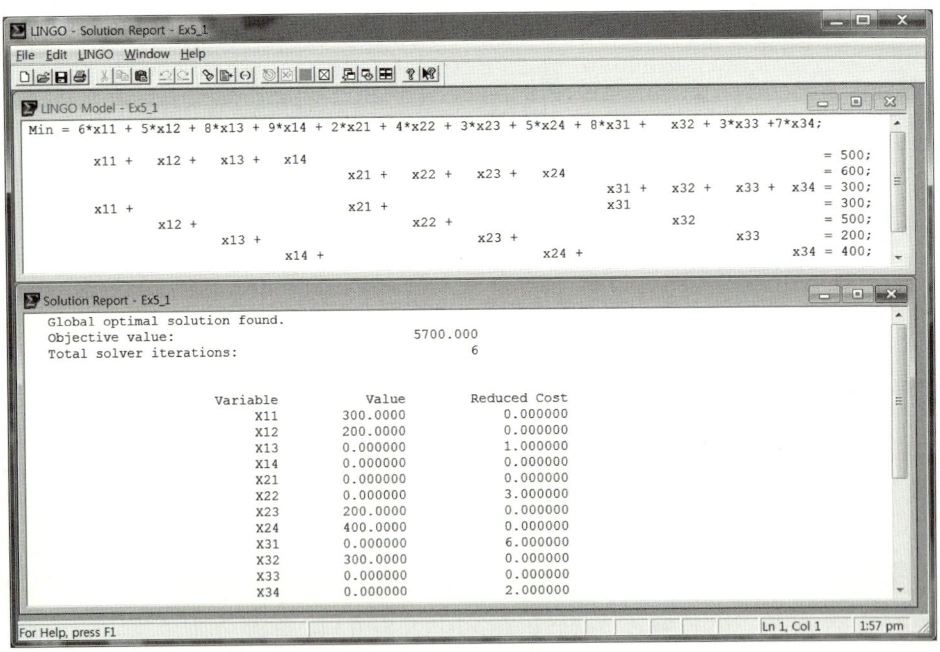

Cost)이 0인 변수 x_{14}와 x_{21}, x_{33} 존재를 통해서도 알 수 있다. 즉, 해를 구하는 방법과 복수최적해의 존재가 LINGO를 통해서 구한 최적해와 MODI법이나 디딤돌법으로 구한 최적해와의 차이가 발생하게 된 이유이다.

5.4 수송문제의 형태

앞에서는 균형수송문제를 다루었으나, 불균형수송문제, 퇴화해문제 및 최대화문제와 같은 유형의 문제도 있다.

5.4.1 불균형수송문제

불균형수송문제는 총수요량과 총공급량이 일치하지 않는 수송문제로, 이는 실행불가능이므로 균형수송문제로 변경해야 한다. 앞의 5.2절에서 설명한 바와 같이 모든 수송모형은 균형수송문제로 변경가능하다. 그러나 이를 위해서는 가상 수요지나 가상 공급지를 나타내는 변수를 추가로 도입해야 한다.

가상의 수요지는 ('총수요량' < '총공급량')인 경우, ('총공급량' − '총수요량')만큼을 가상의 수요지에서 수요가 발생하는 것으로 간주하는 형태로, 이때 각 공급지에서 수요지로의 단위 제품 수송당 수송비용은 일반적으로 0의 값을 부여한다. 이와 같이 0의 비용을 부여하는 이유는 실제로 각 공급지에서 가상의 수요지로의 수송은 일어나지 않기 때문이다.

예제 5-8

다음 [그림 5-34]의 수송문제를 고려해보자. 세 개의 공장에서 총 1,400개를 생산하여 세 개의 수요지의 총수요량 1,000개를 만족시키는 수송방안을 수립하고자 한다.

그림 5-34 불균형수송표

공급지 \ 수요지	수요지 1	수요지 2	수요지 3	생산용량(S_i)
공장 1	6	5	8	500
공장 2	2	4	3	600
공장 3	8	1	3	300
수요량(D_j)	300	500	200	1000 \ 1400

이 문제는 총수요량과 총공급량이 일치하지 않는 불균형수송문제이다.

총수요량=300+500+200=1,000

총공급량=500+600+300=1,400

따라서 총공급량과 총수요량의 차이인 400만큼을 가상의 수요지에서 수요가 발생한다는 것으로 간주하면, [그림 5-35]와 같은 균형수송문제로 바꿀 수 있고, 이 문제의 해를 찾기 위해서는 앞의 5.3절에서 다룬 방법과 동일한 방법을 이용하면 된다.

그림 5-35 가상 수요지를 이용한 균형수송표

공급지 \ 수요지	수요지 1	수요지 2	수요지 3	가상수요지	생산용량(S_i)
공장 1	6	5	8	0	500
공장 2	2	4	3	0	600
공장 3	8	1	3	0	300
수요량(D_j)	300	500	200	400	1400

총수요량이 총공급량을 초과하는 경우에는 그 차이만큼을 가상의 공급지에서 공급받는 것으로 간주하고, 이때의 수송비용은 모두 0으로 하는 균형수송문제로 바꿔서 풀면 된다.

예제 5-9

다음의 [그림 5-36]과 같은 수송문제를 해결하고자 한다. 두 개의 공장에서 총 1,100만큼을 공급할 수 있으나, 총수요량은 세 개의 수요지에서 총 1,400의 수요량이 있는 불균형수송문제에 대한 수송방안을 찾고자 한다.

그림 5-36 불균형수송표

공급지 \ 수요지	수요지 1	수요지 2	수요지 3	수요지 4	생산용량(S_i)
공장 1	6	5	8	9	500
공장 2	2	4	3	5	600
수요량(D_j)	300	500	200	400	1400 \ 1100

총공급량이 총수요량보다 작으므로 그 차이인 300만큼을 가상의 공급지에서 공급하는 형태의 균형수송문제로 [그림 5-37]과 같이 수정하여 5.3절에서 다룬 균형수송문제의 해법을 이용하여 풀면 된다.

그림 5-37 가상 공급지를 이용한 균형수송표

공급지 \ 수요지	수요지 1	수요지 2	수요지 3	수요지 4	생산용량(S_i)
공장 1	6	5	8	9	500
공장 2	2	4	3	5	600
가상 공급지	0	0	0	0	300
수요량(D_j)	300	500	200	400	1400

5.4.2 퇴화해문제

수송문제의 최적해를 찾기 위해 사용하는 디딤돌법이나 MODI법에서는 진입변수에 대한 폐환경로를 작성하여 해를 개선한다. 이러한 폐환경로를 위해서는 $n+m-1$개의 기저변수를 항상 유지해야 하고, 이를 위해서는 기저변수 중에 0의 값을 갖는 변수가 있을 수 있다. 이와 같은 0의 값을 갖는 기저변수가 있는 해를 퇴화해(Degenerated Solution)라고 하는데, 이는 폐환경로상의 주는 셀 중의 최소값을 갖는 셀이 두개 이상인 경우에 발생한다. 퇴화해의 경우에 0의 값을 갖는 기저변수가 목적함수에는 아무런 영향을 주지 못하지만, 개선된 해를 찾기 위해서는 비록 0의 값을 가지지만 이 변수가 기저변수임을 반드시 명시해주어야 한다. 그렇지 않으면 폐환경로를 위해 필요한 기저변수의 부족으로 폐환경로를 찾지 못하는 상황이 발생할 수도 있기 때문이다. 앞에서 밝힌 바와 같이 수송문제의 해를 개선하기 위해 선택한 진입변수에 대한 폐환경로는 항상 유일하게 한 개가 존재하는데, 이는 총기저변수 수가 $n+m-1$개로 표시되었을 때에 그러하다.

예제 5-10

다음 [그림 5-38]의 수송표를 갖는 수송문제에 대해 북서코너법을 이용하여 수송방안을 찾아보자.

그림 5-38 퇴화해를 위한 수송표

공급지 \ 수요지	수요지 1	수요지 2	수요지 3	생산용량(S_i)
공장 1	6	5	8	100
공장 2	2	4	3	100
공장 3	8	1	3	100
수요량(D_j)	100	100	100	300

북서코너법은 셀 (1,1)에 가능한 최대량인 $\text{Min}\{S_1, D_1\}=\text{Min}\{100, 100\}=100$만큼을 할당하는데, 최소값이 행과 열에서 동시에 발행하므로 행이나 열 중 하나만 제거해야 한다. 행을 제거하는 경우, $D_1=D_1-x_{11}=100-100=0$이 된다. 셀 (2,1)에 대한 배당은 $\text{Min}\{S_2, D_1\}=\text{Min}\{200, 0\}=0$을 배당하게 되는데, 이는 이전 단계인 셀 (1,1)

을 위한 배당에서 최소값을 형성하는 것이 행과 열에서 동시에 발생하였기 때문에 0의 값이 나오게 되어 퇴화해가 발생한다. 마찬가지로 셀 (3,2)에서도 0의 값을 갖는 기저변수가 되어 퇴화해가 된다. 이와 같이 0의 값을 갖는다 하더라도 기저변수임을 표시하기 위해서는 이를 [그림 5-39]와 같이 표시해두어야 한다.

그림 5-39 퇴화해

공급지 \ 수요지	수요지 1	수요지 2	수요지 3	생산용량(S_i)
공장 1	[6] 100	[5]	[8]	100
공장 2	[2] 0	[4] 200	[3]	200
공장 3	[8]	[1] 0	[3] 300	300
수요량(D_j)	100	200	300	600

5.4.3 최대화문제

수송문제는 주어진 공급지별 공급량제약과 수요지별 요구 수요량을 만족시키면서 최소의 비용으로 수송하기 위한 수송방안을 수립하는 문제이다. 그러나 배송회사의 입장에서는 수송에 따른 이익이 발생하고, 이익을 최대화하기 위한 배송방안을 수립해야 할 필요도 있다. 이와 같은 최대화를 하는 문제는 최소화문제로 변형한 후, 앞에서 다룬 최소화문제를 위한 해법을 적용하면 해결된다. 즉, p_{ij}를 공급지 i에서 수요지 j로의 한 단위 수송 시에 얻는 이익이라고 하고, 총이익을 최대화하는 수송방안을 찾는 문제의 목적함수는 다음과 같다.

$$\text{Maximize} \quad \sum_{i=1}^{m}\sum_{j=1}^{n} p_{ij}x_{ij}$$

여기서 $c_{ij}=-p_{ij}$로 변환하면 이 최대화 목적함수는 앞에서 다룬 목적함수와 동일한 다음의 총수송비용 최소화를 위한 목적함수가 되므로, 앞에서 다룬 해법을 이용하여 해결하면 된다.

$$\text{Minimize} \quad \sum_{i=1}^{m}\sum_{j=1}^{n} c_{ij}x_{ij}$$

예제 5-11

단위 제품당 수송에 따른 이익이 [그림 5-40]과 같을 때, 수송이익(단위 : 천 원)을 최대화하는 수송방안을 수립하고자 한다.

[그림 5-40] 단위 수송이익표

공급지 \ 수요지	수요지 1	수요지 2	수요지 3	수요지 4	생산용량(S_i)
공장 1	1	3	7	5	500
공장 2	4	3	2	6	600
공장 3	3	2	5	7	300
수요량(D_j)	300	500	200	400	1400

수송이익 최대화문제는 수송비용 최소화문제로 변형한 후, 5.3절에서 다룬 방법들을 이용하여 해를 구하면 된다. 즉, [그림 5-40]의 단위 수송당 수송이익을 수송비용으로 변환한 [그림 5-41]의 수송비용표를 대상으로 문제를 해결하면 된다. 이 변환은 공급지 i에서 수요지 j로의 단위당 수송이익 p_{ij}에 대해 -1을 각각 곱하면 되는데, 이 값이 공급지 i에서 수요지 j로의 단위당 수송비용 c_{ij}가 된다.

[그림 5-41] 단위 수송비용표

공급지 \ 수요지	수요지 1	수요지 2	수요지 3	수요지 4	생산용량(S_i)
공장 1	−1	−3	−7	−5	500
공장 2	−4	−3	−2	−6	600
공장 3	−3	−2	−5	−7	300
수요량(D_j)	300	500	200	400	1400

5.4.4 이송문제

이송문제는 공급지와 수요지 간에 직접 수송을 하지 않고, 중간 경유지를 거쳐서 수송하는 경우의 수송문제를 말한다. 공급지와 수요지 간 거리가 멀어서 중간 경유지를 거쳐서 가거나 중간 집하장에서 화물을 모은 후, 다시 재할당하여 수송하는 경우가 이러한 이송문제라고 할 수 있다. 여기서 중간 경유지는 새로운 공급량이나 별도의 수요량이 발생하지 않는 경우를 말하고, 중간 경유지에 들어온 총입력량은 모두 출력되는 상황을 고려한다.

이송문제를 해결하기 위해서는 최소비용 네트워크 흐름문제(Minimum-Cost Network Flow Problem)를 위한 네트워크 해법을 적용해도 되고, 수송문제로 변형한 후, 수송문제를 위한 해법을 적용해도 된다. 여기서는 이송문제를 수송문제로 변경하는 방법을 다룬다.

이송문제를 수송문제로 변경하기 위해서는 이송문제의 각 공급지와 수요지 간 최단경로를 찾은 후, 이를 이용하여 수송문제 해법을 적용하면 된다. 그러나 수송문제를 위한 해법을 이용하기 위해서는 수송문제는 공급지 그룹과 수요지 그룹의 두 개의 그룹으로만 구성되므로, 중간 경유지를 제거해줘야 한다. 중간 경유지를 제거하기 위해서는 중간경유지가 수송방안 수립에 영향을 주지 않는 조건이 만족되어야 한다. 즉, 중간 경유지의 제품 수용능력이 공급능력과 수요량보다 커야 하고, 중간 경유지를 통해 들어온 모든 물량은 모두 해당 경유지에서 나가야 한다는 것이다

Q 예제 5-12

세 개의 공장에서 네 개의 수요지에 물품을 공급하는 상황에서 중간에 두 개의 물류 집하장을 거친 후 수송이 이루어진다고 한다. 여기서 집하장에서의 수요는 없다고 가정한다. 세 개의 공장에서 두 개의 집하장 간의 단위당 수송비용은 [그림 5-42]와 같고, 두 개의 집하장에서 세 개의 수요지별 단위당 수송비용은 [그림 5-43]과 같은 경우, 최소의 수송비용을 갖는 수송방안을 찾고자 한다.

그림 5-42 공급지-집하장 수송표

공급지 \ 집하장	집하장 1	집하장 2	생산용량(S_i)
공장 1	2	3	500
공장 2	1	2	600
공장 3	4	1	300
집하용량	2000	2000	

그림 5-43 집하장-수요지 수송표

집하장 \ 수요지	수요지 1	수요지 2	수요지 3	수요지 4	생산용량(S_i)
집하장 1	3	2	4	5	2000
집하장 2	1	2	2	3	2000
수요량(D_j)	300	500	200	400	

이와 같이 공급지(공장)에서 수요지 간에 중간 경유지(집하장)를 통해서 수송하는 경우를 이송문제라고 한다. 이송문제도 수송문제로 변형하여 수송문제를 위한 방법으로 해결하면 된다. 그러나 수송문제를 위한 해법을 이용하기 위해서는 중간 경유지의 제품 수용능력이 공급능력과 수요량보다 커야 하고, 중간 경유지를 통해 들어온 모든 물량은 모두 해당 경유지에서 나가야 한다. 이 예제의 경우, 중간경유지인 집하장의 집하용량이 총수요량이나 총공급량보다 크므로 수송방안에 집하장이 영향을 미치지 않는다. 더구나 집하장에서의 별도의 수요는 없다고 가정하였으므로 각 집하장으로 들어온 모든 제품은 집하장에서 빠져나가는 문제이다.

이송문제를 수송문제로 변형하기 위해서는 각 공급지와 수요지별 최소비용 수송 경로를 먼저 구한 후, 이 경로상의 수송비용을 찾아서 수송표를 작성하면 된다. 예를 들어, 공급지 1에서 수요지 1로 1단위를 수송하는 경우의 수송비용은 집하장 1을 이용하는 경우는 2+3=5의 비용이 들고, 집하장 2를 이용하는 경우는 3+1=4의 비용이 든다. 따라서 비용이 저렴한 집하장 2를 이용하는 것이 좋다. 모든 공급지-경유지-수요지 간 수송비용을 계산한 결과가 [표 5-1]이다.

표 5-1 수송비용 계산

공급지	수요지	중간 경유지		최소비용(경로)
		집하장 1	집하장 2	
공장 1	수요지 1	2+3=5	3+1=4	4 (집하장 2)
	수요지 2	2+2=4	3+2=5	4 (집하장 1)
	수요지 3	2+4=6	3+2=5	5 (집하장 2)
	수요지 4	2+5=7	3+3=6	6 (집하장 2)
공장 2	수요지 1	1+3=4	2+1=3	3 (집하장 2)
	수요지 2	1+2=3	2+2=4	3 (집하장 1)
	수요지 3	1+4=5	2+2=4	4 (집하장 2)
	수요지 4	1+5=6	2+3=5	5 (집하장 2)
공장 3	수요지 1	4+3=7	1+1=2	2 (집하장 2)
	수요지 2	4+2=6	1+2=3	3 (집하장 2)
	수요지 3	4+4=8	1+2=3	3 (집하장 2)
	수요지 4	4+5=9	1+3=4	4 (집하장 2)

각 공급지에서 수요지 간 최단경로 및 최소비용을 구한 후, 구한 최소비용 경로를 따라서 공급지와 수요지 간 직접 수송을 하는 것으로 간주하면, [그림 5-44]의 수송표를 작성할 수 있고, 이 수송표를 대상으로 하여 수송문제를 위한 해법을 적용하면 최적의 수송방안을 수립할 수 있다.

그림 5-44 수송문제로 변환한 이송문제

공급지 \ 수요지	수요지 1	수요지 2	수요지 3	수요지 4	생산용량(S_i)
공장 1	4	4	5	6	500
공장 2	3	3	4	5	600
공장 3	2	3	3	4	300
수요량(D_j)	300	500	200	400	1400

위의 문제에 대한 LINGO모형과 최적해는 [그림 5-45]와 [그림 5-46]과 같다.

[그림 5-45]는 [예제 5-12]에 대해 수송문제로 변환하지 않고 [그림 5-42]와 [그림 5-43]에 대해 직접 모형화하는 것으로, A_{ij}는 공장 i에서 집하장 j로의 수송량을 나타내고, B_{kt}는 집하장 k에서 수요지 t로의 수송량을 나타낸다. 각 집하장에의 집하용량제약하에서 수송이 이뤄져야 하고, 각 집하장에서의 이송되어 들어온 양은 모두 이송되어 나가야 하므로, 이를 위한 제약식이 4~9번째 제약식으로 추가된 형태이다. 최적해는 $A_{11}=500$, $A_{22}=600$, $A_{32}=300$, $B_{12}=500$, $B_{21}=300$, $B_{23}=200$, $B_{24}=400$일 때 목적함수값은 5,400이 된다. 즉, 공장 1에서 집하장 1로 500만큼 이송 후, 집하장 1에서 수요지 2로 500만큼 수송한다. 공장 2에서는 600만큼을, 공장 3에서는 300만큼을 각각 집하장 2로 이송 후, 집하장 2에 이송된 900만큼의 물량에 대해, 각각 수요지 1로 300만큼, 수요지 3으로 200만큼, 나머지 400은 수요지 4로 수송한다.

반면에 [그림 5-46]은 수송모형으로 변형한 [그림 5-44]에 대한 모형과 최적해이다. 최적해는 $x_{12}=300$, $x_{13}=200$, $x_{22}=200$, $x_{24}=400$, $x_{31}=300$으로, 이때의

그림 5-45 [예제 5-12] 이송문제의 LINGO

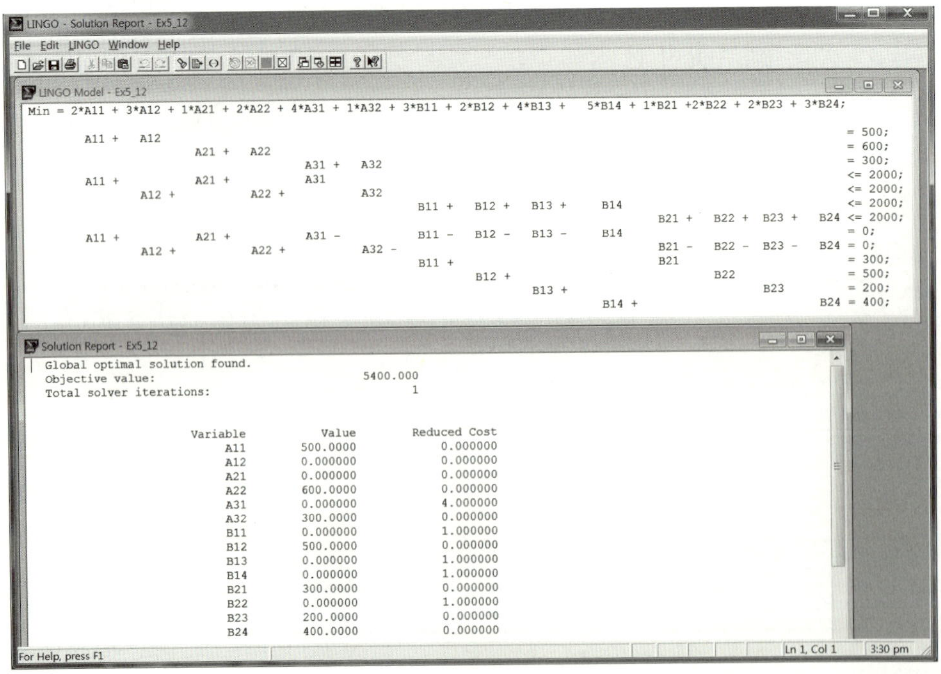

목적함수값은 5,400이다. [그림 5-45]와 비교하면 공장 3에서 수요지 1로 300을 수송하는 것과 목적함수값 5,400은 동일하지만 공장 1과 2에서의 수송방법은 [그림 5-45]와 [그림 5-46] 간 차이가 있다. 그러나 이는 동일한 최적의 목적함수값을 가지는 여러 최적해들 중의 하나를 각각 보여주는 데서 오는 차이일 뿐이며 오류는 아니다.

그림 5-46 [예제 5-12] 수송문제의 LINGO

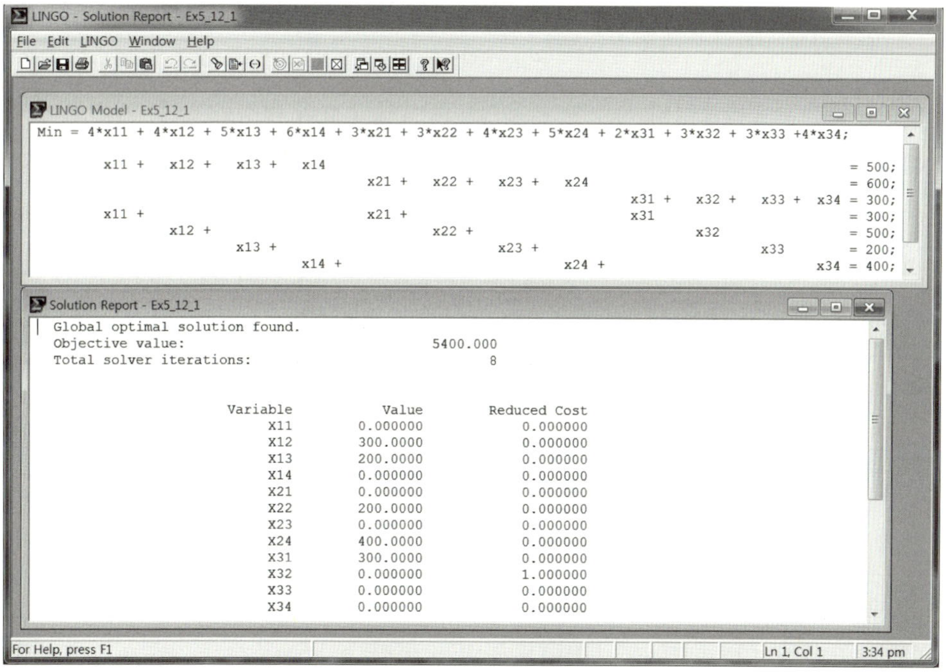

5.5 할당모형의 특징

할당모형(Assignment Problem)은 수송문제에서 각 공급지별 공급량과 각 수요지별 수요량이 모두 1인 모형이다. 따라서 할당모형은 다음과 같이 모형화된다. 여기서도 다른 수송문제와 마찬가지로 i는 공급지, j는 수요지, m은 총공급지 수이고, n은 총수요지 수를 의미한다.

$$\text{Minimize} \quad \sum_{i=1}^{m}\sum_{j=1}^{n} c_{ij}x_{ij}$$

$$\text{subject to} \quad \sum_{j=1}^{n} x_{ij} = 1, \quad i = 1, 2, \cdots, m$$

$$\sum_{i=1}^{m} x_{ij} = 1, \quad j = 1, 2, \cdots, n$$

$$x_{ij} \geq 0, \quad i = 1, 2, \cdots, m \; ; \; j = 1, 2, \cdots, n$$

할당모형은 수송모형의 특수한 경우이므로 수송모형의 특징을 모두 가지고 있다. 예들 들면, 실행가능해가 존재하기 위한 필요충분조건은 균형수송모형이다. 즉, 모든 i와 j에 대해 $S_i = D_j = 1$이므로 총공급량 $\sum_{i=1}^{m} S_i$와 총수요량 $\sum_{j=1}^{n} D_j$는 각각 m과 n이 되고, $m = n$이어야 실행가능해가 존재한다. 물론 $n \neq m$인 경우는 수송모형과 마찬가지로 가상의 공급지나 가상의 수요지를 추가하여 ('총공급지 수' = '총수요지 수')가 되도록 변경하면 된다.

할당모형은 앞에서 다룬 수송모형의 특징 외에 추가적인 몇 가지 특징이 있다.

첫째, 결정변수 x_{ij}는 0 또는 1의 값만 갖는다. 수송문제의 특징에서와 같이 할당문제의 해인 x_{ij}는 정수(integer)값만을 가지는데, 할당문제의 제약식인 $\sum_{j=1}^{n} x_{ij} = 1$이고 $\sum_{i=1}^{m} x_{ij} = 1$을 만족하여야 하므로 x_{ij}는 0이나 1만을 가진다.

둘째, 항상 퇴화해가 된다. 할당문제의 기저변수의 수는 $n + m - 1 = 2n - 1$개이지만, $\sum_{i=1}^{n}\sum_{j=1}^{n} x_{ij} = n$이고, x_{ij}는 0이나 1만을 가지므로 총 $2n-1$개의 변수 중에서 n개의 변수만 1의 값이 가능하고, 나머지 $n-1$개의 기저변수는 0의 값을 가진다.

셋째, 비용계수 c_{ij}에서 임의의 상수를 빼거나 더해도 최적해에는 영향이 없다. 즉, 상수 p_i와 q_j에 대해서 c_{ij} 대신 $c'_{ij} = c_{ij} - p_i - q_j$를 사용해도 된다.

5.6 할당모형의 해법

할당문제의 최적해를 구하기 위한 해법으로 헝가리의 수학자인 에거베리(Egervary)가 제안하고 쿤(Kuhn)이 개발한 헝가리안 해법(Hungarian Method)이 있다. 헝가리안 해법은 기회비용이 0이 되도록 할당하는 방식으로, 수정비용 c_{ij}'이 0인 곳에 할당하는 형태로 최적성을 보장한다.

단계 1 각 공급지 행에서 최소비용을 뺀 후, 각 수요지 열에서 최소비용을 빼서 기회비용표를 작성한다. 즉, 기회비용표를 위한 c_{ij}'를 $c_{ij}-p_i-q_j$ 형태로 구한다. 여기서 p_i는 행 i에서 최소비용을 나타내고, q_j는 열 j에서의 최소비용을 나타낸다.

단계 2 현재의 기회비용표의 0값을 최소의 직선을 이용해서 지우고, 이때의 사용한 직선 수가 행의 수(n)와 같으면 단계 4를 행한다. 그렇지 않으면 단계 3을 실행한다.

단계 3 직선으로 지워지지 않은 값 중에서 최소값을 찾는다. 직선으로 지워지지 않은 값에서는 이 값을 빼고, 직선으로 두 번 지워진 값에 대해서는 이 값을 더한다. 단계 2로 되돌아간다.

단계 4 현재의 배당상태가 최적해상태인데, 최적해는 기회비용(현재의 수정비용 c_{ij}')이 0인 곳 중에서 행과 열에 각각 1개씩 할당되도록 할당하면 된다.

단계 1의 수행결과로 각 행과 열에는 최소한 1개의 0값의 기회비용을 가지는 곳이 존재하게 되는데, 기회비용은 각 할당을 최소의 비용이 되는 곳에 할당하지 않을 경우의 손실액을 나타낸다. 단계 2에서 0의 값을 지우기 위해 필요한 직선의 수가 n개 이하인 경우에는 기회비용이 0인 곳에만 할당 시, 실행 가능한 할당이 보장되지 않는다. 그러나 최소로 필요한 직선의 수가 n개인 경우는 각 행과 열에는 적어도 1개의 0의 기회비용이 0인 곳이 존재하므로, 최적의 할당이 존재한다.

예제 5-13

네 가지의 신규 과제에 대해 각 부서별 최대 1개 과제를 전적으로 맡겨서 수행하려고 한다. 각 과제별로 예상되는 실패에 따른 위험 정도는 부서별로 다른데, 조사 결과 [표 5-2]와 같다고 한다. 어떤 과제를 어느 부서에서 수행하는 것이 좋은지를 알아보고자 한다.

총위험도의 합이 최소가 되도록 과제를 할당하기 위해서 다음과 같이 헝가리안 해법을 이용하기로 하자.

단계 1 주어진 비용표로부터 각 행에서의 행별 최소비용을 빼서 기회비용 행렬을 작성한다. 여기서 기회비용 $c'_{ij} = c_{ij} - p_i$로 계산한다. 예를 들어, $p_1 = \text{Min}\{c_{11}, c_{12}, c_{13}, c_{14}\} = \text{Min}\{4, 4, 5, 6\} = 4$, $c'_{11} = c_{11} - p_1 = 4 - 4 = 0$, $c'_{14} = c_{14} - p_1 = 6 - 4 = 2$이다. 비슷하게 $p_2 = \text{Min}\{c_{21}, c_{22}, c_{23}, c_{24}\} = \text{Min}\{3, 3, 4, 5\} = 3$이고, $c'_{23} = c_{23} - p_2 = 4 - 3 = 1$이 된다. 이들 결과는 [표 5-3]과 같다.

표 5-2 할당에 따른 예상 위험도

과제 \ 부서	부서 1	부서 2	부서 3	부서 4
과제 1	4	4	5	6
과제 2	3	3	4	5
과제 3	2	3	3	6
과제 4	5	7	2	2

표 5-3 기회비용표

비용표 $\{c_{ij}\}$	행별 최소비용 $\{p_i\}$	기회비용표 $\{c'_{ij}\}$
4 4 5 6	4	0 0 1 2
3 3 4 5	3	0 0 1 2
2 3 3 6	2	0 1 1 4
5 7 2 2	2	3 5 0 0

행에 대해 계산한 기회비용표(표 5-3의 오른쪽)를 대상으로 하여, 각 열에 대해서도 열별 최소비용을 찾아서 기회비용표를 작성한다. 즉, 모든 i와 j에 대해 $c_{ij}=c'_{ij}$로 둔 후, $c'_{ij}=c_{ij}-q_j$를 구한다. 그러나 이 경우는 각 열별 최소비용인 q_j가 모두 0이므로 이 과정이 필요없다. 즉, $q_1=\text{Min}\{c_{11},c_{21},c_{31},c_{41}\}=\text{Min}\{0,0,0,3\}=0$, $q_2=\text{Min}\{c_{12},c_{22},c_{32},c_{42}\}=\text{Min}\{0,0,1,5\}=0$, $q_3=q_4=0$이다.

단계 2 현재의 기회비용표상의 0은 [그림 5-47]과 같이 3개의 직선만 이용하더라도 지울 수 있다. 이때 사용한 직선 수가 행의 수나 열의 수인 4개보다 작으므로 단계 3을 수행한다.

단계 3 [그림 5-47]에서 직선으로 지워지지 않은 수 중에서 최소값은 1이다. 이를 직선으로 지워지지 않은 수들에서 빼고, 두 번 지워진 수에는 더한 결과가 [그림 5-48]의 수치들이다.

그림 5-47 직선으로 0 지우기

$$\begin{matrix} 0 & 0 & 1 & 2 \\ 0 & 0 & 1 & 2 \\ 0 & 1 & 1 & 4 \\ 3 & 5 & 0 & 0 \end{matrix}$$

그림 5-48 직선으로 0 지우기

$$\begin{matrix} 0 & 0 & 0 & 1 \\ 0 & 0 & 0 & 1 \\ 0 & 1 & 0 & 3 \\ 4 & 6 & 0 & 0 \end{matrix}$$

단계 2 [그림 5-48]의 기회비용표 중 0의 값을 지우기 위한 직선은 최소한 4개가 필요하다. 따라서 행의 수와 동일하므로 단계 4를 수행한다.

단계 4 각 행과 열에서 1개씩만 할당한다. 이와 같이 할당한 결과와 [그림 5-49]를 살펴보자.

그림 5-49 최적 할당

$$\begin{matrix} \boxed{0} & 0 & 0 & 1 \\ 0 & \boxed{0} & 0 & 1 \\ 0 & 1 & \boxed{0} & 3 \\ 4 & 6 & 0 & \boxed{0} \end{matrix} \qquad \begin{matrix} 0 & 0 & \boxed{0} & 1 \\ 0 & \boxed{0} & 0 & 1 \\ \boxed{0} & 1 & 0 & 3 \\ 4 & 6 & 0 & \boxed{0} \end{matrix} \qquad \begin{matrix} 0 & \boxed{0} & 0 & 1 \\ 0 & 0 & \boxed{0} & 1 \\ \boxed{0} & 1 & 0 & 3 \\ 4 & 6 & 0 & \boxed{0} \end{matrix} \qquad \begin{matrix} 0 & \boxed{0} & 0 & 1 \\ \boxed{0} & 0 & 0 & 1 \\ 0 & 1 & \boxed{0} & 3 \\ 4 & 6 & 0 & \boxed{0} \end{matrix}$$

이를 보면 과제 1-부서 1, 과제 2-부서 2, 과제 3-부서 3, 과제 4-부서 4, 또는 과제 1-부서 3, 과제 2-부서 2, 과제 3-부서 1, 과제 4-부서 4 또는 과제 1-부서

2, 과제 2－부서 3, 과제 3－부서 1, 과제 4－부서 4 또는 과제 1－부서 2, 과제 2－부서 1, 과제 3－부서 3, 과제 4－부서 4의 4가지 할당이 가능하다. 이들 할당의 총위험도 합은 12로 최적 할당이다.

할당문제 중에는 불균형할당문제, 이익최대화문제 또는 금지된 할당문제도 있다. 이들 문제에 대해서도 각각 균형할당문제, 비용최소화문제, 매우 큰 할당비용 설정의 방법으로 해결할 수 있다.

불균형할당문제는 공급지 수와 수요지 수가 일치하지 않는 경우를 말하는데, 이 문제를 해결하기 위해서는 불균형수송문제를 위한 방법과 마찬가지로 가상의 공급지나 가상의 수요지를 추가하여 균형할당문제로 변형한 후에 문제를 해결하면 된다. 가상의 수요지나 공급지를 추가함에 따른 관련 비용은 가상의 수요지나 공급지에 할당하는 것이 의사결정에 아무런 영향을 주지 않는다면 0의 비용을 배정하면 되지만, 특정 공급지에서 특정 수요지 간에는 배정을 금지하고자 하는 경우는 매우 큰 할당비용을 부여하면 된다. 이들 문제를 예제를 통해 살펴보자.

Q 예제 5-14

대학교 축제를 맞이하여 4대4 미팅을 계획한 김 군은 미팅을 하기로 한 날에 미팅에 참석하기로 약속했던 여학생 한 명이 나오기 어렵다는 이야기를 들었다. 그 여학생 외의 다른 모든 남학생과 여학생 간 비호감 정도는 [표 5-4]인 것으로 예상하고 있고, 가능한 비호감 정도가 작은 최선의 파트너를 맺어주기 위한 계획을 하고 있다. 어떻게 파트너를 맺어주는 것이 좋은가?

표 5-4 예상되는 비호감도

남학생 \ 여학생	여학생 1	여학생 2	여학생 3
남학생 1	5	7	2
남학생 2	2	2	3
남학생 3	9	8	6
남학생 4	3	5	7

남학생 한 명에 많아야 한 명의 여학생이 파트너가 되고, 여학생 한 명당 많아야 한 명의 남학생이 파트너가 되어야 하므로 할당문제로 모형화되는 문제이다.

할당문제의 실행가능해가 존재하기 위해서는 총공급지의 수와 수요지의 수가 같아야 하는데, 이 문제는 남학생의 수는 4명이지만, 여학생의 수는 3명으로, 1명의 여학생이 부족한 상황이다. 따라서 여학생 1명을 추가해야 하는데, 이를 위해 축제에 파트너로 참여할 가능성은 없지만 4대4 미팅의 성공적인 개최를 위해 가상의 여학생을 한명 추가하기로 하였다. 가상의 여학생은 축제에 참여할 수 없으므로 가상의 여학생과 파트너가 되는 남학생은 축제에 참여하기가 어렵다. 그러나 남학생 2는 이번 축제에는 반드시 파트너와 함께 축제에 참여하고 싶어 하므로 남학생 2와 가상의 여학생 간에는 매우 큰 비호감도를 부여하여 실제의 여학생 파트너와 맺어지도록 하고, 나머지 학생들은 0의 비호감도를 부여하여 균형할당문제로 [표 5-5]의 오른쪽과 같이 변형할 수 있다.

표 5-5 균형할당문제로 변형한 비호감도표

남학생 \ 여학생	여학생 1	여학생 2	여학생 3	가상의 여학생
남학생 1	5	7	2	0
남학생 2	2	2	3	M
남학생 3	9	8	6	0
남학생 4	3	5	7	0

이 문제에 대한 최적 할당을 위해 헝가리안 해법을 적용해보자.

단계 1 비용표의 각 행별 최소비용값(비호감도)을 찾고, 이를 비용표의 각 값에서 빼서 기회비용표를 작성하면, [표 5-6]과 같은 결과가 나온다.

표 5-6 기회비용표

비용표 $\{c_{ij}\}$	행별 최소비용 $\{p_i\}$	기회비용표 $\{c_{ij}'\}$
5 7 2 0	0	5 7 2 0
2 2 3 M	2	0 0 1 M
9 8 6 0	0	9 8 6 0
3 5 7 0	0	3 5 7 0

행별 최소값을 이용하여 구한 기회비용표에 대해 열별 최소값을 뺀 결과는 [표 5-7]과 같다.

표 5-7 기회비용표

비용표 $\{c_{ij}\}$	5 7 2 0 0 0 1 M 9 8 6 0 3 5 7 0
열별 최소비용 $\{p_i\}$	0 0 1 0
기회비용표 $\{c'_{ij}\}$	5 7 1 0 0 0 0 M 9 8 5 0 3 5 6 0

단계 2 계산 결과로 얻어진 [표 5-7] 하단의 기회비용표를 대상으로 0을 지우기 위한 직선은 [그림 5-50]과 같이 2개이면 충분하기 때문에 단계 3을 수행한다.

그림 5-50 직선으로 0 지우기

$$\begin{array}{cccc} 5 & 7 & 1 & 0 \\ 0 & 0 & 0 & M \\ 9 & 8 & 5 & 0 \\ 3 & 5 & 6 & 0 \end{array}$$

단계 3 직선으로 지워지지 않은 수 중 최소값인 1을 지워지지 않은 수에서 빼고, 두 번 지워진 수에는 더하여 새로운 기회비용표를 계산한 후, 이에 대해 단계 2를 수행한 결과가 [그림 5-51]이다.

그림 5-51 직선으로 0 지우기

$$\begin{array}{cccc} 4 & 6 & 0 & 0 \\ 0 & 0 & 0 & M \\ 8 & 7 & 4 & 0 \\ 2 & 4 & 5 & 0 \end{array}$$

단계 3 [그림 5-51]에서 사용된 직선 수가 4가 아니므로 직선으로 지워지지 않은 수 중 최소값인 2를 이용해서 기회비용표를 수정한 후, 단계 2를 다시 수행한 결과가 [그림 5-52]이다. 그 결과 사용된 직선 수가 4이므로 단계 4를 수행한다.

[그림 5-52] 직선으로 0 지우기

4	6	0	2
0	0	0	M
6	5	2	0
0	2	3	0

단계 4 남학생 1－여학생 3, 남학생 2－여학생 2, 남학생 3－여학생 4, 남학생 4－여학생 1로 [그림 5-53]과 같이 할당하면, 총비호감도가 2+2+0+3=7로 최소가 되는 할당방안을 얻는다. 여기서 남학생 2의 경우, 여학생 4(가상의 여학생)에 대한 비호감도를 매우 큰 수(big M)를 부여함으로써, 여학생 4 외의 파트너가 할당되게 하는 역할을 하였다. 대신, 남학생 3은 가상의 여학생(여학생 4)과 파트너가 되었으므로 축제에 참여할 수 없게 된다.

[그림 5-53] 최적 할당

4	6	[0]	2
0	[0]	0	M
6	5	2	[0]
[0]	2	3	0

Q 예제 5-15

4대의 기계로 제품을 생산하는 회사에 4개 유형의 주문을 받았고, 각 기계에서 하나의 주문을 처리하려고 한다. 각 주문을 여러 기계에서 나눠서 하지 못하는 경우, 주문처리에 따른 기대이익(단위 : 만 원)이 [표 5-8]과 같다고 할 때, 총기대이익을 최대화하기 위한 기계－작업 할당방안을 구하고자 한다.

표 5-8 기대이익표

기계 \ 주문	주문 1	주문 2	주문 3	주문 4
기계 1	100	150	70	90
기계 2	50	60	40	30
기계 3	80	100	120	90
기계 4	120	80	60	70

이익 최대화문제는 [표 5-9]와 같이 비용 최소화문제로 변형한 후에, [표 5-9]의 변형된 비용표를 대상으로 하여 헝가리안 해법을 적용하면 된다.

표 5-9 기대비용표

기계 \ 주문	주문 1	주문 2	주문 3	주문 4
기계 1	−100	−150	−70	−90
기계 2	−50	−60	−40	−30
기계 3	−80	−100	−120	−90
기계 4	−120	−80	−60	−70

EXERCISE

5.1 균형수송문제가 되기 위한 필요충분조건을 구하시오.

5.2 다음 수송표에 대해 다음의 각 방법을 이용하여 수송계획을 수립하시오.

공급지 \ 수요지	수요지 1	수요지 2	수요지 3	수요지 4	생산용량(S_i)
공장 1	3	5	7	6	200
공장 2	5	2	4	3	300
공장 3	7	1	6	8	500
수요량(D_j)	300	200	300	200	1000

(1) 북서코너법
(2) 최소비용법
(3) 보겔 근사법
(4) 러셀 근사법

5.3 다음 수송표에 대해 최적수송계획안을 수립하시오.

공급지 \ 수요지	수요지 1	수요지 2	수요지 3	수요지 4	생산용량(S_i)
공장 1	3	5	7	6	200
공장 2	5	2	4	3	300
공장 3	7	1	6	8	500
수요량(D_j)	300	100	300	200	1000

(1) MODI법
(2) 디딤돌법

5.4 MODI법이나 디딤돌법에서 사용하는 폐환경로가 각 비기저변수별로 유일하게 존재함을 보이시오.

연 | 습 | 문 | 제 <<<

5.5 수송문제에서 수요량과 공급량이 정수(Integer Number)이면, 수송량도 정수인 이유를 밝히시오.

5.6 다음은 총수요량이 총공급량보다 작은 불균형수송문제이다. 이 문제에 대한 최적해를 구하시오.

공급지 \ 수요지	수요지 1	수요지 2	수요지 3	수요지 4	생산용량(S_i)
공장 1	3	5	7	6	200
공장 2	5	2	4	3	300
공장 3	7	1	6	8	500
수요량(D_j)	200	50	300	100	

5.7 다음은 각 공장에서 수요지 간 1단위 수송에 따른 수송이익이다. 총수송이익을 최대화하기 위한 수송계획을 수립하시오.

공급지 \ 수요지	수요지 1	수요지 2	수요지 3	수요지 4	생산용량(S_i)
공장 1	25	55	60	70	200
공장 2	50	30	35	45	300
공장 3	65	15	50	90	500
수요량(D_j)	300	100	300	200	1000

E X E R C I S E

5.8 두 개의 공급지에서 세 개의 수요지 간 수송을 위해 중간의 두 개의 경유지를 거쳐서 수송하는 다음의 이송문제의 최적 이송계획을 수립하시오. 여기서 공급지와 중간 경유지 간, 중간 경유지에서 수요지 간 가지 위에 표시된 숫자는 1단위당 수송비용을 나타낸다.

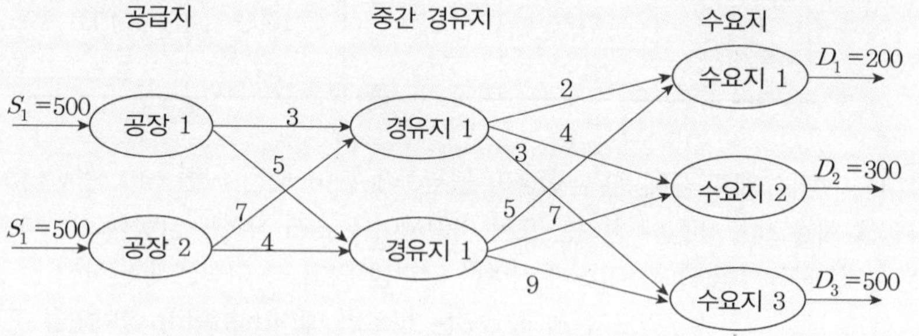

5.9 할당문제에서 주어진 비용값 $\{c_{ij}\}$를 대상으로 하지 않고, 이 값에서 상수값 p_i와 q_j를 뺀 $\{c_{ij}'\}$를 대상으로 문제를 풀어도 최적해에는 영향이 없음을 보이시오. 여기서 $c_{ij}'=c_{ij}-p_i-q_j$이다.

5.10 어떤 회사의 공장이 4곳인데, 각 공장별 공장장을 1명씩 임명하고자 한다. 과거의 실적과 공장별 특징을 이용하여 판단한 결과 공장장 후보자 4명과 각 공장 간 임명 시 예상되는 어려움의 정도가 다음과 같다고 할 때, 어떤 사람을 어느 공장에 임명하는 것이 총 위험도를 최소화할 수 있는지를 결정하시오.

후보자 \ 공장	공장 1	공장 2	공장 3	공장 4
김 공장장	20	15	25	30
이 공장장	10	5	15	20
박 공장장	5	9	12	7
주 공장장	15	11	20	10

5.11 어떤 항공사에서 4개의 노선에 취항하고 있다. 이를 위해 3대의 비행기를 이용하고 있었으나, 고객이 급증하여 각 노선별로 전용기를 배정하고자 한다. 각 비행기는 하나의 노선에만 운행되고, 각 노선에는 많아야 하나의 비행기가 배정되기를 바라고 있다. 각 비행기종별 노선 간 할당 시 기대되는 이익은 다음과 같다. 총이익을 최대화하기 위한 비행기 할당을 하시오.

연 | 습 | 문 | 제 <<<

비행기 \ 노선	노선 1	노선 2	노선 3	노선 4
기종 1	500	600	1200	1300
기종 2	700	800	1000	1400
기종 3	600	900	700	900

5.12 4대4 미팅을 계획 중에 한 남학생이 불참하게 되어 대신 다른 남학생을 급히 구하여 4명을 채웠으나, 미팅에 참여한 모든 여학생이 뒤늦게 참여한 남학생과는 파트너가 되는 것을 원하지 않았다. 뒤늦게 참여한 남학생 외의 각 여학생과 남학생 간 호감도가 다음과 같을 때, 총호감도가 최대가 되는 파트너 매칭(matching)방안을 구하시오.

남학생 \ 여학생	여자 1	여자 2	여자 3	여자 4
남자 1	9	8	9	6
남자 2	7	6	7	4
남자 3	8	5	7	6

5.13 할당문제의 비음제약식(모든 i와 j에 대해 $x_{ij} \geq 0$) 대신 0－1 변수제약(모든 i와 j에 대해 x_{ij}=0 또는 1)을 사용해도 최적해에는 영향이 없는데, 그 이유는 무엇인가?

CHAPTER

06

네트워크모형

Chapter 06 네트워크모형

6.1 서론

네트워크모형(Network Model)은 수리적 모형(Mathematical Model)에 속하며 선형계획모형의 특수한 형태이다. 최근의 연구에 의하면 실제 문제에서 발생하는 수리계획문제(Mathematical Programming Problem)들의 약 70% 정도가 그래프(graph)나 네트워크 표현을 이용하여 분석될 수 있다고 보고되고 있다. 다음 4가지 예들은 네트워크모형을 적용할 수 있는 대표적인 응용분야들이다.

① 상수도 공급지와 도시 내 주요 상수도 허브 지역을 연결하는 상수도 파이프라인 건설비를 최소화하는 설계

② 두 도시 간 도로들로 구성되는 네트워크상에서 최단경로의 결정

③ 석탄광산과 화력발전소를 연결하는 석탄 슬러리(slurry) 파이프라인 네트워크의 최대용량(연간 톤수) 결정

④ 원전으로부터 정유소까지 파이프라인 네트워크를 통해 흘러가는 최소비용흐름 일정계획(Minimum-Cost Flow Schedule)의 결정

이러한 의사결정문제들의 해는 다양한 네트워크 최적화 알고리즘들에 의해 성취되며 본 장에서는 다음과 같은 3가지 알고리즘을 소개한다.

① 최소걸침나무 알고리즘(Minimum Spanning Tree Algorithm)

② 최단경로 알고리즘(Shortest Path Algorithm)

③ 최대흐름 알고리즘(Maximal Flow Algorithm)

서두에 소개된 4가지 의사결정문제의 예들은 선형계획모형으로 모형화되고 심플렉스법에 의해 해를 구할 수 있다. 그러나 네트워크 모형의 구조적 특성을 이용하여 개발된 네트워크 기반 알고리즘들이 심플렉스법보다 더 효율적으로 해를 찾을 수 있다.

6.2 네트워크의 정의

본 절에서는 네트워크모형의 수립에 필요한 용어를 정의한다. 네트워크는 호(arc)들에 의해 연결되는 마디(node)들의 집합으로 구성된다. 네트워크를 묘사하기 위한 기호로 (N, A)를 사용하며, 여기서 N과 A는 각각 마디와 호들의 집합을 의미한다. 다음과 같이 마디와 호를 정의하면 [그림 6-1]과 같은 네트워크를 형성할 수 있다.

$$N = \{1,\ 2,\ 3,\ 4,\ 5\}$$
$$A = \{(1,2),\ (1,3),\ (1,4),\ (2,4),\ (2,5),\ (3,2),\ (3,5),\ (4,3),\ (4,5)\}$$

그림 6-1 네트워크의 예

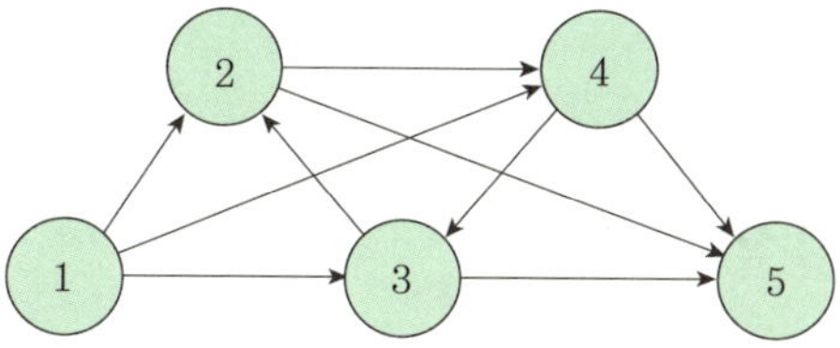

일반적으로 네트워크 내에서의 흐름(flow)은 그 네트워크를 형성하는 호들의 용량에 의해 제한되며 흐름의 형태는 네트워크 형태와 관련된다.

어떤 호가 한 방향으로 양의 흐름(Positive Flow)을 가지고 반대 방향으로는 0의 흐름을 가진다면 그 호는 "방향성이 있다(directed)"라고 말한다. 방향성 네트워크

(Directed Network)는 그 네트워크를 형성하는 모든 호들이 방향성을 가진다.

경로(path)는 각 호의 흐름 방향에 상관없이 서로 다른 마디들을 통해 2개의 마디를 연결하는 서로 다른 호들의 순서로 정의된다. 경로는 어떤 마디가 다른 마디들을 통해 그 마디로 다시 연결된다면 순환고리(cycle 혹은 loop)를 형성한다. [그림 6-1]에서 (1, 2), (2, 4), (4, 5)의 호들은 경로를, (2, 3), (4, 5), (5, 3), (3, 2)의 호들은 순환고리를 형성한다. 또한 (2, 4), (4, 3), (3, 2)의 호들은 방향성 경로(Directed Path)를 형성하여 순환고리는 방향성을 가진다.

어떤 네트워크에서 모든 서로 다른 2개의 마디들이 최소한 하나 이상의 경로에 의해 연결된다면 연결 네트워크(Connected Network)라고 한다. [그림 6-1]의 네트워크는 연결네트워크를 보여준다. 나무(tree)는 순환고리를 형성하지 않도록 하는 연결 네트워크의 모든 마디들의 부분집합을 말한다. 걸침나무(Spanning Tree)는 순환고리를 형성하지 않도록 하는 연결 네트워크의 모든 마디들을 연결하는 나무를 말한다. [그림 6-2]는 [그림 6-1]의 연결 네트워크에서 나무와 걸침나무의 예를 보여준다.

그림 6-2 나무와 걸침나무의 예

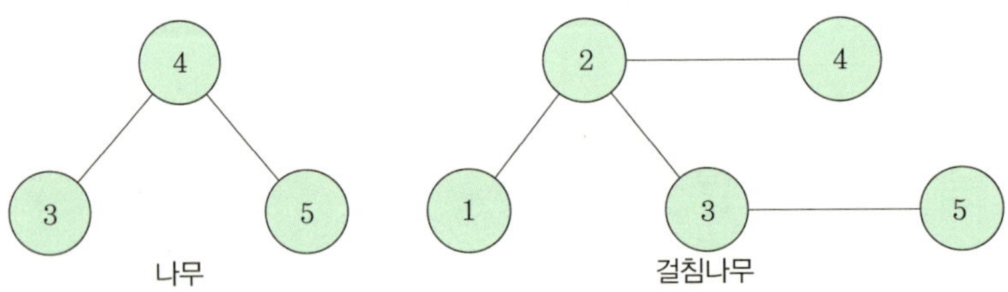

6.3 최소걸침나무문제

최소걸침나무(Minimal Spanning Tree) 알고리즘은 최단거리로 연결되는 호들을 사용하여 네트워크의 마디들을 연결하는 방법을 제시한다. 전형적인 응용분야로는 여러 통신 허브 지역을 연결하는 통신망 건설이나 여러 도시들을 연결하는 도로망 건설 등이 있다. 두 통신 허브 지역 간의 통신케이블은 하나 이상의 통신 허브 지역들을 지날 수 있다. 통신시스템의 가장 경제적인 설계방안은 통신케이블의 전체 이설길이를 최소화하는 것이며, 최소걸침나무 알고리즘을 적용하여 최적해를 찾을 수 있다.

최소걸침나무 알고리즘을 설명하기 위하여 다음의 기호를 정의한다.

N=마디들의 집합$=\{1, 2, \cdots, n\}$
CN_k=반복 k에서 연결되어 있는 마디들의 집합
$\overline{CN}_k$=반복 k에서 연결되지 않은 마디들의 집합

최소걸침나무 알고리즘의 적용절차는 다음과 같다.

단계 0 $CN_0 = \phi$, $\overline{CN}_0 = N$으로 초기화한다.

단계 1 $\overline{CN}_0$ 내의 임의의 마디 m을 선택하고 $CN_1 = m, \overline{CN}_1 = N - \{m\}$로 수정한다. 그리고 $k=2$로 놓는다.

단계 k CN_{k-1}와 최단거리의 호로 연결될 수 있는 $\overline{CN}_{k-1}$ 내의 마디 n^*를 선택하고 $CN_k = CN_{k-1} + \{n^*\}$, $\overline{CN}_k = \overline{CN}_{k-1} - \{n^*\}$로 수정한다.
만일 CN_k가 ϕ라면 이 절차를 멈춘다. 그렇지 않다면 $k=k+1$로 놓고 이 단계를 반복한다.

예제 6-1 통신케이블 이설문제

부일통신네트워크(주)에서는 5개 신도시 건설지역의 통신서비스를 위해 통신케이블을 이설하려고 한다. [그림 6-3]은 각 신도시를 연결하는 통신케이블의 가능한 호들과 관련 케이블의 길이를 나타낸 네트워크를 보여준다. 가장 경제적인 통신케이블 이설 설계방안을 제시하라.

그림 6-3 통신케이블 이설 네트워크

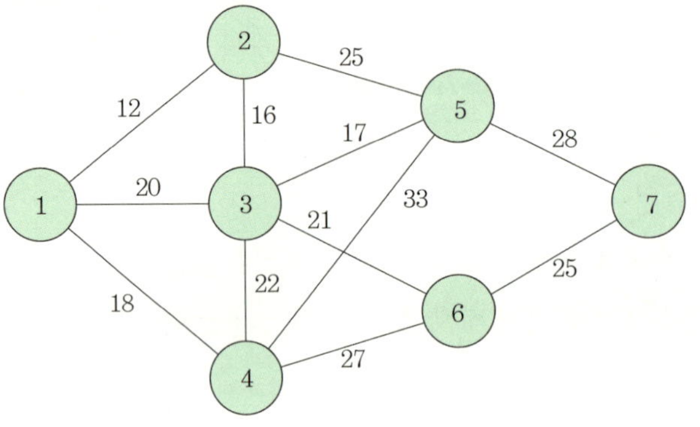

최소걸침나무 알고리즘을 다음과 같이 적용하여 해를 구한다.

단계 0 $CN_0 = \phi$, $\overline{CN}_0 = N = \{1, 2, 3, 4, 5, 6, 7\}$로 놓는다.

단계 1 임의의 마디 1을 선택하고 다음을 계산한다. $k = 2$로 놓는다.

$$CN_1 = 1, \ \overline{CN}_1 = N - \{1\} = \{2, 3, 4, 5, 6, 7\}$$

단계 2 CN_1과 최단거리 호의 길이 (12)를 갖는 $\overline{CN}_1$ 내의 마디 2를 선택하고 다음을 계산한다. $k = k + 1 = 3$으로 놓는다.

$$CN_2 = \{1, 2\}, \ \overline{CN}_2 = \{3, 4, 5, 6, 7\}$$

단계 3 CN_2와 최단거리 호의 길이 (16)을 갖는 $\overline{CN}_2$ 내의 마디 3을 선택하고 다음을 계산한다. $k = k + 1 = 4$로 놓는다.

$$CN_3 = \{1, 2, 3\}, \ \overline{CN}_3 = \{4, 5, 6, 7\}$$

단계 4 CN_3과 최단거리 호의 길이 (17)을 갖는 $\overline{CN}_3$ 내의 마디 5를 선택하고 다음을 계산한다. $k = k + 1 = 5$로 놓는다.

$$CN_4 = \{1, 2, 3, 5\}, \ \overline{CN}_4 = \{4, 6, 7\}$$

단계 5 CN_4와 최단거리 호의 길이 (18)을 갖는 $\overline{CN}_4$ 내의 마디 4를 선택하고 다음을 계산한다. $k = k + 1 = 6$으로 놓는다.

$$CN_5 = \{1, 2, 3, 4, 5\}, \ \overline{CN}_5 = \{6, 7\}$$

단계 6 CN_5와 최단거리 호의 길이 (21)을 갖는 $\overline{CN}_5$ 내의 마디 6을 선택하고 다음을 계산한다. $k = k + 1 = 7$로 놓는다.

$$CN_6 = \{1, 2, 3, 4, 5, 6\}, \ \overline{CN}_6 = \{7\}$$

단계 7 CN_6과 최단거리 호의 길이 (25)를 갖는 $\overline{CN_6}$ 내의 마디 7을 선택하고 다음을 계산한다.

$$CN_7 = \{1, 2, 3, 4, 5, 6, 7\}, \ \overline{CN_7} = \phi$$

$\overline{CN_7} = \phi$이므로 이 절차를 멈춘다.

최소걸침나무 알고리즘에 의해 구해진 최적해는 [그림 6-4]와 같다. 이때 통신케이블의 최소 이설거리는 12+16+17+18+21+25=109이다.

그림 6-4 최소걸침나무 최적해

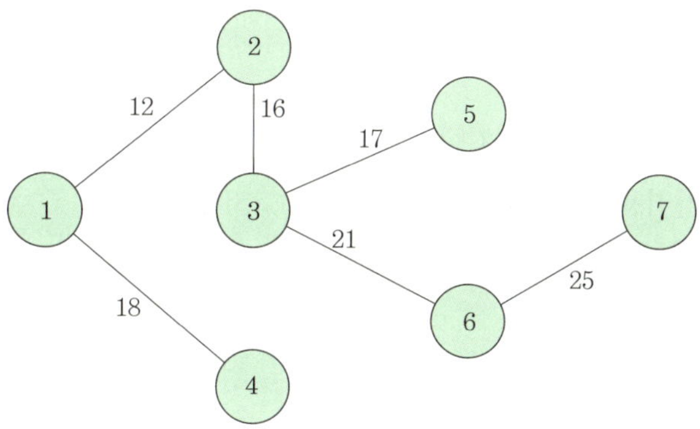

6.4 최단경로문제

최단경로(Shortest Route)문제는 수송 네트워크에서 출발지와 목적지 사이의 최단경로를 결정한다. 다른 상황의 의사결정문제들도 최단경로문제로 표현될 수 있으며 예제를 통해 이를 소개한다.

예제 6-2 자동차 운영문제

인도지사에 4년간 장기파견 발령을 받은 백경 지사장은 이 기간 동안 사용할 자동차의 구매방법에 대하여 생각하고 있다. 생활비를 절약하기 위해 백 지사장은 '중고차'와 '새 차'

중에서 어느 것을 구입할 것인지를 결정하려 한다. 이 두 종류의 차의 구입비, 연간 유지비 그리고 처분할 때 받을 수 있는 금액이 다음 표와 같이 주어져 있다.

	구입비(달러)	유지비(달러/년)				판매가격(달러/년)			
		1년	2년	3년	4년	1년	2년	3년	4년
중고차	1,000	1,900	2,200	2,500	2,800	600	400	200	0
새 차	3,800	1,000	1,300	1,700	2,300	2,200	1,600	1,200	1,000

이 문제에서 자동차를 구입한 후 1년간 운영하고 처분하는 경우에는 중고차와 새 차의 각 운영비용과 그때의 최소비용을 다음과 같이 계산할 수 있다.

중고차 운영비용=1,000+1,900−600=2,300

새 차 운영비용=3,800+1,000−2,200=2,600

min{중고차 운영비용, 새 차 운영비용}=min{2,300, 2,600}=2,300

자동차를 구입한 후 2년간 운영하고 처분하는 경우에는 중고차와 새 차의 각 운영비용과 그때의 최소비용을 다음과 같이 계산할 수 있다.

중고차 운영비용=1,000+2,200×2−400=5,000

새 차 운영비용=3,800+1,300×2−1,600=4,800

min{중고차 운영비용, 새 차 운영비용}=min{5,000, 4,800}=4,800

자동차를 구입한 후 3년간 운영하고 처분하는 경우에는 중고차와 새 차의 각 운영비용과 그때의 최소비용을 다음과 같이 계산할 수 있다.

중고차 운영비용=1,000+2,500×3−200=8,300

새 차 운영비용=3,800+1,700×3−1,200=7,700

min{중고차 운영비용, 새 차 운영비용}=min{8,300, 7,700}=7,700

자동차를 구입한 후 4년간 운영하고 처분하는 경우에는 중고차와 새 차의 각 운영비용과 그때의 최소비용을 다음과 같이 계산할 수 있다.

중고차 운영비용=1,000+2,800×4−0=12,200
새 차 운영비용=3,800+2,300×4−1,000=12,000
min{중고차 운영비용, 새 차 운영비용}=min{12,200, 12,000}=12,000

상기의 계산결과를 이용하여 이 문제는 5개의 마디를 갖는 네트워크로 [그림 6-5]와 같이 표현될 수 있다. 이 네트워크에서 각 마디는 기간을 의미하며 호는 운영기간을 나타낸다. 그때 관련비용은 호의 최단길이와 대응된다. 마디 0으로부터의 호들은 마디 1, 2, 3, 4와 연결되고 이는 운영기간을 의미한다. 예를 들어, 마디 0과 2 사이의 호는 1년도 초에 중고자동차를 구입하고 2년간 사용하고 처분했을 때 4,800달러의 총비용이 발생함을 의미한다. 다른 호들과 동일하게 해석된다. 따라서 이 문제의 해는 마디 0으로부터 마디 4까지의 최단경로를 찾는 것과 같다.

그림 6-5 자동차 운영문제에 대한 네트워크

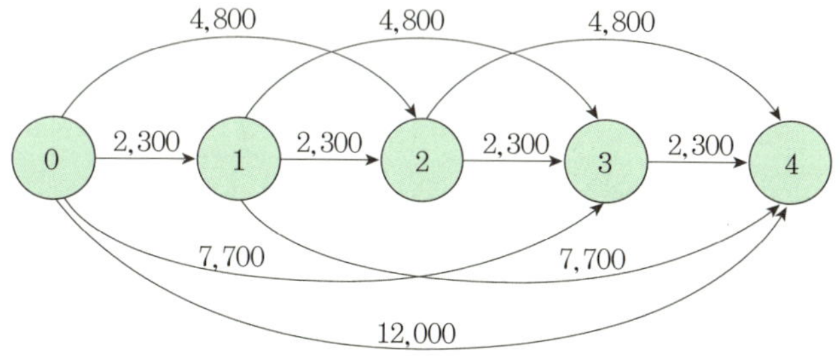

예제 6-3 최단경로문제

주요 기간 고속도로가 연결되어 있는 7개 도시를 중심으로 전국 고속도로망을 네트워크로 표현하면 [그림 6-6]과 같다. 만일 서울부터 부산까지의 최단거리로 갈 수 있는 경로를 선정하고자 한다면 최단경로문제가 된다.

▌그림 6-6▐ 전국 고속도로망에 대한 네트워크(단위 : km)

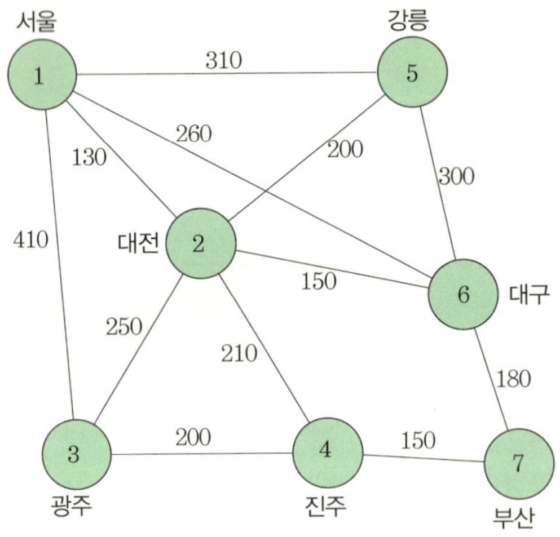

6.4.1 최단경로 알고리즘

본 절에서는 순환 네트워크(Cyclic Network) 및 비순환 네트워크(Acyclic Network) 모두에 적용하여 최단경로를 구할 수 있는 다음의 2가지 알고리즘을 소개한다.

① Dijkstra 알고리즘

② Floyd−Warshall 알고리즘

Dijkstra 알고리즘은 주어진 네트워크 내에서 하나의 마디(출발마디)로부터 모든 다른 마디로의 최단경로를 구할 수 있다. 반면에 Floyd−Warshall 알고리즘은 주어진 네트워크 내에서 임의의 두 마디 사이의 모든 최단경로들을 구할 수 있기 때문에 더 일반적이다.

(1) Dijkstra 알고리즘

Dijkstra 알고리즘의 설명을 위해 다음과 같은 기호들을 정의한다.

v_i =출발마디 1로부터 마디 i까지의 최단거리

d_{ij}=호(i, j)의 길이

마디 i로부터 곧바로 연결되는 마디 j에 대한 라벨을 다음과 같이 정의한다.

$$[v_j,\ i] = [v_i + d_{ij},\ i],\ \ d_{ij} \geq 0$$

출발마디에 대한 라벨은 $[0,\ -]$로 표시하고 출발마디의 선행마디는 없음을 나타낸다.

Dijkstra 알고리즘에서는 임시라벨 및 영구라벨의 두 가지 형태의 라벨들이 존재한다. 임시라벨은 어떤 마디까지의 더 짧은 경로가 발견될 수 있다면 수정될 수 있다. 더 좋은 경로가 발견되지 않을 때, 임시라벨은 영구라벨로 변경된다. 세부적인 절차는 다음과 같다.

단계 0 출발마디(마디 1)에 영구라벨 $[0,\ -]$을 붙이고 $i=1$로 놓는다.

단계 k ① 마디 j가 영구라벨을 갖지 않는 경우, 마디 i로부터 직접 연결되는 마디 j에 대해 임시라벨 $[v_i + d_{ij}, i]$을 계산한다. 마디 j가 다른 마디 k를 통해 라벨 $[v_j,\ k]$를 가지고 있는 경우, $v_i + d_{ij} < v_j$이면 $[v_j,\ k]$를 $[v_i + d_{ij},\ i]$로 대체한다.

② 모든 마디들이 영구라벨을 가진다면 이 절차를 멈춘다. 아니면 모든 임시라벨들 중에 최단거리($=v_m$)를 갖는 라벨 $[v_m,\ l]$을 선택한다(동일한 값이 존재할 경우, 임의로 선택). $i=m$으로 놓고 단계 k를 반복한다.

예제 6-4 Dijkstra 알고리즘을 이용한 최단경로 선정

[그림 6-6]에 주어진 네트워크를 이용하여 Dijkstra 알고리즘의 적용절차를 소개한다. 출발도시는 서울로 하여 나머지 6개 도시까지의 최단경로를 구해보자.

단계 0 마디 1에 영구라벨 $[0,\ -]$을 붙이고 $i=1$로 놓는다.

단계 1 마지막 영구라벨인 마디 1로부터 마디 2, 3, 5, 6이 직접 연결되므로 각 마디에 대한 라벨을 다음과 같이 계산한다.

마디	라벨	상태
1	[0,–]	**영구라벨**
2	[0+130,1]=[130,1]	임시라벨
3	[0+410,1]=[410,1]	임시라벨
5	[0+310,1]=[310,1]	임시라벨
6	[0+260,1]=[260,1]	임시라벨

4개의 임시라벨들 중 마디 2가 최소거리($v_2 = 130$)를 제공하므로 마디 2를 영구라벨로 변경한다.

단계 2 마지막 영구라벨인 마디 2로부터 마디 3, 4, 5, 6이 직접 연결되므로 각 마디에 대한 라벨을 다음과 같이 계산한다.

마디	라벨	상태
1	[0,–]	**영구라벨**
2	[130,1]	**영구라벨**
3	[410,1] [130+250,2]=[380,2] 기존라벨 [410,1]을 [380,2]로 대체	임시라벨
4	[130+210,2]=[340,2]	임시라벨
5	[310,1] [130+200,2]=[330,2] 기존라벨 [310,1]을 유지	임시라벨
6	[260,1] [130+150,2]=[280,2] 기존라벨 [260,1]을 유지	임시라벨

4개의 임시라벨들 중 마디 6이 최소거리($v_6 = 280$)를 제공하므로 마디 6을 영구라벨로 변경한다.

단계 3 마지막 영구라벨인 마디 6으로부터 마디 5, 7이 직접 연결되므로 각 마디에 대한 라벨을 다음과 같이 계산한다.

마디	라벨	상태
1	[0,−]	**영구라벨**
2	[130,1]	**영구라벨**
3	[380,2]	임시라벨
4	[340,2]	임시라벨
5	[310,1] [260+300,6]=[560,6] 기존라벨 [310,1]을 유지	임시라벨
6	[260,1]	**영구라벨**
7	[260+180,6]=[440,6]	임시라벨

4개의 임시라벨들 중 마디 5가 최소거리($v_5 = 310$)를 제공하므로 마디 5를 영구라벨로 변경한다.

단계 4 마지막 영구라벨인 마디 5로부터 직접 연결되는 임시라벨을 갖는 마디가 없으므로 임시라벨을 갖는 나머지 마디들을 대상으로 영구라벨을 선정한다.

마디	라벨	상태
1	[0,−]	**영구라벨**
2	[130,1]	**영구라벨**
3	[380,2]	임시라벨
4	[340,2]	임시라벨
5	[310,1]	**영구라벨**
6	[260,1]	**영구라벨**
7	[440,6]	임시라벨

3개의 임시라벨들 중 마디 4가 최소거리($v_4 = 340$)를 제공하므로 마디 4를 영구라벨로 변경한다.

단계 5 마지막 영구라벨인 마디 4로부터 직접 연결되는 임시라벨을 갖는 마디는 3과 7이므로 각 마디에 대한 라벨을 다음과 같이 계산한다.

마디	라벨	상태
1	[0,−]	**영구라벨**
2	[130,1]	**영구라벨**
3	[380,2] [340+200,4]=[540,4] 기존라벨 [380,2]를 유지	임시라벨
4	[340,2]	**영구라벨**
5	[310,1]	**영구라벨**
6	[260,1]	**영구라벨**
7	[440,6] [340+150,4]=[490,4] 기존라벨 [440,6]을 유지	임시라벨

2개의 임시라벨들 중 마디 3이 최소거리($v_3 = 380$)를 제공하므로 마디 3을 영구라벨로 변경한다.

단계 6 마지막 영구라벨인 마디 3으로부터 직접 연결되는 임시라벨을 갖는 마디가 없으므로 임시라벨을 갖는 나머지 마디들을 대상으로 영구라벨을 선정한다.

마디	라벨	상태
1	[0,−]	**영구라벨**
2	[130,1]	**영구라벨**
3	[380,2]	**영구라벨**
4	[340,2]	**영구라벨**
5	[310,1]	**영구라벨**
6	[260,1]	**영구라벨**
7	[440,6]	임시라벨

1개의 임시라벨을 갖는 마디 7이 남아 있으므로 마디 7을 영구라벨로 변경한다.

단계 7 모든 마디가 영구라벨을 갖게 되었으므로 절차를 멈춘다.

마디	라벨	상태
1	[0,−]	**영구라벨**
2	[130,1]	**영구라벨**
3	[380,2]	**영구라벨**
4	[340,2]	**영구라벨**
5	[310,1]	**영구라벨**
6	[260,1]	**영구라벨**
7	[440,6]	**영구라벨**

이 문제에서 서울(마디 1)부터 부산(마디 7)까지의 최단거리는 마디 7의 영구라벨로부터 440km를 얻을 수 있고 최단경로는 다음과 같은 순서로 찾을 수 있다.

마디 7 → [440, 6] → 마디 6 → [260, 1] → 마디 1

따라서 최단경로는 서울로부터 대구를 거쳐 부산으로 가는 것이 된다.

(2) Floyd−Warshall 알고리즘

Floyd−Warshall 알고리즘은 주어진 네트워크 내의 서로 다른 두 마디 사이의 모든 최단경로를 구할 수 있다는 면에서 Dijkstra 알고리즘보다 더 일반적이라 할 수 있다.

Floyd−Warshall 알고리즘의 연산방법은 3개 마디 사이의 거리 비교를 근간으로 이루어진다. [그림 6-7]과 같이 3개의 마디와 호를 갖는 네트워크를 가정하자. 만일 $d_{kt} + d_{tl} < d_{kl}$이 성립된다면 마디 k로부터 마디 l까지의 최단거리는 마디 t를 거쳐 가는 것이다. 이 경우 두 마디 k와 l 사이의 최단경로는 $k \to t \to l$로 대체하는 것이 최적이다. 이러한 삼각연산방법을 근간으로 Floyd−Warshall 알고리즘이 개발되었다.

그림 6-7 Floyd-Warshall의 삼각연산

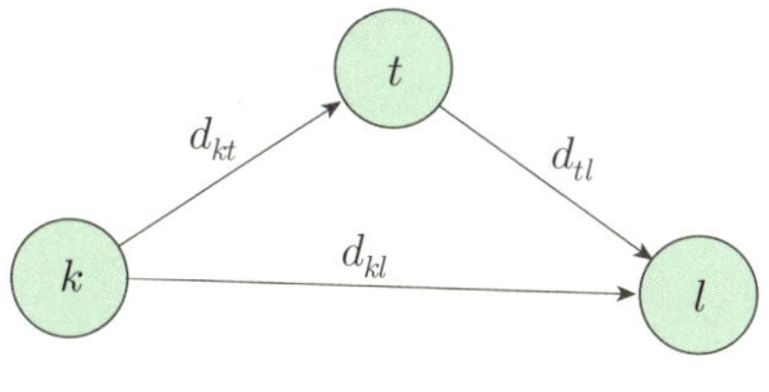

Floyd–Warshall 알고리즘의 설명을 위해 다음과 같은 기호와 정방행렬들을 정의한다.

d_{kl}=호(k, l)의 길이

D_t=반복 t에서의 각 마디 간 최단거리를 나타내는 거리행렬

S_t=반복 t에서의 각 마디 간 최단경로의 직전 마디를 나타내는 순서행렬

초기 거리행렬 및 순서행렬은 다음과 같이 정의한다.

D_0 =

	1	2	⋯	l	⋯	n
1	–	d_{12}	⋯	d_{1l}	⋯	d_{1n}
2	d_{21}	–	⋯	d_{2l}	⋯	d_{2n}
⋮	⋮	⋮	⋮	⋮	⋮	⋮
k	d_{k1}	d_{k2}	⋯	d_{kl}	⋯	d_{kn}
⋮	⋮	⋮	⋮	⋮	⋮	⋮
n	d_{n1}	d_{n2}	⋯	d_{nl}	⋯	–

S_0 =

	1	2	⋯	l	⋯	n
1	–	2	⋯	l	⋯	n
2	1	–	⋯	l	⋯	n
⋮	⋮	⋮	⋮	⋮	⋮	⋮
k	1	2	⋯	l	⋯	n
⋮	⋮	⋮	⋮	⋮	⋮	⋮
n	1	2	⋯	l	⋯	–

여기서 행렬의 대각요소들은 –로 표시하고 동일 마디끼리의 비교는 제외한다. Floyd–Warshall 알고리즘의 수행절차를 소개하면 다음과 같다.

단계 0 초기 거리행렬 D_0과 순서행렬 S_0을 정의한다. $t=1$로 놓는다.

단계 t $t>n$이면 이 절차를 멈춘다.

아니면 피봇행과 피봇열로써 t번째 행과 열을 선택한다. 거리행렬 D_t 내의 모든 k와 l에 대해 각 요소 d_{kl}에 대해 삼각연산을 적용한다.

만일 $d_{kt} + d_{tl} < d_{kl}(k \neq t \neq l)$이 성립된다면, 다음을 수행한다.

① 반복 $t-1$로부터의 거리행렬 D_{t-1}에서 d_{kl}을 $d_{kt} + d_{tl}$로 대체하는 것에 의해 새로운 거리행렬 D_t를 생성한다.

② 반복 $t-1$로부터의 순서행렬 S_{t-1}에서 s_{kl}을 t로 대체하는 것에 의해 새로운 순서행렬 S_t를 생성한다.

$t = t+1$로 놓고 단계 t를 반복한다.

n번의 반복수행 후, 최종 거리행렬 D_n과 순서행렬 S_n으로부터 마디 k와 l 사이의 최단경로를 찾을 수 있다. 그 방법은 다음과 같다.

① 거리행렬 D_n으로부터 마디 k와 l 사이의 최단거리를 찾는다.

② 순서행렬 S_n으로부터 경로 $k \rightarrow t \rightarrow l$을 제공하는 바로 직전 마디 $t = s_{kl}$을 찾는다. 만일 $s_{kt} = t$이고 $s_{tl} = l$이면 멈춘다(이 경우는 모든 직전 마디들이 발견되었음을 의미한다). 아니면 마디 k와 t 사이와 마디 t와 l 사이에서 절차를 반복한다.

예제 6-5 Floyd-Warshall 알고리즘을 이용한 최단경로 선정

[그림 6-6]에 주어진 네트워크를 이용하여 Floyd-Warshall 알고리즘의 적용절차를 소개한다.

단계 0 [그림 6-6]의 네트워크로부터 초기 거리행렬 D_0과 순서행렬 S_0을 다음과 같이 정의하고 $t = 1$로 놓는다.

D_0 =

	1	2	3	4	5	6	7
1	–	130	410	∞	310	260	∞
2	130	–	250	210	200	150	∞
3	410	250	–	200	∞	∞	∞
4	∞	210	200	–	∞	∞	150
5	310	200	∞	∞	–	300	∞
6	260	150	∞	∞	300	–	180
7	∞	∞	∞	150	∞	180	–

S_0 =

	1	2	3	4	5	6	7
1	–	2	3	4	5	6	7
2	1	–	3	4	5	6	7
3	1	2	–	4	5	6	7
4	1	2	3	–	5	6	7
5	1	2	3	4	–	6	7
6	1	2	3	4	5	–	7
7	1	2	3	4	5	6	–

단계 1 거리행렬 D_0으로부터 피봇행과 피봇열로써 첫 번째 행과 열을 선택하고, 거리행렬 D_0 내의 모든 k와 l에 대해 삼각연산을 적용한다.

$t = 1$이므로 $d_{k1} + d_{1l}$(단, $k \neq l \neq 1$)을 계산한 후 각 요소 d_{kl}과 비교한 결과가 다음 [표 6-1]에 제시되었다. 이 계산 결과를 이용하여 아래와 같은 조치를 취하고, 새로운 거리행렬 D_1과 순서행렬 S_1을 생성한다.

① d_{35}를 $d_{31} + d_{15} = 410 + 310 = 720$으로 대체하고 $s_{35} = 1$로 수정한다.

② d_{36}을 $d_{31} + d_{16} = 410 + 260 = 670$으로 대체하고 $s_{36} = 1$로 수정한다.

③ d_{53}을 $d_{51} + d_{13} = 310 + 410 = 720$으로 대체하고 $s_{53} = 1$로 수정한다.

④ d_{63}을 $d_{61} + d_{13} = 260 + 410 = 670$으로 대체하고 $s_{53} = 1$로 수정한다.

표 6-1 $t=1$일 때 $d_{k1}+d_{1l}$(단, $k \neq l \neq 1$)과 d_{kl}과의 비교표

k	l	d_{kl}	$d_{kt}+d_{tl}$	d_{kl}을 $d_{kt}+d_{tl}$로 대체
2	3	$d_{23}=250$	$d_{21}+d_{13}=130+410=540$	
	4	$d_{24}=210$	$d_{21}+d_{14}=130+\infty=\infty$	
	5	$d_{25}=200$	$d_{21}+d_{15}=130+310=440$	
	6	$d_{26}=150$	$d_{21}+d_{16}=130+260=390$	
	7	$d_{27}=\infty$	$d_{21}+d_{17}=130+\infty=\infty$	
3	2	$d_{32}=250$	$d_{31}+d_{12}=410+130=540$	
	4	$d_{34}=200$	$d_{31}+d_{14}=410+\infty=\infty$	
	5	$d_{35}=\infty$	$d_{31}+d_{15}=410+310=720$	대체
	6	$d_{36}=\infty$	$d_{31}+d_{16}=410+260=670$	대체
	7	$d_{37}=\infty$	$d_{31}+d_{17}=410+\infty=\infty$	
4	2	$d_{42}=210$	$d_{41}+d_{12}=\infty+130=\infty$	
	3	$d_{43}=200$	$d_{41}+d_{13}=\infty+410=\infty$	
	5	$d_{45}=\infty$	$d_{41}+d_{15}=\infty+310=\infty$	
	6	$d_{46}=\infty$	$d_{41}+d_{16}=\infty+260=\infty$	
	7	$d_{47}=150$	$d_{41}+d_{17}=\infty+\infty=\infty$	
5	2	$d_{52}=200$	$d_{51}+d_{12}=310+130=440$	
	3	$d_{53}=\infty$	$d_{51}+d_{13}=310+410=720$	대체
	4	$d_{54}=\infty$	$d_{51}+d_{14}=310+\infty=\infty$	
	6	$d_{56}=300$	$d_{51}+d_{16}=310+260=570$	
	7	$d_{57}=\infty$	$d_{51}+d_{17}=310+\infty=\infty$	
6	2	$d_{62}=150$	$d_{61}+d_{12}=260+130=390$	
	3	$d_{63}=\infty$	$d_{61}+d_{13}=260+410=670$	대체
	4	$d_{64}=\infty$	$d_{61}+d_{14}=260+\infty=\infty$	
	5	$d_{65}=300$	$d_{61}+d_{15}=260+310=570$	
	7	$d_{67}=180$	$d_{61}+d_{17}=260+\infty=\infty$	

7	2	$d_{72}=\infty$	$d_{71}+d_{12}=\infty+130=\infty$	
	3	$d_{73}=\infty$	$d_{71}+d_{13}=\infty+410=\infty$	
	4	$d_{74}=150$	$d_{71}+d_{14}=\infty+\infty=\infty$	
	5	$d_{75}=\infty$	$d_{71}+d_{15}=\infty+310=\infty$	
	6	$d_{76}=180$	$d_{71}+d_{16}=\infty+260=\infty$	

D_1 =

	1	2	3	4	5	6	7
1	−	130	410	∞	310	260	∞
2	130	−	250	210	200	150	∞
3	410	250	−	200	*720*	*670*	∞
4	∞	210	200	−	∞	∞	150
5	310	200	*720*	∞	−	300	∞
6	260	150	*670*	∞	300	−	180
7	∞	∞	∞	150	∞	180	−

S_1 =

	1	2	3	4	5	6	7
1	−	2	3	4	5	6	7
2	1	−	3	4	5	6	7
3	1	2	−	4	*1*	*1*	7
4	1	2	3	−	5	6	7
5	1	2	*1*	4	−	6	7
6	1	2	*1*	4	5	−	7
7	1	2	3	4	5	6	−

그리고 $t=t+1=2$로 놓는다.

단계 2 거리행렬 D_1로부터 두 번째 행과 열을 피봇으로 하는 삼각연산을 수행하여 새로운 거리행렬 D_2와 순서행렬 S_2를 다음과 같이 생성한다.

D_2 =

	1	2	3	4	5	6	7
1	–	130	380	340	310	260	∞
2	130	–	250	210	200	150	∞
3	380	250	–	200	450	400	∞
4	340	210	200	–	410	360	150
5	310	200	450	410	–	300	∞
6	260	150	400	360	300	–	180
7	∞	∞	∞	150	∞	180	–

S_2 =

	1	2	3	4	5	6	7
1	–	2	2	2	5	6	7
2	1	–	3	4	5	6	7
3	2	2	–	4	2	2	7
4	2	2	3	–	2	2	7
5	1	2	2	2	–	6	7
6	1	2	2	2	5	–	7
7	1	2	3	4	5	6	–

그리고 $t = t + 1 = 3$으로 놓는다.

단계 3 거리행렬 D_2로부터 세 번째 행과 열을 피봇으로 하는 삼각연산을 수행하여 새로운 거리행렬 D_3과 순서행렬 S_3을 다음과 같이 생성한다.

D_3 =

	1	2	3	4	5	6	7
1	–	130	380	340	310	260	∞
2	130	–	250	210	200	150	∞
3	380	250	–	200	450	400	∞
4	340	210	200	–	410	360	150
5	310	200	450	410	–	300	∞
6	260	150	400	360	300	–	180
7	∞	∞	∞	150	∞	180	–

$S_3 =$

	1	2	3	4	5	6	7
1	–	2	2	2	5	6	7
2	1	–	3	4	5	6	7
3	2	2	–	4	2	2	7
4	2	2	3	–	2	2	7
5	1	2	2	2	–	6	7
6	1	2	2	2	5	–	7
7	1	2	3	4	5	6	–

그리고 $t = t + 1 = 4$로 놓는다.

단계 4 거리행렬 D_3으로부터 네 번째 행과 열을 피봇으로 하는 삼각연산을 수행하여 새로운 거리행렬 D_4와 순서행렬 S_4를 다음과 같이 생성한다.

$D_4 =$

	1	2	3	4	5	6	7
1	–	130	380	340	310	260	*490*
2	130	–	250	210	200	150	*360*
3	380	250	–	200	450	400	*350*
4	340	210	200	–	410	360	150
5	310	200	450	410	–	300	*560*
6	260	150	400	360	300	–	180
7	*490*	*360*	*350*	150	*560*	180	–

$S_4 =$

	1	2	3	4	5	6	7
1	–	2	2	2	5	6	*4*
2	1	–	3	4	5	6	*4*
3	2	2	–	4	2	2	*4*
4	2	2	3	–	2	2	7
5	1	2	2	2	–	6	*4*
6	1	2	2	2	5	–	7
7	*4*	*4*	*4*	4	*4*	6	–

그리고 $t = t + 1 = 5$로 놓는다.

단계 5 거리행렬 D_4로부터 다섯 번째 행과 열을 피봇으로 하는 삼각연산을 수행하여 새로운 거리행렬 D_5와 순서행렬 S_5를 다음과 같이 생성한다.

D_5 =

	1	2	3	4	5	6	7
1	–	130	380	340	310	260	490
2	130	–	250	210	200	150	360
3	380	250	–	200	450	400	350
4	340	210	200	–	410	360	150
5	310	200	450	410	–	300	560
6	260	150	400	360	300	–	180
7	490	360	350	150	560	180	–

S_5 =

	1	2	3	4	5	6	7
1	–	2	2	2	5	6	4
2	1	–	3	4	5	6	4
3	2	2	–	4	2	2	4
4	2	2	3	–	2	2	7
5	1	2	2	2	–	6	4
6	1	2	2	2	5	–	7
7	4	4	4	4	4	6	–

그리고 $t = t + 1 = 6$으로 놓는다.

단계 6 거리행렬 D_5로부터 여섯 번째 행과 열을 피봇으로 하는 삼각연산을 수행하여 새로운 거리행렬 D_6과 순서행렬 S_6을 다음과 같이 생성한다.

D_6 =

	1	2	3	4	5	6	7
1	–	130	380	340	310	260	*440*
2	130	–	250	210	200	150	*330*
3	380	250	–	200	450	400	350
4	340	210	200	–	410	360	150
5	310	200	450	410	–	300	*480*
6	260	150	400	360	300	–	180
7	*440*	*330*	350	150	*480*	180	–

S_6 =

	1	2	3	4	5	6	7
1	–	2	2	2	5	6	*6*
2	1	–	3	4	5	6	*6*
3	2	2	–	4	2	2	4
4	2	2	3	–	2	2	7
5	1	2	2	2	–	6	*6*
6	1	2	2	2	5	–	7
7	*6*	*6*	4	4	*6*	6	–

그리고 $t = t + 1 = 7$로 놓는다.

단계 7 거리행렬 D_6으로부터 일곱 번째 행과 열을 피봇으로 하는 삼각연산을 수행하여 새로운 거리행렬 D_7과 순서행렬 S_7을 다음과 같이 생성한다.

D_7 =

	1	2	3	4	5	6	7
1	–	130	380	340	310	260	440
2	130	–	250	210	200	150	330
3	380	250	–	200	450	400	350
4	340	210	200	–	410	*330*	150
5	310	200	450	410	–	300	480
6	260	150	400	*330*	300	–	180
7	440	330	350	150	480	180	–

S_7 =

	1	2	3	4	5	6	7
1	–	2	2	2	5	6	6
2	1	–	3	4	5	6	6
3	2	2	–	4	2	2	4
4	2	2	3	–	2	*7*	7
5	1	2	2	2	–	6	6
6	1	2	2	*7*	5	–	7
7	6	6	4	4	6	6	–

그리고 $t = t + 1 = 8$로 놓는다. $t(=8) > (n = 7)$이므로 절차를 멈춘다.

서울(마디 1)부터 부산(마디 7)까지의 최단거리는 거리행렬 D_7로부터 $d_{17} = 440$을 얻을 수 있다. 또한 최단경로는 순서행렬 S_7로부터 다음과 같이 역추적을 통해 찾아진다.

① $s_{17} = 6$이므로 마디 7까지의 직전 마디는 6이다.

② $s_{16} = 6$, 그리고 $s_{67} = 7$이므로 마디 1과 6, 그리고 마디 6과 7 사이에는 거쳐 오는 마디가 존재하지 않는다.

따라서 최단경로는 1→6→7이고 그때의 최단거리는 440km이다. 이 결과는 Dijkstra 알고리즘을 이용한 [예제 6-4]의 결과와도 일치한다. 또한 Floyd-Warshall 알고리즘의 장점은 최종 거리행렬 D_7과 순서행렬 S_7을 이용하여 모든 마디 사이의 최단경로를 구할 수 있다. 반면에 Dijkstra 알고리즘은 서울(마디 1)로부터 출발하는 최단경로만을 구할 수 있으며 출발마디가 바뀌면 Dijkstra 알고리즘을 새로이 수행하여야 한다.

6.4.2 선형계획모형의 작성

본 절에서는 최단경로문제를 선형계획모형으로 모형화하는 방법을 설명한다. n개의 마디를 갖는 최단경로 네트워크를 대상으로 두 개의 마디 s와 t 사이에 최단경로를 찾는다고 가정하자.

이를 위해 다음과 같이 기호를 정의한다.

x_{ij} = 호(i, j) 사이의 흐름량

c_{ij} = 호(i, j)의 길이

임의의 호에서 한 번에 한 단위의 흐름만이 가능하므로 의사결정변수 x_{ij}는 0 혹은 1의 값을 갖는다고 가정한다. 목적함수는 총흐름량이므로 다음과 같이 모형화된다.

$$\text{Minimize} \quad z = \sum_{\{(i,j);\, i=1,\cdots,n,\, j=1,\cdots,n\}} c_{ij} x_{ij}$$

각 마디에서의 다음과 같은 흐름량의 보존성질에 따라 마디 수만큼의 제약식이 만들어진다.

총진입흐름량=총진출흐름량

이것을 일반화시키면 마디 k에서의 제약식은 다음과 같은 형태로 나타낼 수 있다.

$$\sum_{\{(i,k);\, i=1,\cdots,n\}} x_{ik} - \sum_{\{(k,j);\, j=1,\cdots,n\}} x_{kj} = \text{순수요량}$$

여기서 순수요량은 출발마디는 −1의 값을, 도착마디는 1의 값을, 그리고 나머지 마디는 0의 값을 갖는다.

예제 6-6

[그림 6-8]의 네트워크를 대상으로 마디 1로부터 마디 7로의 최단경로를 결정하고자 한다. [그림 6-8]은 마디 1로 한 단위의 흐름량이 들어가서 마디 7로 한 단위의 흐름량이 나가는 형태를 보여준다.

그림 6-8 최단경로문제의 네트워크 표현

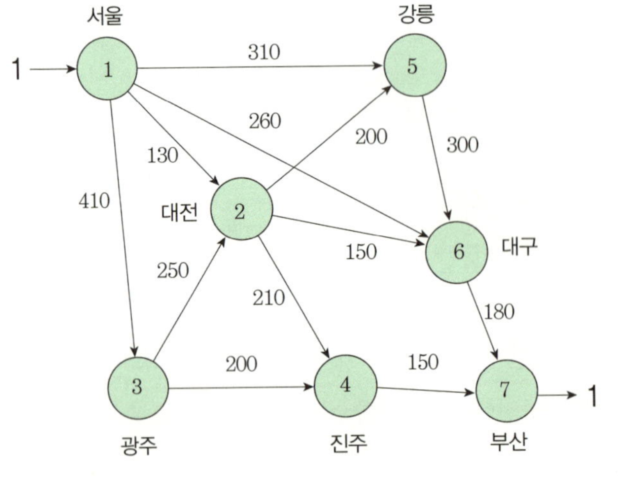

최단경로문제는 다음과 같은 선형계획모형으로 표현된다.

	x_{12}	x_{13}	x_{15}	x_{16}	x_{32}	x_{24}	x_{25}	x_{26}	x_{34}	x_{47}	x_{56}	x_{67}	
Min $z=$	130	410	310	260	250	210	260	150	200	150	300	180	
마디 1	−1	−1	−1	−1									=−1
마디 2	1				1	−1	−1	−1					= 0
마디 3		1			−1				−1				= 0
마디 4						1			1	−1			= 0
마디 5			1				1				−1		= 0
마디 6				1				1			1	−1	= 0
마디 7										1		1	= 1

제약식들은 각 마디에서의 흐름량 보존성질을 표현한다. 예를 들어, 마디 3에서의 흐름량 보존성질(총진입흐름량=총진출흐름량)은 $x_{13}=x_{32}+x_{34}$로 표현된다. 나머지 마디들과 대응되는 제약식들도 동일한 방법으로 모형화할 수 있다.

선형계획법을 이용하여 해를 구할 때, 초기에 정의된 이진정수변수 대신에 의사결정변수에 대한 제약식을 다음과 같이 바꾸어 풀어도 동일한 해를 얻을 수 있다.

$$x_{ij} \geq 0,\ i=1,2,\cdots,n\ ;\ j=1,2,\cdots,n$$

이는 네트워크모형의 특수한 구조적 특성(Totally Unimodular Property)에 기인한다. [그림 6-9]는 LINGO 창에 [예제 6-6]의 최단경로문제를 선형계획모형으로 모델링한 내용을 보여준다. Solve 메뉴를 이용하여 최적해를 구하면 [그림 6-10]과 같은 결과를 보여준다. [그림 6-10]에서 보듯이 $x_{16}=1$ 및 $x_{67}=1$이므로 최단경로는 1→6→7이고 그때의 최단거리는 440km이다. 이 결과는 앞서 소개한 최단경로 알고리즘을 이용해 구한 결과와 동일하다.

▌그림 6-9▌ [예제 6-6]에 대한 LINGO 모델링 입력 화면

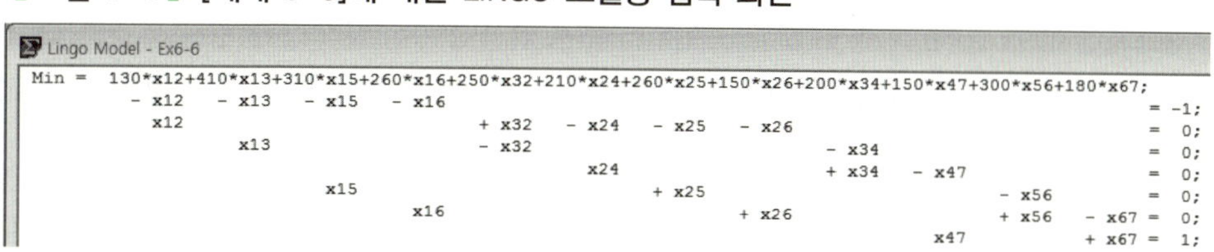

그림 6-10 [예제 6-6]에 대한 LINGO 최적해 도출 화면

```
Solution Report - Ex6-6
Global optimal solution found.
Objective value:                    440.0000
Infeasibilities:                    0.000000
Total solver iterations:                   2

Model Class:                              LP

Total variables:                12
Nonlinear variables:             0
Integer variables:               0

Total constraints:               8
Nonlinear constraints:           0

Total nonzeros:                 36
Nonlinear nonzeros:              0

                  Variable         Value      Reduced Cost
                       X12      0.000000          20.00000
                       X13      0.000000          0.000000
                       X15      0.000000          350.0000
                       X16      1.000000          0.000000
                       X32      0.000000          550.0000
                       X24      0.000000          30.00000
                       X25      0.000000          410.0000
                       X26      0.000000          0.000000
                       X34      0.000000          320.0000
                       X47      0.000000          0.000000
                       X56      0.000000          0.000000
                       X67      1.000000          0.000000
```

6.5 최대흐름문제

상수원을 제공하는 여러 댐으로부터 여러 도시 내의 상수도 처리장까지를 연결하는 파이프라인 네트워크를 상상해보자. 댐으로부터 상수도 처리장까지 물을 옮기기 위한 펌프장들이 중간에 위치해 있을 것이다. 댐과 펌프장 간, 펌프장과 상수도 처리장 간을 연결하는 파이프는 파이프용량의 제약으로 인해 물의 흐름에 제약을 받게 될 것이다. 이러한 문제에서 댐과 상수도 처리장 사이에 최대한 보낼 수 있는 물의 양에 관심이 있을 수 있다. 이러한 의사결정문제를 최대흐름문제라고 한다.

최대흐름문제를 풀기 위한 알고리즘을 설명하기 위해 다음과 같은 기호를 정의한다.

C_{ij}^{R} =마디 i에서 마디 j로의($i \to j$) 사용 가능한 잔여흐름용량

C_{ji}^{R} =마디 j에서 마디 i로의($j \to i$) 사용 가능한 잔여흐름용량

[그림 6-11]과 같이 C_{ij}^{R}는 마디 i쪽 호 위에 표시를 하여 방향 $i \to j$로의 사용 가능한 흐름용량을 나타내며 C_{ji}^{R}는 마디 j쪽 호 위에 표시를 하여 방향 $j \to i$로의 사용 가능한 흐름용량을 나타낸다.

그림 6-11 C_{ij}^{R}과 C_{ji}^{R}의 표현

6.5.1 최대흐름 알고리즘

최대흐름 알고리즘은 시작마디부터 종료마디 사이에서 양의 흐름을 갖는 경로를 우선적으로 찾는 것에서 출발한다(이하 '기준경로'라 한다.). 그 기준경로를 구성하는 각 호들의 잔여흐름용량들 중 최소흐름량이 그 경로의 최대흐름용량이 되며 이러한 흐름 용량들을 더함으로써 주어진 네트워크의 총흐름량을 계산할 수 있다.

초기흐름용량(C_{ij}^{R}, C_{ji}^{R})을 갖는 호(i, j)를 고려해보자. 그 호를 통해 양의 흐름이 발생하게 되면 용량의 일부가 사용될 것이며, 이때 사용가능한 잔여흐름용량의 수정이 요구된다. 수정된 잔여흐름용량을 갖는 네트워크를 '수정네트워크'라고 하자.

마디 i로부터 흐름이 발생하는 마디 j에 대해 라벨 $[f_j, i]$를 정의한다. 여기서 f_j는 마디 i로부터 마디 j까지의 흐름량을 나타낸다. 최대흐름 알고리즘은 다음과 같다.

단계 1 모든 호(i, j)에 대해 잔여흐름용량을 초기흐름용량으로 놓는다. $f_j = \infty$로 놓고 시작마디 1에 라벨 $[\infty, -]$를 붙인다. 그리고 $i = 1$로 놓고 [단계 2]로 간다.

단계 2 (기준경로의 탐색) 마디 i로부터 양의 잔여흐름용량을 가지고 있으면서 마디 j로 직접 연결되는 라벨이 붙지 않은 마디들의 집합을 찾고, 이를 UN_i로 놓는다(즉, 모든 $j \in UN_i$에 대해 $C_{ij}^R > 0$). 만일 $UN_i \neq \phi$라면 [단계 3]으로 간다. 아니면 [단계 4]로 간다.

단계 3 다음을 만족하는 마디 $k \in UN_i$를 찾는다.

$$C_{ik}^R = \max\{C_{ij}^R,\ j \in UN_i\}$$

$f_k = C_{ik}^R$로 놓고 마디 k에 라벨 $[f_k,\ i]$를 붙인다. 만일 $k = n$이면 종료마디까지 라벨이 붙여졌으므로 기준경로가 탐색되었다. [단계 5]로 간다. 아니면 $i = k$로 놓고 [단계 2]로 간다.

단계 4 (역추적) 만일 $i = 1$이면 더 이상의 기준경로는 존재하지 않는다. [단계 6]으로 간다. 아니면 현행 마디 i 직전에 라벨이 붙여진 마디 b를 선택하고 현 반복작업에서는 마디 i를 고려대상에서 제거한다. $i = b$로 놓고 [단계 2]로 간다.

단계 5 (수정네트워크의 결정) $N_m = (1,\ n_1,\ n_2,\ \cdots,\ n)$을 시작마디 1부터 종료마디 n까지의 m번째 기준경로를 구성하는 마디들의 순서를 나타내는 집합이라 정의한다. 그 기준경로에 대응되는 최대흐름량은 다음과 같이 계산된다.

$$F_m = \min(f_1,\ f_{n_1},\ f_{n_2},\ \cdots,\ f_n)$$

기준경로를 따르는 각 호들의 잔여흐름용량은 다음과 같이 수정된다.

① 흐름방향 $i \rightarrow j$에 대해 $(C_{ij}^R - F_m,\ C_{ji}^R + F_m)$

② 흐름방향 $j \rightarrow i$에 대해 $(C_{ij}^R + F_m,\ C_{ji}^R - F_m)$

[단계 4]에서 제거되었던 마디들은 다시 복원시킨다. [단계 1]로 되돌아가 새로운 기준경로를 찾는다.

단계 6 (해의 탐색)

① l개의 기준경로가 탐색되었다면 다음과 같이 최대흐름량을 결정한다.

$$F = F_1 + F_2 + \cdots + F_l$$

② 호$(i,\ j)$에 대한 초기 및 최종 잔여흐름용량을 각각 $(C_{ij}^0,\ C_{ji}^0)$과 $(C_{ij}^R,\ C_{ji}^R)$로 정의하자. 호$(i,\ j)$에 대한 최적 흐름량은 다음과 같이 계산된다.

$$(x_{ij}^*,\ x_{ji}^*) = (C_{ij}^0 - C_{ij}^R,\ C_{ji}^0 - C_{ji}^R)$$

여기서 x_{ij}^*와 x_{ji}^*는 각각 흐름방향 $i \rightarrow j$와 $j \rightarrow i$에 대한 최적 흐름량을 나타낸다.

예제 6-7 최대흐름문제

[그림 6-12]와 같이 용량제약을 갖는 네트워크에 대한 최대흐름량을 결정해보자. [그림 6-12]의 네트워크는 잔여흐름용량(C_{ij}^R, C_{ji}^R)을 이용하여 재구성하면 [그림 6-13]과 같은 수정네트워크가 된다.

그림 6-12 용량제약을 갖는 네트워크

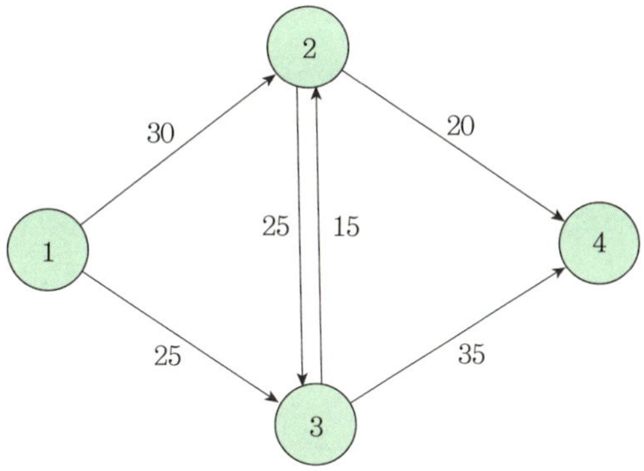

그림 6-13 잔여흐름용량을 고려한 수정네트워크

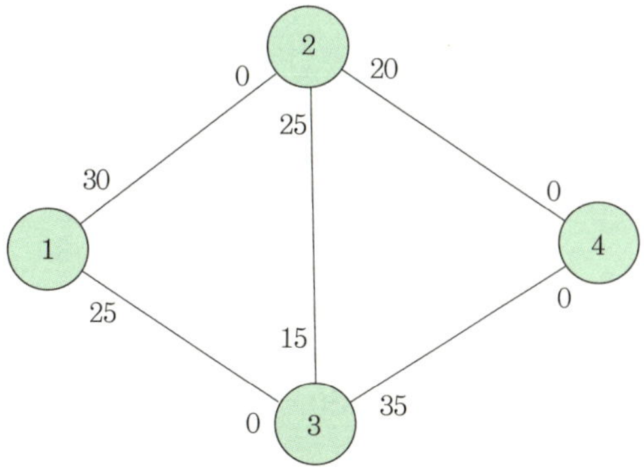

[그림 6-13]의 네트워크를 대상으로 최대흐름 알고리즘을 적용한다.

(1) 반복 1

단계 1 $f_1 = \infty$로 놓고 마디 1에 라벨 $[\infty, -]$를 붙인다. 그리고 $i = 1$로 놓고 [단계 2]로 간다.

단계 2 마디 1로부터 직접 연결되는 마디들 중 양의 잔여흐름용량을 갖는 마디들의 집합 $UN_1 \in \{2,3\}$을 결정한다. $UN_1 \neq \phi$이므로 [단계 3]으로 간다.

단계 3 $\max\{C_{12}^R, C_{13}^R\} = \max\{30,25\} = 30$을 제공하는 집합 UN_1 내의 마디는 $k = 2$이다. $f_2 = 30$으로 놓고 마디 2에 라벨 [30, 1]을 붙인다. $k(=2) < n(=4)$이므로 $i = 2$로 놓고 [단계 2]로 간다.

단계 2 마디 2로부터 직접 연결되는 마디들 중 양의 잔여흐름용량을 갖는 마디들의 집합 $UN_2 \in \{3,4\}$를 결정한다. $UN_2 \neq \phi$이므로 [단계 3]으로 간다.

단계 3 $\max\{C_{23}^R, C_{24}^R\} = \max\{25, 20\} = 25$를 제공하는 집합 UN_2 내의 마디는 $k = 3$이다. $f_3 = 25$로 놓고 마디 3에 라벨 [25, 2]를 붙인다. $k(=3) < n(=4)$이므로 $i = 3$으로 놓고 [단계 2]로 간다.

단계 2 마디 3으로부터 직접 연결되는 마디들 중 양의 잔여흐름용량을 갖는 마디들의 집합 $UN_3 \in \{2,4\}$를 결정한다. $UN_3 \neq \phi$이므로 [단계 3]으로 간다.

단계 3 $\max\{C_{32}^R, C_{34}^R\} = \max\{15, 35\} = 35$를 제공하는 집합 UN_3 내의 마디는 $k = 4$이다. $f_4 = 35$로 놓고 마디 3에 라벨 [35, 3]을 붙인다. $k(=4) = n(=4)$로 기준경로가 탐색되었으므로 [단계 5]로 간다.

단계 5 기준경로는 종료마디 4로부터 시작마디 1로 역추적하여 다음과 같이 찾을 수 있다.

(4) → [35, 3] → (3) → [25, 2] → (2) → [30, 1] → (1)

따라서 $N_1 = \{1, 2, 3, 4\}$이고 $F_1 = \min(\infty, 30, 25, 35) = 25$이다. 기준경로 N_1에 따라 다음과 같이 잔여흐름용량을 수정한다.

$$(C_{12}^R, C_{21}^R) = (30-25, 0+25) = (5, 25)$$

$$(C_{23}^R, C_{32}^R) = (25-25, 15+25) = (0, 40)$$

$$(C_{34}^R, C_{43}^R) = (35-25, 0+25) = (10, 25)$$

[그림 6-14]는 반복 1의 과정을 나타낸다.

그림 6-14 반복 1의 과정($F_1 = 25$)

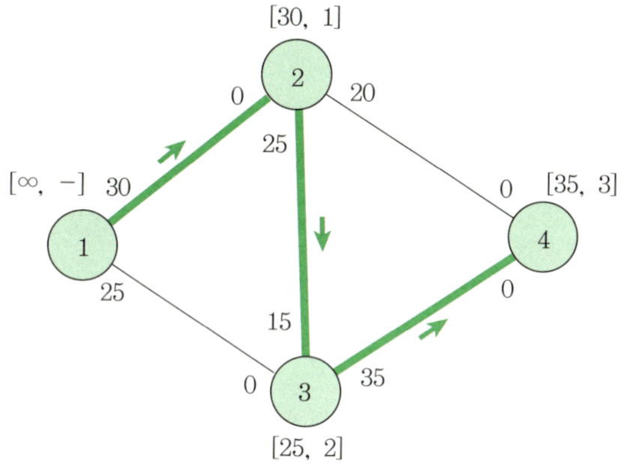

(2) 반복 2

단계 1 $f_1 = \infty$로 놓고 마디 1에 라벨 $[\infty, -]$를 붙인다. 그리고 $i = 1$로 놓고 [단계 2]로 간다.

단계 2 마디 1로부터 직접 연결되는 마디들 중 양의 잔여흐름용량을 갖는 마디들의 집합 $UN_1 \in \{2,3\}$를 결정한다. $UN_1 \neq \phi$이므로 [단계 3]으로 간다.

단계 3 $\max\left\{C_{12}^R,\ C_{13}^R\right\} = \max\{5,25\} = 25$를 제공하는 집합 UN_1 내의 마디는 $k = 3$이다. $f_3 = 25$로 놓고 마디 3에 라벨 $[25, 1]$을 붙인다. $k(=3) < n(=4)$이므로 $i = 3$으로 놓고 [단계 2]로 간다.

단계 2 마디 3으로부터 직접 연결되는 마디들 중 양의 잔여흐름용량을 갖는 마디들의 집합 $UN_3 \in \{2,4\}$를 결정한다. $UN_2 \neq \phi$이므로 [단계 3]으로 간다.

단계 3 $\max\left\{C_{32}^R,\ C_{34}^R\right\} = \max\{40,\ 10\} = 40$을 제공하는 집합 UN_3 내의 마디는 $k = 2$이다. $f_2 = 40$으로 놓고 마디 2에 라벨 $[40, 3]$을 붙인다. $k(=2) < n(=4)$이므로 $i = 2$로 놓고 [단계 2]로 간다.

단계 2 마디 2로부터 직접 연결되는 마디들 중 양의 잔여흐름용량을 갖는 마디들의 집합 $UN_2 \in \{4\}$를 결정한다. $UN_2 \neq \phi$이므로 [단계 3]으로 간다.

단계 3 $\max\{C_{24}^R\} = \max\{20\} = 20$을 제공하는 집합 UN_2 내의 마디는 $k=4$이다. $f_4 = 20$으로 놓고 마디 4에 라벨 [20, 2]를 붙인다. $k(=4) = n(=4)$로 기준경로가 탐색되었으므로 [단계 5]로 간다.

단계 5 기준경로는 종료마디 4로부터 시작마디 1로 역추적하여 다음과 같이 찾을 수 있다.

(4) → [20, 2] → (2) → [40, 3] → (3) → [25, 1] → (1)

따라서 $N_2 = \{1,3,2,4\}$이고 $F_2 = \min(\infty, 25, 40, 20) = 20$이다. 기준경로 N_2에 따라 다음과 같이 잔여흐름용량을 수정한다.

$$(C_{13}^R,\ C_{31}^R) = (25-20,\ 0+20) = (5,\ 20)$$

$$(C_{32}^R,\ C_{23}^R) = (40-20,\ 0+20) = (20,\ 20)$$

$$(C_{24}^R,\ C_{42}^R) = (20-20,\ 0+20) = (0,\ 20)$$

[그림 6-15]는 반복 2의 과정을 나타낸다.

그림 6-15 반복 2의 과정($F_2 = 20$)

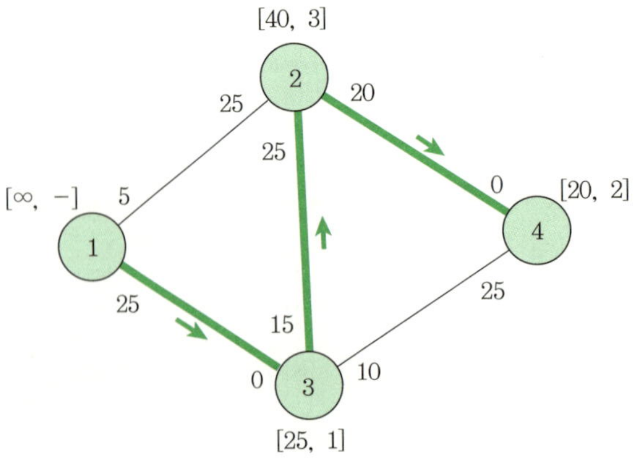

(3) 반복 3

단계 1 $f_1 = \infty$로 놓고 마디 1에 라벨 [∞, −]를 붙인다. 그리고 $i=1$로 놓고 [단계 2]로 간다.

단계 2 마디 1로부터 직접 연결되는 마디들 중 양의 잔여흐름용량을 갖는 마디들의 집합 $UN_1 \in \{2,3\}$을 결정한다. $UN_1 \neq \phi$이므로 [단계 3]으로 간다.

단계 3 $\max\{C_{12}^R, C_{13}^R\} = \max\{5,5\} = 5$를 제공하는 집합 UN_1 내의 마디는 $k=3$이다(잔여흐름용량이 동일하므로 마디 3을 임의로 선택한다.). $f_3 = 5$로 놓고 마디 3에 라벨 [5, 1]을 붙인다. $k(=3) < n(=4)$이므로 $i=3$으로 놓고 [단계 2]로 간다.

단계 2 마디 3으로부터 직접 연결되는 마디들 중 양의 잔여흐름용량을 갖는 마디들의 집합 $UN_3 \in \{2,4\}$를 결정한다. $UN_3 \neq \phi$이므로 [단계 3]으로 간다.

단계 3 $\max\{C_{32}^R, C_{34}^R\} = \max\{20,10\} = 20$을 제공하는 집합 UN_3 내의 마디는 $k=2$이다. $f_2 = 20$으로 놓고 마디 2에 라벨 [20, 3]을 붙인다. $k(=2) < n(=4)$이므로 $i=2$로 놓고 [단계 2]로 간다.

단계 2 마디 2로부터 직접 연결되는 마디들 중 라벨이 붙지 않은 양의 잔여흐름용량을 갖는 마디들은 존재하지 않는다. $UN_2 = \phi$이므로 [단계 4]로 간다.

단계 4 $i = 2(\neq 1)$이므로 마디 2의 직전 마디인 3으로 되돌아간다. $b=3$으로 놓고 $UN_3 \in \{2,4\} - \{2\} = \{4\}$로 수정한 후 [단계 2]로 간다.

단계 2 마디 3으로부터 직접 연결되는 마디들 중 양의 잔여흐름용량을 갖는 마디들의 집합은 $UN_3 \in \{4\}$로 $UN_3 \neq \phi$이므로 [단계 3]으로 간다.

단계 3 $\max\{C_{34}^R\} = \max\{10\} = 10$을 제공하는 집합 UN_3 내의 마디는 $k=4$이다. $f_4 = 10$으로 놓고 마디 4에 라벨 [10, 3]을 붙인다. $k(=4) = n(=4)$로 기준경로가 탐색되었으므로 [단계 5]로 간다.

단계 5 기준경로는 종료마디 4로부터 시작마디 1로 역추적하여 다음과 같이 찾을 수 있다.

$$(4) \rightarrow [10,\ 3] \rightarrow (3) \rightarrow [5,\ 1] \rightarrow (1)$$

따라서 $N_3 = \{1, 3, 4\}$이고 $F_3 = \min(\infty, 5, 10) = 5$이다. 기준경로 N_3에 따라 다음과 같이 잔여흐름용량을 수정한다.

$$(C_{13}^R,\ C_{31}^R) = (5-5,\ 20+5) = (0,\ 25)$$

$$(C_{34}^R,\ C_{43}^R) = (10-5,\ 25+5) = (5,\ 30)$$

[단계 4]에서 제거되었던 마디 2를 복원시킨다. [그림 6-16]은 반복 3의 과정을 나타낸다.

그림 6-16 반복 3의 과정($F_3 = 5$)

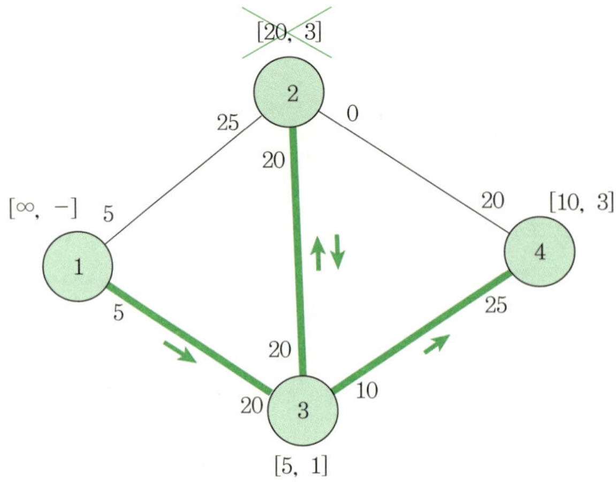

(4) 반복 4

단계 1 $f_1 = \infty$ 로 놓고 마디 1에 라벨 $[\infty, -]$를 붙인다. 그리고 $i = 1$로 놓고 [단계 2]로 간다.

단계 2 마디 1로부터 직접 연결되는 마디들 중 양의 잔여흐름용량을 갖는 마디들의 집합 $UN_1 \in \{2\}$를 결정한다. $UN_1 \neq \phi$이므로 [단계 3]으로 간다.

단계 3 $\max\{C_{12}^R\} = \max\{5\} = 5$를 제공하는 집합 UN_1 내의 마디는 $k = 3$이다. $f_2 = 5$로 놓고 마디 2에 라벨 $[5, 1]$을 붙인다. $k(=2) < n(=4)$이므로 $i = 2$로 놓고 [단계 2]로 간다.

단계 2 마디 2로부터 직접 연결되는 마디들 중 양의 잔여흐름용량을 갖는 마디들의 집합 $UN_2 \in \{3\}$을 결정한다. $UN_3 \neq \phi$이므로 [단계 3]으로 간다.

단계 3 $\max\{C_{23}^R\} = \max\{20\} = 20$을 제공하는 집합 UN_3 내의 마디는 $k = 3$이다. $f_3 = 20$으로 놓고 마디 3에 라벨 $[20, 2]$을 붙인다. $k(=3) < n(=4)$이므로 $i = 2$로 놓고 [단계 2]로 간다.

단계 2 마디 3으로부터 직접 연결되는 마디들 중 양의 잔여흐름용량을 갖는 마디들의 집합은 $UN_3 \in \{4\}$로 $UN_3 \neq \phi$이므로 [단계 3]으로 간다.

단계 3 $\max\{C_{34}^R\} = \max\{5\} = 5$를 제공하는 집합 UN_3 내의 마디는 $k = 4$이다. $f_4 = 10$으로 놓고 마디 4에 라벨 [5, 3]을 붙인다. $k(=4) = n(=4)$로 기준경로가 탐색되었으므로 [단계 5]로 간다.

단계 5 기준경로는 종료마디 4로부터 시작마디 1로 역추적하여 다음과 같이 찾을 수 있다.

(4) → [5, 3] → (3) → [20, 2] → (2) → [5, 1] → (1)

따라서 $N_4 = \{1,2,3,4\}$이고 $F_4 = \min(\infty,5,20,5) = 5$이다. 기준경로 N_4에 따라 다음과 같이 잔여흐름용량을 수정한다.

$$(C_{12}^R,\ C_{21}^R) = (5-5,\ 25+5) = (0,\ 30)$$

$$(C_{23}^R,\ C_{32}^R) = (20-5,\ 20+5) = (15,\ 25)$$

$$(C_{34}^R,\ C_{43}^R) = (5-5,\ 30+5) = (0,\ 35)$$

[그림 6-17]은 반복 4의 과정을 나타낸다.

▌그림 6-17▐ 반복 4의 과정($F_4 = 5$)

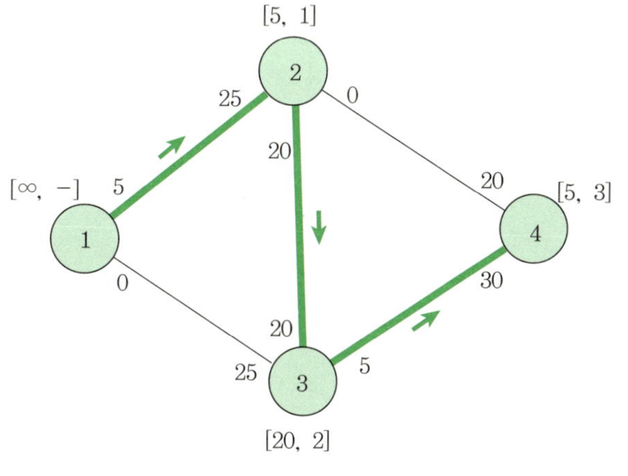

(5) 반복 5

단계 1 $f_1 = \infty$로 놓고 마디 1에 라벨 [∞, −]를 붙인다. 그리고 $i = 1$로 놓고 [단계 2]로 간다.

단계 2 마디 1로부터 직접 연결되는 마디들 중 양의 잔여흐름용량을 갖는 마디들의 집합이 존재하지 않으므로 [단계 4]로 간다.

단계 4 $i=1$이므로 더 이상의 기준경로는 존재하지 않는다. [단계 6]으로 간다.

단계 6 ① 최대흐름량을 다음과 같이 계산된다.

$$F=F_1+F_2+F_3+F_4=25+20+5+5=55$$

② 각 호(i,j)에 대한 최적 흐름량은 다음과 같이 계산된다.

호	$(x_{ij}^*, x_{ji}^*)=(C_{ij}^0-C_{ij}^R, C_{ji}^0-C_{ji}^R)$	흐름량	흐름방향
(1, 2)	(30, 0)−(0, 30)=(30, −30)	30	1→2
(1, 3)	(25, 0)−(0, 25)=(25, −25)	25	1→3
(2, 3)	(25, 15)−(15, 25)=(10, −10)	10	2→3
(2, 4)	(20, 0)−(0, 20)=(20, −20)	20	2→4
(3, 4)	(35, 0)−(0, 35)=(35, −35)	35	3→4

최종 수정네트워크가 [그림 6-18]에 나타나 있다.

그림 6-18 최종 수정네트워크

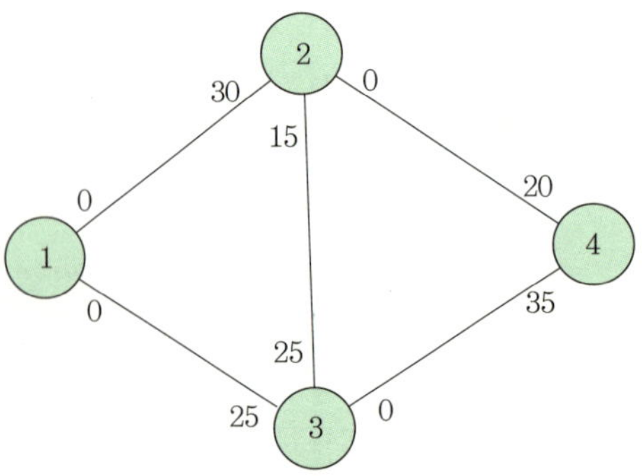

6.5.2 Cut을 이용한 계산

Cut은 네트워크로부터 제거될 때 시작마디부터 종료마디까지의 흐름을 완전하게 차단할 수 있는 호들의 집합으로 정의한다. Cut 용량은 관련된 호들의 흐름용량을 합한 것과 같다. 네트워크 내에서 형성될 수 있는 모든 가능한 Cut들 중 최소의 Cut 용량을 갖는 Cut이 최대 흐름량을 제공한다.

그러나 네트워크상에 모든 가능한 Cut들을 열거할 수 없다면 최대 흐름량의 계산을 보장받을 수 없다. 다만, 열거된 Cut들 중에서 얻을 수 있는 최소 Cut 용량(Minimal Cut Capacity)을 이용하여 최대흐름문제에 대한 상한값(Upper Bound Value)을 보장받을 수 있다.

예제 6-8 Cut을 이용한 최대흐름량 계산

[그림 6-12]의 네트워크를 이용하여 가능한 Cut들을 열거하고 각 Cut들에 대한 Cut 용량을 계산하면 다음과 같다.

Cut	관련된 호	Cut 용량
1	(1, 2), (1, 3)	30+25=55
2	(1, 2), (2, 3), (3, 4)	30+25+35=90
3	(1, 3), (3, 2), (2, 4)	25+15+20=60
4	(1, 3), (3, 4)	25+35=60

4개의 가능한 Cut들 중 Cut 1이 55의 최소흐름용량을 제공하며 이것은 최대흐름량과 같다. [그림 6-19]는 네트워크상에 가능한 Cut들의 예를 나열하고 있다.

만일 Cut 1을 찾지 못했다면 나머지 Cut들을 이용한 최대흐름량은 Cut 3과 Cut 4로부터 60을 얻을 수 있을 것이다. 이를 통해 주어진 네트워크에 대한 최대흐름량은 60을 넘지 않을 것이라는 것을 예측할 수 있다.

그림 6-19 네트워크상에 가능한 Cut들의 예

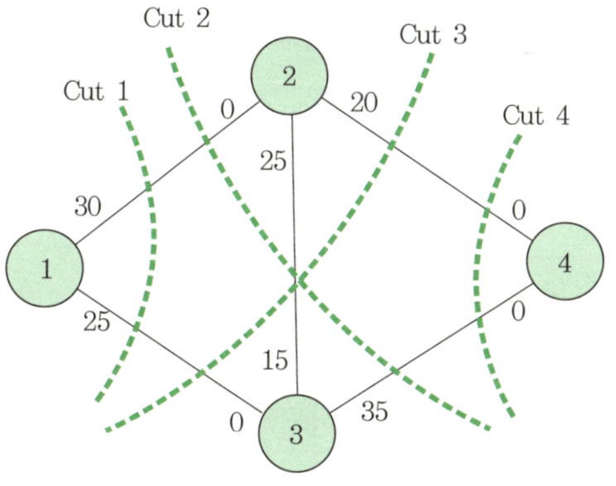

6.5.3 선형계획모형의 작성

본 절에서는 최대흐름문제를 선형계획모형으로 모형화하는 방법을 설명한다. 용량제약을 갖는 네트워크 $G=(N, A)$를 대상으로 최대흐름량을 찾으며 시작마디와 종료마디는 각각 s와 t라고 가정한다. 여기서 N은 마디들의 집합을, A는 호들의 집합을 나타낸다. 다음과 같이 기호를 정의한다.

x_{ij}=마디 i로부터 마디 j까지의 흐름량

$u_{ij}(l_{ij})$=호(i, j)의 용량 상한(하한)값

f=최대흐름량

각 마디에서의 다음과 같은 흐름량의 보존성질에 따라 마디수만큼의 제약식이 만들어진다.

총진입흐름량=총진출흐름량

이것을 일반화시키면 마디 k에서의 제약식은 다음과 같은 형태로 나타낼 수 있다.

$$\sum_{(i,k)\in A} x_{ik} - \sum_{(k,j)\in A} x_{kj} = \text{순수요량}, \quad k\in N$$

최대흐름문제에서는 최대흐름량 f를 구해야 하므로, 순수요량은 시작마디 s에서는 $-f$의 값을, 종료마디 t에서는 f의 값을, 그리고 나머지 마디는 0의 값을 가져야 한다. 의사결정변수 x_{ij}는 호 (i, j)의 용량제약에 의해 하한값과 상한값을 가질 수 있으므로 다음과 같이 나타낼 수 있다.

$$l_{ij} \leqq x_{ij} \leqq u_{ij}, \quad (i, j)\in A$$

목적함수는 총흐름량을 최대화해야 하므로 다음과 같이 나타낸다.

Maximize $z = f$

예제 6-9

[그림 6-12]의 네트워크에서 마디 1로부터 마디 7로의 최대흐름량을 결정하고자 한다. 따라서 최대흐름문제의 네트워크는 [그림 6-20]과 같이 마디 1로 최대흐름량 f가 들어가서 마디 4로 최대흐름량 f가 나가는 형태로 표현될 수 있다.

그림 6-20 최대흐름문제의 네트워크 표현

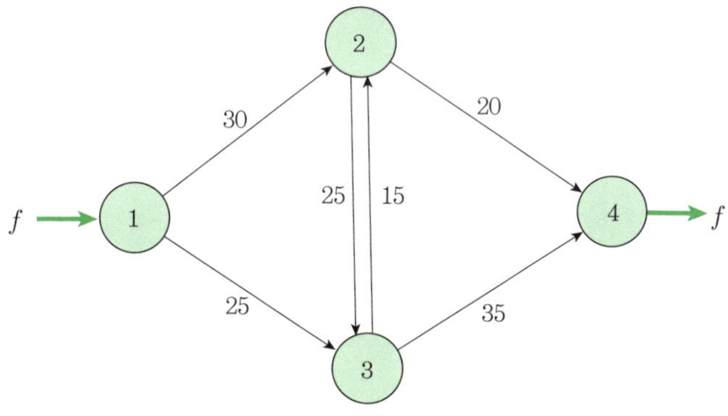

최대흐름문제는 다음과 같이 선형계획모형으로 표현된다.

	f	x_{12}	x_{13}	x_{23}	x_{24}	x_{32}	x_{34}	
$Max\ z=$	1							
마디 1		−1	−1					$=-f$
마디 2		1		−1	−1	1		$=\ 0$
마디 3			1	1		−1	−1	$=\ 0$
마디 4					1		1	$=\ f$
하한값		0	0	0	0	0	0	
상한값		30	25	25	20	15	35	

제약식의 계수들을 살펴보면, 의사결정변수 x_{ij}와 관련된 열은 i번째 행에서는 −1의 값을, j번째 행에서는 +1의 값을, 나머지는 0의 값을 갖는 것을 확인할 수 있다. 이러한 구조는 네트워크 흐름모형들에서 나타나는 전형적인 구조이다.

제약식들은 각 마디에서의 흐름량 보존성질을 표현한다. 예를 들어, 마디 3에서의 흐름량 보존성질(총진입흐름량=총진출흐름량)은 $x_{13}+x_{23}=x_{32}+x_{34}$로 표현된다. 나머지 마디들과 대응되는 제약식들도 동일한 방법으로 모형화할 수 있다. 또한 의사결정변수 x_{12}에 대한 제약식은 $0 \leqq x_{12} \leqq 30$으로 표현되고 나머지 변수들도 동일하게 표현된다. [그림 6-21]은 LINGO 창에 [예제 6-9]의 최대흐름문제를 선형계획모형으로 모델링한 내용을 보여준다. Solve 메뉴를 이용하여 최적해를 구하면 [그림 6-22]와 같은 결과를 보여준다. 이 결과는 앞서 소개된 최대흐름 알고리즘을 적용한 결과와 동일하게 최대흐름량 $f=55$를 나타낸다.

그림 6-21 [예제 6-9]에 대한 LINGO 모델링 입력 화면

```
Lingo Model - Ex6-9
Max = f;
- x12 - x13                              = -f;
  x12       - x23 - x24 + x32            =  0;
        x13 + x23       - x32 - x34      =  0;
                    x24       + x34      =  f;
  x12 < 30;
  x13 < 25;
  x23 < 25;
  x24 < 20;
  x32 < 15;
  x34 < 35;
```

그림 6-22 [예제 6-9]에 대한 LINGO 최적해 도출 화면

```
Solution Report - Ex6-9
Global optimal solution found.
Objective value:                 55.00000
Infeasibilities:                 0.000000
Total solver iterations:                2

Model Class:                           LP

Total variables:                7
Nonlinear variables:            0
Integer variables:              0

Total constraints:             11
Nonlinear constraints:          0

Total nonzeros:                21
Nonlinear nonzeros:             0

                Variable      Value     Reduced Cost
                       F   55.00000         0.000000
                     X12   30.00000         0.000000
                     X13   25.00000         0.000000
                     X23   25.00000         0.000000
                     X24   20.00000         0.000000
                     X32   15.00000         0.000000
                     X34   35.00000         0.000000
```

6.6 최소비용 용량제약 네트워크문제

앞서 소개된 수송문제, 할당문제, 최단경로문제 및 최대흐름문제 등은 최소비용 용량제약 네트워크문제의 특수한 경우들이다. 최소비용 용량제약 네트워크문제는 다음과 같은 가정들을 기반으로 한다.

① 각 호에 대해 단위흐름비용이 주어진다.

② 각 호는 양의 하한값을 가질 수 있다.

③ 각 마디에는 공급량 혹은 수요량이 주어진다.

따라서 최소비용 용량제약 네트워크문제는 각 호에 대한 흐름용량제약과 각 마디에서의 공급량 및 수요량을 만족시키면서 총비용을 최소화하는 각 호에서의 최적 흐름량을 결정해야 한다.

6.6.1 선형계획모형의 작성

본 절에서는 최소비용 용량제약 네트워크문제를 선형계획모형으로 모형화하는 방법을 설명한다. 용량제약을 갖는 네트워크 $G=(N, A)$를 고려하자. 여기서 N은 마디들의 집합을, A는 호들의 집합을 나타낸다. 다음과 같이 기호를 정의한다.

x_{ij}=마디 i로부터 마디 j까지의 흐름량

$u_{ij}(l_{ij})$=호(i, j)의 용량 상한(하한)값

c_{ij}=마디 i로부터 마디 j까지의 단위흐름비용

f_i=마디 i에서의 순흐름량

[그림 6-23]은 호(i, j)에서의 이러한 정의들을 보여준다. 마디 i가 순공급량과 관련된다면 $[f_i]$는 양의 값을 가지며 순수요량과 관련된다면 음의 값을 갖는다.

그림 6-23 순흐름량을 갖는 호(i, j)

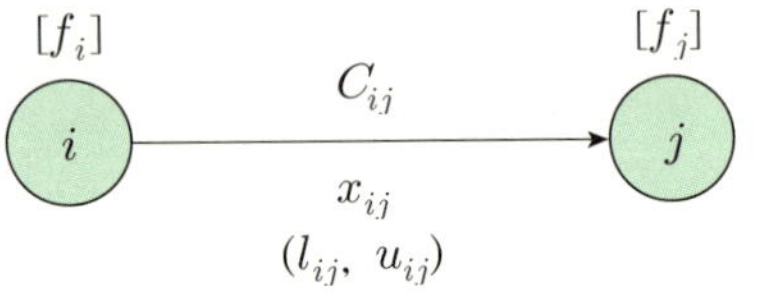

목적함수는 각 호의 흐름량과 관련된 총비용이므로 다음과 같이 모형화된다.

$$\text{Minimize} \quad z = \sum_{(i,j) \in A}\sum c_{ij} x_{ij}$$

각 마디에서의 다음과 같은 흐름량의 보존 성질에 따라 마디수만큼의 제약식이 만들어진다.

총진출흐름량−총진입흐름량=순흐름량

이것을 일반화시키면 마디 k에서의 제약식은 다음과 같은 형태로 나타낼 수 있다.

$$\sum_{(k,j) \in A} x_{kj} - \sum_{(i,k) \in A} x_{ik} = f_k, \quad k \in N$$

순흐름량 f_k가 순공급량과 관련되면 양의 값을, 순수요량과 관련되면 음의 값을 갖는다. 6.5.3절의 최대흐름문제에 대한 선형계획모형의 작성에서와 달리 흐름량의 보존 성질을 반대로 표현함으로써 대응되는 제약식도 반대로 표현되었음을 유의하자.

의사결정변수 x_{ij}는 호(i, j)의 용량제약에 의해 하한값과 상한값을 가질 수 있으므로 다음과 같이 나타낼 수 있다.

$$l_{ij} \leqq x_{ij} \leqq u_{ij}, \quad (i, j) \in A$$

따라서 최소비용 용량제약 네트워크문제에 대한 선형계획모형은 다음과 같이 일반화될 수 있다.

$$\text{Maximize} \quad z = \sum_{(i,j)\in A}\sum c_{ij}x_{ij}$$

$$\text{subject to} \quad \sum_{(k,j)\in A} x_{kj} - \sum_{(i,k)\in A} x_{ik} = f_k, \ \ k \in N$$

$$l_{ij} \leqq x_{ij} \leqq u_{ij}, \ \ (i,j)\in A$$

예제 6-10

[그림 6-24]와 같은 네트워크를 대상으로 최소비용 용량제약 네트워크문제에 대한 선형계획모형을 작성해보자.

그림 6-24 용량제약을 갖는 네트워크

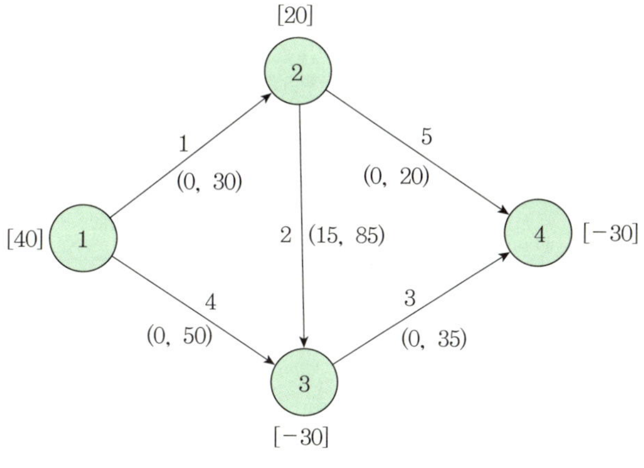

최소비용 용량제약 네트워크문제는 다음과 같이 선형계획모형으로 표현된다.

	x_{12}	x_{13}	x_{23}	x_{24}	x_{34}	
Min $z=$	1	4	2	5	3	
마디 1	1	1				= 40
마디 2	−1		1	1		= 20
마디 3		−1	−1		1	= −30
마디 4				−1	−1	= −30
하한값	0	0	15	0	0	
상한값	30	50	85	20	35	

제약식의 계수들을 살펴보면 의사결정변수 x_{ij}와 관련된 열은 i번째 행에서는 -1의 값을, j번째 행에서는 $+1$의 값을, 나머지는 0의 값을 갖는 것을 확인할 수 있다. 이러한 구조는 네트워크 흐름모형들에서 나타나는 전형적인 구조이다. [그림 6-25]는 LINGO 창에서 [예제 6-10]을 선형계획모형으로 모델링한 결과를 보여준다. 또한 Solve 메뉴를 이용하여 최적해를 구하면 [그림 6-26]과 같은 결과를 보여준다. [그림 6-26]에서 최적해는 $x_{12}=30$, $x_{13}=10$, $x_{23}=30$, $x_{24}=20$, $x_{34}=10$이고 이때 목적함수값은 260을 보여준다.

▌그림 6-25▐ [예제 6-10]에 대한 LINGO 모델링 입력 화면

```
Lingo Model - Ex6-10
Min =    x12 + 4*x13 +2*x23 + 5*x24 + 3*x34;
         x12 + x13                         =  40;
       - x12         + x23 +   x24         =  20;
             - x13   - x23         +   x34 = -30;
                         -     x24 -   x34 = -30;
   x12 < 30;
   x13 < 50;
   x23 > 15;
   x23 < 85;
   x24 < 20;
   x34 < 35;
```

▌그림 6-26▐ [예제 6-10]에 대한 LINGO 최적해 도출 화면

```
Solution Report - Ex6-10
 Global optimal solution found.
 Objective value:                   260.0000
 Infeasibilities:                   0.000000
 Total solver iterations:                  0

 Model Class:                             LP

 Total variables:                  5
 Nonlinear variables:              0
 Integer variables:                0

 Total constraints:               11
 Nonlinear constraints:            0

 Total nonzeros:                  21
 Nonlinear nonzeros:               0

                    Variable        Value     Reduced Cost
                         X12     30.00000         0.000000
                         X13     10.00000         0.000000
                         X23     30.00000         0.000000
                         X24     20.00000         0.000000
                         X34     10.00000         0.000000
```

6.7 CPM 및 PERT 네트워크

실제 문제에서 많이 발생하는 의사결정문제 중의 하나가 대형공사의 프로젝트 관리이다. 프로젝트는 시간과 자원을 소모하며 상호연관성을 갖는 작업활동(activity)들의 집합으로 정의된다. 각 활동은 작업기간(duration)과 선행활동 리스트를 갖는다. 활동 k의 작업기간을 다음과 같이 정의한다.

a_k =활동 k를 완료하기 위해 요구되는 시간

또한 활동 j가 활동 k가 시작하기 전에 반드시 완료해야 하는 활동이라면 활동 j를 활동 k의 선행활동(predecessor)이라 부른다. 이러한 프로젝트들의 계획, 일정관리 및 통제를 위해 개발된 네트워크 기반의 기법이 CPM(Critical Path Method)과 PERT(Program Evaluation and Review Technique)이다. 프로젝트의 수행을 위해서는 모든 선행활동들이 완료되어야 한다는 전제하에 각 활동들이 시작될 수 있는 최조시간(Earliest Time)과 이를 기반으로 프로젝트의 최조 시작일정의 계산이 필요하다. CPM은 프로젝트에 대한 최조 시작일정(Earliest Start Schedule)을 계산하는 방법을 제시한다.

6.7.1 CPM 프로젝트 네트워크

CPM의 적용을 위해서는 작업활동들 간의 상호 선행관련성을 고려하여 프로젝트 네트워크를 만들어야 한다. 프로젝트의 각 활동은 프로젝트 내에서의 진행방향을 나타내는 호에 의해 표현된다. 네트워크의 마디들은 프로젝트의 다른 활동들 사이에 선행관련성을 나타낸다.

네트워크를 작성하기 위해 다음과 같은 3가지 기준을 이용할 수 있다.

① **기준 1** : 각 활동은 반드시 하나의 호로만 표현된다.

② **기준 2** : 각 활동은 2개의 서로 다른 마디들로 표현되어야 한다.

③ **기준 3** : 하나의 활동이 네트워크에 추가될 때마다 정확한 상호 선행관련성을

유지하기 위해 다음과 같은 사항을 반드시 확인하여야 한다.

- 어떤 활동들이 현활동 바로 전에 작업되어야만 하는가?
- 어떤 활동들이 현활동 이후에 작업되어야만 하는가?
- 어떤 활동들이 현활동과 동시에 발생되어야만 하는가?

[그림 6-27]은 가상활동(Dummy Activity)이 동시에 발생하는 활동 A와 B를 표현하기 위해 어떻게 사용되는지를 보여준다. 가상활동은 일반적으로 점선으로 묘사되며, 시간과 자원을 소모하지 않는다고 가정한다. 또한 [그림 6-27]은 동시에 발생하는 활동 A와 B를 표현하기 위해서 하나의 가상활동을 삽입하는 방법은 4가지의 방법이 가능함을 보여준다. 이 것은 기준 2에 의해 이루어진다.

그림 6-27 동시발생활동의 표현을 위한 가상활동의 사용

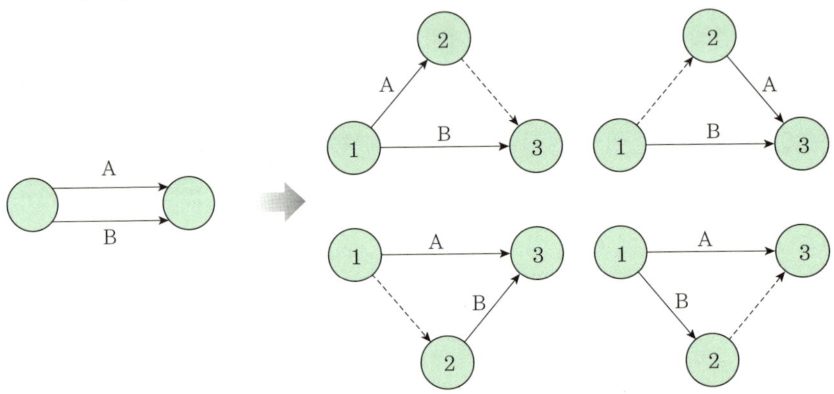

기준 3의 질문에 대한 답은 활동들 사이에 정확한 선행관계를 표현하기 위해 가상활동의 사용이 요구될 수 있다. 예를 들어, 다음과 같은 프로젝트의 일부를 고려해 보자.

① 활동 C는 활동 A와 B가 완료된 이후에 즉시 시작한다.

② 활동 E는 활동 B만 완료되면 시작한다.

[그림 6-28]에서 (가)의 경우는 잘못된 표현방법이다. 이 표현의 경우, 활동 A와 B는 활동 E기 시작되기 전에 완료되어야 한다. (나)의 경우는 가상활동을 이용하여 올바른 선행관계를 표현하고 있다.

그림 6-28 정확한 선행관계 표현을 위한 가상활동의 사용

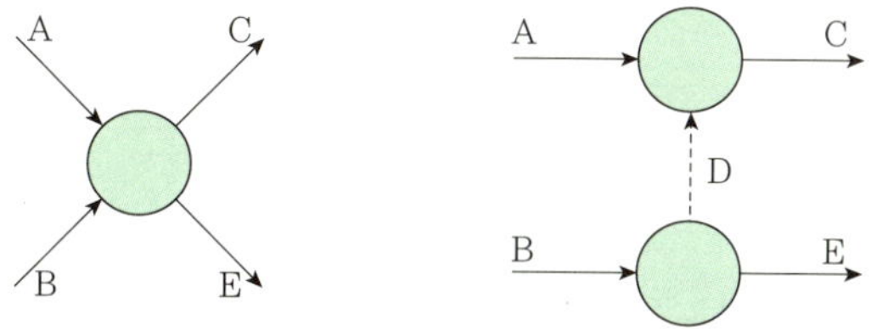

(가) 잘못된 표현　　(나) 올바른 표현

앞서 설명한 표현방법들을 이용할 때, CPM 프로젝트 네트워크를 구성할 수 있으며 CPM 프로젝트 네트워크는 다음과 같은 특징을 가진다.

① 시작 및 종료 마디와 각 활동에 대응되는 마디들로 구성된다.

② 시작마디는 작업기간을 0으로 하고 선행활동을 갖지 않는 모든 활동들과 연결된다.

③ 각 마디 k는 작업기간 a_k를 가지고 활동 k를 선행활동으로 갖는 모든 활동들과 연결된다.

예제 6-11

부일주식회사에서는 사무실 공간의 부족을 해소하기 위해 공장 내 여유부지에 사무실을 신축하려고 한다. 다음의 표는 사무실을 신축하기 위해 필요로 하는 작업활동과 관련된 작업기간과 선행관계를 나타낸다.

k	활동	작업기간 a_k(일)	선행활동
1	기초공사	15	–
2	배관공사	6	–
3	콘크리트 평판공사	5	1, 2
4	구조공사	4	3
5	지붕공사	6	4
6	전기시설공사	9	4
7	공조시설공사	12	2, 4
8	내벽 및 외벽 공사	18	4, 6, 7
9	내부 마감공사	21	5, 6, 7, 8

사무실을 효율적으로 신축하기 위해서는 자재 수급을 계획하고 하청계약을 할당하기 위한 일정계획이 필요하다. 특히, 사무실 신축 프로젝트의 최조 시작 일정을 알고 싶다.

[예제 6-11]에서 주어진 선행관계표를 이용하여 CPM 프로젝트 네트워크를 그려보면 [그림 6-29]와 같은 네트워크를 얻을 수 있다.

그림 6-29 [예제 6-11]의 CPM 프로젝트 네트워크

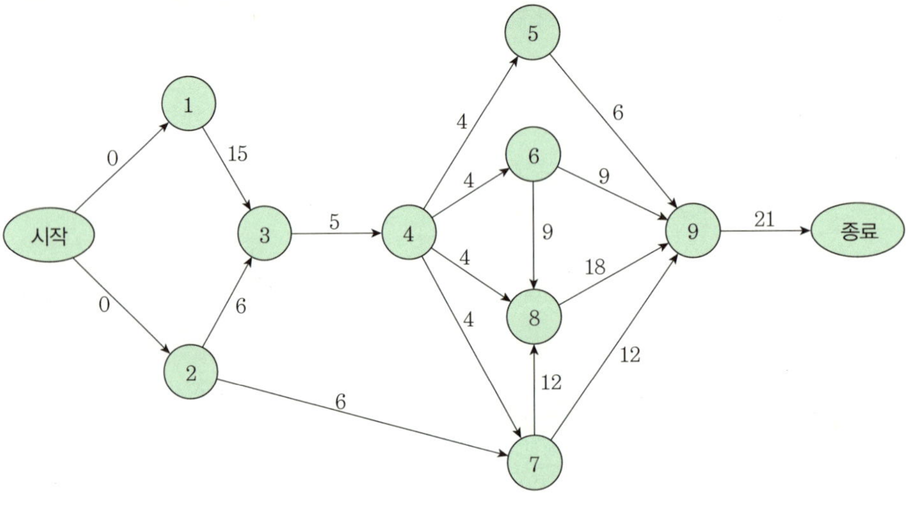

6.7.2 주경로의 계산

[예제 6-11]에서 활동 3을 시작할 수 있는 최조 시작시간(Earliest Start Time)은 언제인지 알아보자. 활동 1은 작업기간이 15일이고 활동 2는 작업기간이 6일이다. 따라서 활동 1과 2를 완료한 후에 시작할 수 있는 활동 3의 최조 시작시간은 $\max\{a_1, a_2\} = \max\{15, 6\} = 15$로 15일이 된다.

이때 선행활동 1에 의해 형성되는 제약은 경로 시작−1−3과 대응되고 선행활동 2에 의해 형성되는 제약은 경로 시작−2−3과 대응된다는 것을 명심하자. 따라서 활동 3의 최조 시작시간은 최장경로(Longest Path)와 대응됨을 알 수 있다. 이것을 일반화하면 다음과 같다.

어떤 프로젝트에서 임의의 활동 k의 최조 시작시간은 대응되는 프로젝트 네트워크에서 시작마디로부터 마디 k까지의 최장경로의 길이와 같다. 이러한 최장경로를 주경로(Critical Path)라 한다.

CPM이라는 명칭은 이러한 주경로로부터 유래되었으며 마디 k까지의 주경로상에 있는 임의의 활동에 지연이 발생되면 활동 k의 최조 시작시간의 지연을 초래하게 된다. 따라서 프로젝트의 완료시간을 지연시킬 수 있는 활동들을 연결하는 시작마디부터 종료마디까지의 주경로의 관리는 중요한 이슈가 된다. 다음의 표는 [그림 6-29]의 프로젝트 네트워크에서 각 활동에 대한 최조 시작시간과 주경로를 보여준다.

k	활동	최조 시작시간	주경로
1	기초공사	0	시작-1
2	배관공사	0	시작-2
3	콘크리트 평판공사	15	시작-1-3
4	구조공사	20	시작-1-3-4
5	지붕공사	24	시작-1-3-4-5
6	전기시설공사	24	시작-1-3-4-6
7	공조시설공사	24	시작-1-3-4-7
8	내벽 및 외벽 공사	36	시작-1-3-4-7-8
9	내부 마감공사	54	시작-1-3-4-7-8-9

프로젝트의 최소 완료 가능시간은 시작마디부터 종료마디까지의 최장경로에 대응된다. 이를 일반화하면 다음과 같다.

어떤 프로젝트의 최소 완료시간은 대응되는 프로젝트 네트워크에서 시작마디로부터 종료마디까지의 최장경로 혹은 주경로의 길이와 같다.

예를 들어, [예제 6-11]의 프로젝트에 대한 최조 완료시간은 시작마디부터 종료마디까지의 주경로(시작-1-3-4-7-8-9-종료)의 길이인 75일이 된다.

(1) CPM 최조 시작일정 알고리즘

주경로를 찾고 최조 시작일정을 계산하기 위한 CPM 최조 시작일정 알고리즘을 소개한다. 이를 위해 다음과 같이 기호를 정의한다.

$v[i]$ =시작마디 1로부터 마디 i까지의 최장경로의 길이
$s[i]$ =최장경로상에 마디 i의 직전 선행마디
a_i =활동 i를 완료하기 위해 요구되는 시간

CPM 최조 시작일정 알고리즘은 6.4.1절에서 소개한 최단경로 알고리즘을 최장경로(Longest Route)를 구하는 형태로 수정하면 된다. 이 알고리즘의 세부적인 절차는 다음과 같다.

단계 0 CPM 프로젝트 네트워크상의 모든 선행관계를 나타내는 호(i, j)가 $i < j$를 만족하도록 마디번호를 새롭게 정렬한다. 시작마디는 다음과 같이 놓는다.

$$v[\text{시작}] = 0$$

단계 1 종료마디의 최조 시작시간이 발견되었다면 종료한다. 아니면 남아 있는 마디들 중 번호가 가장 작은 마디 p를 선택한다.

단계 k 활동 p에 대한 최조 시작시간을 다음과 같이 계산한다.

$$v[p] = \max\{v[i] + a_i\}$$

여기서 i는 p의 선행활동이다. 그리고 $s[p]$에 최대값을 제공하는 마디의 번호를 저장한다. [단계 1]로 간다.

예제 6-12 주경로의 계산

[그림 6-29]에서 소개된 네트워크를 이용하여 주경로를 찾기 위한 알고리즘의 적용절차를 소개한다.

단계 0 $v[\text{시작}] = 0$으로 놓는다.

p	$v[p]$	$s[p]$
시작	0	−

단계 1 종료마디의 최조 시작시간이 계산되지 않았으므로 가장 작은 번호를 갖는 마디 1을 선택한다(즉, $p=1$로 놓는다).

단계 2 마디 1의 선행마디는 시작마디이므로 $v[1]$과 $s[1]$을 다음과 같이 계산한다.

p	$v[p]$	$s[p]$
시작	0	−
1	$\max\{v[\text{시작}]+a_{\text{시작}}\}=\max\{0+0\}=0$	시작

[단계 1]로 간다.

단계 1 종료마디의 최조 시작시간이 계산되지 않았으므로 가장 작은 번호를 갖는 마디 2를 선택한다(즉, $p=2$로 놓는다).

단계 2 마디 2의 선행마디는 시작마디이므로 $v[2]$와 $s[2]$를 다음과 같이 계산한다.

p	$v[p]$	$s[p]$
시작	0	−
1	$\max\{v[\text{시작}]+a_{\text{시작}}\}=\max\{0+0\}=0$	시작
2	$\max\{v[\text{시작}]+a_{\text{시작}}\}=\max\{0+0\}=0$	시작

[단계 1]로 간다

단계 1 종료마디의 최조 시작시간이 계산되지 않았으므로 가장 작은 번호를 갖는 마디 3을 선택한다(즉, $p=3$으로 놓는다).

단계 2 마디 3의 선행마디는 마디 1과 2이므로 $v[3]$과 $s[3]$을 다음과 같이 계산한다.

p	$v[p]$	$s[p]$
시작	0	−
1	$\max\{v[\text{시작}]+a_{\text{시작}}\}=\max\{0+0\}=0$	시작
2	$\max\{v[\text{시작}]+a_{\text{시작}}\}=\max\{0+0\}=0$	시작
3	$\max\{v[1]+a_1, v[2]+a_2\}=\max\{0+15, 0+6\}=15$	1

[단계 1]로 간다

단계 1 종료마디의 최조 시작시간이 계산되지 않았으므로 가장 작은 번호를 갖는 마디 4를 선택한다(즉, $p=4$으로 놓는다).

단계 2 마디 4의 선행마디는 마디 3이므로 $v[4]$와 $s[4]$를 다음과 같이 계산한다.

p	$v[p]$	$s[p]$
시작	0	–
1	$\max\{v[시작]+a_{시작}\}=\max\{0+0\}=0$	시작
2	$\max\{v[시작]+a_{시작}\}=\max\{0+0\}=0$	시작
3	$\max\{v[1]+a_1, v[2]+a_2\}=\max\{0+15, 0+6\}=15$	1
4	$\max\{v[3]+a_3\}=\max\{15+5\}=20$	3

단계 1 종료마디의 최조 시작시간이 계산되지 않았으므로 가장 작은 번호를 갖는 마디 5를 선택한다(즉, $p=5$로 놓는다).

단계 2 마디 5의 선행마디는 마디 4이므로 $v[5]$와 $s[5]$를 다음과 같이 계산한다.

p	$v[p]$	$s[p]$
시작	0	–
1	$\max\{v[시작]+a_{시작}\}=\max\{0+0\}=0$	시작
2	$\max\{v[시작]+a_{시작}\}=\max\{0+0\}=0$	시작
3	$\max\{v[1]+a_1, v[2]+a_2\}=\max\{0+15, 0+6\}=15$	1
4	$\max\{v[3]+a_3\}=\max\{15+5\}=20$	3
5	$\max\{v[4]+a_4\}=\max\{20+4\}=24$	4

단계 1 종료마디의 최조 시작시간이 계산되지 않았으므로 가장 작은 번호를 갖는 마디 6을 선택한다(즉, $p=6$으로 놓는다).

단계 2 마디 6의 선행마디는 마디 4이므로 $v[6]$와 $s[6]$를 다음과 같이 계산한다.

p	$v[p]$	$s[p]$
시작	0	–
1	$\max\{v[시작]+a_{시작}\}=\max\{0+0\}=0$	시작
2	$\max\{v[시작]+a_{시작}\}=\max\{0+0\}=0$	시작
3	$\max\{v[1]+a_1, v[2]+a_2\}=\max\{0+15, 0+6\}=15$	1
4	$\max\{v[3]+a_3\}=\max\{15+5\}=20$	3
5	$\max\{v[4]+a_4\}=\max\{20+4\}=24$	4
6	$\max\{v[4]+a_4\}=\max\{20+4\}=24$	4

단계 1 종료마디의 최조 시작시간이 계산되지 않았으므로 가장 작은 번호를 갖는 마디 7을 선택한다(즉, $p=7$로 놓는다).

단계 2 마디 7의 선행마디는 마디 2와 4이므로 $v[7]$과 $s[7]$을 다음과 같이 계산한다.

p	$v[p]$	$s[p]$
시작	0	–
1	$\max\{v[시작]+a_{시작}\}=\max\{0+0\}=0$	시작
2	$\max\{v[시작]+a_{시작}\}=\max\{0+0\}=0$	시작
3	$\max\{v[1]+a_1, v[2]+a_2\}=\max\{0+15, 0+6\}=15$	1
4	$\max\{v[3]+a_3\}=\max\{15+5\}=20$	3
5	$\max\{v[4]+a_4\}=\max\{20+4\}=24$	4
6	$\max\{v[4]+a_4\}=\max\{20+4\}=24$	4
7	$\max\{v[2]+a_2, v[4]+a_4\}=\max\{0+6, 20+4\}=24$	4

단계 1 종료마디의 최조 시작시간이 계산되지 않았으므로 가장 작은 번호를 갖는 마디 8을 선택한다(즉, $p=8$로 놓는다).

단계 2 마디 8의 선행마디는 마디 4, 6, 7이므로 $v[8]$과 $s[8]$을 다음과 같이 계산한다.

p	$v[p]$	$s[p]$
시작	0	–
1	$\max\{v[시작]+a_{시작}\}=\max\{0+0\}=0$	시작
2	$\max\{v[시작]+a_{시작}\}=\max\{0+0\}=0$	시작
3	$\max\{v[1]+a_1, v[2]+a_2\}=\max\{0+15, 0+6\}=15$	1
4	$\max\{v[3]+a_3\}=\max\{15+5\}=20$	3
5	$\max\{v[4]+a_4\}=\max\{20+4\}=24$	4
6	$\max\{v[4]+a_4\}=\max\{20+4\}=24$	4
7	$\max\{v[2]+a_2, v[4]+a_4\}=\max\{0+6, 20+4\}=24$	4
8	$\max\{v[4]+a_4, v[6]+a_6, v[7]+a_7\}$ $=\max\{20+4, 24+9, 24+12\}=36$	7

단계 1 종료마디의 최조 시작시간이 계산되지 않았으므로 가장 작은 번호를 갖는 마디 9를 선택한다(즉, $p=9$로 놓는다).

단계 2 마디 9의 선행마디는 마디 5, 6, 7, 8이므로 $v[9]$과 $s[9]$을 다음과 같이 계산한다.

p	$v[p]$	$s[p]$
시작	0	−
1	$\max\{v[\text{시작}]+a_{\text{시작}}\}=\max\{0+0\}=0$	시작
2	$\max\{v[\text{시작}]+a_{\text{시작}}\}=\max\{0+0\}=0$	시작
3	$\max\{v[1]+a_1, v[2]+a_2\}=\max\{0+15, 0+6\}=15$	1
4	$\max\{v[3]+a_3\}=\max\{15+5\}=20$	3
5	$\max\{v[4]+a_4\}=\max\{20+4\}=24$	4
6	$\max\{v[4]+a_4\}=\max\{20+4\}=24$	4
7	$\max\{v[2]+a_2, v[4]+a_4\}=\max\{0+6, 20+4\}=24$	4
8	$\max\{v[4]+a_4, v[6]+a_6, v[7]+a_7\}$ $=\max\{20+4, 24+9, 24+12\}=36$	7
9	$\max\{v[5]+a_5, v[6]+a_6, v[7]+a_7, v[8]+a_8\}$ $=\max\{24+6, 24+9, 24+12, 36+18\}=54$	8

단계 1 종료마디의 최조 시작시간이 계산되지 않았으므로 가장 작은 번호를 갖는 종료마디를 선택한다(즉, p =종료로 놓는다).

단계 2 종료마디의 선행마디는 마디 9이므로 v[종료]와 s[종료]를 다음과 같이 계산한다.

p	$v[p]$	$s[p]$
시작	0	−
1	$\max\{v[\text{시작}]+a_{\text{시작}}\}=\max\{0+0\}=0$	시작
2	$\max\{v[\text{시작}]+a_{\text{시작}}\}=\max\{0+0\}=0$	시작
3	$\max\{v[1]+a_1, v[2]+a_2\}=\max\{0+15, 0+6\}=15$	1
4	$\max\{v[3]+a_3\}=\max\{15+5\}=20$	3
5	$\max\{v[4]+a_4\}=\max\{20+4\}=24$	4
6	$\max\{v[4]+a_4\}=\max\{20+4\}=24$	4
7	$\max\{v[2]+a_2, v[4]+a_4\}=\max\{0+6, 20+4\}=24$	4
8	$\max\{v[4]+a_4, v[6]+a_6, v[7]+a_7\}$ $=\max\{20+4, 24+9, 24+12\}=36$	7
9	$\max\{v[5]+a_5, v[6]+a_6, v[7]+a_7, v[8]+a_8\}$ $=\max\{24+6, 24+9, 24+12, 36+18\}=54$	8
종료	$\max\{v[9]+a_9\}=\max\{54+21\}=75$	9

이 문제에서 주경로의 길이는 75일이고 주경로는 다음과 같은 순서로 찾을 수 있다.

종료 → 9 → 8 → 7 → 4 → 3 → 1 → 시작

따라서 주경로는 시작-1-3-4-7-8-9-종료로 이어지는 최장경로이다. [그림 6-30]은 [그림 6-29]의 CPM 네트워크상에 주경로와 최조 시작시간을 보여준다. 각 마디 위에 붙어 있는 라벨 [a | b]에서 a는 최조 시작시간을, b는 최지 시작시간을 나타낸다.

그림 6-30 | 주경로와 최조 시작시간

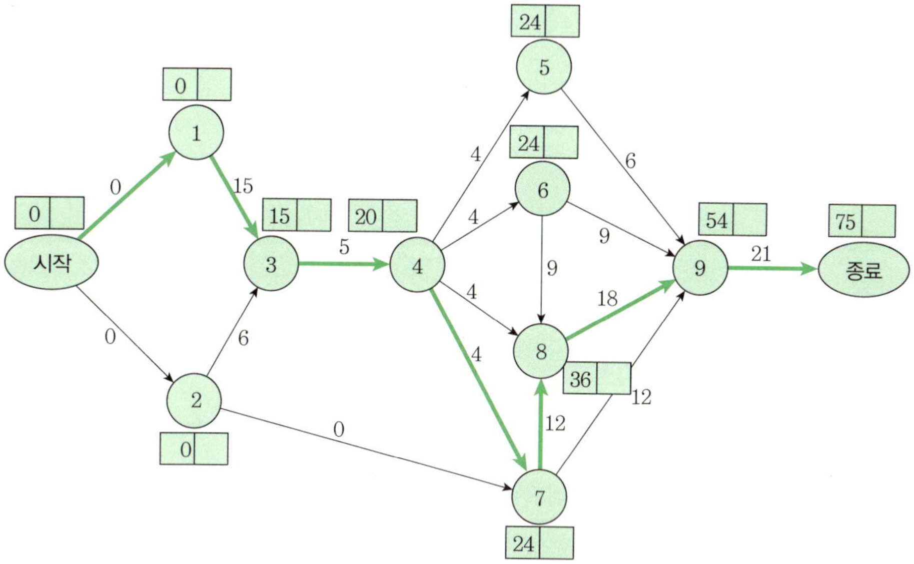

(2) 최지 시작일정과 여유시간

CPM 최조 시작시간은 모든 활동들은 0에서 시작할 수 있다는 가정하에 주경로상의 활동들의 작업기간을 합하여 계산된다.

프로젝트의 납기일(Due Date)이 주어진다고 가정해보자. 예를 들어, [예제 6-11]의 프로젝트에 대한 납기일이 80일이라면 80일로부터 주경로를 기준으로 역산하여 각 활동들에 대한 최지 시작시간(Latest Start Time)을 계산할 수 있다. 최지 시작시간은 납기를 준수할 수 있는 각 활동들의 가장 늦은 시작시간을 의미한다.

어떤 프로젝트에서 임의의 활동 k의 최지 시작시간은 대응되는 CPM 네트워크에서 마디 k로부터 종료마디까지의 최장경로의 길이를 납기일에서 빼준 값과 같다.

최지 시작시간은 앞서 소개된 CPM 최지 시작일정 알고리즘을 역순으로 적용하면 간단히 계산될 수 있다. 예를 들어, 납기일을 80일로 했을 때 최지 시작일정에 대한 계산결과는 [표 6-2]와 같다.

이러한 계산은 납기일 80일을 종료마디의 최지 시작시간으로 고정하고 시작한다. 그리고 종료마디의 직전 선행마디 9로 옮겨간다. 활동 9의 최지 시작시간은 활동 9의 후행 활동들의 최지 시작시간 중 최소값에서 활동 9의 작업기간을 빼주면 된다. 즉, 80−21=59이다. 이와 같은 방법으로 활동 4에 대한 최지 시작시간의 계산은 다음과 같다.

$$\min\{v[5],\ v[6],\ v[7],\ v[8]\} - a_4 = \min\{53,\ 32,\ 29,\ 41\} - 4 = 25$$

시작마디의 최지 시작시간을 구할 때까지 계산을 반복하면 된다. 최지 시작시간의 계산결과를 CPM 네트워크상에 나타내면 [그림 6-31]과 같다.

표 6-2 [그림 6-29]의 CPM 네트워크에 대한 최지 시작시간의 계산

p	$v[p]$	$s[p]$
종료	80	−
9	$\min\{v[\text{종료}]\} - a_9 = 80 - 21 = 59$	종료
8	$\min\{v[9]\} - a_8 = 59 - 18 = 41$	9
7	$\min\{v[8], v[9]\} - a_7 = \min\{41, 59\} - 12 = 29$	8
6	$\min\{v[8], v[9]\} - a_6 = \min\{41, 59\} - 9 = 32$	8
5	$\min\{v[9]\} - a_5 = 59 - 6 = 53$	9
4	$\min\{v[5], v[6], v[7], v[8]\} - a_4 = \min\{53, 32, 29, 41\} - 4 = 25$	7
3	$\min\{v[4]\} - a_3 = 25 - 5 = 20$	4
2	$\min\{v[3], v[7]\} - a_2 = \min\{20, 29\} - 6 = 14$	3
1	$\min\{v[3]\} - a_1 = \min\{20\} - 15 = 5$	3
시작	$\min\{v[1], v[2]\} - a_{\text{시작}} = \min\{5, 14\} - 0 = 5$	1

그림 6-31 주경로, 최조 및 최지 시작시간

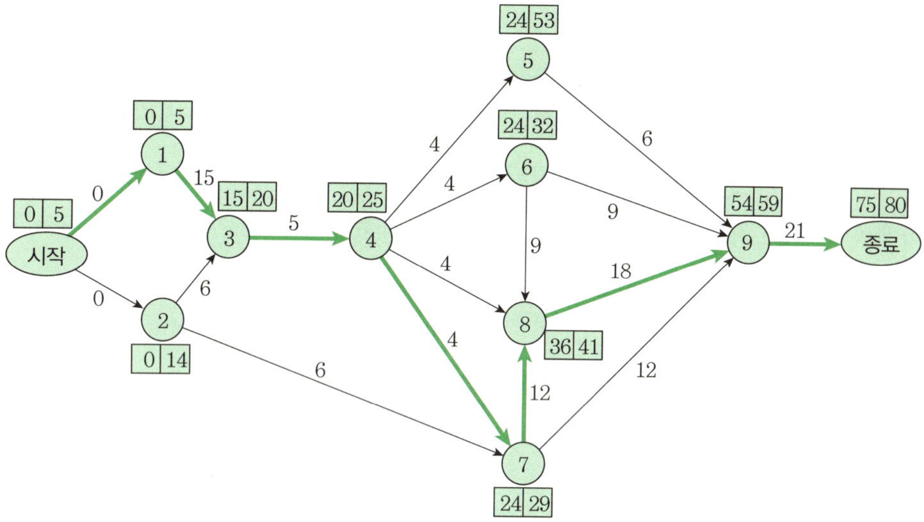

CPM 네트워크에서 각 활동에 대한 여유시간(slack time)을 계산하기 위해 최조 및 최지 시작시간을 활용한다.

> 여유시간은 각 활동이 시작될 수 있는 최지 시작시간과 최조 시작시간의 차이와 같다.

즉, 여유시간은 전체 프로젝트 납기일에 맞추어 각 활동을 일정관리함에 있어 얼마나 많은 관리상의 여유를 가질 수 있는지를 보여준다. [표 6-3]은 각 활동에 대한 여유시간의 계산 결과를 보여준다.

표 6-3 여유시간의 계산

k	활동	최조 시작시간	최지 시작시간	여유시간
1	기초공사	0	5	5
2	배관공사	0	14	14
3	콘크리트 평판공사	15	20	5
4	구조공사	20	25	5
5	지붕공사	24	53	29
6	전기시설공사	24	32	8
7	공조시설공사	24	29	5
8	내벽 및 외벽 공사	36	41	5
9	내부 마감공사	54	59	5

6.7.3 선형계획모형의 작성

본 절에서는 CPM 네트워크문제를 선형계획모형으로 모형화하는 방법을 설명한다. CPM 네트워크문제는 시작마디로부터 종료마디까지의 최장경로를 찾는다는 면에서 최단경로문제와는 반대의 개념을 갖는다. 최단경로문제의 선형계획모형 작업과 유사하게 한 단위의 흐름량이 출발마디로 진입하여 최종적으로 종료마디를 통해 진출하는 네트워크를 고려하자. 다음과 같이 기호를 정의한다.

x_{ij}=활동(i, j)의 흐름량
d_{ij}=활동(i, j)의 작업기간

목적함수는 총흐름량을 최대화해야 하므로 다음과 같이 모형화된다.

$$\text{Maximize} \quad z = \sum_{\{(i,j);\, i=1,\cdots,n,\, j=1,\cdots,n\}} d_{ij} x_{ij}$$

각 마디에서의 다음과 같은 흐름량의 보존성질에 따라 마디수만큼의 제약식이 만들어진다.

총진입흐름량=총진출흐름량

이것을 일반화시키면 마디 k에서의 제약식은 다음과 같은 형태로 나타낼 수 있다.

$$\sum_{\{(i,k);\, i=1,\cdots,n\}} x_{ik} - \sum_{\{(k,j);\, j=1,\cdots,n\}} x_{kj} = \text{순수요량}$$

여기서 순수요량은 시작마디는 −1의 값을, 종료마디는 1의 값을, 그리고 나머지 마디는 0의 값을 갖는다.

모든 의사결정변수 x_{ij}는 비음조건을 갖는다. 네트워크의 구조적 특성에 의해 이진변수 (0−1)로 정의하지 않아도 동일한 해를 얻을 수 있다. 이는 최단경로문제의 선형계획모형에서도 마찬가지이다.

예제 6-13

[그림 6-29]의 CPM 네트워크를 대상으로 선형계획모형을 작성해보자. 시작마디를 s, 종료마디를 t라 정의한다. CPM 네트워크문제는 다음과 같이 선형계획모형으로 표현된다.

	x_{s1}	x_{s2}	x_{13}	x_{23}	x_{27}	x_{34}	x_{45}	x_{46}	x_{47}	x_{48}	x_{59}	x_{68}	x_{69}	x_{78}	x_{79}	x_{89}	x_{9t}	
$Max\ z=$	0	0	16	6	6	5	4	4	4	4	6	9	9	12	12	18	21	
마디 s	−1	−1																$=-1$
마디 1	1		−1															$=\ 0$
마디 2		1		−1	−1													$=\ 0$
마디 3			1	1		−1												$=\ 0$
마디 4						1	−1	−1	−1	−1								$=\ 0$
마디 5							1				−1							$=\ 0$
마디 6								1				−1	−1					$=\ 0$
마디 7					1				1					−1	−1			$=\ 0$
마디 8										1		1		1		−1		$=\ 0$
마디 9											1		1		1	1	−1	$=\ 0$
마디 t																	1	$=\ 1$

6.7.4 PERT 네트워크

활동의 작업기간에 대한 추정치를 하나만 사용하는 것은 비합리적일 수 있다. 이것은 모든 활동들이 정확히 작업기간을 지키며 수행된다는 확실성의 전제하에서만 가능하다. 따라서 작업기간의 불확실성을 고려하기 위해서는 작업기간에 대한 확률이나 확률분포를 가정하게 된다. 프로젝트의 완료날짜를 정하는 대신에 기대 프로젝트 완료날짜 혹은 어떤 기간 이내에 프로젝트가 완료될 확률을 계산할 필요가 있다. 이와 같은 프로젝트 관리를 위한 확률적 접근방법을 PERT라 한다.

PERT 네트워크는 다음과 같은 3가지 추정치를 활동의 작업기간으로 사용한다는 면에서 CPM 네트워크와 차이가 있다.

① **낙관적 시간**(a) : 프로젝트가 최선의 경우로 진행될 때 활동의 작업기간

② **최빈시간**(m) : 프로젝트가 정상적인 상태에서 진행될 때 활동의 작업기간

③ **비관적 시간**(b) : 프로젝트가 최악의 경우로 진행될 때 활동의 작업기간

구간 (a,b)에는 활동의 작업기간에 대한 모든 가능한 추정치가 포함되어야 하며 최빈시간 m은 구간 (a,b) 내에 반드시 포함되어야 한다. 활동 k의 작업기간에 대한 3가지 추정치 (a,m,b)를 기초로 평균 작업기간 μ_k와 분산 σ_k^2이 다음과 같이 계산된다.

$$\mu_k = \frac{a + 4m + b}{6}$$

$$\sigma_k^2 = \left(\frac{b-a}{6}\right)^2$$

CPM 네트워크에서 CPM의 계산은 작업기간 a_k 대신에 평균 작업기간 μ_k를 대체하여 계산하면 된다.

활동들의 작업기간이 확률변수들이므로 주경로상의 활동들의 작업기간의 합인 프로젝트기간 또한 확률변수이다. 중심극한정리(Central Limit Theorem)에 의해 프로젝트 완료시간은 평균과 분산이 개별 활동들의 평균들과 분산들의 합과 같은 정규분포(Normal Distribution)를 따른다고 가정한다. 물론 이 가정은 활동의 작업기간에 대한 분포들이 독립적이고, 각 작업기간이 주경로상의 활동들의 작업기간의 합과 비교할 때 무시할 수 있을 정도로 작으며, 주경로상의 활동들의 수가 충분하다면 적절하다.

예제 6-14

[그림 6-29]의 CPM 네트워크에서 각 활동의 작업기간에 대한 3가지 추정치가 아래 표와 같이 주어진다면 각 활동에 대한 평균 작업기간과 분산이 계산될 수 있다.

k	활동	a	m	b	μ_k	σ_k^2
1	기초공사	10	15	20	15.00	2.78
2	배관공사	3	6	10	6.17	1.36
3	콘크리트 평판공사	3	5	8	5.31	0.69
4	구조공사	3	4	5	4.00	0.11
5	지붕공사	3	6	9	6.00	1.00
6	전기시설공사	5	9	14	9.17	2.25
7	공조시설공사	8	12	17	12.17	2.25
8	내벽 및 외벽 공사	13	18	22	17.83	2.25
9	내부 마감공사	16	21	27	21.17	3.36

[그림 6-30]으로부터 주경로는 시작-1-3-4-7-8-9-종료마디들로 구성된다. 따라서 주경로의 기대기간과 분산은 다음과 같이 계산된다.

$$\mu = 0 + 15.0 + 5.31 + 4.0 + 12.17 + 17.83 + 21.17 = 75.48$$

$$\sigma^2 = 0 + 2.78 + 0.69 + 0.11 + 2.25 + 2.25 + 3.36 = 11.44$$

활동들의 평균 작업기간은 확정적인 작업기간과는 다르며 이로 인해 주경로의 길이가 변경됨을 주목하자.

프로젝트의 기간에 대한 평균과 분산과 함께 정규분포가 주어지면 그 기간에 대한 확률적인 내용을 기술할 수 있다. 예를 들어, 프로젝트의 기간이 어떤 일수보다 길어질 확률이나 어떤 납기일 내에 프로젝트가 완료될 확률 등을 구할 수 있다. 이러한 과정을 기술하기 위해 다음과 같은 기호를 정의한다.

e_k =시작마디부터 마디 k까지의 최장경로의 길이(확률변수)

$E\{e_k\}$ =e_k의 평균

$Var\{e_k\}$ =e_k의 분산

마디 k가 미리 규정된 일정시간 D_k까지 실현되기 위한 확률은 다음과 같이 계산된다.

$$P\{e_k \leqq D_k\} = P\left\{\frac{e_k - E\{e_k\}}{\sqrt{Var\{e_k\}}} \leqq \frac{D_k - E\{e_k\}}{\sqrt{Var\{e_k\}}}\right\} = P\{Z \leqq z_k\}$$

여기서 Z는 표준정규분포를 따르는 확률변수이고 $z_k = \dfrac{D_k - E\{e_k\}}{\sqrt{Var\{e_k\}}}$이다.

예를 들어, [예제 6-11]의 CPM 네트워크에서 프로젝트가 75일에 완료될 확률은 구해보면 다음과 같다.

$$P\{e_{종료} \leqq 75\} = P\left\{Z \leqq \frac{75 - 75.48}{\sqrt{11.44}}\right\} = P\{Z \leqq -0.14\} = 0.4443$$

활동의 작업기간들이 확정적인 경우에 주경로의 길이는 75일이었다. 그러나 각 활동의 작업기간이 확률적으로 나타날 경우에 75일에 프로젝트를 완료할 확률은 50%가 되지 않음을 보여준다. 이는 분산의 내재에 따른 효과라 할 수 있다.

EXERCISE

6.1 다음의 네트워크에 대한 최소걸침나무를 결정하시오.

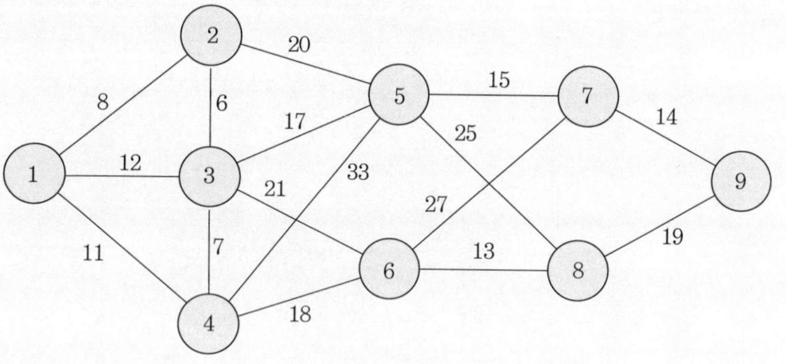

6.2 다음의 네트워크를 이용하여 물음에 답하시오.

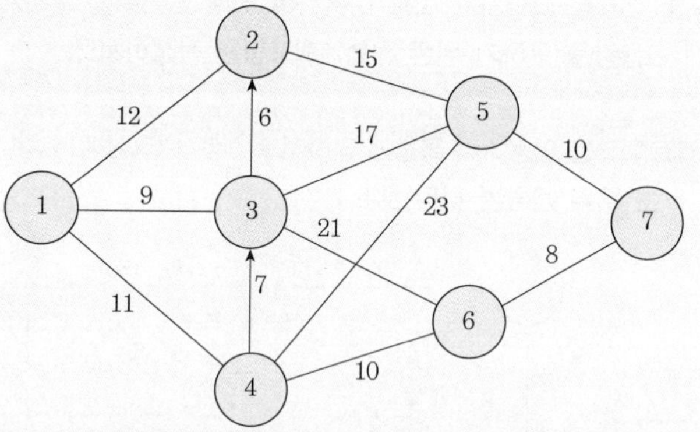

(1) 마디 1로부터 모든 다른 마디까지의 최단경로를 구하시오.
(2) 모든 마디 사이의 최단경로를 구하시오.
(3) 최단경로를 구하기 위한 선형계획모형을 작성하시오.

연 | 습 | 문 | 제

6.3 다음의 네트워크를 이용하여 물음에 답하시오. 네트워크상에 ( ) 안의 수치는 호의 용량을 나타낸다.

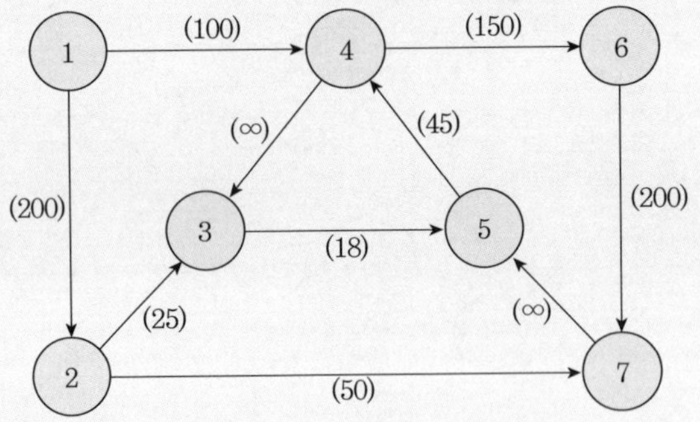

(1) 최대흐름 알고리즘을 이용하여 최대 흐름량을 구하시오.
(2) 가능한 Cut을 나열하고 이를 이용하여 최대 흐름량을 구하시오.
(3) 최대 흐름량을 구하기 위한 선형계획모형을 작성하시오.

6.4 다음의 네트워크를 이용하여 물음에 답하시오. 네트워크상에 수치(c, u)는 c는 단위흐름 비용을, u는 호의 용량을 나타낸다.

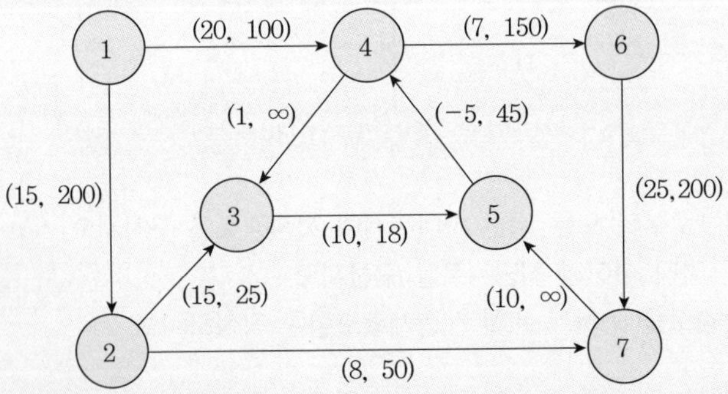

(1) 최소비용 네트워크 심플렉스법을 이용하여 최적해를 구하시오.
(2) 선형계획모형을 작성하시오.
(3) (2)번에서 작성된 선형계획모형에 심플렉스법을 적용하여 최적해를 구하시오.

EXERCISE

6.5 부경개발에서는 러시아에서 8개 지역의 목재를 벌목하려고 한다. 이 8개 지역을 연결하는 도로망을 신설하려고 하는데 각 지역 사이를 연결하는 도로건설에는 다음과 같은 비용이 소요된다. 다음 물음에 답하시오.

	1	2	3	4	5	6	7	8
1	–	18	24	21	M	M	M	M
2	18	–	12	M	M	28	M	M
3	24	12	–	17	18	26	M	M
4	21	M	17	–	20	M	33	M
5	M	M	18	20	–	14	16	22
6	M	28	26	M	14	–	M	25
7	M	M	M	33	16	M	–	19
8	M	M	M	M	22	25	19	–

(1) 위의 표를 이용하여 마디와 가지를 갖는 네트워크를 표현하시오.

(2) (1)의 네트워크를 이용하여 각 지역을 모두 연결하는 방법 중 총도로의 건설비용을 최소로 하는 연결방법을 구하시오.

(3) (1)의 네트워크 그림에서 마디 1에서 마디 8까지의 최단경로를 Dijkstra's Algorithm을 이용하여 구하시오.

(4) (1)의 네트워크 그림에서 마디 6, 7, 8이 없다고 할 때, 마디 1에서 마디 5까지의 최단경로를 Floyd-Washall Algorithm을 이용하여 구하시오.

(5) 문제 (3)을 풀 수 있는 선형계획모형을 작성하시오.

6.6 다음의 그림은 한 공장에서 최종제품이 여러 공정을 거쳐서 생산되는 과정을 나타낸다. □ 안에 있는 수치는 그 공정의 시간당 처리능력을 나타낸다. 물음에 답하시오.

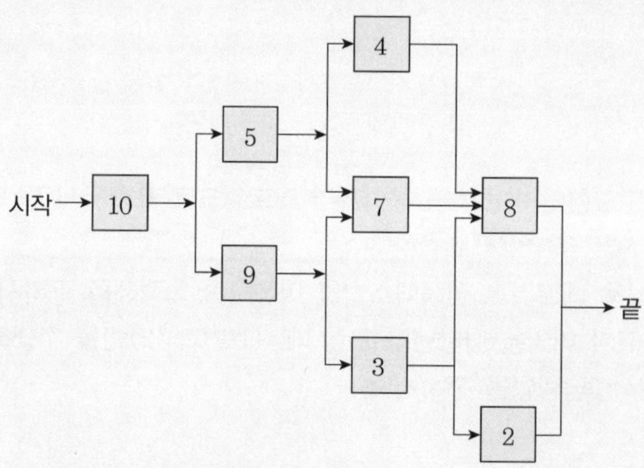

연 | 습 | 문 | 제 <<<

(1) 이 공장에서 시간당 생산할 수 있는 최대 생산량을 구하는 문제를 최대흐름을 구하는 네트워크로 표현하시오.
(2) 이 공장에서 생산할 수 있는 시간당 최대 생산량을 구하시오.
(3) Minimal Cut을 찾고 그 용량을 구하시오.
(4) 마디 7의 시간당 처리능력이 기계의 노후로 인해 2로 감소되었다고 했을 경우에 시간당 최대 생산량을 구하시오.
(5) 문제 (2)를 풀기 위한 선형계획모형을 작성하시오.

6.7 다음의 수송모형을 보고 물음에 답하시오.

		수요지				
		1	2	3	4	공급량
공급지	1	8	9	13	14	18
	2	10	10	11	15	24
	3	9	8	12	11	6
	4	10	12	11	10	12
	수요량	6	14	35	5	

(1) 이 수송모형을 최소비용 용량제약 네트워크로 표현하시오. 단, 시작마디 s와 종료마디 t를 추가하여 표현한다.
(2) 최소비용 네트워크 심플렉스법을 이용하여 최적해를 구하시오.

6.8 다음과 같은 비용표를 갖는 할당문제를 생각해보자.

	1	2	3	4
A	9	5	6	5
B	8	6	9	5
C	7	8	6	8
D	7	7	8	5

(1) 이 할당모형을 최소비용 용량제약 네트워크로 표현하시오. 단, 시작마디 s와 종료마디 t를 추가하여 표현한다.
(2) 최소비용 네트워크 심플렉스법을 이용하여 최적해를 구하시오.
(3) 위의 표가 이익을 나타낸다고 할 때, (1)번과 (2)번을 수행하여 총이익을 최대화하는 최적할당방법을 구하시오.

EXERCISE

6.9 다음에 주어진 CPM 프로젝트 네트워크에 대해 물음에 답하시오.

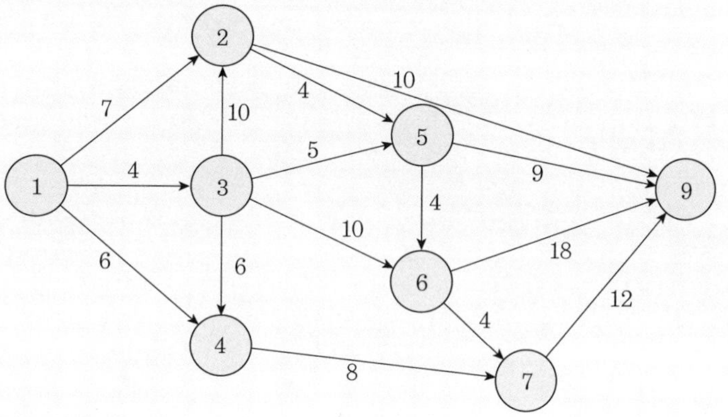

(1) 주경로를 찾으시오.

(2) 최조 및 최지 시작시간, 여유시간을 계산하시오.

(3) 선형계획모형을 작성하시오.

6.10 다음 표를 이용하여 물음에 답하시오. 작업기간은 일수이다.

활동 k	선행활동	a	m	b
A	–	5	10	16
B	A	3	6	10
C	A	3	5	8
D	A	3	4	5
E	B	3	6	9
F	C	5	9	14
G	B	8	12	17
H	C, E, F	13	15	20
I	D	10	13	17

(1) CPM 네트워크를 그리고 주경로를 찾으시오.

(2) 프로젝트기간의 평균과 분산을 구하시오.

(3) 프로젝트가 2일 빠르게 완료될 확률을 구하시오.

(4) 활동 F가 20일에 완료될 확률을 구하시오.

CHAPTER 07

목표계획법

Chapter 07 목표계획법

선형계획법은 단일목표만을 갖는 문제에 대해 효과적인 의사결정 기법이다. 예를 들어, 이익의 최대화 또는 비용의 최소화를 지향하는 하나의 목표만을 달성하는 것도 중요하지만 현실적으로는 주어진 제약조건하에서 여러 가지 목표를 동시에 달성하고자 하는 경우가 있을 수 있다. 특히 다수의 목표들이 상충하는 경우에는 목표계획법(Goal Programming)이 효과적으로 사용된다. 예를 들어, 기업체의 경우 이윤의 최대화라는 목표와 아울러 노사관계의 안정화, 환경오염의 예방, 소비자와의 관계 등에 큰 비중을 두고 의사결정을 해야 할 경우가 있다. 이와 같이 동시에 여러 가지 목표를 달성하고자 하는 경우 목표계획법은 다수목표 의사결정 기법(Multiple Criteria Decision Making: MCDM, Multiple Objective Decision Making: MODM) 중의 하나로 널리 사용되고 있다. 본 장에서는 목표계획법의 기본개념, 모형구성과 해법에 대해 알아보고자 한다.

7.1 목표계획법의 기본 개념

기업체를 비롯한 일반적인 시스템의 의사결정문제들은 서로 상충하는 다수의 목표들을 갖고 있는 경우가 많다. 다수의 상충하는 목표들을 동시에 원하는 목표수준까지 달성하기는 어렵다. 이러한 경우의 의사결정은 목표의 중요도에 따라서 합리적인 해를 구하는 것이 최선의 해결방안이다. 즉, 주어진 제약조건하에서 합리적인 해를 구하고자 하는 개념을 구현하는 방안이 바로 목표계획법이라고 할 수 있다.

목표계획법은 선형계획법의 파생적 기법으로 개발되었다. 선형계획법은 하나의 기준에 의해 최선의 대안이 선택되는 단일목표 의사결정이론에 해당된다. 이와는 달리 실제에 있어서는 여러 가지 기준을 함께 고려하여 최선의 대안을 선택하는 다수목표 의사결정이론의 필요성이 대두된다. 목표계획법은 다수 의사결정이론 중에서 널리 사용되는 이론의 하나이다. 목표계획법은 다수의 의사결정 수준을 분석하고 모형의 제약조건을 완화하며 상충된 의사결정 목표에 대하여 우선순위를 고려한다. 이러한 목표계획법의 특징 때문에 의사결정자는 우선순위의 결정을 통하여 환경이나 조직, 주관적인 판단요소도 고려할 수 있다.

목표계획법은 다수의 상충되는 목표와 하부목표가 있는 의사결정문제와 하나의 목표와 다수의 하부목표가 있는 의사결정문제에도 적용될 수 있다. 다수의 상충되는 목표가 존재하는 경우 모든 목표를 동시에 달성한다는 것은 현실적으로 불가능하다. 이러한 경우 목표계획법은 의사결정자가 이루고자 하는 목표의 중요도에 따라서 가장 타당한 해를 구할 수 있다. 따라서 여러 가지 상충된 목표를 고려할 경우 보다 중요한 목표는 상대적으로 덜 중요한 목표보다 우선적으로 달성되어야 한다. 목표계획법에서 중요도에 따라서 우선순위를 사용하는 이유가 여기에 있다.

목표의 중요도는 서수적 우선순위(Preemptive Priority)와 기수적 우선순위(Numerical Priority)에 의하여 설정될 수 있다. 서수적 우선순위는 절대적 우선순위(Absolute Ordinal Priority)라고 부르기도 한다. 서수적 우선순위방법에서는 가장 중요한 목표가 원하는 수준만큼 달성되거나 최대의 수준에 도달한 후 그 다음으로 중요한 목표가 고려되는 경우이다. 이러한 방법으로 가장 만족스러운 해가 구해질 때까지 반복하여 진행한다. 반면에 기수적 우선순위방법에서는 모든 목표의 중요도를 효용이나 효율성 등과 같이 하나의 평가기준으로 변환하여 통합된 목표를 최적의 수준까지 달성하고자 하는 것이다.

목표계획법의 개념은 찬스(A. Charnes)와 쿠퍼(W. W. Cooper)에 의하여 소개되었으며, 이지리(Y. Ijri)의 서수적 우선순위 개념(Preemptive Priority)을 적용하였다. 또한 이상문(S. M. Lee)의 변형심플렉스법(Modified Simplex Method of Goal

Programming)에 의하여 경영과학이론으로 확고하게 정착되었다.

7.2 목표계획법의 모형

다수목표 의사결정에 대한 목표계획법의 모형을 작성하기 위하여 여러 가지 문제의 상황에 따른 사례를 예제풀이 방식으로 설명하고자 한다. 해결하고자 하는 문제들 중에서 어느 유형의 목표계획모형이 효과적으로 적용될 수 있는지를 파악하고 그 문제에 대한 목표계획모형을 작성하여 효율적인 의사결정을 할 수 있을 것이다.

7.2.1 단일목표 의사결정문제

선형계획모형에서는 목적함수에 반드시 하나의 목적만이 포함된다. 즉, 선형계획모형에서는 두 개 목적이 동일한 단위로 측정되지 않는 한 목적함수에 포함시킬 수 없다는 단점이 있다. 따라서 선형계획법에서 다수의 목적을 포함시키기 위해서는 목적함수의 단일차원 문제를 극복하여야 한다. 일반적으로 개인이나 단체의 경우 다수의 목적을 가지고 있으며 이들 대부분이 서로 상이한 단위로 측정되고 상충되기 때문에 어느 하나의 목적을 달성하려면 다른 목적은 희생이 따른다.

선형계획법으로 다수의 목적을 취급할 수 없는 문제를 해결하기 위하여 개발된 이론이 목표계획법이다. 목표계획법은 선형계획법의 확장된 개념이라고 할 수 있다. 목표계획법의 모형화에서도 선형계획법의 모형화와 유사하며 목적계획법의 가정들도 선형계획법의 가정들과 동일하다.

목표계획모형에서는 의사결정자로 하여금 먼저 각각의 목적에 대하여 달성하고자 하는 목표수준을 결정하도록 한다. 둘째로 각각의 목적에 대하여 중요성에 따라 우선순위를 서수로 부여하도록 한다. 그리하여 더 높은 우선순위의 목적을 보다 낮은 순위의 목적보다 우선적으로 달성하도록 한다. 이와 같이 각각의 목적에 대한 목표수준과 우선순위가 결정되면 목표계획법의 해법에 따라 시스템제약조건과 목표제약조건을 만족하면서 가장 중요한 목적부터 차례대로 목표수준과의 편차를 최소화하는 효율해 (Efficient Solution)을 구하게 된다.

예제 7-1

문수전자(주)는 전화기를 생산하는 소규모 전자제품회사이다. 이 회사는 유선전화기와 무선전화기를 생산하고 있다. 유선전화기와 무선전화기 한 대를 생산하는 데 소요되는 공정시간은 각각 1시간과 2시간이며, 일주일에 가동할 수 있는 공정능력은 480시간이다. 과거의 판매실적에 의하면 일주일간 유선전화기는 최대한 240대, 무선전화기는 최대한 180대가 판매되었다. 한 대당 판매이익은 유선전화기가 3만 원이고, 무선전화기는 5만 원이다. 현재 이 회사의 목표는 현재의 시장상황에서 주당 영업이익을 최대로 하는 생산계획을 수립하는 것이다.

(1) 선형계획모형

[예제 7-1]의 경우 단일목표를 갖는 문제이므로 다음과 같은 선형계획모형으로 작성할 수 있다. 여기서 의사결정변수 x_1은 주당 유선전화기의 생산량이고, x_2는 무선전화기의 생산량으로 정의하고 목적함수 계수의 단위는 만 원이다.

$$
\begin{aligned}
\text{Maximize} \quad & 3x_1 + 5x_2 \\
\text{subject to} \quad & x_1 + 2x_2 \le 480 \\
& x_1 \le 240 \\
& x_2 \le 180 \\
& x_1,\ x_2 \ge 0
\end{aligned}
$$

이 문제는 [그림 7-1]에서 보는 바와 같이 선형계획법의 도해법으로 풀 수 있다. 즉, $(x_1,\ x_2) = (240,\ 120)$일 때 목적함수의 최대값은 1,320이다.

그림 7-1 선형계획모형의 도해법

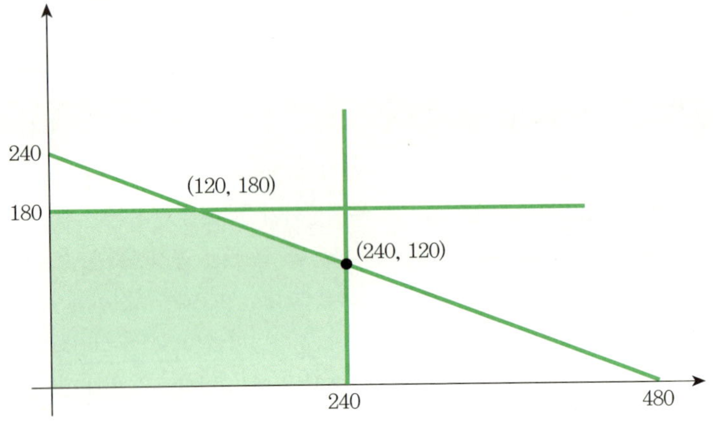

(2) 목표계획모형

[예제 7-1]과 같이 단일목표를 갖는 선형계획모형은 목표계획모형으로 변형하여 구할 수 있다. 목표계획모형에는 두 가지 제약조건인 시스템제약조건과 목표제약조건이 있다.

1) 시스템제약조건

시스템 제약조건은 절대적 의사결정 환경에서 주어지는 절대적인 제약조건을 말하며 이는 선형계획모형의 제약조건과 동일하다. 위의 예제에서는 다음과 같은 세 가지 시스템제약조건을 갖는다.

$x_1 + 2x_2 \leq 480$ (생산공정시간제약)

$x_1 \leq 240$ (유선전화기 판매제약)

$x_2 \leq 180$ (무선전화기 판매제약)

2) 목표제약조건

두 번째 제약조건인 목표제약조건은 설정된 목표들에 대한 희망수준을 나타내는 것으로 원하는 이익수준, 특정 제품의 생산량, 초과근무시간의 목표수준 등에 해당한다. [예제 7-1]의 문제에서는 주당 영업이익을 최대화한다는 하나의 목표를 갖고 있다.

주당 영업이익을 추구하고자 하는 값이 5,000(만 원)이라고 하자. 선형계획모형의 결과에서 확인하였듯이 이를 만족하는 해는 불가능한 해가 된다. 따라서 목표수준에 대한 편차변수를 도입하여 이익을 최대화한다는 목적을 목표제약조건으로 표현하면 다음과 같다.

$$3x_1 + 5x_2 + d_1^- - d_1^+ = 5,000$$

여기서 편차변수로 사용된 d_1^-는 목표이익 5,000에 대한 미달성분이고 d_1^+는 목표이익 5,000에 대한 초과달성분을 나타낸다. 목표제약조건은 경우에 따라서 위반될 수도 있다. 위의 예제에서 목표이익 5,000만 원 달성이 목표인 경우 이를 초과달성하여도 무방하다. 오히려 바람직스러운 경우가 된다.

목표계획법과 선형계획법의 차이는 목표가 목적함수에 포함되는 것이 아니고 제약조건으로 표현된다는 점이다. 목표를 나타내는 제약조건에 그 목표의 달성 정도를 측정하는 편차변수가 도입된다. 이는 선형계획법에서 여유변수와 잉여변수의 개념과 유사하다. 편차변수에서 주목해야 할 사실은 적어도 하나의 편차변수는 반드시 0의 값을 갖는다는 것이다. 즉, $d_1^- \geq 0$이면 $d_1^+ = 0$이고, $d_1^+ \geq 0$이면 $d_1^- = 0$이 된다. 이러한 관계를 정리하면 다음과 같다.

목표	편차변수의 값	최소화 대상
$3x_1 + 5x_2 \geq 5000$	$d_1^- = 0,\ d_1^+ \geq 0$	d_1^-
$3x_1 + 5x_2 \leq 5000$	$d_1^- \geq 0,\ d_1^+ = 0$	d_1^+
$3x_1 + 5x_2 = 5000$	$d_1^- = 0,\ d_1^+ = 0$	$d_1^- + d_1^+$

3) 목적함수

[예제 7-1]의 목표가 영업이익을 최대화하는 것이기 때문에 목표이익에 대한 미달성분을 최소화하는 문제로 나타낼 수 있다.

주어진 목표계획모형의 단일목표는 목적함수인 영업이익을 최대화하는 것이다. 이는 목표제약조건으로 도입한 편차변수 중에서 목표수준에 대한 미달성분인 d_1^-의 최소화를 통하여 얻을 수 있다.

$$\begin{aligned} \text{Minimize} \quad & z = d_1^- \\ \text{subject to} \quad & x_1 + 2x_2 \le 480 \\ & x_1 \le 240 \\ & x_2 \le 180 \\ & 3x_1 + 5x_2 + d_1^- - d_1^+ = 5,000 \\ & x_1,\ x_2,\ d_1^-,\ d_1^+ \ge 0 \end{aligned}$$

위의 모형에서 목적함수의 목표수준인 5,000은 임의로 높게 책정되어 있어서 현실적으로 달성할 수가 어려운 값이다. 따라서 목표제약조건에서 초과달성분인 d_1^+는 0이 되기 때문에 이 변수를 제약조건에서 제외하여도 마찬가지이다.

마찬가지로 목적함수를 최소화하는 문제라면 목표계획모형의 목적함수는 초과달성분(d_1^+)을 최소화하는 문제가 된다. 또한 회사의 목표가 정확하게 이익목표 5,000을 달성하기를 희망한다면 목표의 미달성분과 초과달성분의 합($d_1^- + d_1^+$)을 최소화하여야 한다.

7.2.2 다수목표 의사결정문제

다수목표 의사결정문제(Multiple Objective Problem)는 시스템제약조건과 목표제약조건을 동시에 갖고 있거나 목표제약조건들만 갖고 있을 수 있다. 다수의 서로 상충되는 목표들이 있는 경우 우선순위를 결정하는 것이 중요하다. 만일 모든 목표들이 생산량이나 시장점유율과 같은 동일한 측정기준으로 변환될 수 있다면 단일목표 의사결정문제로 단순화시켜 해결할 수 있다.

현실적으로 다수목표들을 동일한 측정기준으로 평가하기란 쉬운 일이 아니다. 예를 들어, 금액으로 표현되는 이익목표와 근로자의 수로 표시되는 고용목표의 경우와 같이 측정기준이 전혀 다른 경우가 많다. 이러한 경우에 대해 적용할 수 있는 방안으로 목표의 중요도에 따라 우선순위를 부여하여 그 순서대로 목표를 달성해 가는 방법이다. 예를 들어, 여러 개의 서로 다른 목표를 가지는 문제가 있다고 하자. 첫 번째로 시스템제약조건을 만족하는 범위에서 가장 우선순위가 높은 목표에 대하여 목표수준을 최대한 달성시키도록 한다. 두 번째는 시스템제약조건과 첫 번째 목표에 의해 한정된 영역 범위에서 다음 우선순위를 가지는 목표에 대하여 목표수준을 최대한 달성시키도록 한다. 이렇게 차례대로 반복하여 각 목표의 중요도에 따라 목표수준을 최대한 달성하는 해를 구할 수 있다.

예제 7-2

유성전자(주)는 두 종류의 휴대전화기를 생산하여 모기업에 납품하고 있다. 하나는 T형이고 다른 하나는 S형이다. 두 종류의 휴대전화 모두 조립공정과 검사공정을 거쳐서 완성된 제품을 출하하게 된다. T형 전화기 한 대를 생산하기 위해서는 조립공정 8분과 검사공정 2분이 소요된다. S형 전화기 한 대를 생산하기 위해서는 조립공정 10분과 검사공정 3분이 소요된다. 현재 근로자들의 정상근무를 통한 일주일당 조립공정 가용능력은 120시간이고 검사공정 가용능력은 40시간이다. T형 전화기의 판매이익은 4만 원이고 S형 전화기의 판매이익은 5만 원이다.
회사는 모기업과의 계약에 의하여 일주일에 T형 전화기 600대 이하로 공급하기로 하였다. 회사의 경영진은 다음과 같은 목표를 중요도에 따라 설정하였다.
첫째, T형 전화기는 일주일에 최대한 600대 이하로 납품하여야 한다.
둘째, 검사공정의 초과시간을 최소화한다.
셋째, 조립공정의 정상근무시간 미달을 최소화한다.
넷째, 판매이익 5,000만 원을 달성한다.
이러한 네 가지 목표를 갖는 의사결정문제를 목표계획모형으로 작성하고자 한다.

(1) 의사결정변수

선형계획모형과 마찬가지로 목표계획모형의 작성에서도 가장 먼저 해야 할 것은 의사결정변수를 정의하는 것이다. [예제 7-2] 문제의 의사결정변수는 일주일 동안 생산하는 T형 전화기의 생산량과 S형 전화기의 생산량이다.

x_1 =T형 전화기의 생산량

x_2 =S형 전화기의 생산량

(2) 목표제약조건

의사결정변수가 정의되면 다수목표에 대하여 우선순위가 높은 목표부터 차례대로 편차변수를 도입하여 제약조건으로 설정한다.

1) T형 전화기 생산량

첫째 목표는 T형 전화기 생산을 600대 이하로 하는 것이므로 목표수준인 600대에 대한 미달성분과 초과달성분에 대한 편차변수를 도입하여 나타내면 다음과 같다.

$$x_1 + d_1^- - d_1^+ = 600$$

T형 전화기 생산량의 편차변수 $(d_1^- + d_1^+)$에 있어서 일주일에 600대 미만으로 생산한다면 $d_1^- > 0$, $d_1^+ = 0$이 되고, 반대로 600대를 초과해서 생산한다면 $d_1^- = 0$, $d_1^+ > 0$이 된다. 만일 정확하게 600대 생산한다면 $d_1^- = 0$, $d_1^+ = 0$이 된다.

첫째 목표가 T형 전화기를 최대한 600대 생산하는 것이므로 달성목표에 초과하는 편차변수 d_1^+을 최소화함으로써 달성할 수 있다. 즉, 첫째 목표에 대한 목적함수는 다음과 같이 나타낼 수 있다.

$$\text{Minimize} \quad z = P_1 d_1^+$$

여기서 P_1은 첫째 목표에 대한 중요도를 나타내는 상수값이다.

2) 검사공정의 초과근무시간 최소

둘째 목표는 검사공정에 필요한 소요시간이 정상근무시간인 40시간을 초과하는 시간을 최소화하자는 것이므로 목표수준인 40시간(2,400분)에 대한 미달성분과 초과달성분에 대한 편차변수 (d_2^-, d_2^+)을 도입하여 나타내면 다음과 같다.

$$2x_1 + 3x_2 + d_2^- - d_2^+ = 2{,}400$$

일주일간 T형 전화기와 S형 전화기 생산에 소요되는 검사공정의 근무시간에 대한 편차변수 (d_2^-, d_2^+)에 있어서 40시간을 미달하여 생산한다면 $d_2^- > 0$, $d_2^+ = 0$이 되고, 반대로 40시간을 초과해서 생산한다면 $d_2^- = 0$, $d_2^+ > 0$이 된다. 만일 정확하게 40시간을 근무하여 생산한다면 $d_2^- = 0$, $d_2^+ = 0$이 된다.

둘째 목표가 T형 전화기와 S형 전화기 생산에 소요되는 검사공정의 근무시간이 정상근무시간인 40시간을 초과하지 않도록 하는 것이므로 달성목표를 초과하는 편차변수 d_2^+을 최소화함으로써 달성할 수 있다. 둘째 목표를 추가적으로 달성하기 위한 목적함수는 다음과 같이 나타낼 수 있다.

$$\text{Minimize} \quad z = P_1 d_1^+ + P_2 d_2^+$$

여기서 P_1과 P_2는 첫째 목표와 둘째 목표에 대한 중요도를 나타내는 상수값으로 P_1이 절대적으로 P_2보다 큰 값을 가진다($P_1 >> P_2$). 절대적 우선순위란 상위의 우선순위가 하위의 우선순위보다 절대적으로 우선한다는 것을 의미한다. 즉, P_1이 달성된 후에 P_2가 달성될 수 있음을 의미한다.

3) 조립공정의 정상근무시간 보장

셋째 목표는 조립공정의 정상근무시간인 120시간을 보장하는 것이므로 목표수준인 120시간(7,200분)에 대한 미달성분과 초과달성분에 대한 편차변수 (d_3^-, d_3^+)을 도입하여 나타내면 다음과 같다.

$$8x_1 + 10x_2 + d_3^- - d_3^+ = 7,200$$

일주일간 T형 전화기와 S형 전화기 생산에 소요되는 조립공정의 근무시간에 대한 편차변수 (d_3^-, d_3^+)에 있어서 120시간을 미달하여 생산한다면 $d_3^- > 0$, $d_3^+ = 0$이 되고, 반대로 120시간을 초과해서 생산한다면 $d_3^- = 0$, $d_3^+ > 0$이 된다. 만일 정확하게 120시간을 근무하여 생산한다면 $d_3^- = 0$, $d_3^+ = 0$이 된다.

셋째 목표가 T형 전화기와 S형 전화기 생산에 소요되는 조립공정의 근무시간을 최소한 120시간 보장하는 것이므로 달성목표에 미달하는 편차변수 d_2^-을 최소화함으로써 달성할 수 있다. 즉, 세 가지 목표를 달성하기 위한 목적함수는 다음과 같이 나타낼 수 있다.

$$\text{Minimize} \quad z = P_1 d_1^+ + P_2 d_2^+ + P_3 d_3^-$$

여기서 P_1, P_2, P_3는 각각의 목표에 대한 중요도를 나타내는 상수값으로 $P_1 >> P_2 >> P_3$의 관계를 갖는다.

4) 판매이익 목표

넷째 목표는 판매이익으로 목표수준을 5,000만 원으로 설정하고 있다. 판매이익의 목표수준인 5,000만 원에 대한 미달성분과 초과달성분에 대한 편차변수 (d_4^-, d_4^+)을 도입하여 나타내면 다음과 같다.

$$4x_1 + 5x_2 + d_4^- - d_4^+ = 5{,}000$$

일주일간 T형 전화기와 S형 전화기 생산으로 얻어지는 판매이익에 대한 편차변수 (d_4^-, d_4^+)에 있어서 5,000만 원을 미달하면 $d_4^- > 0$, $d_4^+ = 0$이 되고, 반대로 5,000만 원을 초과하면 $d_4^- = 0$, $d_4^+ > 0$이 된다. 만일 정확하게 판매이익을 5,000만 원 달성하면 $d_4^- = 0$, $d_4^+ = 0$이 된다.

마지막 목표가 T형 전화기와 S형 전화기 생산으로 얻어지는 판매이익이 달성목표인 5,000만 원을 달성하고자 하는 것이므로 달성목표를 미달하는 편차변수 d_4^-을 최소화함으로써 달성할 수 있다. 마지막 목표를 추가로 달성하기 위한 목적함수는 다음과 같이 나타낼 수 있다.

$$\text{Minimize} \quad z = P_1 d_1^+ + P_2 d_2^+ + P_3 d_3^- + P_4 d_4^-$$

여기서 각각의 목표에 대한 중요도 상수는 $P_1 >> P_2 >> P_3 >> P_4$의 관계를 갖는다.

(3) 목표계획모형

유성전자(주)의 네 가지 목표를 각각 목표제약조건으로 나타내어 완성된 목표계획 모형은 다음과 같다.

$$\text{Minimize} \quad z = P_1 d_1^+ + P_2 d_2^+ + P_3 d_3^- + P_4 d_4^-$$

$$\begin{aligned} \text{subject to} \quad & x_1 + d_1^- - d_1^+ = 600 \\ & 2x_1 + 3x_2 + d_2^- - d_2^+ = 2,400 \\ & 8x_1 + 10x_2 + d_3^- - d_3^+ = 7,200 \\ & 4x_1 + 5x_2 + d_4^- - d_4^+ = 5,000 \\ & x_1,\ x_2,\ d_i^-,\ d_i^+ \geq 0,\ i = 1,\ 2,\ 3,\ 4 \end{aligned}$$

7.3 목표계획모형 해법

목표계획모형의 해법으로는 선형계획모형과 마찬가지로 도해법, 심플렉스법, 컴퓨터를 이용하는 방법 등이 있다.

7.3.1 도해법

목표계획모형의 도해법은 선형계획모형과 마찬가지로 의사결정변수가 두 개만 있는 이차원문제에 대하여 적용할 수 있다. 목표계획법의 해법은 목표의 중요도에 따라 목적함수에 포함된 편차변수들을 최소화하는 것이다. 따라서 제일 중요한 목표를 원하는 수준까지 달성한 후, 다음으로 중요한 목표를 원하는 수준까지 달성하도록 한다. 이러한 과정을 반복하여 나타난 목표가 모두 달성될 때까지 계속한다.

예제 7-3

앞 절의 [예제 7-2]에서 모형화한 유성전자(주)의 문제에 대하여 도해법을 적용하여 최적해를 구해보고자 한다.

$$\text{Minimize} \quad z = P_1 d_1^+ + P_2 d_2^+ + P_3 d_3^- + P_4 d_4^-$$

$$\begin{aligned} \text{subject to} \quad & x_1 + d_1^- - d_1^+ = 600 \\ & 2x_1 + 3x_2 + d_2^- - d_2^+ = 2{,}400 \\ & 8x_1 + 10x_2 + d_3^- - d_3^+ = 7{,}200 \\ & 4x_1 + 5x_2 + d_4^- - d_4^+ = 5{,}000 \\ & x_1,\ x_2,\ d_i^-,\ d_i^+ \geq 0,\ i = 1, 2, 3, 4 \end{aligned}$$

가장 먼저 해야 할 일은 시스템제약조건을 만족하는 실행가능해영역을 나타내는 것이다. 다음으로 우선순위가 높은 목표제약조건을 하나씩 차례대로 표시한다. [예제 7-2]의 경우 시스템제약조건이 없으므로 첫 번째 목표제약조건을 표시한다. [그림 7-2]에서와 같이 d_1^+을 최소화하는 경우 실행가능영역은 음영이 있는 부분에 해당한다. 즉, 실행가능영역의 어느 점이나 첫째 목표를 달성시킬 수 있다.

다음으로 둘째 목표에 대한 목표제약조건을 나타내고 d_2^+을 최소화하는 경우 실행가능해영역은 [그림 7-3]의 음영이 있는 부분에 해당한다. 둘째 목표까지 달성할 수 있는 실행가능영역은 더욱 좁아짐을 알 수 있다.

셋째 목표는 세 번째 목표제약조건에 대하여 d_3^-을 최소화하는 것이 된다(그림 7-4).

마지막으로 넷째 목표는 네 번째 목표제약조건에 대하여 d_4^-을 최소화하는 것이 된다. 넷째 목표까지 달성하게 되면 [그림 7-5]와 같은 효율해는 $x_1 = 600$, $x_2 = 400$이 되며, 이때 영업이익은 4,400이 된다. 따라서 P_1, P_2, P_3 목표는 달성되지만 P_4 목표는 달성되지 못함을 알 수 있다.

▌그림 7-2▐ 첫째 목표의 달성

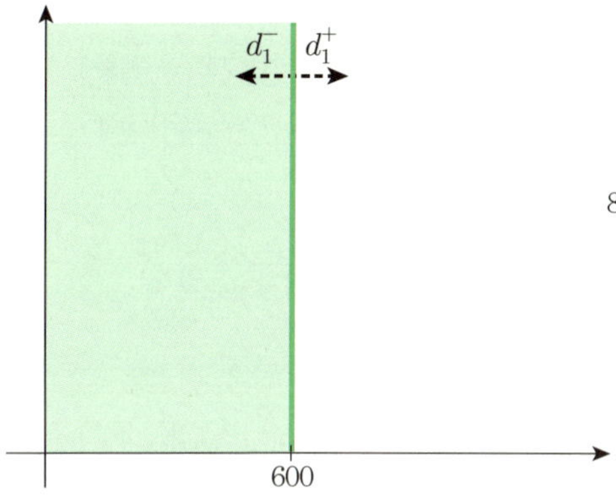

▌그림 7-3▐ 첫째, 둘째 목표의 달성

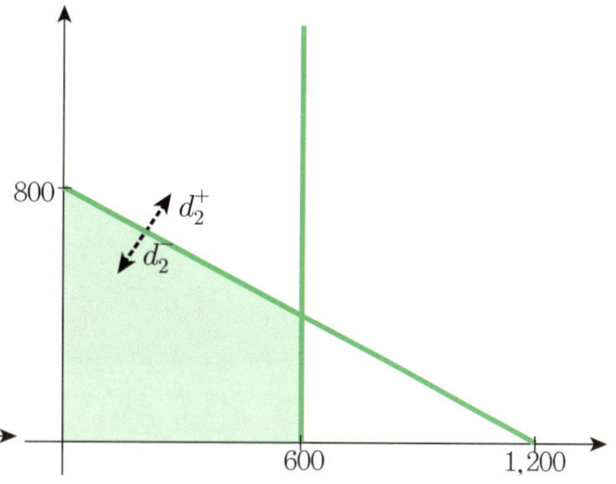

▌그림 7-4▐ 첫째, 둘째, 셋째 목표의 달성

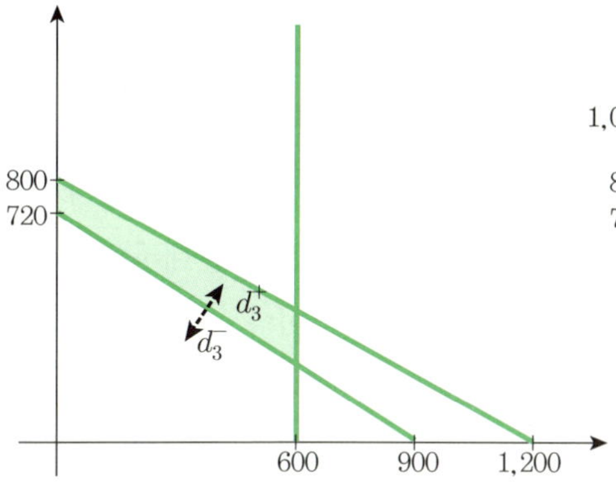

▌그림 7-5▐ 효율해

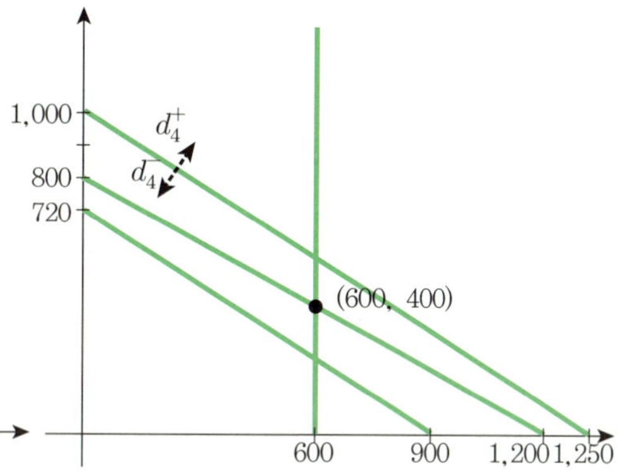

7.3.2 변형심플렉스법

여러 가지 방법들이 목표계획법을 위한 해법으로 소개되어 왔다. 그 중에서 이상문(S. M. Lee)에 의해 개발된 변형심플렉스법을 소개하고자 한다. 이 방법은 기존의 심플렉스법을 기초로 목표계획법의 특성을 활용한 해법이다. 목표계획법을 위한 변형심플렉스법의 기본 구조는 [그림 7-6]에 나타나 있다.

그림 7-6 변형 심플렉스법의 풀이과정

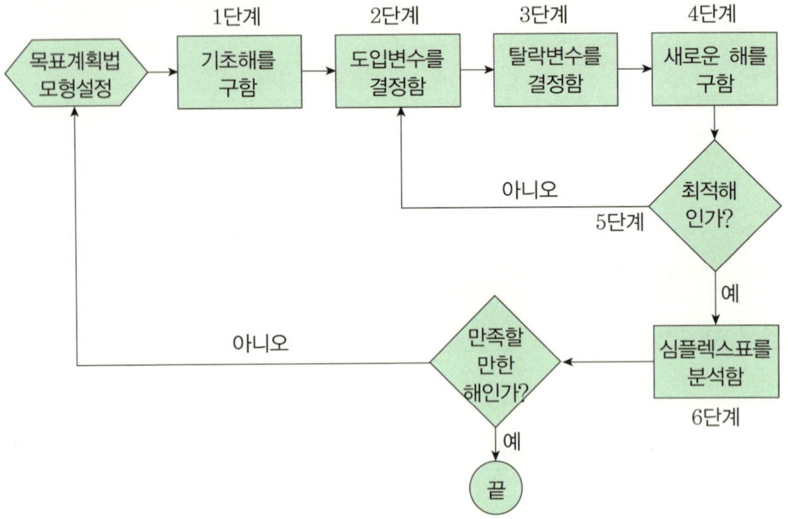

목표계획모형과 변형 심플렉스법의 주요 특징을 살펴보면 다음과 같다.

① 목표계획모형의 목적은 하나의 목표기준을 최적화하는 것이 아니라 다수의 목표를 달성하고자 하는 데 있다. 해법의 기본 원리는 다수의 목표에 대하여 우선순위와 가중치를 고려하여 편차변수의 값을 최소화하는 것이다.

② 목적함수는 우선순위와 그에 관련된 가중치로 표시되기 때문에 목적함수 계수의 값은 단위당 목적함수 기여율이 아닌 가중치로 표시된다.

③ 절대적 우선순위의 개념은 단일차원의 값을 갖는 것이 아니라 다차원의 값을 갖는다. 따라서 z_j 혹은 $z_j - c_j$는 단일한 행이 아닌 행렬형태로 표시된다.

④ 심플렉스의 기준인 $z_j - c_j$는 행렬형태이므로 기준열의 선택도 우선순위에 따라 결정된다. 즉, 미달성된 목표 중에서 가장 우선순위가 높은 목표를 최대한 달성할 수 있는 것을 기준열로 삼아야 한다.

⑤ 목표계획모형의 심플렉스법은 시스템제약조건이 있을 경우 최고의 우선순위 P_0를 적당한 편차변수에 할당함으로써 시스템제약조건을 만족시켜야 한다.

⑥ 목표계획모형은 항상 최소화문제이다.

예제 7-4

앞 절의 [예제 7-2]에서 모형화한 유성전자(주) 문제에 대하여 변형 심플렉스법을 적용하여 최적해를 구해보고자 한다.

$$\text{Minimize} \quad z = P_1 d_1^+ + P_2 d_2^+ + P_3 d_3^- + P_4 d_4^-$$

$$\begin{aligned} \text{subject to} \quad & x_1 + d_1^- - d_1^+ = 600 \\ & 2x_1 + 3x_2 + d_2^- - d_2^+ = 2,400 \\ & 8x_1 + 10x_2 + d_3^- - d_3^+ = 7,200 \\ & 4x_1 + 5x_2 + d_4^- - d_4^+ = 5,000 \\ & x_1,\ x_2,\ d_i^-,\ d_i^+ \geq 0,\ i = 1,\ 2,\ 3,\ 4 \end{aligned}$$

(1) 단계 1 : 최초 심플렉스표의 작성

단계 1은 선형계획법의 심플렉스법과 유사하다. 최초의 기저해는 원점에 있다고 가정하므로 모든 의사결정변수와 초과달성 편차변수(d_i^+)의 값은 0이다. 따라서 여유변수와 미달성 편차변수(d_i^-)의 값은 우변상수의 값을 갖게 된다. 최초 심플렉스표에서는 여유변수와 d_i^- 들이 기저변수(Basic Variable)가 된다. 최초의 기본 가능해는 $d_1^- = 600$, $d_2^- = 2,400$, $d_3^- = 7,200$, $d_4^- = 5,000$이며 $x_1 = x_2 = d_1^+ = d_2^+ = d_3^+ = d_4^+ = 0$이다.

선형계획법의 심플렉스법에서는 z_j값들을 계산한 후 $z_j - c_j$값을 계산하지만 목표계획법에서는 표현을 간략하게 하기 위하여 편의상 z_j의 계산을 생략하고 바로 $z_j - c_j$의 값을 계산하여 나타내 준다. 우선순위가 다른 편차변수는 측정단위가 다르기 때문에 우선순위 개수만큼의 행으로 표현된다. 또한 우선순위가 가장 높은 P_1의 $z_j - c_j$의 가장 아래쪽에 기록한다.

목표계획법은 항상 편차변수를 최소화하는 것이므로 $z_j - c_j$값들을 사용한다. 각 우선순위에 대한 $z_j - c_j$는 선형계획법과 같이 계산한다. [표 7-1]에서 x_1 열에 대한 P_1, P_2, P_3, P_4의 z_j는 c_b열과 x_1열의 각 계수를 곱한 후 더하면 된다.

$$(0,\ 0,\ P_3,\ P_4)\begin{pmatrix}1\\2\\8\\4\end{pmatrix} = 8P_3 + 4P_4$$

따라서 x_1열에 대한 P_1, P_2, P_3, P_4의 $z_j - c_j$는 $8P_3 + 4P_4$가 된다. 이와 같이 각 열에 대하여 $z_j - c_j$를 계산하면 [표 7-1]의 아래쪽과 같다. 편의상 [표 7-1]의 수정 심플렉스표에서 $z_j - c_j$의 값이 0인 경우에는 이를 표시하지 않는다. $z_j - c_j$란에 있는 우선순위의 해는 아직 목표를 달성하지 못한 정도를 나타낸다. [표 7-1]에서 P_3은 7,200만큼, P_4는 5,000만큼 달성하지 못하였다. 반면에 P_1과 P_2는 목표를 달성한 상태이다. 즉, 목적함수 $z = 7{,}200P_3 + 5{,}000P_4$이다

표 7-1 [예제 7-2]의 최초 심플렉스표

c_b	c_j / 기저변수				P_1		P_2	P_3		P_4		해
		x_1	x_2	d_1^-	d_1^+	d_2^-	d_2^+	d_3^-	d_3^+	d_4^-	d_4^+	
0	d_1^-	1	0	1	−1	0	0	0	0	0	0	600
0	d_2^-	2	3	0	0	1	−1	0	0	0	0	2,400
P_3	d_3^-	8	10	0	0	0	0	1	−1	0	0	7,200
P_4	d_4^-	4	5	0	0	0	0	0	0	1	−1	5,000
$z_j - c_j$	P_4	4	5							−1		5,000
	P_3	8	10					−1				7,200
	P_2						−1					
	P_1				−1							

(2) 진입변수 결정

진입변수를 결정하기 위해서는 우선순위가 높은 행부터 차례로 검토한다. 즉, $z_j - c_j$의 P_1행에 있는 계수 중에서 절대값이 가장 큰 양의 값을 갖는 열을 선택하여, 이에 해당하는 변수를 진입변수로 한다. 동일한 값이 둘 이상이면 임의로 선택하면 된다. 만일 P_1행의 모든 계수들이 0 또는 음의 값을 가지면 1순위 목표가 달성되었음을 의미하므로 P_2행의 계수를 검토한다. 이렇게 반복하여 모든 목표가 달성될 때까지 계

속한다. 목표계획법에서는 낮은 순위의 목표달성을 위하여 높은 순위의 목표를 희생할 수 없기 때문에 낮은 우선순위의 행에서 양의 값을 갖는 계수가 있더라도 더 높은 우선순위 행의 계수가 음의 값을 가지면 이를 진입변수 열로 할 수 없다는 것이다. [표 7-1]에서는 x_2가 진입변수가 된다.

(3) 탈락변수 결정

탈락변수의 결정은 선형계획법의 경우와 같이 최소비율규칙(Minimum Ratio rule)을 따른다. 비율이 같은 경우는 임의로 결정한다. [표 7-1]에서는 d_3^-가 탈락변수가 된다.

(4) 새로운 해 구성

진입변수와 탈락변수가 결정되면 소거법을 적용하여 새로운 해를 구한다. [표 7-1]에 대하여 소거법을 적용하면 [표 7-2]와 같이 된다. x_2의 값이 720으로 기저변수가 되었다.

표 7-2 변환 1의 결과

c_b	c_j / 기저변수				P_1		P_2	P_3		P_4		해
		x_1	x_2	d_1^-	d_1^+	d_2^-	d_2^+	d_3^-	d_3^+	d_4^-	d_4^+	
0	d_1^-	1	0	1	−1	0	0	0	0	0	0	600
0	d_2^-	−2/5	0	0	0	1	−1	−3/10	3/10	0	0	240
P_3	x_2	4/5	1	0	0	0	0	1/10	−1/10	0	0	720
P_4	d_4^-	0	0	0	0	0	0	−1/2	1/2	1	−1	1,400
Z_j-c	P_4							−1/2	1/2		−1	1,400
	P_3							−1				
	P_2						−1					
	P_1				−1							

(5) 최적해의 검토

새로운 해가 최적해인지를 검토한다. 모든 우선순위에 대한 각 열의 $z_j - c_j$의 값이 0이거나 음의 값을 가지면 최적해이다. 또한 어떤 우선순위의 $z_j - c_j$값이 양의 값을 갖더라도 같은 열에서 더 높은 우선순위의 계수가 음의 값을 가지는 경우에도 최적해이다. [표 7-2]를 보면 P_1, P_2 및 P_3에서는 원하는 목표수준을 달성하였지만 P_4는 아직 1,400만큼 달성하지 못하고 있다. P_4행의 계수를 검토하면 현재해가 최적이 아님을 알 수 있다. 따라서 단계 2로 이동하여 진입변수와 탈락변수를 결정하고 새로운 해를 구하는 과정을 반복한다.

(6) 단계 2의 진입변수 결정

단계 1에서와 같은 방법으로 d_3^+가 진입변수가 된다.

(7) 단계 3의 탈락변수 결정

단계 1에서와 같은 방법으로 d_2^-가 탈락변수가 된다.

(8) 새로운 해 구성

[표 7-2]에서 진입변수와 탈락변수가 결정되면 소거법을 적용하여 [표 7-3]과 같이 새로운 기저해를 구성한다.

(9) 최적해의 검토

새로운 해가 최적해인지를 검토한다. 모든 우선순위에 대한 각 열의 $z_j - c_j$의 값이 0이거나 음의 값을 가지면 최적해이다. 또한 어떤 우선순위의 $z_j - c_j$값이 양의 값을 갖더라도 같은 열에서 더 높은 우선순위의 계수가 음의 값을 가지는 경우에도 최적해이다. [표 7-3]을 보면 P_1, P_2, P_3에서는 원하는 목표수준을 달성하였지만 P_4는 아직 1,400만큼 달성하지 못하고 있다. P_4행의 계수를 검토하면 현재해가 최적이 아님을 알 수 있다. 따라서 단계 2로 이동하여 진입변수와 탈락변수를 결정하고 새로운 해를 구하는 과정을 반복한다.

| 표 7-3 | 변환 2의 결과

c_b	c_j / 기저변수				P_1		P_2	P_3		P_4		해
		x_1	x_2	d_1^-	d_1^+	d_2^-	d_2^+	d_3^-	d_3^+	d_4^-	d_4^+	
0	d_1^-	1	0	1	−1	0	0	0	0	0	0	600
0	d_3^+	−4/3	0	0	0	10/3	−10/3	−1	1	0	0	800
P_3	x_2	2/3	1	0	0	1/3	−1/3	0	0	0	0	800
P_4	d_4^-	2/3	0	0	0	−5/3	5/3	0	0	1	−1	1,000
$z_j - c_j$	P_4	2/3				−5/3	5/3				−1	1,400
	P_3							−1				0
	P_2						−1					0
	P_1			−1								0

(10) 진입변수 결정

x_1이 진입변수가 된다. 여기서 d_2^+는 P_4행에서 양의 계수값을 가지지만, P_4보다 우선순위가 높은 P_2에서 −1로 음의 값을 가지므로 진입변수가 될 수 없다.

(11) 탈락변수 결정

d_1^-가 탈락변수가 된다.

(12) 새로운 해 구성

[표 7-3]에서 진입변수와 탈락변수가 결정되면 소거법을 적용하여 [표 7-4]와 같이 새로운 기저해를 구성한다.

(13) 최적해의 검토

[표 7-4]의 경우 최적해가 된다. P_1행, P_2행, P_3행의 $z_j - c_j$ 계수들은 모두 0 또는 음의 값이다. 그러나 P_4행의 d_1^+ 열과 d_2^+ 열의 계수가 양의 값을 가지지만 더 높은 우선순위인 P_1행과 P_2행의 계수가 −1의 값을 가지므로 d_1^+과 d_2^+는 진입변수가 될

수 없다. P_1과 P_2의 목표를 희생하지 않고는 더 이상 P_4 목표를 향상시킬 수 없으므로 현재 해가 최적해이다.

즉, [예제 7-4]에 대한 목표계획모형의 효율해(Efficient Solution)는 $(x_1, x_2)=(600, 400)$이며 $d_4^-=600$이 된다. P_1 목표는 완전 달성, P_2 목표도 완전 달성, P_3 목표도 완전 달성되었지만 P_4 목표는 600만큼 미달성하였음을 알 수 있다.

표 7-4 변환 3의 결과(최적해)

c_b	c_j / 기저변수				P_1		P_2	P_3		P_4		해
		x_1	x_2	d_1^-	d_1^+	d_2^-	d_2^+	d_3^-	d_3^+	d_4^-	d_4^+	
0	x_1	1	0	1	−1	0	0	0	0	0	0	600
0	d_3^+	0	0	4/3	−4/3	10/3	−10/3	−1	1	0	0	1,600
P_3	x_2	0	1	−2/3	2/3	1/3	−1/3	0	0	0	0	400
P_4	d_4^-	0	0	−2/3	2/3	−5/3	5/3	0	0	1	−1	600
z_j-c_j	P_4			−2/3	2/3	−5/3	5/3				−1	600
	P_3								−1			0
	P_2						−1					0
	P_1				−1							0

7.3.3 LINGO를 이용한 해찾기

LINGO를 이용하여 선형계획모형의 최적해를 구할 수 있다. 목표계획법은 선형계획모형을 바탕으로 이루어져 있으므로 LINGO를 반복적으로 이용하여 목표계획법의 효율해를 구할 수 있다. 다음 예제를 통하여 설명하고자 한다.

예제 7-5

앞 절의 [예제 7-2]에서 모형화한 유성전자(주) 문제에 대하여 LINGO를 이용하여 효율해를 구해보고자 한다.

$$\text{Minimize} \quad Z = P_1 d_1^+ + P_2 d_2^+ + P_3 d_3^- + P_4 d_4^-$$

$$\begin{aligned} \text{subject to} \quad & x_1 + d_1^- - d_1^+ = 600 \\ & 2x_1 + 3x_2 + d_2^- - d_2^+ = 2,400 \\ & 8x_1 + 10x_2 + d_3^- - d_3^+ = 7,200 \\ & 4x_1 + 5x_2 + d_4^- - d_4^+ = 5,000 \\ & x_1,\ x_2,\ d_i^-,\ d_i^+ \ge 0,\ i = 1,\ 2,\ 3,\ 4 \end{aligned}$$

(1) P_1 목표만을 목적함수식으로 하는 선형계획모형의 최적해를 찾는다

먼저 주어진 제약식과 함께 목적함수식으로 P_1 목표만을 선형함수로 하는 선형계획모형을 LINGO 창에 [그림 7-7]과 같이 입력한다. Solve 메뉴를 이용하여 [그림 7-8]과 같이 최적해를 구한다. 그 결과로 P_1 목표에서 d_1^+ 편차변수를 0으로 최소화하는 결과인 $d_1^+ = 0$이 성취되었음을 알 수 있다. 다만 원래의 의사결정변수는 $x_1 = x_2 = 0$으로 나타났다.

그림 7-7 P_1 목표만을 갖는 선형계획모형 모델링 화면

```
Lingo Model - Ex8-4-1
Min = d1_plus;
  x1          + d1_minus - d1_plus = 600;
2*x1 +   3*x2 + d2_minus - d2_plus = 2400;
8*x1 + 10*x2 + d3_minus - d3_plus = 7200;
4*x1 +   5*x2 + d4_minus - d4_plus = 5000;
```

그림 7-8 P_1 목표만을 갖는 선형계획모형에 대한 Solve 실행 화면

```
Solution Report - Ex8-4-1
Global optimal solution found.
Objective value:                      0.000000
Infeasibilities:                      0.000000
Total solver iterations:                     0

Model Class:                                LP

Total variables:                  10
Nonlinear variables:               0
Integer variables:                 0

Total constraints:                 5
Nonlinear constraints:             0

Total nonzeros:                   16
Nonlinear nonzeros:                0

                    Variable           Value        Reduced Cost
                     D1_PLUS        0.000000            1.000000
                          X1        0.000000            0.000000
                    D1_MINUS        600.0000            0.000000
                          X2        0.000000            0.000000
                    D2_MINUS        2400.000            0.000000
                     D2_PLUS        0.000000            0.000000
                    D3_MINUS        7200.000            0.000000
                     D3_PLUS        0.000000            0.000000
                    D4_MINUS        5000.000            0.000000
                     D4_PLUS        0.000000            0.000000
```

(2) P_2 목표만을 목적함수식으로 하는 선형계획모형의 최적해를 찾는다

P_1 목표를 최소화하는 결과로 얻어진 $d_1^+ = 0$을 기존의 제약식에 추가하고 P_2 목표만을 선형함수로 하는 선형계획모형을 LINGO 창에 [그림 7-9]와 같이 입력한다. Solve 메뉴를 이용하여 [그림 7-10]과 같이 최적해를 구한다. 그 결과로 P_1과 P_2 목표에서 각각 d_1^+와 d_2^+ 편차변수들을 0으로 최소화하는 결과인 $d_1^+ = 0$과 $d_2^+ = 0$이 성취되었음을 알 수 있다. 다만 원래의 의사결정변수는 여전히 $x_1 = x_2 = 0$으로 나타났다.

▌그림 7-9▌ P_2 목표만을 갖는 선형계획모형 모델링 화면

Lingo Model - Ex8-4-2

```
Min = d2_plus;
  x1           + d1_minus - d1_plus = 600;
2*x1 +  3*x2 + d2_minus - d2_plus = 2400;
8*x1 + 10*x2 + d3_minus - d3_plus = 7200;
4*x1 +  5*x2 + d4_minus - d4_plus = 5000;
d1_plus = 0;
```

▌그림 7-10▌ P_2 목표만을 갖는 선형계획모형에 대한 Solve 실행 화면

Solution Report - Ex8-4-2

```
Global optimal solution found.
Objective value:                 0.000000
Infeasibilities:                 0.000000
Total solver iterations:                0

Model Class:                           LP

Total variables:              9
Nonlinear variables:          0
Integer variables:            0

Total constraints:            5
Nonlinear constraints:        0

Total nonzeros:              15
Nonlinear nonzeros:           0

                 Variable        Value     Reduced Cost
                 D2_PLUS      0.000000         1.000000
                      X1      0.000000         0.000000
                D1_MINUS      600.0000         0.000000
                 D1_PLUS      0.000000         0.000000
                      X2      0.000000         0.000000
                D2_MINUS      2400.000         0.000000
                D3_MINUS      7200.000         0.000000
                 D3_PLUS      0.000000         0.000000
                D4_MINUS      5000.000         0.000000
                 D4_PLUS      0.000000         0.000000
```

(3) P_3 목표만을 목적함수식으로 하는 선형계획모형의 최적해를 찾는다

P_1과 P_2 목표를 최소화하는 결과로 얻어진 $d_1^+ = 0$과 $d_2^+ = 0$을 기존의 제약식에 추가하고 P_3 목표만을 선형함수로 하는 선형계획모형을 LINGO 창에 [그림 7-11]과

같이 입력한다. Solve 메뉴를 이용하여 [그림 7-12]와 같이 최적해를 구한다. 그 결과로 P_1, P_2 및 P_3 목표에서 각각 d_1^+, d_2^+ 및 d_3^- 편차변수들을 0으로 최소화하는 결과인 $d_1^+ = 0$, $d_2^+ = 0$ 및 $d_3^- = 0$이 성취되었을 알 수 있다. 이때 원래의 의사결정변수는 $x_1 = 0$이고 $x_2 = 600$으로 나타났다.

그림 7-11 P_3 목표만을 갖는 선형계획모형 모델링 화면

```
Lingo Model - Ex8-4-3
Min = d3_minus;
  x1             + d1_minus - d1_plus = 600;
2*x1 +    3*x2 + d2_minus - d2_plus = 2400;
8*x1 + 10*x2 + d3_minus - d3_plus = 7200;
4*x1 +    5*x2 + d4_minus - d4_plus = 5000;
d1_plus = 0;
d2_plus = 0;
```

그림 7-12 P_3 목표만을 갖는 선형계획모형에 대한 Solve 실행 화면

```
Solution Report - Ex8-4-3
Global optimal solution found.
Objective value:                 0.000000
Infeasibilities:                 0.000000
Total solver iterations:                1

Model Class:                           LP

Total variables:                8
Nonlinear variables:            0
Integer variables:              0

Total constraints:              5
Nonlinear constraints:          0

Total nonzeros:                14
Nonlinear nonzeros:             0

                 Variable        Value    Reduced Cost
                D3_MINUS      0.000000        1.000000
                      X1      0.000000        0.000000
                D1_MINUS      600.0000        0.000000
                 D1_PLUS      0.000000        0.000000
                      X2      720.0000        0.000000
                D2_MINUS      240.0000        0.000000
                 D2_PLUS      0.000000        0.000000
                 D3_PLUS      0.000000        0.000000
                D4_MINUS      1400.000        0.000000
                 D4_PLUS      0.000000        0.000000
```

(4) P_4 목표만을 목적함수식으로 하는 선형계획모형의 최적해를 찾는다

P_1, P_2 및 P_3 목표를 최소화하는 결과로 얻어진 $d_1^+ = 0$, $d_2^+ = 0$ 및 $d_3^- = 0$을 기존의 제약식에 추가하고 P_4 목표만을 선형함수로 하는 선형계획모형을 LINGO 창에 [그림 7-13]과 같이 입력한다. Solve 메뉴를 이용하여 [그림 7-14]와 같이 최적해를 구한다. 그 결과로 P_1, P_2 및 P_3 목표에서 각각 d_1^+, d_2^+ 및 d_3^- 편차변수들을 0으로 최소화하는 결과인 $d_1^+ = 0$, $d_2^+ = 0$ 및 $d_3^- = 0$이 성취되어 목표를 완전 달성하였으나 P_4 목표에 대해서는 $d_4^- = 600$이 성취되어 목표가 600만큼 미달성되었음을 알 수 있다. 따라서 [예제 7-5]에 대한 목표계획모형의 효율해는 $x_1 = 600$이고 $x_2 = 400$이다.

▮그림 7-13▮ P_4 목표만을 갖는 선형계획모형 모델링 화면

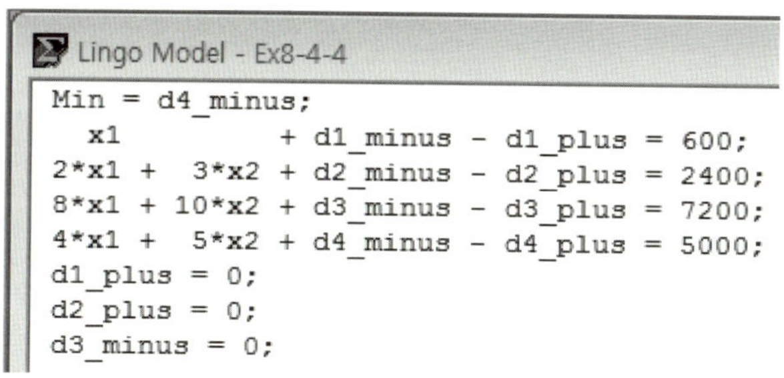

그림 7-14 P_4 목표만을 갖는 선형계획모형에 대한 Solve 실행 화면

```
Solution Report - Ex8-4-4

Global optimal solution found.
Objective value:                 600.0000
Infeasibilities:               0.000000
Total solver iterations:              2

Model Class:                          LP

Total variables:              7
Nonlinear variables:            0
Integer variables:            0

Total constraints:            5
Nonlinear constraints:          0

Total nonzeros:              13
Nonlinear nonzeros:             0

                    Variable      Value       Reduced Cost
                   D4_MINUS      600.0000       0.000000
                         X1   600.0000       0.000000
                   D1_MINUS      0.000000      0.6666667
                    D1_PLUS     0.000000       0.000000
                         X2   400.0000       0.000000
                   D2_MINUS      0.000000       1.666667
                    D2_PLUS     0.000000       0.000000
                   D3_MINUS      0.000000       0.000000
                    D3_PLUS     1600.000       0.000000
                    D4_PLUS     0.000000       1.000000
```

EXERCISE

7.1 선형계획법과 목표계획법의 차이점을 설명하시오.

7.2 시스템제약조건과 목표제약조건을 예를 들어 설명하시오,

7.3 유성공업(주)에서는 두 대의 기계를 이용하여 두 가지 제품을 생산하고 있다. 각 기계는 매일 8시간씩 가동할 수 있다. 제품 1을 한 단위 생산하기 위해서는 기계 1에서 30분, 기계 2에서 20분이 소요된다. 제품 2를 한 단위 생산하기 위해서는 기계 1에서 20분, 기계 2에서 40분이 소요된다. 일일 생산계획을 수립하는 데 고려할 요소의 우선순위는 다음과 같을 경우 이 문제를 목표계획법으로 모형화하고 생산계획을 수립하시오.
(1) 두 제품의 생산량의 합을 50단위 이상 생산하고자 한다.
(2) 제품 2를 30단위 이상 생산하고자 한다.
(3) 제품 1을 30단위 이상 생산하고자 한다.

7.4 다음 목표계획모형의 효율해를 구하고자 한다.

$$
\begin{aligned}
\text{Minimize} \quad & z = P_1 d_1^- + P_2 d_2^+ + P_3 d_3^- \\
\text{subject to} \quad & x_1 + \frac{1}{2} x_2 + d_1^- - d_1^+ = 400 \\
& x_1 + x_2 + d_2^- - d_2^+ = 500 \\
& 3x_1 + 4x_2 + d_3^- - d_3^+ = 2{,}000 \\
& x_1 + x_2 + s_4 = 800 \\
& x_1,\ x_2,\ d_1^-,\ d_2^+,\ d_2^-,\ d_3^+,\ d_3^-,\ s \geq 0
\end{aligned}
$$

(1) 도해법으로 효율해를 구하시오.
(2) 변형 심플렉스법으로 효율해를 구하시오.
(3) LINGO를 이용하여 효율해를 구하시오.

7.5 아산공업(주)에서는 새로운 상품에 대한 다음 달 광고계획을 수립하고자 한다. 신문광고와 텔레비전 광고를 계획하고 있는데, 신문광고는 한 번에 100만 원이 소요되며 100만 명에 대한 광고효과가 있다. 텔레비전 광고는 한 번에 200만 원이 드는데 300만 명에 대한 광고효과가 있다고 한다. 이 회사에서는 다음 달 광고비로 2,000만 원의 예산을 수립하고 있으며 광고에 대한 우선순위를 다음과 같이 설정하고 있다.
① 예산을 초과하지 말 것
② 텔레비전 광고는 최소한 5번 할 것

연 | 습 | 문 | 제 <<<

③ 신문광고는 최소한 10번 할 것

④ 최소한 3,000만 명에 대한 광고효과를 낼 것

위의 우선순위를 고려하여 신문광고와 텔레비전 광고 횟수를 결정하는 목표계획법모형을 수립하고 최적해를 구하고자 한다. 단, 광고 횟수는 정수가 아닌 실수가 되는 경우 다음 달의 광고계획과 연계하므로 실수가 나와도 무방하다고 한다.

(1) 목표계획모형을 수립하시오.

(2) 도해법으로 효율해를 구하시오.

(3) LINGO를 이용하여 효율해를 구하시오.

7.6 다음 목표계획모형의 최적해를 구하고자 한다.

$$
\begin{aligned}
\text{Minimize} \quad & z = P_1 d_4^+ + P_2 d_1^- + P_3 d_2^- + P_4 d_3^+ \\
\text{subject to} \quad & 12x_1 + 4x_2 + d_1^- - d_1^+ = 150 \\
& x_1 + d_2^- - d_2^+ = 6 \\
& 4x_1 + 2x_2 + d_3^- - d_3^+ = 40 \\
& 4x_1 + 2x_2 + d_4^- - d_4^+ = 60 \\
& 10x_1 + 2x_2 \le 70 \\
& \text{모든 변수} \ge 0
\end{aligned}
$$

(1) 도해법으로 효율해를 구하시오.

(2) 변형 심플렉스법으로 효율해를 구하시오.

(3) LINGO를 이용하여 효율해를 구하시오.

CHAPTER

08

정수계획법

Chapter 08 정수계획법

8.1 정수계획법 개요

최적화는 주어진 제약을 만족시키면서 목적함수를 최대화 혹은 최소화하는 해를 찾아가는 과정이다. 이 책의 앞부분에서 설명된 선형계획법은 강력한 최적화 기법으로서, 최근 컴퓨터와 범용 최적화 프로그램의 발달로 규모가 매우 큰 문제에 대해서도 효과적으로 최적해를 찾을 수 있게 되었다. 그러나 선형계획법은 변수가 실수영역에서 정의 가능한 경우에만 적용되는 한계가 있다. [예제 8-1]을 통해 선형계획법의 한계와 이를 극복하기 위한 방안을 생각해보자.

Q 예제 8-1 조선회사 수주생산계획 수립

한국조선해양은 보급형과 고급형 2가지 형태의 선박을 판매 중이다. 시장에서 이들 제품에 대한 수요는 충분한 상황이나 내부 프로세스의 제약으로 월별 생산 가능한 선박이 제한되고 있다. 핵심 제약은 선박 건조에 필요한 특수설비의 가용시간이다. [표 8-1]에서 나타나 있듯이 보급형 선박은 Type A 설비에서 25시간 작업을 해야 하고, Type B 설비에서는 1시간 작업만 필요로 한다. 또한 고급형 선박은 Type A 설비에서 1시간 작업을 해야 하고, Type B 설비에서는 24시간 작업이 필요하다. 하지만 Type A 설비는 월간 150시간, Type B 설비는 월간 120시간만 작업이 가능하므로 보급형 선박과 고급형 선박 생산에 제약이 존재하게 된다.

표 8-1 설비별 소요시간 및 가용시간

	보급형	고급형	가용시간
Type A 설비	25시간	1시간	150시간
Type B 설비	1시간	24시간	120시간

보급형 선박의 이익이 100(천만 원)이고 고급형 선박의 이익이 130(천만 원)이라고 할 때 각 선박을 몇 척 수주하여 생산하는 것이 최적일까?

보급형 선박 수주목표를 x_1, 고급형 선박 수주목표를 x_2라고 정의할 경우 [예제 8-1]은 다음과 같은 선형계획모형으로 모형화될 수 있다.

$$\text{Maximize} \quad z = 100x_1 + 130x_2 \qquad (1)$$

$$\text{subject to} \quad 25x_1 + x_2 \le 150 \qquad (2)$$

$$x_1 + 24x_2 \le 120 \qquad (3)$$

$$x_1,\ x_2 \in R^+$$

위의 선형계획모형을 2차원 그래프상에 표현해보면 [그림 8-1]과 같이 표현 가능하다. 선형계획법에 대한 해법인 심플렉스법(Simplex Method)에 의하면 선형계획모형의 최적해는 실행가능영역의 정점(Extreme Point)에 존재하므로, 위 선형계획모형에

그림 8-1 선형계획모형의 실행가능영역

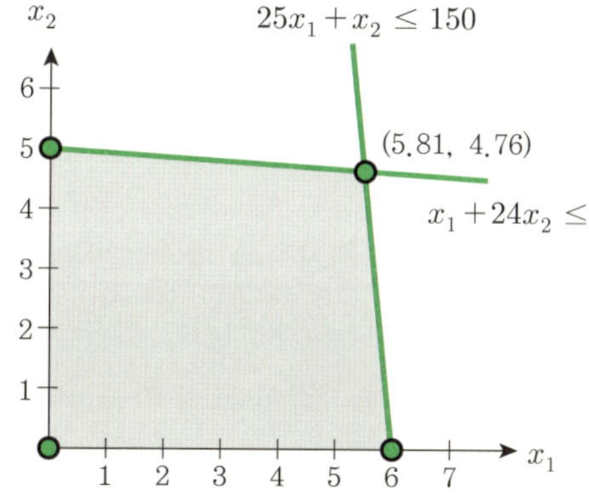

대한 최적해는 [그림 8-1]의 정점들 중에 존재한다. 이 예제의 경우 두 제약식이 만나는 점 $(x_1,\ x_2)=(5.81,\ 4.76)$에서 가장 높은 이익을 보이게 되며 이때의 최대 이익은 1,199.8(천만 원)이 된다.

그러나 실제 선박 수주를 진행함에 있어 5.81척과 4.76척 수주는 불가능하다. 즉, x_1, x_2는 정수해만 선택 가능하다. 그렇다면 몇 척의 선박을 수주해야 하는가? 이에 대한 간단한 해법은 최적해를 적절히 반올림하여 해를 도출하는 것이다. 이 예제의 경우 각각의 변수를 반올림할 경우 $(x_1,\ x_2)=(6,\ 5)$라는 해를 얻게 된다. 그러나 이 해는 앞의 제약식 (2)와 (3)을 만족시키지 못하므로 선택 가능한 해가 아니다. 제약식을 고려하여 변수들을 모두 내림 처리할 경우 $(x_1,\ x_2)=(5,\ 4)$라는 해를 얻게 되고 이때의 이익은 1,020(천만 원)이 된다. 이것은 선형계획모형에 의한 최대 이익 1,199.8(천만 원)에 비해 85% 수준의 실행가능해가 되나, 이것이 최적해인지 여부는 확인하기가 어렵다. 실제 선형계획모형에 의한 최적해를 올림 혹은 내림 처리하는 방식은 다양하여 $(x_1,\ x_2)=(6,\ 4)$ 혹은 $(x_1,\ x_2)=(5,\ 5)$도 가능하다. 그렇다면 어떤 해가 정수계획모형에 대한 최적해가 될까? 이 질문에 대한 답변은 [그림 8-2]를 통해 가능하다.

그림 8-2 실수해영역과 정수해

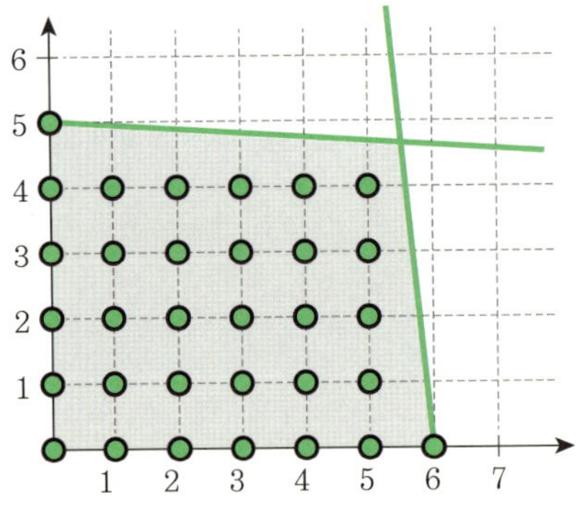

그림 8-3 정수해영역 표시

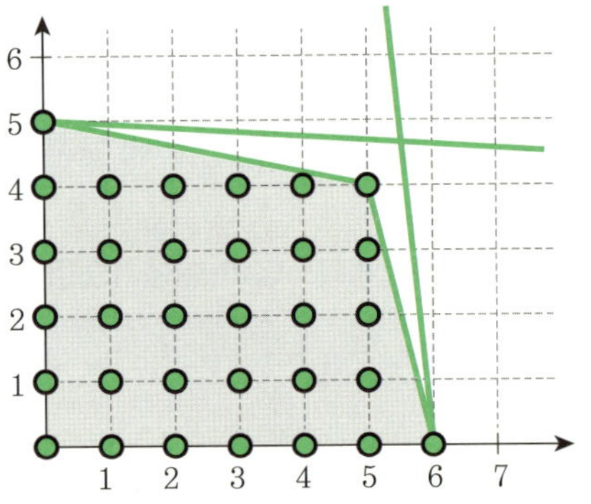

[그림 8-2]에서는 선형계획모형의 해영역에 정수조건을 추가하여 해를 표현하였다. 실수해영역 중 각 변수의 정수조건을 만족시키는 점들을 표현하였고, 이들을 모두 포함하는 영역을 표현하면 [그림 8-3]과 같이 표현 가능하다. 그림에서 알 수 있듯이 정수 최적해는 $(x_1,\ x_2)=(5,\ 4)$에서 얻을 수 있다. 따라서 [예제 8-1]에 대한 해를

구할 수 있다.

이상과 같이 선형계획모형은 실수해조건을 가지게 되므로 최적해가 정수여야 하는 일반적인 최적화문제에는 적합하지 않다. 또한 [예제 8-1]에서 알 수 있듯이 선형계획법에 의한 최적해로부터 실제 최적 정수해를 구하는 것은 쉽지 않다. 만약 선형계획법에 의한 최적해가 정수해로 나오게 된다면 다행이지만, 선형계획법에 의한 최적해를 올림 혹은 내림 처리하는 과정은 변수가 많아질수록 매우 복잡해지는 문제가 존재하게 되고, 구해진 정수 가능해가 최적해인지 여부를 판단하기 어려운 것이다. 따라서 정수해조건이 붙는 경우에는 선형계획법과 다른 정수계획모형을 위한 해법이 필요하다. 이에 대해서는 8.3절에서 자세히 살펴보도록 한다.

[예제 8-1]에서 도출된 선형계획모형을 정수계획모형으로 바꾸는 것은 변수에 대한 조건을 변경하는 것으로 가능하다.

$$\text{Maximize} \quad z = 100x_1 + 130x_2 \tag{4}$$

$$\text{subject to} \quad 25x_1 + x_2 \le 150 \tag{5}$$

$$x_1 + 24x_2 \le 120 \tag{6}$$

$$x_1,\ x_2 \in \{0,\ 1,\ 2,\ \cdots\}$$

위의 정수계획모형의 제약식은 선형계획모형과 동일하고 변수만 정수해조건이 붙는 경우이다. 모든 변수가 정수인 정수계획모형을 순수정수계획모형(Pure Integer Programming Model), 일부 변수가 정수인 경우는 혼합정수계획모형(Mixed Integer Programming Model), 그리고 모든 변수가 정수 중 0 혹은 1만 해당될 경우는 이진정수계획모형(Binary Integer Programming Model)이라고 한다.

실제 정수계획모형이 필요한 경우는 이와 같은 기본 모형 이외에도 매우 다양하게 존재한다. 8.2절에서는 정수계획모형으로 모형화가 필요한 다양한 예제들을 살펴보고자 한다.

8.2 정수계획법 예제

Q 예제 8-2 배낭문제(Knapsack Problem)

배낭문제는 전통적 정수계획모형으로서 주어진 아이템들을 하나의 배낭에 최대한 할당하는 문제를 의미한다. 각각의 아이템은 크기와 수익 정보를 가지고 있으며 배낭 역시 최대 할당 가능 크기 정보를 가지고 있다. 따라서 아이템을 배낭에 할당하는 조합에 따라 전체 수익이 달라지게 된다.

아이템의 집합을 K, 각각의 아이템을 $k \in K$라고 할 때 의사결정변수 x_k는 아이템 k가 배낭에 할당되는지 여부를 나타낸다. 배낭의 크기는 C라고 하고, 각각의 아이템은 크기 정보 c_k와 수익 정보 p_k를 가지고 있다. 목적함수는 수익을 최대화하는 것이다. 이 문제는 이진정수계획모형으로 다음과 같이 모형화가 가능하다.

$$\text{Maximize} \quad z = \sum_{k \in K} p_k x_k \tag{7}$$

$$\sum_{k \in K} c_k x_k \le C, \quad \forall k \in K \tag{8}$$

$$x_k \in \{0,1\}, \quad \forall k \in K$$

식 (7)은 선택되는 아이템에 의해 결정되는 전체 수익을 의미하고, 식 (8)은 배낭의 크기가 제약된다는 것을 의미한다. 식 (8)은 배낭 크기 제약식으로서 Knapsack Constraint라고 불린다. 만약 배낭이 여러 개 존재할 경우 복수배낭문제(Multiple Knapsack Problem)로 확장 가능하며, 이 경우 전체 정수계획모형은 다음과 같다.

$$\text{Maximize} \quad z = \sum_{i \in I} \sum_{k \in K} p_k x_{ik} \tag{9}$$

$$\sum_{k \in K} c_k x_{ik} \le C_i, \quad \forall i \in I,\ k \in K \tag{10}$$

$$x_{ik} \in \{0, 1\}, \quad \forall i \in I,\ k \in K$$

복수배낭문제의 의사결정변수 x_{ik}는 아이템 $k \in K$가 배낭 $i \in I$에 할당되는지 여부를 나타내며, 각각의 배낭은 C_i라는 크기로 제약되어 있다.

예제 8-3 할당문제(Assignment Problem)

제5장에서 다룬 할당문제는 하나의 집합에 속한 아이템을 다른 집합의 아이템에 할당하는 문제를 의미한다. 예를 들어, 수행해야 하는 일이 n개 있고, 이를 수행할 수 있는 인력이 m명 있다고 하자. 수행해야 하는 일의 개수가 인력보다 적고($n < m$), 각각의 인력은 최대 하나의 일만 수행할 수 있다고 가정하자. 각각의 인력은 경험 및 숙련도에 의해 일을 수행하는 데 있어 효율성이 달라질 수 있어 인력 $i \in I$가 일 $j \in J$를 수행하는 데 드는 비용 c_{ij}가 정의되어 있다.

[예제 8-3]은 전체 비용을 최소화하면서 인력들을 일에 할당하는 문제이다. 인력 $i \in I$가 일 $j \in J$를 수행하게 되면 의사결정변수 $x_{ij} = 1$이 되고, 그렇지 않다면 $x_{ij} = 0$이 된다. 따라서 이 문제는 다음과 같은 이진정수계획모형으로 모형화가 가능하다.

$$\text{Minimize} \quad z = \sum_{i \in I} \sum_{j \in J} c_{ij} x_{ij} \tag{11}$$

$$\sum_{j \in J} x_{ij} \leq 1, \quad \forall\, i \in I \tag{12}$$

$$\sum_{i \in I} x_{ij} = 1, \quad \forall\, j \in J \tag{13}$$

$$x_{ij} \in \{0,1\}, \quad \forall\, i \in I,\ j \in J$$

식 (11)은 할당에 의한 비용을 최소화해야 함을 나타내고, 식 (12)는 한 명의 인력은 최대 하나의 일에 할당된다는 것을 의미한다. 식 (13)은 하나의 일은 한 명의 인력에 할당된다는 것을 표현한다. 만약 일과 인력의 수가 동일하다면($n = m$), 이 문제는 다음과 같은 이진매칭문제(Binary Matching Problem)로 정의된다.

$$\text{Minimize} \quad z = \sum_{i \in I} \sum_{j \in J} c_{ij} x_{ij} \tag{14}$$

$$\sum_{j \in J} x_{ij} = 1, \ \forall i \in I \quad (15)$$

$$\sum_{i \in I} x_{ij} = 1, \ \forall j \in J \quad (16)$$

$$x_{ij} \in \{0, 1\}, \ \forall i \in I, j \in J$$

예제 8-4 고정비용문제(Fixed Charge Problem)

실제 기업경영에 있어 비용 발생을 살펴보면 고정비와 변동비로 구분되는 경우가 많다. 고정비는 일을 수행하면 고정적으로 발생하는 비용으로 일을 수행하지 않으면 발생하지 않는다. 변동비용은 일을 수행할 경우 수반되는 자원에 비례하여 증가하는 비용이다. 이 관계는 [그림 8-4]에 나타나 있다.

그림 8-4 고정비용 예제

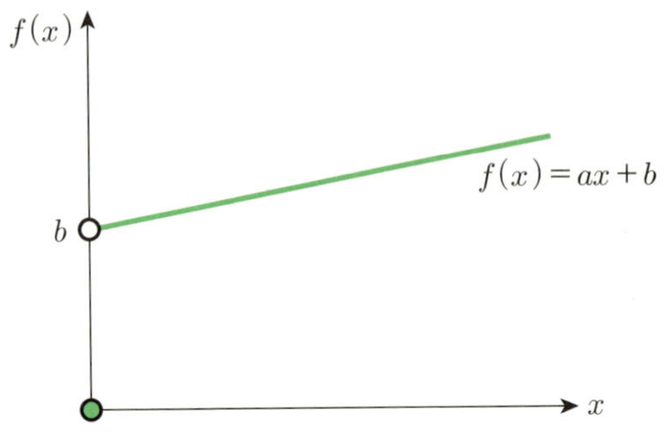

[그림 8-4]에서 기울기 a는 변동비용을 의미하고 y절편 b는 고정비용을 의미한다. 이를 수식으로 표현할 경우 다음과 같다.

$$f(x) = \begin{cases} ax + b, & \text{if } x > 0 \\ 0, & \text{if } x = 0 \end{cases}$$

고정비와 변동비를 하나의 함수로 표현할 경우, 이는 선형계획모형의 기본가정인 선형성과 연속성에 위배된다. 이러한 경우 이진정수변수(Binary Integer Variable)를 도입하여 정수계획모형으로 모형화할 수 있다. 대표적인 고정비용문제인 공장 위치 선정문제를 통해 고정비용문제의 모형화 방식을 살펴보자. 공장 위치 선정문제는 후보 위치의 집합 $J=\{1, 2, \cdots, n\}$과 수요지 집합 $I=\{1, 2, \cdots, m\}$이 주어져 있을 때 전체 수요지에 물건을 공급하면서 비용을 최소화하는 후보지를 결정하는 문제이다. 공장 후보지 $j \in J$에 공장을 건설할 경우 고정비용 f_j가 소요되고, 이후 공장 후보지 j에서 수요지 i에 물건을 공급할 때 변동비용 c_{ij}가 비용으로 지출된다고 할 때 최적의 후보지를 결정하기 위해서는 의사결정변수를 먼저 정의해야 한다. 공장 후보지 j에 공장을 건설할 경우 $z_j=1$이라고 하고, 공장 후보지 j에서 수요지 i에 물건을 공급한다면 $x_{ij}=1$이 된다고 하자. 모든 변수는 이진정수변수이다. 그렇다면 전체 문제는 다음 정수계획모형으로 모형화된다.

$$\text{Minimize} \quad z=\sum_{j \in J} f_j z_j + \sum_{i \in I} \sum_{j \in J} c_{ij} x_{ij} \tag{17}$$

$$\sum_{j \in J} x_{ij} = 1, \quad \forall i \in I \tag{18}$$

$$\sum_{i \in I} x_{ij} \leq M z_j, \quad \forall j \in J \tag{19}$$

$$z_j, \ x_{ij} \in \{0,1\}, \quad \forall i \in I, j \in J$$

목적함수 (17)은 고정비용과 변동비용을 나타내고 있다. 식 (18)은 수요지 i는 하나의 공장에서 물건을 공급받아야 함을 나타낸다. 식 (19)는 공장후보지 j에서 수요지 i로 물건이 공급될 경우 공장 후보지 j가 건설되어 있어야 함을 의미한다. 고정비용 목적함수는 정수계획모형에서 활용도가 높은 함수이다.

예제 8-5 로트크기 결정문제(Lot Sizing Problem)

앞 절의 고정비용문제를 생산계획문제에 확장적용하면 생산계획 시 중요한 문제로 부각되고 있는 로트크기 결정문제를 해결할 수 있다. 로트크기 결정문제는 대상 생산품에 대해 계획 주기 내 단위기간별 생산량을 결정하는 문제이다. 단위기간 $t \in T=\{1, 2, \cdots, n\}$에서의 생산고정비용 f_t, 생산에 따른 단위생산비용 c_t, 재고유지비용 h_t, 수요량 d_t이 주어져 있다고 할 때, 전체 비용을 최소화하는 매 기간별 생산량 x_t와 기간 말 재고량 I_t를 구하는 것이 로트크기 결정문제의 목표이다. 고정비용 항목 모형화를 위하여 추가변수로서 z_t를 도입하면 기간 t에 생산이 이루어질 때 $z_t=1$이 되고, 생산이 이루어지지 않으면 $z_t=0$이 되는 이진정수변수가 된다.

이 문제에서 주요 제약으로는 식 (20)과 같은 기간별 재고균형제약식이 있다.

$$I_{t-1}+x_t=d_t+I_t,\ t\in T \tag{20}$$

식 (20)은 기간 $t-1$의 기간 말 재고량과 기간 t의 생산량이 기간 t의 기간 말 재고량과 기간 t의 수요량과 같다는 것을 의미한다. 재고량균형제약이 주어지면 주어진 로트크기 결정문제는 다음 정수계획모형으로 모형화된다.

$$\text{Minimize}\quad z=\sum_{t\in T}f_t z_t+\sum_{t\in T}c_t x_t+\sum_{t\in T}h_t I_t \tag{21}$$

$$x_t\le Mz_t,\ t\in T \tag{22}$$

$$I_{t-1}+x_t=d_t+I_t,\ t\in T \tag{23}$$

$$z_t,\ x_t\in\{0,\ 1\},\ t\in T$$

목적함수 (21)은 총비용 최소화를 의미하며 총비용은 고정비용, 생산비용, 재고비용의 합으로 표현된다. 식 (22)는 고정비용 모형화를 위한 제약식이다. 식 (23)은 재고균형 제약식이다.

8.3 정수계획법의 해법들

8.2절에서 살펴본 바와 같이 정수계획모형은 매우 다양한 현실문제에 적용되어 왔다. 정수해조건을 추가함으로써 선형계획모형이 해결하지 못한 복잡한 조건들을 모형화할 수 있었고 이에 따라 해결 가능한 최적화문제가 다양하게 확장되었다. 본 절에서는 정수계획모형으로 모형화된 문제의 최적해를 도출하기 위한 다양한 해법에 대해 살펴본다.

8.3.1 열거법

정수계획모형에서 실행가능해는 각 의사결정변수를 특정 정수에 고정하여 구할 수 있으며, 최적해는 전체 정수해 조합 중 목적함수를 최대화 혹은 최소화하는 해를 선택하여 도출할 수 있다. 따라서 정수계획모형에 대한 가장 기본적인 해법은 모든 가능한 정수해 조합을 하나씩 비교하여 해를 도출하는 열거법이라고 할 수 있다. [예제 8-1]에서는 가능한 정수해 조합이 [그림 8-2]를 참고할 경우 32개 존재한다. 그러나 의사결정변수가 증가할수록 가능한 정수해 조합은 기하급수적으로 증가하게 되므로 문제의 규모가 작은 경우를 제외하고 열거법으로 최적해를 도출하는 것은 매우 비효율적이라 할 수 있다. 따라서 전체 정수해 조합을 모두 비교분석하지 않고 해를 찾는 방법이 필요하다.

8.3.2 절단평면법

절단평면법(Cutting Plane Method)은 기본 선형계획모형에 제약식을 추가하여 전체 실행가능영역의 정점이 정수해조건을 만족하도록 만들어가는 과정이다. [그림 8-5]와 같은 하나의 실행가능영역에 대해 선형계획법을 적용할 경우 우리는 5개의 정점들을 비교하여 실수 최적해를 도출할 수 있다. 열거법은 [그림 8-5]의 29개 정수가능해 조합들을 비교하여 정수 최적해를 도출하는 방식이다.

그림 8-5 실수해영역과 정수해조건

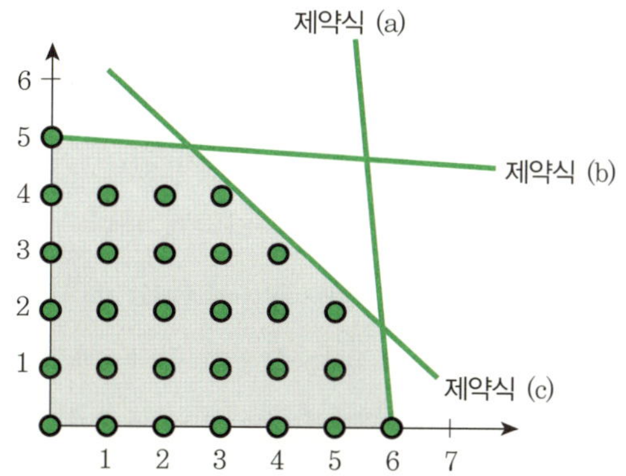

절단평면법은 [그림 8-5]에 적절한 제약식을 추가하여 [그림 8-6]과 같이 각각의 정점들이 정수해조건을 만족하도록 실행가능영역을 변형하는 방식이다. 초기에 주어진 제약식 (a), (b), (c)에 제약식 (d), (e), (f)를 차례로 추가함으로써 실행가능영역이 줄어들고 각각의 정점들은 정수해조건을 만족하게 된다. 이 경우 제약식 (a)~(f)를 바탕으로 선형계획법을 적용할 경우 도출되는 최적해가 정수계획모형의 최적해가 된다.

그림 8-6 절단평면에 의해 정의된 정수해영역

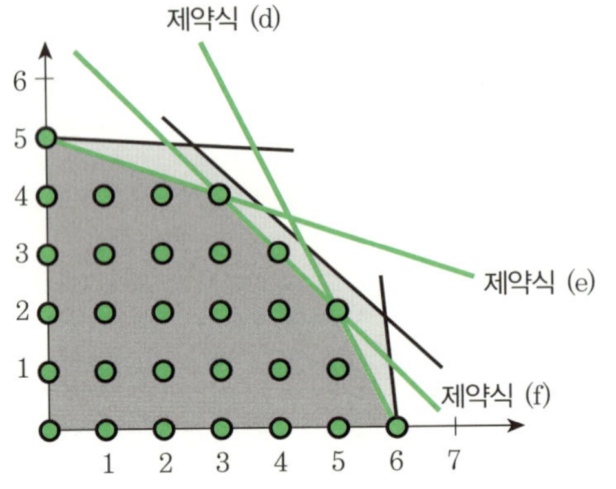

이와 같이 실행가능영역의 정점들을 정수가능해로 변형하는 제약식들을 절단평면(Cutting Plane)이라고 하며, 추가되는 제약식이 절단평면이 되기 위한 조건은 다음과 같다.

① 조건 1 : 제약식을 추가할 경우 선형계획모형의 한계값이 개선된다.

② 조건 2 : 제약식의 추가로 인해 정수가능해를 실행가능영역에서 제외하지 않는다.

[그림 8-5]의 경우 가능한 절단평면은 매우 다양하나, 제약식 (d)~(f)와 같이 3개의 제약식을 추가하면 모든 정점들이 정수가능해가 된다. 제약식 (d)~(f) 중 어느 하나라도 빠지면 정수가능해가 아닌 정점이 나타나게 된다.

절단평면법의 경우 열거법과 같이 정수해의 조합을 고려할 필요가 없이 시간 효율적인 선형계획법으로 해를 도출할 수 있는 장점이 있다. 하지만 [그림 8-6]과 같이 필요한 모든 절단평면을 사전에 미리 도출하여야 하는 문제가 있다. 문제의 규모가 커지면 절단평면을 찾는 것이 매우 어려워진다.

8.3.3 분단탐색법

열거법과 절단평면법은 정수 최적해를 도출하는 데 시간이 매우 많이 소요되는 방법들로 현실문제를 해결하는 데 한계를 가지고 있다. 이에 따라 전체 소요시간을 효과적으로 줄이기 위한 방안들이 마련되어야 한다. 분단탐색법(Branch-and-Bound Method)은 실행가능영역을 분리하여 가능성이 높은 영역을 탐색해 가는 방법으로서, 선형계획법에 의한 최적해가 정수해 조건을 만족시키지 못할 경우 정수해조건을 만족시키지 않는 의사결정변수 중 하나를 선택하여, 이 변수를 정수로 고정하고 다시 선형계획법을 적용하는 과정을 거친다.

[예제 8-1]에 대해 분단탐색법을 적용해보면 다음과 같다. [예제 8-1]에서 선형계획법에 의한 최적해는 $(x_1, x_2)=(5.81,\ 4.76)$이다. 최적해가 정수해조건을 만족시키지 못하므로 정수해조건을 위반하는 변수를 선택하여 분단탐색법을 적용해보자. 두 변수 중 x_1을 선택할 경우 가능한 정수가능해영역은 $x_1 \leq 5$인 경우나 $x_1 \geq 6$인 경우 두 가지이다. 이와 같이 정수해조건을 위반하는 변수에 대해 가능한 정수 가능해영역을 분할하는 과정을 분지(branching)과정이라고 한다. 먼저 $x_1 \leq 5$라고 가정할 경우 전체 정수계획모형은 다음과 같이 표현된다.

$$
\begin{aligned}
&\text{Maximize} \quad z = 100x_1 + 130x_2 && (24)\\
&\text{subject to} \quad 25x_1 + x_2 \leq 150 && (25)\\
&\qquad\qquad\quad x_1 + 24x_2 \leq 120 && (26)\\
&\qquad\qquad\quad x_1 \leq 5 && (27)\\
&\qquad\qquad\quad x_1,\ x_2 \in \{0,\ 1,\ 2, \cdots\}
\end{aligned}
$$

이 모형에 대해 선형계획법을 적용해보면 [그림 8-7]과 같이 $(x_1,\ x_2)=(5,\ 4.79)$에서 실수 최적해를 가지게 된다.

그림 8-7 선형계획모형의 실수해영역

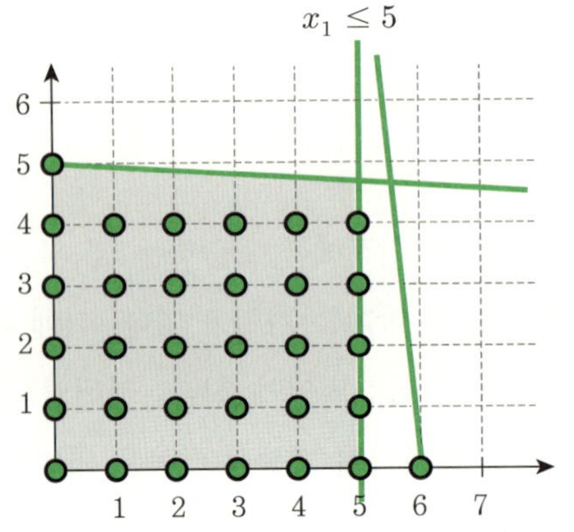

최적해가 아직 정수해조건을 만족시키지 못하므로 다시 분지과정을 실시한다. 정수해조건을 만족하지 못하는 x_2에 대하여 $x_2 \le 4$와 $x_2 \ge 5$의 두 가지 경우를 고려해야 한다. $x_2 \le 4$인 경우에 대해 선형계획법을 적용할 경우 다음과 같이 표현 가능하다.

$$
\begin{aligned}
\text{Maximize} \quad & z = 100x_1 + 130x_2 && (28)\\
\text{subject to} \quad & 25x_1 + x_2 \le 150 && (29)\\
& x_1 + 24x_2 \le 120 && (30)\\
& x_1 \le 5 && (31)\\
& x_2 \le 4 && (32)\\
& x_1,\ x_2 \in \{0,\ 1,\ 2,\ \cdots\}
\end{aligned}
$$

선형계획법에 의한 최적해는 $(x_1,\ x_2)$=(5, 4)로서 정수해조건을 만족하는 정수 최적해를 도출하였다. 이때 목적함수는 1,020이다. 그러나 아직 모든 경우를 탐색한 것이 아니므로 이 정수해는 정수 최적해 후보가 되고, 분지과정에서 정의된 각 경우를 모두 탐색하여야 한다. 먼저 $x_1 \le 5$, $x_2 \ge 5$인 경우를 살펴보면 선형계획법에서 해를 도출할 수 없다. 따라서 이 경우는 후보그룹에서 제외된다. 이제 $x_2 \le 4$와 $x_2 \ge 5$인 경우를 모두 탐색하였으므로 $x_1 \le 5$ 조건에 대해서는 모든 가능한 분지 경우를 고려하였다. 남은 조건은 $x_1 \geq 6$인 경우이다. 이 경우 정수계획모형은 다음과 같이 정의되며 정수 최적해는 $(x_1,\ x_2)=(6,\ 0)$에서 정수 최적해를 얻을 수 있다.

$$
\begin{aligned}
\text{Maximize} \quad & z = 100x_1 + 130x_2 && (33)\\
\text{subject to} \quad & 25x_1 + x_2 \leq 150 && (34)\\
& x_1 + 24x_2 \leq 120 && (35)\\
& x_1 \geq 6 && (36)\\
& x_2 \leq 4 && (37)\\
& x_1,\ x_2 \in \{0,\ 1,\ 2,\ \cdots\}
\end{aligned}
$$

이 경우 목적함수는 600으로서 기존 정수 최적해 후보 $(x_1,\ x_2)=(5,\ 4)$보다 목적함수가 작으므로 최적해 후보그룹에서 제외된다. 결과적으로 최적해 후보 $(x_1,\ x_2)=(5,\ 4)$가 전체 최적해가 된다. [그림 8-8]은 분단탐색법에 의한 탐색방식의 요약정보를 나타내고 있다. 각 노드 안의 숫자는 적용순서를 의미하고, 화살표는 분지 방향을 의미한다.

[그림 8-8] 분단탐색법 적용결과에 대한 요약

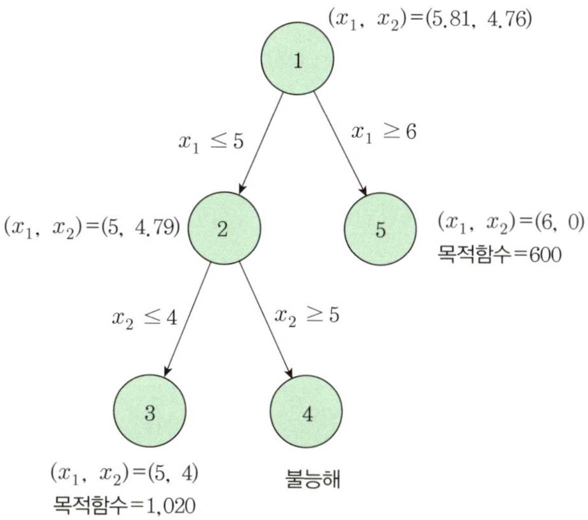

분단탐색법은 분지를 결정할 의사결정변수를 정하는 방식과 더 이상 분지하지 않기 위한 한계조건(Bounding Condition)에 의해 그 효율성이 결정된다. 최악의 경우 분단탐색법은 가능한 모든 정수해 조합을 검토해야 할 수도 있어 해 탐색에 걸리는 시간이 다소 부담이 될 수 있다. 따라서 효과적인 한계조건과 분지를 위한 의사결정변수 선택방식을 검토하여 효율성을 높이는 작업이 선행되어야 한다.

8.3.4 발견적 해법

앞에서 살펴본 열거법, 절단평면법, 분단탐색법은 최적해를 탐색하기 위하여 다양한 아이디어를 적용하고 있다. 그러나 이들 방법은 최적해를 탐색하는 데 많은 시간이 소요될 수 있다는 단점이 있다. 네트워크 설계문제와 같이 한 번 의사결정을 내리면 그 영향이 오래 지속되는 경우에는 시간이 소요되더라도 최적해를 구하기 위해 노력해야 하나 단기계획 수립문제와 같이 최적해에 가까운 해를 빠른 시간 내에 구해야 하는 경우에는 기존 방식의 최적해 탐색시간이 부담될 수 있다. 이러한 경우에 대응하기 위하여 다양한 발견적 해법(Heuristic Method)들이 제안되어 왔다.

가장 기본적인 발견적 해법은 선형계획완화법(Linear Programming Relaxation Method)으로 정수해조건을 완화하여 선형계획법을 적용하고, 이때 도출된 실수 최적해를 올림·내림 변환 처리하여 정수해로 변형하는 방법이다. 이 방식은 정수해로 변환하는 방식에 따라 해의 품질이 결정되므로 문제의 특성에 적합한 알고리즘을 찾아야 한다. 그러나 발견적 해법의 경우 도출된 해가 최적해인지 여부를 판단할 수 없다는 단점이 있다. 이를 보완하기 위하여 도출된 해와 기준값을 비교할 필요가 있다. 선형계획완화법의 장점은 선형계획법에 의한 목적함수가 기준값을 제공한다는 것이다. [예제 8-1]에서 선형계획법에 의한 최적 목적함수값은 1,199.8이었다. 이 경우 어떤 정수가능해도 목적함수값이 1,199.8보다 나을 수 없으므로 1,199.8을 기준값으로 사용하여 발견적 해법으로 도출한 해의 품질을 평가할 수 있다.

그 외 다양한 발견적 해법이 가능하며, 이에 대해서는 제10장 발견적 해법에서 상세히 다루기로 한다.

8.4 LINGO를 이용한 최적해 도출

정수계획법모형의 크기가 커질 경우 이를 그래프로 표현하여 해를 찾거나 열거법, 분단탐색법을 직접 적용하는 것은 불가능하다. 이에 따라 정수계획법모형에 대한 해를 구해주는 상용 최적화 프로그램들이 다수 개발되어 있다. LINDO System사의 LINGO, ILOG사의 CPLEX, Dash Optimization사의 Xpress-MP 등이 이에 해당한다. 본 절에서는 LINGO를 이용하여 정수계획모형에 대한 최적해를 찾는 과정을 살펴본다.

[예제 8-1]에서 제시된 조선회사 수주생산계획문제에 대해 LINGO를 통해 최적해를 계산해보면 다음과 같다. [예제 8-1]에서 보급형 선박 수주목표를 x_1, 고급형 선박 수주목표를 x_2라고 정의할 경우 다음과 같은 정수계획모형으로 정의할 수 있다.

$$\begin{aligned}
\text{Maximize} \quad & z = 100x_1 + 130x_2 \\
\text{subject to} \quad & 25x_1 + x_2 \le 150 \\
& x_1 + 24x_2 \le 120 \\
& x_1,\ x_2 \in \{0,\ 1,\ 2,\ \cdots\}
\end{aligned}$$

이 정수계획모형의 최적해를 찾기 위해서는 먼저 [그림 8-9]와 같이 정수계획모형을 LINGO 창에 입력한다. [그림 8-9]에서 @GIN(x_1) 및 @GIN(x_2) 명령어는 의사결정변수 x_1과 x_2가 정수해를 갖도록 한다. 만일 의사결정변수 x_1과 x_2가 이진정수해(Binary Integer Solution)를 요구한다면 명령어로 @BIN(x_1) 및 @BIN(x_2)를 사용하면 된다.

그림 8-9 [예제 8-1]에 대한 LINGO 모델링 화면

Lingo Model - Ex7-1

```
Max = 100*x1 + 130*x2;
       25*x1 +     x2 < 150;
          x1 +  24*x2 < 120;
@GIN(x1);
@GIN(x2);
```

[그림 8-9]와 같이 모델링 작업이 끝나면 LINGO 상단 메뉴창의 LINGO 메뉴 내에서 Solve 메뉴를 선택하거나 LINGO 상단 아이콘창에서 Solve( ) 버튼을 클릭하여 최적해를 찾는다. 그 결과는 [그림 8-10]과 같은 Solution Report와 [그림 8-11]과 같은 Solver Status를 보여준다. [그림 8-10]으로부터 최적해는 $x_1 = 5$, $x_2 = 4$이며 그때 목적함수값은 1,020임을 알 수 있다. 또한 [그림 8-11]로부터 분단탐색법에 의해 전역 최적해를 찾았음을 보여준다.

▌그림 8-10▐ [예제 8-1]에 대한 LINGO Solution Report 화면

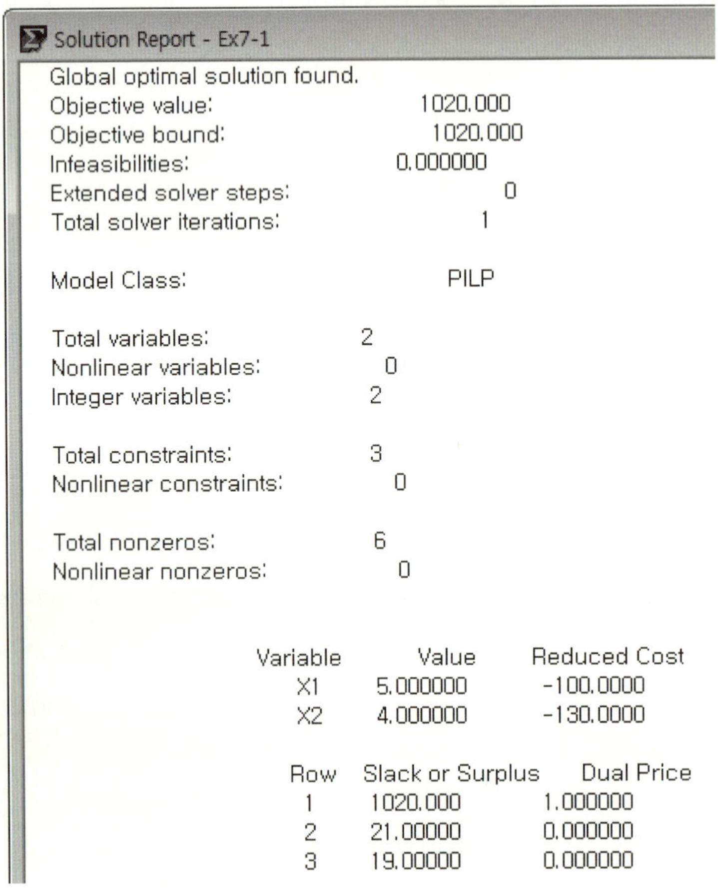

그림 8-11 [예제 8-1]에 대한 LINGO Solver Status

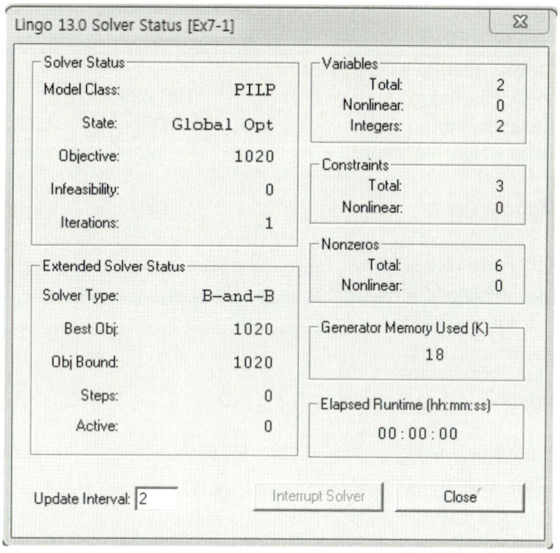

[예제 8-1]에 대해 정수해조건을 삭제한 선형계획모형을 LINGO를 이용해 최적해를 구해보면 최적해는 [그림 8-12]와 같이 나타난다. 이때 최적해는 $x_1 = 5.81$, $x_2 = 4.76$이며 총수익은 1,199.499로 정수계획모형에 의한 결과인 1,020보다 높다는 것을 알 수 있다. 그러나 수주 목표가 실수해인 것은 실제 활용이 불가능하다. 예를 들어, 보급형 수주목표가 5.81척인 것은 현실적으로 의미가 없다. 다만 선형계획모형은 해를 빨리 찾을 수 있으므로 정수계획모형과 보완적으로 활용 가능하다. 발견적 해법의 설명에서 알 수 있듯이 본 예제의 경우 선형계획모형의 최적해를 바탕으로 이를 '올림·내림(rounding)'함으로써 최적해는 아니지만, 최적해에 근사한 해를 도출할 수 있다. 본 예제에서 선박수주 목표를 내림 처리할 경우 선박수주 목표는 보급형 5척, 고급형 4척이 된다. 정수계획모형의 최적해가 보급형 5척, 고급형 4척이므로 정수계획모형을 선형계획모형으로 완화하여 얻은 최적해가 정수계획모형의 최적해가 됨을 알 수 있다. 그러나 정수계획모형의 최적해를 얻지 않은 상황에서 우리가 알 수 있는 정보는 선형계획모형의 최적해가 1,199.499의 수익을 가져오고, 이를 내림하여 얻은 최적해가 1,020의 수익을 가져온다는 정보뿐이다. 이 경우 우리는 선형계획모형으로의 완화에 의한 최적해가 최대 (1,199.499−1,020) ÷ 1,020×100=17.6% 차이가 있을 수 있다는 것이다.

그림 8-12 [예제 8-1]에 대한 정수 최적해

```
Solution Report - Ex7-1(LP Relax)

Global optimal solution found.
Objective value:                          1199.499
Infeasibilities:                          0.000000
Total solver iterations:                         2

Model Class:                                    LP

Total variables:                    2
Nonlinear variables:                0
Integer variables:                  0

Total constraints:                  3
Nonlinear constraints:              0

Total nonzeros:                     6
Nonlinear nonzeros:                 0

                         Variable        Value        Reduced Cost
                               X1     5.809683           0.000000
                               X2     4.757930           0.000000

                              Row   Slack or Surplus      Dual Price
                                1       1199.499          1.000000
                                2       0.000000          3.789649
                                3       0.000000          5.258765
```

EXERCISE

8.1 [예제 8-5] 로트크기 결정문제에서는 생산 가능량에 대한 제약이 없다. 만약 매 기간별 생산 가능량이 설비제약에 의해 최대 CAP_t로 제약된다면 주어진 정수계획모형을 어떻게 변경해야 할지 설명하시오.

8.2 다음의 정수계획모형에 대한 최적해를 그래프를 이용하여 구하시오.

$$\begin{aligned} \text{Maximize} \quad & 3x_1 + x_2 \\ \text{subject to} \quad & 2x_1 + x_2 \le 7 \\ & 2x_1 - x_2 \ge -2 \\ & 5x_1 + 4x_2 \le 20 \\ & x_2 \le 3 \\ & x_1, x_2 \in \{0, 1, 2, \cdots\} \end{aligned}$$

8.3 연습문제 8.2에서 정수 변수 x_1에 대해 정수해조건이 완화되어 변수 x_1이 실수해를 가질 수 있다고 가정하면, 최적해는 어떻게 바뀌는지 그래프를 이용하여 구하시오.

8.4 다음의 정수계획모형에 대한 최적해를 그래프를 이용하여 구하시오.

$$\begin{aligned} \text{Minimize} \quad & x_1 + x_2 \\ \text{subject to} \quad & -x_1 + 3x_2 \le 12 \\ & 6x_1 + x_2 \ge 8 \\ & x_2 \ge 2 \\ & x_1, x_2 \in \{0, 1, 2, \cdots\} \end{aligned}$$

8.5 P철강회사는 철강 재고 보유를 통하여 고객 주문에 대응하고 있다. 고객 주문이 들어올 경우 재고 보유 중인 제품을 활용하여 압연 및 절단 공정을 거쳐 최종고객에게 완제품을 배송하는 것이다. 현재 철강 재고는 표준화되어 비축되어 있으며, 모두 10ton 무게의 제품으로 충분한 수량이 보관되고 있다. 고객 주문이 다음과 같이 5개가 있다고 할 때, 최소한의 재고를 사용하여 고객 주문에 대응하기 위한 고객 주문 할당 최적화문제를 모형화하시오.

	주문 A	주문 B	주문 C	주문 D	주문 E
주문 무게	3ton	6ton	5ton	7ton	4ton

연 | 습 | 문 | 제

8.6 M증권회사는 모두 7개의 파생상품에 대하여 최대의 수익률을 달성할 수 있는 상품에 투자하고자 한다. 각 파생상품은 기대수익률 및 최저 투자금액이 정해져 있고, M증권에서 투자 가능한 금액 역시 16억 원으로 정해져 있다. 일단 하나의 상품에 투자하고자 하면 각각의 상품에 대한 최저 투자금액 이상은 투자해야 하며 최대 투자금액은 정해져 있지 않다. 기대수익은 투자금액에 기대수익률을 곱하여 계산 가능하다. 다만, 최근의 글로벌 신용위기를 반영하여 성장형 상품을 2개 이상 투자하거나 10억 원 이상 투자하는 것은 회피하고 있다. 아래 표와 같이 각 파생상품별 기대수익률, 최저 투자금액, 리스크 유형이 주어질 경우 연간 기대수익을 최대화하는 최적화문제를 모형화하시오.

	기대수익률	최저 투자금액	리스크 유형
상품 A	연 5%	4억 원	안정형
상품 B	연 4%	3억 원	안정형
상품 C	연 3%	7억 원	안정형
상품 D	연 15%	5억 원	성장형
상품 E	연 25%	6억 원	성장형
상품 F	연 29%	7억 원	성장형
상품 G	연 21%	3억 원	성장형

8.7 S전자는 유럽지역에 5개의 디지털 TV 제품 판매법인을 보유하고 있으며, 각 법인의 연간 수요 정보 및 위치 정보가 주어져 있다.

	프랑스	독일	스페인	이탈리아	폴란드
연간 매출	50만 대	50만 대	30만 대	30만 대	20만 대
위치 정보	(3,7)	(4,5)	(1,1)	(6,1)	(7,4)

현재는 한국에서 수출한 물량을 네덜란드를 통해 각 판매법인으로 보내어 각 판매법인이 재고를 보유하는 전략을 활용하고 있으나, 수송비용을 고려하여 유럽지역에 물류거점을 최소 1개 이상 설치하고자 한다. 각 물류센터는 설치 유형에 따라 연간 운영비용이 발생하고, 수송비용은 거리 및 수송물량에 비례하여 증가하는 구조로 계약될 예정이다. 설치 유형은 Type 1과 Type 2로서, Type 1은 대형 물류센터를 의미하며 연간 처리량이 150만 대 수준이고 Type 2는 중형 물류센터를 의미하여 연간 처리량이 100만 대 수준이다. 수송비용 계산에 사용되는 거리는 유클리드 거리계산법을 따르며, 위치 좌표가 $(x_1,\ y_1)$, $(x_2,\ y_2)$로 주어져 있을 때 $K \cdot \sqrt{(x_1 - x_2)^2 + (y_1 - y_2)^2}$ 으로 계산 가능하다. K값은 보정계수로서 도로 형태 및 혼잡도를 고려하여 실제 거리를 보정하는 목적으로 사용되며, 본 문제에서는 1.3을 사용한다. 아래 표와 같이 물류센터 후보지역이

EXERCISE

주어져 있을 때 수송비용 및 물류센터 운영비용을 최소화하는 최적 물류센터 입지 및 물류센터 유형 결정문제를 모형화하시오. 단, 각 판매법인은 하나의 물류센터에서만 독점적으로 제품을 공급받는다.

	프랑스	네덜란드	스페인	이탈리아	헝가리
위치 정보	(3,6)	(4,7)	(1,2)	(6,2)	(6,4)

CHAPTER

09

비선형계획법

Chapter 09 비선형계획법

9.1 비선형계획모형 소개

경영과학에서 다루는 대부분의 최적화 기법들은 목적함수 및 제약식 모두 선형함수(Linear Function)를 가정하고 있다. 정수계획법에서 다룬 모형 역시 정수해 조건을 제외한 나머지는 모두 선형함수를 가정한다. 하지만 현실문제에서는 다양한 비선형관계(Non-linear Relation)가 존재한다. 아래 [그림 9-1]은 비선형 목적함수를 가지고 해의 조건(제약식)이 $2 \le x_1 \le 12$인 비선형 최적화문제를 표현하고 있다.

선형계획모형 및 정수계획모형은 목적함수가 선형함수이기 때문에, 선형계획모형

▌그림 9-1▐ 비선형 목적함수를 가지는 최적화문제

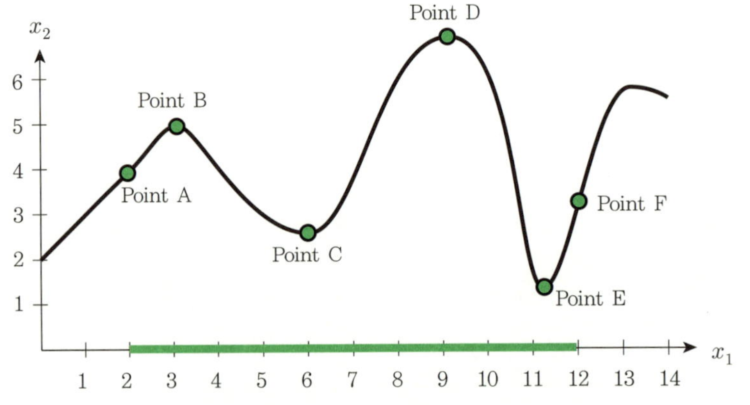

에서 최적해는 실행가능영역의 정점(Extreme Point)에 존재하고, 정수계획모형은 정수해영역[1)]의 정점에 최적해가 존재한다. 그러나 [그림 9-1]에서 알 수 있듯이 목적함수가 비선형인 경우 최적해(최대값과 최소값은 각각 점 D와 점 E)가 실행가능영역의 내부에 존재할 수 있다. 최대화(Maximize)문제인 경우 최적해는 실행가능영역의 정점(A, F)과 국소 최대값(Local Maximum : B, D) 중 가장 값이 큰 전역 최대값(Global Maximum) D가 되고, 최소화(Minimize)문제인 경우 최적해는 실행가능영역의 정점(A, F)과 국소 최소값(Local Minimum : C, E) 중 가장 값이 적은 전역 최소값(Global Minimum) E가 된다.

비선형 목적함수를 가지는 최적화문제에 있어 선형계획모형을 풀기 위한 심플렉스법과 같은 범용적인 최적화 알고리즘은 존재하지 않는다. 대부분의 비선형 최적화 알고리즘들은 발견적 해법(Heuristic Algorithm)을 적용하거나 탐색 알고리즘(Search Algorithm)을 적용하여 최적해에 가까운 해를 도출하는 것을 목표로 한다. 예를 들어, [그림 9-1]에 주어진 비선형문제에 기본적인 탐색 알고리즘을 적용해보면 다음과 같다. 시작점을 점 A라고 할 때 목표가 최대값을 찾는 것이라면 점 A에서 기울기가 양인 점 B 방향으로 해를 계속 탐색해 나간다. 점 B에 도착하면 점 C 방향으로 기울기가 음이 되어 탐색을 중단한다. 탐색 알고리즘 입장에서는 탐색할 수 있는 최대값에 도달한 것이므로, 주위보다 높은 국소 최대치인 점 B를 최적해로 탐색하게 된다. 이 경우 전역 최대치를 찾을 수 없게 된다.

9.2 제약조건이 없는 경우의 비선형계획모형 최적화

제약조건이 없고 목적함수가 비선형함수의 형태를 띠는 경우에는 미분을 활용하여 최적해를 찾을 수 있다. 가장 기본적인 비선형함수인 이차함수를 고려해보자.

---

1) 제8장 정수계획법에서 실수가능해영역은 선형계획법으로 완화된 정수계획모형의 해영역을 의미하고, 정수가능해영역은 절단평면법이 적용되어 파악된 해영역으로서 꼭지점이 모두 정수해인 해영역을 의미한다. 이러한 정수가능해영역을 정수 가능해들의 Convex Hull이라고 한다.

$$\text{Minimize} \quad z(x) = 3x^2 - 18x + 1 \tag{1}$$

의사결정변수 x에 대한 제약조건이 없을 경우 주어진 2차함수의 미분함수를 0으로 만드는 점(변곡점 : 기울기=0)에서 최적해(최소값)가 나온다는 것은 쉽게 알 수 있다. 식 (1)을 x에 대해 미분할 경우 식 (2)와 같이 1차 함수 형태로 나오고, 기울기가 0이 되는 $x^* = 3$이 최적해임을 알 수 있다.

$$\frac{\Delta z(x)}{\Delta x} = 6x - 18 = 0 \tag{2}$$

이와 같이 제약조건이 없는 2차 함수의 경우에는 미분함수를 활용하면 최적해를 판단할 수 있고, 볼록(convex)함수의 형태를 고려하여 이 값이 최소값이고 최대값은 존재하지 않는다는 사실을 알 수 있다. 그러나 함수의 형태가 알려지지 않은 경우나 3차 함수 이상인 경우에는 기울기가 0이 되는 점이 최소값인지 최대값인지 쉽게 판단할 수 없어 이를 판단하기 위한 구체적인 조건이 필요하다.

2차함수의 최적화에 활용된 개념을 일반적인 비선형함수의 최적화에 적용해보자.

$$\text{Minimize} \quad z(x_1, x_2, \cdots, x_n) \tag{3}$$

비선형계획모형 (3)과 같이 제약조건이 없는 일반적 비선형함수가 최대값, 최소값을 가지게 되면 그 값은 편미분함수 조건 (4)를 만족한다는 것이 알려져 있다(필요조건).

$$\frac{\partial z(x_1, x_2, \cdots, x_n)}{\partial x_i} = 0, \quad \forall i \in \{1, 2, \cdots, n\} \tag{4}$$

식 (3)에 대한 모든 편미분함수들의 값이 0이 되는 점들이 기울기가 0이 되는 국소 최적해들이고, 모든 비영(Non-Zero) 벡터 y에 대해 조건 (5)를 만족하는 점들은 국소 최소값, 조건 (6)을 만족하는 점들은 국소 최대값이 된다(충분조건).

$$y^T \nabla^2 z(x) y > 0 \tag{5}$$

$$y^T \nabla^2 z(x) y < 0 \tag{6}$$

식 (5)와 (6)에서 $\nabla^2 z(x)$는 헤시안행렬(Hessian Matrix)로서 식 (7)과 같이 2차 편미분함수로 구성된 행렬이다.

$$\nabla^2 z(x) = \left[\frac{\partial z(x)}{\partial x_i \partial x_j} \right], \ \forall i, \ j \in \{1, 2, \cdots, n\} \tag{7}$$

즉, 최적해에서는 비선형함수의 1차 미분함수 기울기가 0이 되어야 하고, 이 해의 최소값, 최대값 여부를 판단하기 위해서는 2차 미분함수의 기울기를 파악하여야 한다.

일반적인 비선형함수에 대한 최적해 판단방법을 도입부에 설명된 2차 함수에 적용해보면, 목적함수를 최소화하는 해를 찾는 것이 목표이므로 최적해 $x^* = 3$이 국소 최소값인지를 파악하여야 한다. 이를 위하여 2차 미분함수를 식 (5)와 같이 풀어보면 다음과 같다.

$$y^T \nabla^2 z(x) y \ = 6y^2 \ > \ 0 \tag{8}$$

모든 양수 y에 대해 식 (8)은 0보다 큰 값을 가지게 되며 모든 양수에 대하여 식 (5)를 만족하게 된다. 따라서 목적함수의 형태가 볼록(Convex)임을 알 수 있고, $x^* = 3$이 국소 최소값이라는 것을 알 수 있다.

미분함수에 의한 최적해 도출방법은 국소 최소값과 국소 최대값에 대한 조건을 활용하는 것이다. 최소화문제인 경우 하나의 목적함수에서 여러 개의 국소 최소값이 나오게 되면 전역 최소값(Global Minimum)을 찾기 위해 이들을 비교하는 과정이 추가되어야 한다.

9.3 제약조건이 있는 경우의 비선형계획모형 최적화

제약조건이 있는 경우에는 편미분함수에 의한 국소 최적해 도출방식을 적용하기 힘들다. 편미분함수에 의한 국소 최적해뿐만 아니라 해영역의 정점들에서도 국소 최적해가 나올 수 있기 때문이다. 제약조건이 있는 경우의 최적해 도출방법은 제약식이 등호관계일 때 적용 가능한 방법과 제약식이 부등호관계일 때 적용 가능한 방법으로 구분된다.

9.3.1 라그랑지 완화법

제약식 모두가 등식으로 주어진 제약조건이 있고 목적함수가 비선형함수의 형태를 띠는 경우에는 라그랑지 완화법(Lagrange Relaxation)을 적용하여 최적해를 찾을 수 있다. 다음 비선형계획모형을 고려해보자.

$$\text{Minimize} \quad z(x_1, x_2, \cdots, x_n) \tag{9}$$

$$\text{subject to} \quad g_j(x_1, x_2, \cdots, x_n) = 0, \quad \forall j \in \{1, 2, \cdots, m\} \tag{10}$$

9.2절에서 설명한 편미분함수를 활용한 최적해 도출은 제약식 (10)의 가능해영역에 대한 명확한 정보가 없으므로 적용이 불가능하다. 이러한 경우에는 식 (11)과 같이 라그랑지 승수(Lagrange Multiplier)를 도입하여 제약이 있는 비선형계획모형을 제약이 없는 비선형계획모형으로 변경할 수 있다.

$$\text{Minimize} \quad L(x, \lambda) = z(x) + \sum_{j \in m} \lambda_j g_j(x) \tag{11}$$

변경된 비선형계획모형 (11)의 최적해가 비선형계획모형 (9), (10)의 최적해가 되기 위해서는 식 (12)에 주어진 조건을 만족해야 한다.

$$\nabla L(x, \lambda) = 0 \tag{12}$$

식 (12)를 풀어쓰면 식 (13), (14)와 같이 표현 가능하다.

$$\frac{\partial L(x, \lambda)}{\partial x_i} = 0, \quad \forall i \in \{1, 2, \cdots, n\} \tag{13}$$

$$\frac{\partial L(x, \lambda)}{\partial \lambda_j} = 0, \quad \forall j \in \{1, 2, \cdots, m\} \tag{14}$$

식 (13)과 (14)를 만족하는 비선형계획모형 (11)의 해를 구하게 되면 이는 비선형계획모형 (9), (10)의 최적해가 되는 것이 증명되어 있다. 또한 최적해 x^*가 모든 양수 y에 대해 조건 (15)와 (16)을 만족할 경우 국소 최소값, 조건 (15)와 (17)을 만족할 경우 국소 최대값이 된다는 것이 알려져 있다.

$$y^T \nabla g_j(x^*) = 0, \quad \forall j \in \{1, 2, \cdots, m\} \tag{15}$$

$$y^T \nabla^2 L(x^*, \lambda^*) y > 0 \tag{16}$$

$$y^T \nabla^2 L(x^*, \lambda^*) y < 0 \tag{17}$$

[예제 9-1]은 라그랑지 완화법을 적용하여 제약조건이 있는 2차함수의 최적해를 도출하는 과정을 설명하고 있다.

Q 예제 9-1

다음 비선형계획모형에 대한 최적해를 계산하라.

$$\text{Minimize} \quad \frac{1}{2}\left(x_1^2 + x_2^2 + x_3^2\right) \tag{18}$$

$$\text{subject to} \quad x_1 + x_2 + x_3 = -3 \tag{19}$$

주어진 비선형모형에 대한 라그랑지 승수는 다음과 같다.

$$L(x, \lambda) = \frac{1}{2}\left(x_1^2 + x_2^2 + x_3^2\right) + \lambda(x_1 + x_2 + x_3 + 3) \tag{20}$$

식 (20)에 대해 식 (12)를 적용하면 다음과 같다.

$$\frac{\partial L(x,\lambda)}{\partial x_1} = x_1^* + \lambda^* = 0 \tag{21}$$

$$\frac{\partial L(x,\lambda)}{\partial x_2} = x_2^* + \lambda^* = 0 \tag{22}$$

$$\frac{\partial L(x,\lambda)}{\partial x_3} = x_3^* + \lambda^* = 0 \tag{23}$$

$$\frac{\partial L(x,\lambda)}{\partial \lambda} = x_1^* + x_2^* + x_3^* + 3 = 0 \tag{24}$$

식 (21), (22), (23)과 (24)를 연립방정식으로 풀 경우 $x_1^* = x_2^* = x_3^* = 1$이 되고, 라그랑지 승수는 $\lambda^* = -1$이 된다. 따라서 이 값이 주어진 비선형계획문제에 대한 최적해가 된다.

9.3.2 쿤-터커 정리

라그랑지 완화법에 의한 비선형계획모형의 최적해 도출방식은 제약식이 모두 등호관계일 때에 적용된다. 만약 아래 비선형계획모형의 식 (27)과 같이 부등식으로 주어진 제약식이 존재하는 경우에는 라그랑지 완화법을 적용할 수 없다. 이 경우에는 쿤-터커 정리(Kuhn-Tucker Theorem)를 활용하여야 한다.

$$\text{Minimize} \quad z(x_1, x_2, \cdots, x_n) \tag{25}$$

$$\text{subject to} \quad h_j(x_1, x_2, \cdots, x_n) = 0, \quad \forall j \in \{1, 2, \cdots, m\} \tag{26}$$

$$g_k(x_1, x_2, \cdots, x_n) \le 0, \quad \forall k \in \{1, 2, \cdots, r\} \tag{27}$$

먼저 활성부등식(Active Inequality Constraint) 집합 $A(x)$를 식 (28)과 같이 정의한다. 활성부등식이란 주어진 해 x에 대하여 부등식을 등호로 만족시키는 부등식을 의미한다.

$$A(x) = \{k \mid g_k(x) = 0\} \tag{28}$$

식 (27)의 부등식들이 가능해영역을 정의하므로, 특정 해가 정점에 존재한다면 식 (27)의 일부는 등식으로 나머지는 부등식으로 만족하게 된다. 만약 특정 해에 대해 활성부등식이 존재하지 않는다면 이 해는 가능해영역 내부의 점이 될 것이다. 즉, 가능해영역의 꼭지점이나 표면에 위치하는 해에 대해서는 활성부등식이 최소 하나는 존재한다.

비선형계획모형 (25)~(27)에 대한 라그랑지 승수를 구하면 다음과 같다.

$$L(x, \lambda, \mu) = z(x) + \sum_{j=1}^{m} \lambda_j h_j(x) + \sum_{k=1}^{r} \mu_k g_k(x) \tag{29}$$

쿤-터커 정리에 의하면 주어진 비선형계획모형에 대해 국소 최소값 (x^*, λ^*, μ^*)이 존재한다면 식 (30), (31), (32)를 만족한다는 사실이 알려져 있다.

$$\nabla L(x^*, \lambda^*, \mu^*) = 0 \tag{30}$$

$$\mu_k^* \geq 0, \quad \forall k \in \{1, 2, \cdots, r\} \tag{31}$$

$$\mu_j^* = 0, \quad \forall j \notin A(x) \tag{32}$$

따라서 위 조건들을 만족하는 방정식을 활용하여 최적해를 판단할 수 있다. [예제 9-2]는 쿤-터커 정리를 활용하여 제약조건이 있는 2차함수의 최적해를 도출하는 과정을 설명하고 있다.

예제 9-2

다음의 비선형계획모형에 대한 최소값을 도출하라.

$$\text{Minimize} \quad \frac{1}{2}\left(x_1^2 + x_2^2 + x_3^2\right) \tag{33}$$

$$\text{subject to} \quad x_1 + x_2 + x_3 \leq -3 \tag{34}$$

주어진 비선형모형에 대한 라그랑지 승수는 다음과 같다.

$$L(x,\ \mu)= \frac{1}{2}\left(x_1^2+x_2^2+x_3^2\right)+\mu\left(x_1+x_2+x_3+3\right) \tag{35}$$

식 (35)에 대해 쿤-터커 정리의 식 (30)을 적용하면 다음과 같다.

$$\frac{\partial L(x,\mu)}{\partial x_1}= x_1^* + \mu^* = 0 \tag{36}$$

$$\frac{\partial L(x,\mu)}{\partial x_2}= x_2^* + \mu^* = 0 \tag{37}$$

$$\frac{\partial L(x,\mu)}{\partial x_3}= x_3^* + \mu^* = 0 \tag{38}$$

$$\frac{\partial L(x,\mu)}{\partial \mu}= x_1^* + x_2^* + x_3^* + 3 = 0 \tag{39}$$

식 (31)과 (32)의 조건을 테스트하기 위해서는 다음의 2가지 가능성이 있다.

① 제약식 (34)가 활성부등식이 아닌 경우, 즉 $x_1+x_2+x_3<-3$이면, 식 (32)에 의해 활성부등식이 아닌 해당 제약식에 대한 라그랑지 승수 μ^*는 0이 되어야 한다. 그러나 이 경우 식 (36), (37), (38)에 의해 $x_1^*=x_2^*=x_3^*=0$이 되고 이는 식 (39)를 위배한다. 따라서 이러한 해는 존재하지 않는다.

② 제약식 (34)가 활성부등식인 경우, 즉 $x_1+x_2+x_3=-3$이면, 식 (36), (37), (38), (39)를 연립하여 방정식을 풀게 되면 $x_1^*=x_2^*=x_3^*=-1$이고 라그랑지 승수는 $\mu^*=1$이 된다. 이는 활성부등식인 해당 제약식에 대한 라그랑지 승수 $\mu_j^* \geq 0$이 되어야 한다는 식 (32)를 만족하므로 구한 해가 주어진 비선형계획문제에 대한 최적해가 된다.

따라서 $x_1^*=x_2^*=x_3^*=-1$그리고 $\mu^*=1$일 때 최적해가 된다.

9.4 Excel을 활용한 비선형계획모형 최적화

비선형계획법모형 역시 선형계획법모형 및 정수계획법모형과 마찬가지로 다양한 상용 최적화 소프트웨어를 통해 최적해를 도출할 수 있다. 비선형계획법모형이 매우 복잡하거나 제약식 및 목적함수의 비선형함수 유형이 2차함수 이상의 다양한 모습일 경우에는 최적해를 찾는 것이 어려워 발견적 해법(Heuristic Method)을 활용하여 해를 구하는 것이 일반적이다.

간단한 비선형계획법모형의 경우는 Excel을 활용하여 최적해를 찾을 수 있다. 이를 위해 [예제 9-1]에 대한 Excel 기반 최적해 도출방법에 대해 살펴보자. 먼저 의사결정변수 $x1$, $x2$, $x3$를 셀(cell) C3, D3, E3에 할당하고, 목적함수에서의 계수 0.5를 셀 C6, D6, E6에 입력한다. 제약식에서의 계수는 모든 변수에 대해 1로서 셀 C4, D4, E4에 입력한다. 이 과정을 거치면 [그림 9-2]와 같이 기본모형이 완성된다.

▌그림 9-2▐ Excel에서의 비선형계획모형 기본 입력사항

	A	B	C	D	E	F	G	H
1								
2			x1	x2	x3			
3		변수	0	0	0			
4		제약식	1	1	1	0	<=	-3
5								
6		계수	0.5	0.5	0.5			
7		목적함수	0					
8								

기본모형에서 목적함수와 제약식 구성을 위해 셀 F4와 셀 C7에 [그림 9-3]과 같이 수식을 입력한다. 셀 F4에서는 제약식을 구성하기 위하여 의사결정변수 관련 셀과 제약식에서의 계수 관련 셀들을 곱셈 처리하는 수식을 입력하고, 셀 C7에는 목적함수 관련 수식을 입력한다.

그림 9-3 목적함수와 제약식모형

F4 셀	=C4*C3+D4*D3+E4*E3
C6 셀	=C6*C3^2+D6*D3^2+E6*E3^2

이제 기본모형에 목적함수와 제약식모형이 추가되었으므로 해찾기 버튼을 눌러 [그림 9-4]와 같이 해찾기 모델설정 대화상자를 호출한다. 해찾기 모델설정 대화상자에서 목적함수는 셀 C7로 설정된다. 해의 조건은 목적함수를 최소화하는 것이므로 [최소값] 항목을 선택한다. 의사결정변수를 의미하는 [값을 바꿀 셀] 항목은 의사결정변수에 해당하는 셀 C3, D3, E3을 선택한다. 제약식은 셀 F4와 H4를 비교하는 수식을 입력함으로써 모형화할 수 있다.

그림 9-4 해찾기 모델설정 대화상자 입력 예

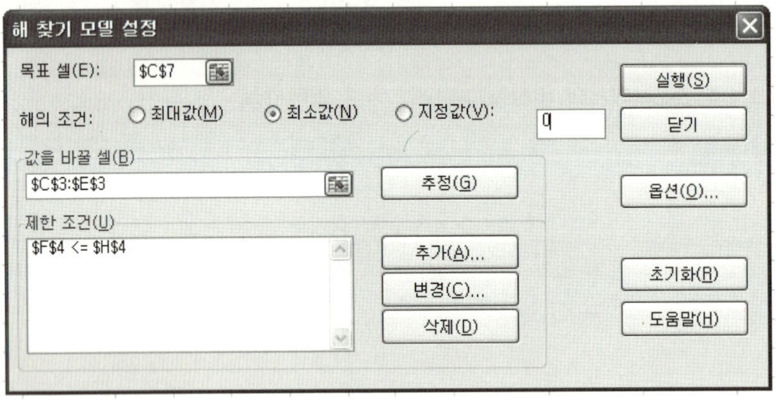

일반적인 선형계획모형과 달리 비선형계획모형은 [옵션] 버튼을 눌러 몇 가지 옵션을 변경하는 과정을 거쳐야 한다. 이 과정은 [그림 9-5]의 [해찾기 옵션] 대화상자에서 처리할 수 있다. 먼저 [선형모델 가정] 옵션을 해제한다. 이 옵션은 선형계획법이나 정수계획법과 같이 목적함수나 제약식이 선형관계임을 의미한다. 또한 본 예제에서 각 의사결정변수는 음의 값을 가질 수 있으므로 [음수 아닌 것으로 가정] 항목을 해제한다. [근사방법]은 주어진 목적함수가 2차식이므로 [2차식]을 선택한다. [미분계수] 항목이나 [탐색방법] 항목은 고급 설정 옵션이므로 기본 옵션을 그대로 선택한다.

▌그림 9-5▐ 비선형계획모형 최적화를 위한 해찾기 옵션 선택 예

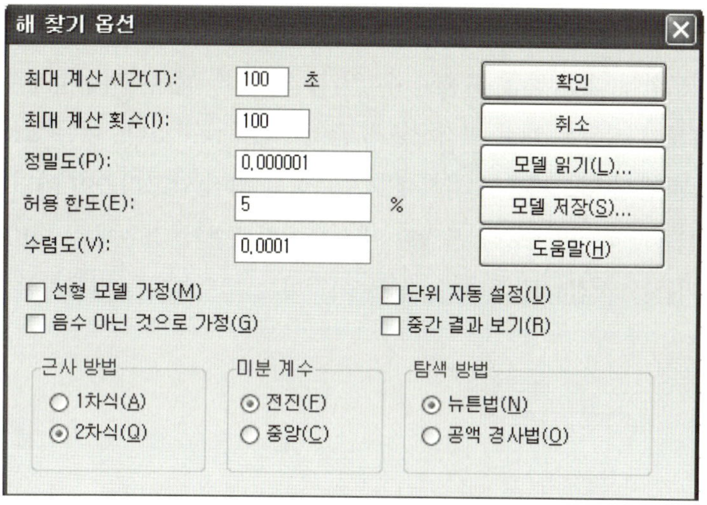

해찾기 옵션이 모두 선택되고 나면 [해찾기 모델설정] 대화상자에서 [실행] 버튼을 눌러 [그림 9-6]과 같이 최적해가 도출된 것을 알 수 있다. 그림에서 의사결정변수는 모두 −1로 선택되었고, 제약식은 −3의 값을 가지는 것으로 나타났다. 목적함수값은 1.5로 최소화되었다. 이 값은 쿤-터커 정리에 의한 최적해와 동일한 해임을 알 수 있다.

▌그림 9-6▐ 해찾기 결과 예제

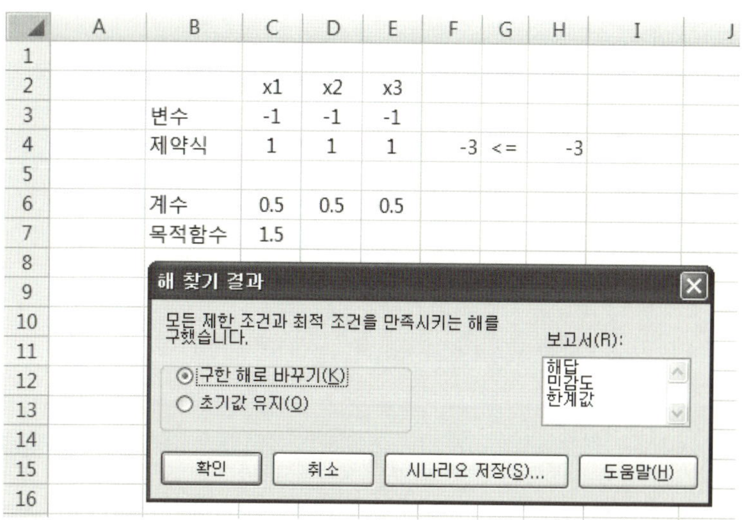

이 절에서 살펴본 바와 같이 간단한 비선형계획모형은 Excel의 해찾기 기능을 활용하여 최적해를 도출할 수 있다. Excel은 기본적인 탐색 알고리즘을 적용하여 복잡한 비선형계획모형에 대한 해를 도출할 수 있다. 그러나 복잡한 비선형계획모형의 경우 Excel의 해찾기 기능은 때로 최적해를 도출하지 못할 수 있다. 이는 Excel에 도입되어 있는 기본 탐색 알고리즘이 최적해를 도출하는 최적 알고리즘이 아닌 발견적 해법 알고리즘이기 때문이다. 보다 복잡한 비선형계획모형의 경우에는 제10장의 발견적 해법 알고리즘을 직접 적용하거나, 상용 최적화 소프트웨어를 사용하는 것이 바람직하다.

EXERCISE

9.1 비선형계획법모형을 최적화하기 위하여 라그랑지 완화법과 쿤-터커 정리가 적용될 수 있다. 이때 이들 최적화방법을 적용하기 위한 전제조건은 무엇인지 설명하시오.

9.2 다음의 비선형계획법문제에 대한 최적해를 그래프를 활용하여 계산하시오.

Maximize $2x^2 + 4x$

subject to $3 \leq x \leq 9$

9.3 다음의 비선형계획법문제에 대한 최적해를 라그랑지 완화법을 적용하여 계산하시오.

Minimize $(2x_1 - x_2)^2$

subject to $x_1 + x_2 = 100$

9.4 다음의 비선형계획법문제에 대한 최적해를 쿤-터커 정리를 적용하여 계산하시오.

Maximize $(2x_1 - x_2)^2$

subject to $x_1 + x_2 = 100$

$2x_1 + x_2 \geq 50$

9.5 A전자회사의 전자제품 품질관리비용은 품질목표 수준이 x라고 할 때, 불량 발생에 따른 손해비용은 $QF = (x-10)^2$의 식에 의해 계산된다. 즉, 품질목표 수준이 10에서 변동될 때 그 편차의 제곱만큼 비용이 증가함을 의미한다. 따라서 불량발생에 의한 손해 비용만을 고려한다면 품질목표 수준이 10으로 설계되는 것이 적합하다. 그러나 품질목표 수준이 증가함에 따라 품질관리비용이 함께 증가하는 특성을 가지고 있다. 품질관리비용이 $QM = 3x + 10$으로 계산된다면, 손해비용 QF와 관리비용 QM을 모두 고려할 때 품질목표 수준이 얼마가 되어야 전체 비용이 최소화되는가?

CHAPTER

10

발견적 해법

Chapter 10 발견적 해법

10.1 발견적 해법의 개념

지금까지 우리는 다양한 형태의 최적화 의사결정 기법에 대해서 다루었다. 이들 기법은 모두 주어진 의사결정 상황에 대하여 최적의 대안을 찾아낸다는 공통점을 가지고 있다. 의사결정문제의 특성상 최적의 해를 찾는 것이 가지는 중요성은 더 이상 설명할 필요가 없다. 앞서 논의된 의사결정 기법들이 다양한 현실문제에 적용되어 효과적으로 사용되고 있기는 하지만 이들이 모든 문제를 해결할 수는 없다. 그것은 주로 문제의 복잡성, 또는 해법의 비효율성에 기인한다.

비선형계획법 등 특정분야의 의사결정문제는 문제 자체의 복잡성 때문에 최적해를 구하는 의사결정 기법의 개발이 매우 어렵다. 또한 최적해를 찾는 해법이 존재한다고 하더라도 어떠한 경우는 의사결정문제에 포함된 대안 및 제약조건의 숫자가 증가함에 따라 최적해를 찾는 데 소요되는 시간이 급격하게 증가하여 원하는 시간 안에 해를 구하지 못할 수도 있다.

작업 일정계획이 이러한 예가 될 수 있다. 작업 일정계획이란 처리해야 할 작업들과 각 작업의 예상 작업소요시간이 주어질 때 전체 작업에 소요되는 시간의 최소화 등 의사결정자의 목적에 맞는 작업 순서를 결정하는 의사결정문제이다. 이때 고려대상인 작업의 수가 N개라고 하면, 총가능한 작업 순서의 개수는 $N!$개이다. 따라서 이론적으로는 $N!$개의 작업순서에 대하여 각각의 총작업시간을 구한 후, 이를 비교하면 가장 짧은 총작업시간을 제공하는 작업순서를 구할 수 있다. 이와 같이 모든 가능한 경우의 결과를 계산하여 비교하는 기법을 완전열거법(Full Enumeration Method)이라 한다. 이러한 의사결정 기법은 작업의 수가 작을 때에는 효율적으로 의사결정을 내릴 수 있지만 작업의 수가 증가하면 고려해야 할 대안의 수가 기하급수로 증가하게 되고 따라서 이에 소요되는 시간 역시 크게 증가하게 된다. 작업 의사결정이 빠른 시간 내에 의사결정을 내려야 하는 유형의 문제임을 고려할 때 위와 같은 완전열거법은 적절한 의사결정 기법이라고 할 수 없다.

이러한 경우에 우리는 비록 최적해는 아니더라도 상대적으로 짧은 시간 내에 적절한 수준의 의사결정을 내릴 수 있는 기법이 있다면 그러한 방법을 선택하게 된다. 이러한 기법들을 발견적 해법(Heuristic Method)이라고 한다. 일반적으로 발견적 해법은 최적의 해를 찾는 것은 보장할 수는 없지만 상당히 많은 경우에 최적의 해와 유사한(또는 근접한) 해를 찾아내며, 소요시간은 최적해를 구하는 기법에 비하여 매우 짧다. 일반적으로 해법을 설계할 때 고려하게 되는 두 가지 요소가 적절한 시간과 최적의 해라는 것을 고려할 때, 발견적 해법은 그 중 최적의 해를 포기하고 적절한 시간에 초점을 맞춘 기법으로 설명될 수 있다.

발견적 해법을 살펴보기 위하여 군집탐색문제(Cluster Detection Problem)를 고려해보자. 군집탐색문제란 P개의 속성을 가진 N개의 서로 다른 데이터들을 유사성이 높은(즉, 이질성이 낮은) K개의 군집(cluster)으로 묶는 의사결정을 의미한다. 데이터들 간의 유사성은 다양한 척도로 평가가 가능하나, 일반적으로는 유클리디안 거리(Euclidean Distance)가 사용된다. 군집탐색문제를 정수계획모형으로 표현하면 아래와 같다.

$$\text{Minimize} \quad \sum_{k=1}^{K}\sum_{i=1}^{N}\sum_{p=1}^{P}(A_{ip}-C_{kp})^2 y_{ik}$$

$$\text{subject to} \quad \sum_{k=1}^{K} y_{ik} = 1, \quad \forall i \in \{1, 2, \cdots, N\}$$

$$\sum_{i=1}^{N} y_{ik} \geq 1, \quad \forall k \in \{1, 2, \cdots, K\}$$

$$(\sum_{i=1}^{N} y_{ik})C_{kp} = \sum_{i=1}^{N} y_{ik}A_{ik}, \quad \forall p \in \{1, 2, \cdots, P\}, \ \forall k \in \{1, 2, \cdots, K\}$$

$$y_{ik} = 0 \text{ 또는 } 1, \quad \forall i \in \{1, 2, \cdots, N\}, \quad \forall k \in \{1, 2, \cdots, K\}$$

위 모형에서 의사결정변수 y_{ik}는 데이터 i가 군집 k에 포함되면 1, 아니면 0의 값을 가지는 이진변수(Binary Variable)이다. A_{ip}는 데이터 i의 속성 p에 해당하는 값을 의미하며 입력요소로 주어진다. C_{kp}는 군집 k의 속성 p의 중심값을 의미한다. 위 모형의 목적식은 동일한 군집에 속해 있는 데이터들의 속성값과 해당 군집의 중심 간의 거리를 최소화하도록 각 데이터의 군집을 선택하는 것이다. 첫 번째 제약식은 각 데이터는 한 개의 군집에 포함되어야 함을 나타내며, 두 번째 제약식은 모든 군집은 적어도 하나 이상의 데이터를 포함해야 함을 나타낸다. 세 번째 제약식은 군집의 속성 중심값인 C_{kp}는 해당 군집에 포함된 데이터들의 속성 A_{ip}의 평균값으로 결정된다는 것을 나타낸다.

위 문제는 정수계획모형이므로 제8장에서 다룬 분지한계법을 이용하여 최적해를 구할 수 있다. 그러나 정수계획모형에 사용되는 이진변수의 개수가 $N \times K$로 데이터의 수가 증가하거나 속성의 수가 증가하면 해를 구하는 데 소요되는 시간이 크게 증가하는 경향이 있다. 따라서 데이터의 수가 큰 경우에는 분지한계법보다 빠른 시간 내에 적절한 수준의 해를 찾을 수 있는 발견적 해법의 사용이 요구된다.

군집탐색에 사용할 수 있는 여러 가지 발견적 해법 중 가장 널리 알려진 기법은 K-평균 알고리즘(K-Means Algorithm)이다. K-평균 알고리즘은 다음과 같은 단계로 구성되어 있다.

단계 0 N개의 데이터 중 임의로 K개를 선정하고 이 데이터들을 군집 1에서 군집 K까지의 중심값으로 한다.

단계 1 모든 데이터에 대하여 각 군집의 중심까지의 거리를 아래와 같이 계산한다.

$$\text{군집 } k\text{의 중심까지의 거리} = \sum_{p=1}^{P} (A_{ip} - C_{kp})^2$$

중심까지의 거리가 가장 가까운 군집에 해당 데이터를 할당한다.

단계 2 모든 군집에 대하여 새로운 군집의 중심을 아래와 같이 계산한다.

$$\text{군집 } k\text{의 새로운 중심 } C_{kp} = \frac{\sum_{i=1}^{N} y_{ik} A_{ik}}{\sum_{i=1}^{N} y_{ik}}$$

단계 3 만약 모든 군집에 대하여 단계 2에서 새롭게 계산된 군집의 중심이 이전 중심과 동일하다면 현재의 군집을 최종해로 선정하고 알고리즘을 종료한다. 만약 그렇지 않다면 단계 1로 이동한다.

예제 10-1

다음과 같은 2가지의 속성을 가지는 10개의 데이터 집합이 주어지고 이들 데이터를 유사성이 높은 2개의 군집으로 구성하고자 할 때, 가장 적절한 군집구성 방안을 K-평균 알고리즘을 이용하여 결정해보자.

표 10-1 군집탐색을 위한 데이터 집합

데이터	1	2	3	4	5	6	7	8	9	10
속성 1	1	1	3	2	2	2	8	10	7	9
속성 2	2	1	2	1	2	3	9	8	9	8

[표 10-1]의 데이터 집합을 그래프로 그려보면 아래 그림과 같다.

그림 10-1 군집탐색을 위한 데이터 집합

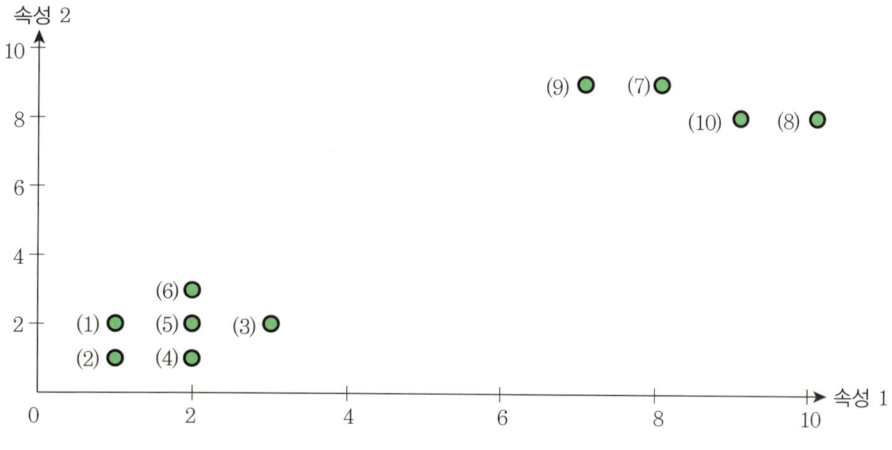

[그림 10-1]에서 데이터 좌측의 괄호 숫자는 데이터 번호를 의미한다. 그림으로 판단해 볼 때, 데이터 1에서 데이터 6까지를 하나의 군집으로, 데이터 7에서 데이터 10까지를 또 다른 군집으로 형성하는 것이 최적임을 알 수 있다.

K-평균 알고리즘을 이용하여 해를 구해보도록 하자.

단계 0 10개의 데이터 중 데이터 1과 데이터 5를 임의로 선정하여 각각 군집 1과 군집 2의 중심으로 선정한다.
따라서 $C_{11}=1, C_{12}=2, C_{21}=2, C_{22}=2$가 된다.

	군집 1	군집 2
속성 1	1	2
속성 2	2	2

단계 1 각 데이터들에 대하여 각 군집의 중심과의 유클리디안 거리를 계산하고 가까운 군집을 선택하여 배정한다. 예를 들어, 데이터 6의 경우 군집 1의 중심과의 거리는 $\sqrt{(2-1)^2+(3-2)^2}=1.41$이며, 군집 2의 중심과의 거리는 $\sqrt{(2-2)^2+(3-2)^2}=1.00$이다. 두 개의 군집 중 군집 2의 중심과의 거리가 더 짧으므로 데이터 6은 군집 2에 할당한다. 이와 같은 방법으로 모든 데이터들에 대하여 소속 군집을 결정한다.

데이터	1	2	3	4	5	6	7	8	9	10
군집 1과의 거리	0.00	1.00	2.00	1.41	1.00	1.41	9.90	10.82	9.22	10.00
군집 2와의 거리	1.00	1.41	1.00	1.00	0.00	1.00	9.22	10.00	8.60	9.22
소속될 군집	1	1	2	2	2	2	2	2	2	2

단계 2 군집 1과 군집 2의 새로운 중심점을 구한다. 예를 들어, 데이터 3에서 데이터 10까지가 군집 2에 속하므로, 이들 데이터의 속성 1의 평균값과 속성 2의 평균값인 $\left(\frac{3+2+2+2+8+10+7+9}{8}\right)$과 $\left(\frac{2+1+2+3+9+8+9+8}{8}\right)$을 각각 군집 2의 속성 1의 중심값과 속성 2의 중심값으로 결정한다.

	군집 1	군집 2
속성 1	1.00	5.38
속성 2	1.50	5.25

단계 3 단계 2에서 계산된 군집 1과 군집 2의 새로운 중심점은 이전의 중심점과 동일하지 않다. 따라서 단계 1을 계속 수행한다.

단계 1 각 데이터들에 대하여 각 군집의 중심과의 유클리디안 거리를 새롭게 계산하고 가까운 군집을 선택하여 배정한다. 중심값이 새롭게 변경되었으므로 각 데이터와 군집과의 거리 역시 이전 번에 수행한 단계 1과 다른 값을 가지며, 소속될 군집 역시 변화가 발생한다.

데이터	1	2	3	4	5	6	7	8	9	10
군집 1과의 거리	0.50	0.50	2.06	1.12	1.12	1.80	10.26	11.10	9.60	10.31
군집 2와의 거리	5.45	6.10	4.03	5.43	4.69	4.06	4.58	5.38	4.09	4.55
소속될 군집	1	1	1	1	1	1	2	2	2	2

단계 2 군집 1과 군집 2의 새로운 중심점을 구한다. 각 군집에 소속된 데이터에 변화가 생겼으므로 각 군집의 중심점 역시 변화한다.

	군집 1	군집 2
속성 1	1.83	8.50
속성 2	1.83	8.50

단계 3 단계 2에서 계산된 군집 1과 군집 2의 새로운 중심점은 이전의 중심점과 동일하지 않다. 따라서 단계 1을 계속 수행한다.

단계 1 각 데이터들에 대하여 각 군집의 중심과의 유클리디안 거리를 새롭게 계산하고 가까운 군집을 선택하여 배정한다. 중심값이 새롭게 변경되었으므로 각 데이터와 군집과의 거리 역시 이전 번에 수행한 단계 1과 다른 값을 가진다. 그러나 각 데이터가 소속될 군집은 이전 번과 비교하여 변화가 없다.

데이터	1	2	3	4	5	6	7	8	9	10
군집 1과의 거리	0.85	1.18	1.18	0.85	0.24	1.18	9.45	10.23	8.83	9.45
군집 2와의 거리	9.92	10.61	8.51	9.92	9.19	8.51	0.71	1.58	1.58	0.71
소속될 군집	1	1	1	1	1	1	2	2	2	2

단계 2 군집 1과 군집 2의 새로운 중심점을 구한다. 각 군집에 소속된 데이터에 변화가 없으므로 각 군집의 중심점은 변화가 없다.

	군집 1	군집 2
속성 1	1.83	8.50
속성 2	1.83	8.50

단계 3 단계 2에서 계산된 군집 1과 군집 2의 새로운 중심점은 이전의 중심점과 동일하다. 따라서 현재의 군집인 {데이터 1, 데이터 2, 데이터 3, 데이터 4, 데이터 5, 데이터 6}과 {데이터 7, 데이터 8, 데이터 9, 데이터 10}을 최종해로 하고 알고리즘을 종료한다.

[예제 10-1]에서 K-평균 알고리즘에 의해 얻어진 최종해는 동일한 군집탐색문제를 정수계획모형을 적용하여 얻어지는 최적해와 동일하다. 즉, 예제의 경우 K-평균 알고리즘은 발견적 해법임에도 불구하고 최적해를 찾아냈다. 이와 같이 잘 설계된 발견적 해법은 많은 경우에 최적해 또는 최적해와 유사한 해를 찾아낸다.

발견적 해법의 상당 부분은 의사결정문제에 대한 분석을 통한 직관에 의해 설계된다. K-평균 알고리즘은 "① 각 데이터는 중심점으로부터의 거리가 가장 가까운 군집에 할당한다", "①을 반복하면 군집의 중심점이 수렴한다"라는 직관을 활용하여 설계되었다.

많은 발견적 해법들이 동일한 단계를 반복적으로 수행한다는(iterative) 특징을 가지고 있다. K-평균 알고리즘 역시 단계 1에서 단계 3의 과정을 반복적으로 수행하도록 설계되어 있다. 이러한 반복적인 알고리즘의 경우, 종료조건이 사전에 정의되어야 하는데, 종료조건은 특수한 조건을 만족시키거나, 주어진 반복횟수의 상한에 도달하거나, 또는 주어진 시간이 모두 소요된 것으로 설정할 수 있다. 종료조건에 도달했을 때까지 얻어진 해 중에서 최적해 또는 마지막에 얻어진 해를 최종해로 선정할 수 있다. K-평균 알고리즘에서는 각 군집의 중심점의 수렴 여부가 종료조건에 해당한다.

10.2 메타 휴리스틱 기법

발견적 해법의 개발은 의사결정문제에 대한 깊은 이해 및 통찰력과 더불어 직관을 필요로 한다. 또한 해법의 효율성을 평가하기가 매우 어려우며, 의사결정 상황의 작은 변화에도 성과가 크게 변화하는 단점을 가진다. 이러한 문제점들에 대응하기 위하여 보다 일반적인 상황에서 적용 가능한 정형화된 발견적 기법의 필요성이 증대되었고, 이러한 정형화된 발견적 기법들을 메타 휴리스틱 해법(Meta-Heuristic Method)이라고 한다.

메타 휴리스틱 해법은 특정 의사결정문제 해결을 위한 발견적 해법의 개발을 위해 필요한 구성요소 및 일반적인 해법 설계에 대한 가이드라인을 제시한다. 특정 의사결정문제 해결을 위한 발견적 해법을 개발할 때는 메타 휴리스틱 해법에서 주어진 일반적인 기준에 따라 해당 의사결정문제에 필요한 구성요소들을 정의하고 운영방안을 재설계한다. 따라서 메타 휴리스틱 기법을 블랙박스 접근방법이라고 한다.

다양한 형태의 메타 휴리스틱 해법들이 제안되고 있으며, 본 절에서는 그 중 일반적으로 널리 사용되는 몇 가지 메타 휴리스틱 해법들을 소개한다.

10.2.1 시뮬레이티드 어닐링

앞서 언급한 바와 같이 상당수의 발견적 해법은 유사한 단계를 반복적으로 수행하는 특징을 가진다. 반복적인 단계를 수행한다는 것은 해를 찾아나가는 데 있어서 점진적인 개선을 한다는 것을 의미한다. 또한 해를 점진적으로 개선한다는 것은 전체 해의 대부분은 동일하게 유지한 채 일부분만 변화시키는 것이다. 이와 같이 현재의 해와 유사한 이웃해(Neighborhood Solution)의 집합을 정의하고 이 중 가장 성과가 좋은 이웃해로 현재 해를 이동시킴으로써 점진적인 개선을 얻는 방법을 지역탐색 기법(Local Search Method)이라고 한다. 지역탐색 기법은 이해가 용이하고 쉽게 구현할 수 있다는 장점이 있으나 국소 최적해(Local Optimal Solution)에 빠질 가능성이 높다는 단점이 있다.

그림 10-2 지역 최적해와 전역 최적해

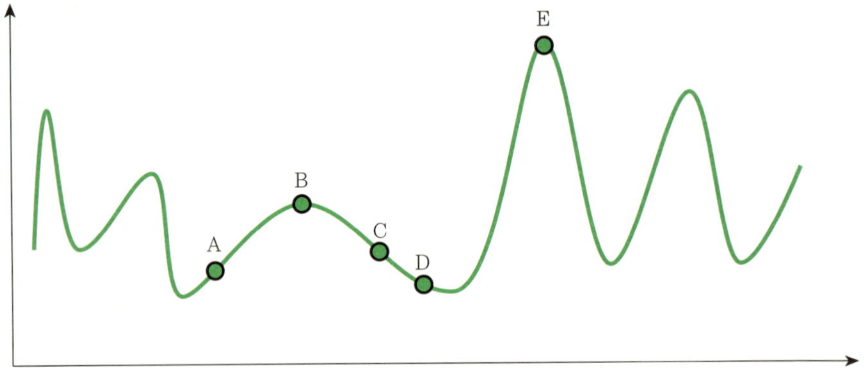

[그림 10-2]가 최대화문제의 목적함수를 나타내는 그래프라고 하면 점 B는 국소 최적해에 해당하며 점 E는 전역 최적해(Global Optimal Solution)에 해당한다. 지역탐색 기법에 의하면 현재해가 점 A일 경우 현재해의 이웃해 중에서는 가능한 오른쪽에 위치한 해가 더 좋은 성과를 나타내므로 점 B를 향해 오른쪽으로 해를 개선시켜 나간다. 그러나 점 B를 지나서 점 C에 도달했을 때는 다시 점진적인 개선을 위하여 왼쪽 방향으로 이동하여 다시 점 B에 도달하게 된다. 따라서 이러한 지역탐색 기법은 점 B를 최종해로 선정하고 종료하게 된다. 지역탐색 기법을 사용했을 때, 국소 최적해에 빠지는 이유는 현재의 해에서 다음의 현재해로 이동할 때 반드시 가장 좋은 이웃해로 이동하기 때문이다.

지역탐색 기법이 국소 최적해에 빠지는 문제점을 해결하기 위해서 시뮬레이티드 어닐링 기법은 현재해가 현재보다 열등한 이웃해로 이동하는 것을 확률적으로 허용한다. 즉, 현재해가 점 C에 있을 때 점 C보다 열등한 이웃해인 점 D로 이동하는 것을 확률적으로 허용함으로써 전역 최적해인 점 E로의 이동 가능성을 열어두는 것이다.

시뮬레이티드 어닐링(Simulated Anealing)이란 이름은 이 해법의 해를 구하는 과정이 쇠를 담금질(annealing)하는 과정과 유사하다고 하여 붙여진 이름이다. 쇠를 담금질하는 과정은 고체상태의 쇠에 높은 열을 가하여 액체로 만든 다음 온도를 서서히 냉각시키면서 다시 고체로 변환시키면서 더욱 단단한 쇠를 얻는 것이다. 이와 유사하게 시뮬레이티드 어닐링 해법의 경우, 초기에는 이웃해가 현재해에 비해 열등하다고 하더라도 이웃해로 이동할 가능성을 높게 할당한다. 이를 통해 해를 탐색하는 공간을 넓게 만들어준다. 탐색과정을 거치면서 열등한 이웃해로 이동할 가능성을 조금씩 낮추어주는데 이는 점차적으로 우월한 해로 이동할 확률을 높인다는 것을 의미한다. 이런 방식으로 우월한 해로 이동할 확률을 점차 낮추는 과정을 냉각과정(Cooling Scheduling)이라고 한다. 충분한 냉각과정이 끝난 후에 시뮬레이티드 어닐링 기법은 종료되며, 종료시점까지 발견된 해 중에서 가장 우수한 해를 최종해로 선정한다. 의사결정의 목적이 최소화인 경우, 기본적인 시뮬레이티드 어닐링 해법은 다음과 같은 단계를 가진다.

단계 0 (초기화)

실행 가능한 초기해 X_0와 초기온도 T_0를 설정하고, 알고리즘 변수 $k=0$, $i=0$을 초기화한다.

현재까지 찾은 최선해(Incumbent Solution) X^*는 초기해인 X_0, 최선해의 목적함수값인 Z^*는 초기해의 목적함수값인 $Z(X_0)$로 정의한다.

단계 1 (이웃해 생성)

X_k의 실행 가능한 이웃해를 생성한다.

단계 2 (해 이동)

2.1 생성된 이웃해 중 Y를 선택한다.

2.2 만약 $Z(Y) < Z(X_k)$이거나 랜덤값 $R \le e^{\frac{Z(X_k)-Z(Y)}{T}}$이면 현재 해를 이동한다. 즉, $X_{k+1} = Y$로 설정하고, 단계 3으로 간다.

2.3 아니면 현재해를 유지한다. 즉, $X_{k+1} = X_k$로 설정하고, $k=k+1$로 변경한 후 단계 1로 간다.

단계 3 (최선해 변경 및 냉각과정)

3.1 만약 $Z(X_{k+1}) < Z^*$를 만족하면, $X^* = X_{k+1}$로, $Z^* = Z(X_{k+1})$로 변경한다.

3.2 $i = i+1$로 변경한 후 적절한 냉각규칙에 의하여 온도 $T = T_i$로 설정한다.

3.3 만약 알고리즘 종료조건에 도달하면(온도 T가 사전에 정의된 온도 이하로 떨어지면) X^*를 최종해로 선택하고 알고리즘을 종료한다.

3.4 아니면 $k = k+1$로 변경한 후 단계 1로 간다.

단계 2.2에서 보듯이 선택된 이웃해인 Y의 목적함수값이 현재해인 X_k의 목적함수값보다 우월하다면, 현재해는 개선된 이웃해로 이동한다. 또한 선택된 이웃해의 목적함수값이 현재해의 목적함수값보다 열등하다고 하더라도 일정한 확률에 의해 현재해는 이웃해로 이동한다. 이 확률을 결정하는 기법은 다양하게 선정될 수 있는데, 일반적으로 많이 사용되는 기준은 위에서 사용된 메트로폴리스 기준$\left(e^{\frac{Z(X)-Z(Y)}{T}}\right)$이다. 이 기준은 고체가 열평형상태에 도달하는 과정을 확률적으로 표현한 방법으로 시뮬레이티드 어닐링 기법에서도 이를 활용한다. 만약 현재해의 목적함수값이 90이고, 선택된 이웃해의 목적함수값이 이보다 열등한 100이며 T의 값이 45라고 하자. 이 경우, 메트로폴리스 기준에 의하면 현재해가 이웃해로 이동할 확률은 $e^{\frac{90-100}{45}}$이므로 0.8이 된다. 즉, 80%의 확률로 현재해가 이웃해로 이동한다. 만약 냉각과정을 거쳐 T의 값이 45가 아닌 10이 되었다면, 동일한 상황에서 이웃해로 이동할 확률은 $e^{\frac{90-100}{10}}$이므로 0.368로 감소된다. 즉, 냉각과정을 거치면서 현재해가 열등한 이웃해로 이동할 가능성이 감소하는 것을 알 수 있다.

시뮬레이티드 어닐링 기법은 다양한 의사결정문제에 사용될 수 있는데, 실제 의사결정문제에 시뮬레이티드 어닐링 기법을 도입하기 위해서는 다음과 같은 구성요소들을 고려해야 한다.

① **초기해** : 시뮬레이티드 어닐링 해법 역시 발견적 기법이므로 어떤 해를 초기해로 선정하느냐에 따라서 기법의 성능이 크게 변화한다.

② **이웃해** : 현재해가 한 번의 이동(move)으로 도달할 수 있는 해가 이웃해에 해당한다. 따라서, 이웃해를 정의하는 것은 이동을 정의하는 것과 동일하다. 의사결정

문제에 따라서 이웃해의 정의는 다르게 되며, 동일한 의사결정문제라고 하더라도 이웃해는 다양하게 정의될 수 있다. 동일한 의사결정문제의 경우, 이웃해의 정의에 따라 해법의 성능이 크게 좌우되므로 적절한 이웃해의 정의가 필수적이다.

③ **냉각과정** : 시뮬레이티드 어닐링 기법에서 매우 중요한 파라미터인 T값은 초기에는 높게 잡고 시간이 흐름에 따라 점차 낮추어간다. 이 과정을 냉각과정이라고 하는데 온도를 어떤 속도로 낮추는지, 어떤 기준으로 낮추는지 등이 냉각과정의 주요 설계 요소이다.

이러한 구성요소들은 의사결정문제마다 새롭게 결정해 주어야 하며 의사결정문제의 특성을 고려하여 설계되어야 한다. 이 외에도 시뮬레이티드 어닐링 기법의 성능에 영향을 미치는 다양한 설계요소들이 존재하나 이들은 본 책의 범위를 넘어서므로 생략한다.

예제 10-2

시뮬레이티드 어닐링 알고리즘을 이용하여 한 대의 기계에서 가공하는 작업들의 일정계획을 작성하여보자. 대상 작업은 다음과 같은 정보를 갖는 네 개의 작업이며, 목적은 네 가지 작업의 납기지연시간(Tardy Time)의 총합을 최소화하는 것이다.

작업 j	가공시간 p_j	납기 d_j
1	15	35
2	12	40
3	8	25
4	10	30

알고리즘의 구성요소를 설정하고, 시뮬레이티드 어닐링 알고리즘을 적용하면 다음과 같다.

① 알고리즘 구성요소

초기해	$X_0=(1-2-3-4)$	초기온도	$T_0=100$
냉각과정	$T_i=0.5\times T_{i-1}$	종료조건	$T<5$
이웃해 생성	연속하는 두 작업의 교환	해 선택	이웃해 중 임의의 선택

② 알고리즘 적용

반복 k	탐색해 X_k $Z(X_k)$	냉각 i	온도 T_i	이웃해	선택해 Y $Z(Y)$	랜덤값 R	$e^{\frac{Z(X_k)-Z(Y)}{T}}$	해 이동	최선해
0	(1-2-3-4) **25**	0	100	(2-1-3-4) **(1-3-2-4)** (1-2-4-3)	(1-3-2-4) **15**			채택	15
1	(1-3-2-4) 15	1	50	**(3-1-2-4)** (1-2-3-4) (1-3-4-2)	(3-1-2-4) 15	**0.49**	**1**	채택	
2	(3-1-2-4) **15**	2	25	(1-3-2-4) (3-2-1-4) **(3-1-4-2)**	(3-1-4-2) **8**			채택	8
3	(3-1-4-2) 8	3	12.5	(1-3-4-2) (3-4-1-2) **(3-1-2-4)**	(3-1-2-4) 15	0.78	0.57	기각	
4	(3-1-4-2) **8**	3	12.5	(1-3-4-2) **(3-4-1-2)** (3-1-2-4)	(3-4-1-2) **5**			채택	5
5	(3-4-1-2) 5	4	6.25	**(4-3-1-2)** (3-1-4-2) (3-4-2-1)	(4-3-1-2) 5	**0.25**	**1**	채택	
6	(4-3-1-2) 5	5	**3.13**	**알고리즘 종료** ($T < 5$)					

10.2.2 타부탐색

타부탐색(Tabu Search) 해법은 앞서 언급한 시뮬레이티드 어닐링 기법과 같이 지역탐색 기법이 가진 문제점을 해결하기 위해 개발된 메타 휴리스틱 기법이다.

타부탐색 해법은 기본적으로 지역탐색 기법에 해당하며, 현재해의 모든 이웃해들에 대하여 목적함수값을 계산한 후 이 중 가장 우수한 목적함수값을 제공하는 이웃해로 현재해를 이동시킨다.

[그림 10-3]에서 굵은 실선으로 표시된 부분이 현재해인 A의 이웃해를 나타낸다. 타부탐색 해법에서는 이웃해인 실행가능해 B, C, D, E, F, G, H, I의 목적함수값을 모두 계산한 후, 그 중 가장 우수한 목적함수값을 가지는 이웃해로 현재해를 이동시킨

그림 10-3 타부탐색 해법

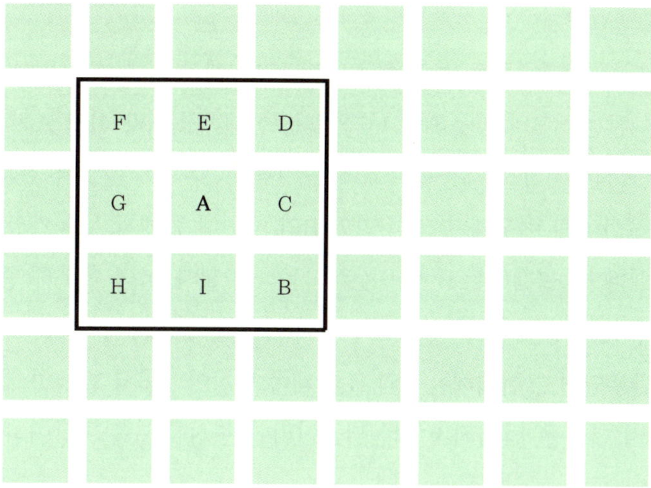

다. 그림에서 만약 이웃해 B의 목적함수값이 다른 이웃해인 C, D, E, F, G, H, I의 목적함수값보다 우월하다면, [그림 10-4]와 같이 현재해가 A에서 B로 이동한다.

그림 10-4 현재해의 이동

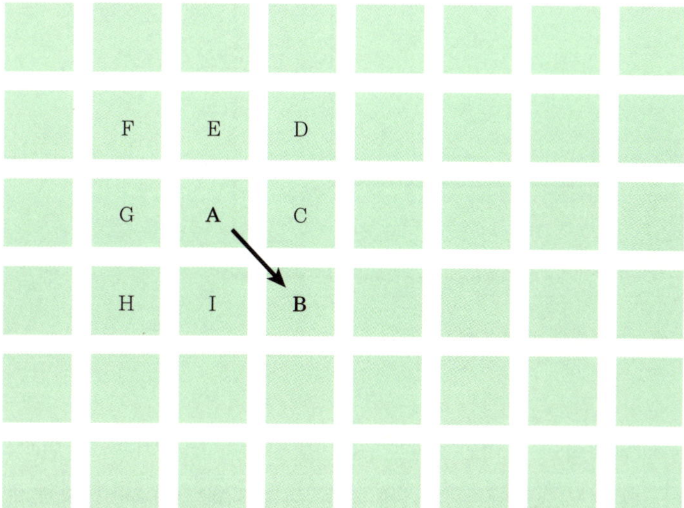

타부탐색 해법에서 이웃해로의 이동은 현재해와의 목적함수값을 비교하지 않고 다른 이웃해의 목적함수값들의 비교를 통해 이루어진다는 점이 시뮬레이티드 어닐링 기

법과의 차이점이다. 그러나 이러한 방식의 도입은 순환현상을 발생시킨다는 문제점을 가지고 있다.

[그림 10-5]는 순환현상을 보여주고 있다. 그림에서 굵은 실선은 A의 이웃해를 나타내고, 굵은 점선은 B의 이웃해를 나타낸다. 현재해를 A라 하고 A의 이웃해 중 B가 가장 우수한 목적함수값을 제공한다고 하면, 다음 단계에서는 B가 현재해가 된다. 이때 A는 현재해인 B의 이웃해가 되며 만약 B의 이웃해 중에서 A가 가장 우수한 목적함수값을 제공한다면, 현재해는 B에서 A로 이동하게 된다. A의 이웃해 중에서는 B가 가장 우수한 목적함수값을 제공하므로 현재해는 다음 단계에서는 또 다시 B로 이동한다. 이것이 반복되면서 현재해는 A와 B를 계속 번갈아가면서 발생하게 되고 실행가능영역의 나머지 부분은 탐색되지 않는다. 이러한 현상을 순환현상이라고 한다.

그림 10-5 순환현상의 발생

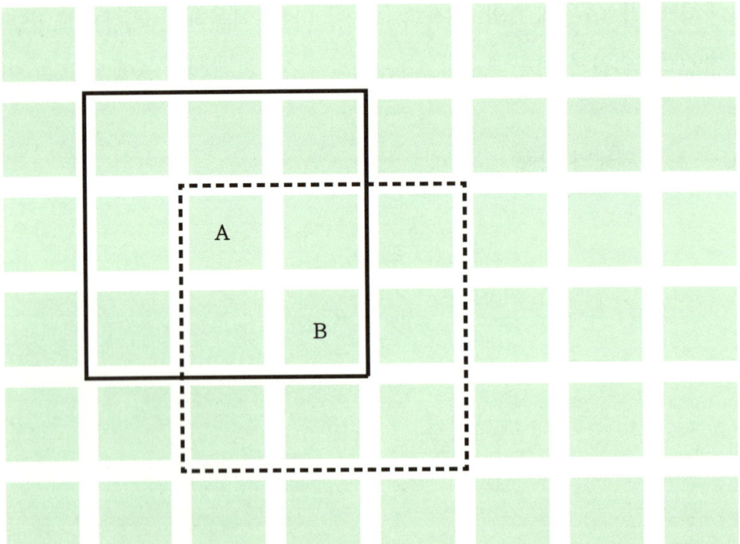

타부탐색 해법에서는 이러한 순환현상을 방지하기 위하여 타부 리스트(Tabu List)를 이용한다. 타부 리스트에는 이전에 거쳐 온 현재해들에 대한 정보가 기록되며, 현재 고려 중인 이웃해가 타부 리스트에 포함되어 있으면 고려대상에서 제외한다. 즉, [그림 10-5]의 사례에서 현재해가 A에서 B로 이동하면 이전의 현재해인 A가 타부 리스트에 포함된다. 따라서 A는 현재해인 B의 이웃해이지만 향후 고려대상에서 제외되므로 다음의 현재해는 A를 제외한 이웃해 중 하나로 이동하게 되어 순환현상을 피할 수 있다. 이와 같이 타부 리스트에는 순환현상을 피하기 위하여 과거의 현재해가 직접 저장될 수도 있고, 해의 특징이 저장될 수도 있고, 현재해로의 이동방법 등이 저장될 수 있다. 또한 타부 리스트의 길이를 사전에 지정해 둠으로써 저장된 내용이 일정 횟수 반복을 거친 후에 타부 리스트에서 삭제되도록 설계한다. 이는 실행가능영역의 다양한 부분을 탐색하기 위한 방법이다.

의사결정의 목적이 최소화인 경우, 기본적인 타부탐색 해법은 다음과 같은 단계를 가진다.

단계 0 (초기화)

실행 가능한 초기해 X_0와 타부 리스트 길이 T를 설정하고, 타부 리스트 $L_0 = \varnothing$, 알고리즘 변수 $k=0$를 초기화한다.

현재까지 찾은 최선해(Incumbent Solution) X^*는 초기해인 X_0, 최선해의 목적함수값인 Z^*는 초기해의 목적함수값인 $Z(X_0)$로 정의한다.

단계 1 (이웃해 생성 및 해 이동)

1.1 타부 리스트에 포함되지 않는 X_k의 실행 가능한 이웃해를 생성한다.

1.2 생성된 이웃해 중 목적함수값이 가장 작은 해 Y를 선택한다.

1.3 현재해를 이동하여 $X_{k+1} = Y$로 설정하고, 만약 $Z(Y) < Z^*$를 만족하면, $X^* = Y$로, $Z^* = Z(Y)$로 변경한다.

단계 2 (타부 리스트 갱신)

2.1 현재해 X_k를 타부 리스트에 포함시킨다($L_{k+1} = L_k + \{X_k\}$).

2.2 지금으로부터 T단계 이전에 타부 리스트에 포함되었던 해를 타부 리스트에서 제거한다.

단계 3 (종료조건)

3.1 만약 알고리즘 종료조건에 도달하면 X^*를 최종해로 선택하고 알고리즘을 종료한다.

3.2 아니면 $k=k+1$로 변경한 후 단계 1로 간다.

위의 절차는 타부탐색 해법을 적용하기 위한 전반적인 가이드라인이다. 따라서 실제 의사결정문제에 타부탐색 기법을 적용하기 위해서는 이웃해의 정의, 타부 리스트의 정의 및 타부 리스트 길이의 결정 등을 문제의 특성에 맞게 설계하여야 한다. 또한 타부탐색 해법의 성능을 증가시키기 위하여 다양한 형태의 강화전략(Intensification Strategy) 및 다양화전략(Diversification Strategy)이 존재하나 이 책에서는 생략하기로 한다.

예제 10-3

[예제 10-2]에 주어진 일정계획문제에 타부탐색 알고리즘을 적용하여 보자. 알고리즘의 구성요소를 설정하고, 타부탐색 알고리즘을 적용하면 다음과 같다.

① 알고리즘 구성요소

초기해	$X_0=(1-2-3-4)$	타부 리스트 길이	$T=2$
이웃해 생성	연속하는 두 작업의 교환	종료조건	$k \geq 5$

② 알고리즘 적용

반복 k	탐색해 X_k $Z(X_k)$	타부 리스트 L_k	이웃해		선택해 Y $Z(Y)$	최선해
0	(1–2–3–4) 25	∅	(2–1–3–4) (1–3–2–4) (1–2–4–3)	25 **15** 27	(1–3–2–4) **15**	15
1	(1–3–2–4) 15	(1–2–3–4)	(3–1–2–4) ~~(1–2–3–4)~~ (1–3–4–2)	15 – **8**	(1–3–4–2) **8**	8
2	(1–3–4–2) 8	(1–2–3–4) (1–3–2–4)	(3–1–4–2) (1–4–3–2) ~~(1–3–2–4)~~	**8** 13 –	(3–1–4–2) 8	
3	(3–1–4–2) 8	(1–3–2–4) (1–3–4–2)	~~(1–3–4–2)~~ (3–4–1–2) (3–1–2–4)	– **5** 15	(3–4–1–2) **5**	5
4	(3–4–1–2) 5	(1–3–4–2) (3–1–4–2)	(4–3–1–2) ~~(3–1–4–2)~~ (3–4–2–1)	5 – 10	(4–3–1–2) 5	
5	(4–3–1–2) 5	(3–1–4–2) (3–4–1–2)	~~(3–4–1–2)~~ (4–1–3–2) (4–3–2–1)	– 13 **10**	(4–3–2–1) 10	
알고리즘 종료 ($k \geq 5$)						

10.2.3 유전자 알고리즘

유전자 알고리즘(Genetic Algorithm)은 생물의 진화과정을 모방한 메타 휴리스틱 기법이다. 생물의 진화과정을 살펴보면 여러 개체로 구성된 모집단에서 일부 개체가 부모가 되어 자식을 낳는다. 자식이 생산될 때는 부모가 가지는 유전자의 일부분이 그대로 자식에게 유전되기도 하고, 돌연변이가 발생하여 새로운 유전자가 자식에게 생성되기도 한다. 또한 이 과정에서 열성을 가진 유전자는 도태되고 우성을 가진 유전자는 살아남는 적자생존의 법칙이 적용되어 자식들이 부모에 비해 우수한 특징을 가지게 된다.

이러한 상황을 의사결정 기법에 적용해보면 실행가능해의 집합이 모집단이 되며 실행가능해 중 일부가 부모해(Parent Solution)가 된다. 부모해의 선정은 일반적으로 적합도(fitness)를 기준으로 이루어진다. 이 과정에서 적합도가 낮은 해들은 부모해로 선정되지 못하고 도태된다. 선정된 부모해들은 임의로 짝을 지어 교배하여 자식해(Child Solution)를 만들어낸다. 자식해가 만들어질 때는 교차(crossover)과정을 거쳐서 부모해의 유전자가 자식해에게 상속되기도 하고, 돌연변이(mutation)과정을 거쳐 부모해와는 다른 유전자가 자식해에 생성되기도 한다. 이러한 과정을 거쳐 생성된 자식해들의 집합은 이전의 모집단에서 우수한 부모해들로부터 유전자를 물려받았으므로 이전 단계의 모집단에 비해 평균적으로 높은 적합도를 가지게 된다. 또한 돌연변이 과정을 거쳤으므로 다양한 형태의 자식해들이 생성될 수 있다. 이렇게 만들어진 자식해들은 새로운 모집단을 구성하며 이들 중에 다시 부모해가 선정되어 다음 세대의 자식해들을 생성해 나간다.

이러한 과정을 거쳐서 해를 찾아나가는 기법을 유전자 알고리즘이라고 하며, 기본적인 유전자 알고리즘은 다음과 같은 단계를 가진다.

단계 0 (초기화)

실행가능한 해의 집합을 구성하여 이를 초기 모집단으로 한다.

단계 1 (부모해 선정)

적합도 기준에 의거하여 모집단에서 미리 정해진 개수만큼의 부모해를 선정한다. 일반적으로 적합도 기준은 적합도가 높은 해의 선정 확률은 높고, 적합도가 낮은 해의 선정 확률은 낮게 설계된다.

단계 2 (자식해 선정)

정해진 개수의 자식해가 만들어질 때까지 다음 단계를 반복한다.

2.1 부모해의 집합에서 임의의 쌍(즉, 두 개의 해)을 선택한다.

2.2 부모해의 특성이 유전되는 두 개의 자식해를 만든다(교차과정).

2.3 사전에 주어진 확률에 의하여 돌연변이과정을 생성함으로써 자식해의 유전자를 변화시킨다.

단계 3 (종료조건)

일정 횟수 이상 해의 개선이 없거나, 주어진 반복 횟수가 수행되었다면 알고리즘을 종료하고, 그렇지 않으면 단계 1로 이동한다.

유전자 알고리즘은 이전에 설명된 시뮬레이티드 어닐링 기법 및 타부탐색 기법과는 다르게 한 번에 한 개의 해가 만들어지는 것이 아니라 다수 개의 해가 모집단을 구성한다는 점에서 차이를 가진다. 유전자 알고리즘은 개념이 단순하여 많은 의사결정문제에 적용되고 있다. 유전자 알고리즘 역시 의사결정문제의 특성을 고려하여 모집단의 구성, 적합도 기준의 설정, 교차과정 및 돌연변이과정의 설계 등을 수행해야 한다.

예제 10-4

[예제 10-2]에 주어진 일정계획문제에 유전 알고리즘을 적용하여 보자. 알고리즘의 구성요소를 설정하고, 유전 알고리즘을 적용하면 다음과 같다.

① 알고리즘 구성요소

부모해	4	부모해 생성	적합도순
생성 자식해	2	교차변이방법	한점 교차
돌연변이방법	단순 교환	돌연변이 확률	0.1

② 한점 교차(One point Crossover)

자식해를 생성하는 교차과정으로 한점 교차방법을 사용한다. 한점 교차방법은 다음 예와 같이 교차점을 임의로 선택하여 부모의 형질을 물려받는 두 개의 자식해를 생성한다.

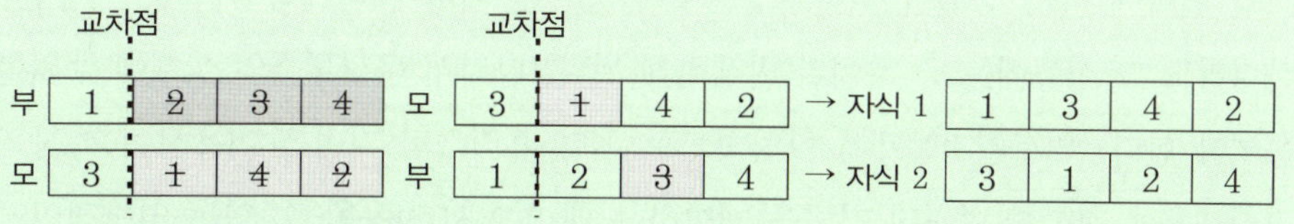

③ 단순 교환(Exchange Mutation)

자식해의 형질을 변경하는 돌연변이과정으로 단순 교환방법을 사용한다. 단순 교환방법은 다음 예와 같이 두 개의 교환점을 임의로 선택하고 교환하여 자식해의 형질을 변경한다.

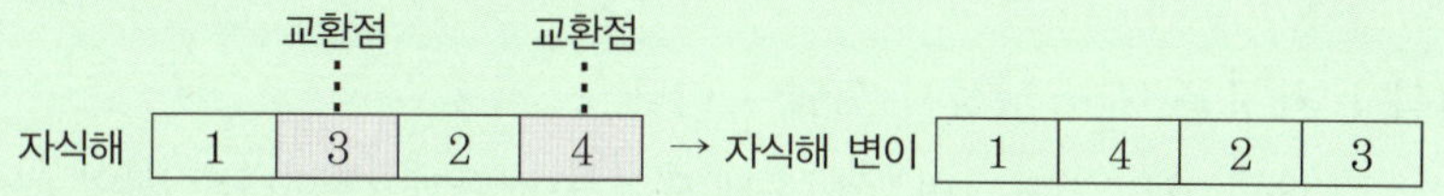

④ 알고리즘 적용

반복	부모해			교차변이		랜덤값	돌연변이		최선해
0	P_1	(1-2-3-4)	25	부모	P_1, P_4		C_1 교환점	2,4	8
	P_2	(4-3-2-1)	**10**	교차점	1		C_2 교환점	–	
	P_3	(2-1-4-3)	27	C_1	(1-3-4-2)	**0.07**	(1-4-2-3)	**20**	
	P_4	(3-1-4-2)	**8**	C_2	(3-1-2-4)	0.25	(3-1-2-4)	**15**	
1	P_1	(4-3-2-1)	**10**	부모	P_1, P_3		C_1 교환점	–	5
	P_2	(3-1-4-2)	**8**	교차점	2		C_2 교환점	–	
	P_3	(1-4-2-3)	20	C_1	(4-3-1-2)	0.51	(4-3-1-2)	**5**	
	P_4	(3-1-2-4)	15	C_2	(1-4-3-2)	0.78	(1-4-3-2)	**13**	
2	P_1	(4-3-2-1)	10	부모	P_2, P_3		C_1 교환점	–	
	P_2	(3-1-4-2)	**8**	교차점	1		C_2 교환점	1,3	
	P_3	(4-3-1-2)	**5**	C_1	(3-4-1-2)	0.33	(3-4-1-2)	**5**	
	P_4	(1-4-3-2)	13	C_2	(4-3-1-2)	**0.05**	(1-3-4-2)	**8**	
알고리즘 종료조건을 만족할 때까지 반복									

10.2.4 효율적인 메타 휴리스틱의 조건

앞서 언급한 바와 같이 메타 휴리스틱을 이용하여 발견적 기법을 개발할 경우, 동일한 의사결정문제에 대해서도 구성요소의 설계를 다르게 가져갈 수 있다. 또한 구성요소의 변화에 따라 동일한 의사결정문제에 동일한 메타 휴리스틱 기법을 이용한다고 하더라도 그 성능에는 큰 차이가 발생하게 된다. 따라서 구성요소의 설계에 주의를 기울여야 한다. 의사결정문제가 다양하므로 메타 휴리스틱 기법을 이용하여 특정 의사결정문제에 적합한 발견적 기법을 개발하는 데 있어서 사용할 수 있는 일반적인 방법론은 존재하지 않지만 개발된 메타 휴리스틱 기법의 적절성은 다음과 같은 기본원칙에 의하여 평가할 수 있다.

기본원칙 1 새로운 해의 생성이 쉬워야 한다.
메타 휴리스틱 기법은 이웃해 또는 모집단과 같은 다수 개의 해를 생성하고 이를 평가한다. 따라서 현재해에서 고려할 수 있는 새로운 해를 생성하는 것이 어렵다면 개발된 메타 휴리스틱 기법은 좋은 성능을 나타낼 수가 없다.

기본원칙 2 모든 해는 최적해로의 경로가 존재해야 한다.
만약 이 원칙이 만족되지 않는다면, 메타 휴리스틱 기법은 실행가능영역의 일정부분만을 탐색한 후 알고리즘을 종료할 것이다. 이 경우에는 좋은 해를 찾아낼 가능성이 매우 낮아진다.

기본원칙 3 이웃해는 현재해와 가깝게 위치해야 한다.
메타 휴리스틱 기법은 우수한 해가 위치한 영역을 그렇지 않은 영역보다 더 치밀하게 탐색함으로써 기법의 효율성을 유지한다. 따라서 이웃해가 현재해와 멀리 위치해 있다면 위와 같은 효율성을 유지하기가 어려워진다.

기본원칙 4 목적함수의 위상이 균일하지 않아야 한다.
고려되고 있는 여러 해의 목적함수(또는 적합도)가 모두 동일한 형태로 나타난다면 해의 우수성을 판단하기가 어렵고 이것은 우수한 해가 위치한 영역을 치밀하게 탐색한다는 메타 휴리스틱 기법의 장점을 살리기 어렵게 만든다.

EXERCISE

10.1 발견적 기법을 사용하는 이유에 대해서 설명하고, 발견적 기법이 적용될만한 상황의 예 한 가지 이상 들어보시오.

10.2 메타 휴리스틱 기법이 적용될만한 상황의 예를 한 가지 이상 들어보시오.

10.3 K-평균 알고리즘 기법이 메타 휴리스틱 기법의 기본원칙에 부합하는지 평가하시오.

CHAPTER

11

동적계획법

Chapter 11 동적계획법

동적계획법(Dynamic Programming)은 일련의 상호 연관된 의사결정이 필요한 환경에서 의사결정 방안의 도출에 적합한 기법으로, 관심대상의 전반적인 효과를 극대화하는 의사결정 조합문제를 해결하기 위한 체계적인 절차를 제공한다.

11.1 동적계획법의 특징

동적계획법은 주어진 문제를 서로 독립적인 여러 개의 작은 문제로 나눈 후, 나눠진 작은 문제별로 해를 구하여 전체적인 해를 구하는 방식으로 문제의 해를 구하는 방법이다. 이와 같이 분할해법(Divide and Conquer) 방식의 해법을 위해서 동적계획법은 다음과 같은 특징을 이용한다.

첫째, 문제는 몇 개의 단계(stage)나 부분문제로 나누어질 수 있고, 각 단계에서는 정책이나 방침의 결정이 이루어진다.

둘째, 각 단계는 몇 개의 상태(state)가 연관되는데, 여기서 상태는 각 단계에서의 시스템이 처할 수 있는 모든 가능한 조건을 나타낸다. 이러한 상태는 종류의 수에 따라 종류가 한정되어 있는 유한(finite)상태와 매우 많은 종류를 갖는 무한(infinite)상태로 구분할 수 있다.

셋째, 각 단계의 정책(방침결정)은 현재의 상태를 다음 상태와 연결된 상태로 변환시키기 위해 각 가능한 상태에 대한 결정을 확정짓는 의사결정규칙이나 일련의 의사결정을 하는 역할을 한다.

넷째, 최적성의 원리(Principle of Optimality)를 만족한다. 최적성의 원리란 현 상태의 정보는 이후의 최적 정책에 필요한 이전 행동에 관한 모든 자료를 제공해주므로, 주어진 현 상태에 대해서 나머지 단계들의 최적 정책은 그 이전 상태에서 채택된 정책과는 무관하다는 성질이다.

다섯째, 해를 구하는 절차는 마지막 단계의 각 상태에 대한 최적 정책을 찾는 것부터 시작된다. 여기서 각 단계의 순서는 시간흐름과 관련된 문제가 아니라면 각 단계별 부문제(subproblem)를 어느 순서에 배정하더라도 상관없다.

여섯째, $n-1$번째 단계의 각 상태에 대한 최적 정책이 주어졌을 때, 단계 n의 각 상태에 대한 최적 정책을 찾는 반복관계(Recursive Relationship)가 존재한다. 반복관계는 현재 단계와 다음 단계와의 관계를 나타내는 식으로, 전진반복(Forward Recursion) 방식과 후진반복(Backward Recursion) 방식의 두 가지 표현 방식이 있는데, 전진반복 방식은 전 단계의 결과를 이용하여 현단계의 결정을 하는 구조이다. 즉, 단계 $n-1$에서의 최적 정책을 $f^*_{n-1}(S_{n-1})$이라고 하면, 단계 n에서의 최대화문제의 전진반복식 $f^*_n(S_n)$은 다음과 같은 형태로 표시할 수 있다.

$$f^*_n(S_n) = \text{Max}\{f^*_{n-1}(S_{n-1}) + r_n(S_n, D_n)\}$$

여기서, $f^*_0(S_0) = 0$

S_n: 단계 n에서의 상태 집합

D_n: 단계 n에서의 결정변수 집합

$r_n(S_n, D_n)$: 단계 n에서의 상태 S_n의 값이 D_n일 때의 보상(목적식에의 기여)

$f_n(S_n, D_n)$: 단계 n의 상태 S_n에 대해 D_n이 선택되었을 때의 목적함수의 값

$f^*_n(S_n) = Max_{D_n}\{f_n(S_n, D_n)\}$: $f_n(S_n, D_n)$ 중 최적 정책 D^*_n을 의사결정한 상황에서의 목적함수값

후진반복 방식은 전진반복 방식과 반대로 단계 $n+1$의 최적 정책을 이용하여 단계 n의 최적 정책을 구하는 방식이지만, 반복식은 전진반복식과 유사하게 최대화문제의 경우, 다음과 같이 표현될 수 있다.

$$f_n^*(S_n) = \text{Max}\{f_{n+1}^*(S_{n+1}) + r_n(S_n, D_n)\}, \text{ 여기서 } f_{N+1}^*(S_{N+1}) = 0$$

일곱째, 동적계획법을 이용하여 해를 구하기 위해서는 한 단계씩 거꾸로 옮겨간다. 즉, 첫 단계에서 시작할 때의 최적 정책을 찾을 때까지 그 단계의 각 상태마다 최적 정책을 찾아나간다.

11.2 동적계획법의 모형화

동적계획법의 모형화를 위한 일반적인 규칙은 거의 없다. 이는 동적계획법의 모형화를 위해서는 최적성의 원리가 만족되어야 한다는 가정 외에는 다른 가정이나 한정이 거의 없기 때문이기도 한데, 다양한 유형의 문제를 몇 개의 모형화 방식으로 모두 다 모형화할 수 없기 때문이다. 그러나 어떠한 문제 상황에서도 모형화를 위해서는 다음과 같은 것을 규정할 필요가 있다.

첫째, 해결하고자 하는 문제에서 단계 n을 정의해야 한다. 앞에서 다룬 바와 같이 단계는 해결하고자 하는 문제를 작은 부문제로 나누기 위한 기준점이 되는 것으로, 문제의 특성을 고려한 적절한 단계를 설정하면 효과적으로 해를 구할 수 있다.

둘째, 각 단계 n에서의 상태 S_n을 정의해야 한다. 상태는 이전 단계에서의 의사결정 결과에 따른 후속 단계의 영향을 별도로 검토하지 않더라도 현 단계에서의 부문제만 고려하여 구한 해가 전체 문제에 대한 실행가능해가 되도록 정의해야 하고, 문제의 반복 구조(전진반복 또는 후진반복 구조)에 적합하게 정해야 한다. 상태는 앞에서 다룬 바와 같이 상태의 수에 따라서 유한상태와 무한상태로 구분하는 것 외에, 상태의 형태에 따라서 이산적인 값만 갖는 이산(discrete)상태, 연속적인 값만 갖는 연속

(continuous)상태, 그리고 여러 값 중 하나를 갖는 벡터(vector)상태로 구분할 수도 있다.

셋째, 각 상태변수가 가질 수 있는 값의 대안을 분석하여, 해결하고자 하는 문제의 목적이나 의사결정변수 D_n을 정의해야 한다. 그리고 각 상태에서의 의사결정에 따른 보상함수를 규정해야 한다.

넷째, 상태와 의사결정변수에 의해 표현되는 반복식을 규정하고, 목적을 명확히 해야 한다. 목적함수의 형태는 합(sum)의 형태나 곱(product)의 형태가 있을 수 있고, 이러한 목적함수에 대해 최대화나 최소화를 목표로 한다. 반복식의 형태에 따라서도 확정적 모형(Deterministic Model)과 확률적 모형(Stochastic Model)으로 구분할 수 있는데, 확정적 모형이란 다음 단계의 상태가 현 단계의 상태와 의사결정변수값에 의해 완전히 결정되는 형태의 목적계획모형을 말하고, 그렇지 않는 경우를 확률적 모형이라고 한다.

예제 11-1

동적계획법의 적용 예로 선형계획모형을 고려해보자. 선형계획모형은 N개의 변수로 구성된 결정변수 집합 $\{D_n\}$에 의해 선형방정식으로 묘사되는 M개의 제약식에 대해, 목적함수값을 최적(최대 또는 최소)으로 하는 의사결정변수값을 정하는 문제로, 심플렉스법과 같은 좋은 해법이 이미 개발되어 있다. 따라서 선형계획법문제의 해결을 위해 동적계획법의 해법을 적용하는 것이 좋은 접근방법은 아니지만, 동적계획법의 설명을 위해 다음의 예를 고려하자. 다음은 두 개의 의사결정변수와 두 개의 제약식이 존재하는 문제로, 목적함수식를 최대화하는 의사결정변수값을 찾는 선형계획문제이다.

$$\begin{aligned} \text{Maximize} \quad & z = 15000x_1 + 8000x_2 \\ \text{subject to} \quad & 2x_1 + x_2 \le 10 \\ & x_1 + 3x_2 \le 15 \\ & x_1 \ge 0,\ x_2 \ge 0 \end{aligned}$$

선형계획법문제를 동적계획법문제로 풀기 위해서는 먼저 할 일은 첫째, 단계(stage)를 정해야 한다. 단계는 전체 문제를 여러 개의 작은 문제로 구분하는 기준이 되는 것으로, 선형계획문제에서는 각 의사결정변수를 하나의 단계로 정의하면 된다.

즉, 위의 문제에 대해서는 의사결정변수가 x_1과 x_2의 두 개이므로 두 개의 단계를 갖는 문제로 간주할 수 있다.

둘째, 각 단계에서의 상태는 다음 단계와의 연계가 되는 의사결정변수값이어야 하는데, 선형계획문제를 위해서는 각 제약식에서의 잔여용량을 상태로 정하면 된다. 현 단계에서 정해진 상태(잔여용량)에 대해 다음 단계의 의사결정에 이용되는 구조를 생각할 수 있다. 따라서 위의 선형계획문제는 두 개의 제약식이 있으므로 각 단계별로 2개의 상태변수를 다음과 같이 정의하자.

Y_i^n =단계 n에서 자원 i의 잔여량, i=1, 2

즉, $S_n = \{Y_1^n,\ Y_2^n\}$으로 정의한다.

셋째, 각 단계 n의 상태값 S_n에서의 의사결정변수 D_n은 위의 선형계획모형에서는 의사결정변수 x_n이 된다. 즉, $D_n = x_n$이고, x_n이 실행가능해가 되기 위해서는 모든 제약식조건을 만족해야 한다. 따라서 의사결정변수 x_n을 위한 제약식조건이 필요하다.

넷째, 반복식은 단계 n에서의 상태 S_n에서의 의사결정변수 D_n값을 최적으로 정하기 위한 구조적인 식이어야 하는데, 단계 2의 반복식은 다음과 같이 표현할 수 있다.

$$f_2^*(S_2) = \text{Max}\{f_3^*(S_3) + r_2(S_2, D_2)\}$$

여기서 $f_3^*(S_3) = 0$이므로 $f_2^*(S_2) = \text{Max}\{r_2(S_2, D_2)\}$이고, $S_2 = \{Y_1^2,\ Y_2^2)$, $D_2 = x_2$이므로 $r_2(S_2, D_2) = 8000x_2$이다. 또한 다음과 같이 표현할 수 있다.

$$f_2^*(S_2) = f_2^*(Y_1^2, Y_2^2) = \text{Max}\{f_2(Y_1^2, Y_2^2, x_2)\}$$

$$= \underset{\substack{x_2 \le Y_1^2 \\ 3x_2 \le Y_2^2 \\ x_2 \ge 0}}{\text{Max}} \{8000x_2\}$$

즉, $f_2(Y_1^2, Y_2^2, x_2)$는 단계 2에서 각 자원의 잔여량이 각각 Y_1^2, Y_2^2일 때, 활동량을 x_2로 결정하는 경우의 목적함수에 대한 기여 정도를 나타내고, $f_2(Y_1^2, Y_2^2)$는 가능한 x_2값 중에서 최적의 선택을 하였을 경우의 $f_2(Y_1^2, Y_2^2, x_2)$값을 나타낸다.

단계 1에 대해서도 비슷하게 $f_1^*(S_1)$을 다음과 같이 정의할 수 있다.

$$\begin{aligned} f_1^*(S_1) &= \text{Max}\{f_2^*(S_2) + r_1(S_1, D_1)\} \\ &= \text{Max}\{f_2^*(S_2) + 15000x_1\} \\ &= \underset{\substack{2x_1 \le 10 \\ x_1 \le 15 \\ x_1 \ge 0}}{\text{Max}} \{f_2^*(10 - 2x_1, 15 - x_1) + 15000x_1\} \end{aligned}$$

여기서 $f_2^*(10-2x_1, 15-x_1)$는 x_1의 결정에 따른 각 자원별 잔여용량이 각각 $10-2x_1$과 $15-x_1$임을 표시하는데, 이는 주어진 선형계획모형으로부터 얻어지는 수식이다.

예제 11-2

동적생산계획 수립을 위한 모형 중 하나로 와그너-위틴(Wagner-Whitin: W-W) 모델이 있다. 이 모델은 와그너와 위틴이 제안한 모델로 시간에 따른 수요량이 변동되는 상황에서 최소의 비용으로 주어진 수요량을 만족시키기 위한 생산계획을 수립하는 문제이다. 일반적인 모형은 다음과 같다.

$$\text{Minimize} \quad z = \sum_{t=1}^{T} C_t(x_t)$$

$$\text{subject to} \quad I_t = I_{t-1} + x_t - d_t, \ t=1,\ 2,\ \cdots,\ T$$

$$I_t \ge 0,\ x_t \ge 0,\ t=1,\ 2,\ \cdots,\ T$$

여기서, T: 생산계획기간

I_t: t시점 초의 재고 수준

x_t: t시점에서의 생산량

d_t: t시점의 수요량

$C_t(x_t)$: t시점에 x_t만큼을 생산함에 따른 총비용

W-W모델은 생산계획기간 T 동안의 각 이산시점 t에 주어진 수요량 d_t를 최소의 비용으로 100% 만족시키기 위한 각 시점 t별 생산계획 $\{x_t\}$를 찾는 문제이다. 관련 비용으로는 준비비용, 생산비용, 재고유지비용 등이 있다. 재고가 부족한 경우에는 재고부족비용(Shortage Cost)도 발생할 수 있으나, W-W모델은 $I_t \geq 0$인 상황만 고려하므로 재고부족비용은 발생하지 않고, 수요를 충족시키기 위한 생산량도 $x_t \geq 0$인 상황만 고려하므로 추후납품(backorder)을 허용하지 않는 모형이다. 목적함수인 $C_t(x_t)$는 이러한 준비비용, 생산비용 및 재고유지비용을 모두 고려한 함수로 보통 다음과 같은 형태의 오목함수(Concave Function)를 가정한다.

$$C_t(x_t) = S_t\delta(x_t) + p_t(x_t) + h_t(I_t)$$

여기서, $\delta(x)$: $x > 0$이면 1, 아니면 0인 이진변수(Binary Variable)

S_t: 시점 t에서의 준비비용

$p_t(x_t)$: 시점 t에서 x_t만큼을 생산할 때의 생산비용

$h_t(I_t)$: 시점 t에서 I_t만큼의 재고를 유지하는 데 드는 재고유지비용

오목함수의 특수한 경우가 선형함수이므로 W-W모델은 선형계획모형을 위해서도 적용이 가능한 모형이다. 그러나 일반적인 선형계획모형과는 달리 W-W모형은 재고균형 방정식(Inventory Balance Equation)을 제약식으로 가진다. 이 제약식은 생산되어서 입고되는 제품량과 수요에 의해 출고되는 제품량 간에는 항상 균형이 유지된다는 것을 나타내는 식으로, 시점 t에 대해 반복식을 갖는 형태로 표현되었지만, 초기 재고인 I_0에 대한 식으로도 다음과 같이 표현할 수 있다. 여기에서 보는 바와 같이 t시점의 재고량 I_t는 초기재고 I_0, 기간 t까지의 생산량의 합 $\sum_{j=1}^{t} x_j$ 및 기간 t까지의 수요량의 합 $\sum_{j=1}^{t} d_j$에 대한 식으로 표현될 수 있다.

$I_1 = I_0 + x_1 - d_1$, $t=1$일 때

$I_2 = I_1 + x_2 - d_2$, $t=2$일 때

$\quad = (I_0 + x_1 - d_1) + x_2 - d_2 = I_0 + (x_1 + x_2) - (d_1 + d_2)$

$I_3 = I_2 + x_3 - d_3 = I_0 + (x_1 + x_2 + x_3) - (d_1 + d_2 + d_3)$, $t=3$일 때

일반적으로 표현하면 다음과 같다.

$$I_t = I_{t-1} + x_t - d_t = I_0 + \sum_{j=1}^{t} x_j - \sum_{j=1}^{t} d_j,\ t=1,\ 2,\ \cdots,\ T$$

이 문제에 대해 동적계획법으로 풀기 위해서는 먼저 단계를 정해야 하는데, 여기서 각 단계는 각 시점 t로 정하면 된다. 각 단계 t에서의 상태는 재고수준 I_t로 하면 되는데, 재고수준 I_t는 주어진 제약에 의해 0 이상의 임의의 값을 가질 수 있다. 그러나 W−W모델의 최적해는 모든 t에 대해 $I_{t-1}x_t=0$이 만족한다는 것을 밝힐 수 있으므로 최적해를 위해서는 시점 t에서의 생산량인 x_t는 다음의 관계를 만족하면 된다.

$$x_t = 0 \text{ 또는 } \sum_{j=t}^{k} d_j,\ \text{여기서 } k\text{는 } t \le k \le T\text{인 임의의 수}$$

즉, $I_t = I_{t-1} + x_t - d_t$에서 만약 어떤 시점 t 말에서의 재고수준인 $I_{t-1}=0$이라면, I_t는 다음과 같은 값을 갖는다.

$$\begin{aligned} I_t &= I_{t-1} + x_t - d_t = x_t - d_t \\ &= 0 \text{ 또는 } \sum_{j=t+1}^{k} d_j \end{aligned}$$

즉, 시점 t에서의 재고수준 I_t가 가질 수 있는 값의 대안은 0이나 $\sum_{j=t+1}^{k} d_j$(여기서 k는 $t<k\le T$인 수)이다.

이러한 성질로 인해서 W−W모델의 총계획기간 T인 전체 문제는 기간 1부터 기간 $t-1$까지의 문제와 기간 t부터 기간 T까지의 문제를 독립적으로 나눠서 풀 수 있게 된다. 따라서 동적계획법을 위한 최적성의 원리가 만족되는 구조를 갖는다.

동적계획법을 위해 $f_t^*(S_t)$를 기간 1부터 기간 t 동안의 최소비용 생산계획이라고 하고, $r_j(S_j, D_j)$를 기간 j부터 기간 t까지의 수요를 만족시키기 위한 생산을 하는 경우의 비용이라고 하면, 반복식은 단계를 나타내는 기간 t별로 다음과 같이 표현할 수 있다.

$$f_t^*(S_t) = \underset{1 \le j \le t}{\text{Min}} \{f_{j-1}^*(S_{j-1}) + r_j(S_j, D_j)\}$$

여기서, $f_0^*(S_0) = 0$

$$r_j(S_j, D_j) = \sum_{i=j}^{t} C_i(x_i),\ 1 \le j \le t$$

$$x_i = \begin{cases} \sum_{l=j}^{t} d_l, & i = j \\ 0, & i \ne j \end{cases}$$

$f_{j-1}^*(S_{j-1})$에서 상태를 나타내는 S_{j-1}은 기간 $j-1$에서의 재고수준인 I_{j-1}이 되고, 상태 I_{j-1}에서의 결정변수는 생산량 x_j이다. 즉, $S_{j-1} = I_{j-1}$이고 $D_j = x_j$인데, 앞에서 기술한 바와 같이 최적해는 모든 j에 대해 $I_{j-1}x_j = 0$의 관계식을 만족하므로 $I_{j-1} = 0$일 때 생산을 하고, 기간 j 초기에서의 재고상태는 항상 0이므로($I_{j-1} = 0$) 상태 S_{j-1}은 기술하지 않아도 된다. 그리고 기간 j에 생산하는 경우 생산량 $x_j = \sum_{i=j}^{t} d_i$이다. 즉, x_j는 j값에 따라서 여러 개의 대안을 갖는다. 위의 반복식에서 시각적인 편리를 위해 상태변수 S_{j-1} 및 S_t를 제거하고 표시한 반복식은 다음과 같다.

$$f_t^* = \underset{1 \le j \le t}{\text{Min}} \{f_{j-1}^* + \sum_{i=j}^{t} C_i(x_i)\},\ \text{여기서 } f_0^* = 0$$

생산에 따른 재고수준은 $I_t = I_{t-1} + x_t - d_t$이므로 기간 t에 생산한 경우는 $x_t = \sum_{i=t}^{t} d_i = d_t$만큼 생산하므로 재고가 발생하지 않지만, 기간 t 이전의 기간 j에 생산하는 경우는 $x_j = \sum_{i=j}^{t} d_i$만큼을 생산하여 기간 j부터 기간 t 동안에 재고가 발생하게 된다. 즉, 생산기간이 t인지 여부에 따라서 보상함수 $\sum_{i=j}^{t} C_i(x_i)$의 형태가 달라지므로 반복식을 다음과 같이 표현할 수 있다.

$$f_t^* = \text{Min}\{\underset{1 \le j < t}{\text{Min}} \{f_{j-1}^* + \sum_{i=j}^{t} C_i(x_i)\},\ f_{t-1}^* + C_t(d_t)\}$$

여기서, $f_0^*=0$

$$x_i=\begin{cases}\sum_{l=j}^{t} d_l, & i=j\\ 0, & i\neq j\end{cases}$$

따라서 $C_t(x_t)=S_t\delta(x_t)+p_t(x_t)+h_t(I_t)$이므로 $\sum_{i=j}^{t} C_i(x_i)$는 다음과 같다.

$$\sum_{i=j}^{t} C_i(x_i)=S_j+p_t(x_j)+\sum_{i=j}^{t} h_i(I_i)$$

여기서, $I_i=I_{i-1}+x_i-d_i$

$I_{j-1}=0$

$$x_i=\begin{cases}\sum_{l=j}^{t} d_l, & i=j\\ 0, & i\neq j\end{cases}$$

그리고 $C_t(d_t)=S_t+p_t(d_t)$이다. 이를 정리하면, 결국 W-W모형을 위한 동적계획법의 반복식은 다음과 같다.

$$f_t^*=\text{Min}\{\underset{1\leq j<t}{\text{Min}}\{f_{j-1}^*+S_j+p_j(\sum_{i=j}^{t} d_i)+\sum_{i=j}^{t} h_i(I_i)\},\ f_{t-1}^*+S_t+p_t(d_t)\}$$

여기서, $f_0^*=0$

$$I_i=\sum_{l=i+1}^{t} d_l$$

Q 예제 11-3

일정계획문제는 주어진 작업을 원하는 목적에 맞게 최선의 작업 순서 및 처리 시점을 정하는 문제로 처리할 작업의 성질, 설비의 형태, 목적 등에 따라 다양한 유형의 문제가 존재한다. 그 중 하나의 문제로 총지연(tardiness)을 최소화하는 일정계획 수립문제가 있다. 이는 각 작업별로 처리시간(Processing Time)과 납기(Due Date)가 주어졌을 때, 납기지연시간의 총합을 최소화하기 위한 일정을 수립하는 문제로 다음과 같이 묘사할 수 있다.

$$\text{Minimize} \quad \sum_{n=1}^{N} T_n$$

subject to • 한 순간에는 하나의 작업만 처리

• 단일 설비로 처리

• 처리할 작업이 대기 중이면 설비는 쉬지 않음

• 설비는 고장 나지 않음

• 선점(preemption) 허용 안 함

여기서, N: 처리할 총작업수

p_n: 작업 n을 처리하는 데 필요한 시간, n=1, 2, ⋯, N

$p_{[n]}$: 일정계획상 n번째 작업을 처리하는 데 걸리는 시간(처리시간)

w_n: 작업 n의 희망 완료시각(납기)

$F_{[n]}=\sum_{t=1}^{n} p_{[n]}=F_{[n-1]}+p_{[n]}$: 일정계획상 n번째 작업을 처리 완료하는 시각

$T_n=\text{Max}\{0,\ F_n-w_n\}$: 작업 n의 납기지연

작업을 처리하는 하나의 설비가 있고, 이 설비는 처리할 작업이 있다면 쉬지 않고 가동할 수 있고, 고장도 나지 않는다고 가정하자. 주어진 N개의 작업을 처리하는 총 순서는 $N!$ 개가 존재하는데, 이 중에서 총납기지연 $\sum_{n=1}^{N} T_n$이 최소가 되는 방안을 찾는 것이 목적이다. 예를 들어, N=3개의 작업에 대한 처리시간과 납기시간이 [표 11-1]과 같은 경우, 총납기지연시간을 최소화하는 일정계획을 수립하고자 한다.

표 11-1 작업별 처리시간 및 납기

작업 n	1	2	3
처리시간 p_n	1	3	5
납기 w_n	2	7	5

납기지연을 작게 하기 위해서는 납기가 빠른 작업부터 우선 처리하는 방안을 생각할 수 있다. 납기가 빠른 작업은 급히 처리해야 하는 작업으로 생각할 수 있기 때문에 이러한 일정을 고려하는데, 이는 [표 11-1]에서 최소의 납기를 가지는 작업 1을 제일

먼저 처리한 후, 그 다음인 작업 3, 마지막으로 작업 2를 처리하는 방안이다. 이와 같이 구한 작업일정 1−3−2에 대한 납기지연은 [표 11-2]와 같이 각각 0, 1, 1이므로 총납기지연은 이를 모두 더한 값인 2이다.

표 11-2 작업일정에 따른 총납기지연 계산

작업 순서	납기 w_n	처리 소요시간 $p_{[n]}$	처리 완료시각 $F_{[n]}$	납기지연 T_n
작업 1	2	1	1	Max{0, 1−2}=0
작업 3	5	5	1+5=6	Max{0, 6−5}=1
작업 2	7	3	5+3=8	Max{0, 8−7}=1

사실 이 경우는 작업일정 1−3−2가 총납기지연이 2로 최적 일정계획이지만, 납기가 빠른 작업우선 처리규칙이 총납기지연을 항상 최소로 하지는 않는다. 그러나 동적계획법을 이용하면 항상 최적의 일정계획을 수립할 수 있다.

동적계획법을 위해 $f_n^*(S_n)$을 S_n에 속하지 않는 $(N-n)$개의 작업에 대해 임의의 일정으로 작업을 수행한 후, S_n에 속하는 n개의 작업에 대해 최선의 일정을 수립한 경우의 총납기지연값을 나타내면, 목적함수가 총납기지연을 최소화하는 문제이므로 다음과 같은 형태의 재귀관계식을 이용하면 된다.

$$f_n^*(S_n) = \underset{D_n}{\text{Min}}\{f_{n-1}^*(S_{n-1}) + r_n(S_n, D_n)\}$$

여기서 단계 n은 일정상 마지막에서 n번째 처리하는 작업을 나타내고, 상태집합 S_n은 마지막에 처리하는 n개의 작업을 나타낸다. 그리고 D_n은 S_n에 속하는 n개 작업 중에서 제일 마지막에 처리하는 작업을 나타낸다. 추가로 S_n^C는 전체의 작업 중에서 S_n에 속하지 않는 작업들의 집합을 나타내기로 하자. 이와 같이 하면 단계 n에서의 상태 S_n의 작업 집합 중 D_n으로 작업 j, $(j \in S_n)$를 선택하는 경우의 보상 $r_n(S_n, D_n)$은 다음과 같이 표현된다.

$$r_n(S_n, D_n) = \text{Max}\{0,\ (\sum_{i \in S_n^C} p_i) + p_j - w_j\}$$

여기서 S_n에서 작업 j를 선택하는 경우이므로 $S_{n-1}=S_n-j$가 된다. 그리고 $(\sum_{i\in S_n^C} p_i)+p_j$은 S_n^C 내의 모든 작업을 완료 후 곧바로 작업 j를 수행할 때의 각 작업 j의 완료시간을 나타내므로 $r_n(S_n, D_n)$은 S_n-j인 점에서의 작업 j의 납기지연값을 나타낸다. 따라서 총납기지연을 최소화하는 일정계획 수립을 위해서 다음과 같은 반복식을 이용할 수 있다.

$$f_n^*(S_n)=\underset{j\in S_n}{\text{Min}}\{f_{n-1}^*(S_n-j)+\max\{0,\ (\sum_{i\in S_n^C} p_i)+p_j-w_j\}\}$$

11.3 동적계획법의 적용

동적계획법을 이용하여 해를 구하기 위해서는 앞에서 살펴본 바와 같이 주어진 문제에 적합한 단계를 정의하고, 단계별 상태와 의사결정변수 및 제약사항 등을 분석한 후, 반복식을 구성하는 모형화를 해야 한다. 구성한 반복식에 대해서 최적해를 찾기 위해서는 최초 단계에서 시작하여 최종 단계까지 각 단계별로 순차적으로 풀어서 최종 단계의 해를 구한 후, 다시 역방향으로 전체적인 해를 찾는 과정이 필요하다.

예제 11-4

앞에서 다룬 [예제 11-1]의 선형계획문제를 고려해보자. 이 선형계획문제의 최적해는 $(x_1,\ x_2)=(3,4)$이고, 이때의 목적함수값은 77,000이다는 것을 심플렉스법이나 도해법을 이용하여 쉽게 알 수 있지만, 동적계획법을 이용하는 경우는 다음과 같이 해를 구할 수 있다.

$n=2$인 경우, $f_2(Y_1^2, Y_2^2)=\underset{\substack{x_2\le Y_1^2\\ 3x_2\le Y_2^2\\ x_2\ge 0}}{\text{Max}}\{8,000x_2\}$에서 $8,000x_2$를 최대화하기 위해서는 x_2를 최대화해야 한다. 그러나 $x_2\le Y_1^2$, $3x_2\le Y_2^2$, $x_2\ge 0$이어야 하므로 x_2

의 최대값은 $x_2 = \text{Min}\{Y_1^2,\ Y_2^2/3\}$이다. 즉,

$$f_2(Y_1^2, Y_2^2) = \underset{\substack{x_2 \le Y_1^2 \\ 3x_2 \le Y_2^2 \\ x_2 \ge 0}}{\text{Max}} \{8000x_2\} = 8{,}000\text{Min}\{Y_1^2,\ Y_2^2/3\}$$

$n=1$인 경우, $f_1^*(S_1) = \text{Max}\{f_2^*(S_2) + r_1(S_1, D_1)\}$

$$= \text{Max}\{f_2^*(S_2) + 15{,}000x_1\}$$

$$= \underset{\substack{2x_1 \le 10 \\ x_1 \le 15 \\ x_1 \ge 0}}{\text{Max}} \{15{,}000x_1 + f_2^*(Y_1^1 - 2x_1,\ Y_2^1 - x_1)\}\text{에서}$$

$2x_1 \le 10$, $x_1 \le 15$, $x_1 \ge 0$이어야 하므로 이를 모두 만족하는 값은 $0 \le x_1 \le 5$이다. 따라서

$$\underset{\substack{2x_1 \le 10 \\ x_1 \le 15 \\ x_1 \ge 0}}{\text{Max}} \{15{,}000x_1 + f_2^*(Y_1^1 - 2x_1,\ Y_2^1 - x_1)\}$$

$$= \underset{0 \le x_1 \le 5}{\text{Max}} \{15{,}000x_1 + f_2^*(Y_1^1 - 2x_1,\ Y_2^1 - x_1)\}$$

여기서 $f_2(Y_1^2, Y_2^2) = 8{,}000\text{Min}\{Y_1^2,\ Y_2^2/3\}$이므로

$$\underset{0 \le x_1 \le 5}{\text{Max}} \{15{,}000x_1 + f_2^*(Y_1^1 - 2x_1,\ Y_2^1 - x_1)\}$$

$$= \underset{0 \le x_1 \le 5}{\text{Max}} \{15{,}000x_1 + 8{,}000\text{Min}\{Y_1^1 - 2x_1,\ (Y_2^1 - x_1)/3\}\}$$

여기서 $n=1$에서의 각 자원의 할당 가능한 잔여량인 $Y_1^1 = 10$, $Y_2^1 = 15$를 대입하면 다음과 같다.

$$\max_{0 \le x_1 \le 5}\{15,000x_1 + 8,000\text{Min}\{Y_1^1 - 2x_1,\ (Y_2^1 - x_1)/3\}\}$$
$$= \max_{0 \le x_1 \le 5}\{15,000x_1 + 8,000\text{Min}\{10 - 2x_1,\ (15 - x_1)/3\}\}$$

만약, $0 \le x_1 \le 3$이면 $\text{Min}\{10-2x_1,\ (15-x_1)/3\} = (15-x_1)/3$이고, 만약 $3 < x_1 \le 5$이면 $\text{Min}\{10-2x_1,\ (15-x_1)/3\} = 10-2x_1$이다. 따라서 다음의 관계가 있다.

$$15,000x_1 + 8,000\text{Min}\{10-2x_1,\ (15-x_1)/3\}$$
$$= \begin{cases} 15000x_1 + 8000(15-x_1)/3, & 0 \leqq x_1 \leqq 3 \\ 15000x_1 + 8000(10-2x_1), & 3 < x_1 \leqq 5 \end{cases}$$

즉, 만약 $0 \le x_1 \le 3$이면 $37,000x_1/3 + 40,000$이고, $3 < x_1 \le 5$이면 $-1,000x_1 + 80,000$이므로 $x_1 = 3$일 때 다음과 같은 최대값을 갖는다.

$$\max_{0 \le x_1 \le 5}\{15,000x_1 + \text{Min}\{10-2x_1,\ (15-x_1)/3\}\} = 77,000,\ \ x_1 = 3$$

즉, x_1의 최적값은 3이고, 이때의 목적함수값은 77,000이다.

x_2의 최적값을 찾기 위해서는 단계 $n = 2$인 경우 다음의 재귀관계식을 이용해야 한다.

$$f_2(Y_1^2,\ Y_2^2) = \max_{\substack{x_2 \le Y_1^2 \\ 3x_2 \le Y_2^2 \\ x_2 \ge 0}}\{8,000x_2\}$$

여기서 선형계획모형의 제약식에 의해 $Y_1^2 = Y_1^1 - 2x_1$, $Y_2^2 = Y_2^1 - x_1$이고, 단계 2에서 구한 바와 같이 $Y_1^1 = 10$, $Y_2^1 = 15$이고 $x_1 = 3$이므로 $Y_1^2 = Y_1^1 - 2x_1 = 10 - 2(3) = 4$, $Y_2^2 = Y_2^1 - x_1 = 15 - 3 = 12$이다. 따라서 제약조건 $x_2 \le Y_1^2 = 4$, $3x_2 \le Y_2^2 = 12$, $x_2 \ge 0$을 모두 만족하는 x_2는 $0 \le x_2 \le 4$이다. 따라서 다음의 관계를 갖는다.

$$\underset{\substack{x_2 \le Y_1^2 \\ 3x \le Y_2^2 \\ x_2 \ge 0}}{\text{Max}} \{8,000x_2\} = \underset{0 \le x_2 \le 4}{\text{Max}} \{8,000x_2\} = 32,000, \quad x_2 = 4$$

즉, x_2의 최적값은 4이다. 따라서 동적계획법을 이용한 최적해는 $(x_1,\ x_2)=(3,\ 4)$이고, 이때의 목적함수값은 77,000이다.

예제 11-5

앞의 [예제 11-2]의 문제에 대한 예로 다음과 같은 생산계획 수립문제를 고려해보자. 생산계획기간 $T=3$이고, 초기 재고 $I_0=0$이라고 하자. 비용함수 $C_t(x_t)$는 생산이 이루어지는 경우에는 준비비용이 필요하지만, 생산이 없는 시기에는 0의 비용이 발생하는 구조로 다음의 형태를 갖는 경우를 고려하자.

$$C_t(x_t) = \begin{cases} 0, & x_t = 0\text{일 때} \\ a_t + i_t I_t, & x_t > 0\text{일 때} \end{cases}$$

여기서, a_t: 시점 t에서의 생산을 하는 경우 필요한 준비비용

i_t: 시점 t에서의 제품 1단위당 재고유지비용

각 기간 t별 수요량, 준비비용 및 재고유지비용이 시간 t에 따라 [표 11-3]과 같이 주어져 있다고 하자.

표 11-3 동적생산을 위한 비용요소

시점 t	1	2	3
수요량 d_t	69	29	36
준비비용 a_t	85	102	102
재고유지비용 i_t	1	1	1

최적생산계획 수립을 위한 모형은 다음과 같이 표현할 수 있다. 이 모형은 $C_t(X_t)$의 구조 때문에 비선형계획모형이다.

$$\begin{aligned} \text{Minimize} \quad & C_1(x_1)+C_2(x_2)+C_3(x_3) \\ \text{subject to} \quad & I_1=x_1-69 \\ & I_2=I_1+x_2-29 \\ & I_3=I_2+x_3-36 \\ & I_t \geq 0,\ x_t \geq 0,\ t=1,\ 2,\ 3 \end{aligned}$$

이 문제의 해를 다음의 반복식을 이용하자.

$$f_t^* = \text{Min}\{\min_{1 \leq j < t}\{f_{j-1}^* + C_j(\sum_{i=j}^{t} d_i)\},\ f_{t-1}^* + C_t(d_t)\}$$

여기서, $f_0^*=0$

$$I_t = I_{t-1} + x_t - d_t$$

먼저 $t=1$인 경우 다음과 같다.

$$\begin{aligned} f_1^* &= \text{Min}\{\min_{1 \leq j < 1}\{f_{j-1}^* + C_j(\sum_{i=j}^{1} d_i)\},\ f_0^* + C_1(d_1)\} \\ &= \text{Min}\{f_0^* + C_1(d_1)\} \end{aligned}$$

여기서 $f_0^*=0$이고, $I_1=I_0+x_1-d_1=0$이므로 $f_1^*=\text{Min}\{f_0^*+C_1(d_1)\}=0+a_1=85$이다. $t=2$인 경우의 해는 다음과 같다.

$$\begin{aligned} f_2^* &= \text{Min}\{\min_{1 \leq j < 2}\{f_{j-1}^* + C_j(\sum_{i=j}^{2} d_i)\},\ f_1^* + C_2(d_2)\} \\ &= \text{Min}\{f_0^* + C_1(\sum_{i=1}^{2} d_i),\ f_1^* + C_2(d_2)\} \\ &= \text{Min}\{0 + a_1 + i_1 I_1,\ f_1^* + a_2\} \end{aligned}$$

여기서 $x_1=\sum_{i=1}^{2} d_i$이고, $I_1=I_0+x_1-d_1=0+(d_1+d_2)-d_1=d_2$이므로 $f_2^*=\text{Min}\{0+a_1+i_1 I_1,\ f_1^*+a_1\}=\text{Min}\{0+85+d_2,\ 85+102\}=\text{Min}\{85+29,\ 187\}=114$이다. 여기

서 최소값 114는 $f_0^* + C_1(\sum_{i=1}^{2} d_i)$에서 발생한다.

마지막으로 t=3인 경우의 해는 다음과 같다.

$$f_3^* = \text{Min}\{\min_{1 \le j < 3}\{f_{j-1}^* + C_j(\sum_{i=j}^{3} d_i)\},\ f_2^* + C_3(d_3)\}$$
$$= \text{Min}\{f_0^* + C_1(\sum_{i=1}^{3} d_i),\ f_1^* + C_2(\sum_{i=2}^{3} d_i),\ f_2^* + C_3(d_3)\}$$
$$= \text{Min}\{f_0^* + a_1 + i_1(d_2 + d_3) + i_2(d_3),\ f_1^* + a_2 + i_2(d_3),\ f_2^* + a_3\}$$
$$= \text{Min}\{0 + 85 + (29 + 36) + 36,\ 85 + 102 + 36,\ 114 + 102\} = 186$$

여기서 최소값 186은 $f_0^* + C_1(\sum_{i=1}^{3} d_i)$에서 발생하였다. 즉, 주어진 수요를 만족시키기 위한 생산계획 중 최소비용은 186임을 알 수 있다. 그러나 최소비용을 갖는 생산계획은 후진탐색과정을 통해 찾아야 한다. 즉, 마지막 단계인 t=3의 $f_3^* = f_0^* + C_1(\sum_{i=1}^{3} d_i) = 114$이고, 이를 위한 생산량 $x_1 = \sum_{i=1}^{3} d_i = d_1 + d_2 + d_3$이다. 여기서 f_3^*를 형성하는 것은 f_0^*인데, 이는 $f_0^* = 0$이다. 따라서 최적 생산계획은 t=1에 $x_1 = d_1 + d_2 + d_3 = 134$만큼을 생산하여 기간 1부터 기간 3 동안의 모든 수요를 충족시키고, 다른 기간에는 생산하지 않는 계획이 최적이다.

예제 11-6

3개의 작업이 [표 11-1]과 같이 주어졌을 때, 단일 설비를 이용하여 총납기지연을 최소화하는 일정을 동적계획법을 이용하여 구해보기로 하자.

먼저, n=1인 경우는 다음과 같은 반복식을 이용한다.

$$f_1^*(S_1) = \underset{j \in S_1}{\text{Min}}\{f_0^*(S_1 - j) + \max\{0,\ (\sum_{i \in S_1^C} p_i) + p_j - w_j\}\}$$

여기서 상태 S_1은 작업수가 1개인 집합인 {1}, {2}, {3}이다. 이들 각각에 대해 계산한 결과가 다음과 같다.

(1) S_1={1}인 경우

작업 1이 제일 마지막에 처리되는 경우의 작업 1의 총납기지연은 다음과 같은 $f_1^*(\{1\})$이다.

$$f_1^*(S_1) = f_1^*(\{1\}) = \underset{j \in \{1\}}{\text{Min}} \{f_0^*(S_1 - j) + \text{Max}\{0, \ (\sum_{i \in \{2,3\}} p_i) + p_j - w_j\}\}$$

여기에서 $S_1 - j = \{1\} - \{1\} = \phi$이고, $S_1^C = \{1, 2, 3\} - S_1 = \{2, 3\}$에 속한 작업의 처리 순서와 관계없이 작업 1의 처리 완료시간은 $(\sum_{i \in \{2,3\}} p_i) + p_j$가 되므로 $f_1^*(\{1\})$는 다음과 같이 계산된다.

$$f_1^*(\{1\}) = f_0^*(\phi) + \text{Max}\{0, \ (3+5) + 1 - 2\} = 0 + 7 = 7$$

(2) S_1={2}인 경우

작업 2가 제일 나중에 처리되는 경우, S_1을 구성하는 작업 2의 총납기지연은 $f_1^*(\{2\})$이다.

$$\begin{aligned} f_1^*(S_1) = f_1^*(\{2\}) &= \underset{j \in \{2\}}{\text{Min}} \{f_0^*(S_1 - j) + \text{Max}\{0, \ (\sum_{i \in \{1,3\}} p_i) + p_j - w_j\}\} \\ &= f_0^*(\phi) + \text{Max}\{0, \ (1+5) + 3 - 7\} = 0 + 2 = 2 \end{aligned}$$

(3) S_1={3}인 경우

앞과 유사하게 작업 3이 제일 마지막에 처리되는 경우, 작업 3의 총납기지연은 다음과 같이 4가 된다.

$$\begin{aligned} f_1^*(S_1) = f_1^*(\{3\}) &= \underset{j \in \{3\}}{\text{Min}} \{f_0^*(S_1 - j) + \text{Max}\{0, \ (\sum_{i \in \{1,2\}} p_i) + p_j - w_j\}\} \\ &= f_0^*(\phi) + \text{Max}\{0, \ (1+3) + 5 - 5\} = 0 + 4 = 4 \end{aligned}$$

$n=2$인 경우에도 앞과 유사하게 다음의 반복식을 이용하면 된다.

$$f_2^*(S_2)=\underset{j\in S_2}{\text{Min}}\{f_1^*(S_2-j)+\text{Max}\{0,\ (\sum_{i\in S_2^C}p_i)+p_j-w_j\}\}$$

여기에서 상태 S_2는 작업수가 2개인 집합인 {1, 2}, {1, 3}, {2, 3}이다. 이들 각각에 대해 계산한 결과가 다음과 같다.

(4) S_2={1, 2}인 경우

$$f_2^*(S_2)=f_2^*(\{1,2\})=\underset{j\in S_2}{\text{Min}}\{f_1^*(S_2-j)+\max\{0,\ (\sum_{i\in S_2^C}p_i)+p_j-w_j\}\}$$

여기에서 $S_2^C=\{1,\ 2,\ 3\}-S_2=\{3\}$이고, S_2^C에 속한 작업들의 처리 이후에 곧바로 처리할 작업 j의 선택에 따라서, $S_2-j=\{1,2\}-\{j\}$값은 여러 가지 대안이 존재하게 된다. 즉, $j=1$인 경우는 $S_2-j=\{2\}$가 되고, $j=2$인 경우는 $S_2-j=\{1\}$이 된다. 작업 j는 S_2^C에 속한 모든 작업의 처리 후에 곧바로 처리하므로, 선택한 작업 j의 처리 완료시간은 $(\sum_{i\in\{2,3\}}p_i)+p_j$가 된다. 이 경우는 S_2가 두 개의 작업으로 구성되어 있고, 이들 중 제일 먼저 선택하는 작업이 무엇인지에 따라 두 가지 대안이 존재하는데, 선택되지 않은 작업들은 선택된 작업이 처리 완료된 후에 처리되므로, 대안별 총납기지연은 다음과 같이 계산하면 된다.

$$\begin{aligned}f_2^*(\{1,2\})&=\text{Min}\{f_1^*(\{2\})+\text{Max}\{0,\ (5)+1-2\},\ f_1^*(\{1\})+\text{Max}\{0,\ (5)+3-7\}\}\\&=\text{Min}\{2+4,\ 7+1\}=6\end{aligned}$$

여기서 최소값 6은 S_2^C에 속해 있는 모든 작업을 처리한 직후에 작업 1($j=1$)을 처리하고, 그 후에 $S_2-j=\{2\}$에 속해 있는 작업을 처리하는 일정인 경우의, S_2 내의 작업들에 의해 발생되는 총납기지연값인 $f_1^*(\{2\})+\max\{0,\ (5)+1-2\}$의 결과이다.

(5) S_2={1, 3}인 경우

앞과 유사하게 $S_2=\{1, 3\}$, $S_2^C=\{1, 2, 3\}-S_2=\{2\}$이고, S_2 내의 두 작업인 작업 1과 작업 3 중 무엇을 먼저 처리할 것인가의 선택에 따라, 두 가지 대안별 총납기지연 중 최소값을 갖는 일정을 $f_2^*(\{1, 3\})$을 이용하여 찾는다.

$$\begin{aligned} f_2^*(\{1, 3\}) &= \text{Min}\{f_1^*(\{3\})+\max\{0, (3)+1-2\}, f_1^*(\{1\})+\max\{0, (3)+5-5\}\} \\ &= \text{Min}\{4+2, 7+3\}=6 \end{aligned}$$

여기서 최소값 6은 $f_1^*(\{3\})+\max\{0, (3)+1-2\}$의 결과이다.

(6) S_2={2, 3}인 경우

$S_2=\{2, 3\}$이고 $S_2^C=\{1, 2, 3\}-S_2=\{1\}$인 경우로, $f_2^*(\{1, 3\})$은 다음과 같다.

$$\begin{aligned} f_2^*(\{2, 3\}) &= \text{Min}\{f_1^*(\{3\})+\max\{0, (1)+3-7\}, f_1^*(\{2\})+\max\{0, (1)+5-5\}\} \\ &= \text{Min}\{4+0, 2+1\}=3 \end{aligned}$$

여기서 최소값 3은 $f_1^*(\{2\})+\max\{0, (1)+5-5\}$의 결과이다.

마지막으로 n=3인 경우이다. 마찬가지로 다음의 반복식을 이용한다.

$$f_3^*(S_3)=\underset{j\in S_3}{\text{Min}}\{f_2^*(S_3-j)+\max\{0, (\sum_{i\in S_3^C} p_i)+p_j-w_j\}\}$$

여기서 S_3는 n=3개의 작업으로 구성된 집합 $S_3=\{1, 2, 3\}$인데, 본 예제에서는 총 작업의 수가 3개(N=3)이므로 $S_3^C=\phi$이다. 즉, S_3을 구성하는 3개의 작업 중에서 가장 먼저 처리할 작업 j를 하나 선택하면, 나머지 S_3-j 내에 포함된 작업은 그 이후에 처리되는 경우의 S_3 내의 작업들에 대한 최소 총납기지연 일정을 찾게 된다.

$$f_3^*(\{1, 2, 3\})=\text{Min}\{f_2^*(\{2, 3\})+\max\{0, (0)+1-2\}, f_2^*(\{1, 3\})+\max\{0, (0)$$

$$+3-7\},\ f_2^*(\{1,\ 2\})+\max\{0,\ (0)+5-5\}\}$$
$$=\text{Min}\{3+0,\ 6+0,\ 6+0\}=3$$

여기서 최소값 3은 $f_2^*(\{2,\ 3\})+\max\{0,\ (0)+1-2\}$의 결과이다.

$n=N$인 단계에서의 상태집합인 S_N에 대한 재귀관계식 $f_N^*(S_N)$의 값이 최적의 일정을 따른 작업 처리 시에 발생되는 최소의 총납기지연값이다. 즉, 최적 일정계획의 총납기지연은 $f_3^*(\{1,\ 2,\ 3\})=3$이다. 그러나 이것만으로는 주어진 작업들을 어떠한 순서대로 수행해야 되는지를 알 수 없다. 최적 일정계획을 찾기 위해서는 후진반복탐색을 해야 한다. 후진탐색을 위해 앞에서 구한 반복식의 결과값을 정리한 것이 [표 11-4]이다.

표 11-4 단계별 최적 반복식 결과값

단계 n	상태 S_n별 최적값	최적해 유발식	선택 작업 j	탐색 순서
n=1	$f_1^*(\{1\})=7$ $f_1^*(\{2\})=2$ $f_1^*(\{3\})=4$	$f_0^*(\phi)$ $f_0^*(\phi)$ $f_0^*(\phi)$	작업 1 작업 2 작업 3	3
n=2	$f_2^*(\{1,2\})=6$ $f_2^*(\{1,3\})=6$ $f_2^*(\{2,3\})=3$	$f_1^*(\{2\})$ $f_1^*(\{3\})$ $f_1^*(\{2\})$	작업 1 작업 1 작업 3	2
n=3	$f_3^*(\{1,2,3\})=3$	$f_2^*(\{2,3\})$	작업 1	1

모든 작업에 대한 최적 총납기지연값은 $f_3^*(\{1,\ 2,\ 3\})=3$으로, 이는 작업 1, 2, 3 중 작업 1을 제일 먼저 수행하는 경우인 $f_2^*(\{2,\ 3\})$에서 형성되었다. 그리고 $f_2^*(\{2,\ 3\})$는 작업 2와 작업 3 중에서 작업 3을 먼저 하는 경우인 $f_1^*(\{2\})$에서 최소값이 형성되었다. 마지막으로 $f_1^*(\{2\})$는 작업 2를 가장 나중에 하는 형태의 일정에 대한 것이다. 따라서 작업 1을 가장 먼저 처리하고, 그 다음에 작업 3, 마지막으로 작업 2를 처리하는 1-3-2의 작업 순서가 최적이다.

11.4 동적계획법에 대한 검토

동적계획법도 다른 기법과 마찬가지로 장점과 단점이 있다. 동적계획법의 장점으로는 다양한 문제에 대해서 적용 가능하다는 점이다. 동적계획법을 위한 최적성의 원리가 만족되는 문제라면 모두 동적계획법을 이용하여 해를 구할 수 있기 때문에 최적해를 찾기 위한 문제의 일반적인 해법으로 활용될 수 있다. 최적해를 찾기 위해서는 모든 실행가능해를 검토하고, 그 중에서 최선의 목적함수값을 가지는 값을 찾으면 된다. 그러나 이와 같은 방법은 해를 찾는 데 걸리는 시간이 매우 많이 걸리므로 최적해의 가능성이 있는 일부의 실행가능해만을 검토하여 최적해를 찾기 위한 방안이 필요하다. 동적계획법은 중복적인 해의 검토 없이도 일부의 해만을 검토하여 최적해를 찾는 방법 중 하나이다. 동적계획법은 특히 앞의 예제에서와 같은 다단계(multi－stage)나 다기간(multi－period)문제, 또는 잇달아 일어나는 의사결정과정 문제에 적합한 기법이다.

동적계획법의 단점으로는 먼저 일반적인 모형화 기법이 없으므로 문제별로 문제 특성에 맞는 모형화 방안을 찾아야 한다. 더구나 상태의 수의 증가에 따라 최적해를 찾기 위한 시간이 매우 크게 증가하는 문제가 있다. 또는 각 상태가 가질 수 있는 값의 대안이 많은 경우에도 계산시간 및 관리변수 개수가 매우 커지는 문제가 있다. 따라서 이를 위해서는 상태변수를 적절하게 정의하기 위한 노력을 할 필요가 있다.

EXERCISE

11.1 다음 문제의 최적해를 동적계획법을 이용하여 구하시오.

$$\begin{aligned} \text{Maximize} \quad & z = 15x_1 + 8x_2 \\ \text{subject to} \quad & 2x_1 + x_2 \le 10 \\ & x_1 + 3x_2 \le 15 \\ & x_1 \text{와 } x_2 \text{는 정수} \end{aligned}$$

11.2 다음 문제의 최적해를 동적계획법을 이용하여 구하시오.

$$\begin{aligned} \text{Minimize} \quad & z = 15x_1 - 8x_2 \\ \text{subject to} \quad & 2x_1 + x_2 \ge 10 \\ & x_1 - 3x_2 \ge 15 \\ & x_1 \ge 0, \ x_2 \ge 0 \end{aligned}$$

11.3 생산 계획기간이 4인 각 기간별 수요량과 준비비용 및 단위당 재고유지비용이 다음과 같을 때, 최적 생산계획을 동적계획법으로 구하시오. 단 각 기간별 비용 $C_t(x_t)$는 다음과 같다고 가정한다.

$$C_t(x_t) = \begin{cases} 0, & x_t = 0 \text{일 때} \\ a_t + i_t I_t, & x_t > 0 \text{일 때} \end{cases}$$

여기서 a_t: 시점 t에서의 생산을 하는 경우 필요한 준비비용

i_t: 시점 t에서의 제품 1단위당 재고유지비용

시점 t	1	2	3	4
수요량 d_t	69	29	36	30
준비비용 a_t	85	102	102	90
재고유지비용 i_t	1	1	1	4

11.4 각 기간별 비용 $C_t(x_t)$가 다음과 같다고 할 때, 11.3의 문제를 해결하시오.

$$C_t(x_t) = \begin{cases} 0, & x_t = 0 \text{일 때} \\ a_t + 10x_t + 100e^{-I_t}, & x_t > 0 \text{일 때} \end{cases}$$

11.5 주문받은 4개의 작업을 하나의 설비에서 생산하고자 하는데, 각 작업별 요구하는 납기에 대한 지연의 총합을 최소화하는 생산일정을 수립하고자 한다. 4개의 작업별 요구되는 작업시간 및 납기가 다음과 같을 때 물음에 답하시오.

연 | 습 | 문 | 제 <<<

작업 n	1	2	3	4
처리시간 p_n	1	3	7	5
납기 w_n	5	7	2	9

(1) 납기가 빠른 작업일수록 먼저 처리하는 일정에 따라서 작업을 하는 경우, 총납기지연은 얼마인가?

(2) 동적계획법을 이용하여 최적 일정계획을 수립하시오.

11.6 동적계획법의 단점 중 하나는 상태의 수의 증가에 따른 계산시간 및 필요 메모리량이 대폭적으로 증대한다는 것이다. 그럼에도 불구하고 완전 열거법(Full Enumeration) 방법보다 선호되는 이유는 무엇인가?

11.7 동적계획법에서 최적성의 원리란 무엇인지를 설명하시오.

11.8 선형계획법문제를 동적계획법 기법으로 해결하는 경우, 최적성의 원리가 만족됨을 보이시오.

11.9 W−W모델에서 최적해는 $I_{t-1} \cdot x_t = 0$이 모든 t에 대해 만족됨을 보이고, 동적계획법의 최적성의 원리가 만족됨을 설명하시오.

CHAPTER

12

의사결정론 및 게임이론

Chapter 12 의사결정론 및 게임이론

12.1 의사결정모형의 구성요소와 유형

본 책의 앞부분에서 다루고 있는 의사결정 기법들의 특징은 의사결정을 내리기 이전에 필요로 하는 데이터의 정확한 값을 알고 있다고 가정한다는 점이다. 이러한 가정은 의사결정의 불확실성을 감소시킴으로써 효율적인 의사결정을 가능하게 한다는 장점을 가진다. 그러나 현실적인 상황을 생각해보면 의사결정에 필요한 데이터의 일부가 확률적인 변동을 가지는 확률변수의 형태로 나타나거나 또는 이러한 정보마저 주어지지 않은 경우에도 의사결정을 내려야 하는 경우가 더욱 많음을 알 수 있다. 이러한 상황에서는 앞서 언급한 의사결정 기법들의 사용이 불가능하므로 의사결정 상황에 맞는 새로운 의사결정 기법의 개발이 필요하다.

의사결정 기법의 분류는 의사결정 상황에 따라 구분해 볼 수 있는데, 의사결정 상황은 필요로 하는 데이터의 불확실성 정도에 따라 구분해 볼 수 있다.

(1) 확실한 상황에서의 의사결정(Decision Making under Certainty)

의사결정에 필요한 모든 데이터가 확실한 값으로 주어지는 경우를 의미한다. 다른 의사결정 환경에 비하여 비교적 의사결정이 용이하며 선형계획법을 비롯한 다양한 의사결정 기법이 존재한다.

(2) 확률적인 상황에서의 의사결정(Decision Making under Risk)

의사결정에 필요한 데이터 중 일부가 상수가 아닌 확률변수의 형태로 나타나는 경우를 의미한다. 확실한 상황에서의 의사결정에 비해 현실적인 상황을 다룬다는 장점이 있으나, 의사결정의 효율성이 떨어진다는 단점을 가지고 있다.

(3) 불확실한 상황에서의 의사결정(Decision Making under Uncertainty)

의사결정에 필요한 데이터 중 일부에 대해서 아무런 정보도 주어지지 않는 경우를 의미한다. 가장 현실적인 상황을 고려한다는 장점이 있으나, 또한 의사결정이 매우 어려워진다는 단점을 가지고 있다.

(4) 상충되는 상황에서의 의사결정(Decision Making under Conflict)

다수의 의사결정자가 참여하며 또한 참여하는 의사결정자들의 목표가 상충한다는 점에서 다른 의사결정 환경과는 차이를 가진다.

의사결정모형은 필요한 데이터와 정보량의 분류 외에도 결정변수의 개수나 의사결정에 영향을 주는 기준의 종류와 개수에 따라서도 분류할 수 있는데, 결정변수가 여러 개인 경우를 위해서는 12.4의 의사결정나무에서 다루고, 여러 개의 기준을 고려한 의사결정을 위한 AHP(Analytical Hierarchy Process)는 12.6에서 다룬다.

다음의 사례를 이용해서 각 의사결정 환경 및 의사결정문제의 구조에 대해서 알아보기로 한다.

Q 예제 12-1

MP3 플레이어 판매사인 한국테크주식회사는 치열한 경쟁구도에도 불구하고 우수한 디자인과 저렴한 가격으로 매출액을 계속 증가시키고 있다. 현재의 공급능력으로는 향후 증가하는 제품 수요를 감당하기가 어렵기 때문에 한국테크주식회사의 경영진은 몇 가지의 대안을 고려하고 있다. 첫 번째는 부족한 공급능력을 외주를 통해서 조달하는 것이다. 이 방법은 추가적인 설비 투자가 거의 필요 없으므로 위험이 낮다는 장점이 있지만, 외주가공비용이 자체 생산비용보다 높으므로 수익성이 다소 낮아지는 경향이 있다. 두 번째로 고려 중인 대안은 현재의 공장을 확장하는 것이다. 이 대안은 첫 번째 대안에 비하여 설비 투자가 요구되므로 미래 수요가 높지 않을 경우에 위험요소를 가지고 있지만, 외주생산에 비해 생산비용이 낮아지므로 수익성은 다소 높을 것으로 예상된다. 마지막으로 고려 중인 대안은 신규로 공장을 설립하는 것인데 이것은 대규모의 설비 투자를 필요로 하므로 위험이 높은 반면, 우수한 설비에 힘입어 생산비용의 절감이 예상된다. 한국테크주식회사의 경영진은 숙고 끝에 세 가지의 대안 중 수익성이 높은 대안을 선택하기로 하였으나, 각 대안의 수익성은 향후 제품 수요가 어떠할지에 따라 크게 변화한다. 따라서 각 대안의 수익성을 평가하기 위해서 향후 제품의 수요를 예측해야 하는데, 향후 제품 수요는 현재에 비해 감소하거나 비슷한 수준을 유지하는 '침체', 현재에 비해 다소 증가하는 '양호', 현재에 비해 훨씬 큰 수요가 발생하는 '우수'의 3가지로 구분되었다. 미래 수요의 상태에 따라서 각 대안을 선택했을 때의 수익성은 변화하게 되는데, 만약 미래 수요가 '침체'라면 외주공급을 선택할 경우 2억 원의 수익, 현재 공장의 확장을 선택할 경우 1억 원의 손실, 신규 공장 신설을 선택할 경우 10억 원의 손실이 예상된다. 만약 미래 수요가 '양호'라면 외주공급을 선택할 경우 5억 원의 수익, 현재 공장의 확장을 선택할 경우 10억 원의 수익, 신규 공장 신설을 선택할 경우 8억 원의 수익이 예상된다. 만약 미래 수요가 '우수'라면 외주공급을 선택할 경우 8억 원의 수익, 현재 공장의 확장을 선택할 경우 12억 원의 수익, 신규 공장 신설을 선택할 경우 20억 원의 수익이 예상된다.
이러한 상황에서 한국테크주식회사의 경영진은 자사의 수익을 최대화하기 위하여 어떠한 의사결정을 내려야 할 것인가?

[예제 12-1]은 전형적인 의사결정문제를 표현하고 있다. 예제를 살펴보면 의사결정문제는 의사결정변수에 해당하는 다수 개의 대안(alternative)을 가지고 있어야 함을 알 수 있다. 예제에서는 한국테크주식회사의 경영진이 선택해야 하는 외주공급, 현재 공장의 확장, 신규 공장의 신설이 고려 중인 대안이다. 의사결정문제의 또 다른 구성요소는 선호도(preference)인데, 이는 대안 선정의 기준을 의미한다. 예제에서는 경영진이 각 대안을 선택했을 때 예상되는 수익의 최대화를 기준으로 삼고 있으므로 선호도는 수익의 최대화가 된다. 의사결정문제에서 의사결정자가 통제 가능한 의사결정변수가 대안에 해당된다면, 의사결정자가 통제 불가능한 외부 변수 역시 존재하게 되는데 의사결정문제에서는 이를 실제상태(state of nature)라고 한다. 예제에서는 미래 수요의 상태가 실제상태에 해당한다. 각 실제상태가 발생할 확률(probability)도 의사결정문제의 구성요소 중 하나이다. 확률값이 특정한 하나의 실제상태에서 1인 경우가 확실한 상황에서의 의사결정문제이고, 확률값이 각 실제상태에 대해 주어진 경

우가 확률적인 상황에서의 의사결정문제이다. 그리고 각 실제상태가 발생할 가능 정도를 모르는 상황에서의 의사결정이 불확실한 상황에서의 의사결정과 상충하에서의 의사결정이다.

대안과 실제상태가 선택이 되면 이에 해당하는 결과물이 도출되는데 의사결정문제에서는 이를 성과(payoff)라고 한다. 성과는 대안과 실제상태가 정해진 상황에서의 선호도를 계량화한 것으로 나타나는데, 예제에서는 경영진이 대안 중 외주공급을 선택하고 미래 수요의 실제상태가 '침체'로 발생할 때 얻어지는 수익인 2억 원이 해당 성과가 된다. 이를 바탕으로 위의 예제를 [표 12-1]로 정리할 수 있다.

표 12-1 성과표(Payoff Table)

대안 \ 실제상태	침체	양호	우수
외주공급	2억 원	5억 원	8억 원
현재 공장의 확장	−1억 원	10억 원	12억 원
신규 공장의 신설	−10억 원	8억 원	20억 원

[표 12-1]에서 각 행(row)은 의사결정 대안을 나타내며, 각 열(column)은 외부변수의 실제상태를 나타낸다. 또한 각 셀의 값은 대안과 실제상태가 선정되었을 때의 성과를 나타낸다. 이 표를 성과표(Payoff Table)라고 한다. 의사결정자는 이러한 성과표를 이용하여 의사결정을 내리게 되는데 본 장에서 다루는 의사결정문제는 다음을 가정한다.

① 외부변수 중 실제상태는 한 개만 발생한다.

② 대안과 실제상태가 주어질 때 성과는 한 개만 발생한다.

③ 의사결정자는 선호도를 극대화할 수 있는 한 개의 대안만 선택한다.

이때의 의사결정은 의사결정 상황에 따라 다른 결과를 나타나게 되는데, 만약 위의 예제에서 미래 수요가 '양호'가 된다는 것이 확실히 알려져 있는 상황이라면 이는 외부변수에 대한 확실한 정보를 가지고 있는 것이므로 확실한 상황에서의 의사결정이 된다. 이 경우 미래 수요가 확실하게 알려졌으므로 의사결정자는 성과표에서 미래 수요가 '양호'에 해당하는 열만 고려하면 된다. 미래 수요가 '양호'일 때, 가장 높은 성과는

10억 원이고 이에 해당하는 대안이 '현재 공장의 확장'이므로 한국테크주식회사의 경영진은 '현재 공장의 확장'을 선택하게 된다.

예제의 경우, 의사결정 환경이 확실한 상황이라면 매우 단순한 의사결정문제가 된다. 그러나 이와 같이 단순한 의사결정문제라고 하더라도, 의사결정 상황이 확률적인 경우거나 또는 불확실한 경우에는 심층적인 의사결정 단계를 거치게 된다.

12.2 확률적인 상황에서의 의사결정

의사결정 환경이 확실한 상황인 경우와 달리, 확률적인 상황인 경우에는 다양한 의사결정의 기준이 사용될 수 있으나, 그 중 가장 널리 사용되는 것은 기대값 기준(Expected Value Criterion)에 의한 의사결정이다.

기대값 기준에 의한 의사결정은 해당 대안을 선정하였을 때의 기대값을 기준으로 기대화폐가치(Expected Monetary Value)를 최대화(또는 최소화)하는 대안을 선정하는 것을 말한다. 즉 기대값 기준의 의사결정은 아래와 같은 형식으로 나타난다.

$$\text{Maximize } E(X) \text{ (또는 Minimize } E(X)\text{), 여기서 } E(X)=\sum_{i=1}^{n} x_i p(x_i)$$

단, X는 각 대안의 선호도를 의미하고, $E(X)$는 X에서의 기대값을 의미한다. 발생 가능한 실제상태의 개수가 n개이고, X가 값 x_i를 가질 확률이 $p(x_i)$라면 기대값은 $\sum_{i=1}^{n} x_i p(x_i)$로 계산된다. 여기서 $E(X)$가 이익인 경우는 이를 최대화하는 Max $E(X)$를 목적으로 하지만 반대로 $E(X)$가 비용을 나타내는 경우는 이를 최소화하는 Min $E(X)$ 문제를 목적으로 한다.

예제 12-2

[예제 12-1]과 동일한 상황에서 미래 수요가 '침체'일 확률이 0.2, 미래 수요가 '양호'일 확률이 0.5, 미래 수요가 '우수'일 확률이 0.3이라고 하자. 이 경우에 한국테크주식회사의 경영진은 자사의 기대수익을 최대화하기 위하여 어떠한 의사결정을 내려야 할 것인가?

[예제 12-2]는 확률적인 상황에서의 의사결정문제를 다루고 있다. 이 예제에서는 미래 수요에 대한 확률 분포가 주어졌고, 기대값 기준의 의사결정을 내리기로 하였으므로 각 대안에 대한 기대수익을 먼저 계산해야 한다.

표 12-2 | [예제 12-2]의 기대수익표

실제상태 / 대안	침체 (0.2)	양호 (0.5)	우수 (0.3)	기대수익
외주공급	2억 원	5억 원	8억 원	5.3억 원
현재 공장의 확장	−1억 원	10억 원	12억 원	8.4억 원
신규 공장의 신설	−10억 원	8억 원	20억 원	8.0억 원

외주공급의 경우 : $\sum_{i=1}^{n} x_i p(x_i)$ =2억 원×0.2+5억 원×0.5+8억 원×0.3
=5.3억 원

현재 공장의 확장 경우 : $\sum_{i=1}^{n} x_i p(x_i)$ =(−1)억 원×0.2+10억 원×0.5+12억×0.3)
=8.4억 원

신규 공장의 신설 경우 : (−10)억 원×0.2+8억 원×0.5+20억 원×0.3)
=8.0억 원

그 다음에는 가장 높은 기대값을 가지는 대안을 찾으면 되는데, 한국테크주식회사 경영진에게는 기대수익이 가장 높은 대안은 8.4억 원을 가지는 현재 공장의 확장이다. 따라서 현재 공장의 확장을 선택하는 것이 최적의 의사결정이다.

확률적인 상황에서의 의사결정에 사용되는 기준이 기대값 기준만 있는 것은 아니다. 그 외에도 기대값−분산 기준(Expected Value−Variance Criterion), 도달수준 기준(Aspiration Level Criterion), 최우미래 기준(Most Likely Future Criterion)

등의 기준들이 사용될 수도 있다.

기대값-분산 기준이란 의사결정에 있어서 기대값뿐만 아니라 분산을 동시에 고려하는 것이다. 일반적으로 분산이 크다는 것은 미래에 대한 불확실성이 높다는 것을 의미하는 것이므로 많은 경우, 의사결정자들은 불확실성이 낮은(즉, 분산이 작은) 대안을 선택하고자 하는 경향이 있다. 이를 반영하면 다음과 같은 기준을 고려할 수 있다.

$$\text{Maximize } \{E(X) - K \cdot var(X)\} \text{ 또는 } \text{Minimize } \{E(X) + K \cdot var(X)\}$$

이때 K는 위험회피 계수(Risk Aversion Factor)라 불리며 기대값에 대한 불확실성의 상대적인 중요도를 의미한다. 불확실성으로 인한 위험을 줄이고자 할 때는 K에 상대적으로 큰 값을 할당하고, 불확실성으로 인한 위험을 감수하고자 할 때는 K에 상대적으로 낮은 값을 할당한다. 위의 기준을 사용할 경우, 기대수익이 높더라도 분산이 커서 불확실성이 높은 대안은 회피하게 되는 경향을 가진다.

도달수준 기준이란 최적의 대안을 선정하는 것이 아니라 의사결정자가 받아들일 수 있는 범위를 정해 놓고 그 범위에 도달하는 대안을 선정하는 방법이다. 이는 확률적인 상황에서 최적의 대안을 추구할 때 발생하는 위험을 줄이기 위한 방편으로 사용된다. 예를 들어, 경매시장에 물건을 내놓은 매도인은 최초 시작가격과 즉시 구매가격을 제시하고 즉시 구매가격에 최초로 도달한 제안을 받아들이는 경우를 생각해 볼 수 있다. 도달수준 기준을 사용할 경우, 범위에 도달하는 대안이 다수 개가 존재할 수 있으며, 그 중 하나의 대안이 선정될 수 있다.

최우 미래 기준이란 발생 가능성이 가장 높은 미래상태를 확정적으로 가정하는 방법을 의미한다. 이를 통해 확률적인 변동을 갖는 상황을 마치 확정적인 상황을 갖는 것처럼 판단하여 의사결정을 내리므로 의사결정이 단순해진다는 장점을 가진다. 그러나 발생확률이 동일하거나 유사한 경우에 의사결정이 어려워지며, 또한 발생확률이 작지만 위험이 매우 높은 상황이 발생할 경우에도 적절치 못한 의사결정 기법이 된다는 단점이 있다.

12.3 불확실한 상황에서의 의사결정

우리가 일상에서 경험하는 상당수의 의사결정에서 미래상태에 대한 정보가 주어지지 않은 경우를 발견한다. 이 경우 주어진 정보가 제한적이므로 이에 대한 효율적인 의사결정을 내린다는 것은 매우 어려운 일이다. 그럼에도 불구하고 손쉽게 적용해 볼 수 있는 방법은 열등한 대안을 제거하는 것이다. [예제 12-1]에서 각 대안의 성과가 다음과 같이 변화하였다고 가정하자.

표 12-3 성과표

대안 \ 실제상태	침체	양호	우수
외주공급	2억 원	3억 원	5억 원
현재 공장의 확장	3억 원	7억 원	10억 원
신규 공장의 신설	−2억 원	4억 원	10억 원

외주공급이라는 대안과 현재 공장의 확장이라는 대안을 비교해 볼 때, 미래상태가 어떻게 발생하더라도 외주공급은 현재 공장의 확장보다 열등한 성과를 나타내는 것을 확인할 수 있다. 따라서 외주공급이라는 대안은 향후 고려 대안에서 제거할 수 있다. 같은 방법으로 신규 공장의 신설이라는 대안 역시 미래의 수요가 어떻게 발생하더라도 현재 공장의 확장보다 좋은 결과를 나타내지 못한다. 즉, 신규 공장의 신설 역시 고려대상이 되지 못하며 유일하게 남은 대안은 [표 12-4]와 같이 현재 공장의 확장이므로 이를 선택한다.

표 12-4 열등 대안 제거 후의 성과표

대안 \ 실제상태	침체	양호	우수
현재 공장의 확장	3억 원	7억 원	10억 원

이와 같이 대안 A가 모든 가능한 미래상태에 대하여 대안 B보다 열등한 성과를 나

타낸다면, 대안 A는 대안 B에 대하여 열등하다고 말하며(또는 대안 B가 대안 A에 대하여 우월하다고 말하며), 열등한 대안은 향후 고려대상에서 제외시킨다. 의사결정 문제에서는 이러한 방법을 적용하여 열등한 대안을 제거함으로써 고려대상의 폭을 좁힐 수 있다.

그러나 예제에서와 같이 한 개의 대안이 나머지 모든 대안에 대하여 우월한 경우는 흔하지 않고, 대부분의 경우에는 서로 열등하지 않은 2개 이상의 대안이 존재하게 된다. 이 경우 주어진 정보만을 활용하여 의사결정을 내려야 하므로 이에 대한 여러 가지 기준을 설정할 수 있다. 어떠한 기준을 사용하는가에 따라서 동일한 의사결정문제에서도 서로 다른 대안을 선택할 수 있다. 불확실한 상황에서 주로 사용할 수 있는 기준들은 다음과 같다.

12.3.1 최대최소 기준

각 대안을 선택했을 때 발생 가능한 상황 중 최악의 상황을 고려하고 최악의 상황에서도 가장 나은 결과를 제공하는 대안을 선택하는 기법이다. 이 기법은 본질상 매우 보수적이고 비관적인 성격을 가지고 있다. [예제 12-1]을 최대최소 기준에 의해서 의사결정을 내려 보면 다음과 같다.

표 12-5 | 최대최소 기준에 의한 의사결정 결과

대안 \ 실제상태	침체	양호	우수	최소값
외주공급	2억 원	5억 원	8억 원	2억 원
현재 공장의 확장	−1억 원	10억 원	12억 원	−1억 원
신규 공장의 신설	−10억 원	8억 원	20억 원	−10억 원

한국테크주식회사의 경영진이 외주공급이라는 대안을 선택했을 때 발생할 수 있는 최악의 경우는 미래 수요가 '침체'로 발생하여 2억 원의 수익을 올리는 것이다. 또한 경영진이 현재 공장의 확장이라는 대안을 선택했을 때 발생할 수 있는 최악의 경우는 미래 수요가 '침체'로 발생하여 1억 원의 손실이 나는 것이며, 신규 공장의 신설이라는

대안을 선택했을 때 발생할 수 있는 최악의 경우는 미래 수요가 '침체'로 발생하여 10억 원의 손실이 나는 것이다. 따라서 각 대안이 선정되었을 때 발생 가능한 최악의 수익은 각각 2억 원, −1억 원, −10억 원이 되고, 최대최소 기준을 활용하면 이 중 가장 높은 수익을 제공하는 외주공급을 선택하게 된다. 최대최소 기준은 매우 보수적인 의사결정 기준이므로 이를 이용하여 의사결정을 내릴 경우 미래 상황에 대하여 위험을 최소화할 수 있다는 장점을 가진다. 그러나 반면에 위험을 감수하더라도 큰 수익을 기대해야 하는 상황이라면 적절하지 못한 의사결정 기준이 될 수 있다.

위의 예에서는 이익 최대화를 위한 문제를 다루었지만, 비용 최소화를 위해서는 최대최소 기준 대신 최소최대(Min−Max) 기준을 사용하면 된다. 즉, 불확실한 상황하에서 비용 최소화를 위한 대안 결정을 위해서는 각 대안별 최대 손실(비용) 중에서 최소값을 갖는 대안을 선택하면 된다. 또한 적극적이고 낙관주의적인 의사결정은 최대최대(Max−Max) 기준을 이용하면 된다.

12.3.2 라플라스 기준

라플라스 기준(Laplace Criterion)은 불충분 이유의 원칙(the Principle of Insufficient Reason)에 기반하고 있다. 불충분 이유의 원칙이란 미래상태에 대한 정보가 없는 상황에서 각 상태의 발생 확률이 서로 다르다고 판단할 이유가 없으므로 동일한 발생 확률을 가진다고 가정하는 것이다. 이렇게 가정하면 의사결정 상황은 확률적인 상황에서의 의사결정으로 전환된다.

이를 바탕으로 [예제 12-1]에 대한 의사결정을 내려보면 다음과 같다.

표 12-6 라플라스 기준에 의한 의사결정 결과

대안 \ 실제상태	침체	양호	우수	기대수익
외주공급	2억 원	5억 원	8억 원	5억 원
현재 공장의 확장	−1억 원	10억 원	12억 원	7억 원
신규 공장의 신설	−10억 원	8억 원	20억 원	6억 원

외주공급을 선택할 경우, 미래상태에 따라 각각 2억 원, 5억 원, 8억 원의 수익이 발생하는데 라플라스 기준에서는 각 상태의 발생확률이 동일하다고 가정하므로 외주공급을 선택할 때의 기대수익은 아래와 같다.

2억 원×(1/3)+5억 원×(1/3)+8억 원×(1/3)=5억 원

동일한 방법으로 현재 공장의 확장을 선택했을 경우에는 7억 원, 신규 공장의 신설을 선택했을 때는 6억 원의 수익이 기대된다. 따라서 이 경우에는 기대수익이 가장 높은 현재 공장의 확장을 선택하는 것이 최적의 의사결정이다.

12.3.3 후르비츠 기준

후르비츠 기준(Hurwicz Criterion)은 2007년 노벨 경제학상 수상자인 레오니트 후르비츠(Leonid Hurwicz)의 이름을 딴 것으로 각 대안을 선택했을 때 발생할 수 있는 최상의 결과와 최악의 결과의 가중평균을 이용하여 의사결정을 내린다.

대안의 기대수익$=\alpha\times$(대안 선택 시 발생 가능한 최선의 결과)
$+(1-\alpha)\times$(대안 선택 시 발생 가능한 최악의 결과)

이때 최선의 결과에 대한 가중치인 α는 낙관주의 계수(Index of Optimism)라 불리며, 0과 1 사이의 값을 가진다. 기대수익의 경우는 최대화를 해야 하므로 후르비츠 기준은 최대최대(Max－Max) 기준과 최대최소(Max－Min) 기준의 가중평균을 이용하는 방법으로 생각할 수 있다. 즉, 낙관주의 계수 α가 0이면, 최대최소 기준과 동일해지고, $\alpha=1$이면 최대최대 기준(낙과주의적 의사결정 기준)이 된다. 낙관주의 계수를 0.7이라고 할 때, [예제 12-1]을 후르비츠 기준에 의해서 의사결정을 내려 보면 다음과 같다.

표 12-7 후르비츠 기준에 의한 의사결정 결과

대안 \ 실제상태	침체	양호	우수	기대수익
외주공급	2억 원	5억 원	8억 원	6.2억 원
현재 공장의 확장	−1억 원	10억 원	12억 원	8.1억 원
신규 공장의 신설	−10억 원	8억 원	20억 원	11.0억 원

외주공급을 선택할 경우, 미래상태에 따라 각각 2억 원, 5억 원, 8억 원의 수익이 발생하는데 후르비츠 기준에서는 최선의 경우인 8억 원과 최악의 경우인 2억 원의 가중평균을 구하게 되므로 외주공급을 선택할 때의 기대수익은 아래와 같다.

$$0.7\times 8\text{억 원}+(1-0.7)\times 2\text{억 원}=6.2\text{억 원}$$

동일한 방법으로 현재 공장의 확장을 선택했을 경우에는 8.1억 원, 신규 공장의 신설을 선택했을 때는 11.0억 원의 수익이 기대된다. 따라서 이 경우에는 기대수익이 가장 높은 신규 공장의 신설을 선택하는 것이 최적의 의사결정이다.

12.3.4 최소최대 기회비용 기준

최소최대 기회비용 기준(Minimax Opportunity Criterion)은 새비지 기준(Savage Criterion)이라고도 불리며 각 대안을 선택했을 때 발생할 수 있는 최대 기회비용을 최소화하는 대안을 선택하는 방법이다. 특정 대안의 기회비용은 그 대안을 선택함으로써 포기해야 하는 다른 대안으로부터 얻을 수 있는 이익을 의미한다.

[예제 12-1]에서 경영진이 현재 공장의 확장이라는 대안을 선택했을 때, 미래 수요가 '우수'로 나타난다면 한국테크주식회사의 수익은 12억 원이다. 그러나 만약 경영진이 현재 공장의 확장이 아니라 신규 공장의 신설이라는 대안을 선택했다면 20억 원의 수익을 올릴 수 있었다. 따라서 미래 수요가 '우수'일 때, 현재 공장의 확장이라는 대안을 선택함으로써 발생하는 기회비용은 20억 원에서 12억 원을 뺀 8억 원이 된다. 동일한 방법으로 미래 수요가 '우수'일 때 각 대안의 기회비용은 다음과 같다.

외주공급 : 20억 원−8억 원=12억 원

신규 공장의 신설 : 20억 원−20억 원=0억 원

이제 각 미래상태별로 기회비용을 구해보면 다음의 표와 같다.

표 12-8 기회비용표

대안 \ 실제상태	침체	양호	우수	최대기회비용
외주공급	0억 원	5억 원	12억 원	12억 원
현재 공장의 확장	3억 원	0억 원	8억 원	8억 원
신규 공장의 신설	12억 원	2억 원	0억 원	12억 원

기회비용표를 살펴보면 외주공급이라는 대안을 선택할 경우 최대 기회비용은 12억 원이고, 현재 공장의 확장이라는 대안을 선택할 경우 최대 기회비용은 8억 원, 신규 공장의 신설이라는 대안을 선택할 경우의 최대 기회비용은 12억 원이다. 따라서 이 중에 최대 기회비용이 가장 낮은 대안인 현재 공장의 확장을 선택하는 것이 최선이다.

12.4 의사결정나무

지금까지 다루었던 의사결정문제들은 의사결정 상황에 관계없이 모두 일단계의 의사결정으로 대안을 선택할 수 있다는 공통점을 가지고 있다. 그러나 현실적인 상황에서는 여러 개의 의사결정문제가 서로 연관이 되어 있어, 다단계에 걸친 의사결정을 통해서 대안을 선정해야 하는 경우가 흔히 발생한다.

이렇게 다단계에 걸쳐서 의사결정이 이루어질 경우에는 문제의 복잡도가 증가하므로 시각적인 형태로 의사결정 상황을 표현하는 것이 필요하며, 이때 사용할 수 있는 유용한 도구가 의사결정나무(Decision Tree)이다.

예제 12-3

대전물산 주식회사는 정체상태에 머무르고 있는 매출을 신장시키기 위하여 판매부서에 대한 컨설팅이 필요하다고 판단하여 컨설턴트인 A씨를 고용할 것을 고려하고 있다. A씨는 대전물산주식회사와 유사한 업종의 기업을 대상으로 다수의 컨설팅을 성공적으로 수행한 경험을 가지고 있다. 이에 대전물산주식회사는 A씨의 과거 경험을 미루어봤을 때 컨설팅이 성공적으로 끝날 확률이 70%, 실패할 확률은 30%로 예측하고 있다. 컨설팅이 성공적으로 끝난다면 대전물산주식회사는 약 50억 원가량의 수익을 올릴 수 있을 것으로 예상되며, 컨설팅이 실패로 끝난다면 투자된 비용 및 조직의 사기 저하에 따른 손실이 20억 원가량 발생할 것으로 예상된다.

이러한 상황에서 판매를 총괄하는 담당이사는 위험을 줄이기 위해서 판매부서 전체에 대한 컨설팅을 수행하기 전에 비주력제품을 담당하는 판매 2팀을 대상으로 사전 컨설팅을 수행한 후 그 결과를 보고 판매부서 전체에 대한 컨설팅을 수행할지 여부를 결정해야 한다고 주장한다. 사전 컨설팅 결과는 90%의 정확도를 가질 것으로 예상된다. 즉, 사전 컨설팅 결과가 성공이면 판매부서 전체에 대한 컨설팅이 성공할 확률이 90%가 되며, 사전 컨설팅 결과가 실패라면 판매부서 전체에 대한 컨설팅이 실패할 확률 역시 90%가 된다. 사전 컨설팅은 비주력제품 담당부서에 대하여 이루어지므로 결과에 따른 매출 변화는 거의 없고 다만 컨설팅 비용 5억 원이 지출된다.

기대수익을 극대화하기 위하여 대전물산은 어떤 의사결정을 내려야 하는가?

[예제 12-3]은 판매부서에 대한 컨설팅 실시 여부 및 사전 컨설팅 실시 여부에 대한 의사결정을 모두 수행해야 한다. 또한 사전 컨설팅 실시에 대한 의사결정이 이루어진 이후에 판매부서에 대한 컨설팅 실시에 대한 의사결정이 이루어지므로 2단계 의사결정문제에 해당된다.

의사결정나무는 이러한 다단계 의사결정의 과정을 시각적으로 표현하는 도구이며, 마디(node)와 가지(branch)로 구성된다. 의사결정나무에서 마디는 대안의 선택 또는 미래 상황의 발생 등 특정 이벤트가 발생하는 시점을 나타낸다. 따라서 마디는 대안의 선택 시점을 나타내는 의사결정마디(Decision Node)와 미래 상황의 발생 시점을 나타내는 기회마디(Chance Node), 최종 의사결정 결과를 나타내는 완료마디(Terminal Node)로 구성된다. 이 중 의사결정마디는 사각형으로, 기회마디는 원형으로, 완료마디는 삼각형으로 표시된다. 반면 가지는 대안 또는 미래 상황을 의미하며 직선의 형태로 표현된다. 이를 바탕으로 [예제 12-3]의 의사결정 상황을 의사결정나무로 표현해보면 아래 그림과 같다.

그림 12-1 의사결정나무

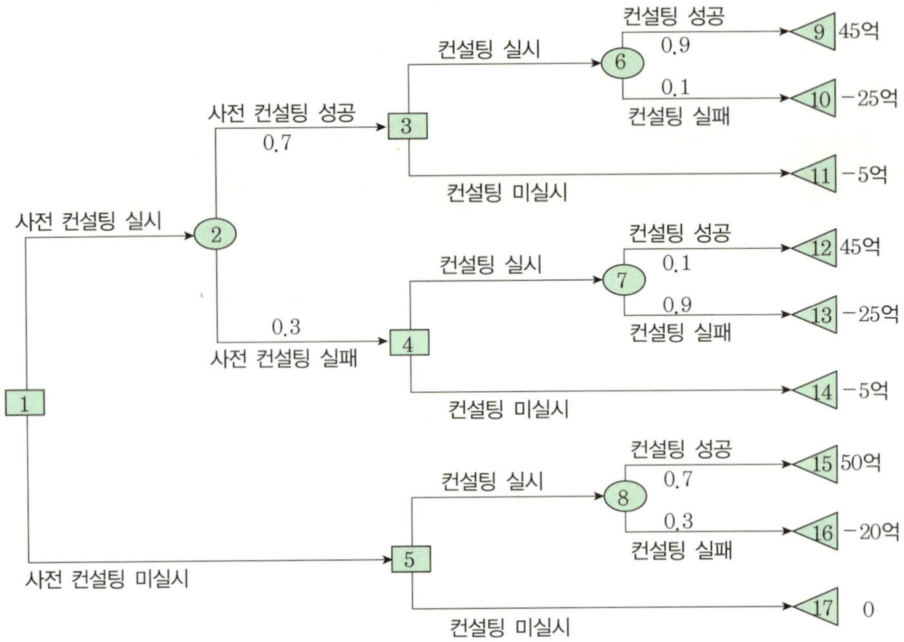

의사결정나무는 시간의 흐름에 따라 왼쪽에서 오른쪽으로 그려 나간다. 대전물산주식회사의 경영진은 먼저 사전 컨설팅을 실시할 것인지 여부를 결정해야 한다. 이는 의사결정 시점을 의미하는 것이며 따라서 의사결정마디 1로 그 시점을 표현한다. 의사결정마디 1에서 의사결정자는 2가지의 대안을 가지는데 하나는 사전 컨설팅을 실시하는 것이고 나머지 하나는 사전 컨설팅을 실시하지 않는 것이다. 각각의 대안은 가지의 형태로 표현되어 별도로 표현된다. 사전 컨설팅이 수행되면 그 결과가 나타나게 되는데 사전 컨설팅 결과의 성공 여부는 외부변수에 해당하므로 이는 기회마디 2로 표현된다. 사전 컨설팅 결과는 성공과 실패의 두 가지로 나타나며 각각의 발생 확률은 0.7과 0.3이다. 각각의 결과는 기회마디 2에서 발생하는 가지의 형태로 표현되며 각각의 발생 확률이 기록된다. 사전 컨설팅이 성공인 것으로 나타났을 때 의사결정자는 실제 컨설팅을 실시할 것인지 여부를 결정해야 한다. 이는 의사결정의 시점을 나타내므로 의사결정마디 3으로 나타난다. 의사결정마디 3에서 의사결정자는 컨설팅 실시와 컨설팅 미실시의 2가지 대안을 가진다. 컨설팅 실시를 선택할 경우 컨설팅의 결과는 외부변수에 해당되어 기회마디 6으로 나타난다. 기회마디 6에서는 90%의 확률로 컨설팅이 성공하거나 10%의 확률로 컨설팅이 실패하는 두 가지 경우를 가진다. 각각의 경우는 기회마디 6에서 발생하는 가지로 나타난다. 컨설팅이 성공으로 나타나는 경우 의사결정이 모두 완료된 것이므로 완료마디 9로 나타나며, 이때 기대되는 수익은 컨설팅 성공에 따른 수익 50억 원에서 사전 컨설팅비용 5억 원을 제외한 45억 원이다. 이 값을 완료마디 오른쪽에 표기한다. 동일한 방법으로 가능한 모든 경우에 대해서 그림을 그려 나가면 [그림 12-1]과 같은 의사결정나무를 그리게 된다.

의사결정나무의 분석은 오른쪽에서 왼쪽으로 수행한다. 먼저 기회마디 6에서 컨설팅의 성공 확률이 90%이고 컨설팅의 실패 확률은 10%이다. 성공할 경우 45억 원의 수익이 예상되며 실패할 경우 25억 원의 손실이 예상된다. 따라서 기회마디 6에서 기대되는 수익은 0.9×45억 원+0.1×(−25)억 원=38억 원이다. 이 값을 기회마디 6 아래에 적어 놓는다. 한 단계 위로 올라가면 의사결정마디 3이 나타난다. 의사결정마디에서는 의사결정자가 대안을 선택할 수 있다. 의사결정자는 의사결정마디 3에서 컨설팅 실시를 선택하여 38억 원의 기대수익을 가질 수도 있고 컨설팅 미실시를 선택하여 5억 원의 손실을 기대할 수도 있다. 이 경우 의사결정자는 컨설팅 실시를 선택하게 되고 따라서 의사결정마디 3에서는 38억 원을 기대할 수 있다. 이때 컨설팅 미실시라는 대안은 빗금표시를 하여 기각되었음을 표기한다. 동일한 방법으로 모든 마디에 대하여 분석을 실시하면 다음 [그림 12-2]와 같이 분석할 수 있다.

각 마디에 대한 분석이 끝나면 제거되지 않은 마디들과 가지들의 집합이 최적의 의사결정이 된다. 즉, 위의 사례에서는 사전 컨설팅을 실시하지 않은 채 판매부서에 대한 컨설팅을 곧장 실시하여 컨설팅 성공 시 50억 원의 수익, 컨설팅 실패 시 20억 원의 손실을 기대하는 것이 최적의 의사결정이며 이때의 기대수익은 29억 원이다.

그림 12-2 의사결정나무 분석 결과

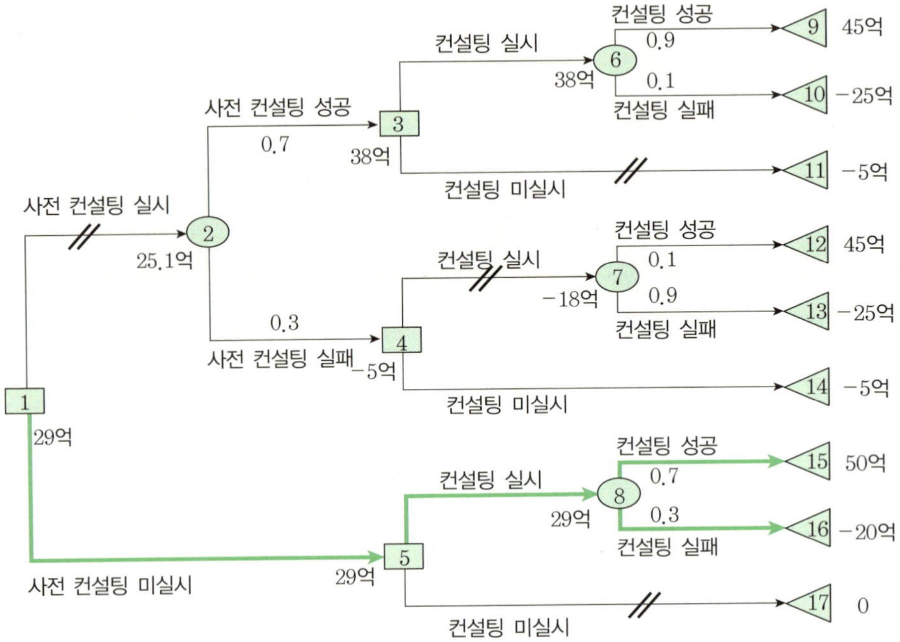

12.5 상충되는 상황에서의 의사결정

12.5.1 게임이론의 구성요소와 유형

앞 절에서는 의사결정문제들을 주어진 정보의 불확실성을 기준으로 의사결정 상황으로 분류하였다. 다양한 상황에서의 의사결정 기법들에 대해서 알아보았으나 각 의사결정 상황의 공통점은 의사결정자가 한 명이라는 것이다.

만약 의사결정문제에 다수의 의사결정자가 참여하게 되면 의사결정의 복잡성은 크게 증가하게 된다. 또한 각 의사결정자의 이해가 상충한다면 의사결정의 복잡성은 한층 더 증가한다. 이렇게 다수의 의사결정자가 각자의 이익이 상충되는 상황에서 의사결정을 내려야 하는 것을 상충되는 상황에서의 의사결정(Decision Making under

Conflict)이라고 하며 게임이론은 이러한 상황을 다루고 있다.

예제 12-4

서로 경쟁관계에 있는 종합 편성 채널사인 M사와 A사는 황금시간대의 시청률을 높이기 위해 어떤 장르의 방송을 내보내는 것이 좋을지를 결정하려고 한다. M사는 음악, 드라마, 코미디 중 하나를 선택하려고 하지만, A사는 영화, 미술, 예능프로 중 하나를 선택해서 방송하려고 한다. [표 12-9]는 A사의 방송편성에 따른 M사의 채널을 선택할 것으로 예상되는 시청자수(단위 : 천 명)이다.

표 12-9 M사의 성과표

M사 \ A사	영화	미술	예능프로
음악	−50	30	−40
드라마	100	60	50
코미디	−30	50	30

셀에 있는 숫자는 M사의 추가 시청자수를 의미하며 이는 A사의 추가 손실과 동일하다. 즉, M사가 음악 방송을 내보내고 A사가 미술을 방송하면 M사가 A사로부터 시청자 30명을 빼어오게 되지만, M사가 코미디를 내보내고 A사가 영화를 방송하면 M사에서 A사에게 30명을 빼앗기게 된다.

이러한 상황에서 각자의 시청자수를 최대로 하기 위한 M사와 A사의 선택은 어떤 것인가?

의사결정모형에서 의사결정자는 확실하지 않은 미래상태를 고려하여 의사결정을 내리게 된다. 이 경우 미래상태는 가치중립적이므로 의사결정자의 선택을 고려하지 않은 채 결정이 된다. 그러나 상충되는 상황인 경우에는 참여하는 의사결정자들이 제한된 자원을 놓고 각자 자신의 이익을 극대화하기 위하여 대안을 선택하게 되므로 각 의사결정자의 대안 선택에 따라 다른 의사결정자는 상대적인 반응을 하게 되며 또한 지능적인 반응을 하게 된다. 따라서 이 경우 의사결정자는 자신의 대안 선택에 따른 상대의 대응을 예측하여야 한다. 게임이론에서 다루는 의사결정 상황의 특징은 다음과 같다.

① 다수의 의사결정자가 참여해야 하며 이들을 게임의 참여자(player)라고 한다.

상충적인 상황이란 이익을 달리하는 둘 이상의 의사결정자가 참여하는 것을 전제로 한다. 따라서 게임이 성립하기 위해서는 2인 이상의 의사결정자가 참여하여야 한다. [예제 12-4]에서는 M사와 A사의 2개 사가 게임의 참여자이다. 2명의 참여자가 있는 게임을 2인게임이라고 한다. 물론 시청률에 영향을 주는 다른 회사가 있을 수 있고, 이들 회사도 고려한다면 N인 게임(다수 게임)이 된다.

② 각 의사결정자는 다수 개의 선택 가능한 대안을 가지고 있으며 이들을 전략(strategy)이라고 한다. [예제 12-4]에서 M사는 음악, 드라마, 코미디, A사는 영화, 미술, 예능프로의 3가지의 대안을 가지고 있다.

③ 각 의사결정자는 자신의 목적을 극대화하기 위한 의사결정을 한다. 동일한 자원을 가지고 경쟁하는 제로섬 게임(Zero Sum Game)의 경우, 특정 참여자가 자신의 이익을 극대화하려 한다면 상대방의 이익을 감소시켜야 한다. 반면, 비-제로섬 게임의 경우, 특정 참여자가 자신의 이익을 극대화하더라도 상대방의 이익을 감소시키지 않을 수 있다. 그러나 특정 참여자가 자신의 이익이 아닌 상대방의 이익을 극대화하기 위한 의사결정을 하는 것은 게임모형의 가정에 부합하지 않는다.

④ 게임의 참여자는 대안 선택에 따른 성과에 대한 동일한 평가를 해야 한다. 각 참여자가 각자 대안을 선택했을 때의 각자가 가져가는 성과(payoff)에 대하여 서로 다른 평가를 하게 된다면 합리적인 의사결정을 내리기가 어렵다. 따라서 모든 게임의 참여자가 대안 선택에 따른 성과에 대하여 동일한 평가를 내려야 한다.

⑤ 반복되는 게임을 대상으로 한다. 한 번에 끝나는 게임의 경우 우연성이 많이 작용하게 되므로 합리적인 의사결정의 중요성이 낮아지게 된다. 따라서 게임이론의 경우 반복되는 게임을 주요 대상으로 한다.

게임이론에서 다루는 상황이 매우 다양하므로 이에 대한 해법 역시 다양하게 발생할 수 있다. 게임모형의 분류를 참여자수에 따라 구분해보면 2명의 의사결정자가 참여하는 2인 게임, 3명의 의사결정자가 참여하는 3인 게임, 그 이상의 의사결정자가 참여하는 N인 게임으로 분류할 수 있다. 또한 경쟁 유형에 따라서 제로섬 게임(Zero Sum Game: 영화게임)과 비-제로섬 게임(Non Zero Sum Game: 비영화게임)으로 구분할 수 있다. 제로섬 게임이란 게임 참여자의 총수익과 총손실의 합이 0이 되는 게임을 의미하며, 비-제로섬 게임은 총수익의 합과 총손실의 합이 0이 되지 않은 게임을 의미한다.

게임에 참여하는 의사결정자의 수와 경쟁 유형에 따라서 게임은 2인 제로섬 게임, 3인 비-제로섬 게임 등으로 분류될 수 있다. [예제 12-4]는 이러한 분류에 의하면 2인 제로섬 게임으로 분류될 수 있다.

게임모형의 해결은 각 참여자가 최적의 전략을 선택하고 그때 발생하는 결과를 밝힘으로써 가능하다.

[예제 12-4]의 경우 M사의 입장에서 음악과 드라마 방송이라는 대안을 비교할 때, 상대방인 A사가 어떠한 대안을 선택하더라도 M사는 드라마 방송을 선택하는 것이 더 유리하다는 것을 알 수 있다. 즉, 음악 방송 대안은 드라마 방송 대안에 대하여 열등한 대안이 되므로 향후 고려대상에서 제외한다. 동일한 방법으로 M사가 코미디 방송을 하는 대안 역시 드라마 방송을 하는 대안에 비하여 열등하고, 향후 고려 대상에서 제외하는 것이 바람직하다. 그 결과 M사의 입장에서는 드라마라는 대안만이 남게 되므로 M사는 드라마 방송 대안을 선택하게 된다. 한편, A사의 입장에서는 상대방인 M사가 드라마를 방송할 것을 예상할 수 있으므로 M사가 드라마를 방송하는 시간에 가장 시청자를 덜 뺏기는 예능프로를 방송하는 대안을 선택하게 된다. 따라서 [예제 12-4]의 게임의 결과는 M사는 '드라마'를 선택하고, A사는 '예능프로'를 선택하여 M사가 A사로부터 50명(단위 : 천 명)을 획득하는 것이 게임의 참여자 모두에게 최적의 선택이라고 할 수 있다.

[예제 12-4]의 경우 다른 모든 대안에 비하여 우월한 하나의 대안이 존재하기 때문에 참여자들이 비교적 쉽게 의사결정을 내릴 수 있다. 그러나 일반적인 경우에는 서로 우월하지 않은 둘 이상의 대안이 존재하는 것이 대부분이다.

12.5.2 순수전략을 갖는 게임

[표 12-10]은 [예제 12-4]에서 각 대안을 선택했을 때의 시청자수만 변화한 모형이다. 각 대안은 서로 열등하지 않으므로 모든 대안들이 고려대상이 된다. 이러한 경우에는 의사결정 참여자들 간의 의사결정 목적이 서로 상충하는 상황이므로, 각 참여자

표 12-10 수정된 M사의 성과표

M사 \ A사	영화	미술	예능프로
음악	35	30	40
드라마	−10	20	60
코미디	55	−10	−20

들은 보수적인 의사결정을 내리는 것이 일반적이다. 따라서 의사결정모형에서 다룬 기준 중에서 가장 보수적인 최대최소 기준(Max−Min Criterion)을 사용하게 된다.

게임모형의 해결을 위하여 M사가 '음악'이라는 대안을 선택하는 경우를 고려해보자. 이 경우 A사의 선택에 따라서 M사는 추가적으로 35명, 30명 또는 40명을 확보할 수 있다. 각 참여자의 목적이 상충하는 상황이므로 이 경우 A사가 합리적인 의사결정을 내리게 된다면 M사의 입장에서는 이 중 최소값인 30명을 추가적으로 획득한다고 판단하는 것이 타당할 것이다. 즉, 상대방이 자신의 이익을 극대화하기 위하여 행동한다면 의사결정자의 이익은 최소화될 것이므로 이를 고려해야 한다. 따라서 M사는 자신이 '음악'이라는 대안을 선택할 경우, 상대방인 A사는 '미술'이라는 대안을 선택해 M사의 입장에서 30명을 추가적으로 획득할 것이라고 판단한다. 동일한 이유로 M사가 '드라마'라는 대안을 선택한다면 상대방인 A사는 '영화'라는 대안을 선택하여 M사가 10명을 잃어버리게 될 것으로 판단한다. 만약 M사가 '코미디'라는 대안을 선택한다면 상대방인 A사는 '예능프로'라는 대안을 선택하여 M사는 20명을 잃어버리는 것으로 판단한다. 따라서 이러한 상황을 고려할 때 M사는 A사의 선택 대안별 기대 시청자 수가 가장 많은 '음악'이라는 대안을 선택하는 것이 합리적이다.

A사의 경우는 최소최대 기준을 이용한 방법으로 의사결정을 내릴 수 있다. 만약 A사가 '영화'라는 대안을 선택한다면, 상대방인 M사는 '코미디'라는 대안을 선택하여 A사로부터 55명을 빼앗아갈 것으로 판단해야 한다. 만약 A사가 '미술'이라는 대안을 선택한다면 M사는 '음악'이라는 대안을 선택하여 A사는 M사에게 30명을 빼앗긴다고 판단한다. 또한 A사가 '예능프로'라는 대안을 선택한다면 M사는 '드라마'라는 대안을 선택하여, A사는 결과적으로 60표를 잃어버리게 된다고 판단한다. 이러한 판단에 근거할 때 A사는 자신의 손실을 최소화할 수 있는 '미술'을 선택하는 것이 합리적인 의사

결정이다.

이를 종합해보면 [표 12-10]의 게임의 경우, M사는 '음악'이라는 대안을 선택하고 A사는 '미술'이라는 대안을 선택하여 M사가 A사로부터 30명을 빼앗아오는 것이 게임의 참여자 모두에게 가장 합리적인 선택이 된다.

이 게임의 특징을 살펴보면, 동일한 게임이 다시 반복된다고 하더라도 M사와 A사는 동일한 선택을 하게 된다. 또한 이 경우에는 본인의 선택이 상대방에게 알려진다고 하더라도 게임의 결과에는 변화가 없게 된다. 예를 들어, M사가 '음악' 방송을 할 것이라는 것이 A사에게 사전에 알려진다고 하자. 그렇다고 하더라도 A사는 현재의 대안인 '미술'방송을 바꿀 수가 없다. 왜냐하면 A사가 다른 대안을 선택하게 되면 현재의 손실인 30보다 더 큰 손실을 감수해야 하기 때문이다. 동일한 논리로 만약 A사의 선택인 '미술'이 상대방인 M사에게 사전에 노출되었다고 하자. 그렇다고 하더라도 M사는 현재의 대안인 '음악' 방송을 고수하게 된다.

위의 사례에서와 같이 동일한 게임이 반복될 때 게임의 참여자가 항상 동일한 선택을 하는 경우를 순수전략(Pure Strategy)이라고 한다. 게임모형의 순수전략 해를 찾는 방법은 다음의 순서를 따른다.

단계 1 각 행에 대하여 최소값을 구한 후 그 중 최대값을 갖는 대안을 선택한다.

A사 / M사	영화	미술	예능프로	최소값	최대최소값
음악	35	30	40	30	30
드라마	−10	20	60	−10	
코미디	55	−10	−20	−20	

최소값 열에 M사가 선택할 수 있는 대안인 '음악', '드라마', '코미디'에 대하여 발생할 수 있는 최악의 결과인 30, −10, −20명을 기록한다. 그리고 최대최소값 열에는 최소값 중 최대값인 30을 기입한다. 이 경우 M사가 선택하는 대안은 최대최소값을 제공하는 '음악'이 된다.

단계 2 각 열에 대하여 최대값을 구한 후 그 중 최소값을 갖는 대안을 선택한다.

M사 \ A사	영화	미술	예능프로	최소값	최대최소값
음악	35	30	40	30	30
드라마	−10	20	60	−10	
코미디	55	−10	−20	−20	
최대값	55	30	60		
최소최대값		30			

최대값 행에 A사가 선택할 수 있는 대안인 '영화', '미술', '예능프로'에 대하여 발생할 수 있는 최악의 결과인 55, 30, 60명을 기록한다. 그리고 최소최대값 행에는 최대값 중 최소값인 30을 기입한다. 이 경우 A사가 선택하는 대안은 최소최대값을 제공하는 '미술'이 된다.

단계 3 단계 1에서 얻은 최대최소값과 단계 2에서 얻은 최소최대값이 동일한지 확인한다. 만약 두 값이 동일하다면 해당 게임은 순수전략으로 해결할 수 있으며 최적의 해는 단계 1과 단계 2에서 얻어진 대안이다. 만약 두 값이 동일하지 않다면 해당 게임은 순수전략으로 해결할 수 없으며, 혼합전략을 이용하여야 한다.

M사 \ A사	영화	미술	예능프로	최소값	최대최소값
음악	35	30	40	30	30
드라마	−10	20	60	−10	
코미디	55	−10	−20	−20	
최대값	55	30	60		
최소최대값		30			

위의 사례에서는 M사의 최대최소값과 A사의 최소최대값이 30으로 동일하다. 따라서 위 게임은 순수전략으로 해결할 수 있으며, 각 참여자의 순수전략은 단계 1과 단계 2에서 구한 바와 같이 M사는 '음악', A사는 '미술'을 선택하는 것이다.

순수전략을 갖는 게임의 경우, 최소최대값과 최대최소값이 항상 같은 셀에서 발생하게 된다. 이 점을 안장점(Saddle Point)이라고 한다. 이러한 안장점이 존재하기 때문에 각 참여자는 현재의 대안에서 이동하지 못하게 되고, 즉 해가 안정해(Stable Solution)의 특성을 가지게 된다. 여기서 안장점은 그 행에서 최소값을 갖는 셀이고, 그 열에서는 최대값이 되는 셀임을 알 수 있다. 안장점의 값을 게임값(Game Value)이라 하는데, 게임값이 0인 게임을 공정게임(Fair Game)이라 한다.

12.5.3 혼합전략을 갖는 게임

앞 절에서는 안정해를 갖는 게임에 대하여 다루었지만 보다 일반적인 상황에서의 게임은 안장점을 가지지 못하는 불안정해(Unstable Solution)를 가지는 경우가 많다. [예제 12-4]에서 성과표가 수정된 다음의 게임을 고려하자.

표 12-11 재수정된 M사의 성과표

M사 \ A사	영화	미술	예능프로
음악	50	35	40
드라마	70	−10	30
코미디	−10	55	−20

위의 성과표를 살펴보면 우선 A사의 입장에서 '영화'라는 대안은 '예능프로'라는 대안에 비하여, M사가 어떤 대안을 선택하더라도 항상 더 큰 손실이 되므로, 열등한 대안임을 알 수 있다. 따라서 열등한 대안인 '영화'를 모형에서 [표 12-12]와 같이 제거한다.

표 12-12 A사의 입장에서 열등한 대안을 제거한 후의 M사의 성과표

M사 \ A사	미술	예능프로
음악	35	40
드라마	−10	30
코미디	55	−20

이 경우, M사의 입장에서 '드라마'라는 대안은 '음악'이라는 대안에 비하여, A사가 어떤 대안을 선택하더라도 항상 이익이 더 작으므로 열등한 대안이다. 따라서 열등한 대안인 '드라마'를 [표 12-13]과 같이 모형에서 제거한다.

표 12-13 열등한 대안을 모두 제거한 후의 M사의 성과표

M사 \ A사	미술	예능프로
음악	35	40
코미디	55	−20

이제 남은 대안들 간에는 서로 열등한 관계가 존재하지 않는다. 따라서 남은 대안들을 이용하여 순수전략 분석을 실시한다.

표 12-14 순수전략 분석 결과

M사 \ A사	미술	예능프로	최소값	최대최소값
음악	35	40	35	35
코미디	55	−20	−20	
최대값	55	40		
최소최대값		40		

[표 12-14]를 보면 M사의 최대최소값은 35이고 A사의 최소최대값은 40으로 서로 다른 값을 가진다. 이는 위의 모형이 순수전략으로 해결될 수 없다는 것을 의미한다. 만약 M사가 순수전략 해와 같이 최대최소값을 제공하는 '음악'이라는 대안을 선택하고, A사 역시 순수전략 해와 같이 최소최대값을 제공하는 '예능프로'라는 대안을 선택했다고 하자. 만약 M사가 '음악'이라는 대안을 선택할 것을 A사가 사전에 알아차린다면 A사는 더 이상 '예능프로'라는 대안을 고집하지 않고 '미술'이라는 대안으로 변경함으로써 손실을 40명에서 35명으로 줄이고자 할 것이다. 만약 A사의 대안이 '예능프로'에서 '미술'로 변경된 것을 M사가 알아차린다면 M사는 더 이상 '음악'을 고집하지 않고 '코미디'로 대안을 변경하여 추가 시청자수를 35명에서 55명으로 증가시키려고 할

것이다. M사가 '음악'에서 '코미디'로 대안을 바꾼 것이 A사에게 알려지면 A사는 다시 자신의 대안을 '미술'에서 '예능프로'로 바꿈으로써 55명 손실을 20명 추가로 바꾸고자 할 것이다. A사가 '예능프로'을 선택한다는 것이 M사에게 알려진다면 M사는 다시 '음악'을 선택함으로써 추가 시청자수를 −20에서 40으로 증가시키고자 할 것이다.

즉, 위의 게임은 의사결정자의 전략이 상대방에게 알려진다면 상대방은 기존의 전략을 변경하여 의사결정자에게 더 큰 손실을 입힐 수 있다. 따라서 순수전략과 같이 동일한 대안을 반복해서 선택한다면 큰 손실을 입을 수 있으며 의사결정자는 자신의 선택이 상대방에게 노출되지 않도록 해야 한다. 자신의 전략이 상대방에게 노출되지 않게 하기 위해서는 특정 대안만을 선택해서는 안 되고 다수 개의 대안들이 모두 선택될 수 있어야 하며 이들 대안들이 특정 순서가 아니라 확률적인 분포에 의해 선정되도록 해야 한다. 이러한 전략을 혼합전략(Mixed Strategy)이라고 한다.

혼합전략을 사용할 경우, M사는 '음악'이라는 대안을 선택할 확률을 p_1, '코미디'라는 대안을 선택할 확률을 p_2로 결정하고 이 확률에 따라 대안을 선택한다. 단, 이때 p_1과 p_2의 합은 1이 된다. 유사하게 A사는 '미술'을 대안을 선택할 확률을 q_1, '예능프로'라는 대안을 선택할 확률을 q_2로 결정하고 이 확률에 따라서 대안을 선택한다. 따라서 혼합전략을 사용할 경우 중요한 점은 각 대안의 선택 확률을 얼마로 설정할 것이냐이다.

(1) 도해법

M사의 입장에서 최적의 혼합전략을 결정해보자. M사가 각 대안을 선택할 확률을 p_1, p_2라 정의하고, A사가 각 대안을 선택할 확률을 q_1, q_2로 설정하였으므로 M사의 기대 시청자수는 아래와 같다.

$$35 \times p_1 \times q_1 + 40 \times p_1 \times q_2 + 55 \times p_2 \times q_1 + (-20) \times p_2 \times q_2$$

이때 p_1과 p_2의 합이 1이므로 p_2를 $(1-p_1)$으로 대치할 수 있다. 그리고 이를 정리하면 M사의 기대 시청자수는 아래와 같이 표현된다.

$$35 \times p_1 \times q_1 + 40 \times p_1 \times q_2 + 55 \times (1 - p_1) \times q_1 + (-20) \times (1 - p_1) \times q_2$$
$$= (55 - 20p_1)q_1 + (-20 + 60p_1)q_2$$

만약 상대방인 A사가 '미술'을 순수전략으로 선택한다면 q_1은 1의 값을 가지고, q_2는 0의 값을 가진다. 따라서 A사가 '미술'을 선택할 때의 M사의 기대 시청자수는 $(55 - 20p_1)$이 된다. 반면, 상대방인 A사가 '예능프로'라는 대안을 순수전략으로 선택한다면 q_1은 0의 값을 가지고, q_2는 1의 값을 가진다. 따라서 A사가 '예능프로'를 선택할 때의 M사의 기대 시청자수는 $(-20 + 60p_1)$이 된다. 이를 그래프로 그려보면 아래 그림과 같다.

그림 12-3 M사의 기대 시청자수

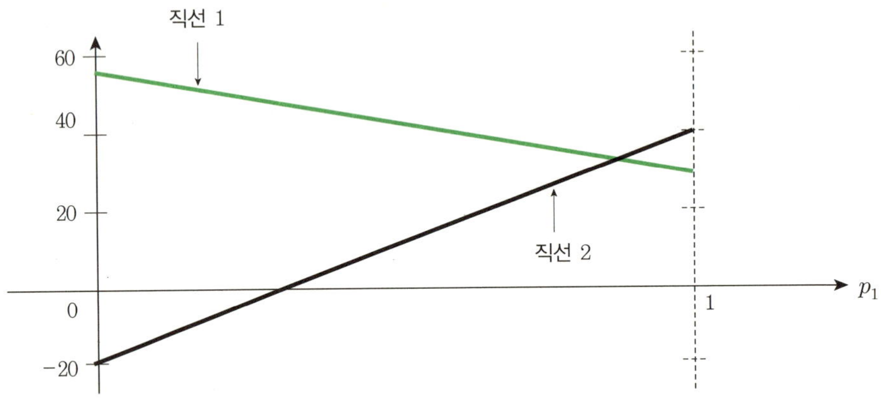

[그림 12-3]에서 직선 1은 상대방인 A사가 '미술'이라는 대안을 순수전략으로 선택했을 때의(즉, $q_1 = 1$이고 $q_2 = 0$일 때의) M사의 기대 득표수를 표현하며, 직선 2는 A사가 '예능프로'라는 대안을 순수전략으로 선택했을 때의(즉, $q_1 = 0$이고, $q_2 = 1$일 때의) M사의 기대 시청자수를 표현한다. 만약 이 경우 M사가 p_1을 0.2로 설정한다면 A사는 '미술'이라는 대안을 순수전략으로 선택함으로써 51명을 잃을 수도 있고(즉, 55−20×0.2), '예능프로'라는 대안을 순수전략으로 선택함으로써 8명을 획득할 수도 있다(즉, −20+60×0.2). 또한 q_1을 0과 1 사이의 값으로 설정함으로써 혼합전략을 선택할 수 있다.

그림 12-4 $p_1 = 0.2$일 때, A사의 선택에 따른 M사의 기대 시청자수

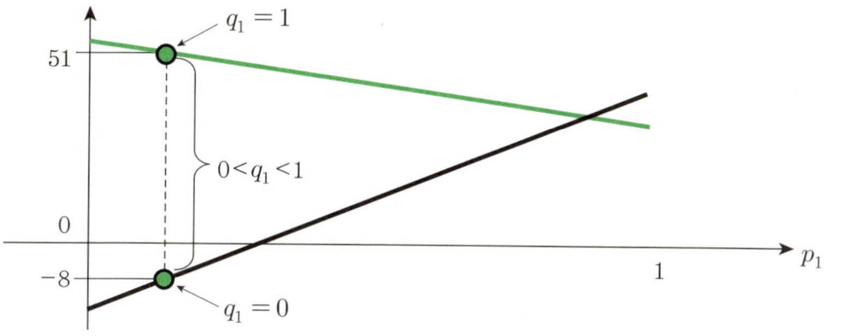

이 경우 A사는 M사의 기대 시청자수를 최소화시키는 것이 목적이므로 '예능프로'를 선정하여 8명 감소를 하고자 할 것이다. 만약 M사가 p_1을 0.95로 설정한다면 A사는 '미술'이라는 대안을 순수전략으로 선택함으로써 36명을 잃을 수도 있고(즉, 55−20×0.95), '예능프로'라는 대안을 순수전략으로 선택함으로써 37명을 잃을 수도 있다(즉, −20+60×0.95). 또한 q_1을 0과 1 사이의 값으로 설정함으로써 혼합전략을 선택할 수 있다. 이 경우 A사는 M사의 기대 득표수를 최소화시키기 위하여 '미술'을 선택할 것이다. 이러한 상황을 그림으로 표현하면 [그림 12-5]와 같다.

[그림 12-5]에서 굵게 표현된 선은 M사가 예측하는 A사의 전략을 의미한다. 즉, M사가 p_1값을 설정하는 데에 따라 A사는 '미술' 또는 '예능프로'라는 대안을 선택함으로써 M사의 기대 시청자수를 최소화하고자 할 것이다.

그림 12-5 M사가 예측하는 A사의 전략

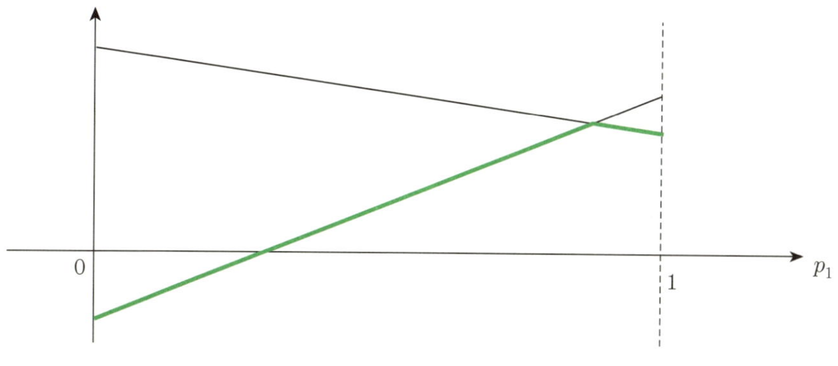

그림 12-6 M사의 전략

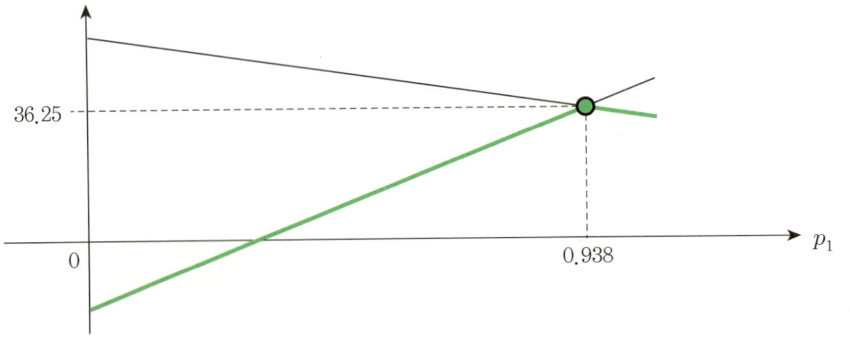

이제 M사는 상대방인 A사의 전략을 고려하여 본인의 전략을 선택하여야 한다. M사의 선택은 p_1값을 설정하는 것이므로 M사의 기대 시청자수를 최대화할 수 있는 0.938로 설정한다. 이 값은 [그림 12-6]에서의 최대최소(Maxmin)값으로 [그림 12-6]의 굵게 표현된 선이 선 중 최소값을 형성하는 것이고, 이 최소값을 나타내는 선 중에서 최대값은 0.938이다. 이때 M사의 기대 시청자수는 36.25명이다.

A사의 전략 역시 유사한 방법으로 구할 수 있다. M사가 각 대안을 선택할 확률을 p_1, p_2라 정의하고, A사가 각 대안을 선택할 확률을 q_1, q_2로 설정하였으므로 M사의 기대 시청자수는 앞서 설명한 바와 같이 다음의 형태로 나타난다.

$$35 \times p_1 \times q_1 + 40 \times p_1 \times q_2 + 55 \times p_2 \times q_1 + (-20) \times p_2 \times q_2$$

이때 q_1과 q_2의 합이 1이므로 q_2를 $(1-q_1)$으로 대치할 수 있다. 그리고 이를 정리하면 M사의 기대 시청자수는 아래와 같이 표현된다.

$$\begin{aligned} & 35 \times p_1 \times q_1 + 40 \times p_1 \times (1-q_1) + 55 \times p_2 \times q_1 + (-20) \times p_2 \times (1-q_1) \\ & = (40-5q_1)p_1 + (-20+75q_1)p_2 \end{aligned}$$

만약 상대방인 M사가 '음악'을 순수전략으로 선택한다면 p_1은 1의 값을 가지고, p_2는 0의 값을 가진다. 따라서 M사가 '음악'을 선택할 때의 A사의 기대손실은 $(40-5q_1)$이 된다. 반면, 상대방인 M사가 '코미디'라는 대안을 순수전략으로 선택한다면 p_1은

0의 값을 가지고, p_2는 1의 값을 가지므로 A사의 기대손실은 $(-20+75q_1)$이 된다. 이를 그래프로 그려보면 아래 그림과 같다.

[그림 12-7] A사의 기대손실

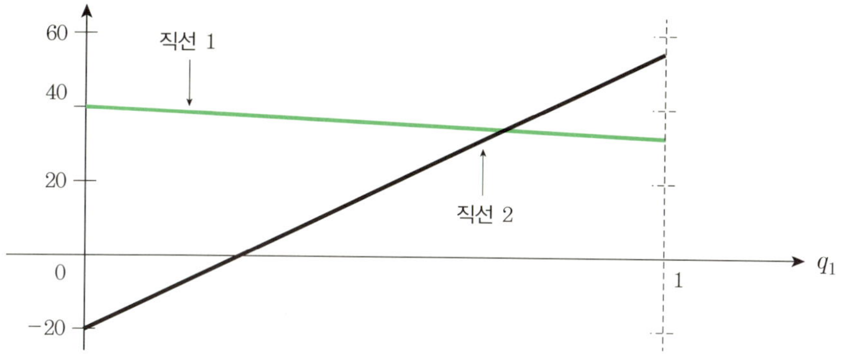

[그림 12-7]에서 직선 1은 M사가 '음악'이라는 대안을 순수전략으로 선택했을 때의 (즉, $p_1=1$ 이고 $p_2=0$일 때의) A사의 기대손실을 표현하며, 직선 2는 M사가 '코미디'라는 대안을 순수전략으로 선택했을 때의(즉, $p_1=0$이고 $p_2=1$일 때의) A사의 기대손실을 표현한다. 상대방인 M사는 A사의 기대손실을 극대화하는 방향으로 의사결정을 내리게 될 것이다. A사가 예측하는 M사의 전략을 앞과 유사한 방법으로 그래프를 이용하여 표현하면 [그림 12-8]과 같다.

[그림 12-8] A사가 예측한 M사의 전략

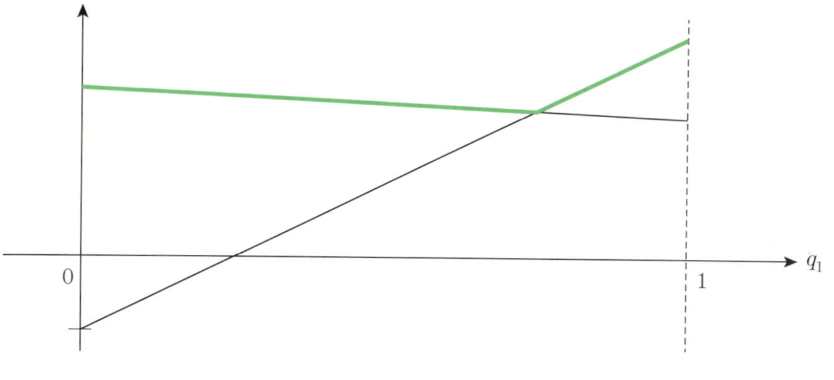

[그림 12-8]에서 굵게 표현된 선은 A사가 예측하는 M사의 전략을 의미한다. 즉, A사가 설정한 q_1값에 근거하여 M사는 '음악' 또는 '코미디'라는 대안을 선택함으로써 A사의 기대손실을 최대화하고자 할 것이다.

그림 12-9 A사의 전략

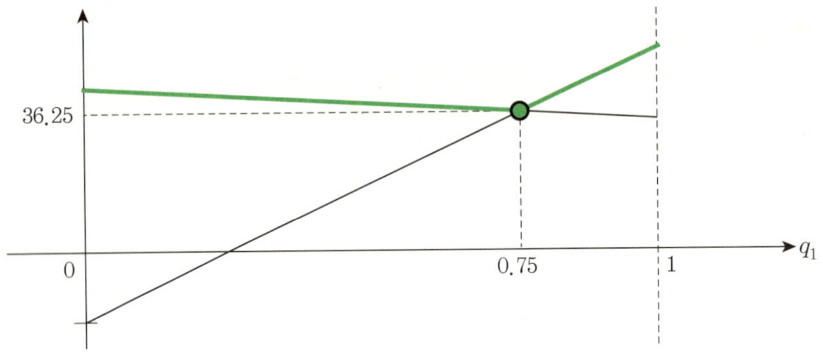

이제 A사는 상대방인 M사의 전략을 고려하여 본인의 전략을 선택하여야 한다. A사의 선택은 본인의 기대손실을 최소화하기 위한 q_1값을 설정하는 것이므로 그림과 같이 0.75를 '미술'이라는 대안을 선택할 확률로 선정한다. 이때 A사의 기대손실수는 36.25명이다.

이를 종합해보면 M사의 경우 0.938의 확률로 '음악'을 선택하고, 0.062의 확률로 '코미디'를 선택하는 것이 최적의 혼합전략이며, 이때 M사의 기대득표수는 36.25명이다. 반면 A사의 경우 0.75의 확률로 '미술'을 선택하고, 0.25의 확률로 '예능프로'를 선택하는 최적의 혼합전략이며 이때 A사의 기대손실은 36.25명이다.

게임의 결과를 살펴볼 때, M사의 기대득표와 A사의 기대손실이 동일함을 알 수 있다. 이는 위 게임에 한정된 특수한 사건이 아니라 다음의 정리에 의해 항상 발생하는 일이다.

■ 최소최대정리(Minimax Theorem)

유한개의 대안을 가지는 모든 2인 제로섬 게임에서 한 참여자의 기대수익값과 다른 참여자의 기대손실값이 동일한 상태가 최적해상태이고, 최적해를 형성하는 각 참여자의 전략은 항상 존재한다.

(2) 선형계획법을 이용한 해법

그래프를 이용한 혼합전략의 수립은 이해하기가 용이하다는 장점을 가지고 있으나 고려되는 대안의 수가 2개 이상이 된다면 해를 구하기가 매우 어렵다. 이러한 경우에 해를 구하기 위해서는 선형계획모형을 활용할 수 있다.

앞선 사례에서 M사의 혼합전략은 아래와 같은 선형계획모형으로 표현될 수 있다.

$$\begin{aligned}
&\text{Maximize} \quad V \\
&\text{subject to} \quad p_1 + p_2 = 1 \\
&\qquad 35p_1 + 55p_2 \geq V \\
&\qquad 40p_1 - 20p_2 \geq V \\
&\qquad p_1 \geq 0,\ p_2 \geq 0
\end{aligned}$$

목적함수는 M사의 의사결정 목적이 기대득표를 최대화하는 것임을 표현하고 있다. 첫 번째 제약식은 두 대안의 선택 확률의 합이 1이 되어야 함을 나타낸다. 두 번째와 세 번째 제약식은 상대방인 A사가 각각의 대안을 선택했을 때의 득표가 최종 기대이익(V)보다 커야 함을 나타내는 제약식이다.

반면 A사의 혼합전략은 아래와 같은 선형계획모형으로 표현될 수 있다.

$$\begin{aligned}
&\text{Minimize} \quad W \\
&\text{subject to} \quad q_1 + q_2 = 1 \\
&\qquad 35q_1 + 40q_2 \leq W \\
&\qquad 55q_1 - 20q_2 \leq W \\
&\qquad q_1 \geq 0,\ q_2 \geq 0
\end{aligned}$$

목적함수는 A사의 의사결정 목적이 기대손실을 최소화하는 것임을 표현하고 있다. 첫 번째 제약식은 두 대안의 선택 확률의 합이 1이 되어야 함을 나타낸다. 두 번째와 세 번째 제약식은 상대방인 M사가 각각의 대안을 선택했을 때의 손실이 최종 기대손실(W)보다 작아야 함을 나타내는 제약식이다.

위의 사항을 좀 더 확장하여 일반적인 경우를 생각하면 다음과 같다. 의사결정자 1은 m개의 대안을 가지며 각 대안의 선택확률이 $(p_1, p_2, \cdots, p_m)$으로 주어지고, 의사결정자 2는 n개의 대안을 가지며 각 대안의 선택확률이 $(q_1, q_2, \cdots, q_n)$으로 주어진다. 의사결정자 1이 i번째 대안을 선택하고 의사결정자 2가 j번째 대안을 선택했을 때 의사결정자 1이 얻게 되는 수익(의사결정자 2의 손실과 동일함)을 C_{ij}라 하자. 의사결정자 1의 목적은 기대수익을 최대화하는 것이고 의사결정자 2의 목적은 기대손실을 최소화하는 것이다. 이 경우 의사결정자 1의 혼합전략을 수립하기 위한 선형계획모형은 아래와 같다.

$$
\begin{aligned}
\text{Maximize} \quad & V \\
\text{subject to} \quad & p_1 + p_2 + \cdots + p_m = 1 \\
& C_{11}p_1 + C_{21}p_2 + \cdots + C_{m1}p_m \geq V \\
& C_{12}p_1 + C_{22}p_2 + \cdots + C_{m2}p_m \geq V \\
& \vdots \\
& C_{1n}p_1 + C_{2n}p_2 + \cdots + C_{mn}p_m \geq V \\
& p_i \geq 0,\ i = 1, 2, \cdots, m
\end{aligned}
$$

반면, 의사결정자 2의 혼합전략을 수립하기 위한 선형계획모형은 아래와 같다. 두 모형에서의 목적식에 표시된 변수 V와 W는 음의 값도 가질 수 있는 무제약변수이다.

$$
\begin{aligned}
\text{Minimize} \quad & W \\
\text{subject to} \quad & q_1 + q_2 + \cdots + q_n = 1 \\
& C_{11}q_1 + C_{12}q_2 + \cdots + C_{1n}q_n \leq W \\
& C_{21}q_1 + C_{22}q_2 + \cdots + C_{2n}q_n \leq W \\
& \vdots \\
& C_{m1}q_1 + C_{m2}q_2 + \cdots + C_{mn}q_n \leq W \\
& q_j \geq 0,\ j = 1, 2, \cdots, n
\end{aligned}
$$

[표 12-13]의 성과표에 대한 최적해를 LINGO를 이용하여 구해보자. 앞에서 설명한 바와 같이 이 문제에 대한 해는 의사결정자 1과 의사결정자 2에 대해 각각 구할 수 있고, 우선 의사결정자 1에 대한 선형계획모형과 최적해를 [그림 12-10]에서 볼 수 있다. 목적식의 결정변수 V는 0 이상의 값을 가져야 한다는 제약이 없으므로 이를 표시하기 위해 @free(V)를 LINGO모형에 추가하였다. LINGO를 수행한 결과로 얻은 최적해는 앞의 도해법과 같은 $p_1=0.9375$, $p_2=0.0625$이고, 이때의 $V=36.25$이다. 의사결정자 1의 문제와 의사결정자 2의 문제 간에는 쌍대관계에 있으므로 쌍대변수의 값에 대한 절대값이 의사결정자 2의 최적해가 되는데, Row 3과 4의 쌍대변수값의 절대값인 0.75와 0.25가 각각 q_1과 q_2의 최적값이고, 이때의 $W=36.25$가 된다. 이를 확인하기 위해 의사결정자 2의 선형계획모형도 유사하게 모형화할 수 있지만, [그림 12-11]에서는 LINGO의 특징 중 하나인 집합(set) 개념을 활용한 모형화를 하여 이에 대한 최적해를 구하였다. 이를 위해 먼저 Sets을 이용하여 모형화를 위한 rows, cols, rew 등의 변수를 정의하였고, 열등 대안 제거 전의 성과표 [표 12-11]을 대상으로 하

그림 12-10 의사결정자 1의 LINGO 실행 화면

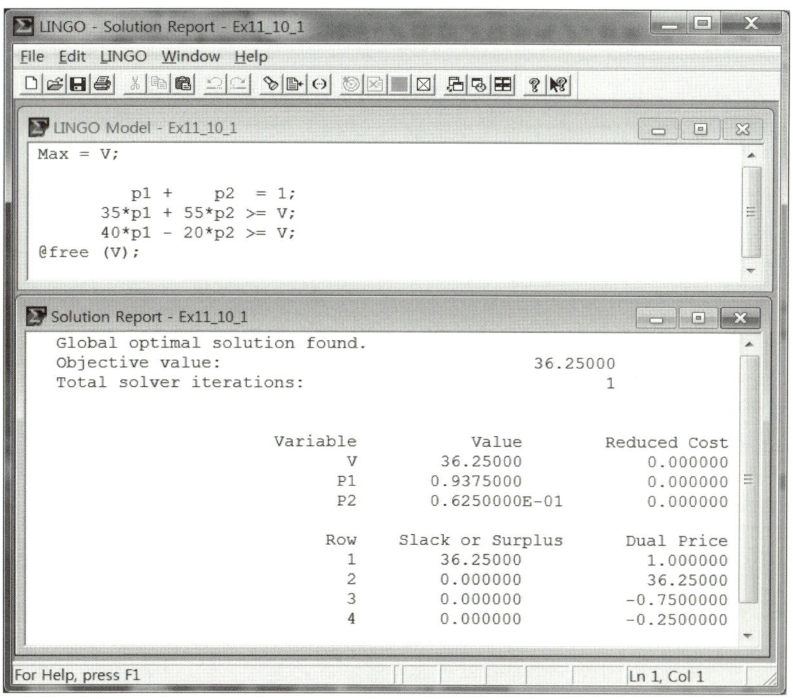

그림 12-11 의사결정자 2의 LINGO 실행화면

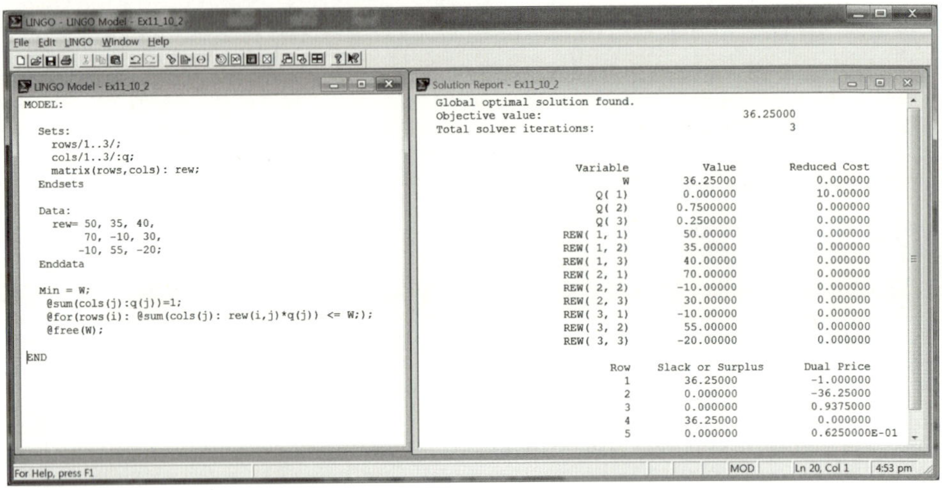

여 Sets에서 정의한 행렬변수 rew 값으로 Data 설정을 통해 입력하였다. 이러한 변수와 데이터에 대해 선형계획모형을 작성하여 최적해를 구한 결과는 앞에서 구한 도해법과 동일하게 0, 0.75, 0.25이고 $W=36.25$이다.

즉, [표 12-11]에서 열등전략이라서 제거된 의사결정자 2의 첫 번째 전략을 선택할 확률은 0이고, [표 12-11]의 두 번째 전략을 0.75의 확률로, 세 번째 전략은 0.25의 확률로 선택하는 것이 최선이다. 즉, 확률 0의 값을 가지는 전략을 모두 제거한 상태인 [표 12-13]을 대상으로 수행한 결과와 동일하다. 이 결과를 이용하여 의사결정자 1의 최적해도 구할 수 있는데, 3, 5번 row의 쌍대변수값인 0.9375와 0.0625가 의사결정자 1의 최적해이다.

12.6 계층적 의사결정

의사결정문제는 결정의 평가기준이 하나인 단일기준 의사결정문제와 여러 개의 기준을 가지는 다기준 의사결정문제로도 구분할 수 있다. 앞에서 다른 의사결정모형은 모두 하나의 목적에 대해 최적의 선택을 하는 단일기준 의사결정문제에 속한다. 다기

준 의사결정(Multi-Criteria Decision Making)문제는 여러 개의 기준이나 목적에 대해 가능한 최선으로 달성하는 방안을 찾는 문제로, 각 기준별 중요도가 상수값으로 주어진 경우에는 제7장의 목표계획법을 이용할 수 있지만, 이들 중요도값을 알지 못하는 경우에는 기준별 상대적 중요도를 도출하는 기법이 필요하다. 이를 위한 기법 중 하나로 본 절에서는 AHP(Analytical Hierarchy Process)를 다룬다.

12.6.1 계층적 구조모델

AHP는 비교 대상기준들을 두 개씩 쌍대비교(Pairwise Comparison)하면서 계층적 구조를 갖는 의사결정문제의 해결 방안의 하나로 상위계층에서부터 하위계층의 순으로 분석해가는 방식(Top-Down Approach) 중 하나이다. AHP는 복잡한 문제를 계층이 있는 여러 문제로 나눠서 문제해결을 시도하는 기법으로 의사결정을 위해 먼저 계층적인 구조모델을 구성하고, 구성한 계층모델을 분석하여 의사결정을 하는 방식이다.

계층적 구조모델은 의사결정의 목표를 최상위계층으로 설정하고, 여러 개의 기준에 대해 각각 유사성이 있는 기준들을 하나의 층으로 설정하며, 의사결정 대안들을 최하위계층으로 하여 문제를 계층적으로 모형화한다. 계층적 모형에 대해 상위계층에서 하위계층으로 순차적인 쌍대비교를 통해 비교대상 간 상대적 중요도를 계산한다.

그림 12-12 의사결정을 위한 계층적 구조

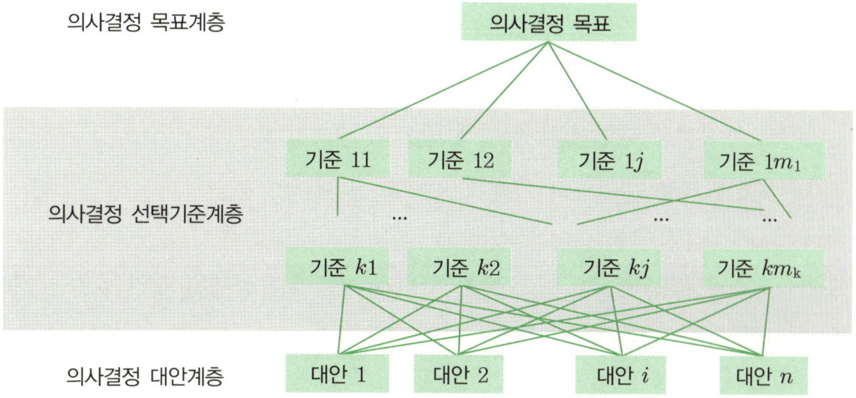

예를 들어, [그림 12-12]에서 먼저 최상위계층인 의사결정 목표에 대해 기준 1계층의 각 기준 간 상대적 중요도를 계산한다. 그 다음으로 두번째 상위계층인 기준 1의 각 기준에 대해 대해 다음 순위 계층의 선택기준 간 상대적 중요도를 계산한다. 이러한 과정을 계속하여 마지막으로 기준 k에 대해 각 대안별 상대적 중요도를 계산하는데, 여기에서 기준 k의 기준 개수가 m_k개이므로 각 기준별 한 번씩 총 m_k번의 대안별 상대적 중요도값 계산과정을 거친다. 이를 통해 계산된 각 대안별 상대적 중요도 중 가장 큰 값을 가지는 대안을 선택한다.

12.6.2 AHP 분석

구축한 계층적 모델에 대해 AHP는 상하위 관계에 있는 두 개의 계층 간의 분석방법을 최상위계층에서부터 최하위계층까지 동일하게 적용하여 대안을 선택하는 기법이므로 인접한 두 개의 계층 간 계산방식을 이해하면 의사결정에 활용할 수 있다. 인접한 두 개의 계층 간 계산절차 설명을 위해 다음의 기호를 사용하기로 하자.

n: 상위계층의 대안 개수

m: 하위계층의 대안 개수

A_k: 상위계층 대안 k에 대한 하위계층의 쌍대비교행렬, $A_k=(a_{ij}^k)$, $k=1, 2, \cdots, n$; $i, j=1, 2, \cdots, m$

N_k: 상위계층 대안 k에 대한 하위계층의 정규화된 쌍대비교행렬, $N_k=(n_{ij}^k)$, $k=1, 2, \cdots, n$; $i, j=1, 2, \cdots, m$

C_j: 평가기준 j

W_k^U: 상위계층 대안 k의 상대적 중요도, $k=1, 2, \cdots, n$

W_i^L: 하위계층 대안 i의 상대적 중요도, $i=1, 2, \cdots, m$

상위계층에 n개의 대안이 있고, 바로 하위의 계층에는 m개의 대안이 있는 경우, m개의 대안별 상대적 중요도 $\{W_i^L\}$를 계산하는 것에 분석의 목적이 있다. 상위계층의 각 대안 k에 대해 $k=1, 2, \cdots, n$이고, 다음의 과정을 수행한다.

(1) 상위계층 대안 k에 대한 하위계층의 두 개의 대안 i와 j 간의 쌍대비교를 통한 중요도 평가

상위계층의 평가기준 k에 대해 하위계층의 대안 i와 j 간 상대적 중요도에 대한 정성평가 결과를 a_{ij}로 표시하면, 쌍대비교행렬(Pairwise Comparison Matrix) A_k는 다음과 같이 구성한다.

$$A_k = \begin{cases} a_{ij}^k, & \text{행 } i\text{의 기준이 열 } j\text{의 기준에 비해 더 중요한 경우} \\ \dfrac{1}{a_{ij}^k}, & \text{행 } i\text{의 기준이 열 } j\text{의 기준에 비해 덜 중요한 경우} \\ 1, \ i = j \end{cases}$$

여기서 a_{ij}는 미리 정한 기준 척도에 따라 정성적으로 평가한 수치값으로 AHP를 개발한 Satty는 1~9 사이의 정수값을 사용하기를 권고하고 있다. 이들 간 관계는 동일한 대안 간에는 우열이 없으므로 1의 값으로 설정하고, 대안 i가 j에 비해 상대적으로 a_{ij}^k만큼 더 중요하면, 반대로 대안 j는 대안 i에 비해 덜 중요하다는 의미이므로 이를 1/ a_{ij}^k값으로 표현하면 $a_{ii}^k=1$이고 $a_{ij}^k = \dfrac{1}{a_{ij}^k}$이다. 또한 하위계층의 대안수가 m개인 경우, 쌍대비교해야 하는 개수는 $\dfrac{m(m-1)}{2}$개이고, 쌍대비교행렬은 $m \times m$의 정방행렬(Square Matrix)이 된다.

(2) 하위계층 대안 i의 평균 중요도 지수 계산

이를 위해 먼저 정규화된 쌍대비교행렬 N_k, $N_k=(n_{ij}^k)$를 작성한다. 정규화행렬(Normalized Matrix)은 임의의 척도로 평가하여 얻은 쌍대비교행렬 A_k에 대해 각 열의 합이 1이 되게 변형한 행렬로 다음과 같이 계산한다.

$$n_{ij}^k = \frac{a_{ij}^k}{\sum_{i=1}^{m} a_{ij}^k}$$

정규화된 쌍대행렬의 요소값을 n_{ij}^k라 할 때, 상위계층 대안 k에 대한 하위계층 대안

i의 상대적인 중요도 W_i^k는 다음의 관계식을 이용하여 계산한다.

$$\text{평균 중요도 지수 } W_i^k = \frac{\sum_{j=1}^{m} n_{ij}^k}{m}$$

평균 중요도 지수의 합 $\sum_{i=1}^{m} W_i^k$는 1이 되고, 이는 각 기준의 중요도 또는 우선순위를 나타낸다, 이와 같이 구한 중요도 지수를 이용하여 대안 선택을 하게 되는데, 이는 다음 단계의 일관성 검사에 문제가 없는 상황에서의 결과이어야 한다.

(3) 일관성 검사

쌍대비교행렬 A_k는 의사결정자의 주관적 판단에 의한 평가 결과 행렬이고 이를 이용한 가중치 계산을 하므로 쌍대비교 평가가 신뢰성 있는 것이어야 한다. 평가의 신뢰성 판단을 위해 AHP는 일관성 검사를 이용한다.

일관성 검사는 평가의 일관성을 통계적으로 검증하기 위한 과정으로 일관성 비율(Consistency Ratio: CR)을 다음과 같이 계산하여, CR이 10% 이하이면 AHP 분석이 적절하다고 판단하고 다음 단계를 진행하지만, 그렇지 않은 경우는 재평가를 통해 쌍대비교행렬을 다시 구성할 필요가 있음을 나타낸다.

$$\text{CR} = \frac{CI}{RI}$$

여기서 CI는 일관성 지수(Consistency Index: CI)를 나타내는 것으로 다음과 같이 계산한다.

$$\text{CI} = \frac{\lambda_{\max} - m}{m - 1}$$

여기서 m은 하위계층의 대안의 개수를, $\lambda_{\max}$는 주 고유값(Engen Value)으로, 의사결정자가 완전한 일관성 있는 평가를 하는 경우, $\lambda_{\max} = m$이 되어 CI값이 0이 된다. 따라서 CI값이 작을수록 일관성 있는 평가를 한 것으로 판단할 수 있다. $\lambda_{\max}$는 다음과 같이 계산한다.

$$\lambda_{\max} = \left(\sum_{i=1}^{m} a_{i1}^{k} \ \sum_{i=1}^{m} a_{i2}^{k} \cdots \sum_{i=1}^{m} a_{im}^{k} \right) \begin{pmatrix} W_1^k \\ W_2^k \\ \vdots \\ W_m^k \end{pmatrix}$$
$$= \left(\sum_{i=1}^{m} a_{i1}^{k} \right) W_1^k + \left(\sum_{i=1}^{m} a_{i2}^{k} \right) W_2^k + \cdots + \left(\sum_{i=1}^{m} a_{im}^{k} \right) W_m^k$$

정성적 판단에는 오류가 있을 수 있고, 이에 대한 기준으로 CR값 계산을 위해 RI(Random Index)를 이용한다. RI는 일관성에 10% 이하의 임의성이 있는지 확인하기 위한 지표로 기준의 수 m에 따라서 [표 12-15]와 같은 값을 가진다. [표 12-15]는 표본 크기 500개의 행렬에서의 m에 따른 RI를 보여주는데, 예로 하위계층의 대안수가 4개인 경우의 RI=0.9이다.

표 12-15 비교대상수에 따른 RI

m	1	2	3	4	5	6	7	8	9	10
RI	0	0	0.59	0.9	0.12	1.24	1.32	1.41	1.45	1.49

(4) 하위계층 i의 상대적 중요도 계산

앞의 (1)~(3)의 과정을 상위계층의 모든 n개의 대안에 대해 수행하여 W_i^k값을 모두 계산한 후, 하위계층 i의 상대적 중요도 W_i^L은 상위계층의 대안 k의 상대적 중요도 W_k^U를 이용하여 다음의 방법으로 계산한다.

$$W_i^L = \sum_{k=1}^{n} W_k^U W_i^k = W_1^U W_i^1 + W_2^U W_i^2 + \cdots + W_n^U W_i^n, \ i=1,\ 2,\ \cdots,\ m$$

(5) 대안 선택

(1)~(4)의 계산과정이 최하위계층에 대해 수행되었다면, 최하위계층의 각 대안에

대한 상대적 중요도 W_i^L 중 가장 큰 값을 가지는 대안 i를 선택한다.

예제 12-5

새 차를 구입하고자 조사를 한 결과, 세 가지 차량 D1, D2, D3 중 하나를 선택하는 것으로 압축되었다. 새 차 구입을 위해 고려하는 기준으로는 가격, 연비, 안락감, 스타일의 4가지로, 이들 네 가지 기준에 따른 세 가지 차량의 만족도 평가를 통해 최대의 만족도를 주는 차량을 선택하려고 한다.

이 문제는 하나의 차량 선택에 영향을 주는 기준이 4가지로 다기준 의사결정문제에 속한다. 그러나 이러한 기준 간 가중치가 주어져 있지 않으므로 이를 구하는 과정이 필요한데, 여기에서는 AHP 방법을 이용하여 의사결정을 하고자 한다.

AHP를 이용하기 위해서는 먼저 계층모델을 구축해야 한다. 계층모델의 최상위층(계층 0)은 신차 구입으로 설정하고, 계층 1은 네 가지 척도로, 계층 2는 세 가지 차량 대안을 [그림 12-13]과 같이 구축할 수 있다.

그림 12-13 계층적 모델

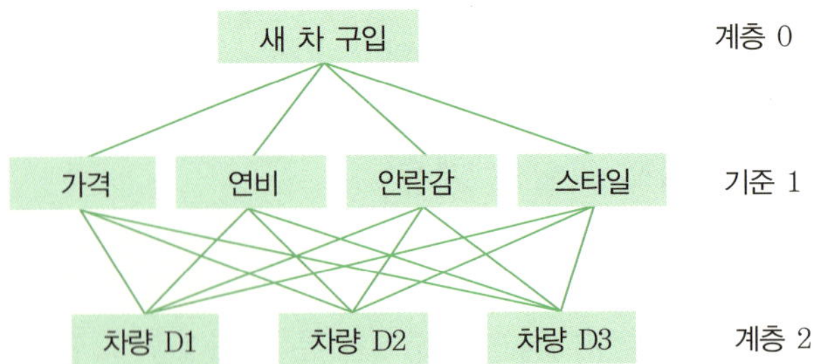

다음으로 계층모델에 대해 최상위계층에서 최하위계층의 순으로 순차적으로 쌍대비교를 통한 AHP 분석과정이 필요하다. 먼저 계층 0과 계층 1 간 비교를 수행한 후, 다음으로 계층 1과 계층 2 간 비교를 실시한다.

① 계층 간 쌍대비교 결과

계층 0인 '새 차 구입'의 목적과 계층 1의 평가기준 간 9점 척도로 평가한 쌍대비교 결과가 [표 12-16]과 같다고 하자. 여기에서는 상위계층인 계층 1의 대안이 '새 차 구입'으로 1개뿐이므로 계층을 나타내는 윗첨자 k를 생략하고 기술한다. 즉, 예를 들어 $a_{ij}^{k}=a_{ij}$이고, $W_{k}^{U}=W^{U}=1$이다.

| 표 12-16 | 쌍대비교행렬을 위한 상위 대각행렬

	가격	연비	안락감	스타일
가격		3.00	7.00	9.00
연비			5.00	7.00
안락감				3.00
스타일				

[표 12-16]은 상위 대각행렬만 표시되어 있지만, 기타요소들은 $a_{ii}=1$이고 $a_{ij}=\frac{1}{a_{ij}}$의 관계식에 의해 계산 가능하다. 계산 결과와 추가로 각 열(column)별 합계 계산 결과를 추가하면 [표 12-17]과 같다.

| 표 12-17 | 의사결정 목표에 대한 쌍대비교

	가격	연비	안락감	스타일
가격	1.00	3.00	7.00	9.00
연비	0.33	1.00	5.00	7.00
안락감	0.14	0.20	1.00	3.00
스타일	0.11	0.14	0.33	1.00
합계	1.59	4.34	13.33	20.00

② 평가기준별 중요도 계산

정규화된 쌍대비교행렬 N 작성을 통해 각 평가기준별 상대적 중요도를 계산하자. 먼저 [표 12-17]에 표시된 바와 같이 열 j의 합계 $\sum_{i=1}^{4} a_{ij}$를 구하고, 이를 이용하여 정규화된 쌍대비교행렬을 $n_{ij}=\frac{a_{ij}}{\sum_{i=1}^{m} a_{ij}}$ 관계식을 이용하여 구한 결과가 [표 12-18]이다.

정규화된 행렬의 각 열별 합이 1이어야 한다. 그러나 [표 12-18]의 세번째 열인 '안락감'의 경우 반올림으로 인한 오차 때문에 1.01이 되지만, 여기에서는 1.00으로 표기하였다. 각 행별 합계 $\sum_{j=1}^{m} n_{ij}$를 구하여 이에 대한 평균을 구한 값이 각 평가기준에 대

표 12-18 의사결정 목표에 대한 정규화된 쌍대비교행렬

	가격	연비	안락감	스타일	합계	평균
가격	0.63	0.69	0.53	0.45	2.30	0.5750
연비	0.21	0.23	0.38	0.35	1.17	0.2925
안락감	0.09	0.05	0.08	0.15	0.37	0.0925
스타일	0.07	0.03	0.02	0.05	0.17	0.0425
합계	1.00	1.00	1.00	1.00		1.0025

한 상대적 중요도가 된다. 즉, 가격, 연비, 안락감, 스타일의 상대적 중요도는 각각 0.575, 0.2925, 0.0925, 0.0425가 된다.

③ 일관성 검사

일관성 비율(Consistency Ratio: CR)을 위한 CI값을 먼저 계산하자. CI를 위한 주 고유값 λ_{max}은 다음과 같다.

$$\lambda_{max} = \left(\sum_{i=1}^{m} a_{i1}\right) W_1 + \left(\sum_{i=1}^{m} a_{i2}\right) W_2 + \cdots + \left(\sum_{i=1}^{m} a_{im}\right) W_m$$
$$= 1.59(0.575) + 4.34(0.2925) + 13.33(0.0925) + 20(0.0425) = 4.2667$$

따라서 CI=(4.2667−4)/3=0.0889가 된다. RI는 대안수가 4인 경우, 앞의 [표 12-15]에서 0.9이므로 CR은 다음과 같이 9.87%로 10% 이하이다. 따라서 계층 0과 계층 1 간에는 일관성이 있는 평가를 하였다고 할 수 있다.

$$CR = \frac{0.0889}{0.9} = 0.0987(9.87\%)$$

따라서 [표 12-18]에서 보는 바와 같이 가격의 중요도는 57.5%이고 연비의 중요도는 29.25%로 상당히 크지만, 안락감은 9.25%, 스타일은 4.25%로 상대적으로 중요도가 낮은 평가를 내리고 있음을 알 수 있다.

④ 계층 1의 대안별 상대적 중요도 계산

계층 1의 각 대안, 가격, 연비, 안락감, 스타일별 상대적 중요도 계산을 위해 필요한 상위계층(계층 0)의 상대적 중요도는 계층 0의 대안이 1개뿐이므로 1의 값을 가진다. 따라서 앞의 ②에서 구한 0.575, 0.2925, 0.0925, 0.0425이다.

$$W_i^L = \sum_{k=1}^{n} W_k^U W_i^k = W_1^U W_i^1 = W_U W_i = W_i,\ i=1,\ 2,\ \cdots,\ m$$

다음으로 계층 1과 계층 2 간 상대적 중요도 계산을 해야 한다. 계층 1에는 4가지의 대안이 있고, 각 대안별 중요도는 앞에서 구한 바와 같이 각각 0.575, 0.2925, 0.0925, 0.0425이다. 즉, $W_1^U=0.575$, $W_2^U=0.2925$, $W_3^U=0.0925$, $W_4^U=0.0425$로 하여, 계층 1의 각 대안별 계층 2의 대안에 대한 쌍대비교에 의한 평가와 이를 활용한 상대적 중요도 계산 및 일관성 검사를 한다.

첫째, 가격 측면($k=1$)에서의 대안 D1, D2, D3에 대한 쌍대비교 결과 A_1은 [표 12-19]와 같다.

표 12-19 가격 측면에서의 대안 간 쌍대비교

	D1	D2	D3
D1	1.00	1.00	7.00
D2	1.00	1.00	3.00
D3	0.14	0.33	1.00
합계	2.14	2.33	11.00

[표 12-19]에 대해 정규화된 쌍대비교행렬과 각 대안별 상대적 중요도는 [표 12-20]과 같다.

표 12-20 가격에 대한 정규화된 쌍대비교행렬과 상대적 중요도

	D1	D2	D3	합계	평균
D1	0.4673	0.4292	0.6364	1.5329	0.5110
D2	0.4673	0.4292	0.2727	1.1692	0.3897
D3	0.0654	0.1416	0.0909	0.2979	0.0993
합계	1.0000	1.0000	1.0000		1.0000

이러한 평가에 대한 일관성 검사를 위한 결과는 다음과 같다.

$$CR = \frac{CI}{RI} = \frac{(3.0938 - 3)/2}{0.58} = 0.0809(8.09\%)$$

여기서 $3.0938 = 2.14(0.511) + 2.33(0.3897) + 11(0.0993) = \lambda_{max}$ 이다. CR은 8.09%로 10% 이하의 값을 가지므로 일관성 있는 검사라 판단할 수 있다.

둘째, 연비($k=2$) 측면에서의 쌍대비교 평가를 실시한 결과 A_2가 [표 12-21]이다.

[표 12-21] 연비 측면에서의 쌍대비교

	D1	D2	D3
D1	1.00	0.20	0.50
D2	5.00	1.00	5.00
D3	2.00	0.20	1.00
합계	8.00	1.40	6.50

[표 12-21]에 대해 정규화된 쌍대비교행렬과 각 대안별 상대적 중요도는 [표 12-22]와 같다.

[표 12-22] 연비에 대한 정규화된 쌍대비교행렬과 상대적 중요도

	D1	D2	D3	합계	평균
D1	0.1250	0.1429	0.0769	0.3448	0.1149
D2	0.6250	0.7143	0.7692	2.1085	0.7028
D3	0.2500	0.1429	0.1538	0.5467	0.1822
합계	1.0000	1.0000	1.0000		1.0000

이러한 평가에 대한 일관성 검사를 위한 결과는 다음과 같다.

$$CR = \frac{CI}{RI} = \frac{(3.0874 - 3)/2}{0.58} = 0.0753(7.53\%)$$

여기서 3.0874=8(0.1149)+1.4(0.7028)+6.5(0.1822)= λ_{max} 이다. 즉, CR이 10% 이하의 값을 가지므로 일관성 있는 검사라 판단할 수 있다.

셋째, 안락감에 대한 대안별 쌍대평가를 할 수 있지만, [표 12-18]에서 보는 바와 같이 안락감과 스타일의 비중이 매우 작으므로 이를 제외해도 문제가 없다. 제외해도 문제가 없는 것은 여러 개의 대안 중 최선의 대안 하나만 선택하는 의사결정문제에서는 가중치가 작은 대안이 선택될 가능성은 매우 작기 때문인데, 이 경우 이들 가중치를 0으로 설정 후 다른 대안들에 대해 가중치를 재계산해주면 된다. [표 12-18]에서 안락감과 스타일의 중요도를 0으로 설정하고 가격과 연비에 대한 가중치를 아래와 같이 조정하여 활용할 수 있다.

$$\text{가격의 조정된 가중치 } \widehat{W_1^U} = \frac{W_1^U}{W_1^U + W_2^U} = \frac{0.575}{0.575 + 0.2925} = 0.6628$$

$$\text{연비의 조정된 가중치 } \widehat{W_2^U} = \frac{W_2^U}{W_1^U + W_2^U} = \frac{0.2925}{0.575 + 0.2925} = 0.3372$$

$$\text{안락감 및 스타일의 조정된 가중치 } \widehat{W_3^U} = \widehat{W_4^U} = 0$$

따라서 $\{W_k^U\}$ 대신 조정된 중요도값 $\{\widehat{W_k^U}\}$을 이용하여 [표 12-23]과 같이 각 대안별 중요도를 계산할 수 있다.

표 12-23 결정 대안별 총괄적 중요도

	가격	연비	평균(W_i^L)
D1	0.5110	0.1149	0.3774=0.511(0.6628)+0.1149(0.3372)
D2	0.3897	0.7028	0.4953=0.3897(0.6628)+0.7028(0.3372)
D3	0.0993	0.1822	0.1273=0.0993(0.6628)+0.1822(0.3372)
가중치($\widehat{W_k^U}$)	0.6628	0.3372	$W_i^L = \sum_{k=1}^{n} \widehat{W_k^U} W_i^k = \widehat{W_1^U} W_i^1 + \widehat{W_2^U} W_i^2$

평균값은 각 대안별 상위계층의 대안과의 쌍대비교에서의 상대적 가중치를 고려하여 계산한 것으로, [표 12-23]에서와 같이 각각 0.3774, 0.4953, 0.1273이 되어서 결국 가장 큰 가중치를 가지는 대안 D2를 선택한다.

AHP 방법은 앞의 예제에서 보는 바와 같이 계층적 모델 구축 후, 최상위계층에서부터 최하위계층의 순으로 단계적 분석을 통해 각 대안별 상대적 중요도를 계산하여 최선의 대안을 선택하는 기법이다. 이를 위해 의사결정 목표(계층 0)와 판단기준(계층 1) 간 상대적 중요도를 각각 0.6628과 0.3372로 계산하였고, 판단기준(계층 1)과 선택 대안(계층 2) 간에 [표 12-18]과 [표 12-22]의 판단기준별 상대적 중요도를 가중평균하여 선택 대안의 가중치를 [표 12-23]과 같이 계산하는 단계를 거쳤다.

AHP 방법은 앞의 장에서 다룬 의사결정모형과 마찬가지로 유한개의 대안 중에서 최선의 대안을 선택하기 위한 방법의 하나로, AHP는 선택 가능하고 고려 가능한 대안의 수가 유한개이고, 이들 대안의 도출이 용이한 경우에 적용하는 기법이다.

일반적으로 다수의 평가기준이 존재하는 경우, 우수한 대안이 존재하지 않는 경우도 있다. 그러나 AHP는 이러한 상황에서라도 각 대안별 가중치를 찾고, 이러한 가중치의 일관성을 확인할 수 있는 장점이 있는 기법으로, 이론적인 근거를 기반으로 개발한 기법이다. 하지만 AHP 기법은 대안의 수가 매우 많은 경우에는 쌍대비교를 위한 횟수가 매우 커지는 문제가 있다.

E X E R C I S E

12.1 다음의 성과표는 의사결정자가 각 대안을 선택했을 때 실제상태에 따라 얻게 되는 수익을 나타낸다.

대안 \ 실제상태	S1	S2	S3
D1	10	8	12
D2	11	10	8
D3	9	13	14
D4	15	6	10

(1) 최대최소 기준으로 최적의 의사결정을 내리시오.
(2) 라플라스 기준으로 최적의 의사결정을 내리시오.
(3) 후르비츠 기준으로 최적의 의사결정을 내리시오(여기서 낙관주의 계수는 0.3).
(4) 최소최대 기회비용 기준으로 최적의 의사결정을 내리시오.
(5) 실제상태의 발생확률이 각각 0.3, 0.4, 0.3일 때 최적의 의사결정을 내리시오.

12.2 문제 12.1의 성과표가 수익이 아닌 비용이라고 할 때, 다음 기준에 의한 최적의 의사결정을 내리시오.
(1) 최대최소 기준
(2) 라플라스 기준
(3) 후르비츠 기준
(4) 최소최대 기회비용 기준
(5) 실제상태의 발생확률이 각각 0.3, 0.4, 0.3인 경우

12.3 택시운전을 하는 김씨는 장거리 운행을 위해 심야에 대전터미널에서 대기하던 중 두 명의 손님을 만났다. 한 사람은 대구까지의 왕복손님이고 한 사람은 목포까지의 편도운행이다. 대구까지의 편도요금이 8만 원, 목포까지의 편도요금이 10만 원으로 목포까지 가는 것이 더 많은 이윤을 남길 수 있지만 공차로 돌아올 가능성이 있다. 과거의 예에 비추어 볼 때, 심야에 목포에서 대전으로 오는 손님을 만날 확률은 40%이다. 그러나 만약 출발 전에 목포의 콜서비스를 1만 원의 요금으로 이용한다면 목포에서 대전으로 오는 손님이 있는지 없는지를 확인할 수 있다. 김씨는 기대수익을 최대화하는 의사결정을 내리기를 원한다.
(1) 위의 상황에 대한 의사결정나무를 그리시오.
(2) 의사결정나무를 이용하여 최적의 의사결정을 내리시오.

연 | 습 | 문 | 제 <<<

12.4 다음의 게임표는 게임의 참여자 A와 B가 각 대안을 선택했을 때 A가 B로부터 가져가게 되는 수익이다. 각자의 수익을 최대화하기 위한 최적의 대안을 선택하시오.

A \ B	B1	B2	B3
A1	20	30	45
A2	10	35	20
A3	30	40	50

12.5 다음의 게임표는 게임의 참여자 A와 B가 각 대안을 선택했을 때 A가 B로부터 가져가게 되는 수익이다. 각자의 수익을 최대화하기 위한 순수전략을 찾으시오.

A \ B	B1	B2	B3	B4	B5
A1	10	60	−50	10	20
A2	25	15	0	20	35
A3	40	50	50	60	40
A4	80	90	20	80	−30
A5	50	30	30	30	40

12.6 다음의 게임표는 게임의 참여자 A와 B가 각 대안을 선택했을 때 A가 B로부터 가져가게 되는 수익이다. 각자의 수익을 최대화하기 위한 혼합전략을 그래프를 이용하여 찾으시오.

A \ B	B1	B2
A1	10	15
A2	13	11

12.7 서로 다른 팀의 야구선수인 김 선수와 이 선수는 중요한 시합을 앞두고 전략 수립에 고심 중이다. 투수인 이 선수는 직구, 슬라이더, 커브볼을 던지는 것에 자신이 있고, 상대편 선수인 김 선수는 번트, 땅볼, 플라이볼 타격에 능한 선수이다. 아래의 표는 투수 이 선수와 타자 김 선수 간 각각 전략 선택에 따른 타자 김 선수의 승률을 나타낸다. 김 선수와 이 선수 모두 각자의 승률을 극대화하기 위한 전략을 선택하려고 한다.

김선수 \ 이선수	직구	슬라이더	커브
번트	0.8	0.3	0.5
땅볼	0.6	0.4	0.5
뜬볼	0.4	0.7	0.6

(1) 이 게임이 순수전략 해를 가지는지, 혼합전략 해를 가지는지 설명하시오.

(2) 순수전략 해를 가진다면 각자의 해당 전략을 서술하고, 혼합전략 해를 가진다면 이를 구하기 위한 선형계획모형을 수립하시오.

12.8 이익 최대화를 위한 방안으로 3가지 대안을 고려하고 있다. 이익 최대화를 위한 3가지 대안별 쌍대비교 결과가 다음과 같다.

	A1	A2	A3
A1	1.00	3.00	9.00
A2	1/3	1.00	5.00
A3	1/9	1/5	1.00

(1) AHP 방법으로 최선의 대안을 선택하시오.

(2) 직관적인 방법으로 대안을 선택하시오.

12.9 스마트 폰 구입을 위해서 판매점에 가보니 마음에 드는 제품이 P1, P2의 두 가지가 있었다. 그러나 이들 제품의 크기, 견고성, 가격의 세 가지 측면에서 종합적인 판단을 통해 최선의 제품을 구입하고자 한다. 다음과 같이 쌍대비교 결과가 주어졌을 때, AHP 방법으로 최선의 대안을 찾으시오.

스마트 폰 구입	크기	견고성	가격
크기	1	3	9
견고성	1/3	1	5
가격	1/9	1/5	1

크기	P1	P2
P1	1	4
P2	1/4	1

견고성	P1	P2
P1	1	1/3
P2	3	1

가격	P1	P2
P1	1	2
P2	1/2	1

CHAPTER 13

마아코프 분석

Chapter 13 마아코프 분석

13.1 서론

마아코프 분석(Markov Analysis)은 경영과학의 모형 중 확률적 모형(Probabilistic Model)에 속하며 의사결정자에게 알려져 있는 확률정보 및 현재상태를 분석하여 미래 발생 가능한 상황을 예측하는 확률적 분석기법이다. 즉, 현재의 정보를 토대로 미래의 상황을 예측함으로써 의사결정자 및 기업의 경영 의사결정에 유용한 정보를 제공하는 기법이다.

마아코프 분석은 러시아의 수학자 안드레이 마아코프(Andrei Andreyevich Markov)에 의해 개발된 이후 시장점유율, 신용관리, 인적자원관리, 설비관리 등의 분석에 광범위하게 적용되어 경영의사결정을 지원하고 있다. 예를 들어, 기업은 적정인력을 유지하기 위해 채용, 승진, 이직 등의 상황을 고려하여 인력의 전체적인 구성추이를 파악할 필요가 있으며, 마아코프 모형을 이용하여 일정기간이 경과한 후의 인력구조와 장기적으로 안정상태의 인력 추이를 분석하고 있다. 또한 소비자가 이전까지 주로 구매하던 특정 제품을 재구매하지 않고 다른 제품을 구매하는 상황을 분석하여 향후 시장점유율을 예측하는 데 미아코프 모형을 많이 이용하고 있다.

본 장에서는 먼저 추계적 과정, 마아코프 과정, 마아코프 체인 및 관련 용어에 대하여 간략히 설명한 후, 마아코프 체인 분석방법을 예제를 통하여 소개하고 특수사례에 대한 수리적 분석방법을 설명한다.

13.2 마아코프 체인

추계적 과정(Stochastic Process)이란 시스템의 상태가 시간에 따라 확률적으로 변해가는 과정이라고 정의할 수 있는데, 임의의 시간 t에서 유한개의 가능한 시스템 상태 중 하나의 값을 갖는 확률변수 x_t의 집합을 뜻한다. 여기서 시스템의 상태는 완전 집합적이며 상호 배타적이라고 가정하는데, 완전 집합적이란 것은 시스템의 발생 가능한 유한개의 상태 모두를 열거할 수 있다는 것을 의미하며, 상호 배타적이라 함은 특정시점에서 시스템의 상태는 오직 한 가지 상태만을 가질 수 있음을 의미한다.

마아코프 과정(Markov Process)은 추계적 과정 중에서 시스템의 미래상태가 현재의 상태만 주어지면 과거의 상태와는 무관하게 결정되는 성질(마아코프 특성)을 가지는 추계적 과정이라고 정의할 수 있으며, 이를 수리적으로 표현하면 다음과 같다.

$$\begin{aligned} P(x_{t+1} = j_{t+1} | x_t = j_t,\ x_{t-1} = j_{t-1},\ \cdots,\ x_1 = j_1,\ x_0 = j_0) \\ = P(x_{t+1} = j_{t+1} | x_t = j_t) \end{aligned} \quad (1)$$

또한 한 상태 i에서 다른 상태 j로 바뀌는 확률을 전이확률(Transition Probability)이라고 하는데, 이를 p_{ij}라 하고 수리적으로 표현하면 다음과 같다.

$$p_{ij} = P(x_{t+1} = j | x_t = i) \quad (2)$$

특히, 마아코프 과정에서의 변환확률은 시간 t, t=0, 1, 2, …에 따라 변하지 않는 시간동질성(Time Homogeneousness)을 가지고 있다. 이를 수리적으로 표현하면 다음과 같다.

$$p_{ij} = P(x_{t+1} = j | x_t = i) = P(x_1 = j | x_0 = i) \quad (3)$$

그리고 마아코프 과정에서 시간의 변화를 연속적으로 고려하지 않고 이산적인 경우만 고려한 경우를 마아코프 체인(Markov Chain)이라 하며, 마아코프 체인을 구성하는 일련의 상태가 n개로 정해져 있다면 모든 전이확률을 다음과 같은 정방행렬 (Square Matrix) P로 표시할 수 있다.

$$P = \begin{matrix} \\ 1 \\ 2 \\ \vdots \\ i \\ \vdots \\ n \end{matrix} \begin{matrix} \begin{matrix} 1 & 2 & \cdots & j & \cdots & n \end{matrix} \\ \begin{bmatrix} p_{11} & p_{12} & \cdots & p_{1j} & \cdots & p_{1n} \\ p_{21} & p_{22} & \cdots & p_{2j} & \cdots & p_{2n} \\ \vdots & \vdots & \vdots & \vdots & \vdots & \vdots \\ p_{i1} & p_{i2} & \cdots & p_{ij} & \cdots & p_{in} \\ \vdots & \vdots & \vdots & \vdots & \vdots & \vdots \\ p_{n1} & p_{n2} & \cdots & p_{nj} & \cdots & p_{nn} \end{bmatrix} \end{matrix} \tag{4}$$

또한, 전이확률 P_{ij}는 다음과 같은 확률의 특성을 가지고 있다.

$$\begin{aligned} & p_{ij} \geq 0, \text{ 모든 } i\text{와 } j\text{에 대해} \\ & \sum_{j=1}^{n} p_{ij} = 1, \text{ 모든 } i\text{에 대해} \end{aligned} \tag{5}$$

결론적으로 마아코프 체인은 이산시간(Discrete Time) 및 이산상태공간을 가지면서 무기억성(Lack of Memory)이라고 하는 마아코프 특성과 시간동질적인 전이확률을 가지는 추계적 과정이라고 정의할 수 있다. 즉, 제한적인 또는 유한한 개수의 시스템상태가 존재하고 전이확률은 시간의 경과와 무관하게 일정한 경우에 미래의 시스템 상태를 예측할 수 있는 기법을 마아코프 체인이라 한다.

13.3 전이확률 행렬과 상태전이도

본 절에서는 마아코프 분석을 설명하기 위하여 시장점유율 분석에 관한 전형적인 예제를 소개한다. 또한 예제를 통하여 전이확률을 작성하는 방법과 이와 관련된 상태전이도에 대하여 설명한다.

예제 13-1 이동통신사의 시장점유율 분석

무선 이동통신 규격은 데이터 전송속도 기준으로 1세대(1G), 2세대(2G), 3세대(3G)를 거쳐 현재 4세대(4G) 이동통신방식으로 발전했고, 이동통신업계는 2020년을 목표로 5G 개발에 매진 중이다.

모든 가입자들은 이동통신 3사(A, B, C)의 서비스 중 하나에 가입하며, 최근 6개월간 2개의 다른 시점에 특정 서비스의 가입자수가 [표 13-1]과 같다고 가정하자

표 13-1 | 이동통신서비스 가입자수 변화 (단위 : 만 명)

이동통신사서비스	시점 1	시점 2	가입자 증감수
A	2,429	2,421	−8
B	1,623	1,619	−4
C	1,216	1,228	+12

또한 좀 더 정확한 분석을 위하여 시장조사 시 가입자들의 서비스 이동에 대한 조사도 실시하여 [표 13-2]와 같은 정보를 얻었다고 하자.

표 13-2 | 이동통신사 간 가입자수 전이 (단위 : 만 명)

이동	A	B	C	합계
A	2,277	85	67	2,429
B	85	1,496	42	1,623
C	59	38	1,119	1,216
합계	2,421	1,619	1,228	5,268

즉, A서비스는 시점 2에서 시점 1보다 가입자가 2,429만 명에서 2,421만 명으로 8만 명 감소하였고, 이 중 서비스 B와 C로 각각 85만 명과 67만 명의 가입자가 이동하였으며, 잔류 가입자는 2,277만 명이지만, 서비스 B 가입자 중 85만 명과 서비스 C 가입자 중 59만 명이 신규로 가입했음을 알 수 있다. 서비스 B의 경우는 4만 명이 감소하였고, 잔류가입자 1,496만 명, 서비스 A와 C로 각각 85만 명과 42만 명이 이탈하였고, 서비스 A와 C에서 각각 85만 명과 38만 명이 신규 유입되었다. 서비스 C의 경

우는 잔류고객 1,119만 명, 이탈고객 97만 명(서비스 A와 B로 각각 59만 명, 38만 명), 신규고객 109만 명(서비스 A에서 67만 명, 서비스 B에서 42만 명)으로 12만 명이 증가하였다.

이러한 서비스 간 가입자의 이동이 안정적이라고 가정하면, 서비스 A가 시점 2에서 시점 1에서의 가입자를 유지할 확률은 0.9372(=2,277/2,429)이고, 서비스 B와 C로 이탈한 확률은 각각 0.035(=85/2,429)와 0.0278(=67/2,429)이다. 서비스 B의 경우는 92.18%(=1,496/1,623)의 가입자를 유지하는 한편, 서비스 A와 C로 각각 5.24%(=85/1,623), 2.58%(=42/1,623)씩 가입자가 이동하였고, 서비스 C의 경우는 92%의 가입자가 유지된 반면, 서비스 A와 B로 각각 4.88%(=59/1,216), 3.11%(=38/1,216)의 가입자가 이동하였다. 이를 토대로 전이확률 행렬을 작성하면 다음과 같다.

$$P = \begin{array}{c} \\ A \\ B \\ C \end{array} \begin{array}{c} \begin{array}{ccc} A & B & C \end{array} \\ \begin{bmatrix} 0.9372 & 0.0350 & 0.0278 \\ 0.0524 & 0.9218 & 0.0258 \\ 0.0488 & 0.0311 & 0.9201 \end{bmatrix} \end{array}$$

한편, 어떤 시스템의 상태와 상태의 변화를 그림으로 표현한 것을 상태전이도(State Transition Diagram)라 하며, 이와 관련된 용어를 정의하면 다음과 같다.

그림 13-1 상태전이도

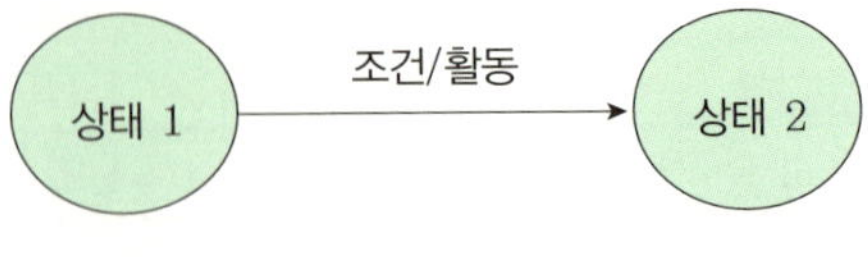

① **상태**(state) : 외부로부터 사건이 발생하기를 기다리는 상황 혹은 다음 상태에 이르려고 현재 활동을 지속하는 기간

② **상태의 변화**(state transition) : 활동 결과로 옮아가는 다른 상태를 화살표로 연결함

③ **조건**(condition) : 상태 변화를 야기하는 특정 상황

④ **활동**(action) : 조건에 반응하여 시스템이 보이는 정보처리 행위

[예제 13-1]을 분석하기 위하여 특정한 한 명의 통신서비스 가입자를 생각해보자. 이 가입자의 상태는 다음 3가지가 가능하다.

① 상태 1 : A통신서비스 가입

② 상태 2 : B통신서비스 가입

③ 상태 3 : C통신서비스 가입

[예제 13-1]의 경우 모든 통신서비스 가입자들은 임의의 시점에서 서비스 A, B, C 중 하나의 서비스에 가입하고 있으며, 어떤 조건에 의해 다른 서비스로 이동하게 되는데 이를 상태전이도로 표현하면 다음과 같다.

그림 13-2 [예제 13-1]의 상태전이도

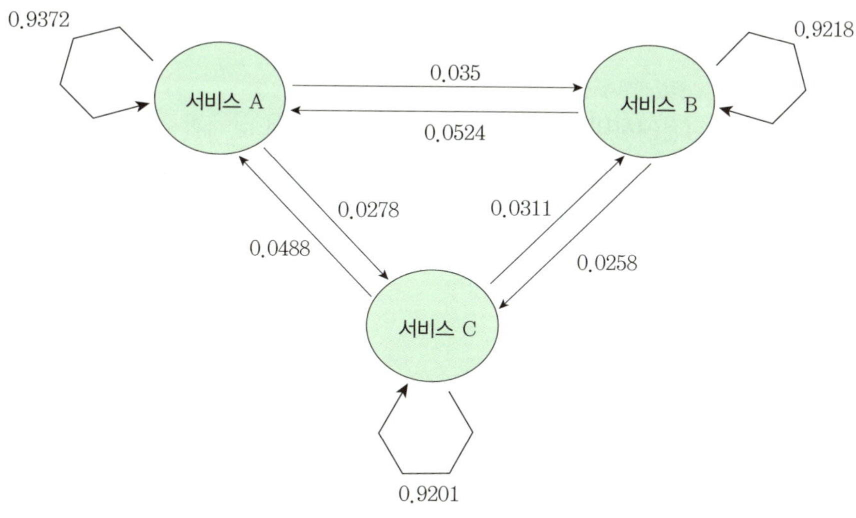

13.4 미래상태 예측

마아코프 분석의 목적 중 하나는 시스템의 미래상태를 예측하는 것으로 기업의 향후 사업계획 및 전략 수립에 대단히 중요한 부분을 차지하고 있다. [예제 13-1]의 경우 미래의 특정시점에서의 시장점유율 예측, 즉 특정시점에서 가입자의 몇 %가 어떤 통신서비스를 사용하는가를 파악하는 것이 중요하며, 이러한 확률을 상태확률(State Probability)이라고 한다.

상태확률은 초기 시스템의 상태와 시간경과에 따라 특정한 상태에서 다른 상태로 변화될 확률인 전이확률을 이용하여 구할 수 있으며, 발생 가능한 모든 상태들이 인식된 후 시스템이 이와 같은 상태하에 있을 확률을 결정하는 것이다. 이러한 정보는 다음과 같은 상태 확률벡터로 표현된다.

$$\Pi(i) = (\pi_1, \pi_2, \cdots, \pi_n) \tag{6}$$

여기서, $\Pi(i)$: 시점 i에서의 시스템 상태확률벡터

n : 발생 가능한 상태의 수

π_j : 시스템이 상태 j에 있을 확률, $j = 1, 2, \cdots, n$

그리고 다음 시점에서의 상태확률은 현재 시점에서의 상태확률과 전이확률을 이용하여 구할 수 있는데, 시스템 상태확률벡터는 초기 시스템의 상태와 전이확률로 다음과 같이 일반화시킬 수 있다.

$$\begin{aligned} \Pi(1) &= \Pi(0) \times P \\ \Pi(2) &= \Pi(1) \times P = \Pi(0) \times P \times P = \Pi(0) \times P^2 \\ &\vdots \\ \Pi(n) &= \Pi(n-1) \times P = \Pi(0) \times P^n \end{aligned} \tag{7}$$

식 (7)은 식 (8)과 같이 일반화가 가능한데, 이를 채프만-콜모고로프 식(Chapman-Kolmogorov Equation)이라고 한다.

$$\Pi(n) = \Pi(v) \times \Pi(n-v), \ 0 \le v \le n \tag{8}$$

이 가입자가 현재 A통신서비스에 가입하고 있다면 상태확률벡터는 (1, 0, 0)로 표현되며, 같은 방법으로 B통신서비스나 C통신서비스에 가입하고 있다면 각각 (0, 1,

0), (0, 0, 1)로 표현할 수 있다.

이 가입자가 현재 시점에 A통신서비스에 가입하고 있다고 가정하고, 다음 각 시점에서 각 통신서비스에 가입할 확률을 구해보면, 식 (2)에 의해 다음과 같은 결과를 얻을 수 있으며, 궁극적으로는 [표 13-3]과 같음을 알 수 있다. 여기서 $\Pi(\infty)$는 무수히 많은 전이가 발생한 후의 상태확률벡터로, $\Pi(\infty)=(0.4472, 0.3004, 0.2524)$인데, 이의 계산방법은 다음 장에서 다룬다.

$$\begin{aligned}\Pi(1) &= (\pi_1, \pi_2, \pi_3) = \Pi(0)\times P\\ &= (1,0,0)\times\begin{bmatrix}0.9372 & 0.0350 & 0.0278\\ 0.0524 & 0.9218 & 0.0258\\ 0.0488 & 0.0311 & 0.9201\end{bmatrix}\\ &= (0.9372, 0.035, 0.0278)\end{aligned}$$

$$\begin{aligned}\Pi(2) &= (\pi_1, \pi_2, \pi_3) = \Pi(1)\times P\\ &= (0.9372, 0.035, 0.0278)\times\begin{bmatrix}0.9372 & 0.0350 & 0.0278\\ 0.0524 & 0.9218 & 0.0258\\ 0.0488 & 0.0311 & 0.9201\end{bmatrix}\\ &= (0.8815, 0.0659, 0.0525)\end{aligned}$$

$$\begin{aligned}\Pi(3) &= (\pi_1, \pi_2, \pi_3) = \Pi(2)\times P\\ &= (0.8815, 0.0659, 0.0525)\times\begin{bmatrix}0.9372 & 0.0350 & 0.0278\\ 0.0524 & 0.9218 & 0.0258\\ 0.0488 & 0.0311 & 0.9201\end{bmatrix}\\ &= (0.8322, 0.0933, 0.0745)\end{aligned}$$

표 13-3 n시점 후에 각 서비스에 가입할 확률(처음에 A서비스를 가입한 경우)

상태 \ n	0	1	2	3	4	5	…	∞
A서비스	1	0.9372	0.8815	0.8322	0.7885	0.7497	…	0.4472
B서비스	0	0.035	0.0659	0.0933	0.1174	0.1388	…	0.3004
C서비스	0	0.0278	0.0525	0.0745	0.0941	0.1115	…	0.2524

마찬가지로 가입자가 현재 시점에 B통신서비스에 가입하고 있다고 가정하고, 다음 각 시점에서 각 통신서비스에 가입할 확률을 구해보면, 다음과 같은 결과를 얻을 수 있다.

$$\Pi(1) = (\pi_1,\ \pi_2,\ \pi_3) = \Pi(0) \times P$$
$$= (0,1,0) \times \begin{bmatrix} 0.9372 & 0.0350 & 0.0278 \\ 0.0524 & 0.9218 & 0.0258 \\ 0.0488 & 0.0311 & 0.9201 \end{bmatrix}$$
$$= (0.0524, 0.9218, 0.0258)$$

$$\Pi(2) = (\pi_1,\ \pi_2,\ \pi_3) = \Pi(1) \times P$$
$$= (0.0524, 0.9218, 0.0258) \times \begin{bmatrix} 0.9372 & 0.0350 & 0.0278 \\ 0.0524 & 0.9218 & 0.0258 \\ 0.0488 & 0.0311 & 0.9201 \end{bmatrix}$$
$$= (0.0987, 0.8524, 0.0490)$$

$$\Pi(3) = (\pi_1,\ \pi_2,\ \pi_3) = \Pi(2) \times P$$
$$= (0.0987, 0.8524, 0.0490) \times \begin{bmatrix} 0.9372 & 0.0350 & 0.0278 \\ 0.0524 & 0.9218 & 0.0258 \\ 0.0488 & 0.0311 & 0.9201 \end{bmatrix}$$
$$= (0.1395, 0.7907, 0.0700)$$

표 13-4 n시점 후에 각 서비스에 가입할 확률(처음에 B서비스를 가입한 경우)

상태 / n	0	1	2	3	4	5	…	∞
A서비스	0	0.0524	0.0987	0.1395	0.1756	0.2075	…	0.4472
B서비스	1	0.9218	0.8524	0.7907	0.7359	0.6872	…	0.3004
C서비스	0	0.0258	0.0490	0.0700	0.0885	0.1053	…	0.2524

마지막으로 가입자가 현재 시점에 C통신서비스에 가입하고 있다고 가정하고, 다음 각 시점에서 각 통신서비스에 가입할 확률을 구해보면, 다음과 같은 결과를 얻을 수 있다.

$$\Pi(1) = (\pi_1,\ \pi_2,\ \pi_3) = \Pi(0) \times P$$
$$= (0,0,1) \times \begin{bmatrix} 0.9372 & 0.0350 & 0.0278 \\ 0.0524 & 0.9218 & 0.0258 \\ 0.0488 & 0.0311 & 0.9201 \end{bmatrix}$$
$$= (0.0488, 0.0311, 0.9201)$$

$$\Pi(2) = (\pi_1,\ \pi_2,\ \pi_3) = \Pi(1) \times P$$

$$= (0.0488, 0.0311, 0.9201) \times \begin{bmatrix} 0.9372 & 0.0350 & 0.0278 \\ 0.0524 & 0.9218 & 0.0258 \\ 0.0488 & 0.0311 & 0.9201 \end{bmatrix}$$

$$= (0.0923, 0.0590, 0.8487)$$

$$\Pi(3) = (\pi_1, \pi_2, \pi_3) = \Pi(2) \times P$$

$$= (0.0923, 0.0590, 0.8487) \times \begin{bmatrix} 0.9372 & 0.0350 & 0.0278 \\ 0.0524 & 0.9218 & 0.0258 \\ 0.0488 & 0.0311 & 0.9201 \end{bmatrix}$$

$$= (0.1310, 0.0840, 0.7850)$$

표 13-5 n시점 후에 각 서비스에 가입할 확률(처음에 C서비스를 가입한 경우)

n \ 상태	0	1	2	3	4	5	…	∞
A서비스	0	0.0488	0.0923	0.1310	0.1655	0.1962	…	0.4472
B서비스	0	0.0311	0.0590	0.0840	0.1064	0.1265	…	0.3004
C서비스	1	0.9201	0.8487	0.7850	0.7281	0.6773	…	0.2524

13.5 안정상태 예측

[표 13-3]~[표 13-5]의 결과를 보면 상태확률벡터(State Probability Vector)의 값이 처음에는 상당히 상이하나 시점 n이 커짐에 따라 그 차이는 점차 줄어들어 궁극적으로는 처음상태와 무관하게 (0.4472, 0.3004, 0.2524)로 수렴함을 알 수 있다. 즉, 특수한 경우를 제외하고는 일반적으로 상태확률벡터는 일정한 기간이 경과하면 안정상태(Steady State)에 이르게 된다. 여기서 안정상태란 시스템의 상태확률벡터가 시간이 경과함에 따라 어떤 일정한 상태로 수렴하여 시간이 경과하여도 변화하지 않고 안정되는 상태를 의미하며, 이 안정상태의 확률값(Steady State Probability)은 시스템의 처음상태와 무관함을 알 수 있다.

시스템의 안정상태확률벡터는 마아코프 분석을 오랜 기간에 걸쳐 시행하여 얻을 수도 있지만 좀 더 효율적으로 얻는 방법은 안정상태의 특성을 이용하여 구하는 것이다.

어떤 시점 n에서의 상태확률값이 안정상태의 상태확률($\pi_1,\ \pi_2,\ \cdots,\ \pi_n$)이라고 할 때 시점 $n+1$에서의 상태확률값은 식 (7)에서 제시한 바와 같이 다음 식으로 구할 수 있다.

$$\Pi(n+1)=\Pi(n)\times P=(\pi_1,\pi_2,\cdots,\pi_n)\times\begin{bmatrix} p_{11} & p_{12} & \cdots & p_{1j} & \cdots & p_{1n} \\ p_{21} & p_{22} & \cdots & p_{2j} & \cdots & p_{2n} \\ \vdots & \vdots & \vdots & \vdots & \vdots & \vdots \\ p_{i1} & p_{i2} & \cdots & p_{ij} & \cdots & p_{in} \\ \vdots & \vdots & \vdots & \vdots & \vdots & \vdots \\ p_{n1} & p_{n2} & \cdots & p_{nj} & \cdots & p_{nn} \end{bmatrix} \quad (9)$$

그런데 시점 n에서 안정상태에 도달하였다면 그 이후의 시점인 $n+1$에서도 안정상태에 있어야 하며, 이는 시점 $n+1$에서의 상태확률값은 시점 n에서의 상태확률값과 같다는 것을 의미한다. 따라서 다음과 같은 관계식을 얻을 수 있다.

$$\Pi=\Pi\times P$$

$$(\pi_1,\ \pi_2,\ \cdots,\ \pi_n)=(\pi_1,\ \pi_2,\ \cdots,\ \pi_n)\times\begin{bmatrix} p_{11} & p_{12} & \cdots & p_{1j} & \cdots & p_{1n} \\ p_{21} & p_{22} & \cdots & p_{2j} & \cdots & p_{2n} \\ \vdots & \vdots & \vdots & \vdots & \vdots & \vdots \\ p_{i1} & p_{i2} & \cdots & p_{ij} & \cdots & p_{in} \\ \vdots & \vdots & \vdots & \vdots & \vdots & \vdots \\ p_{n1} & p_{n2} & \cdots & p_{nj} & \cdots & p_{nn} \end{bmatrix} \quad (10)$$

즉, 시스템의 안정상태확률은 식 (10)과 상태확률의 합은 1이라는 조건을 통하여 얻을 수 있다는 것이다. 여기서 유의할 점은 일반적으로 시스템의 균형상태확률벡터를 구하는 경우 관계식의 총개수와 알고자 하는 시스템의 안정상태확률값의 개수를 같게 하기 위해서는 항상 한 개의 관계식을 제외시켜야만 한다는 것이다. 관계식들 중에 하나를 제외시킬 수 있는, 이유는 이들 식 중 하나는 나머지 식들의 다양한 결합에 의하여 만들어질 수 있는, 즉 상관되어 있는 식이기 때문이다. 이와 같이 구한 안정상태확률을 극한확률(Limiting Probability)이라고도 한다.

위의 결과를 [예제 13-1]에 적용하여 보면 다음과 같다.

$$(\pi_1,\ \pi_2,\ \pi_3)=(\pi_1,\ \pi_2,\ \pi_3)\times\begin{bmatrix} 0.9372 & 0.0350 & 0.0278 \\ 0.0524 & 0.9218 & 0.0258 \\ 0.0488 & 0.0311 & 0.9201 \end{bmatrix}$$

이를 풀어쓰면,

$$\pi_1 = 0.9372\pi_1 + 0.0524\pi_2 + 0.0488\pi_3$$
$$\pi_2 = 0.035\pi_1 + 0.9218\pi_2 + 0.0311\pi_3$$
$$\pi_3 = 0.0278\pi_1 + 0.0258\pi_2 + 0.9201\pi_3$$

을 얻을 수 있으며, 확률의 합이 1이라는 조건으로부터

$$\pi_1 + \pi_2 + \pi_3 = 1$$

을 얻는다. 위에서 1개의 식을 제외시킨 다음, 연립방정식으로 풀면

$$\pi_1 = 0.4472, \ \pi_2 = 0.3004, \ \pi_3 = 0.2524$$

를 얻어서 [표 13-3]~[표 13-5]의 $n=\infty$일 때의 결과와 일치함을 알 수 있다.

이상의 결과에서 우리는 마아코프 분석에서 전이확률만 알고 있다면 시스템의 안정상태확률벡터를 구할 수 있음을 알 수 있다.

13.6 마아코프 분석의 특수사례

[예제 13-1]에서 제시된 전이확률은 기간이 경과함에 따라 안정상태에 도달하였고, 각 상태에 대한 안정상태확률은 $\pi_i > 0, \ \forall i = 1, 2, 3$인 결과를 얻었다. 그러나 경우에 따라서는 특수한 형태의 전이확률을 가지는 마아코프 체인이 존재하는데, 이들이 어떠한 경우에 발생하고 각각의 경우 안정상태를 어떻게 구하는지 예제를 통해서 알아보기로 한다.

우선 마아코프 체인 전체의 성격을 알아보는 데 필요한 마아코프 체인의 각 상태에 대한 분류(class)는 다음과 같다.

① 도달 가능(accessible) : 상태 i를 출발하여 직접 혹은 간접적으로 상태 j에 도달할 수 있는 경우를 말하며, $i \rightarrow j$로 표시한다. 여기서 직접적으로 도달할 수 있는 경우는 한 번의 전이를 통해 도달하는 경우를 말하고, 여러 번의 전이를 통해서 도달하는 간접적인 도달 경우도 포함한다.

② 왕래 가능(communication) : $i \rightarrow j$이고, $j \rightarrow i$일 경우로 $i \leftrightarrow j$로 표시한다. 여기서 만약 상태 i와 j가 왕래 가능하고, 상태 j와 상태 k가 왕래 가능하면, 상태 i와 k도 왕래 가능하다는 것을 알 수 있다. 이와 같이 왕래 가능한 상태들은 동일한 분류(class)에 속한다고 한다.

③ 기약(irreducible) : 마아코프 체인의 모든 상태들이 서로 왕래 가능한 경우를 말하는데, 모든 상태가 하나의 분류에 속하는 경우가 된다.

④ 재귀상태(recurrent state) : 상태 i를 떠난 후 상태 i로 다시 돌아올 확률이 1인 경우를 재귀상태라 한다.

⑤ 평균 재귀시간(mean recurrent time) : 상태 i를 떠난 후 상태 i로 다시 돌아오기까지 필요한 평균전이 수를 평균재귀시간이라 한다.

⑥ 임시경과상태(transient state) : 상태 i를 떠난 후 상태 i로 다시 돌아오지 못할 확률이 존재하는 경우를 임시경과상태라 한다.

⑦ 흡수상태(absorbing state) : 상태 i에 들어가면 빠져나올 수 없는 경우를 흡수상태라 한다.

⑧ 가약(reducible) : 흡수상태를 하나 이상 가지고 있는 경우를 가약이라 한다.

⑨ 주기(period) : 상태 i를 떠난 후 다시 상태 i로 돌아오기까지 필요한 전이수들 중 최대공약수를 상태 i의 주기라 한다. 따라서 상태 i의 주기가 d인 경우, 상태 i는 d번의 전이마다 같은 상태에 이른다는 의미가 된다.

⑩ 비주기적(aperiodic) : 주기가 1인 상태 i를 비주기적 상태라고 한다.

⑪ 에르고딕(ergodic) : 기약이면서 평균 재귀시간이 유한이고 비주기적인 마아코프 체인을 의미한다.

중요한 점은 마아코프 체인이 에르고딕일 경우 안정상태확률이 존재하며, 식 (10)을 이용하여 안정상태확률을 구할 수 있다는 것으로, [예제 13-1]의 경우가 에르고딕 마아코프 체인에 속해 안정상태확률을 쉽게 구할 수 있었다. 그러나 이외의 경우에는 안정상태확률이 존재하지 않을 수도 있고, 존재할 경우에도 다른 방법으로 안정상태확률을 구하여야 한다. 즉, 에르고딕의 조건이 만족되지 않으면, 식 (10)을 이용해서 구한 해인 극한확률 $(\pi_1, \pi_2, \cdots, \pi_n)$값이 안정상태확률과 동일하다는 보장이 없다. 이를 여러 형태의 전이확률을 가지는 예제들을 통하여 알아보기로 하자.

예제 13-2

다음 전이행렬 P_1과 P_2를 고려하자.

$$P_1 = \begin{matrix} & A & B \\ A & 1 & 0 \\ B & 0 & 1 \end{matrix}, \quad P_2 = \begin{matrix} & A & B \\ A & 0 & 1 \\ B & 1 & 0 \end{matrix}$$

[예제 13-2]의 전이확률들을 상태전이도로 표현하면 다음과 같다.

그림 13-3 P_1의 상태전이도

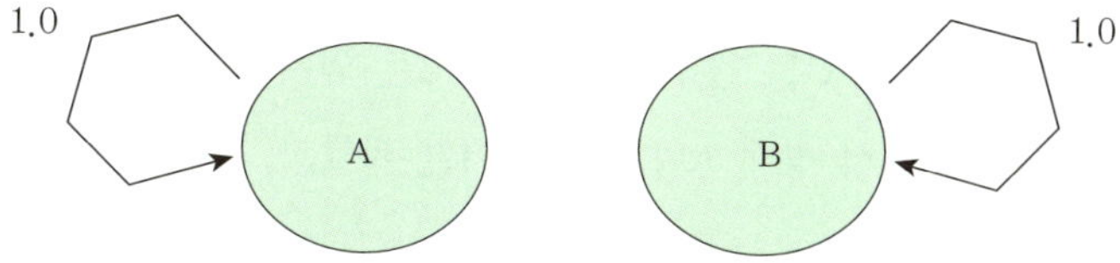

그림 13-4 P_2의 상태전이도

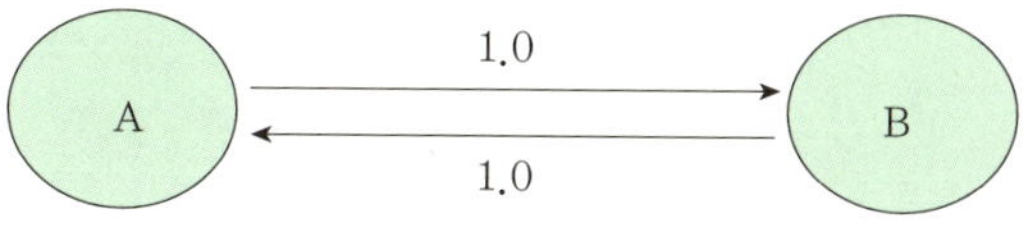

[그림 13-3]에서 상태 A와 B는 흡수상태를 나타내며, 안정상태확률이 존재하지만 초기상태에 따라 달라진다. [그림 13-4]는 주기가 2인 마아코프 체인을 나타내고, 이때의 안정상태확률은 존재하지 않는다.

예제 13-3

다음의 전이행렬 P_3를 고려하자. 여기서 α, β, γ는 $\alpha+\beta+\gamma=1$인 0 이상의 값을 갖는 상수값을 나타낸다.

$$P_3 = \begin{array}{c} \\ A \\ B \\ C \end{array} \begin{array}{c} \begin{array}{ccc} A & B & C \end{array} \\ \begin{bmatrix} 1 & 0 & 0 \\ \alpha & \beta & \gamma \\ 0 & 0 & 1 \end{bmatrix} \end{array}$$

[예제 13-3]의 전이확률들을 상태전이도로 표현하면 다음과 같다.

그림 13-5 **P_3의 상태전이도**

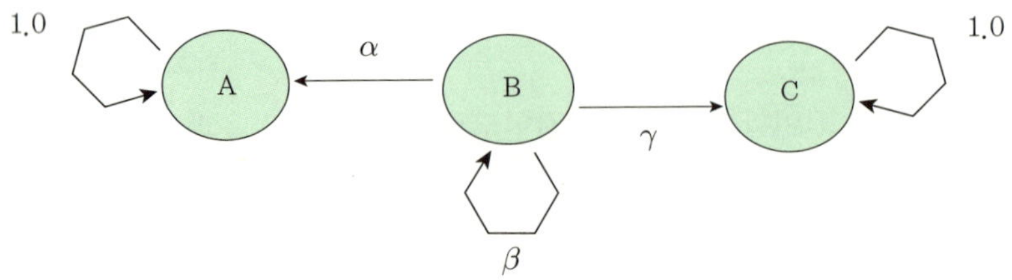

[그림 13-5]에서 상태 A와 C는 흡수상태, 상태 B는 임시경과상태를 나타내며, 안정상태확률보다는 상태 B에서 상태 A나 C로 들어갈 확률과 그때까지 걸리는 평균시간을 구하는 것이 필요하다.

상태 B에서 상태 A나 C로 흡수될 때까지의 횟수를 T라고 정의할 때,

$$T = \min\{n \geq 0\,;\, X_n = A \text{ or } X_n = C\}$$

상태 B에서 상태 A로 들어갈 확률 p는 다음과 같다.

$$p = P\{X_T = A \mid X_0 = B\}$$

이때

$$P\{X_T = A \mid X_1 = A\} = 1$$

$$P\{X_T = A \mid X_1 = C\} = 0$$
$$P\{X_T = A \mid X_1 = B\} = p$$

이고,

$$\begin{aligned} p &= P\{X_T = A \mid X_0 = B\} \\ &= \sum_{k=A}^{C} P\{X_T = A \mid X_0 = B, X_1 = k\} P\{X_1 = k \mid X_0 = B\} \\ &= \sum_{k=A}^{C} P\{X_T = A \mid X_1 = k\} P\{X_1 = k \mid X_0 = B\} \\ &= 1 \cdot \alpha + p \cdot \beta + 0 \cdot \gamma = \alpha + p \cdot \beta \end{aligned}$$

이므로 $\alpha+\beta+\gamma=1$에 의해 다음과 같은 결과를 얻을 수 있다.

$$p = \frac{\alpha}{1-\beta} = \frac{\alpha}{\alpha+\gamma}$$

또한 흡수상태로 들어갈 때까지의 평균시간

$$\begin{aligned} E(T \mid X_0 = B) &= \sum_{k=A}^{C} E(T \mid X_0 = B, X_1 = k) P\{X_1 = k \mid X_0 = B\} \\ &= 1 \cdot \alpha + [1 + E(T \mid X_0 = B)] \cdot \beta + 1 \cdot \gamma \\ &= \alpha + \beta + \gamma + \beta \cdot E(T \mid X_0 = B) \\ &= 1 + \beta \cdot E(T \mid X_0 = B) \end{aligned}$$

이므로 다음과 같은 결과를 얻을 수 있다.

$$E(T \mid X_0 = B) = \frac{1}{1-\beta} = \frac{1}{\alpha+\gamma}$$

흡수상태의 분석을 일반화시킬 경우, 흡수상태의 주요 분석 내용은 시스템이 흡수상태에 도달하기까지의 시간, 비흡수상태에서 흡수상태로 전이할 확률, 특정의 비흡수상태에 머무르는 시간이 되며, 흡수상태 분석을 위해서는 시스템상태가 r개의 흡수상태와 s개의 비흡수상태로 이루어져 있는 경우, 전이확률행렬을 다음과 같은 형태로 구성하여야 한다.

$$P = \begin{array}{c} \\ r \\ s \end{array}\begin{array}{c} \begin{array}{cc} r & s \end{array} \\ \left[\begin{array}{c:c} I & 0 \\ \hdashline R & Q \end{array}\right] \end{array} \tag{11}$$

여기서 I는 $r \times r$의 단위행렬이고, 0은 모든 원소가 0인 $r \times s$ 행렬이다. 또한 R은 비흡수상태에서 흡수상태로의 전이행렬로서 $s \times r$행렬이며, Q는 비흡수상태 간의 전이행렬로서 $s \times s$행렬이다. 위와 같은 전이행렬을 가지고 시스템상태 사이의 전이가 무한히 계속되면 그 결과는 다음 식과 같다.

$$P^{\infty} = \begin{array}{c} \\ r \\ s \end{array}\begin{array}{c} \begin{array}{cc} r & s \end{array} \\ \left[\begin{array}{c:c} I & 0 \\ \hdashline (I-Q)^{-1}R & 0 \end{array}\right] \end{array} \tag{12}$$

즉, 처음상태에 관계없이 비흡수상태로의 궁극적인 전이확률은 0이며, s개의 비흡수상태에서 r개의 흡수상태로 전이할 확률은 $(I-Q)^{-1}R$의 행렬을 이루게 된다. 또한 여기서 $(I-Q)^{-1}$은 $(I-Q)$의 역행렬로서 각 행의 합 $(I-Q)^{-1} \cdot 1$은 s개의 비흡수상태에서 r개의 흡수상태로 들어가기 전까지 각 상태에서 머무르게 되는 평균 소요시간을 의미한다.

예제 13-4

다음의 전이행렬 P_4를 고려하자.

$$P_4 = \begin{array}{c} \\ A \\ B \\ C \\ D \end{array} \begin{array}{c} \begin{array}{cccc} A & B & C & D \end{array} \\ \begin{bmatrix} 1 & 0 & 0 & 0 \\ 0.4 & 0.2 & 0.4 & 0 \\ 0.1 & 0.2 & 0.3 & 0.4 \\ 0 & 0 & 0 & 1 \end{bmatrix} \end{array}$$

[예제 13-4]는 외상매출금 회수 상황을 분석할 때 주로 사용되며, 전이확률들을 상태전이도로 표현하면 다음과 같다.

그림 13-6 P_4의 상태전이도

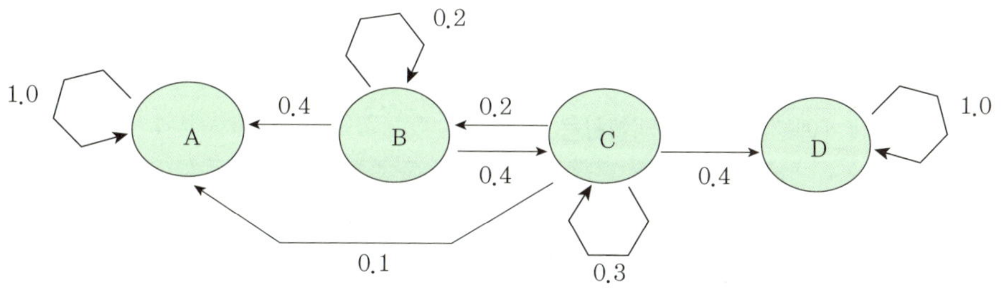

[그림 13-6]에서 상태 A와 D는 흡수상태, 상태 B와 C는 임시경과상태를 나타내며, 식 (11)과 같이 전이확률을 구성하면 다음과 같다.

$$P_4 = \begin{array}{c} \\ A \\ D \\ B \\ C \end{array} \begin{array}{c} \begin{array}{cccc} A & D & B & C \end{array} \\ \begin{bmatrix} 1 & 0 & 0 & 0 \\ 0 & 1 & 0 & 0 \\ 0.4 & 0 & 0.2 & 0.4 \\ 0.1 & 0.4 & 0.2 & 0.3 \end{bmatrix} \end{array}, \text{ 여기서 } R = \begin{array}{c} \\ B \\ C \end{array} \begin{array}{c} \begin{array}{cc} A & D \end{array} \\ \begin{bmatrix} 0.4 & 0 \\ 0.1 & 0.4 \end{bmatrix} \end{array}, \ Q = \begin{array}{c} \\ B \\ C \end{array} \begin{array}{c} \begin{array}{cc} B & C \end{array} \\ \begin{bmatrix} 0.2 & 0.4 \\ 0.2 & 0.3 \end{bmatrix} \end{array}$$

그리고 $(I-Q)^{-1} = \left(\begin{bmatrix} 1 & 0 \\ 0 & 1 \end{bmatrix} - \begin{bmatrix} 0.2 & 0.4 \\ 0.2 & 0.3 \end{bmatrix} \right)^{-1} = \begin{pmatrix} 1.458 & 0.833 \\ 0.417 & 1.667 \end{pmatrix}$이므로

$(I-Q)^{-1}R = \begin{pmatrix} 1.458 & 0.833 \\ 0.417 & 1.667 \end{pmatrix} \begin{pmatrix} 0.4 & 0 \\ 0.1 & 0.4 \end{pmatrix} = \begin{pmatrix} 0.667 & 0.333 \\ 0.334 & 0.667 \end{pmatrix}$이다.

즉, 비흡수상태인 B, C에서 흡수상태인 A로 전이할 확률은 (0.667, 0.334)이며,

상태 D로 전이할 확률은 (0.333, 0.667)이 된다. 또한 $(I-Q)^{-1} \cdot 1 = (2.291, 2.084)$이므로 상태 B와 C에서 흡수상태로의 평균 소요시간은 각각 2.291과 2.084이다.

13.7 엑셀을 이용한 마아코프 분석

본 절에서는 [예제 13-1]과 [예제 13-4]의 문제를 대상으로 엑셀을 이용하여 마아코프 분석을 하는 방법을 기술하기로 한다.

먼저 [예제 13-1]의 전이확률과 현재의 상태확률을 엑셀에 입력하자. 그리고 n기간

그림 13-7 [예제 13-1]의 엑셀활용 결과

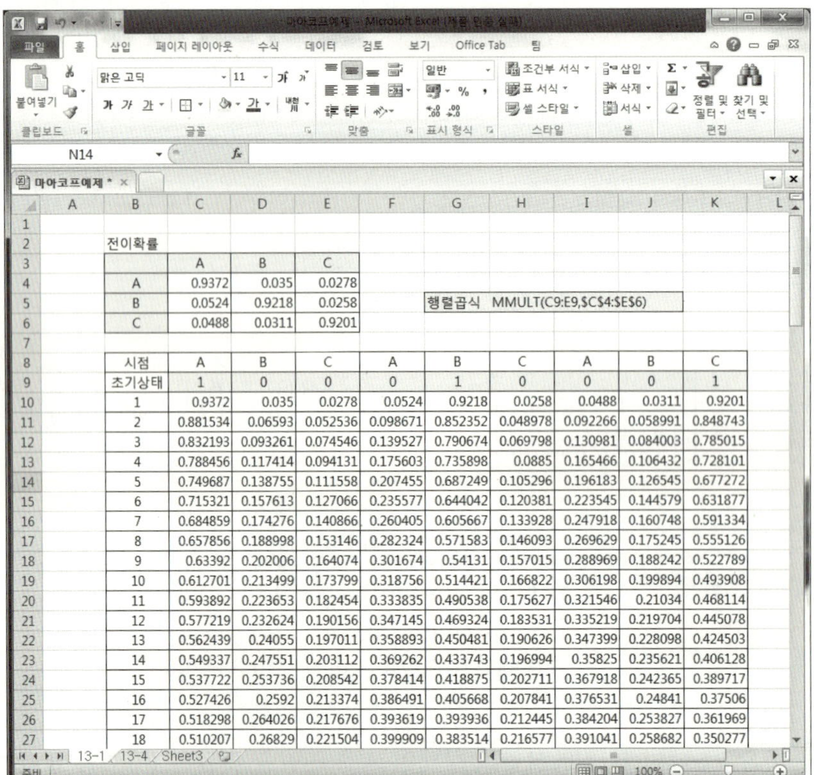

전이확률

	A	B	C
A	0.9372	0.035	0.0278
B	0.0524	0.9218	0.0258
C	0.0488	0.0311	0.9201

행렬곱식 MMULT(C9:E9,$C$4:$E$6)

시점	A	B	C	A	B	C	A	B	C
초기상태	1	0	0	0	1	0	0	0	1
1	0.9372	0.035	0.0278	0.0524	0.9218	0.0258	0.0488	0.0311	0.9201
2	0.881534	0.06593	0.052536	0.098671	0.852352	0.048978	0.092266	0.058991	0.848743
3	0.832193	0.093261	0.074546	0.139527	0.790674	0.069798	0.130981	0.084003	0.785015
4	0.788456	0.117414	0.094131	0.175603	0.735898	0.0885	0.165466	0.106432	0.728101
5	0.749687	0.138755	0.111558	0.207455	0.687249	0.105296	0.196183	0.126545	0.677272
6	0.715321	0.157613	0.127066	0.235577	0.644042	0.120381	0.223545	0.144579	0.631877
7	0.684859	0.174276	0.140866	0.260405	0.605667	0.133928	0.247918	0.160748	0.591334
8	0.657856	0.188998	0.153146	0.282324	0.571583	0.146093	0.269629	0.175245	0.555126
9	0.63392	0.202006	0.164074	0.301674	0.54131	0.157015	0.288969	0.188242	0.522789
10	0.612701	0.213499	0.173799	0.318756	0.514421	0.166822	0.306198	0.199894	0.493908
11	0.593892	0.223653	0.182454	0.333835	0.490538	0.175627	0.321546	0.21034	0.468114
12	0.577219	0.232624	0.190156	0.347145	0.469324	0.183531	0.335219	0.219704	0.445078
13	0.562439	0.24055	0.197011	0.358893	0.450481	0.190626	0.347399	0.228098	0.424503
14	0.549337	0.247551	0.203112	0.369262	0.433743	0.196994	0.35825	0.235621	0.406128
15	0.537722	0.253736	0.208542	0.378414	0.418875	0.202711	0.367918	0.242365	0.389717
16	0.527426	0.2592	0.213374	0.386491	0.405668	0.207841	0.376531	0.24841	0.37506
17	0.518298	0.264026	0.217676	0.393619	0.393936	0.212445	0.384204	0.253827	0.361969
18	0.510207	0.26829	0.221504	0.399909	0.383514	0.216577	0.391041	0.258682	0.350277

후의 확률변화를 구하기 위하여 엑셀에서의 행렬곱함수인 MMULT(배열, 배열)를 이용하도록 한다. 이때 첫 번째 배열은 초기상태에 해당하는 셀들을 블록으로 설정하고, 두 번째 배열은 전이확률에 해당하는 셀들을 블록으로 설정한 후 절대주소로 지정(F4키를 누름)하면 되며, 'Enter'키 대신에 배열함수의 입력방법인 'Ctrl+Shift+Enter'를 누르면 된다. 즉, [그림 13-7]의 화면처럼 전이확률이 C4:E6, 초기상태가 C9:E9에 입력되어 있는 경우 기간 1에 해당하는 C10:E10을 블록으로 잡은 후 '=MMULT(C9:E9,$C$4:$E:$6)'를 입력하고 'Ctrl+Shift+Enter'를 누른다. 이후 기간에 대해서는 C10:E10 셀들을 복사하면 된다.

[예제 13-4]의 경우 전이확률을 식 (11)과 같은 형태(그림 13-8에서 '조정된 전이확률')로 구성한 후 I, R, Q 행렬을 이용하여 $(I-Q)^{-1}$ 행렬과 $(I-Q)^{-1}R$ 행렬을 구하면 된다. 이때 역행렬인 $(I-Q)^{-1}$을 구하기 위하여 엑셀에서의 역행렬함수인 MINVERSE(범위)를 이용하고, 행렬곱 $(I-Q)^{-1}R$은 행렬곱함수인 MMULT(배열, 배열)를 이용하면 된다.

그림 13-8 [예제 13-4]의 엑셀활용 결과

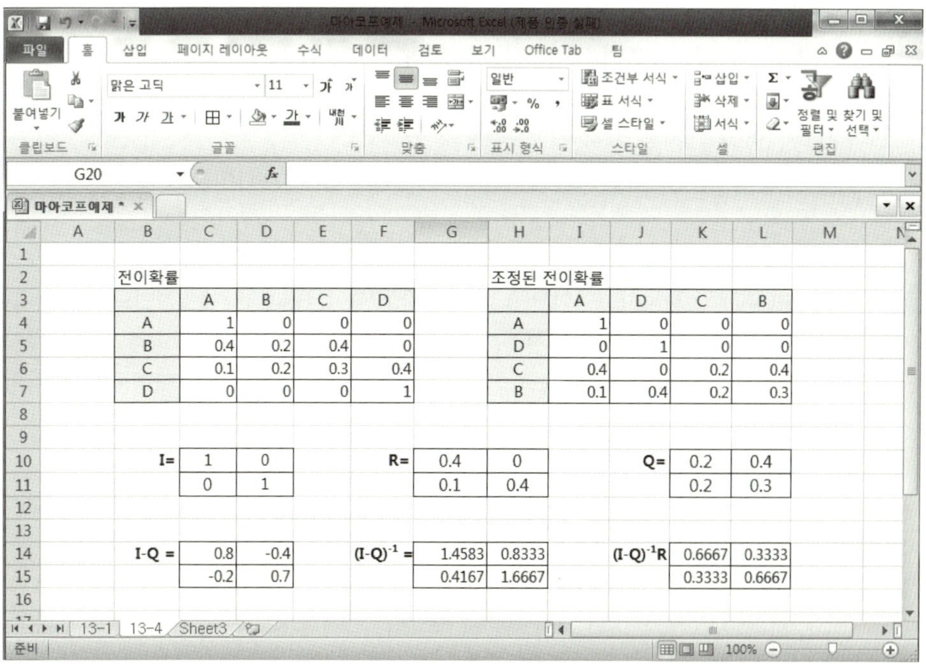

연 | 습 | 문 | 제 <<<

13.1 전이확률 p_{ij}에 대해 $\sum_{j=1}^{n} p_{ij} = 1$이 성립함을 보이시오.

13.2 채프만-콜모고로프식 식 (8)을 증명하시오.

13.3 [예제 13-2]의 전이행렬 P_1에 대해 안정상태확률을 구하시오.

13.4 국내에서 자체적으로 개발한 인공위성의 특정 전자부품이 가끔 고장이 발생하여 시스템이 정지되곤 한다. 하루 단위로 시스템의 상태를 조사한 결과 다음과 같은 확률로 변한다고 한다.

	up	down
up	0.99	0.01
down	0.90	0.1

(1) 인공위성이 현재 up(작동)상태라면 2일 이후까지 계속 작동될 확률은 얼마인가?
(2) 인공위성이 up 혹은 down상태가 될 안정상태확률은 얼마인가?

13.5 국내에는 2개의 자동차회사(A, B)가 있다. 올해 A사는 이전의 자사 고객 중 80%를 유지했고, B사는 85%의 고객을 유지하였다.
(1) 전이확률표를 구하시오.
(2) 각 자동차회사의 장기 시장점유율을 구하시오.
(3) 이번에 A사의 자동차를 구매한 고객이 다음에 A사 자동차를 구매할 확률을 구하시오.

13.6 국내에는 3개의 자동차보험회사(A, B, C)가 있다. 금년에 A사는 전년도의 자사 고객 중 80%를 유지했고, 15%를 B사에, 5%를 C사에 잃었다. B사는 90%의 고객을 유지하고 10%를 C사에 잃었다. C사는 70%의 고객을 유지하고 20%를 A사에 그리고 나머지 10%를 B사에 잃었다.
(1) 전이확률표를 구하시오.
(2) 각 자동차보험회사의 장기 시장점유율을 구하시오.

13.7 최근 스포츠를 즐기는 사람들이 늘어나고 있으며, 특히 축구, 야구, 농구에 관심이 집중되고 있다. 이로 인해 여러 회사들은 자사의 직원들을 위해 경기관람 1년 시즌권을 구매하여 배포하고 있다. 현재 시즌권을 구매하는 전체회사들 중 축구, 야구, 농구 경기관람

권을 구매하고 있는 확률은 각각 40%, 40%, 20%이다. 그러나 각 구단 및 협회의 노력과 인기도에 따라 매년 시즌권의 구입추세가 다음과 같이 변한다고 한다.

	축구	야구	농구
축구	0.60	0.30	0.10
야구	0.05	0.80	0.15
농구	0.10	0.20	0.70

(1) 전이확률과 상태전이도를 구하시오.
(2) 내년 시즌권 구입 시장점유율은 어떻게 되겠는가?
(3) 현재의 구입추세가 지속되면 궁극적인 시즌권 시장점유율은 어떻게 되겠는가?

13.8 차세대 성장동력산업인 문화콘텐츠산업에 선두주자인 (주)전통은 캐릭터, 게임, 애니메이션, 영화 사업을 동시에 추진하여 원소스 멀티유즈(OSMU) 개념에 충실한 기업이다. 이 회사는 문화콘텐츠산업에서 스토리텔링의 중요성을 일찍이 간파하여 100명의 창의적 콘텐츠 기획자들을 고용하고 있다. 이 스토리텔러들은 초보자, 숙련자, 초능력자로 분류되는데, 창의성에 중점을 두어 모든 새로운 스토리텔러들은 초보자들을 채용하고 있다. 현재 각 단계별 스토리텔러의 수는 각각 60명, 30명, 10명이며 능력에 따라 매년 10%씩 승진을 시키고 있다. 문화콘텐츠산업이 발전하고 있어 타회사로의 이직도 발생하고 있다. 이직률은 초보자의 30%, 기술자의 20%, 숙련기술자의 10%로 조사되었으며, 이때 다시 새로운 스토리텔러들을 채용한다고 한다.
(1) 시스템상태를 정의하고 전이확률행렬을 구하시오.
(2) 2년 후의 등급별 기사수를 예측하시오.
(3) 회사가 안정상태에 접어들었을 때의 각 단계별 스토리텔러들의 비율을 구하시오.

13.9 전이확률행렬이 다음과 같을 때 물음에 답하시오.

$$P = \begin{array}{c} \\ A \\ B \\ C \\ D \end{array} \begin{array}{c} \begin{array}{cccc} A & B & C & D \end{array} \\ \begin{bmatrix} 1 & 0 & 0 & 0 \\ 0.1 & 0.2 & 0.3 & 0.4 \\ 0 & 0 & 1 & 0 \\ 0.5 & 0 & 0.4 & 0.1 \end{bmatrix} \end{array}$$

(1) 상태전이도를 구하시오.
(2) 시스템상태를 분류하시오.
(3) 비흡수상태에서 흡수상태로 들어갈 때까지의 평균 소요시간을 구하시오.
(4) 비흡수상태에서 흡수상태로 들어갈 확률을 구하시오.

연 | 습 | 문 | 제 <<<

13.10 강원도 정선에 위치한 강원랜드 내의 카지노에서 허망한 군이 3만 원을 가지고 게임을 하고 있는데 모두 잃든지 2배인 6만 원을 벌었을 때 게임을 중지하겠다는 의지를 가지고 있다. 게임은 한 번에 1만 원을 배팅할 수 있으며, 이기면 2만 원(배팅금액 포함)을 받을 수 있고 지는 경우 1만 원(배팅금액)을 잃게 된다고 한다. 각 게임에서 이길 확률은 0.3이라고 할 때 허망한 군이 3만 원을 모두 잃을 확률과 평균 소요시간을 구하시오.

13.11 다음 그림과 같이 미로를 만든 후, 각 방으로 움직일 확률이 동일하다고 가정하고, 방 1에 실험용 쥐를 집어넣을 때 음식을 먹고 살아날 확률을 구하시오.

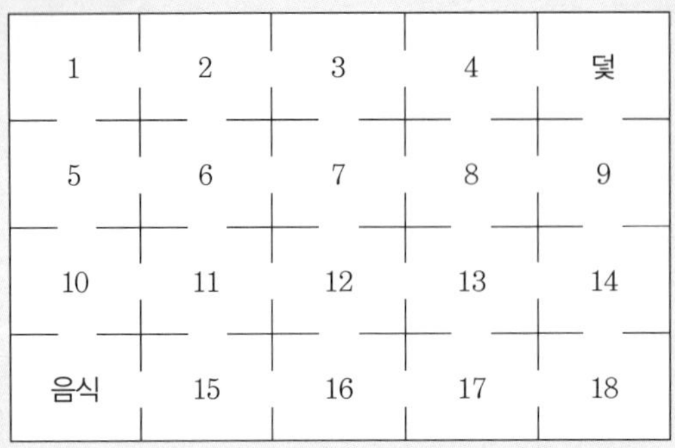

CHAPTER

14

대기행렬이론

Chapter 14 대기행렬이론

14.1 서론

대기행렬이론(Queueing Theory)은 경영과학모형 중 확률적 모형(Probabilistic Model)에 속하며 고객에게 최상의 서비스를 제공할 수 있도록 적정한 시설과 인력을 배치하여 가능한 한 고객의 기다리는 시간을 줄일 수 있는 방법을 제시할 수 있는 분석기법이다. 즉, 기다림에 관련된 현재의 상황을 분석하여 서비스 관련 비용을 줄임과 동시에 고객의 대기시간 관련 비용을 최소화할 수 있도록 효율적인 의사결정 정보를 제공하는 기법이다.

불과 몇 년 전에는 은행에 가면 은행원 앞에 줄을 서서 자신의 차례를 기다렸는데, 현재는 번호표를 뽑아 자리에 앉아 기다리는 것으로 기다림의 방법이 바뀌었다. 이는 은행의 상황을 대기행렬로 분석하여 현재의 방법이 이전의 방법보다 고객의 기다리는 시간을 줄일 수 있다는 결론에 의한 것이며, 이 방법은 병원이나 관공서에도 활용되고 있다. 또한 현재 대다수 국민들이 사용하고 있는 휴대폰의 안정적 통화를 위하여 이동통신사에서 설치하는 기지국의 위치나 수에 대한 분석에도 활용되어 이동통신사의 서비스 관련 비용을 대폭 줄이는 데 일조를 하고 있다.

대기행렬이론은 덴마크의 엔지니어인 아그너 얼랑(Agner K. Erlang)이 1909년 확률이론을 전화통화량 문제에 적용한 논문을 발표하면서 연구가 시작되었고, 1917년 손실확률과 대기확률 공식이 발표되면서 본격적인 연구가 수행되었다. 1951년 데이비드

켄달(David G. Kendall)이 '대기행렬시스템'이란 용어를 처음 언급한 이후 다양한 분야에서의 연구가 실행되었고, 1958년 대기행렬이론에 대한 교재가 필립 모스(Philip M. Morse)에 의해 처음으로 발간된 후 하나의 학문분야로 발전되었다. 1970년대에는 IBM과 Bell 연구소를 주축으로 컴퓨터분야에서 대기행렬이론이 더욱더 발전되었고, 1980년대에 제조산업분야에 적용되기 시작하여 사회 전 분야로 확대·보급되어 현재는 인터넷망 연구에까지 활용되고 있으며, 향후 유비쿼터스시대의 서비스 분석에 이용될 전망이다.

본 장에서는 먼저 대기행렬시스템에 대한 전반적인 개념을 간략히 설명한 후, 기본적인 대기행렬이론과 활용방법을 예제와 함께 소개하고, 마지막으로 대기행렬 네트워크에 대하여 설명하고자 한다.

14.2 대기행렬시스템

14.2.1 대기행렬시스템의 정의

대기행렬(queue)은 서비스를 받기 위해 기다리는 줄을 의미하며, 공항, 항만, 지하철, 버스와 택시 정류장, 테마파크, 영화관, 은행, 식당, 병원, 스키장 등에서 서비스를 받기 위해 대기행렬에서 기다리게 된다. 오랜 기다림은 개인의 불쾌감을 넘어 국가경제의 비효율성을 발생시키기도 하는데, 교통체증으로 인한 연료비의 증가, 생산 공정에서는 생산율 저하, 납기지연 등의 손실, 항만에서는 선적 및 하역지연으로 인한 물류비용의 증가로 비즈니스 손실을 가져올 수 있다. 이에 기업이나 국가는 가능한 한 적정한 인력과 설비를 투입하여 기다림을 짧게 할 수 있는 방법에 관심을 갖게 되었으며, 대기행렬을 분석하는 학문인 대기행렬이론을 통해 서비스비용과 대기비용을 최소화할 수 있는 최선의 서비스 수준을 결정하는 데 초점을 두어 모든 노력을 다하고 있다.

한편, 시스템(system)이란 여러 개의 구성요소가 모여서 상호작용함으로써 주어진 목적을 달성하고자 하는 구성요소들의 집합체이다. 현실문제를 시스템으로 표현하는 이유는 문제의 범위파악, 조작 가능 및 조작 불가능한 요소결정, 결정변수의 선정 등이 용이하며 문제를 부분적이 아닌 전체적으로 관찰하게 됨으로써 문제해결에 도움이 되기 때문이다. 이때 범위가 중요한 역할을 하게 되는데, 예를 들어 공항문제를 고려할 때 분석목적이 고객의 기다림 혹은 비행기의 이착륙에 따라 범위가 정해지며 이로 인해 구성요소 또한 달라지기 때문이다.

따라서 대기행렬시스템(Queueing System)은 대기행렬을 구성요소로 가지고 있는 어떤 시스템을 일컫는 말로 대기행렬모형이라고도 하며, 고객들이 도착하여 기다렸다가 서비스를 받고 떠나는 시스템이라 할 수 있다.

14.2.2 대기행렬시스템의 구성요소

대기행렬시스템은 [그림 14-1]과 같이 고객, 대기행렬, 서비스시설로 구성되어 있다. 고객(customer)은 서비스를 받기 위해 고객집단으로부터 시스템에 도착하고, 도착한 고객은 대기행렬에서 서비스를 받을 때까지 기다리며, 서비스순서규칙에 따라 서비스시설이 제공하는 서비스를 받은 후 시스템을 떠나게 된다. 대기행렬시스템의 정확한 이해를 위하여 구성요소의 특징들을 살펴보기로 한다.

그림 14-1 대기행렬시스템

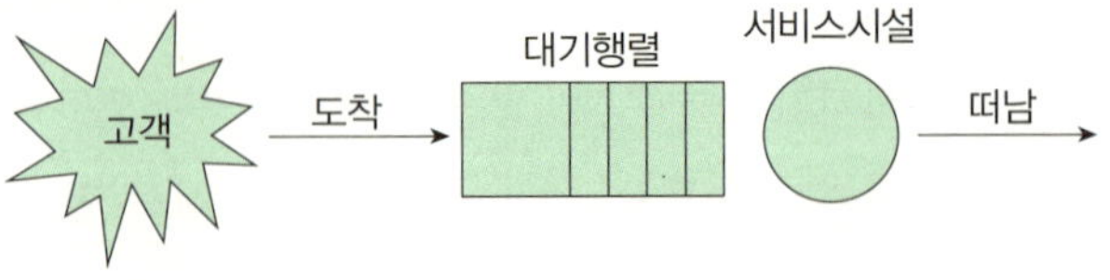

(1) 고객

대기행렬시스템의 구성요소 중 첫 번째로 시스템에 도착하는 고객은 다음과 같은 특징을 가진다.

1) 고객유형(Customer Types)

고객은 사람일 수도 있고 차량, 기계 혹은 다른 어떤 것일 수도 있으며, 단일부류(Single Class)이거나 복수부류(Multi Class)일 수도 있다. 여기서 복수부류는 고객별로 고객유형이 다른 경우이다.

2) 고객규모(Customer Population)

고객이 될 수 있는 잠재 고객집단의 크기를 의미하며 유한(finite) 혹은 무한(infinite)일 수 있다. 잠재 고객집단의 크기가 유한하다고 할지라도 일정기간 동안의 도착고객수가 전체의 작은 부분에 불과할 경우 분석을 용이하게 하기 위하여 무한하다고 가정하기도 한다.

3) 도착과정(Arrival Process)

고객들은 한 명씩 도착할 수도 있고 한꺼번에 여러 명이 도착할 수도 있으며, 시스템의 상태에 관계없이 정해진 일정에 따라 도착하거나 무작위(random)로 도착한다. 무작위로 도착한다는 것은 다음 순간에 도착할 가능성이 임의의 다른 순간에 도착할 가능성과 꼭 같다는 의미에서 도착시간을 전혀 예측할 수 없다는 것을 의미한다. 다음 순간에 도착이 있을 확률이 최근의 도착이 언제 있었는가에 전혀 영향을 받지 않는다는 것을 무기억성(Lack of Memory Property) 혹은 마아코프 특성(Markovian Property)이라고 부른다. 이것은 지금부터 다음 도착이 있을 때까지 남은 시간은 최근의 도착이 언제 있었는지에 상관없이 항상 같다는 것을 나타내는 특이한 성질이다. 이러한 특성으로 인하여 대부분의 경우 포아송 분포(즉, 도착 간격이 지수분포)에 따라 도착한다고 가정하는데 임의의 시점에서 미래가 과거에 무관하다는 성질로 인한 분석의 용이함과 실제적인 고객의 도착이 이러한 성질을 만족하기 때문이다.

4) 고객행동(Customer Behavior)

도착한 고객은 기다리는 고객수가 많을 경우 대기행렬에 들어오지 않고 그냥 돌아가기도 하며(balking), 대기행렬에 기다리다 중간에 포기하고 시스템을 떠날 수도 있고(reneging), 여러 줄로 서는 경우 이 줄 저 줄로 옮겨 다니기도 한다(jockeying). 이러한 경우의 분석은 쉽지 않아서 대부분의 간단한 모형에서는 도착한 고객들이 되돌아가거나 줄을 이탈하지 않고 대기행렬에서 기다리는 것으로 가정한다.

(2) 대기행렬

대기행렬시스템의 구성요소 중 두 번째인 대기행렬은 시스템 내에서 서비스를 제공받기 위하여 기다리는 줄을 의미하는 것으로 다음과 같은 특징을 가지고 있다.

1) 대기행렬 형태(Queue Type)

고객이 반드시 서비스시설인 물리적인 구조물 앞에서 줄을 서 있을 필요는 없으며, 대기실에 앉아 있을 수도 있고, 수리를 기다리는 고정된 기계와 같이 서버가 올 때까지 일정지역에 흩어져 있을 수도 있다.

2) 대기행렬용량(Queue Capacity)

대기행렬에 수용할 수 있는 최대 고객수(현재 서비스받고 있는 고객 제외)를 말한다. 무한대기행렬(Infinite Queue)과 유한대기행렬(Finite Queue)로 나누며, 유한대기행렬이 꽉 찼을 때 도착하는 고객들은 시스템에 들어오지 못하고 즉시 시스템을 떠난다.

3) 서비스규칙(Service Discipline)

한 서비스가 끝났을 때 또는 서비스가 진행되고 있는 도중에 다음 서비스를 받을 고객을 결정하는 방법으로 선착순(First Come First service : FCFS), 역선착순(Last Come First Service : LCFS), 무작위순(Random Selection for Service : RSS), 우선순위(PR : PRiority) 등이 대표적이다. 일단 서비스가 시작되면 우선순위가 낮은 고객이 높은 고객에 의해 밀려나거나(Preemptive Priority) 밀려나지 않는(Non-Preemptive Priority) 경우가 있고, 밀려날 경우 다시 서비스를 받을 때 중단시점부터 다시 시작(Preemptive Resume)하거나 처음부터 다시 시작(Preemptive Repeat)하는 규칙이 있다. 이외에도 서비스시간을 미리 알 경우에는 SPT(Shortest Processing Time), SJF(Shortest Job First), LJF(Longest Job First), SRPT(Shortest Remaining Processing Time) 등을 이용할 수 있다.

(3) 서비스시설

세 번째로 대기행렬시스템의 구성요소인 서비스시설은 다음과 같은 특징을 가지고 있다.

1) 구조(structure)

기본적인 서비스시설의 구조로는 단일단계, 다단계, 단일경로, 다중경로 등이 있는데, 단일단계(Single Phase)는 서비스시설에서 하나의 서비스만을 제공하는 것이며, 다단계(Multi Phase)는 병원에서 종합검진을 받을 때 여러 가지 검사를 각 진료실을 거치면서 받는 것처럼 2개 이상의 서로 다른 형태의 서비스를 제공하는 것이다. 또한 하나의 서비스를 한 개의 서비스시설에서만 제공하는 경우를 단일경로(Single Channel), 여러 개의 서비스시설에서 제공하는 경우를 다중경로(Multi Channel)라고 한다. 따라서 단계의 수와 서비스시설의 수에 따라 단일단계 단일경로, 단일단계 다중경로, 다단계 단일경로, 다단계 다중경로의 서비스시설 구조가 나타나며, 대기행렬시스템의 가장 기본적인 형태는 단일단계 단일경로 구조이다.

그림 14-2 단일단계 단일경로

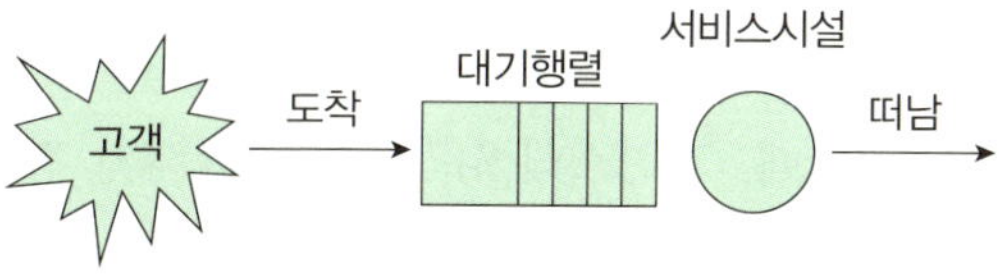

그림 14-3 다단계 단일경로

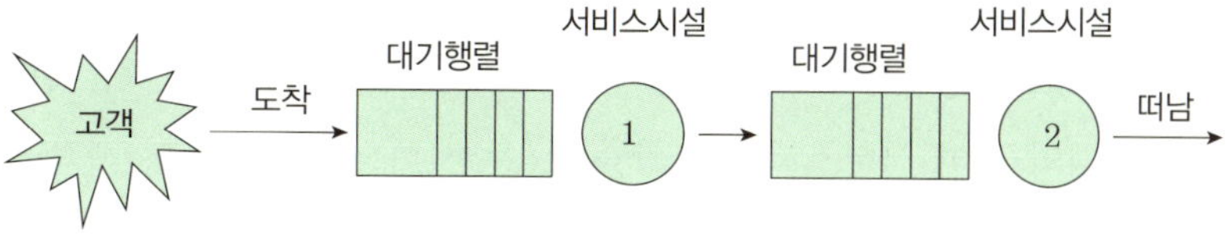

그림 14-4 단일단계 다중경로

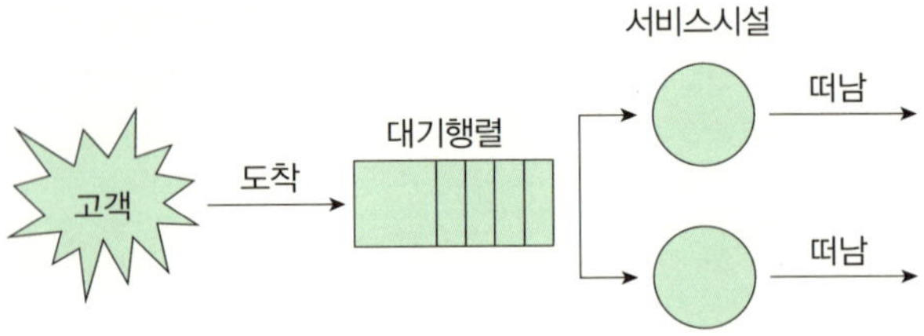

그림 14-5 다단계 다중경로

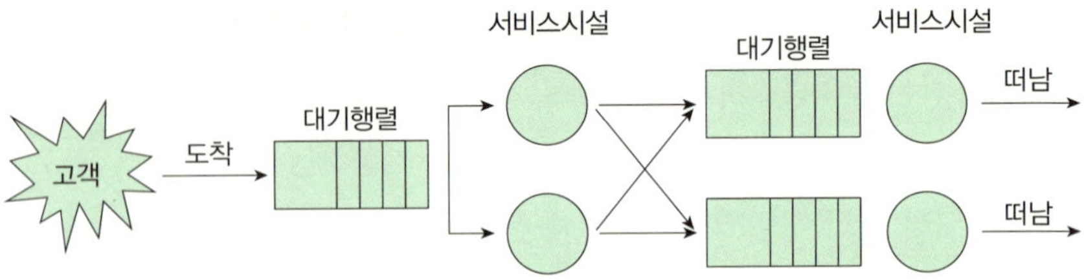

2) 서버수(Number of Servers)

단수서버, 복수서버, 무한서버 등이 있으며, 무한서버는 시스템의 서버수가 무한대라기보다는 도착하는 즉시 서비스받을 수 있는 시스템을 일컫는다.

3) 서비스과정(Service Process)

고객이 서비스를 받게 될 때, 서비스의 시작부터 종료까지 경과된 시간을 서비스시간(Service Time)이라고 한다. 서비스시간이 항상 일정한 경우도 있으나 일반적으로 고객마다 다르므로 서버에 관계없이 특정한 확률분포를 따른다고 가정한다. 서비스시간에 대한 확률분포로서 대표적인 것은 지수분포이다. 이 분포를 선택하는 주된 이유는 다른 분포보다 분석하기가 쉽다는 점과 무기억 특성 때문이다. 즉, 현재 서비스받고 있는 고객의 잔여 서비스시간의 확률분포는 서비스를 처음부터 시작할 때의 서비스시간 확률분포와 같다는 것이다.

14.2.3 대기행렬시스템의 성능척도

대기행렬시스템에서의 주요 성능척도(Performance Measure)로는 시스템 내에 얼마나 많은 고객이 기다리는지와 얼마나 오래 기다리는지가 있으며, 이외에도 분석목적에 따라 여러 가지 경우가 존재할 수 있다. 일반적으로 다음과 같은 척도들을 생각할 수 있다.

① **평균 도착률**(Mean Arrival Rate) : 단위시간당 도착하는 평균 고객수(보통 λ로 표현)

② **평균 서비스율**(Mean Service Rate) : 단위시간당 서비스를 받는 평균 고객수(보통 μ로 표현)

③ **평균 서비스시간**(Mean Service Time) : $1/\mu$

④ **시스템 내에 있는 서버수** : 보통 s로 표현

⑤ **시스템 내에 n명의 고객이 있을 확률** : 보통 $P(n)$으로 표현

⑥ **서버 이용률**(Server Utilization) : 서버 한 대(명)에 처리할 수 있는 서비스율(보통 p로 표현)

⑦ **대기행렬 내의 평균 고객수** : 보통 Lq로 표현

⑧ **시스템 내의 평균 고객수** : 서비스를 받고 있는 고객을 포함한 평균 고객수(보통 L로 표현)

⑨ **대기행렬 내에서의 평균 대기시간** : Wq

⑩ **시스템 내에서 소비하는 평균시간** : 서비스시간을 포함한 평균 대기시간(보통 W로 표현)

한편, 대기행렬이론에서 중요한 공식은 1961년 존 리틀(John D. C. Little)에 의해 증명된 리틀의 공식(Little's Formula)으로 다음과 같이 L과 W의 관계를 나타낸다.

$$L = \lambda W \tag{1}$$

이 공식의 직관적 해석은 서비스를 완료한 고객이 시스템을 되돌아보면 L명의 고객이 시스템에 있음을 보게 될 것이고, 이들은 이 고객의 대기시간(W) 동안 도착한 고객들이며 단위시간 동안 도착한 평균 고객수는 λ이므로 λW는 이 고객의 시스템 내에서의 대기시간 동안 도착한 평균 고객수임을 나타내어 $L = \lambda W$임을 알 수 있다.

리틀의 공식에 대한 또 다른 표현은 다음과 같다.

$$L_q = \lambda W_q \tag{2}$$

$$W = W_q + \frac{\lambda}{\mu} \tag{3}$$

따라서 L, W, L_q, W_q 중 어느 하나를 분석하여 구하면 나머지 값들은 리틀의 공식에 의해 쉽게 구할 수 있다.

14.2.4 대기행렬시스템의 켄달기호

1953년 켄달(D. G. Kendall)은 대기행렬시스템의 구성요소를 기초로 대기행렬모형을 구분할 수 있는 표기방법을 고안했는데, 이를 확장하여 1971년 미국 OR학회에서 다음과 같은 기호를 통하여 표현하도록 권장하였다.

(a/b/c):(d/e/f)

여기서, a : 도착 간 시간(Inter-arrival Time)의 확률분포
b : 서비스시간(Service Time)의 확률분포
c : 서버의 수
d : 서비스규칙
e : 시스템 내 한계수용인원(서비스받는 고객수+대기행렬의 고객수)
f : 고객 모집단의 크기

a, b의 확률분포를 표현할 때 자주 사용되는 분포함수는 아래와 같다.

M : 지수분포(Exponential Distribution)(즉, Markobian Process)
D : 확정적 분포(즉, 시간이 고정된(determinstic) 분포)
E_k : 얼랑(Erlang)분포(모수=k)
G : 일반분포(General Distribution)

GI : 서로 독립인 일반(General Independent)분포

d의 서비스규칙을 표현할 때 자주 사용되는 문자는 아래와 같다.

FCFS : 선착순(First Come First Service)
LCFS : 역선착순(Last Come First Service)
SIRO : 임의순(Service In Random Order)
GD : 일반적 규칙(General Discipline)
PRD : 우선순위규칙(PRiority Discipline)

몇 가지 예를 들어 표기방법을 설명하면 다음 [표 14-1]과 같다.

표 14-1 켄달 표기방법의 예

표기방법	의미
(M/M/1):(FCFS/∞/∞)	고객의 도착 간 시간과 서비스시간은 모두 지수분포이며, 서버수 1개를 가지면서 서비스순서는 선착순이고, 시스템 내 고객수와 고객모집단의 크기는 ∞인 대기행렬모형 보통 M/M/1으로 표현)
(M/M/1):(FCFS/K/∞)	고객의 도착 간 시간과 서비스시간은 모두 지수분포이며, 서버수 1개를 가지면서 서비스순서는 선착순이고, 시스템 내 고객수는 K, 고객모집단의 크기는 ∞인 대기행렬모형(보통 M/M/1/K으로 표현)
(M/M/s):(FCFS/K/N)	고객의 도착 간 시간과 서비스시간은 모두 지수분포이며, 서버수 s개를 가지면서 서비스순서는 선착순이고, 시스템 내 고객수는 K, 고객모집단의 크기는 N인 대기행렬모형
(M/G/2):(LCFS/K/∞)	고객의 도착 간 시간은 지수분포이며, 서비스시간은 일반분포이고, 서버수 2개를 가지면서 서비스순서는 역선착순, 시스템 내 고객수는 K, 고객모집단의 크기는 ∞인 대기행렬모형
(G/G/2):(SIRO/K/∞)	고객의 도착 간 시간과 서비스시간은 일반분포이고, 서버수 2개를 가지면서 서비스순서는 무작위, 시스템 내 고객수는 K와 고객모집단의 크기는 ∞인 대기행렬모형
(M/G/1):(PRD/∞/∞)	고객의 도착 간 시간은 지수분포이며, 서비스시간은 일반분포이고, 서버수 1개를 가지면서 서비스순서는 우선순위, 시스템 내 고객수와 고객모집단의 크기는 ∞인 대기행렬모형

14.3 기본적인 대기행렬모형

14.3.1 포아송 과정과 지수분포

대기행렬모형에 대하여 설명하기 전에 대기행렬이론에서 자주 사용되는 포아송 과정과 지수분포에 대한 기본개념을 먼저 살펴보기로 한다.

다음과 같은 성질을 갖는 확률변수 X를 모수 μ를 가지는 지수분포라고 한다.

$$f_X(t) = \begin{cases} \mu e^{-\mu t}, & t \geq 0 \\ 0, & t < 0 \end{cases} \qquad (4)$$

$$P\{X \leq t\} = 1 - e^{-\mu t}$$

$$P\{X > t\} = e^{-\mu t}$$

$$E(X) = \frac{1}{\mu}$$

지수분포는 여러 가지 성질을 가지는데 그 중에 대표적인 것을 살펴보면 다음과 같다.

(1) 성질 1 : 무기억성

무기억성(Lack of Memory)을 수리적으로 표현하면 다음과 같다.

$$\begin{aligned} P\{X > t + \Delta t \mid X > \Delta t\} &= \frac{P\{X > \Delta t, X > t + \Delta t\}}{P\{X > \Delta t\}} \\ &= \frac{P\{X > t + \Delta t\}}{P\{X > \Delta t\}} \\ &= \frac{e^{-\mu(t + \Delta t)}}{e^{-\mu \Delta t}} \\ &= e^{-\mu t} = P\{X > t\} \end{aligned}$$

즉, 무기억성은 과거의 자취를 몰라도 현재의 상태만 가지고 미래를 예측할 수 있다는 것이며, 구체적으로 의미하는 바는 사건이 일어날 때까지 남아있는 시간의 확률분포는 얼마나 시간이 지났는지에 상관없이 항상 같다는 것이다.

(2) 성질 2 : 포아송 분포와의 관계

지수분포의 또 다른 중요한 성질은 사건 간의 시간분포가 모수 μ를 가지는 지수분포일 경우 사건의 횟수에 관한 분포는 모수 μt를 가지는 포아송 분포라는 것으로, 시점 0에서부터 임의의 시점 t까지 어떤 사건이 발생할 횟수를 $N(t)$라고 할 때, 이를 수리적으로 표현하면 다음과 같다.

$$P\{N(t)=n\}=\frac{(\mu t)^n e^{-\mu t}}{n!},\quad n=0,\,1,\,2,\,\cdots$$

$$E\{N(t)\}=\mu t$$

이때 확률과정 $\{N(t), t \geq 0\}$를 포아송 과정이라고 하며 다음과 같이 정의할 수 있다.

▪ 포아송 과정의 정의

확률과정 $\{N(t), t \geq 0\}$이 다음과 같은 조건들을 만족하면 '발생률 μ의 포아송 과정'이라고 한다. 여기서 $o(\Delta t)$는 $\lim_{\Delta t \to 0} \frac{f(\Delta t)}{\Delta t}=0$인 모든 함수 f를 의미한다.

① $P_r[(t,\, t+\Delta t)$ 동안 한 사건이 발생$]=\mu\Delta t+o(\Delta t)$

② $P_r[(t,\, t+\Delta t)$ 동안 둘 이상의 사건이 발생$]=o(\Delta t)$

③ 겹치지 않는 시간간격 동안 발생하는 사건들은 독립

(3) 성질 3 : 독립적인 지수 확률변수들의 최소값은 지수분포를 따른다

$X_1,\, X_2,\, \cdots,\, X_n$이 모수 $\mu_1,\, \mu_2,\, \cdots,\, \mu_n$을 가지는 독립적인 지수 확률변수들이고, Y를 $X_1,\, X_2,\, \cdots,\, X_n$의 최소값이라고 하면 확률변수 Y는 모수 $\sum_{i=1}^{n}\mu_i$를 가지는 지수분포를 따르는데, 이를 수리적으로 표현하면 다음과 같다.

$$\begin{aligned} Y &= \min\{X_1, X_2, \cdots, X_n\} \\ P\{Y > t\} &= P\{X_1 > t, X_2 > t, \cdots, X_n > t\} \\ &= P\{X_1 > t\}P\{X_2 > t\} \cdots P\{X_n > t\} \\ &= e^{-\mu_1 t} e^{-\mu_2 t} \cdots e^{-\mu_n t} \\ &= \exp\left(-\sum_{i=1}^{n} \mu_i t\right) \end{aligned}$$

이 성질을 대기행렬시스템의 도착과정 측면에서 고려하면 여러 형태의 고객이 존재할 때 대기행렬시스템에 다음 고객이 도착할 시간의 분포는 지수분포를 가진다는 것이며, 서비스과정 측면에서는 여러 서버가 존재할 경우 가장 빨리 서비스를 끝내는 시간의 분포는 지수분포를 따른다는 것을 의미한다.

(4) 성질 4 : 확률밀도함수 $f_X(t)$는 시간 t에 대하여 단조감소함수이다

이를 수리적으로 표현하면 다음과 같다.

$$P\{0 \le X \le \Delta t\} \; > \; P\{t \le X \le t + \Delta t\}, \; t > 0$$

서비스시간은 평균값에 근접하나 경우에 따라서는 더 오래 걸릴 수 있기 때문에 대기행렬시스템의 서비스과정에 적합함을 알 수 있다.

14.3.2 출생사멸과정

대부분의 기본적인 대기행렬모형은 대기행렬시스템의 고객 도착과 고객 떠남을 출생사멸과정(Birth-and-Death Process)을 따른다고 가정한다. 시간 t에서 대기행렬시스템의 고객수를 $N(t)$라고 할 때 출생사멸과정은 시간 t가 증가함에 따라 고객수 $N(t)$가 확률적으로 어떻게 변하는지를 보여주며, 출생사멸과정의 가정은 다음과 같다.

가정 1 $N(t) = n$일 때, 다음 고객이 도착할 때까지 남아있는 시간의 분포는 모수 λ_n을 가지는 지수분포이다.

가정 2 $N(t)=n$일 때, 다음 고객이 떠날 때까지 남아있는 시간의 분포는 모수 μ_n을 가지는 지수분포이다.

가정 3 도착과 떠남은 서로 독립이며, 상태전이는 도착이나 떠남 중 하나가 발생한다.

이러한 가정 때문에 출생사멸과정은 연속시간 마아코프 체인(Continuous Time Markov Chain)의 특수한 형태라고 볼 수 있으며, 다음과 같은 상태전이율(State Transition Rate) 다이어그램으로 표현할 수 있다.

그림 14-6 출생사멸과정의 상태전이율 다이어그램

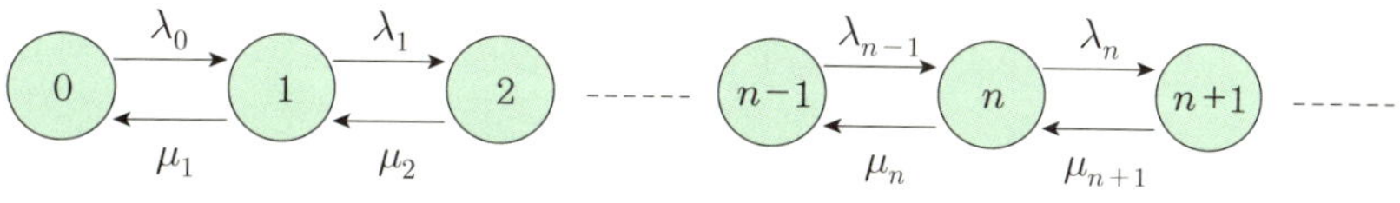

출생사멸과정의 시스템 상태는 대기행렬시스템 내의 고객수가 되고, 시점 t에서의 고객수가 n명일 확률을 $P_n(t)$로 표시하면, 시점 t의 상태 n에서 일어나는 평균 입력률과 평균 이탈률은 다음과 같다.

$$\text{평균 입력률} = \lambda_{n-1}P_{n-1}(t) + \mu_{n+1}P_{n+1}(t)$$

$$\text{평균 이탈률} = (\lambda_n + \mu_n)P_n(t)$$

단위시간당 상태 n에 집적되는 확률의 양 $\frac{d}{dt}P_n(t)$는 평균 입력률과 평균 이탈률의 차이로 표현할 수 있으므로 다음과 같은 미분차등방정식을 얻을 수 있다.

$$\frac{d}{dt}P_0(t) = -\lambda_0 P_0(t) + \mu_1 P_1(t) \tag{5}$$

$$\frac{d}{dt}P_n(t) = \lambda_{n-1}P_{n-1}(t) - (\lambda_n + \mu_n)P_n(t) + \mu_{n+1}P_{n+1}(t), \quad n \geq 1$$

시점 t에 상태 n(즉, 시점 t에 고객수가 n명)에 있을 확률 $P_n(t)$를 구하는 것은 매우 어렵고 복잡하지만 시간 t가 무한히 커지는 경우 극한값이 존재하며, 안정상태조건이 만족할 경우 안정상태확률(Steady State Probability) P_n은 쉽게 구할 수 있다. 즉, 안정상태에서는 다음과 같은 조건이 만족하므로

$$\lim_{t\to\infty} P_n(t) = P_n,\ n \ge 1 \tag{6}$$

$$\lim_{t\to\infty} \frac{d}{dt} P_n(t) = 0$$

안정상태에서의 균형방정식(Balance Equation)을 다음과 같이 얻을 수 있다.

$$0 = -\lambda_0 P_0 + \mu_1 P_1 \tag{7}$$

$$0 = \lambda_{n-1} P_{n-1} - (\lambda_n + \mu_n) P_n + \mu_{n+1} P_{n+1},\ n \ge 1$$

위의 균형방정식을 재귀적으로 풀면 다음과 같이 P_0의 식으로 표현할 수 있다.

$$P_1 = \frac{\lambda_0}{\mu_1} P_0$$

$$P_2 = \frac{\lambda_0 \lambda_1}{\mu_1 \mu_2} P_1$$

$$P_n = \frac{\lambda_0 \lambda_1 \cdots \lambda_{n-1}}{\mu_1 \mu_2 \cdots \mu_n} P_0$$

모든 확률의 합은 1이므로

$$\sum_{n=0}^{\infty} P_n = P_0 + \sum_{n=1}^{\infty} P_n = P_0 \left(1 + \sum_{n=1}^{\infty} \frac{\lambda_0 \lambda_1 \cdots \lambda_{n-1}}{\mu_1 \mu_2 \cdots \mu_n} \right) = 1$$

이다. 따라서 다음과 같은 안정상태확률을 얻을 수 있다.

$$P_0 = \left[1 + \sum_{n=0}^{\infty} \left(\frac{\prod_{i=0}^{n-1} \lambda_i}{\prod_{i=1}^{n} \mu_i} \right) \right]^{-1} \tag{8}$$

$$P_n = \frac{\prod_{i=0}^{n-1} \lambda_i}{\prod_{i=1}^{n} \mu_i} P_0$$

또한 안정상태확률을 이용하여 다음과 같은 성능척도를 구할 수 있다.

$$L = \sum_{n=0}^{\infty} n P_n \tag{9}$$

$$L_q = \sum_{n=s}^{\infty} (n-s) P_n$$

14.3.3 M/M/1모형

켄달의 표기방법 (M/M/1):(FCFS/∞/∞)로 표현되는 M/M/1모형은 대기행렬모형 중 가장 기본적인 것으로 고객의 도착 간 시간과 서비스시간은 각각 모수 λ와 μ를 가지는 지수분포이며, 서버수 1개를 가지면서 서비스순서는 선착순이고, 시스템 내 고객수와 고객모집단의 크기는 무한대인 대기행렬모형을 의미한다.

앞서 살펴본 출생사멸과정에서 $\lambda_n = \lambda$, $\mu_n = \mu$, $\forall\, n=0, 1, 2, \cdots$인 경우에 해당되므로 연속시간 마아코프 체인의 상태전이율 다이어그램은 다음과 같다.

그림 14-7 M/M/1모형의 상태전이율 다이어그램

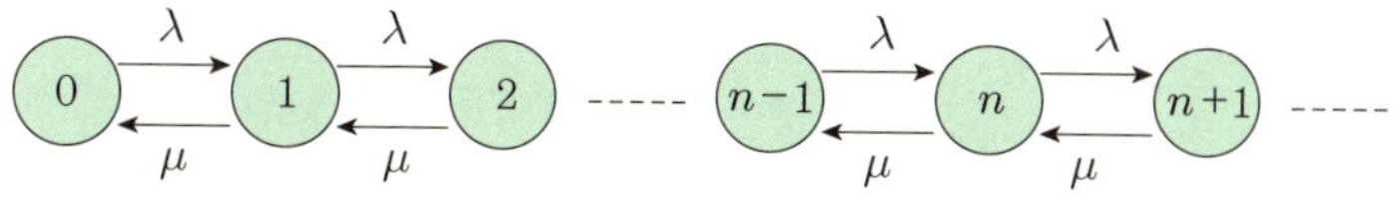

안정상태에서의 균형방정식을 다음과 같이 얻을 수 있다.

$$0 = -\lambda P_0 + \mu P_1$$
$$0 = \lambda P_{n-1} - (\lambda + \mu) P_n + \mu P_{n+1}, \; n \geq 1$$

위의 균형방정식을 재귀적으로 풀면 다음과 같은 확률을 구할 수 있다.

$$P_n = \left(\frac{\lambda}{\mu}\right)^n P_0$$

모든 확률의 합은 1이므로 $\frac{\lambda}{\mu} < 1$의 조건하에서 다음과 같다.

$$\sum_{n=0}^{\infty} P_n = 1$$
$$1 = \sum_{n=0}^{\infty} P_n = \sum_{n=0}^{\infty} \left(\frac{\lambda}{\mu}\right)^n P_0 = \frac{1}{1 - \left(\frac{\lambda}{\mu}\right)} P_0$$

즉, 안정상태의 조건 $\left(\frac{\lambda}{\mu} < 1\right)$하에서 다음과 같은 안정상태확률을 얻을 수 있다.

$$P_0 = 1 - \frac{\lambda}{\mu} \tag{10}$$
$$P_n = \left(\frac{\lambda}{\mu}\right)^n \left(1 - \frac{\lambda}{\mu}\right), \; n \geq 0$$

또한 안정상태확률을 이용하여 다음과 같은 성능척도들을 구할 수 있다.

$$\rho = \frac{\lambda}{\mu} \tag{11}$$
$$L = \sum_{n=0}^{\infty} n P_n = \sum_{n=0}^{\infty} n \left(1 - \frac{\lambda}{\mu}\right)\left(\frac{\lambda}{\mu}\right)^n = \left(1 - \frac{\lambda}{\mu}\right) \sum_{n=0}^{\infty} n \left(\frac{\lambda}{\mu}\right)^n$$
$$= \left(1 - \frac{\lambda}{\mu}\right) \frac{\lambda}{\mu} \frac{1}{\left(1 - \frac{\lambda}{\mu}\right)^2} = \frac{\frac{\lambda}{\mu}}{\left(1 - \frac{\lambda}{\mu}\right)} = \frac{\lambda}{\mu - \lambda}$$

$$L_q = \sum_{n=s}^{\infty}(n-s)P_n = \sum_{n=1}^{\infty}(n-1)\left(1-\frac{\lambda}{\mu}\right)\left(\frac{\lambda}{\mu}\right)^n = \left(1-\frac{\lambda}{\mu}\right)\sum_{n=1}^{\infty}(n-1)\left(\frac{\lambda}{\mu}\right)^n$$

$$= \frac{\left(\frac{\lambda}{\mu}\right)^2}{\left(1-\frac{\lambda}{\mu}\right)} = \frac{\lambda^2}{\mu(\mu-\lambda)}$$

또한 리틀의 법칙에 의해 다음과 같은 결과를 얻을 수 있다.

$$W = \frac{L}{\lambda} = \frac{1}{\mu-\lambda} \quad (12)$$

$$W_q = \frac{L_q}{\lambda} = \frac{\lambda}{\mu(\mu-\lambda)}$$

Q 예제 14-1

지방의 J대학에서는 지역경제 활성화를 위하여 지역전략산업의 하나인 전통문화를 테마로 테마파크시설의 일종인 전통문화체험관을 계획하고 있다. 이 체험관에는 최첨단 4D극장을 비롯하여 3D영상관, 유비쿼터스 체험실, 인터넷 방송국, 전통 의식주 체험실, 판소리 체험실 등 사람의 오감을 만족시키기 위한 시설들이 구축될 예정이다. 체험관에는 보통 시설투자 및 운영관리 비용이 많이 들어가는 관계로 전반적인 시설에 대하여 시스템적 접근방법으로 분석한 후 최적의 시스템을 구축하고자 노력하고 있다. 이의 일환으로 국내 및 선진국 체험 관련 시설에 대하여 벤치마킹을 실시하였고, 관련 데이터를 수집하여 체계적인 분석을 실시하고 있다. 일반적으로 체험관시설에는 입장을 위하여 매표소를 운영하는데 우선 매표소의 대기행렬을 분석하여 고객의 서비스를 최대화하기로 하였다. 국내 및 선진국의 체험관시설 벤치마킹 결과 시간당 평균 110명이 포아송 분포에 따라 도착하며, 선착순으로 표를 발행하는 데 걸리는 시간은 고객 1인당 평균 0.5분의 지수분포를 따르고, 대기행렬의 길이와 고객집단의 크기에는 제한이 없었다. 이에 매표소 직원을 1명 고용하여 운영할 경우의 시스템의 상황을 분석하고자 한다.

[예제 14-1]의 매표소 상황은 M/M/1모형이 적합하며, 매표소의 시스템을 분석하기 위해서는 먼저 고객 도착시간의 간격과 서비스시간의 단위가 다르므로 단위를 통일시켜야 하는데 단위를 시간으로 할 경우는 다음과 같다.

평균 도착률 : λ=110명/시간

평균 서비스율 : μ=1명/0.5분=120명/시간

이를 이용하여 성능척도들을 계산해보면 다음과 같다.

$$\rho = \frac{\lambda}{\mu} = \frac{110}{120} = 0.917$$

$$P_0 = 1 - \frac{\lambda}{\mu} = 1 - \frac{110}{120} = 0.083$$

$$P_n = \left(1 - \frac{\lambda}{\mu}\right)\left(\frac{\lambda}{\mu}\right)^n = 0.083 \times 0.917^n$$

$$L = \frac{\lambda}{\mu - \lambda} = \frac{110}{120 - 110} = 11(\text{명})$$

$$L_q = \frac{\lambda^2}{\mu(\mu - \lambda)} = \frac{110^2}{120(120 - 110)} = 10.08(\text{명})$$

$$W = \frac{1}{\mu - \lambda} = \frac{1}{120 - 110} = 0.1(\text{시간})$$

$$W_q = \frac{\lambda}{\mu(\mu - \lambda)} = \frac{110}{120(120 - 110)} = 0.0917(\text{시간})$$

즉, 시스템에 평균 11명의 고객이 기다리고 있으며, 대기시간은 6분(0.1시간)이고 매표소 직원은 91.7%로 매우 바쁘게 일하고 있음을 알 수 있다.

14.3.4 M/M/s모형

켄달의 표기방법 (M/M/s):(FCFS/∞/∞)로 표현되는 M/M/s모형은 서버수가 s개인 것을 제외하고는 M/M/1모형과 동일하다. $\mu_{n=}n \cdot \mu$, $n \le s$이고 $\mu_{n=}s\mu$, $n > s$를 반영한 연속시간 마아코프 체인의 상태전이율 다이어그램은 다음과 같다.

▌그림 14-8▌ M/M/s모형의 상태전이율 다이어그램

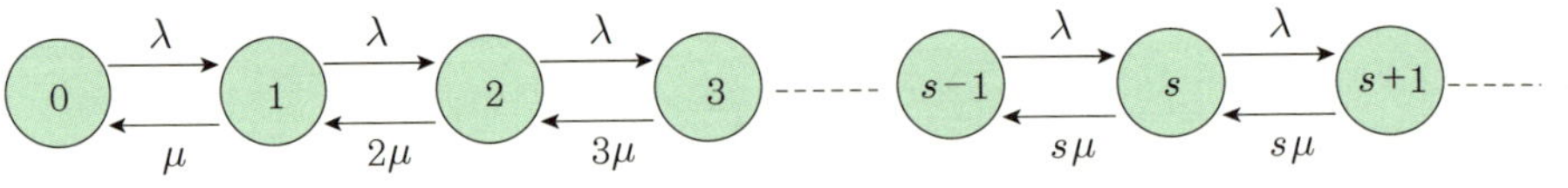

안정상태에서의 균형방정식과 모든 확률의 합은 1이라는 것을 이용하여 안정상태의 조건 $\left(\frac{\lambda}{s\mu} < 1\right)$하에서 다음과 같은 안정상태확률을 얻을 수 있다.

$$P_0 = 1 \Big/ \left[1 + \sum_{n=1}^{s-1} \frac{(\lambda/\mu)^n}{n!} + \frac{(\lambda/\mu)^s}{s!} \sum_{n=s}^{\infty} \left(\frac{\lambda}{s\mu}\right)^{n-s}\right] \tag{13}$$

$$= 1 \Big/ \left[\sum_{n=0}^{s-1} \frac{(\lambda/\mu)^n}{n!} + \frac{(\lambda/\mu)^s}{s!} \frac{1}{1-(\lambda/s\mu)}\right]$$

$$P_n = \begin{cases} \dfrac{(\lambda/\mu)^n}{n!} P_0, & 0 \le n \le s \\ \dfrac{(\lambda/\mu)^n}{s!s^{n-s}} P_0, & n \ge s \end{cases}$$

또한 안정상태확률을 이용하여 다음과 같은 성능척도들을 구할 수 있다.

$$\rho = \frac{\lambda}{s\mu} \tag{14}$$

$$L_q = \sum_{n=s}^{\infty} (n-s) P_n = \sum_{n=0}^{\infty} j P_{s+j}$$

$$= \sum_{j=0}^{\infty} j \frac{(\lambda/\mu)^s}{s!} \rho^j P_0 = P_0 \frac{(\lambda/\mu)^s}{s!} \rho \sum_{j=0}^{\infty} \frac{d}{d\rho} (\rho^j)$$

$$= \frac{P_0 (\lambda/\mu)^s \rho}{s!(1-\rho)^2}$$

$$W_q = \frac{L_q}{\lambda}$$

$$W = W_q + \frac{1}{\mu}$$

$$L = \lambda\left(W_q + \frac{1}{\mu}\right) = L_q + \frac{\lambda}{\mu}$$

예제 14-2

[예제 14-1]과 같이 매표소 직원을 1명 고용하여 운영할 경우 고객의 기다림에 대한 불만과 직원의 피로누적 등이 나타날 수 있어, 매표소 직원을 2명 고용하여 운영할 경우의 시스템의 상황을 분석하고자 한다.

[예제 14-2]의 매표소 상황은 M/M/s모형이 적합하며, 주어진 정보(λ =110, μ = 120, s =2)를 이용하여 성능척도들을 계산해보면 다음과 같다.

$$\rho = \frac{\lambda}{s\mu} = 110/(2 \cdot 120) = 0.4583$$

$$P_0 = 1/\left[\sum_{n=1}^{s-1} \frac{(\lambda/\mu)^n}{n!} + \frac{(\lambda/\mu)^s}{s!} \frac{1}{1-(\lambda/s\mu)}\right]$$

$$= 1/\left[\frac{(110/120)}{1!} + \frac{(110/120)^2}{2!} \frac{1}{1-(110/(2 \cdot 120))}\right] = 0.591$$

$$L_q = \frac{P_0(\lambda/\mu)^s \rho}{s!(1-\rho)^2} = \frac{0.591(110/120)^2 0.4583}{2!(1-0.4583)^2} = 0.3878(\text{명})$$

$$W_q = \frac{L_q}{\lambda} = \frac{0.3878}{110} = 0.0035(\text{시간})$$

$$W = W_q + \frac{1}{\mu} = 0.0035 + \frac{1}{120} = 0.0119(\text{시간})$$

$$L = \lambda\left(W_q + \frac{1}{\mu}\right) = L_q + \frac{\lambda}{\mu} = 0.3878 + 110/120 = 1.3045(\text{명})$$

즉, 직원을 1명 더 고용할 경우 고객의 평균 기다리는 시간과 평균 고객수는 약 1/10 수준으로 줄어들었음을 알 수 있다.

14.3.5 M/M/1/K모형

켄달의 표기방법 (M/M/1):(FCFS/K/∞)로 표현되는 M/M/1/K모형은 시스템 내의 고객수가 K명으로 한정된 것을 제외하고는 M/M/1모형과 동일하다. $\mu_n = \lambda_n = 0, n > k$

를 반영한 연속시간 마아코프 체인의 상태전이율 다이어그램은 다음과 같다.

그림 14-9 M/M/1/K 모형의 상태전이율 다이어그램

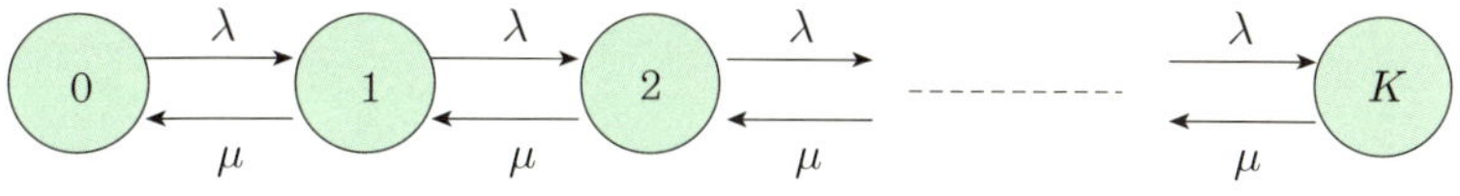

안정상태에서의 균형방정식과 모든 확률의 합은 1이라는 것을 이용하여 조건 $\frac{\lambda}{\mu} \neq 1$ 하에서 다음과 같은 안정상태확률을 얻을 수 있다($\frac{\lambda}{\mu} = 1$인 경우는 연습문제 14.7을 참조 바람).

$$P_0 = \frac{1}{\sum_{n=0}^{K} (\lambda/\mu)^n} = 1/\left[\frac{1-(\lambda/\mu)^{K+1}}{1-\lambda/\mu} = \frac{1-\rho}{1-\rho^{K+1}}\right] \tag{15}$$

$$P_n = \frac{1-\rho}{1-\rho^{K+1}}\rho^n$$

또한 안정상태확률을 이용하여 다음과 같은 성능척도들을 구할 수 있다.

$$\rho = \frac{\lambda}{\mu} \tag{16}$$

$$L = \sum_{n=0}^{K} nP_n$$

$$= \frac{1-\rho}{1-\rho^{K+1}}\rho \sum_{n=0}^{K} \frac{d}{d\rho}(\rho^n)$$

$$= \frac{1-\rho}{1-\rho^{K+1}}\rho \frac{d}{d\rho}\left(\sum_{n=0}^{K} \rho^n\right)$$

$$= \frac{\rho}{1-\rho} - \frac{(K+1)\rho^{K+1}}{1-\rho^{K+1}}$$

$$L_q = L - (1-P_0)$$

$$W = \frac{L}{\lambda}$$

$$W_q = \frac{L_q}{\bar{\lambda}}$$

여기서, $\bar{\lambda} = \sum_{n=0}^{\infty} \lambda_n P_n = \sum_{n=0}^{K-1} \lambda P_n = \lambda(1-P_K)$

예제 14-3

[예제 14-1]에서 고려하고 있는 체험관에 표를 구입하여 입장한 고객들은 체험관 내 시설들을 체험하게 되는데, 그 중 판소리 체험관은 인기가 있어 많은 고객들이 체험을 원하지만 체험시설의 특성상 대기행렬의 크기가 3으로 제한되어 있어 그 이상의 고객들을 수용할 수가 없다고 한다. 이에 대기행렬에 합류하지 못한 고객들은 다른 체험시설을 관람한 후 다시 대기행렬에 들어가기 위해 방문하게 된다. 고객들의 요구를 만족시키기 위하여 인기 있는 판소리 체험관의 대기행렬을 분석하여 고객의 서비스를 최대화하기로 하였다. 국내 및 선진국의 체험관시설 중 비슷한 시설을 벤치마킹하여 자료를 수집한 결과 분당 평균 0.3명의 고객이 포아송 분포에 따라 도착하며, 선착순으로 체험을 하게 되는데 고객 1인당 서비스시간은 5분의 지수분포를 따르고, 체험시설을 1개 운영할 경우의 시스템의 상황을 분석하고자 한다.

[예제 14-3]의 판소리 체험관의 상황은 M/M/1/K모형이 적합하며, 주어진 정보(λ=0.3, μ=0.2, K=4)를 이용하여 성능척도들을 계산해보면 다음과 같다.

$$\rho = \frac{\lambda}{\mu} = \frac{0.3}{0.2} = 1.5$$

$$P_0 = \frac{1-\rho}{1-\rho^{K+1}} = \frac{1-1.5}{1-1.5^{4+1}} = 0.0758$$

$$P_n = \frac{1-\rho}{1-\rho^{K+1}}\rho^n = 0.0758 \cdot (1.5)^n$$

$$L = \frac{\rho}{1-\rho} - \frac{(K+1)\rho^{K+1}}{1-\rho^{K+1}} = \frac{1.5}{1-1.5} - \frac{(4+1)1.5^{4+1}}{1-1.5^{4+1}} = 2.7583(\text{명})$$

$$L_q = L - (1-P_0) = 2.7583 - (1-0.0758) = 1.8341(\text{명})$$

$$P_K = \frac{1-\rho}{1-\rho^{4+1}}\rho^4 = 0.0758 \cdot (1.5)^4 = 0.0758 \cdot (1.5)^4 = 0.3837$$

$$\bar{\lambda} = \lambda(1-P_K) = 0.3 \cdot (1-0.3837) = 0.1849(\text{명})$$

$$W = \frac{L}{\bar{\lambda}} = \frac{2.7583}{0.1849} = 14.9179(\text{시간})$$

$$W_q = \frac{L_q}{\bar{\lambda}} = \frac{1.8341}{0.1849} = 9.9194(\text{시간})$$

한편, M/M/s/K모형(서비스시설이 s개인 것을 제외하고 M/M/1/K모형과 동일)의 안정상태확률과 성능척도는 다음과 같다.

$$P_0 = 1/\left[\sum_{n=0}^{s} \frac{(\lambda/\mu)^n}{n!} + \frac{(\lambda/\mu)^s}{s!} \sum_{n=s+1}^{K} \left(\frac{\lambda}{s\mu}\right)^{n-s}\right] \tag{17}$$

$$P_n = \begin{cases} \dfrac{(\lambda/\mu)^n}{n!} P_0, & n = 1, 2, \cdots, s \\ \\ \dfrac{(\lambda/\mu)^n}{s!s^{n-s}} P_0, & n = s, s+1, \cdots, K \end{cases}$$

$$\rho = \frac{\lambda}{s\mu}$$

$$L_q = \frac{P_0(\lambda/\mu)^s \rho}{s!(1-\rho)^2}[1-\rho^{K-s} - (K-s)\rho^{K-s}(1-\rho)]$$

$$L = \sum_{n=0}^{s-1} nP_n + L_q + s\left(1 - \sum_{n=0}^{s-1} P_n\right)$$

$$W = \frac{L}{\bar{\lambda}}$$

$$W_q = \frac{L_q}{\bar{\lambda}}$$

여기서, $\bar{\lambda} = \sum_{n=0}^{\infty} \lambda_n P_n = \sum_{n=0}^{K-1} \lambda P_n = \lambda(1-P_K)$

예제 14-4

[예제 14-3]에서 고려한 판소리 체험관의 성능척도 측정결과 여러 가지 문제가 있는 것으로 나타나 서비스시설을 2개로 운영할 경우의 시스템의 상황을 분석하고자 한다.

[예제 14-4]의 판소리 체험관의 상황은 M/M/s/K모형이 적합하며, 주어진 정보 ($\lambda=0.3$, $\mu=0.2$, $K=4$, $s=2$)를 이용하여 성능척도들을 계산해보면 다음과 같다.

$$P_0=1/\left[\sum_{n=0}^{s}\frac{(\lambda/\mu)^n}{n!}+\frac{(\lambda/\mu)^s}{s!}\sum_{n=s+1}^{K}\left(\frac{\lambda}{s\mu}\right)^{n-s}\right]$$

$$=1/\left[\sum_{n=0}^{2}\frac{(1.5)^n}{n!}+\frac{(1.5)^2}{2!}\sum_{n=3}^{4}(0.75)^{n-2}\right]$$

$$=1/\left[1+1.5+\frac{1.5^2}{2}+\frac{(1.5)^2}{2!}(0.75+0.75^2)\right]=0.196$$

$$\rho=\frac{\lambda}{s\mu}=0.75$$

$$L_q=\frac{P_0(\lambda/\mu)^s\rho}{s!(1-\rho)^2}[1-\rho^{K-s}-(K-s)\rho^{K-s}(1-\rho)]$$

$$=\frac{0.196(1.5)^2 0.75}{2!(0.25)^2}[1-0.75^{4-2}-(4-2)0.75^{4-2}(1-0.75)]=0.4134(\text{명})$$

$$L=\sum_{n=0}^{s-1}nP_n+L_q+s\left(1-\sum_{n=0}^{s-1}P_n\right)$$

$$=P_1+L_q+2(1-P_0-P_1)=1.5P_0+0.4134+2(1-0.196-1.5P_0)$$

$$=1.7274(\text{명})$$

$$P_4=\frac{1.5^4}{2!2^2}P_0=0.124$$

$$\bar{\lambda}=\lambda(1-P_4)=0.3(1-0.124)=0.2628(\text{명})$$

$$W=\frac{L}{\bar{\lambda}}=6.573(\text{시간})$$

$$W_q=\frac{L_q}{\bar{\lambda}}=1.5731(\text{시간})$$

즉, 서비스시설을 1개 더 추가할 경우 고객의 평균 기다리는 시간과 평균 고객수는 약 1/2 수준으로 줄어들었음을 알 수 있다.

14.3.6 유한 모집단을 가지는 M/M/1모형

켄달의 표기방법 (M/M/1):(FCFS/∞/N)로 표현되며 고객의 모집단이 유한하다는 것을 제외하고는 M/M/1모형과 동일하다. $\lambda_n = (N-n)\lambda,\ 0 \le n < N$을 반영한 연속시간 마아코프 체인의 상태전이율 다이어그램은 다음과 같다.

그림 14-10 유한 모집단 M/M/1모형 상태전이율 다이어그램

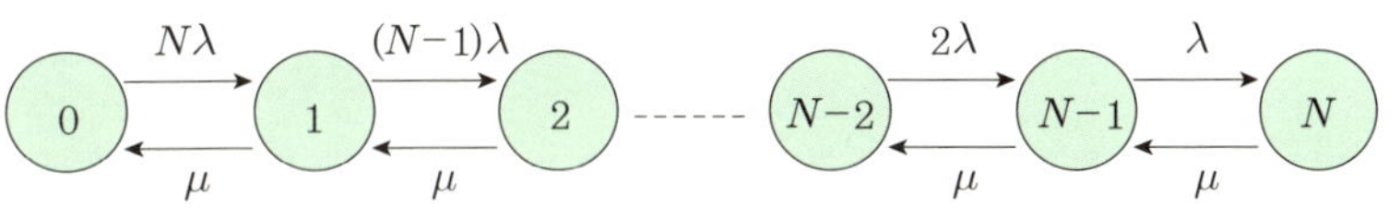

안정상태에서의 균형방정식과 모든 확률의 합은 1이라는 것을 이용하여 다음과 같은 안정상태확률과 성능척도들을 얻을 수 있다.

$$P_0 = 1/\sum_{n=0}^{N}\left[\frac{N!}{(N-n)!}\left(\frac{\lambda}{\mu}\right)^n\right] \tag{18}$$

$$P_n = \frac{N!}{(N-n)!}\left(\frac{\lambda}{\mu}\right)^n P_0,\ n=1,\ 2,\ \cdots,\ N$$

$$\rho = \frac{\lambda}{\mu}$$

$$L_q = \sum_{n=1}^{N}(n-1)P_n = N - \frac{\lambda+\mu}{\lambda}(1-P_0)$$

$$L = \sum_{n=0}^{K} nP_n = L_q + 1 - P_0 = N - \frac{\mu}{\lambda}(1-P_0)$$

$$W = \frac{L}{\bar{\lambda}}$$

$$W_q = \frac{L_q}{\bar{\lambda}}$$

여기서, $\bar{\lambda} = \sum_{n=0}^{\infty}\lambda_n P_n = \sum_{n=0}^{N}(N-n)\lambda P_n = \lambda(N-L)$

예제 14-5

[예제 14-1]에서 고려하고 있는 체험관 내의 4D극장에는 특수의자 세트 5개를 설치할 계획이며, 이를 유지보수하기 위하여 1명의 엔지니어를 배치하려고 한다. 특수의자들은 사람의 오감을 만족시키기 위하여 진동, 바람, 물, 냄새 등 여러 장치로 구성되어 있는데, 고객들의 미숙련된 사용으로 말미암아 고장이 자주 일어난다고 한다. 특수의자의 제작회사인 미국 S사에 따르면 특수의자는 시간당 1대가 포아송 분포로 고장이 나며, 엔지니어가 이를 고치는 데 평균 30분의 지수분포만큼 시간이 걸린다고 한다. 가장 인기가 높은 4D극장의 효율적 운영을 위하여 4D시스템의 상황을 분석하고자 한다.

[예제 14-5]의 4D극장 상황은 고장난 특수의자가 고객이 되며, 엔지니어가 서비스를 담당할 특수의자는 5세트로 유한하므로 유한모집단을 가지는 M/M/1모형이 적합하다. 주어진 정보($\lambda=1$, $\mu=2$, $N=5$)를 이용하여 안정상태확률과 성능척도들을 계산해보면 다음과 같다.

$$P_0 = 1/\sum_{n=0}^{N}\left[\frac{N!}{(N-n)!}\left(\frac{\lambda}{\mu}\right)^n\right] = 1/\sum_{n=0}^{5}\left[\frac{5!}{(5-n)!}\left(\frac{1}{2}\right)^n\right]$$

$$= 1/\left[1+\frac{5!}{4!}\left(\frac{1}{2}\right)+\frac{5!}{3!}\left(\frac{1}{2}\right)^2+\frac{5!}{2!}\left(\frac{1}{2}\right)^3+\frac{5!}{1!}\left(\frac{1}{2}\right)^4+\frac{5!}{0!}\left(\frac{1}{2}\right)^5\right] = 0.0367$$

$$P_n = \frac{N!}{(N-n)!}\left(\frac{\lambda}{\mu}\right)^n P_0 = \frac{5!}{(5-n)!}\left(\frac{1}{2}\right)^n P_0,\ \ n=1,\ 2,\ 3,\ 4,\ 5$$

$$\rho = \frac{\lambda}{\mu} = 0.5$$

$$L_q = N - \frac{\lambda+\mu}{\lambda}(1-P_0) = 5 - \frac{1+2}{1}(1-0.0367) = 2.1101(\text{대})$$

$$L = N - \frac{\mu}{\lambda}(1-P_0) = 5 - 2(1-0.0367) = 3.0734(\text{대})$$

$$\bar{\lambda} = \lambda(N-L) = 1(5-3.0734) = 1.9266(\text{대})$$

$$W = \frac{L}{\bar{\lambda}} = \frac{3.0734}{1.9266} = 1.5952(\text{시간})$$

$$W_q = \frac{L_q}{\bar{\lambda}} = \frac{2.1101}{1.9266} = 1.0952(\text{시간})$$

한편, 유한모집단의 M/M/s모형(서비스시설이 s개인 것을 제외하고 유한모집단 M/M/1모형과 동일)의 안정상태확률과 성능척도는 다음과 같다.

$$P_0 = 1/\left[\sum_{n=0}^{s-1} \frac{N!}{(N-n)!n!}\left(\frac{\lambda}{\mu}\right)^n + \sum_{n=s}^{N} \frac{N!}{(N-n)!s!s^{n-s}}\left(\frac{\lambda}{\mu}\right)^n\right] \tag{19}$$

$$P_n = \begin{cases} \dfrac{N!}{(N-n)!n!}\left(\dfrac{\lambda}{\mu}\right)^n P_0, & 0 \le n \le s \\ \dfrac{N!}{(N-n)!s!s^{n-s}}\left(\dfrac{\lambda}{\mu}\right)^n P_0, & s \le n \le N \end{cases}$$

$$L_q = \sum_{n=s}^{N} (n-s)P_n$$

$$L = \sum_{n=0}^{s-1} nP_n + L_q + s\left(1 - \sum_{n=0}^{s-1} P_n\right)$$

$$W = \frac{L}{\lambda}$$

$$W_q = \frac{L_q}{\lambda}$$

예제 14-6

[예제 14-5]에서 고려한 4D극장의 성능척도 측정결과 여러 가지 문제가 있는 것으로 나타나 엔지니어를 2명 고용하여 운영할 경우의 시스템의 상황을 분석하고자 한다.

[예제 14-6]의 4D극장 상황은 유한모집단을 가지는 M/M/s모형이 적합하며, 주어진 정보($\lambda=1$, $\mu=2$, $N=5$, $s=2$)를 이용하여 성능척도들을 계산해보면 다음과 같다.

$$\begin{aligned} P_0 &= 1/\left[\sum_{n=0}^{s-1} \frac{N!}{(N-n)!n!}\left(\frac{\lambda}{\mu}\right)^n + \sum_{n=s}^{N} \frac{N!}{(N-n)!s!s^{n-s}}\left(\frac{\lambda}{\mu}\right)^n\right] \\ &= 1/\left[1 + \frac{5!}{4!}\left(\frac{1}{2}\right) + \frac{5!}{3!2!}\left(\frac{1}{2}\right)^2 + \frac{5!}{2!2!2}\left(\frac{1}{2}\right)^3 + \frac{5!}{1!2!2^2}\left(\frac{1}{2}\right)^4 + \frac{5!}{0!2!2^3}\left(\frac{1}{2}\right)^5\right] \\ &= 0.1105 \end{aligned}$$

$$P_n = \begin{cases} \dfrac{5!}{(5-n)!n!}\left(\dfrac{1}{2}\right)^n P_0, & 0 \le n \le 2 \\ \dfrac{5!}{(5-n)!2!2^{n-2}}\left(\dfrac{1}{2}\right)^n P_0, & 2 \le n \le 5 \end{cases}$$

$$L_q = \sum_{n=2}^{5}(n-2)P_n = P_3 + 2P_4 + 3P_5$$

$$= \frac{5!}{2!2!2}(1/2)^3 P_0 + 2\frac{5!}{1!2!2^2}(1/2)^4 P_0 + 3\frac{5!}{0!2!2^3}(1/2)^5 P_0 = 0.4921(\text{대})$$

$$L = \sum_{n=0}^{s-1} nP_n + L_q + s(1 - \sum_{n=0}^{s-1} P_n) = P_1 + L_q + 2(1 - P_0 - P_1)$$

$$= \frac{5!}{4!1!}(1/2)^1 P_0 + L_q + 2(1 - P_0 - \frac{5!}{4!1!}(1/2)^1 P_0) = 1.9949(\text{대})$$

$$W = \frac{L}{\overline{\lambda}} = \frac{1.9949}{5 - 1.9949} = \frac{1.9949}{3.0051} = 0.6638(\text{시간})$$

$$W_q = \frac{L_q}{\overline{\lambda}} = \frac{0.4921}{3.0051} = 0.1638(\text{시간})$$

즉, 엔지니어를 1명 더 고용할 경우 고객의 평균 기다리는 고객수는 약 2/3 수준으로 줄어들었음을 알 수 있다.

14.4 기타 대기행렬모형

14.4.1 M/G/1모형

고객의 도착이 포아송 과정으로 일어나고 서비스시간은 지수분포가 아닌 일반분포를 따르는 M/G/1모형은 무기억 성질을 만족하지 않아 서비스받고 있는 고객의 잔여 서비스시간이 경과 서비스시간에 영향을 준다. 이로 인해 대기행렬시스템의 고객수과정 $\{N(t),\ t \ge 0\}$은 마아코프 특성을 만족하지 않으므로 고객수확률을 구하기 위해 M/M/1에서와 같은 단순한 콜모고로프 방정식(Kolmorogorov Equation)을 이용할 수는 없다.

M/G/1의 도착과정은 포아송 과정이므로 PASTA(Poisson Arrivals See Time Average)에 의해 도착하는 고객이 k명을 볼 안정상태확률(도착시점확률) A_k는 임의의 시점에서 k명을 볼 안정상태확률(임의시점확률) P_k와 같다. 또한 M/G/1에서는 한 명씩 도착하고 한 명씩 서비스받으므로 버크(Burke) 정리에 의해 도착시점확률 A_k는 떠나는 고객이 남기는 고객수확률(이탈시점확률) D_k와 같다. 따라서 안정상태의 M/G/1에서는 다음의 세 확률이 모두 같다.

$$A_k = P_k = D_k \tag{20}$$

한편, 시스템 내의 특정한 시점들만을 관심의 대상으로 하여 그 시점들만에서의 상태들로 만들어지는 확률과정을 내재과정(Imbedded Process)이라고 하는데, M/G/1 시스템에서 서비스완료시점(Service Completion Time)에서의 고객수는 이탈시점 고객수과정이라는 내재과정이 되며, 도착시점이나 임의시점들에서의 고객수과정은 마아코프 체인이 되지 않지만 이탈시점들에서의 고객수과정은 마아코프 체인이므로, 이때의 마아코프 체인을 내재점 마아코프 체인(Imbedded Markov Chain)이라고 한다.

따라서 이탈시점에서의 고객수에 대한 내재점 마아코프 체인의 분석을 통하여 D_k를 구하게 되면 식 (20)에 의하여 임의시점확률 P_k를 구할 수 있으며, 그 결과 다음과 같은 성능척도들을 얻을 수 있다.

$$\rho = \frac{\lambda}{\mu} \tag{21}$$

$$P_0 = 1 - \rho$$

$$L_q = \frac{\lambda^2\sigma^2 + \rho^2}{2(1-\rho)}$$, 여기서 σ^2은 서비스시간의 분산

$$L = L_q + \rho$$

$$W_q = \frac{L_q}{\lambda}$$

$$W = W_q + \frac{1}{\mu}$$

이때 $L_q = \dfrac{\lambda^2\sigma^2 + \rho^2}{2(1-\rho)}$ 를 폴라첵-킨친 공식(Pollaczek-Khinchin(P-K) Formula)이라고 한다.

예제 14-7 M/D/1

[예제 14-1]의 체험관 내의 시설인 유비쿼터스 체험실은 개인별로 실질적인 체험을 할 수 있도록 고객의 정보를 필요로 하며, 이를 위하여 개인 인증카드를 발행하는 기계 1대를 도입하여 운영할 계획이다. 카드를 발급하는 데 3분이 소요되며, 유비쿼터스 체험실의 고객은 시간당 15명이 들어오고 도착률은 포아송 분포를 따른다고 가정한다.

[예제 14-7]의 상황은 카드발급 기계의 고객에 대한 서비스시간이 동일하고 고객의 도착이 포아송 분포를 따르므로 M/D/1모형이 적합하며, 이때 서비스시간이 일정하므로 서비스분포의 분산(σ^2) 이 0인 것과 식 (21)의 결과를 이용한 결과는 다음과 같다.

$$\rho = \frac{\lambda}{\mu} = \frac{15}{20} = 0.75$$

$$P_0 = 1 - \rho = 0.25$$

$$L_q = \frac{\lambda^2\sigma^2 + \rho^2}{2(1-\rho)} = \frac{0.75^2}{2(1-0.75)} = 1.125(\text{명})$$

$$L = L_q + \rho = 1.875(\text{명})$$

$$W_q = \frac{L_q}{\lambda} = 0.075(\text{시간})$$

$$W = W_q + \frac{1}{\mu} = 0.125(\text{시간})$$

M/D/1모형에서 서비스분포의 분산(σ^2)이 0인 관계로 L_q의 값$\left(\dfrac{\rho^2}{2(1-\rho)}\right)$이 M/M/1모형의 1/2임을 알 수 있고, 두 모형의 성능척도에 큰 차이가 발생하므로 문제의 상황에 가장 적합한 모형을 사용해야 함을 다시 한 번 강조하고자 한다.

예제 14-8 M/G/1

[예제 14-1]의 체험관 내 시설 중 전통의복 체험실에서는 궁중의복을 비롯하여 시대별(삼국시대, 고려시대 및 조선시대) 의복들을 직접 입어보면서 체험할 수 있는데 이 시간은 평균 10분과 분산 5분을 가지는 일반적인 분포를 따르며, 고객들은 시간당 5명이 포아송 분포로 도착한다고 가정한다.

[예제 14-8]의 상황은 M/G/1모형이 적합하며, $\frac{1}{\mu}$ =10분= $\frac{1}{6}$ 시간이므로 μ =6명/시간이고, σ^2 =5분이므로 $\frac{1}{12}$ 시간을 식 (21)에 대입하여 계산한 성능척도들의 결과는 다음과 같다.

$$\rho = \frac{\lambda}{\mu} = \frac{5}{6} = 0.8333$$

$$P_0 = 1 - \rho = 1 - 0.8333 = 0.1777$$

$$L_q = \frac{\lambda^2\sigma^2 + \rho^2}{2(1-\rho)} = \frac{5^2(1/12)^2 + 0.8333^2}{2(1-0.8333)} = 2.2564(\text{명})$$

$$L = L_q + \rho = 3.08979(\text{명})$$

$$W_q = \frac{L_q}{\lambda} = 0.4513(\text{시간})$$

$$W = W_q + \frac{1}{\mu} = 0.61799(\text{시간})$$

예제 14-9 M/Ek/1

[예제 14-1]의 체험관 내의 시설인 인터넷 방송국에서는 고객들의 UCC 제작을 도와주는 특별한 서비스를 제공하는데, 우선 고객들이 자신의 UCC 관련 자료들을 가져오면 1단계로 스토리보드를 생성 및 수정하는 서비스를 실시한 후에 2단계로 프리미어 등의 소프트웨어를 이용한 콘텐츠제작 서비스를 도와준다. 고객들은 포아송 분포에 따라 시간당 1명이 도착하고, 1단계 및 2단계의 서비스는 평균 20분의 지수분포에 따라 실시된다.

$X_1, X_2, \cdots, X_k$를 각각 평균 $1/k\mu$를 가지는 독립적인 지수분포라고 할 때, 지수분포들의 합 $X = X_1 + X_2 + \cdots + X_k$의 분포는 모수 μ와 k를 가지는 얼랑 분포(E_k)가

되며, 얼랑 분포의 확률밀도함수와 평균 및 분산은 다음과 같다.

$$f(x)=\frac{(\mu k)^k}{(k-1)!}x^{k-1}e^{-k\mu t},\ t\geq 0$$

$$E(X)=\frac{1}{\mu}$$

$$V(X)=\frac{1}{k\mu^2}=\sigma^2$$

[예제 14-9]의 상황은 고객의 도착이 포아송 분포를 따르고, 각 단계별 서비스시간이 각각 지수분포이므로 $k=2$이고 $\mu=1$명/20분=3명/1시간인 M/E_2/1모형이 적합하며, 이때의 성능평가 척도들의 결과는 다음과 같다.

$$\rho=\frac{\lambda}{\mu}=\frac{1}{3}=0.3333$$

$$P_0=1-\rho=0.6777$$

$$L_q=\frac{\lambda^2\sigma^2+\rho^2}{2(1-\rho)}=\frac{\lambda^2/(k\mu^2)+\rho^2}{2(1-\rho)}=\frac{1+k}{2k}\frac{\lambda^2}{\mu(\mu-\lambda)}=0.125(\text{명})$$

$$L=L_q+\rho=0.4583(\text{명})$$

$$W_q=\frac{L_q}{\lambda}=\frac{1+k}{2k}\frac{\lambda}{\mu(\mu-\lambda)}=0.125(\text{시간})$$

$$W=W_q+\frac{1}{\mu}=0.4583(\text{시간})$$

한편, 서비스시간의 분산을 비교$\left(0\leq\frac{1}{k\mu^2}\leq\frac{1}{\mu^2}\right)$해보면 M/$E_k$/1모형은 M/D/1모형과 M/M/1모형의 중간에 속해 실질적인 서비스시간에 적합함을 알 수 있다.

다음 절부터의 내용은 대기행렬모형의 고급과정으로 심화교육을 위해 소개한다.

14.4.2 우선순위 대기행렬모형[1]

지금까지 소개한 대기행렬시스템들은 대기행렬에 있는 고객의 서비스가 선입선출방식으로 진행된다고 가정하였는데, 병원응급실과 같이 중환자의 경우 다른 고객보다 우선순위를 부여하여 서비스를 해야 할 상황도 존재하며, 이를 우선순위 대기행렬시스템이라고 한다.

우선순위 대기행렬시스템에는 비축출 우선순위(Nonpreemptive Priority)와 축출 우선순위(Preemptive Priority)가 있다. 비축출 우선순위는 일단 서버가 어떤 고객에 대한 서비스를 시작하였다면 서비스 중인 고객보다 우선순위가 높은 고객이 도착하더라도 서비스를 중단하지 않고 끝까지 계속하는 것으로 서비스가 완료되면 우선순위가 가장 높은 계층의 고객 중에서는 가장 오래 기다린 고객을 선택하여 서비스하게 된다. 반면에 축출 우선순위는 서비스 중인 고객이 자신보다 우선순위가 더 높은 고객이 도착할 때마다 축출되어 대기행렬로 되돌아오고, 서버는 새로 도착한 우선순위가 더 높은 고객에 대한 서비스를 시작하게 되며, 서비스가 완료되면 우선순위가 가장 높은 계층의 고객 중에서는 가장 오래 기다린 고객을 선택하여 서비스하게 된다.

우선순위 대기행렬시스템에서의 가정은 다음과 같다.

① 고객은 N개의 우선순위 등급이 있으며, 등급 1의 고객이 가장 높은 우선순위를 가진다.

② 같은 등급의 고객들은 선입선출방식으로 서비스를 받는다.

③ 우선순위 등급 $i\,(i=1,\,2,\,\cdots,\,N)$의 고객은 평균 λ_i의 포아송 분포로 도착한다.

④ 서비스시간은 우선순위 등급에 관계없이 평균 $1/\mu$의 지수분포를 따른다.

s명의 서버가 있는 비축출 우선순위 대기행렬시스템의 안정상태조건$\left(\sum_{i=1}^{k}\lambda_i < s\mu\right)$ 하에서의 성능척도의 결과는 다음과 같다.

$$W_k = \frac{1}{AB_{k-1}B_k} + \frac{1}{\mu},\quad k=1,\,2,\,\cdots,\,N \tag{22}$$

$$L_k = \lambda_k W_k$$

1) 필요에 따라 생략하고 다음 장을 공부해도 된다.

여기서, W_k=안정상태에서의 우선순위 등급 k인 고객의 평균 대기시간

s=서버수

$$A = \begin{cases} s!\dfrac{s\mu-\lambda}{r^s}\displaystyle\sum_{j=0}^{s-1}\dfrac{r^j}{j!}+s\mu\,, & s \geq 2 \\ \dfrac{\mu^2}{\lambda}\,, & s=1 \end{cases}$$

$$B_0 = 1$$

$$B_k = 1-\frac{\sum_{i=1}^{k}\lambda_i}{s\mu}$$

$$\lambda = \sum_{i=1}^{N}\lambda_i$$

$$r = \frac{\lambda}{\mu}$$

한편, 서버수가 1일 경우의 축출우선순위 대기행렬시스템의 성능척도 결과는 다음과 같다.

$$W_k = \frac{1/\mu}{B_{k-1}B_k},\ k=1,\ 2,\ \cdots,\ N \tag{23}$$

$$L_k = \lambda_k W_k$$

여기서, W_k=안정상태에서의 우선순위 등급 k인 고객의 평균 대기시간

$$A = \frac{\mu^2}{\lambda}$$

$$B_0 = 1$$

$$B_k = 1-\frac{\sum_{i=1}^{k}\lambda_i}{\mu}$$

$$\lambda = \sum_{i=1}^{N}\lambda_i$$

14.5 대기행렬 네트워크

14.5.1 대기행렬 네트워크의 소개

대기행렬 네트워크(Queueing Network)는 [그림 14-11]과 같이 서비스시설들이 네트워크로 연결된 시스템을 말하며, 고객들은 시스템에 도착한 후 전부 혹은 몇 개의 서비스시설들에서 서비스를 받고 시스템을 떠나게 된다. 여기서 N_i는 서비스시설 i의 대기행렬용량을, r_{ij}는 서비스시설 i를 떠난 고객이 서비스시설 j를 이용할 확률을 나타내고, 이 중 r_i는 서비스시설 i를 끝으로 시스템을 떠날 확률을 나타낸다.

[그림 14-11] 8개의 서비스시설로 구성된 대기행렬 네트워크

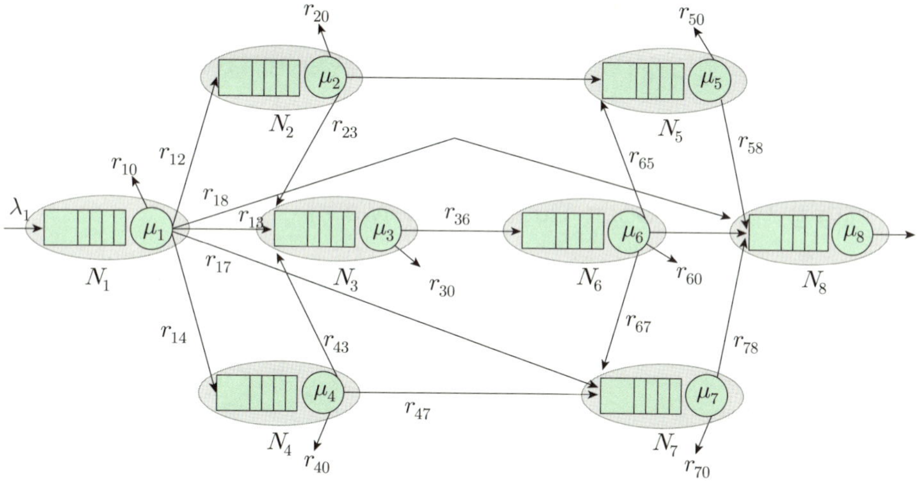

대기행렬 네트워크는 컴퓨터시스템, 생산시스템, 통신망시스템 등 다양한 분야에서 사용되며, 특히 [그림 14-12]와 같이 이동통신교환기(Mobile Switching Center: MSC), 기지국제어장치(Base Switching Center: BSC), 기지국(Base Station)과 이동국(Mobile Station) 등으로 구성된 이동통신시스템은 각 교환기의 제한된 호(call)의 수용용량과 한정된 채널 등의 유한한 자원들을 고려하여 구축하여야 하는데, 각 셀(cell)을 서비스시설로 간주하여 각 기지국 및 전체 시스템의 성능평가 및 분석을 위하

▌그림 14-12▌ 이동통신시스템

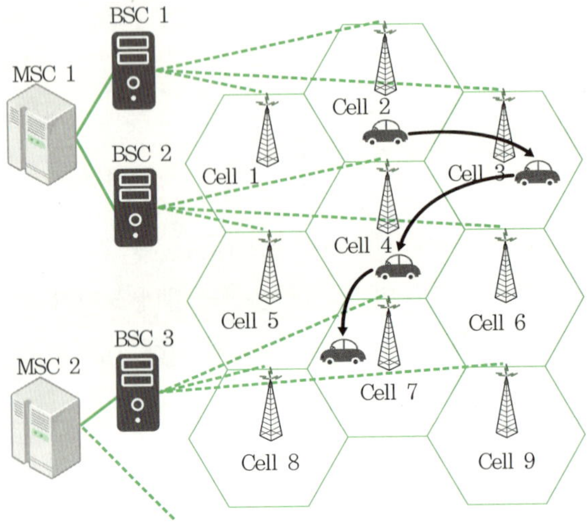

여 대기행렬 네트워크 분석방법을 이용한다.

한편, 대기행렬 네트워크의 형태는 다음과 같이 개방형 네트워크, 폐쇄형 네트워크, 혼합형 네트워크로 분류할 수 있다.

(1) 개방형 네트워크(Open Queueing Network)

고객들이 외부로부터 들어오고 나갈 수도 있는 형태로 대부분의 대기행렬 네트워크가 이 범주에 속하며, 임의의 서비스시설에서의 도착은 외부도착과 내부도착 모두 포함한 것을 의미한다.

(2) 폐쇄형 네트워크(Closed Queueing Network)

시스템 내 고객수의 변화 없이 고객수를 일정하게 유지하는 형태로 고객이 시스템을 떠날 경우 즉시 새로운 고객이 시스템에 투입되는 상황을 의미한다.

(3) 혼합형 네트워크(Mixed Queueing Network)

개방형 네트워크와 폐쇄형 네트워크의 혼합형태로 일부의 서비스시설에는 외부의 입출력이 가능한 경우를 의미한다.

14.5.2 버크의 이론

대기행렬 네트워크에 대한 연구 중 가장 기초적인 연구는 버크(P. J. Burke)에 의해 증명된 상등성에 관한 것으로 내용은 다음과 같다.

(1) 상등성(Equivalence Property)

s명의 서버와 무한용량의 대기행렬을 가지는 서비스시설에 고객이 모수 λ의 포아송 분포로 도착하고, 각 서버의 서비스시간은 모수 μ의 지수분포를 따른다고 할 때(즉, M/M/s모형), 이 서비스시설의 안정상태 출발 프로세스(Departure Process) 또한 모수 λ의 포아송 프로세스이다.

위의 성질은 대기행렬 서비스규칙에 상관없이 적용되며, 시간의 가역성(Time Reversibility)과 매우 밀접한 관계가 있다. 즉, 시간이 정상적으로 흐르는 시스템(Forward System)과 역으로 흐르는 시스템(Reversed System)의 통계적 특성(Statistical Feature)이 동일하다는 것이며, 이를 M/M/1시스템의 상태로 기술하면 [그림 14-13]과 같다.

또한 대기행렬 네트워크에서의 의미는 만약 서비스를 마친 고객이 또 다른 서비스시설로 갈 경우에 해당 서비스시설에서의 도착은 포아송 분포를 따른다는 것으로 독립적인 대기행렬시스템의 분석결과를 이용하여 전체 대기행렬 네트워크의 분석이 가능함을 나타낸다.

그림 14-13 M/M/1 순방향시스템과 역방향시스템

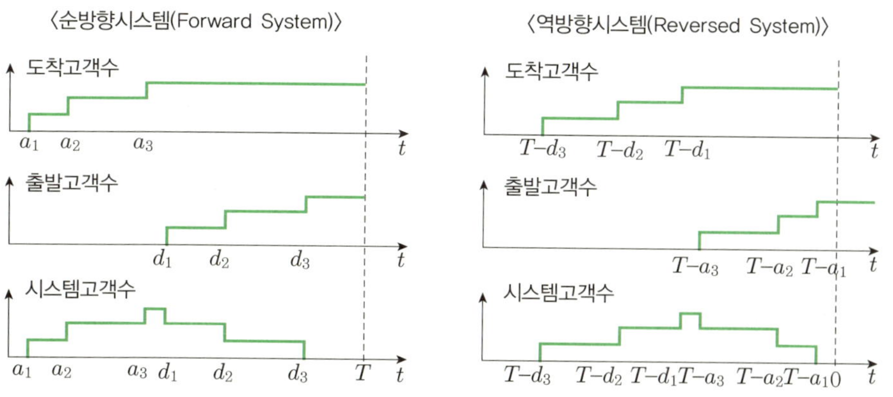

예를 들어, m개의 (M/M/s):(FCFS: ∞ : ∞) 대기행렬시스템이 [그림 14−14]와 같이 연속적으로 배치(이를 Tandem Queue라 함)되어 있고, 고객은 모수 λ의 포아송 분포로 도착하며 각 대기행렬시스템에 있는 서버 s_i의 서비스시간은 모수 μ_i의 지수분포를 따른다고 하자.

그림 14−14 Tandem Queue

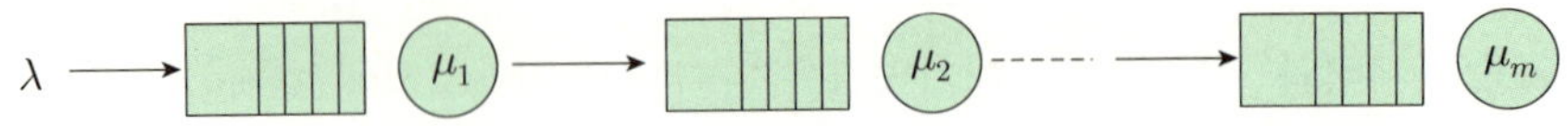

이 경우 버크의 상등성에 의해 각 서비스시설의 고객 도착은 모수 λ의 포아송 분포를 따르므로 N개의 독립된 M/M/s모형을 이용하여 분석할 수 있다. 즉, 각각의 서비스시설 i에서 고객이 k_i명씩 있을 전체 시스템의 안정상태확률은 다음과 같은 결합확률로 나타낼 수 있으며, 이를 곱 형태의 해(Product Form Solution)라고 한다.

$$\begin{aligned} & P\{\text{서비스시설 1에 } k_1,\ \text{서비스시설 2에 } k_2,\ \cdots,\ \text{서비스시설 } m\text{에 } k_m\} \\ &= P\{\text{서비스시설 1에 } k_1\} \cdot P\{\text{서비스시설 2에 } k_2\} \cdots P\{\text{서비스시설 } m\text{에 } k_m\} \\ &= P_{k_1} \cdot P_{k_2} \cdot \cdots \cdot P_{k_2} \qquad (24) \end{aligned}$$

여기서, P_{k_i} = 단일 M/M/s모형에서 시스템에 k_i명이 있을 확률

그리고 전체 시스템의 평균 고객수와 평균 대기시간은 각각의 대기행렬시스템의 평균 고객수와 평균 대기시간의 합이 된다.

예제 14-10

2개의 (M/M/1):(FCFS: ∞ : ∞) 대기행렬시스템이 연속적으로 배치되어 있고, 고객은 모수 $\lambda = 1$의 포아송 분포로 도착하며 각 대기행렬시스템에 있는 서버의 서비스시간은 모수 $\mu_1 = 2, \mu_2 = 3$의 지수분포를 따른다고 할 때 시스템의 성능척도를 구하여라.

위의 결과에 따라 고객도착이 모수 λ의 포아송 분포를 따르는 독립적인 2개의 M/M/1 대기행렬시스템으로 분해할 수 있으며, 서비스시설 i에서 고객이 k_i명씩 있을

전체 시스템의 안정상태확률은 다음과 같다.

$$
\begin{aligned}
&P\{\text{서비스시설 1에 } k_1,\ \text{서비스시설 2에 } k_2\} \\
&\quad = P\{\text{서비스시설 1에 } k_1\} \cdot P\{\text{서비스시설 2에 } k_2\} \\
&\quad = P_{k_1} \cdot P_{k_2} = \left(1-\frac{\lambda}{\mu_1}\right)\left(\frac{\lambda}{\mu_1}\right)^{k_1} \cdot \left(1-\frac{\lambda}{\mu_2}\right)\left(\frac{\lambda}{\mu_2}\right)^{k_2}
\end{aligned}
$$

그리고 전체 시스템의 성능척도는 다음과 같다.

$$\rho_1 = \frac{\lambda}{\mu_1} = \frac{1}{2} = 0.5$$

$$\rho_2 = \frac{\lambda}{\mu_2} = \frac{1}{3} = 0.3333$$

$$L = L_1 + L_2 = \frac{\lambda}{\mu_1 - \lambda} + \frac{\lambda}{\mu_2 - \lambda} = \frac{1}{2-1} + \frac{1}{3-1} = 1.5$$

$$W = W_1 + W_2 = \frac{1}{\mu_1 - \lambda} + \frac{1}{\mu_2 - \lambda} = \frac{1}{2-1} + \frac{1}{3-1} = 1.5$$

14.5.3 개방형 대기행렬 네트워크

앞 절에서 언급한 일렬로 배치된 대기행렬시스템(Tandem Queue)은 개방형 대기행렬시스템의 특별한 경우로 곱 형태의 해(Product Form Solution)를 갖는다. 이러한 성질을 가지는 좀 더 일반적인 대기행렬 네트워크를 잭슨 네트워크(Jackson Network, 1963년 Jackson 발표)라고 한다.

잭슨 네트워크는 다음과 같은 성질을 가지는 m개의 서비스시설로 구성되어 있다.

① 각 서비스시설은 무한용량의 대기행렬을 가진다.

② 외부로부터 각 서비스시설로 도착하는 고객들은 모수 a_i의 포아송 분포를 따른다.

③ 각 서비스시설 내 서버들(s_i)의 서비스시간은 모수 μ_i의 지수분포를 따른다.

④ 서비스시설 i를 떠나는 고객들은 확률 $q_i = 1 - \sum_{j=1}^{m} p_{ij}$로 시스템을 빠져 나가거나 확률 p_{ij}로 서비스시설 j로 이동한다.

잭슨 네트워크의 중요한 특성은 안정상태하에서의 각 서비스시설 $j(j = 1, 2, \cdots, m)$는 도착률 $\lambda_j = a_j + \sum_{i=1}^{m} \lambda_i p_{ij}$를 가지는 독립적인 M/M/s모형의 성질을 가진다는 것이며, m개의 선형방정식을 풀어서 $\lambda_i(i = 1, 2, \cdots, m)$를 계산할 수 있다. 단, 선형방정식이 고유하게 존재하려면, 외부로부터 들어온 고객은 반드시 외부로 나갈 확률이 1이어야 한다.

따라서, 버크의 이론과 잭슨 네트워크의 특성을 이용하여 각각의 서비스시설 i에서 고객이 k_i명씩 있을 전체 시스템의 안정상태확률은 다음과 같은 결합확률로 나타낼 수 있다.

$$\begin{aligned} &P\{\text{서비스시설 1에 } k_1,\ \text{서비스시설 2에 } k_2,\ \cdots,\ \text{서비스시설 } m\text{에 } k_m\} \\ &\quad = P\{\text{서비스시설 1에 } k_1\} \cdot P\{\text{서비스시설 2에 } k_2\} \cdots P\{\text{서비스시설 } m\text{에 } k_m\} \\ &\quad = P_{k_1} \cdot P_{k_2} \cdot \cdots \cdot P_{k_m} \qquad (25) \end{aligned}$$

여기서, P_{k_i} = 단일 M/M/s모형에서 시스템에 k_i명이 있을 확률

Q 예제 14-11

다음과 같은 잭슨 네트워크와 관련 데이터가 주어졌을 때의 전체 시스템의 성능척도들을 구하여라.

그림 14-15 [예제 14-11]의 잭슨 네트워크

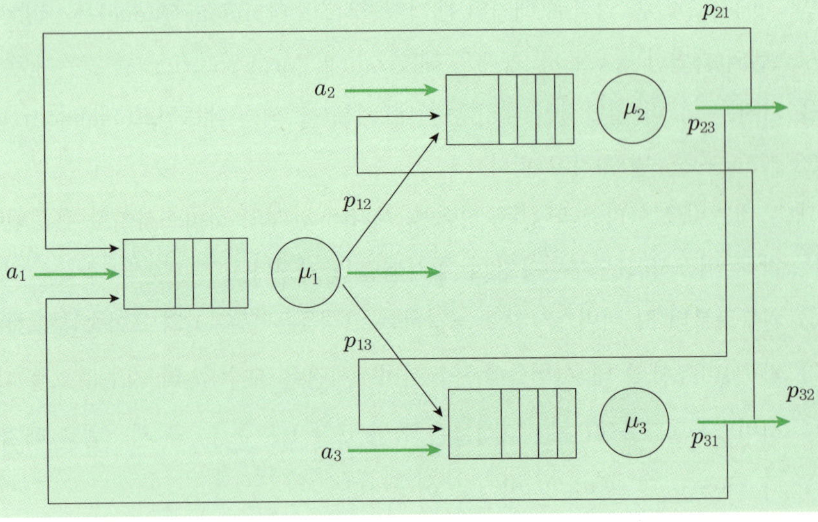

표 14-2 [예제 14-11]의 데이터

서비스시설 i	s_i	μ_i	a_i	p_{ij}		
				$j=1$	$j=2$	$j=3$
$i=1$	1	10	1	0	0.5	0.5
$i=2$	2	10	3	0	0	0.1
$i=3$	1	10	2	0.2	0.3	0

[예제 14-11]의 성능척도를 구하는 첫 단계로 도착률 관련 선형방정식을 작성하면 다음과 같다.

$$\lambda_1 = 1 + 0.2\lambda_3$$

$$\lambda_2 = 3 + 0.5\lambda_1 + 0.3\lambda_3$$

$$\lambda_3 = 2 + 0.5\lambda_1 + 0.1\lambda_2$$

위의 선형방정식을 풀면 $\lambda_1 = 1.6628,\ \lambda_2 = 4.8256,\ \lambda_3 = 3.314$를 얻을 수 있다.

각 서비스시설의 이용률, 안정상태확률, 평균 대기고객수, 평균 대기시간은 다음과 같다.

$$\rho_i = \frac{\lambda_i}{s_i \mu_i} = \begin{cases} 0.16628, & i=1 \\ 0.24128, & i=2 \\ 0.3314, & i=3 \end{cases}$$

$$P_{k_1} = (1 - 0.16628)0.16628^{k_1}$$

$$P_{k_2} = \begin{cases} 0.636, & k_2 = 0 \\ 0.307, & k_2 = 1 \\ \dfrac{(\lambda/\mu)^{k_2}}{2!2^{n-2}} P_0, & k_2 \geq 2 \end{cases}$$

$$P_{k_3} = (1 - 0.3314)0.3314^{k_3}$$

$$L_1 = 0.2,\ L_2 = 0.58,\ L_3 = 0.5$$

따라서 전체 시스템의 결합확률은 곱 형태의 해로 다음과 같이 나타낼 수 있다.

$$P(k_1, k_2, k_3) = P_{k_1} \cdot P_{k_2} \cdot P_{k_3}$$

전체 시스템의 평균 고객수와 평균 대기시간은 다음과 같다.

$$L = L_1 + L_2 + L_3 = 1.28$$

$$W = \frac{L}{a_1 + a_2 + a_3} = \frac{1.28}{1+3+2} = 0.213$$

14.5.4 폐쇄형 대기행렬 네트워크

시스템 내 고객수의 변화 없이 고객수를 일정하게 유지하는 네트워크를 폐쇄형 대기행렬 네트워크라 하며, 이 중에서 곱 형태의 해를 가지는 대기행렬 네트워크를 고든-뉴웰 네트워크(Gordon－Newell Network, 1967년 Gordon과 Newell 발표)라고 한다.

고든-뉴웰 네트워크는 다음과 같은 성질을 가지는 M개의 서비스시설로 구성되어 있다.

① 네트워크 내에는 항상 고정된 N명의 고객이 있다.

② 각 서비스시설 내 서버들(s_i)의 서비스시간은 모수 μ_i의 지수분포를 따른다.

③ 서비스 시설 i를 떠나는 고객들은 확률 p_{ij}로 서비스시설 j로 이동한다.

k_i를 서비스시설 i에 있는 고객수라고 할 때, 시스템의 상태는 다음과 같이 나타낸다.

$$S = \left\{ (k_1, k_2, \cdots, k_M) \mid \sum_{i=1}^{M} k_i = N \right\}$$

상태의 개수는 고객 N명을 서비스시설 M에 분배하는 수와 동일하므로 $\binom{N+M-1}{M-1}$ 이다.

또한 외부로부터의 도착이나 이탈이 없으므로 $\sum_{j=1}^{M} p_{ij} = 1$이며, 방문횟수는 다음과 같다.

$$v_i = \sum_{j=1}^{M} v_j p_{ji} \tag{26}$$

편의상 $v_1 = 1$로 하여 위의 식을 만족하는 해를 e_i라고 하면, 전체 시스템의 안정상태확률은 다음과 같은 결합확률로 나타낼 수 있다.

$$P(k_1, k_2, \cdots, k_M) = \frac{1}{G(N)} \prod_{i=1}^{M} f_i(k_i) \tag{27}$$

여기서, $f_i(k_i) = \begin{cases} \dfrac{x_i^{k_i}}{k_i!}, & k_i \le s_i \\ \dfrac{x_i^{k_i}}{s_i^{k_i - s_i} s_i!}, & k_i > s_i \end{cases}$

$$f_i(k_i) = x_i^{k_i} = \left(\frac{e_i}{\mu_i}\right)^{k_i},\ s_i = 1$$

$$f_i(0) = 1$$

$$x_i = \frac{e_i}{\mu_i}$$

$$G(N) = \sum_S \prod_{i=1}^{M} f_i(x_i)$$

[예제 14-12]의 결합확률을 구하는 첫 단계로 시스템의 상태를 구하면 M=3이고, N=3이므로 상태 S는 $\binom{3+3-1}{3-1}$=10개 존재하며, 각각은 다음과 같다.

S={(3,0,0), (0,3,0), (0,0,3), (1,2,0), (1,0,2), (1,1,1), (0,1,2), (0,2,1), (2,1,0), (2,0,1)}

예제 14-12

다음과 같은 고든-뉴웰 네트워크와 관련 데이터가 주어졌을 때의 전체 시스템의 안정상태 결합확률들을 구하여라.

그림 14-16 [예제 14-12]의 고든-뉴웰 네트워크

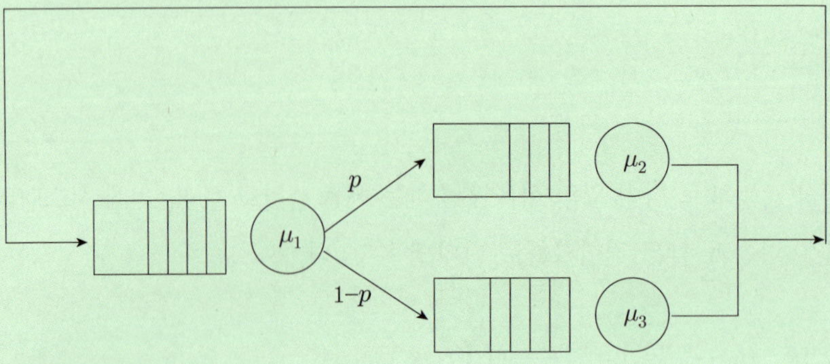

관련 데이터 : $N=3$, $p=0.5$, $\mu_1=5$, $\mu_2=3$, $\mu_3=2$, $s_i=1$

다음으로 방문횟수 관련 선형방정식을 작성하면 다음과 같다.

$$v_1 = v_2 + v_3$$
$$v_2 = pv_1$$
$$v_3 = (1-p)v_1$$

$v_1 = 1, p = 0.5$를 대입하여 위의 선형방정식을 풀면 $e_1 = 1, e_2 = 0.5, e_3 = 0.5$를 얻을 수 있다.

또한 $f_1(k_1) = \left(\frac{1}{5}\right)^{k_1}$, $f_2(k_2) = \left(\frac{0.5}{3}\right)^{k_2}$, $f_3(k_3) = \left(\frac{0.5}{2}\right)^{k_3}$ 이므로 안정상태 결합 확률은 다음과 같다.

$$P(k_1, k_2, k_3) = \frac{1}{G(N)}\prod_{i=1}^{3} f_i(k_i) = \frac{1}{G(N)}\left(\frac{1}{5}\right)^{k_1}\left(\frac{0.5}{3}\right)^{k_2}\left(\frac{0.5}{2}\right)^{k_3}$$

$$\text{여기서, } G(N) = G(3) = \sum_S \prod_{i=1}^{3} f_i(x_i) = \sum_S \left(\frac{1}{5}\right)^{k_1}\left(\frac{0.5}{3}\right)^{k_2}\left(\frac{0.5}{2}\right)^{k_3}$$

$$S = \{(k_1, k_2, k_3)\} = \{(3,0,0), (0,3,0), \cdots, (2,0,1)\}$$

EXERCISE

14.1 M/M/1모형에서 안정상태조건 $\left(\frac{\lambda}{\mu} < 1\right)$이 필요한 이유를 설명하시오.

14.2 M/M/1모형에서 $\sum_{n=0}^{\infty} n\left(\frac{\lambda}{\mu}\right)^n = \frac{\frac{\lambda}{\mu}}{\left(1-\frac{\lambda}{\mu}\right)^2}$ 인 것을 보이시오.

14.3 M/M/1모형에서 $\sum_{n=1}^{\infty} (n-1)\left(\frac{\lambda}{\mu}\right)^n = \frac{\left(\frac{\lambda}{\mu}\right)^2}{\left(1-\frac{\lambda}{\mu}\right)^2}$ 인 것을 보이시오.

14.4 M/M/1모형에서 $P\{W > t\} = \sum_{n=0}^{\infty} P_n P\{S_{n+1} > t\} = e^{-\mu(1-\rho)t}$를 증명하시오.

14.5 리틀의 공식(Little's formula) $L = \lambda W$를 증명하시오.

14.6 M/M/s모형에서 $P_0 \frac{(\lambda/\mu)^s}{s!} \rho \sum_{j=0}^{\infty} \frac{d}{d\rho}(\rho^j) = \frac{P_0(\lambda/\mu)^s \rho}{s!(1-\rho)^2}$임을 보이시오.

14.7 M/M/1/K모형에서 $\rho = 1$일 경우 $P_n = 1/(K+1)$임을 보이시오.

14.8 M/M/1/K모형에서 $L = \frac{1-\rho}{1-\rho^{K+1}} \rho \frac{d}{d\rho}\left(\sum_{n=0}^{K} \rho^n\right)$이 $L = \frac{\rho}{1-\rho} - \frac{(K+1)\rho^{K+1}}{1-\rho^{K+1}}$ 임을 보이시오.

14.9 M/M/s/K모형의 상태전이율 다이어그램을 그리시오.

14.10 M/M/s/K모형의 성능척도들에 대한 수식을 유도하시오.

14.11 공항에서 비행기가 이륙할 때까지 탑승객의 대기행렬시스템을 기술하시오.

14.12 K업체는 자동차 자동 세차기를 1대 설치하여 운영하고 있다. 자동차 1대에 대한 서비스시간은 지수분포를 가지며 시간당 평균 5대의 자동차를 세차할 수 있다. 고객인 자동차는 포아송 분포로 평균 20분에 1대씩 들어오고 있다.

(1) 세차장에 있는 자동차의 평균 대기시간은 얼마인가?

(2) 도착한 자동차가 기다리지 않고 서비스받을 확률은 얼마인가?

연 | 습 | 문 | 제 <<<

(3) 세차장에 있는 자동차는 평균 몇 대인가?
(4) 세차장 안에서 2대의 자동차가 있을 확률은 얼마인가?
(5) 상태전이율 다이어그램을 그리시오.

14.13 K공항에는 1개의 급유시설과 1명의 기술자를 고용하고 있다. 비행기 1대에 대한 서비스시간은 지수분포를 가지며, 시간당 평균 2대의 비행기를 처리할 수 있다. 이 공항의 급유시설에는 부지가 넉넉하지 못하여 4대의 비행기까지 들어올 수 있는데(급유 중인 비행기 포함) 평균 60분에 1대씩 비행기가 들어오고 있다. 비행기의 도착과정은 포아송 과정으로 간주해도 무방하다. 급유시설에 들어오지 못한 비행기는 다른 공항에서 급유를 하게 된다.
(1) 비행기가 급유하지 않고 다른 공항으로 갈 확률은 얼마인가?
(2) 비행기가 도착하였을 때 기다리지 않고 서비스받을 확률은 얼마인가?
(3) 급유시설에 2대의 비행기를 발견할 확률은 얼마인가?
(4) 급유시설에 있는 비행기는 평균 몇 대인가?
(5) 한 비행기가 급유시설 내에서 보내는 평균시간은 얼마인가?
(6) 상태전이율 다이어그램을 그리시오.

14.14 J대학의 인터넷방송국에서는 3대의 카메라를 운영하고 있으며, 기술자 1명이 유지보수하고 있다. 카메라 1대가 고장 날 때까지의 시간은 지수분포를 가지는데 평균 5일에 한 번씩 고장 난다. 이 카메라를 수리하는 데 걸리는 시간은 지수분포를 가지는데 평균 1일이 걸린다.
(1) 카메라 3대가 모두 정상일 확률은 얼마인가?
(2) 카메라 3대가 모두 고장일 확률은 얼마인가?
(3) 고장 난 카메라는 평균 몇 대인가?
(4) 고장 난 카메라가 수리될 때까지의 평균시간은 얼마인가?
(5) 상태전이율 다이어그램을 그리시오.

14.15 J대학의 학생회관에 설치된 음료수 자판기는 선택한 음료에 상관없이 서비스하는 데 20초가 소요되며, 학생들은 1분에 2명씩 포아송 분포를 따르며 도착한다.
(1) 자판기 앞에 있는 평균 학생수는 몇 명인가?
(2) 자판기 앞에서 보내는 평균시간은 얼마인가?

EXERCISE

14.16 J대학병원의 안과에서는 고객들의 편의를 위하여 대기 장소를 2곳 운영하고 있는데, 대기 장소 1에서는 인턴 3명이 기본적인 시력검사를 실시하며, 대기 장소 2에서는 전문의사 2명이 전문적인 의료서비스를 시행하고 있다. 고객들은 시간당 20명이 포아송 분포에 따라 도착하며, 인턴과 전문의사의 서비스시간은 각각 평균 7분과 5분의 지수분포를 따른다고 할 때, 이 시스템의 성능척도들을 구하시오.

14.17 3개의 (M/M/1):(FCFS: ∞ : ∞) 대기행렬시스템이 연속적으로 배치되어 있고, 고객은 모수 $\lambda = 1$ 의 포아송 분포로 도착하며 각 대기행렬시스템에 있는 서버의 서비스시간은 모수 $\mu_1 = 2, \mu_2 = 3, \mu_3 = 4$ 의 지수분포를 따른다고 할 때 시스템의 성능척도를 구하시오.

14.18 [연습문제 14-17]에서 언급한 대기행렬시스템에서 서비스시설의 배치순서를 다음과 같이 바꿀 때 시스템의 성능척도를 비교하시오.

경우 1 : 서비스시설 1 → 서비스시설 3 → 서비스시설 2
경우 2 : 서비스시설 3 → 서비스시설 2 → 서비스시설 1
경우 3 : 서비스시설 3 → 서비스시설 1 → 서비스시설 2
경우 4 : 서비스시설 2 → 서비스시설 1 → 서비스시설 3
경우 5 : 서비스시설 2 → 서비스시설 3 → 서비스시설 1

14.19 다음과 같은 잭슨 네트워크와 관련 데이터가 주어졌을 때의 전체 시스템의 성능척도들을 구하시오.

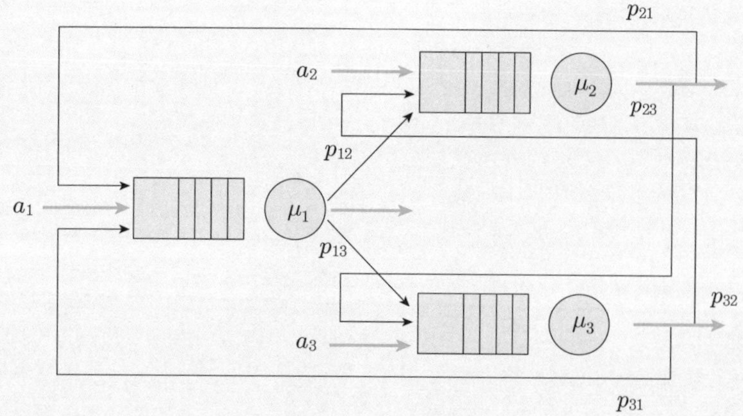

연 | 습 | 문 | 제 <<<

서비스시설 i	s_i	μ_i	a_i	p_{ij}		
				$j=1$	$j=2$	$j=3$
$i=1$	1	5	1	0	0.3	0.2
$i=2$	2	5	1	0.5	0	0.3
$i=3$	1	5	2	0.2	0.7	0

14.20 다음과 같은 고든-뉴웰 네트워크와 관련 데이터가 주어졌을 때의 전체 시스템의 안정상태 결합확률들을 구하시오.

관련 데이터 : $N=5$, $p=0.4$, $\mu_1=5$, $\mu_2=2$, $\mu_3=3$

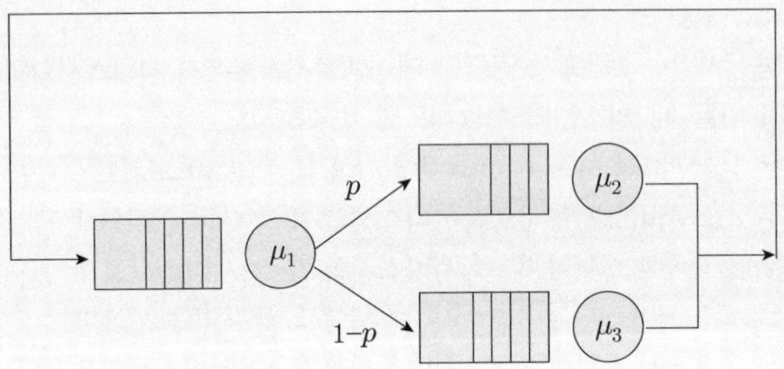

CHAPTER 15

시뮬레이션

Chapter 15 시뮬레이션

15.1 시뮬레이션의 개요

15.1.1 시뮬레이션의 개념

시뮬레이션(simulation)이라는 말은 컴퓨터 시뮬레이션, 시뮬레이션 게임, 시뮬레이터 등 오늘날 우리 사회의 여러 부분에서 흔히 접하게 되는 용어로 사전적인 의미는 '모방하다(simulate)'의 명사형으로 '모방' 또는 '모의실험'으로 번역하여 많이 사용하고 있다. 현실세계에서 일어나고 있는 혹은 앞으로 일어날 수 있는 일을 미리 흉내 내어 봄으로써 문제를 더 잘 이해하고 장래에 일어날 수 있는 일을 미리 예측하기 위해 사용하는 방법이다.

공을 던져서 튀는 모양을 물리적 지식을 이용한 식으로 실제 공을 던져 보지 않고도 알 수 있으며 공의 무게, 던지는 힘, 속도, 높이 등을 다양하게 변화시킨 경우도 쉽게 알아낼 수 있다. 매월 10만원 씩 저축을 할 경우 10년 후의 원리금을 10년이 지나지 않아도 계산식으로 알 수 있으며 이자율, 이자에 대한 세율의 다양한 변화에도 원리금을 계산할 수 있다. 군사 훈련이나 민방위 훈련의 경우 가상 상황에 대한 대비 훈련을 통하여 실제 상황에 적절히 대비할 수 있을 것이다. 이러한 예들을 우리는 현실이 아닌 수식이나 가상 상황으로 계산 혹은 실험한 것으로 보아 시뮬레이션이라 할 수 있다.

시뮬레이션이라는 용어에 대하여 샤논(R. E. Shannon)은 "현실 시스템의 상태를 이해하고 여러 가지 시스템 운영전략의 평가를 목적으로, 현실 시스템의 모형을 설계하고 이 모형을 실험하는 과정'이라 정의하였다. 따라서 현실 시스템의 문제해결을 위한 과학적인 방법인 경영과학의 한 분야로 볼 수 있다.

그러나 이러한 시뮬레이션 기법은 의사결정변수가 많고 복잡하여 수리적인 최적화모형 작성이 어렵거나 모형이 작성되었더라도 해의 도출이 어려운 경우 유용하게 사용될 수 있는 수치적 방법이다.

15.1.2 시뮬레이션 시스템 분석

시뮬레이션을 효과적으로 수행하기 위해서는 현실 시스템의 문제점을 파악하고 이러한 문제를 적절히 표현할 수 있는 시뮬레이션모형을 만들어야 한다.

일반적으로 시스템(system)이란 여러 구성요소가 서로 유기적으로 연결되어 상호작용을 하여 공통된 목표를 달성하고자 하는 집합체라 할 수 있다. 현실문제를 시스템으로 표시하고자 할 때는 시스템 내에 존재하는 구성요소, 내적자원 그리고 시스템 관리자가 제어 불가능(uncontrollable)한 외부환경을 구분하고, 시스템이 추구하는 목표와 이 목표를 달성하기 위한 운영전략이 무엇인지 명확히 파악하여야 한다.

예를 들면, 대부분의 생산공장의 경우 생산직 사원, 관리직 사원, 생산설비, 생산부품 등은 구성요소로, 생산설비, 생산직 사원, 관리직 사원, 구입된 원자재 등은 내적자원으로, 원자재의 가격, 수요 등은 외부환경으로 구분할 수 있다. 이 생산공장의 경우 이익을 최대로 하는 것을 목표로 최적 생산계획 수립을 위한 시뮬레이션을 할 수 있다. 여기서 생산설비 및 사원의 경우 분석관점에 따라 구성요소로 또는 내적자원으로 파악될 수 있다.

시뮬레이션 수행을 위해서는 일반적인 경영과학의 시스템 분석과는 달리 시스템에서 흐름을 이루며, 분석하고자 하는 대상이 되는 개체를 기준으로 하여 시스템을 분석하는 것이 바람직하다. 시뮬레이션 시스템을 설명하기 위하여 사용하는 용어는 [표 15-1]과 같다.

표 15-1 시뮬레이션 시스템 분석 용어

개체(entity)	: 분석하고자 하는 대상이며 시스템에서 흐름을 이룰 수 있는 요소
속성(attribute)	: 개체가 갖는 특성
자원(resource)	: 시스템 운영에 필요한 것으로, 시스템 내에 존재하는 요소
상태(state)	: 시스템을 기술하기에 필요한 변수
활동(activity)	: 시스템의 상태에 변화를 가져오는 과정으로, 일반적으로 시간이 소요됨

시뮬레이션 시스템에서 사용되는 용어들은 [표 15-2]를 보면 쉽게 이해할 수 있다.

표 15-2 시뮬레이션 시스템 용어들의 예

시스템	개체	속성	자원	상태	활동
학교	학생 교수	학과, 학번 학과, 직위	강의실 실험기자재	재학생수 교수의 수 강의실의 가동률 기자재 확보율	입학, 졸업 임용, 퇴직 강의, 방학 구입, 폐기
공장	생산부품	수량, 형태	생산설비	재고량 가동시간	생산, 판매 가동, 수리
은행	고객	예금액 대출액	은행원 대출자금	대기 고객수 작업 중인 은행원수 대출금 총액	도착, 인출 작업, 유휴 대출, 회수
교통	교통인구 자동차	통행수단 종류	도로 신호등	교통시간 주행거리 도로율, 파손 작동	탑승, 도착 주행, 도착 신설, 보수 수리

시스템의 상태를 변화시키는 과정 중에 시간이 소요되지 않는 것을 활동과 구분하여 사건(event)이라고도 한다. 은행 시스템의 경우 고객의 도착과 은행을 떠남은 사건, 인출은 활동으로 구분할 수 있다. 혹은 활동의 시작점과 끝점을 사건으로 볼 수 있으며, 인출의 시작과 인출의 끝(은행을 떠남)을 사건으로 구분할 수 있다.

15.1.3 시뮬레이션 수행절차

시뮬레이션에 의하여 현실문제를 해결하고자 할 때의 과정은 문제의 특성에 따라서 시뮬레이션의 절차 및 방법은 달라질 수 있다. 그러나 일반적으로 컴퓨터 시뮬레이션 수행에 필요한 과정은 [그림 15-1]과 같다. 시뮬레이션 연구를 진행함에 따라 연구대상 시스템을 보다 많이 이해할 수 있으며 앞에서 거친 과정을 반복할 필요가 있을 수 있다.

그림 15-1 시뮬레이션 수행절차

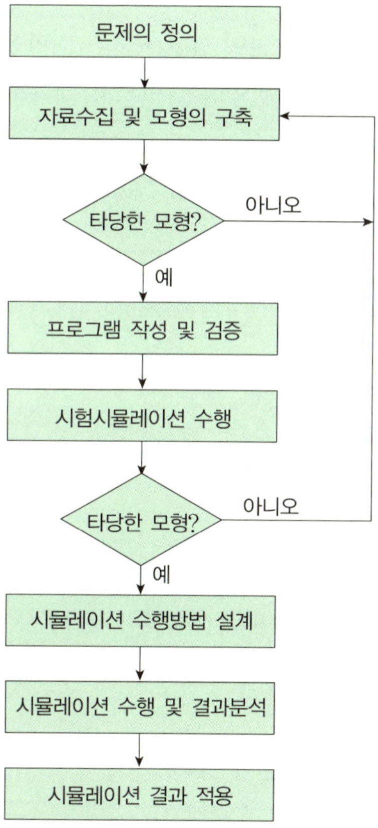

각 과정을 자세히 살펴보면 다음과 같다.

(1) 문제의 정의

다른 과학적인 연구와 마찬가지로 시뮬레이션 연구의 첫 번째는 시스템의 목표와 연구 목적을 명확히 하여 문제점을 파악하는 단계이다.

(2) 자료수집 및 모형의 구축

시스템에 관한 자료를 수집하여 입력 자료에 필요한 여러 모수들을 추정하고 시뮬레이션에서 의도하는 목적에 대해 모형을 구축한다.

(3) 모형에 대한 개략적인 타당성(validation) 확인

단계 (2)에서 추정한 모수들이 현실 자료와 적합한지 검정하고, 구축한 모형이 현실 시스템의 문제점을 제대로 반영하고 있는지 개략적으로 검토한다.

(4) 프로그램 작성 및 검증(verification)

만들어진 모형의 컴퓨터 프로그램을 작성하고 프로그램의 오류를 수정하고 모형의 의도대로 프로그램이 정확히 작성되었는지 검증한다.

(5) 시험 시뮬레이션 수행

단계 (6)의 타당성 확인을 목적으로 시험 시뮬레이션을 수행한다.

(6) 모형의 타당성 확인

시험 수행의 출력자료와 현실 시스템의 자료를 분석하여 모형의 타당성을 확인하여 타당성을 가진 시뮬레이션모형과 컴퓨터 프로그램을 완성한다.

(7) 시뮬레이션 수행방법의 설계

적은 비용으로 정확한 통계적 자료를 얻을 수 있는 시뮬레이션 수행을 위해 초기조건, 수행시간, 수행횟수 등 시뮬레이션 수행방법을 결정한다.

(8) 시뮬레이션 수행 및 결과분석

실제 시뮬레이션을 수행하여 출력자료를 통계적으로 분석하여 시스템의 수행척도(Performance Measure) 등을 구한다.

(9) 시뮬레이션 결과 적용

여러 시뮬레이션모형의 대안 중에서 가장 적합한 모형의 시뮬레이션 결과를 현실 시스템에 적용한다.

15.2 몬테칼로 시뮬레이션

15.2.1 몬테칼로 시뮬레이션의 개념

옛날부터 축소모형을 이용한 것을 시뮬레이션의 일종으로 볼 수 있지만, 컴퓨터를 이용한 시뮬레이션은 폰 노이만(von Neumann)과 스탠 울람(Stan Ulam)이 1940년대에 원폭 제조 프로젝트에서 난수(Random Number)를 이용하여 방사능 방지를 위한 원자로의 납의 두께를 계산한 몬테칼로(Monte Carlo) 분석이 최초이다.

몬테칼로 시뮬레이션의 기본 개념은 원주율(π) 계산을 예로 설명하면 이해하기 쉽다. 원점을 중심으로 하고 반지름이 1인 원의 넓이는 π이므로 원의 넓이를 적분하면 π를 구할 수 있다. 여기에서 수학적으로 적분하여 계산하는 것이 아니라 [그림 15-2]와 같이 x, y좌표가 0에서 1 사이인 정사각형 안에 많은 점을 찍어서 $x^2+y^2 \leq 1$을 만족하는 점들의 비율을 구할 수 있다. 점의 수가 점점 증가함에 따라 이 비율은 π의 1/4로 수렴하게 된다.

그림 15-2 π의 계산

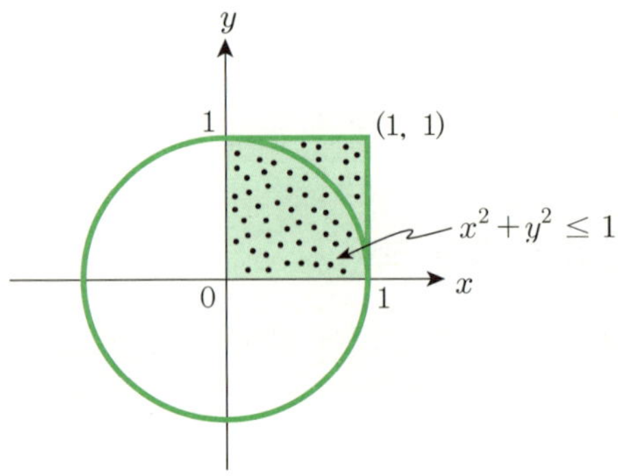

[그림 15-3]과 같이 엑셀을 이용하여 시뮬레이션을 수행하였다. 계산 결과는 점의 수에 따라 변화되나 π값을 근사적으로 추정할 수 있다. 이 시뮬레이션에서 점은 개체, 점의 좌표는 속성, 원 안에 찍힌 점의 수는 상태가 된다. 따라서 활동 혹은 사건은 점의 생성으로 볼 수 있으며 한 개의 점은 난수 두 개로 만들어짐을 알 수 있다. 여기에서 난수의 발생이 시뮬레이션 수행을 가능하게 함을 알 수 있다. 이렇게 난수의 확률 개념을 이용한 시뮬레이션을 몬테칼로 시뮬레이션이라 하고, 시간개념을 포함하지 않은 시뮬레이션을 정적인 몬테칼로 시뮬레이션, 시간개념을 포함하면 동적인 몬테칼로 시뮬레이션이라고 한다.

그림 15-3 엑셀을 이용한 π값 계산

	A	B	C	D	E	F	G	H
1	몬테칼로 시뮬레이션							
2	x좌표	y좌표	x^2+y^2	<=1 만족		점의 수	만족 점의 수	π값
3	0.502121	0.094718	0.261097	성공		1000	774	3.0960
4	0.481456	0.727084	0.760452	성공		2000	1553	3.1060
5	0.628705	0.398218	0.553848	성공		3000	2351	3.1347
6	0.049222	0.286314	0.084399	성공		4000	3135	3.1350
7	0.013377	0.665049	0.442469	성공		5000	3905	3.1240
8	0.613505	0.194136	0.414077	성공		6000	4703	3.1353
9	0.548187	0.938472	1.181239	실패		7000	5494	3.1394
10	0.544846	0.302182	0.388171	성공		8000	6282	3.1410
11	0.747009	0.854767	1.288649	실패		9000	7073	3.1436
12	0.191553	0.678892	0.497587	성공		10000	7858	3.1432
13	0.387113	0.848523	0.869848	성공				
14	0.506146	0.714582	0.766811	성공				
15	0.339435	0.25316	0.179306	성공		A3=RAND()		
16	0.040139	0.848364	0.721333	성공		B3=RAND()		
17	0.832535	0.346969	0.813503	성공		C3=A3^2+B3^2		
18	0.422668	0.72348	0.702071	성공		D3=IF(C3<=1,"성공","실패")		
19	0.745878	0.419883	0.732636	성공		G3=COUNTIF(D3:D1003,"성공")		
20	0.608522	0.512621	0.63308	성공		H3=4*G3/F3		
21	0.219286	0.576991	0.381005	성공				

15.2.2 대기행렬시스템의 시뮬레이션

대기행렬시스템은 고객, 대기행렬, 서비스시설 등으로 구성된다. 또한 고객의 도착간격시간의 분포, 서버의 수와 형태, 서비스시간의 분포, 대기행렬의 크기, 서비스규칙, 고객 집단(Calling Source)의 크기, 고객의 성격 등에 따라 여러 가지 형태가 있다. 고객의 대기시간, 서버 이용률 등의 척도로 서버의 수와 대기행렬의 크기 등을 결정하는 것이 시스템의 운영전략이 된다. 일부의 대기행렬시스템은 경영과학의 해석적인 방법으로 해를 구할 수 있으나 이론적으로 해를 구할 수 없는 경우도 많다. 이 경우 시뮬레이션은 시스템의 상태를 분석할 수 있는 유용한 방법이 된다.

복사기가 1대인 복사가게에서 고객의 평균 대기시간, 시스템 내에서의 평균 소요시간, 복사기의 가동률 등을 분석하여 서비스의 효율을 향상하기 위하여 고객의 도착간격시간과 서비스시간을 조사하여 [표 15-3]과 [표 15-4]를 얻었다.

표 15-3 고객의 도착간격분포

고객 도착간격시간(분)	확률	누적확률
1	0.1	0.1
2	0.3	0.4
3	0.4	0.8
4	0.2	1.0

표 15-4 서비스시간 분포

서비스시간(분)	확률	누적확률
1	0.2	0.2
2	0.2	0.4
3	0.6	1.0

시뮬레이션은 이 복사가게의 시작 시각인 오전 8시에 시작하여 20명의 고객에 대하여 수행하기로 한다. 시뮬레이션 수행을 위해서는 각 고객의 도착간격시간과 서비스시간을 만들어야만 한다. 이러한 시간을 몬테칼로 시뮬레이션에서와 같이 난수를 이용하여 생성할 수 있다. 난수를 이용하는 점에서 이러한 시뮬레이션을 동적 몬테칼로

시뮬레이션이라고도 한다. 만일 난수가 0.75이면 [표 15-3]의 누적확률 0.8 이하의 수이므로 고객의 도착간격시간은 3분으로 결정된다. 서비스시간도 같은 방법으로 만들어낼 수 있다. 여기에서 난수의 발생은 엑셀의 RAND()함수를 이용하기로 한다. 40개의 난수를 발생시켜 앞의 20개는 고객의 도착, 나머지 20개는 서비스시간 생성에 이용하기로 한다. 먼저 온 고객이 먼저 서비스받는 규칙(FIFO)으로 시뮬레이션 수행 결과는 [그림 15-4]와 같다.

[그림 15-4] 서버가 1명인 모형의 시뮬레이션 수행 엑셀화면

	A	B	C	D	E	F	G	H	I	J	K	L	M	N	O
1		도착간격													
2		시간(분)	확률	누적확률			서비스				평균대기시간(분)=				0.55
3	0	1	0.1	0.1			시간(분)	확률	누적확률		평균 서비스시간(분)=				2.55
4	0.1	2	0.3	0.4		0	1	0.2	0.2		시스템 내의 평균소요시간=				3.1
5	0.4	3	0.4	0.8		0.2	2	0.2	0.4		서버의 가동률=				0.823
6	0.8	4	0.2	1		0.4	3	0.6	1		단위시간당 평균 고객수 =				1
7															
8										서비스	서비스	서비스		시스템내	서버
9		번호	난수	번호	난수		고객	도착간격	도착시간	시간	시작시간	종료시간	대기시간	소요시간	유휴시간
10		1	0.885254	21	0.096085		1	4	8:04	1	8:04	8:05	0	1	4
11		2	0.294865	22	0.636112		2	2	8:06	3	8:06	8:09	0	3	1
12		3	0.497204	23	0.621859		3	3	8:09	3	8:09	8:12	0	3	0
13		4	0.351564	24	0.466234		4	2	8:11	3	8:12	8:15	1	4	0
14		5	0.911568	25	0.782889		5	4	8:15	3	8:15	8:18	0	3	0
15		6	0.472049	26	0.174908		6	3	8:18	1	8:18	8:19	0	1	0
16		7	0.905668	27	0.300695		7	4	8:22	2	8:22	8:24	0	2	3
17		8	0.556412	28	0.911374		8	3	8:25	3	8:25	8:28	0	3	1
18		9	0.042916	29	0.642155		9	1	8:26	3	8:28	8:31	2	5	0
19		10	0.886041	30	0.896340		10	4	8:30	3	8:31	8:34	1	4	0
20		11	0.945397	31	0.481531		11	4	8:34	3	8:34	8:37	0	3	0
21		12	0.108473	32	0.063983		12	2	8:36	1	8:37	8:38	1	2	0
22		13	0.020313	33	0.765496		13	1	8:37	3	8:38	8:41	1	4	0
23		14	0.992358	34	0.397236		14	4	8:41	2	8:41	8:43	0	2	0
24		15	0.503158	35	0.321628		15	3	8:44	2	8:44	8:46	0	2	1
25		16	0.625836	36	0.598896		16	3	8:47	3	8:47	8:50	0	3	1
26		17	0.722641	37	0.519148		17	3	8:50	3	8:50	8:53	0	3	0
27		18	0.154432	38	0.754727		18	2	8:52	3	8:53	8:56	1	4	0
28		19	0.287267	39	0.512575		19	2	8:54	3	8:56	8:59	2	5	0
29		20	0.765981	40	0.653468		20	3	8:57	3	8:59	9:02	2	5	0
30							합계	57		51		62	11	62	11

[셀의 입력내용]

A4; =D3 (A4를 A5에서 A6까지 채우기 핸들로 복사)
I4; =SUM($H$4:H4) (I3을 I5에서 I6까지 채우기 핸들로 복사)
F4; =I4 (F4를 F5에서 F6까지 채우기 핸들로 복사)
C10; =RAND() (C10을 C11에서 C29까지 채우기 핸들로 복사)
E10; =RAND() (E10을 E11에서 E29까지 채우기 핸들로 복사)
H10; =VLOOKUP(C10,$A$3:$B$6,2) (H10을 H11에서 H29까지 채우기 핸들로 복사)
I10; =TIME(8,H10,0)
I11; =TIME(8,SUM($H$10:H11),0) (I11을 I12에서 I29까지 채우기 핸들로 복사)
J10; =VLOOKUP(E10,$F$4:$G$6,2) (J10을 J11에서 J29까지 채우기 핸들로 복사)
M10; =0
K10; =I10+TIME(0,M10,0) (K10을 K11에서 K29까지 채우기 핸들로 복사)
L10; =K10+TIME(0,J10,0) (L10을 L11에서 L29까지 채우기 핸들로 복사)

N10; =J10+M10 (N10을 N11에서 L29까지 채우기 핸들로 복사)
O10; =H10
M11; =IF(J10–H11+M10[0,0,J10–H11+M10) (M11을 M12에서 M29까지 채우기 핸들로 복사)
O11; =IF(M11 〈= 0, H11–J10–M10, 0) (O11을 O12에서 O29까지 채우기 핸들로 복사)
H30; =SUM(H10:H29)
J30; =SUM(J10:J29)
L30; =IF(L29〉=TIME(9,0,0),60+MINUTE(L29),MINUTE(L29))
M30; =SUM(M10:M29) (M30을 N30에서 O30까지 채우기 핸들로 복사)
O2; =M30/G29
O3; =J30/G29
O4; =N30/G29
O5; =J30/L30
O6; =N30/L30

15.3 난수 및 확률변수의 발생

15.3.1 난수

난수는 15.2절에서와 같이 좌표의 위치, 고객의 도착간격시간, 서비스시간 등 확률적인 현상을 표현할 수 있게 하여 시뮬레이션 수행을 가능하게 한다.

난수를 정의해보면 "0 과 1 사이의 균등분포(일양분포)를 따르는 모집단에서 임의추출(Random Sampling)된 수들의 모임"이라 할 수 있다. 따라서 난수는 골고루 퍼져 있는 균등성(uniformity)과 앞에 나온 수와 무관한 독립성(independence)을 가져야 한다.

난수를 만드는 방법에는 주사위 및 숫자판 등을 이용하는 물리적인 방법, 난수를 미리 모아 놓은 난수표를 이용하는 방법, 난수를 발생시킬 수 있는 수식을 이용하는 수학적인 방법으로 나눌 수 있다. 물리적인 방법은 많은 난수를 만드는 데 시간이 걸리며 컴퓨터를 이용한 시뮬레이션에는 사용할 수 없다. 난수표를 이용하는 경우 많은 난수를 컴퓨터에 저장하기 위해서는 많은 기억용량이 필요하여 컴퓨터에서 이용하기는 비효율적이다. 수학적인 방법은 수식을 계산하여 난수를 만들어냄으로 어떤 수가 나올 것인지 미리 알 수 있고 똑같이 재생할 수 있으므로 진정한 의미의 난수가 아닌 유사난수(Pseudo-Random Number)이다.

15.3.2 난수발생기

난수를 발생시키는 수식을 난수발생기(Random Number Generator)라 한다. 난수발생기에서 만들어지는 난수는 수학적인 식의 한계로 주기적인 반복이 있어 유사난수이다. 이런 유사난수 중에서 일양성(균등성)과 독립성을 가지며 주기가 길면 좋은 난수라 할 수 있다.

난수발생기에는 1940년대 개발된 중앙제곱방법(Mid-Square Method)이 첫 번째이며 다음 수식으로 난수를 만들어낸다.

$X_i = X_{i-1}^2$의 가운데 4자리 숫자

$R_i = X_i/10000$

즉, 4자리 수인 초기숫자를 제곱하여 중앙 4자리 수를 다음 수로 하며 이 수를 10,000으로 나누어 난수로 사용한다.

예제 15-1 중앙제곱방법

X_0(초기숫자)=1,234인 경우 중앙제곱방법으로 난수를 구하여라.

$X_0 = 1,234$

$X_0^2 = (1234)^2 = 1522756 \Rightarrow X_1 = 5227,\ R_1 = 0.5227$

$X_1^2 = (5227)^2 = 27321529 \Rightarrow X_2 = 3215,\ R_2 = 0.3215$

$X_2^2 = (3215)^2 = 10336225 \Rightarrow X_3 = 3362,\ R_3 = 0.3362$

⋮

[그림 15-5]와 같이 엑셀을 이용하여 중앙제곱방법의 난수도 구할 수 있다.

▌그림 15-5▌ 엑셀을 이용한 중앙제곱 난수

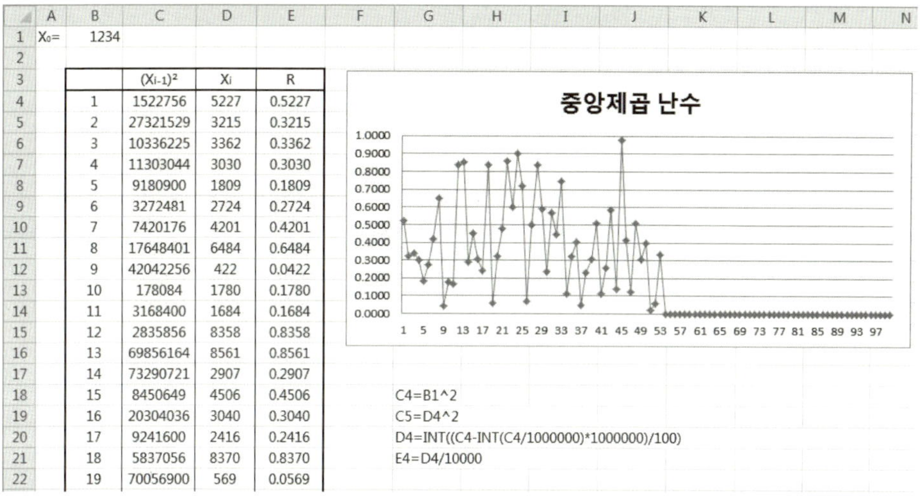

X_0= 1234

	$(X_{i-1})^2$	X_i	R
1	1522756	5227	0.5227
2	27321529	3215	0.3215
3	10336225	3362	0.3362
4	11303044	3030	0.3030
5	9180900	1809	0.1809
6	3272481	2724	0.2724
7	7420176	4201	0.4201
8	17648401	6484	0.6484
9	42042256	422	0.0422
10	178084	1780	0.1780
11	3168400	1684	0.1684
12	2835856	8358	0.8358
13	69856164	8561	0.8561
14	73290721	2907	0.2907
15	8450649	4506	0.4506
16	20304036	3040	0.3040
17	9241600	2416	0.2416
18	5837056	8370	0.8370
19	70056900	569	0.0569

초기숫자로 1234를 사용했을 때에 0.5227, 0.3215, 0.3362, … 의 난수가 발생되는 것을 알 수 있다. 초기숫자를 5179로 하면 발생되는 난수가 0에 수렴하고, 2500으로 하면 발생되는 난수 모두 0.2500이 되므로, 중앙제곱방법은 초기숫자에 따라 0으로 수렴하거나 같은 수가 되풀이되는 퇴화현상이 있다. 중앙제곱방법과 비슷한 방법으로 중앙승산방법(Mid-Product Method), 상수승수방법(Constant Multi-Plier Method) 등이 있으나 현재는 거의 사용하지 않는다.

현재 주로 사용되는 난수발생기는 1951년 레머(Lehmer)가 제안한 선형콩그루엔셜방법(Linear Congruential Generator: LCG)으로 나머지 수(modulus)를 이용하는 방법으로 다음 수식을 이용한다.

$$X_i = (aX_{i-1} + c) \bmod m$$
$$R_i = X_i / m$$

즉, $aX_{i-1}+c$를 m으로 나누어서 나머지를 X_i로 하고 X_i를 m으로 나누어 난수로 사용한다.

예제 15-2 선형콩그루엔셜방법

$a=13$, $c=13$ $m=100$, $X_0=73$일 때 선형콩그루엔셜방법으로 난수를 구하여라.

$$X_0=73$$
$$X_1=(13 \cdot 73+13) \bmod 100=62, \quad R_1=0.62$$
$$X_2=(13 \cdot 62+13) \bmod 100=19, \quad R_2=0.19$$
$$X_3=(13 \cdot 19+13) \bmod 100=60, \quad R_3=0.60$$
$$\vdots$$

[그림 15-6]과 같이 엑셀을 이용하여 선형콩그루엔셜방법의 난수도 구할 수 있다.

그림 15-6 엑셀을 이용한 선형콩그루엔셜 난수

	A	B	C	D
1	X₀=	73		
2	a=	13		
3	c=	13		
4	m=	100		
5				
6			Xi	R
7		1	62	0.62000000
8		2	19	0.19000000
9		3	60	0.60000000
10		4	93	0.93000000
11		5	22	0.22000000
12		6	99	0.99000000
13		7	0	0.00000000
14		8	13	0.13000000
15		9	82	0.82000000
16		10	79	0.79000000
17		11	40	0.40000000
18		12	33	0.33000000
19		13	42	0.42000000
20		14	59	0.59000000
21		15	80	0.80000000
22		16	53	0.53000000

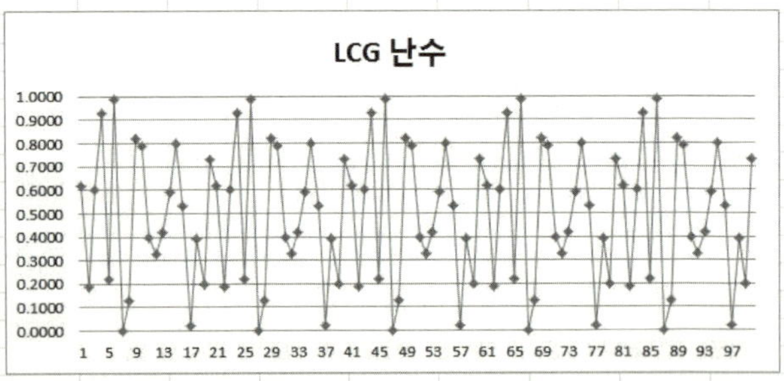

C7=MOD($B$2*B1+$B$3,$B$4)
C8=MOD($B$2*C7+$B$3,$B$4)
D7=C7/$B$4

선형콩그루엔셜방법 중에서 현재는 대부분 $c=0$, $a=7^5$, $m=2^{31}-1$인 승산 선형콩그루엔셜방법을 사용하며, 이때 m은 32bit 체계에서 최대의 소수여서 난수의 주기를 최대로 할 수 있다. 또한 a 역시 소수여서 이 방법을 소수승산 선형콩그루엔셜방법(Prime Modulus Multiplicative LCG : PMMLCG)이라 한다. 대부분 컴퓨터언어들은 PMMLCG를 이용한 RANDOM, RAND, RAN과 같은 난수발생함수를 내장하고 있어 이 함수를 호출하여 난수를 만들어 사용할 수 있다.

15.3.3 엑셀내장함수를 이용한 난수와 확률변수 발생

현실 시스템에서 일어나는 현상의 대부분은 확률적이므로 특정한 분포로 추정하여 시뮬레이션 수행에 사용해야 한다. 추정된 확률분포를 시뮬레이션 수행에 사용하기 위해서는 확률변수를 발생시키는 수식이 필요하다. 이러한 확률변수를 발생시키는 수식을 확률변수발생기(Random Variable Generator)라 한다.

확률변수발생기는 난수를 필요한 확률변수로 변환시켜 주는 수식으로 역변환방법, 회선(convolution)방법, 직접변환방법, 샘플링방법, 채택-기각방법 등이 있다. 이 책에서는 역변환방법만 간단히 설명하고 필요한 확률변수는 엑셀을 이용하여 생성하는 방법을 살펴보기로 한다.

역변환방법은 확률변수의 분포함수 $F(x)$와 난수 R의 범위가 0과 1 사이로 같으므로 $F(x)=R$로 하여 역함수를 이용하여 확률변수 $X=F^{-1}(R)$을 발생시킨다. 이 방법으로는 역함수를 계산할 수 있는 지수확률변수, 일양확률변수, 와이블확률변수 등을 발생시킬 수 있다.

(1) 지수확률변수발생기

지수확률변수의 분포함수는 $F(x)=1-e-\lambda x$이므로 $F(x)=R$에서 $X=F^{-1}(R)$로 계산된다. 여기에서 $X=-\{\ln(1-R)\}/\lambda$이 되며, R이 난수이면 $1-R$도 난수이므로 $X=-(\ln R)/\lambda$을 사용하는 것이 편리하다.

(2) 엑셀을 이용한 난수발생

우리는 이미 15.2절에서 엑셀의 RAND( )함수로 난수를 만들어 몬테칼로 시뮬레이션을 수행하였다. 여기에서는 엑셀의 데이터 분석을 이용하여 난수 및 확률변수들을 생성해보기로 하자.

엑셀의 도구메뉴에서 데이터 분석을 선택하면 [그림 15-7]과 같이 통계 데이터 분석 대화상자가 나타난다.

그림 15-7 **통계 데이터 분석 대화상자**

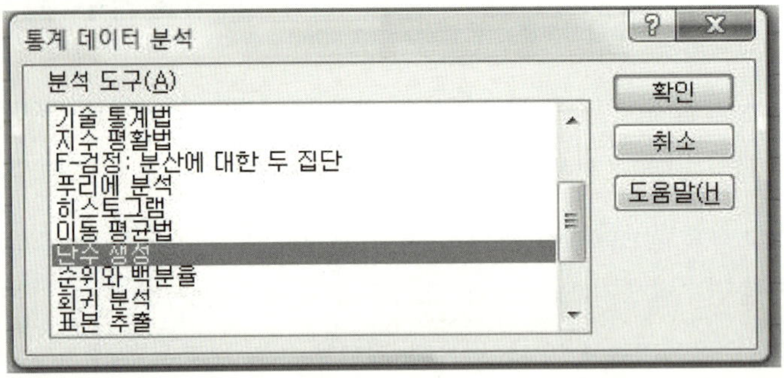

여기에서 난수 생성을 선택하면 [그림 15-8]과 같은 난수 생성 대화상자 화면을 볼 수 있다. 여기서 '변수의 개수(V)'에는 워크시트에 나타낼 값을 표시할 열을, '난수의 개수(B)'에는 구할 난수 혹은 확률변수 데이터 개수를 입력하는 것이다. 하나의 변수에 대해 100개의 난수를 생성하고자 한다면 [그림 15-8]에서와 같이 변수의 개수에 1을, 난수의 개수에 100의 값을 입력하면 된다. '분포(D)'에서는 난수를 만들 때 사용할 분포를 선택할 수 있다.

그림 15-8 **난수 생성 대화상자**

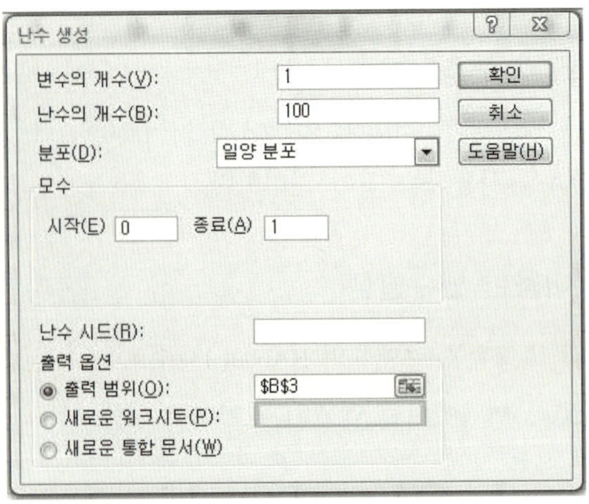

난수를 생성하기 위해서는 여기에서 '균등분포'를 선택한다. 균등분포를 선택하고 모수에 '시작(E)'과 '종료(A)'의 값을 0과 1을 각각 입력하고 출력옵션을 선택하여 '확인' 버튼을 클릭하면 [그림 15-9]에서와 같이 B3셀 아래로 100개의 난수가 생성된다.

그림 15-9 난수 생성

	A	B	C
1	난수의 생성		
2			
3		0.094607	
4		0.192053	
5		0.384655	
6		0.097781	
7		0.348827	
8		0.1348	
9		0.528153	
10		0.488327	
11		0.505051	
12		0.30958	
13		0.192816	
14		0.570086	
15		0.104892	
16		0.757897	
17		0.75454	
18		0.213813	

(3) 엑셀을 이용한 정규확률변수 발생

정규확률변수의 분포함수는 역함수를 구할 수 없으므로 역변환방법을 사용할 수 없다. $N(\mu, \sigma^2)$를 따르는 정규확률변수의 생성방법에는 극좌표에 의한 직접변환방법과 중심극한정리를 이용한 샘플링방법 등 여러 가지가 있으나 여기에서는 엑셀을 이용하는 방법만 살펴보겠다.

엑셀을 이용한 난수 발생과 마찬가지로 엑셀의 데이터 분석을 선택하여 [그림 15-10]과 같이 분포에 정규분포를 선택하고 모수의 '평균(E)'과 '표준편차(S)'에 각각 100과 10을 입력하여 확인버튼을 클릭하면 [그림 15-11]과 같이 평균 100, 표준편차 10인 정규확률변수 데이터가 생성된다.

그림 15-10 정규분포 생성 대화상자

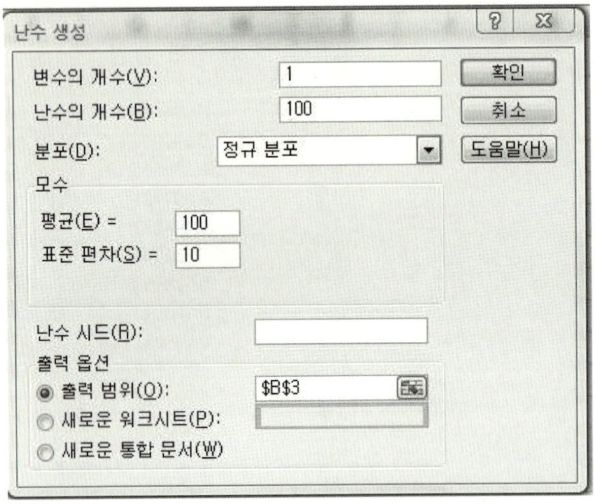

그림 15-11 정규분포 생성

	A	B	C	D
1	정규확률변수의 생성			
2				
3		76.57706		
4		100.0937		
5		104.3151		
6		115.3188		
7		93.45946		
8		90.81133		
9		98.91735		
10		114.4811		
11		108.1792		
12		95.2594		
13		78.3191		
14		104.3134		
15		95.08059		
16		102.1128		
17		103.4082		
18		114.9766		
19		82.88108		
20		88.22257		
21		110.9433		

15.4 시뮬레이션 언어

15.4.1 시뮬레이션 방식

시뮬레이션모형은 동적이기 때문에 시뮬레이션이 수행된 시간을 알아야 되고 시간을 진행시키는 방법이 필요하다. 시뮬레이션이 수행된 시간의 현재값을 흔히 시뮬레이션 시계라 하며, 이 시뮬레이션 시계를 진행시키는 방법은 다음사건시간진행법(Next-Event Time Advance)과 고정시간진행법(Fixed-Increment Time Advance)이 있다.

그림 15-12 시뮬레이션 시간진행법

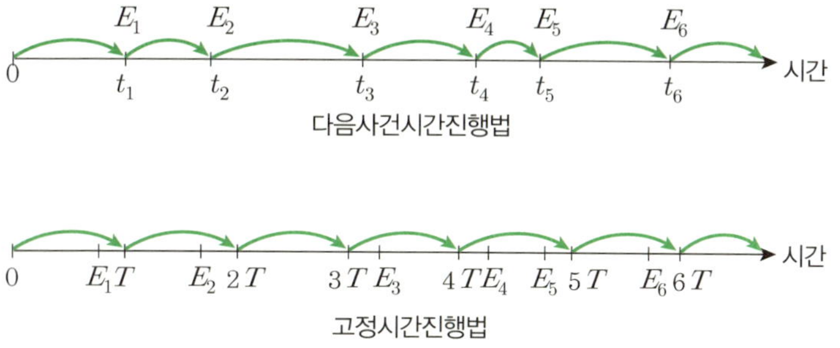

[그림 15-12]는 시뮬레이션 시간진행법을 나타내며 화살표는 시간증가를, E_i는 i번째 사건을 표시한다. 다음사건시간진행법은 시뮬레이션 시계를 시뮬레이션 시작시간이나 0으로 초기화하고 다음에 발생할 사건들의 발생시각을 결정한다. 그리고 시뮬레이션 시계는 이 사건들 중 최초로 사건(E_1)이 발생한 시각(t_1)으로 증가시킨다. 이 시점에서 시스템의 상태를 변화시키고 다음에 발생할 사건들의 발생시각을 결정하여 변경한다. 다시 시뮬레이션 시계는 이 사건들 중 최초로 사건(E_2)이 발생한 시각(t_2)으로 증가시키고, 시스템의 상태와 다음에 발생할 사건들의 발생시각을 변경한다. 이러한 과정을 되풀이하여 시뮬레이션 시계를 진행시킨다.

고정시간진행법은 다음사건진행법의 특수한 경우로 시뮬레이션 시계를 일정시간

(T) 증가시킨 후 이 동안 발생한 사건이 있으면 시스템의 상태를 변경한다. 그리고 다시 일정시간 증가시키고 시스템의 상태를 수정한다. 이러한 과정을 되풀이하여 시뮬레이션 시계를 진행시킨다. 고정시간진행법은 kT와 $(k+1)T$ 사이에 발생한 사건은 $(k+1)T$에 발생한 것으로 취급하여 시뮬레이션의 정확도가 떨어지는 단점이 있어 현재 대부분의 시뮬레이션은 다음사건시간진행법으로 이루어지고 모든 시뮬레이션 전용언어는 다음사건시간진행법을 채택하고 있다. 그러나 모든 자료가 단위기간 초 혹은 기간 말에 수집되는 정기조사(Periodic Review) 재고모형 등 경제시스템에서는 고정시간진행법이 효과적일 수 있다.

다음사건시간진행법을 사용하는 경우 시뮬레이션 수행방법에 따라 다음사건계획방식(Next-Event Scheduling Approach)과 프로세스방식(Process Operation Approach)으로 나눌 수 있다.

다음사건계획방식은 발생하는 사건을 중심으로 사건이 발생하는 순서대로 시뮬레이션 시계를 진행하여 시뮬레이션을 수행한다.

프로세스방식은 개체를 위주로 하여 개체가 시스템 내에서 거치는 사건이나 활동 등을 발생시간 순서로 배열한 프로세스를 중심으로 시뮬레이션을 수행하며 시스템 내에 진행되는 프로세스가 여러 개 있을 수 있으며 이들이 서로 영향을 주기 때문에 프로세스-상호작용방식(Process-Interaction Approach)이라고도 한다. 시스템 내의 모든 개체의 사건 중 가장 가까운 사건을 수행, 즉 해당 개체의 프로세스를 전진시키고 시뮬레이션 시계를 진행하여 시뮬레이션을 수행한다.

15.4.2 시뮬레이션 언어

시뮬레이션 수행을 위한 컴퓨터 프로그램 작성에는 BASIC, C, FORTRAN, Pascal, PL/1과 같은 범용프로그램언어(General Purpose Language)를 사용할 수 있다. 이들 범용언어를 이용한 시뮬레이션 수행은 다음사건계획방식으로 진행되며 공통적으로 필요한 프로그램의 부분들을 서브루틴(subroutine)으로 미리 작성하여 두고 필요 시 불러서 사용한다. 또한 C와 Pascal같은 범용언어에 시뮬레이션용 라이브러리(library)를 추가한 CSIM, C++SIM, PSIM 등도 개발되어 이용되고 있다.

근래에는 시뮬레이션 수행만을 위한 시뮬레이션 전용언어(Simulation Language)들이 개발되어 사용되고 있다. 시뮬레이션 전용언어 중에서 많이 사용되어 온 것으로 GPSS, SLAM, SIMSCRIPT, SIMAN 등을 들 수 있다. SLAM, SIMSCRIPT, SIMAN 등은 연속형 시스템도 시뮬레이션 가능하며, 프로세스방식 및 FORTRAN, C 등의 범용언어의 유저코드를 첨가하여 다음사건계획방식으로도 시뮬레이션 가능하다.

특정 분야만 시뮬레이션할 수 있는 언어를 시뮬레이터(simulator)라 하며 여기에는 SIMFACTORY, FACTOR/AIM과 같이 생산제조시스템 전용언어도 있다. 최근에는 ARENA, Visual SLAM(AweSim), AutoMod, ProModel, AnyLogic 등과 같이 애니메이션(animation)기능이 첨가된 언어도 개발되었다.

15.5 ARENA를 이용한 시뮬레이션

15.5.1 ARENA 시작하기

ARENA는 1993년 SIMAN을 기본 바탕으로 개발되어 강력한 그래픽 기능과 보다 진보된 GUI, 객체지향의 계층적 모델이 가능한 통합 시뮬레이션 전용언어로서 1997년 Windows 환경의 ARENA 버전 3.0으로 발전하였고 2000년에 ARENA 모듈들을 플로차트 모듈과 데이터 모듈로 분리하여 SIMAN의 시뮬레이션 모델링의 절차에 보다 충실한 ARENA 버전 5.0이 출시되었다. 버전 5.0 이후 계속 버전이 바뀌었으나 사용법에는 큰 변화가 없다. 본 교재는 ARENA 버전 9.0을 기준으로 시뮬레이션모형 작성을 기술한다.

ARENA를 실행하여 기존 ARENA 파일(~.DOE 파일)을 읽어 들이면 [그림 15-13]과 같은 화면이 나타난다. [그림 15-13]에서 보는 바와 같이 ARENA 창은 크게 세 부분으로 나누어진다.

화면의 오른쪽에는 두 개의 모델 창이 있는 것을 볼 수 있다. 즉, 플로차트 뷰(Flowchart View)와 스프레드시트 뷰(Spreadsheet View)로 나누어져 있다. 플로차

▌그림 15-13▌ ARENA 창

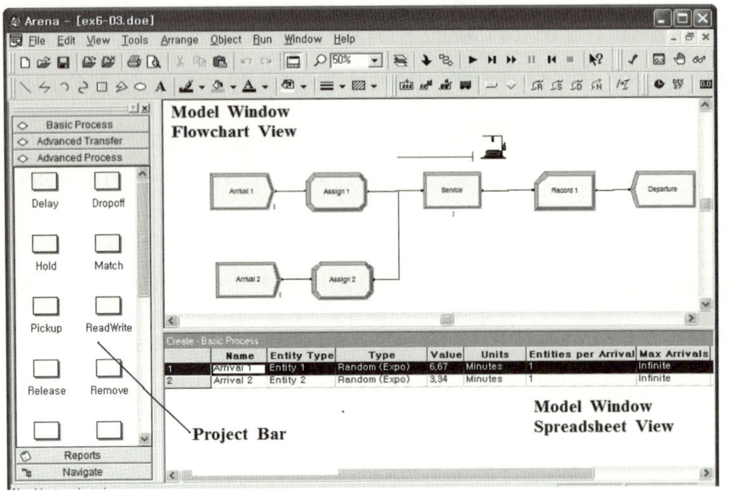

트 뷰에는 모델의 그래픽이 나타나 있는데, 프로세스 플로차트, 애니메이션, 기타 그리기 요소들이다. 스프레드시트 뷰에는 모델 데이터가 나타나 있는데, 여기에는 시간 데이터와 기타 매개변수들이 속하며, 그 값들을 입력하거나 수정할 수 있다. 화면의 왼쪽 끝에 프로젝트 바(Project Bar)가 있고 여기에는 사용자가 이용하는 객체들을 포함하고 있는 패널(panel)들이 들어 있는데, Basic Process 패널은 기본적으로 보이지만 나머지 패널들은 ARENA의 File/Template Panel 메뉴에서 Attach해야 한다. 이 패널에는 모듈(module)이라는 모델 구축 요소들 중 기본적인 것들이 속해 있어서 다양한 시뮬레이션 모델의 구축에 많이 활용된다. 프로젝트 바 아래에는 Reports라는 수평 바가 있는데, 이는 시뮬레이션 수행 후 시뮬레이션 결과를 유형별로 정리해 놓고 있다. Navigation 패널을 이용하면 모델의 여러 가지 뷰를 볼 수 있는데 계층적 모델의 경우 여러 부모델(submodel)들을 살펴볼 때도 이용할 수 있다.

15.5.2 ARENA 모듈

ARENA 모델의 기본적인 작성 단위인 모듈은 시뮬레이션 대상이 되는 프로세스를 정의하는 플로차트 객체와 데이터 객체들이며 프로젝트 바의 패널로부터 선택한다. 모듈에는 플로차트와 데이터의 두 가지 유형이 있다. 플로차트 모듈(Flowchart Modules)

은 모델 내의 동적 프로세스를 묘사하는 데 사용된다. 플로차트 모듈은 개체들이 거쳐 가는 마디 또는 장소이거나 개제가 생성되거나 모델을 떠나는 장소이다. 사용자 모델 안에 특정 유형의 플로차트 모듈을 넣으려 한다면, 컴퓨터 마우스를 이용하여 프로젝트 바로부터 모델 창의 플로차트 뷰로 모듈을 끌어 놓으면 된다. 플로차트 모듈들은 서로 연결시켜 놓는 것이 보통이다. Basic Process 패널에서 사용 가능한 플로차트 모듈의 종류에는 Create, Dispose, Process, Decide, Assign, Batch, Separate, Record 등이 있다. 다른 패널에는 추가적인 플로차트 모듈들이 있다. 데이터 모듈(Data Modules)은 다양한 프로세스 요소들의 특성을 묘사하는 데 사용된다. 또한 데이터 모듈을 이용하여 전체 모델에 관계되는 변수와 다른 유형의 수치와 수식을 정의할 수도 있다. 프로젝트 바에서 데이터 모듈의 아이콘은 모두 작은 스프레드시트와 같은 모양을 하고 있다. Basic Process 패널의 데이터 모듈에는 Entity, Queue, Resource, Variable, Schedule, Set 등이 있다.

15.5.3 ARENA모형 작성

예제를 이용하여 ARENA의 모형 작성법과 모듈들을 구체적으로 살펴보기로 하자.

Q 예제 15-3 M/M/1 대기행렬모형

고객의 도착간격시간은 평균 2 분인 지수분포, 서비스시간은 평균 1분인 지수분포인 대기행렬시스템을 1,000명의 고객에 대해서 ARENA를 이용하여 시뮬레이션을 수행하여 고객의 시스템 내 평균소요시간, 대기행렬에서의 평균 고객수, 서버 이용률을 구하여라.

ARENA의 새로운 모형을 작성하기 위해 File 메뉴의 New를 선택한다. 우선 플로차트 뷰에 개체의 생성과 서비스, 개체의 떠남을 표현하기로 하자. 개체(고객)의 생성을 표현하기 위해 Basic Process 패널의 Create 모듈을 컴퓨터 마우스로 클릭하여 플로차트 뷰에 끌어다 놓으면 [그림 15-14]와 같이 스프레드시트 뷰에 Create 모듈의 데이터 셀이 나타난다. 이 셀들에서 Create 모듈의 연산자들을 편집할 수도 있다. 플로차트 뷰의 Create 모듈을 두 번 클릭하면 Create 모듈의 대화상자가 나타나고 여기에서 각 연산자들을 편집할 수 있다. [그림 15-15]와 같이 Create Module의 Name에는 Arrival, Value는 2, Units에는 Minutes 그리고 1,000명의 고객은 Max Arrival에 표현하였다.

그림 15-14 Create 모듈을 플로차트 뷰에 삽입한 화면

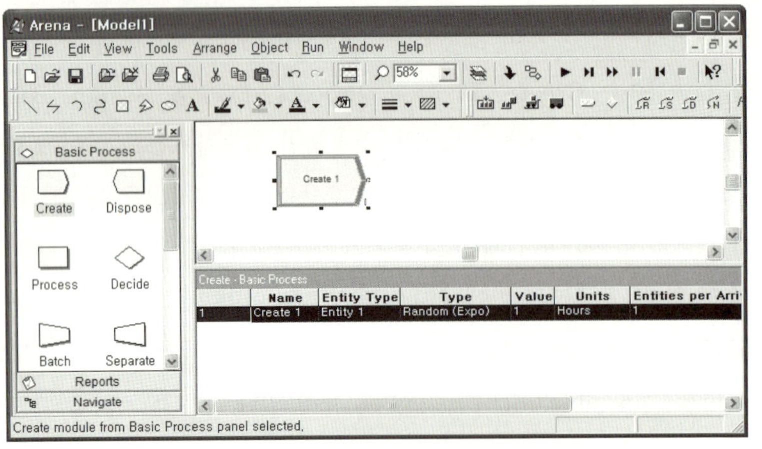

그림 15-15 Create 모듈의 대화상자

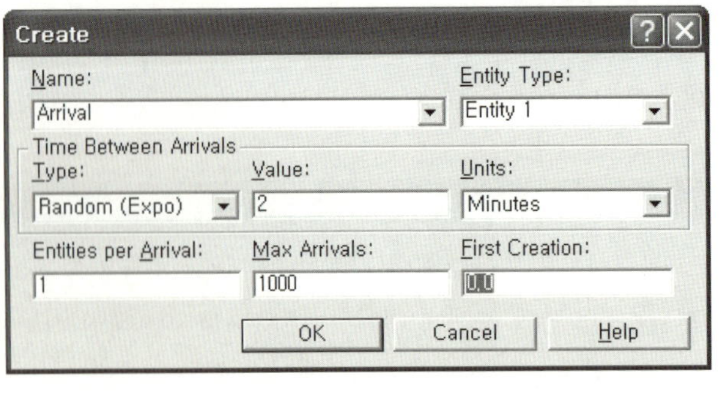

고객이 서비스받는 과정은 Process 모듈을 이용하여 [그림 15-16]과 같이 표현하였다. Process 모듈은 대기행렬을 표현하기 위해 [그림 15-17]과 같이 Logic에서 원하는 Action을 선택할 수 있다. Seize가 포함된 Action이 선택되면 자동적으로 Queue가 생성되며 잡을 자원을 표현해야 한다. 여기에서는 자원은 Resources에서 Resource Name을 Server로 두었다. 서비스시간은 Delay Type에서 지수분포가 없기 때문에 Expression을 선택하여 표현한다. 개체가 시스템에서 떠나는 과정은 Dispose 모듈을 이용하여 Name을 Departure로 두었다.

▌그림 15-16▐ Process 모듈의 대화상자

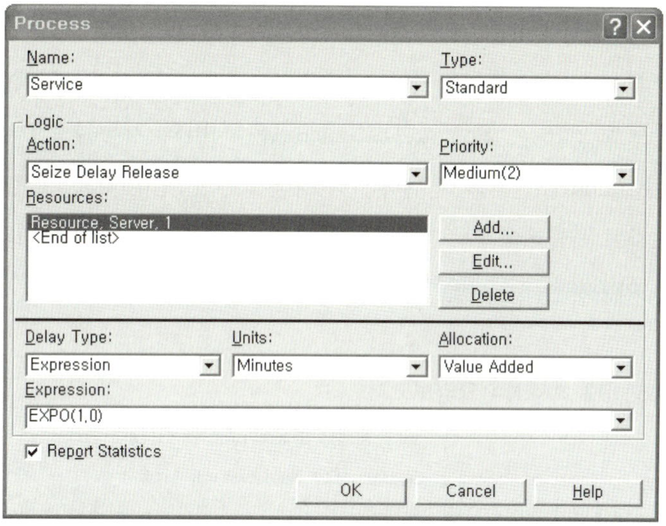

▌그림 15-17▐ Process 모듈의 Action

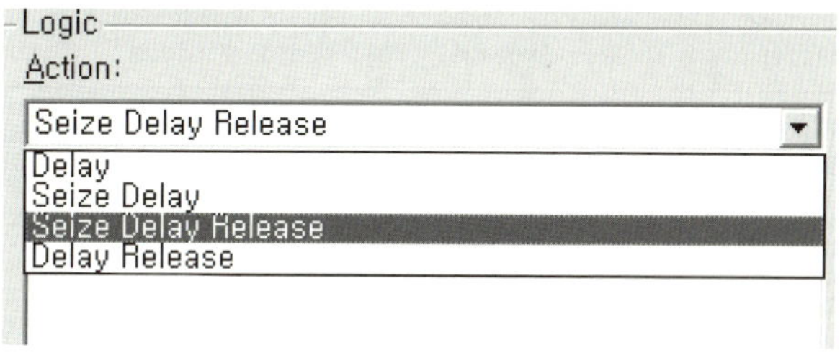

이렇게 완성된 모형이 [그림 15-18]과 같다. 여기에서 각 플로차트 모듈의 연결은 Object/Connect 메뉴 혹은 버튼을 이용하면 된다.

▌그림 15-18▐ 완성된 [예제 15-3]의 ARENA모형

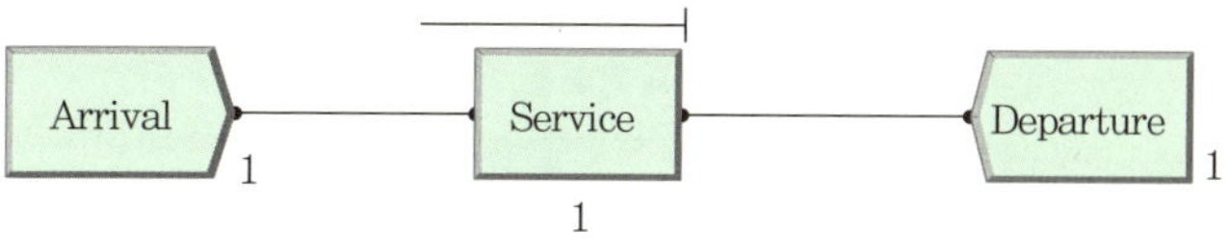

ARENA를 실행하기 전에 Run/Setup 메뉴에서 Project의 제목이나 수행횟수, 수행시간, Report의 종류 등을 결정할 수 있다. Run/Setup 메뉴를 완성한 후에 Run/Go

메뉴 혹은 ▶ 버튼을 이용하여 시뮬레이션을 수행한다. 시뮬레이션 수행 후에는 [그림 15-19]와 같은 요약보고서 파일(~.out 파일)이 생성된다.

[그림 15-19]의 요약보고서를 보면 Entity 1.TotalTime은 고객이 시스템에서 보내는 시간으로 2.16분, Server.Utilization은 서버의 가동률로 0.499이고, Service.Queue.NumberIn은 대기행렬에서의 평균 고객수로 0.603으로 나타난다. 이들 성과척도 수치는 시뮬레이션 수행 시 사용되는 난수의 차이로 이론치와는 약간은 차이가 있는데, 이론치는 15.3.3절의 식을 이용하여 구할 수 있다.

그림 15-19 ARENA 요약보고서

ARENA Simulation Results

Summary for Replication 1 of 1

Project:M/M/1 Queueing System　　Run execution date : 7/16/2015
Analyst:　　Model revision date: 7/16/2015

Replication ended at time : 1958.9717

TALLY VARIABLES

Identifier	Average	Half Width	Minimum	Maximum	Observations
Service.VATimePerEntit	.97685	.06060	.00255	6.1858	1000
Service.TotalTimePerEn	2.1598	.37684	.00255	11.292	1000
Service.WaitTimePerEnt	1.1829	.33623	.00000	10.250	1000
Entity 1.VATime	.97685	.06060	.00255	6.1858	1000
Entity 1.NVATime	.00000	.00000	.00000	.00000	1000
Entity 1.WaitTime	1.1829	.33623	.00000	10.250	1000
Entity 1.TranTime	.00000	.00000	.00000	.00000	1000
Entity 1.OtherTime	.00000	.00000	.00000	.00000	1000
Entity 1.TotalTime	2.1598	.37684	.00255	11.292	1000
Service.Queue.WaitingT	1.1829	.33623	.00000	10.250	1000

DISCRETE-CHANGE VARIABLES

Identifier	Average	Half Width	Minimum	Maximum	Final Value
Entity 1.WIP	1.1025	.24554	.00000	8.0000	.00000
Server.NumberBusy	.49865	(Corr)	.00000	1.0000	.00000
Server.NumberScheduled	1.0000	(Insuf)	1.0000	1.0000	1.0000
Server.Utilization	.49865	(Corr)	.00000	1.0000	.00000
Service.Queue.NumberIn	.60388	.20170	.00000	7.0000	.00000

OUTPUTS

Identifier	Value
Service Number In	1000.0
Service Number Out	1000.0
Service Accum Wait Time	1182.9
Service Accum VA Time	976.84
Entity 1.NumberIn	1000.0
Entity 1.NumberOut	1000.0
Server.TimesUsed	1000.0
Server.ScheduledUtiliza	.49865
System.NumberOut	1000.0

Simulation run time: 0.15 minutes.
Simulation run complete.

[예제 15-4]는 [예제 15-3]을 고객유형에 따라 서비스시간이 차이가 나는 경우로 수정하여 살펴보기로 한다.

예제 15-4 고객에 따라 서비스시간이 다른 대기행렬모형

고객 1과 고객 2의 두 가지 유형의 고객이 있다고 하자. 고객 1은 도착간격시간은 평균 6.67분, 서비스시간은 평균 1분이고, 고객 2는 도착간격시간은 평균 3.34분인 지수분포, 서비스시간은 평균 1.5분인 지수분포를 따르는 경우 480분 동안 시뮬레이션하여 대기행렬에서의 평균 고객수, 서버의 가동률, 서비스받은 각 고객의 수를 구하여라.

Create 모듈에서 Entity Type에 Customer 1을 입력하여 고객의 종류를 지정하고 Value를 6.67로 하고 Units는 분으로 선택하여 고객 1의 도착을 표현한다.

고객이 서비스받는 시간을 지정하기 위하여 Assign 모듈의 Assignments에 Add를 선택하여 나타나는 [그림 15-20]의 대화상자의 Type에 Attribute를 선택하고 Attribute Name에 service time이라 입력한다. New Value에는 EXPO(1.0)을 입력하여 지수분포 평균 1.0을 표현하는데 여기에서 마우스 오른쪽 버튼을 누르면 나타나는 Build Expression을 이용할 수 있다.

그림 15-20 Assignments 대화상자

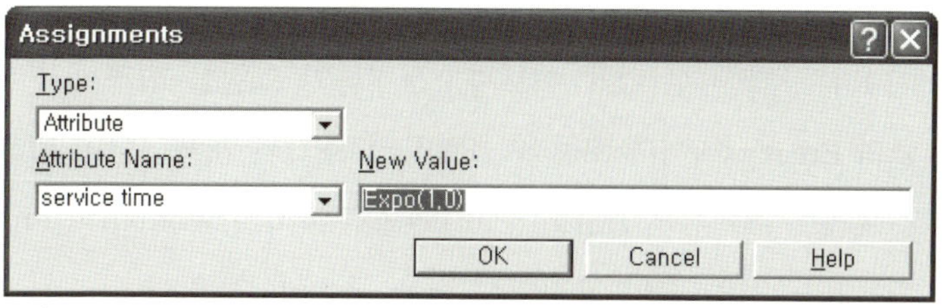

고객 2의 도착과 서비스시간은 플로차트 뷰에 나타난 Create, Assign 모듈을 복사하여 붙여 넣은 후 편집하여 이용하면 된다. 여기에서 Create 모듈의 Entity Type을 Customer 2, Value는 3.34로 변경하고 Assign 모듈에서 service time을 EXPO(1.5)로 지정한다.

서비스받는 과정은 Process 모듈에서 [예제 15-3]의 [그림 15-16]과 동일하게 하고 Delay의 Expression에 EXPO(1.0) 대신 service time을 입력한다. 그리고

Dispose 모듈을 이용하여 고객이 시스템에는 떠남을 표현한다. 구하고자 하는 통계량들은 ARENA에서 기본적으로 제공되므로 따로 지정할 필요가 없다. 이렇게 완성된 모형은 [그림 15-21]과 같다. 시뮬레이션의 실행은 Run/Setup 메뉴에서 수행시간을 480분으로 지정한 후 실행한다.

실행 후 생성되는 요약보고서에서 대기행렬에서의 평균 고객수 0.85111, 서버 이용률 0.61248, 서비스받은 고객 1의 수(Customer 1.NumberOut) 65명, 고객 2는 141명임을 얻을 수 있다.

그림 15-21 [예제 15-4]의 완성된 모형

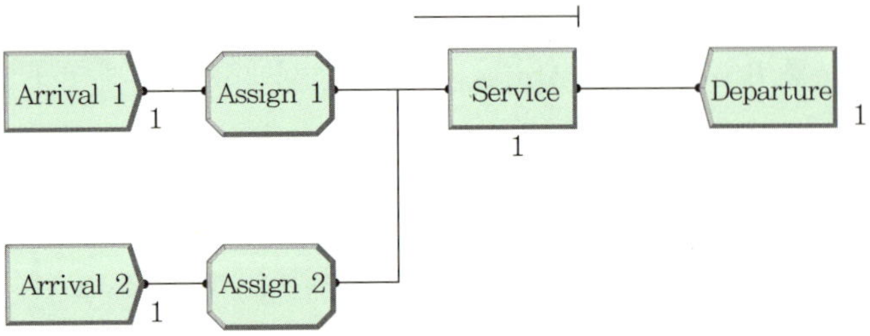

15.5.4 ARENA모형의 애니메이션 강화하기

[예제 15- 4]의 ARENA모형을 실행하면 개체의 움직임을 볼 수 있다. 이 개체의 그림을 고객에 따라 구별할 수 있게 해보자. 개체들의 그림을 변경하기 위해서 Basic Process 패널의 Entity 데이터 모듈을 클릭하면 초기의 개체그림이 Picture.Report로 되었다. 스프레드시트 뷰의 Initial Picture를 Picture.Woman과 Picture.Man을 선택하여 [그림 15-22]와 같이 고객의 그림을 구분할 수 있다.

그림 15-22 Entity 데이터 모듈

Entity - Basic Process

	Entity Type	Initial Picture
1	Customer 1	Picture.Woman
2	Customer 2	Picture.Man

데이터 모듈들의 편집은 스프레드시트 뷰에서 마우스 오른쪽 버튼을 클릭하여 Edit

via Dialog를 선택하여 [그림 15-23]과 같은 대화상자에서 할 수도 있다.

[그림 15-23] Entity 데이터 모듈 대화상자

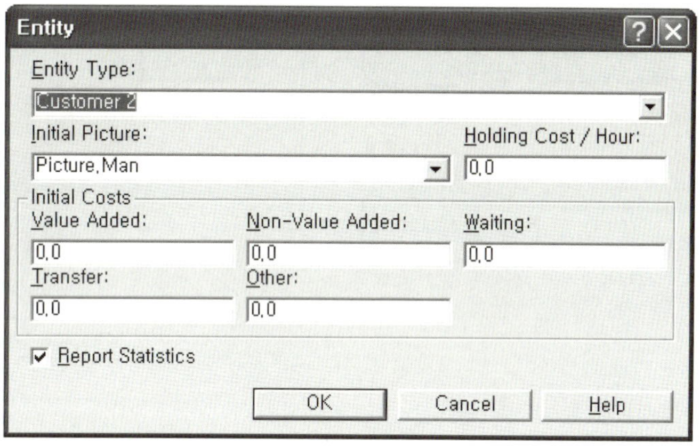

서버의 움직임을 표현하기 위해서는 클릭하여 Animate 도구상자의 Resource 버튼 ( )을 선택하여 [그림 15-24]와 자원의 그림을 추가할 수 있다.

[그림 15-24] 자원의 그림 추가 화면

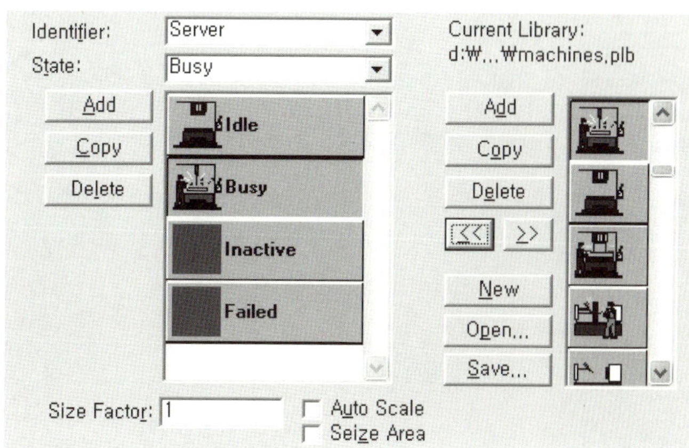

여기에서 open 버튼을 이용하여 원하는 그림 라이브러리(~.plb파일)를 불러올 수 있다. 자원 그림을 추가한 후 플로차트 뷰에 [그림 15-25]와 같이 원하는 위치에 자원 그림을 배치하면 된다.

▌그림 15-25▌ 애니메이션이 강화된 [예제 15-4]

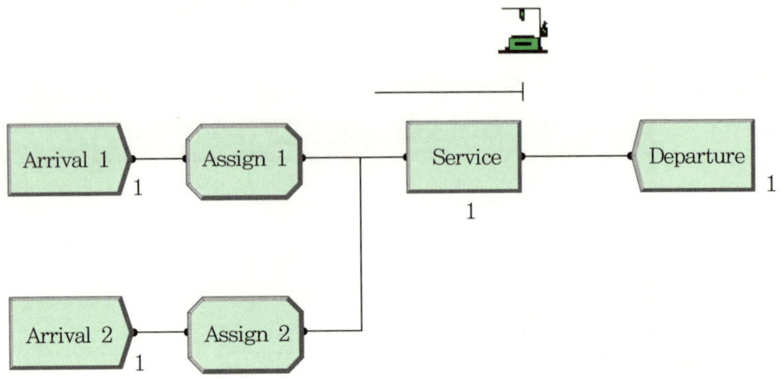

EXERCISE

15.1 시뮬레이션의 목적과 필요성을 설명하시오.

15.2 시뮬레이션 시스템을 설명하기 위한 용어들을 예를 들어 설명하시오.

15.3 $y=(x-2)^2$과 x축 및 y축이 이루는 도형의 면적을 몬테칼로 시뮬레이션으로 구하고, 실제 면적과 비교하시오.

15.4 15.2.2절의 대기행렬시스템에서 복사기가 2대인 경우를 엑셀을 이용하여 시뮬레이션 하시오.

15.5 2539를 초기숫자로 하여 중앙제곱방법으로 난수 5개를 생성하시오.

15.6 역변환방법으로 10~20범위의 균등확률변수 U(10, 20)의 발생기를 만드시오.

15.7 고객 1은 도착간격시간은 평균 10분, 서비스시간은 평균 1분이고, 고객 2는 도착간격시간은 평균 5분인 지수분포, 서비스시간은 평균 1.5분이며, 고객 3은 도착간격시간은 평균 3분, 서비스시간은 평균 2분인 지수분포를 따르는 경우 480분 동안 ARENA를 이용하여 시뮬레이션을 수행하여 대기행렬에서의 평균 고객수, 서버 이용률, 서비스받은 각 고객의 수를 구하시오.

15.8 아래의 그림과 같이 프레스, 선반, 포장의 세 개 공정으로 이루어진 시스템에 부품의 도착간격은 균등분포 U(5, 10)을 따르고 각 공정시간은 각각 균등분포 U(5, 6), 정규분포 N(5, 22), 균등분포 U(3, 5)이며. 개체인 부품의 이동시간은 부품의 도착지점에서 프레스공정까지는 균등분포 U(1, 2), 프레스공정에서 선반공정, 선반공정에서 포장공정까지는 균등분포 U(2, 3), 포장공정에서 부품이 시스템을 떠나는 지점까지는 균등분포 U(1, 2)를 따른다. 각 공정은 해당 기계 혹은 작업자가 한 명이며 공정 앞에는 부품의 대기 장소도 있다. Station, Route 모듈 등을 사용하여 ARENA모형을 작성하고 480분 동안 시뮬레이션을 수행하시오.

〈세 개 공정으로 이루어진 제조시스템〉

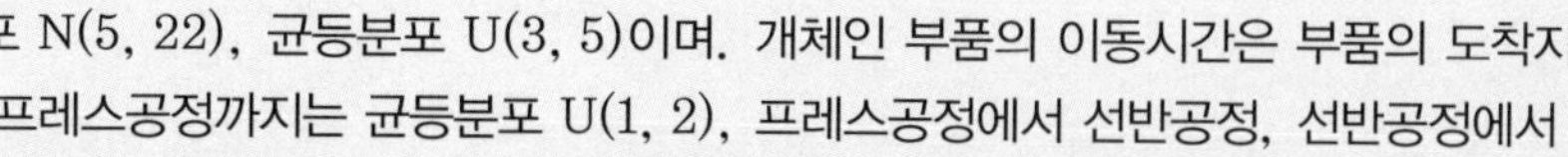

찾아보기

| 저자약력 |

권수태
- 전주대학교 문화융합대학 스마트미디어학과 교수
- 고려대학교 산업공학과 학사
- KAIST 산업공학과 석사, 박사

박명환
- 한성대학교 산업시스템공학과 교수
- 서울대학교 산업공학과 학사
- KAIST 산업공학과 석사, 박사

양성민
- 경성대학교 산업경영공학과 교수
- 서울대학교 산업공학과 학사
- KAIST 산업공학과 석사, 박사

이운식
- 부경대학교 시스템경영공학부 교수
- 고려대학교 산업공학과 학사
- KAIST 산업공학과 석사, 박사

주운기
- 선문대학교 산업경영공학과 교수
- 성균관대학교 산업공학과 학사
- KAIST 산업공학과 석사, 박사

주철민
- 동서대학교 메카트로닉스 융합공학부 교수
- 고려대학교 산업공학과 학사
- KAIST 산업공학과 석사, 박사

최적 의사결정을 위한 경영과학

2018년 1월 10일 1판 1쇄 인쇄
2018년 1월 15일 1판 1쇄 발행

저 자 | 권수태 · 박명환 · 양성민 · 이운식 · 주운기 · 주철민
발 행 인 | 이수영
발 행 처 | 도서출판 청람
서울시 마포구 독막로 288(대흥동, 세양상가 109호)
전 화 | 02) 3272-2601~2
팩 스 | 02) 3272-2603
홈페이지 | http://www.crbooks.co.kr
이 메 일 | crbooks@daum.net
등 록 | 2000년 8월 26일 제6-0509호

ISBN 978-89-5972-459-8 93320 [정가 29,000원]